Kommentar

zum

Preußischen

Erbschaftssteuergesetz

vom $\frac{\text{19. Mai 1891}}{\text{31. Juli 1895}}$

nebst einer

systematischen Darstellung des Erbschaftssteuerrechts

von

Dr. jur. et phil. **Richard Schück**, Landrichter in Berlin.

und

Dr. jur. **Georg Crusen**, Gerichtsassessor im Königl. Preuß. Justizministerium.

Berlin 1896.

J. J. Heines Verlag.

Vorwort.

Es fehlt bisher an einer Darstellung des Erbschaftssteuerrechts und einer Erläuterung des Gesetzes, die es sich zur Aufgabe machte, die organische Verbindung dieses Zweiges unserer Gesetzgebung mit den in der Monarchie geltenden drei Zivilrechtssystemen, sowie mit dem Straf- und dem Strafprozeßrechte herzustellen. Die Werke von Hoyer-Gaupp und Kühnemann, besonders verdienstvoll wegen der vollständigen Wiedergabe aller Erlasse und Entscheidungen der Verwaltungsbehörden und der Gerichte, beschränken sich darauf, diese nach den Paragraphen des Gesetzes aneinanderzureihen. Die gekennzeichnete Lücke soll die vorliegende Arbeit ausfüllen. Wiederholungen sind dabei nicht immer zu vermeiden gewesen. Sie ergeben sich von selbst aus der zweifachen Behandlung der nämlichen Materie in erläuternder und in systematischer Form. Si plus minusve secuerimus, se fraude esto!

Berlin, den 2. Oktober 1896.

Die Verfasser.

Litteratur-Verzeichnis

mit Ausschluß der finanzwissenschaftlichen Litteratur, welche auf S. 269 mitgeteilt ist.

Akten des Königlichen Geheimen Staatsarchivs in Berlin.

Annalen des Reichsgerichts, herausgegeben von Braun und Blum. 10 Bände. Leipzig 1880—84.

Arndt, Das administrative Strafverfahren bei Zuwiderhandlungen gegen die Reichs-Zoll- und Steuergesetze, in der Zeitschrift für die gesamte Strafrechtswissenschaft. Band 5, S. 277—336.

Arndt, Die Verfassungsurkunde für den preußischen Staat. 3. Aufl. Berlin 1894.

Arndt, Kann die Krone Preußen im Gnadenwege und ohne Genehmigung des Landtages auf Einnahmen verzichten, welche auf Steuer- oder Stempelgesetzen beruhen? im Deutschen Wochenblatt, Jahrgang 3, 1890, Nr. 51, S. 610 ff.

Arndt, Budget, Gesetz und Verordnung in Hirths Annalen. 1891. S. 225 ff.

Arndts von Arnesberg, Lehrbuch der Pandekten. 14. Aufl. Bes. von Pfaff und Hoffmann. Stuttgart 1894.

Archiv für preußische Rechtswissenschaft, Bd. 1—27. Darmstadt 1852—95.

Avenarius, Der Erbschaftskauf. Leipzig 1877.

Bacher, Otto, Die Deutschen Erbschafts- und Schenkungssteuern. Systematische und kritische Darstellung derselben nebst Vorschlägen zu ihrer Unifizierung und einem Gesetz-Entwurfe. Leipzig 1886.

von Bar, Handbuch des deutschen Strafrechts. Berlin 1882.

von Bar, Lehrbuch des internationalen Privat- und Strafrechts. Stuttgart 1892.

Bennecke, Lehrbuch des deutschen Reichs-Strafprozeßrechts. Breslau 1895.

Berner, Lehrbuch des Deutschen Strafrechts. 17. Aufl. Leipzig 1894.

Binding, Handbuch des Strafrechts. 1. Band. Leipzig 1885.

Binding, Die Normen und ihre Übertretung. Band 1 u. 2. Leipzig. 1872, 1877. Band 2 in zweiter Auflage. Leipzig 1890.

Binding, Grundriß des gemeinen deutschen Strafrechts. Teil I, 4. Aufl. Leipzig 1890.

Böhm, F., Handbuch der internationalen Nachlaßbehandlung. 2. durchgearbeitete Auflage. Augsburg. 1895.

Böhm, F., Zeitschrift für internationales Privat- und Strafrecht. Band 1—5. Erlangen und Leipzig 1891—95.

Boehm, J., Das preußische Gesetz, betreffend die Erbschaftssteuer vom 19./24. Mai 1891, in der Fassung des Gesetzes vom 31. Juli 1895. Berlin 1896.

Bolze, Die Praxis des Reichsgerichts in Civilsachen. 19 Bände. Leipzig 1886 ff.

Bonnenberg, Das Strafverfahren in Zoll- und Steuersachen. Berlin 1894.
Bornhak, Das Recht des Königs zum Steuerlaß in Preußen, in Laband und Stoerks Archiv für öffentliches Recht. Bd. 6. S. 311 ff. Freiburg 1891.
Crome, Carl, Allgemeiner Teil der modernen französischen Privatrechtswissenschaft. Mannheim 1892.
Crome, Carl, Grundlage des französischen Obligationenrechts. Mannheim 1894.
Crome, s. Zachariae-Crome.
Dalcke, Strafrecht und Strafprozeß. 5. Aufl. Berlin 1893.
Delius, Kommentar zum preußischen Erbschaftssteuergesetz vom 30. Mai 1893 in der Fassung vom 24. Mai 1891 in: Die preußischen Strafgesetze, erläutert von Groschuff, Eichhorn und Delius. Berlin 1894.
Delsa, Beiträge zur Steuerreform, Heft 145 der Deutschen Zeit- und Streitfragen, herausgegeben von v. Holtzendorff. Berlin 1881.
Dembeck, Der Kosten- und Stempelansatz in Sachen der freiwilligen Gerichtsbarkeit im Geltungsbereich des Gesetzes vom 10. Mai 1851, 2. Aufl. Danzig 1888.
Dernburg, Pandekten, 4. Aufl., 3 Bde. Berlin 1894.
Dernburg, Lehrbuch des preußischen Privatrechts, 4. Aufl., 3 Bde. Halle 1889/96; 1. Bd. in 5 Aufl. Halle 1894.
Ditmar, Handbuch über das Strafrecht und das Strafverfahren, die Zoll-Steuern und Kommunikationsabgabevergehen betreffend. Posen 1866.
Eschenbach, Erbrechtsreform und Erbschaftssteuer. Berlin 1891.
Eschenbach, Erbschaftssteuer, in Conrads Handwörterbuch der Staatswissenschaften, 3. Bd. S. 295 ff. Jena 1892.
Förster-Eccius, Preußisches Privatrecht, 6. Aufl., 4 Bde. Berlin 1892/3. [Die inzwischen erschienene 7. Aufl. hat nicht mehr benutzt werden können.]
Geffcken, F. H., Erbrecht und Erbschaftssteuer, in Schmollers Jahrbuch für Gesetzgebung, Verwaltung und Volkswirtschaft im Deutschen Reich, 5. Jahrg., S. 189—206. Leipzig 1881.
von Gerber, System des deutschen Privatrechts, 17. Aufl. neu bearbeitet von Konrad Cosack. Jena 1895.
Glaser, Handbuch des Strafprozesses. 2 Bde. Leipzig 1883—1885.
Goldschmidt, Handbuch des Handelsrechtes. Stuttgart 1891.
Goltdammer, Archiv für preußisches Strafrecht. (abgekürzt G.A.).
Gruchot, Beiträge zur Erläuterung des deutschen Rechts, in besonderer Beziehung auf das preußische Recht, begründet von J. A. Gruchot, herausgegeben von Rassow, Küntzel und Eccius; 3. 4. u. 5. Folge. Berlin 1885 ff.
Gruchot, Preußisches Erbrecht, 3 Thle. Berlin 1865—1867.
Hälschner, das gemeine deutsche Strafrecht, 2 Bde. Bonn 1881—1887.
Havenstein, Die Zollgesetzgebung des Reichs. Berlin 1892.
Heimbrod, Bemerkungen zu Art. 136 des Gesetzes vom 3. Mai 1852 in Goltdammers Archiv Bd. 18 (1870) S. 657—664.
Heinitz, Kommentar zum preußischen Stempelsteuergesetz vom 31. Juli 1895. Berlin 1896.
Hellweg, A., Der Reichs-Strafprozeß. Auf der Grundlage des Dochow'schen Werkes. 4. Aufl. der ursprünglichen Bearbeitung. Berlin 1890.
Hollerith, A., Gesetz betreffend die Erbschaftssteuer in Elsaß-Lothringen vom 12. Juni 1889. Straßburg 1889.
Honemann: Das Verhältnis zwischen der Defraudation der Zoll- und Verbrauchssteuern und dem Betruge nach deutschem Reichsrecht (von Liszt: Abhandl. des Kriminal.Seminars. Bd. III Heft 4, 1894).
Hoyer-Gaupp: Die preußische Stempelgesetzgebung für die alten und neuen Landesteile und das preußische Erbschaftssteuergesetz. Kommentar für den praktischen Gebrauch. Fünfte Auflage. Berlin 1893—95. (abgekürzt H.G.).
Hue de Grais, Handbuch der Verfassung und Verwaltung in Preußen und dem Reiche. 10. Aufl. Berlin 1894.

Jastrow, Rechtsgrundsätze der Entscheidungen des Kammergerichts in Sachen der nichtstreitigen Gerichtsbarkeit, 2. Aufl. Berlin 1895.

Jöel, Die justifizierenden Kabinets-Ordres in Hirths Annalen Bd. 21 (1888) S. 805—847.

Jöel, Der gnadenweise Erlaß von Steuern und Stempeln in Hirths Annalen Bd. 24 (1891) S. 417—431.

John, Kommentar zur Strafprozeßordnung, Bd. 1. Erlangen 1884; Bd. 2. Erlangen 1888; Bd. 3. Erlangen 1889.

Johow und Küntzel, Jahrbuch für Entscheidungen des Kammergerichts in Sachen der nichtstreitigen Gerichtsbarkeit und in Strafsachen, 15. Bde. Berlin 1881 ff.

Isenbart und Samter, Kommentar zur Strafprozeßordnung. Berlin 1893.

Juristische Wochenschrift, Organ des deutschen Anwaltvereins, Berlin 1872 ff.

Juristische Zeitschrift für Elsaß-Lothringen. Mannheim 1876 ff.

Keller, A., Kommentar zur Reichsstrafprozeßordnung. 2. Aufl. Lahr 1882.

Kletke, Das preußische Erbschaftssteuergesetz vom 30. Mai 1873, 2. Aufl. Berlin 1875.

Knobling, Das bayrische Gesetz über die Erbschaftssteuer vom 18. August 1879. 2. Aufl. Würzburg 1889.

Koch, Die preußische Allgemeine Hypothekenordnung vom 20. Dezember 1783. Berlin 1853.

Koch, Allgemeines Landrecht für Preußen, 8. Aufl., bearbeitet von Achilles, Hinschius, Johow und Vierhaus. 4 Bde. Berlin 1882—86.

von Kries, Lehrbuch des deutschen Strafprozeßrechts. Freiburg i. B. 1892.

Koeppen, Lehrbuch des heutigen römischen Erbrechts 1. u. 2. Abteilung. Würzburg 1886—88.

Krug, Gesetz über die Erbschafts- und Schenkungssteuer im Großherzogtum Hessen vom 30. August 1884. Darmstadt 1885.

Krüger, Dr. Karl: Die Erbschaftssteuer nach ihrer Ausübung in den außerdeutschen Staaten. Die Berechtigung ihrer Reform in Deutschland und ihrer Einführung als Reichssteuer. Tübingen 1889.

Kühnemann, Eugen, Die Stempel- und Erbschaftssteuer mit Einschluß der Reichsstempelabgabe in Preußen, erläutert mit besonderer Berücksichtigung der Provinz Hannover. Dritte mit Nachträgen vermehrte Auflage. Hannover 1892.

Kühnemann, Eugen, Preußisches Stempelsteuergesetz vom 31. Juli 1895. Hannover, Berlin 1896.

Laband, Das Gnadenrecht in Finanzsachen nach preußischem Recht, in Laband und Stoerks Archiv für öffentliches Recht, Bd. 7 S. 169—211. Freiburg 1892.

Labus, Gesetz, betr. die Erbschaftssteuer. 2. Aufl. Breslau 1891.

Labus, Das preußische Stempelsteuergesetz vom 31. Juli 1895. Breslau 1896.

Leske nnd Loewenfeld, Die Rechtsverfolgung im internationalen Verkehr. 1. Bd., 2 Bd., 1. u. 2. Lieferung. Berlin 1895.

von Lilienthal, Strafbescheid in v. Holtzendorffs Rechtslexikon. 5. Aufl. 1890.

von Liszt, Lehrbuch des deutschen Strafrechts. 7. Aufl. Berlin 1896.

von Liszt, Ordnungsstrafe in v. Holtzendorffs Rechtslexikon. 5. Aufl. 1890.

Löbe, Das deutsche Zollstrafrecht. 2. Aufl. Leipzig 1890.

Loeck, Das Gesetz, betreffend die Erbschaftssteuer vom 19./24. Mai 1891. Textausgabe. Berlin 1896.

Löwe, Kommentar zur Strafprozeßordnung für das Deutsche Reich. 8. Aufl. Bearbeitet von Hellweg. Berlin 1894.

Loos, Über den Dolus bei Übertretungen und bei Zuwiderhandlungen gegen die bezüglich der Sicherung der Erhebung öffentlicher Abgaben erlassenen Gesetze und Verordnungen in v. Holtzendorffs Allg. Deutscher Strafrechtszeitung. Bd. 10 (1870). S. 323—347.

Lucas, Die subjektive Verschuldung im heutigen deutschen Strafrecht. Berlin 1882.

Luthardt, Blätter für administrative Praxis und Polizeigerichtspflege zunächst in Bayern. Nördlingen, seit 1851.

Märcker, Die Nachlaßbehandlung für das preußische Rechtsgebiet. 14. Aufl. Berlin 1895.

Mamroth, Geschichte der preußischen Staatsbesteuerung 1806—1816. Leipzig 1890.

von Mangoldt, Deutsches Zoll- und Steuerstrafrecht. Leipzig 1886.

von Mayr, Erbschaftssteuer, in v. Stengels Wörterbuch des deutschen Verwaltungsrechts. Freiburg i. B. 1889. Bd. 1, S. 360 ff.

Menzen, Das preußische Erbschaftssteuergesetz vom 19. Mai 1891. Hannover 1891.

Merkel, Lehrbuch des deutschen Strafrechts. Stuttgart 1889.

Meves, Das Verfahren bei Zuwiderhandlungen gegen die Vorschriften über die Erhebung öffentlicher Abgaben und Gefälle, in v. Holtzendorffs Handbuch des Strafprozesses. Berlin 1879. Bd. 2, S. 423—443.

Meyer, G., Die staatsrechtliche Stellung der deutschen Schutzgebiete. Leipzig 1888.

Meyer, G., Die Verhandlungen des preußischen Abgeordnetenhauses über den Erlaß von Stempelsteuern für Fideikommisse. Neue Heidelberger Jahrbücher. Bd. 1 (1891), S. 336 ff.

Meyer, Hugo, Lehrbuch des deutschen Strafrechts. 5. Aufl. Leipzig 1895.

Mügel, Die preußischen Kostengesetze vom 25. Juni 1895. Berlin 1895.

Niemeyer, Das in Deutschland geltende internationale Privatrecht. Leipzig 1894.

Niemeyer, Vorschläge und Materialien zur Kodifikation des internationalen Privatrechts. Leipzig 1895.

Noelle, O., Das Stempelsteuergesetz vom 31. Juli 1895. Berlin 1896.

Olshausen, Kommentar zum Strafgesetzbuch für das Deutsche Reich. 4. Aufl. Berlin 1892.

Oppenhoff, Das Strafgesetzbuch für das Deutsche Reich. 13. Aufl. Berlin 1896.

Oppenhoff, Die Rechtsprechung des Kön. Ober-Tribunals in Strafsachen. 20 Bde. Berlin. 1861—79.

Petersen und Kleinfeller, Konkursordnung für das Deutsche Reich. 3. Aufl. Lahr 1892.

Pfaff, Hermann, Das bayrische Gesetz über die Erbschaftssteuer vom 18. August 1879. Nördlingen 1889.

Pfaff, Friedrich, Das Großherzoglich-Hessische Gesetz vom 30. August 1884 über die Erbschafts- und Schenkungssteuer. Mainz 1888.

Preger, Die Ordnungsstrafe im Reichsrecht, in Laband und Stoerks Archiv für das öffentliche Recht. Bd. 7 (1892), S. 365—426,

Puchelt, Kommentar zur Strafprozeßordnung. Leipzig 1881.

Rechtsprechung des Reichsgerichts in Strafsachen, herausgegeben von der Reichsanwaltschaft. Bd. 1—10.

Rehbein, Die Entscheidungen des vormaligen preußischen Ober-Tribunals auf dem Gebiete des Civilrechts. 4 Bände. Berlin 1884/95.

Rehbein und Reincke, Allgemeines Landrecht für die preußischen Staaten. 5. Aufl. Berlin 1894/95.

Reutti, Zusammenstellung der jetzt noch giltigen Gesetze und Verordnungen über die Liegenschafts-, Erbschafts- und Schenkungsaccise im Großherzogtum Baden. 2. Aufl. Herausgegeben von Grosch. Karlsruhe 1895.

Ricker, Die Verantwortlichkeit der Erben für die Steuerdefraudationen des Erblassers. Göttinger Dissertation. Wiesbaden 1894.

Rintelen, Der Strafprozeß. Berlin 1891.

Röhrs Strafgesetzgebung und Strafverfahren in Bezug auf die Zuwiderhandlungen gegen die Zoll- und Steuergesetze, neu bearbeitet von Wirth. 3. Aufl. Breslau 1892.

von Rönne, L., Das Staatsrecht des Deutschen Reichs. 2. Aufl. 2 Bde. Leipzig 1876—77.

Rubo, Kommentar über das Strafgesetzbuch für das Deutsche Reich. Berlin 1879.

Rüdorff, Strafgesetzbuch für das Deutsche Reich. 4. Aufl. Herausgegeben von Stenglein. Berlin 1892.

von Savigny, Das Obligationenrecht als Teil des heutigen römischen Rechts. 2 Bde. Berlin 1851 und 1853.

von Savigny, System des heutigen römischen Rechts. 7 Bände. Berlin 1840 ff. Register von Heuser, das. 1856.

Schmidt, Kommentar zu den Königlich preußischen Stempelgesetzen. 2. Ausgabe Bd. 1. Berlin 1855; Bd. 2 Berlin 1859; Bd. 3 (von Hillgenberg) Berlin 1868.

Schmoller, Die Epochen der preußischen Finanzpolitik, im Jahrbuch für Gesetzgebung, Verwaltung und Volkswirtschaft, 1. Jahrgang S. 33—114. Leipzig 1877.

Scholtz, Das summarische Untersuchungsverfahren in Zoll- und Steuerprozessen. Berlin 1854.

Schütze, Der preußische Steuerbeamte in Bezug auf seine Dienst- und Rechtsverhältnisse. 7. Aufl. Leipzig 1885.

Schulz, Handbuch der Kassenverwaltung und Kostenerhebung bei den Preußischen Justizbehörden. Berlin 1895.

von Schwarze, Kommentar zu der deutschen Strafprozeßordnung. Leipzig 1878.

von Schwarze, Kommentar zum Strafgesetzbuche für das Deutsche Reich. 5. Aufl. Leipzig 1884.

Schwaiger, Über die strafrechtliche Stellung der Steuerdefraudationen im Gerichtssaal. Bd. 49. Stuttgart 1894. S. 401—454 (auch als Dissertation erschienen).

Seufferts Archiv für Entscheidungen der obersten Gerichte in den deutschen Staaten. Bd. 1—50. München 1847—95.

Seuffert, H., Das Strafrecht des Deutschen Reichs, — in: Die Strafgesetzgebung der Gegenwart. Berlin 1894.

Seuffert, L., Kommentar zur Civilprozeßordnung für das Deutsche Reich. 7. Aufl. München 1896.

Severin, Die preußischen Stempelabgaben. Paderborn 1890.

Staub, Kommentar zum allgemeinen deutschen Handelsgesetzbuch. 3. und 4. Aufl. Berlin 1896.

Stenglein, Kommentar zur Strafprozeßordnung. 2. Aufl. Nördlingen 1889.

Stenglein, Appelius und Kleinfeller, Die strafrechtlichen Nebengesetze des Deutschen Reiches. 2. Aufl. Berlin 1895.

von Stengel, Die deutschen Schutzgebiete. S. A. aus Hirths Annalen. München 1889.

Stölzel, Das Recht der väterlichen Gewalt in Preußen. Berlin 1874.

Stölzel, Schulung für die civilistische Praxis. 2. Aufl. Berlin 1896.

Striethorst, Archiv für Rechtsfälle. 100 Bde. 1851—80.

Thilo, Kommentar zur Strafprozeßordnung. Berlin 1878.

Trautvetter, Das Strafrecht der Zoll- und Verbrauchssteuergesetze in der Rechtsprechung. Berlin 1894.

Turnau, Die Grundbuchordnung vom 5. Mai 1872 mit Ergänzungen und Erläuterungen. 5. Aufl. Paderborn 1892.

Ullmann, Lehrbuch des deutschen Strafprozeßrechts. München 1893.

Unger, J., Österreichisches Erbrecht, 6. Band des Systems des österreichischen allgemeinen Privatrechts. 2. Aufl. 1871.

Völk, Das Strafverfahren in Zoll-, Aufschlags- und anderen Steuersachen. Nördlingen 1885.

Voullième und Eisenach, Das Verwaltungszwangsverfahren wegen Beitreibung von Geldbeträgen. 1889.

Wahl, R., Kön. Sächsische Gesetze über die Erbschaftssteuer und den Urkundenstempel. 4. Aufl. Leipzig 1894.

Weinheimer, Die Strafgesetze in Zoll- und Steuersachen. Ulm 1883.

von Wilmowski, Deutsche Reichskonkursordnung. Berlin 1896.

von Wilmowski und M. Levy, Civilprozeßordnung und Gerichtsverfassungsgesetz für das Deutsche Reich. 7. Aufl. 2 Bde. Berlin 1895.

Windscheid, Lehrbuch des Pandektenrechts. 3 Bde. 7. Aufl. Frankfurt a. M. 1891.

Wintterlin, Das württembergische Erbschafts- und Schenkungssteuergesetz vom 24. März 1881. Stuttgart 1881.

Zachariae-Crome, Handbuch des französischen Civilrechts. 4 Bde. 8. Aufl. Freiburg i. B. 1893—96.

Zeller, Die Erbschaftsbesteuerung im Verhältnis zum Heimatstaate und zu anderen Staaten, in Schanz Finanzarchiv. 1890. Bd. 1 S. 317 ff.

Ziebarth, Das Forstrecht. Berlin 1889.

Abkürzungen.

a. a. O. = am angegebenen Orte.
a. E. = am Ende.
A.G.O. = Allgemeine Gerichtsordnung.
A.G.V.G. = Ausführungsgesetz zum Gerichtsverfassungsgesetze.
A.K.O. = Allerhöchste Kabinetsorder.
Allg. Verf. = Allgemeine Verfügung.
A.L.R. = Allgemeines Landrecht.
Ausf.Ges. = Ausführungsgesetz.
Beschl. = Beschluß.
B.G.Bl. = Bundes-Gesetzblatt des Norddeutschen Bundes.
C.Bl. = Central-Blatt der Abgaben-, Gewerbe- und Handels-Gesetzgebung und Verwaltung in den Königlich Preußischen Staaten.
c.c. = code civil.
Cirk.-Verf. = Cirkular-Verfügung.
Cirk.-Reskr. = Cirkular-Reskript.
C.P.O. = Civilprozeßordnung für das Deutsche Reich.
D.G.K.G. = Deutsches Gerichtskostengesetz vom 18. Juni 1878.
Einf.Ges. = Einführungsgesetz.
Erl. = Erlaß.
E.St.G. = Erbschaftssteuergesetz.
F.M. = Finanzminister.
F.M.E. = Erlaß des Finanzministers.
F.M.R. = Reskript des Finanzministers.
F.M.V. = Verfügung des Finanzministers.
G.D.V. = Generaldirektorats-Verfügung.
Ges. = Gesetz.
G.K.G. = Preußisches Gerichtskostengesetz vom 25. Juni 1895.
G.S. = Gesetz-Sammlung.
G.V.G. = Gerichtsverfassungsgesetz.
H.G.B. = Allgemeines deutsches Handelsgesetzbuch.
J.M. = Justizminister.
J.M.Bl. = Justizministerialblatt.
J.M.R. = Reskript des Justizministers.
J.M.V. = Verfügung des Justizministers.
Kab.O. = Kabinetsorder.
K.G. = Kammergericht.

K.G.Beschl. = Beschluß des Kammergerichts.
K.G.Urt. = Urteil des Kammergerichts.
K.O. Konkursordnung für das Deutsche Reich.
Komm. Kommentar.
Komm.Ber. Kommissionsbericht.
M. Minister.
M.=Bl. = Ministerial=Blatt für die gesamte innere Verwaltung.
M. d. J. — Minister des Inneren.
Mylius = Mylius, corpus constitutionum Marchicarum.
N.C.C. Novum corpus constitutionum Prussico-Brandenburgensium.
Ob.=Tr. = Ober=Tribunal.
O.L.G. = Oberlandesgericht.
P.St.D. = Provinzial=Steuerdirektor.
R. = Reskript.
Reg. = Regierung.
R.G. = Reichsgericht.
R.G.Bl. = Reichs=Gesetzblatt.
R.G.C.S. = Entscheidungen des Reichsgerichts in Civilsachen.
R.G.St.S. = Entscheidungen des Reichsgerichts in Strafsachen.
R.G.Urt. = Reichsgerichts=Urtheil.
R.St.G.B. = Strafgesetzbuch für das Deutsche Reich.
s. = siehe.
S. = Seite.
St.P.O. = Strafprozeßordnung für das Deutsche Reich.
V. = Verfügung.
Vdg. = Verordnung.
Vgl. = Vergleiche.
V.O. Vormundschaftsordnung.
Vdg. = Verordnung.
Vtg. = Vertrag.
V.U. = Verfassungs=Urkunde für den Preußischen Staat vom 31. Januar 1850.
z. B. = zum Beispiel.

Berichtigungen, Ergänzungen und erhebliche Druckfehler.

Es wird gebeten, die Nachträge vor dem Gebrauche des Buches zu vermerken.

S. 2, Z. 14 v. o. hinzuzufügen: S. ferner Anm. I zu § 50.

S. 2, Z. 16 v. o. Durch das Gesetz betr. das Sportel-, Stempel- und Taxwesen in den Hohenzollernschen Landen vom 22. Juni 1875 Art. 1 § 3 (G.S. S. 235) wurde es mit Ausnahme der §§ 2 und 4 in Hohenzollern und durch das Gesetz vom 19. Mai 1891 Art. 2 wurde es auch in Lauenburg mit gewissen . . . .

S. 5, Z. 19 v. u. lies „1890" statt „1880."

S. 9, Z. 24 v. u. lies „Beliehenen" statt „Geliehenen".

S. 13, Z. 13 v. o. hinzuzufügen: Vgl. auch S. 73 Nr. 2.

S. 23, Z. 1 v. o. lies „372" statt „237".

S. 23, Z. 11 v. u. lies „Ehescheidungsstrafe" statt „Entscheidungsstrafe".

S. 25, Z. 13 v. u. hinzuzufügen: S. auch R.G. I. Urt. v. 8. Mai 1895, C.S., Bd. 35 S. 205.

S. 34, Z. 7 v. u. hinzuzufügen: S. auch S. 158, d.

S. 36, Z. 25 v. o. und Z. 5 v. u. hinzuzufügen: S. auch S. 158, d.

S. 52, Z. 8 v. o. lies „Minister" statt „Ministerien".

S. 57, Z. 26 v. o. lies „Erlasses" statt „Erblassers".

S. 60, Z. 15 v. u. lies „1893" statt „1983".

S. 60 hinzuzufügen zu I: In dem R.G.Urt. IV. vom 2. März 1896, Gruchot Bd. 40 S. 647, wird zu § 16 d. Ges. folgendes ausgeführt: 1) Die Anordnung „so lange meine Grube jährlich 12000 M. oder mehr Ausbeute giebt, soll X, so lange er lebt, jährlich 600 M. aus den Einkünften der Grube beziehen" fällt unter § 16; der Ausdruck des Gesetzes „auf Lebenszeit" enthält nicht eine aufschiebende Bedingung im Sinne des § 22 d. Ges. — 2) Die Vorschriften der §§ 16 und 22 schließen einander nicht aus. Der Wert der zugewendeten lebenslänglichen Nutzung ist daher nach § 16 zu berechnen, aber nach § 22 nicht in einem Betrage, sondern in einzelnen Raten nach Eintritt des Erwerbes des jedesmaligen Jahresbezuges zu zahlen.

S. 67 zu I hinzuzufügen: S. die Ergänzung zu S. 60.

S. 78, Z. 13 v. o. lies: „zu einem noch schwebenden Verteilungsverfahren".

S. 86, Z. 20 v. u. lies „Fiduziar" statt „Fideikommissar".

S. 93, Z. 5, 6 zu streichen die Worte: „weil ohne rechtliche Wirkung".

S. 96, Z. 9 v. o. lies: „falls sie sich nicht".

S. 100, letzte Z. hinzuzufügen: „und im Anhange".

S. 101, Z. 15 v. o. hinzuzufügen: „abgedruckt im Anhange".

S. 105, Z. 16 v. u. hinzuzufügen: Die Steuerbehörde ist nur dann berechtigt, Verzeichnis und Deklaration einzufordern, wenn ein steuerpflichtiger Nachlaß vorhanden ist. Gegen das unbegründete Verlangen ist die Feststellungsklage zulässig. R.G. IV. Urt. vom 17. Juni 1895, C.S. Bd. 36 S. 210.

S. 111, Z. 10 v. o. lies „ebensowenig" statt „dagegen".

S. 114, Z. 21 v. o. hinzuzufügen: S. auch die Verordnungen auf S. 177 Anm. 12.

S. 122, Z. 4 v. u. Mit den Worten „Der Zinsanspruch usw." beginnt ein neuer Absatz.

S. 123, Z. 14 v. u. hinzuzufügen hinter Bd. 31 S. 30: insbesondere R.G. IV. Urt. vom 17. Juni 1895, C.S. Bd. 36 S. 210, wo die Feststellungsklage zugelassen ist, um die aus der Steuerfreiheit des Erbanfalles hergeleitete Nichtverpflichtung zur Einreichung der Deklaration darzuthun.

S. 138 Z, 9 v. u. lies: von Liszt S. 469 und 659 anstatt S. 489 und 661.

S. 157, Z. 20 v. u. lies: „Dient er auch anderen Zwecken".

S. 161, letzte Z. lies „905" statt „910".

S. 162, Z. 13 v. o. lies: „nur dem preußischen Fiskus und".

S. 164 zu IX. hinzuzufügen: Zu der Pos. 2g der Befreiungen des Tarifs wird in dem R.G.Urt. IV. vom 20. Februar 1896, Gruchot Bd. 40 S. 650 Folgendes ausgeführt: 1) Nicht jede Zuwendung an eine milde Stiftung ist steuerfrei, sondern nur eine solche, deren Zweck sich mit dem der milden Stiftung deckt. Verfolgt sie mehrere Zwecke, so genügt es zur Begründung der Steuerfreiheit, daß die Zuwendung einem von ihnen dient. 2) Zum Begriffe einer „Krankenanstalt" ist im allgemeinen erforderlich, daß der Kranke in die Anstalt aufgenommen und darin gepflegt wird. Es verträgt sich jedoch damit, daß in besonderen Fällen auch außerhalb der Anstalt ärztliche Behandlung oder eine Geldunterstützung gewährt wird. Ist dies für eine bestimmte Anstalt statutenmäßig vorgesehen, so ist auch die zu einem dieser Zwecke gemachte Zuwendung steuerfrei.

S. 166, Z. 13 v. o. lies „1881" statt „1884".

S. 166, Z. 15 v. o. hinzuzufügen: IV. Urt. vom 1. Juli 1895, J.M.Bl. 1896 S. 313.

S. 177, Anm. 12. Durch § 8 des Reichsges. v. 9. Juni 1895 (R.G.Bl. S. 256) ist den Amtsgerichten die Verpflichtung auferlegt, im Verwaltungsstrafverfahren auf Ersuchen Zeugen und Sachverständige eidlich zu vernehmen.

S. 178, Z. 2 v. u. fehlt hinter „und": J.M.R.

S. 327, Anm. 3 hinzuzufügen: Vgl. R.G. IV. Urt. vom 3. Oktober 1893, Jur.Woch. 1893 S. 531.

S. 333, Anm. 2 hinzuzufügen: vom 20. Mai 1895, Jur.Woch. 1895 S. 470.

S. 335, Anm. 1 hinzuzufügen: R.G. I. Urt. vom 20. Mai 1895, Jur.Woch. 1895 S. 470 (auch für die Frage des Rückfalls).

S. 339, Anm. 1 lies „505" statt „305".

S. 344, Anm. 3 hinzuzufügen: Die bis zur Zurücknahme erwachsenen Kosten der gerichtlichen Untersuchung fallen dem Angeschuldigten zur Last. Sie werden vom Gerichte festgesetzt und nötigenfalls zwangsweise beigetrieben. Bonnenberg S. 263 § 140.

S. 352, Z. 9 v. u. lies „Ausführungen" statt „Anschauungen".

Inhalts-Verzeichnis.

I. Teil.

Kommentar zum Gesetz, betreffend die Erbschaftssteuer vom 30. Mai 1873/19. Mai 1891 in der vom Finanzminister am 24. Mai 1891 bekannt gemachten Fassung (G.S. S. 78), unter Berücksichtigung der durch die Novelle vom 31. Juli 1895 (G.S. S. 412) bewirkten Änderungen.

Tarif, nach welchem die Erbschaftssteuer zu erheben ist.

Anhang.

II. Teil.

Systematische Darstellung des preußischen Erbschaftssteuerrechts.

Erste Abteilung

Einleitung.

I. Geschichtliche Entwickelung.

II. Die Erbschaftssteuer vom Standpunkte der Finanzwissenschaft.

Zweite Abteilung.

Das Preußische Erbschaftssteuerrecht nach dem Gesetze vom 30. Mai 1873/19. Mai 1891 und der Novelle vom 31. Juli 1895.

Erster Abschnitt. Inhalt, Anordnung und Grundzüge des Gesetzes.

Zweiter Abschnitt. Das materielle Erbschaftssteuerrecht.

I. Gegenstand der Besteuerung.

II. Steuerpflichtige Masse.

III. Wertsermittelung.

Seite

IV. Die Steuerforderung.

V. Betrag der Erbschaftssteuer.

Dritter Abschnitt. Das Steuererhebungsverfahren.

Vierter Abschnitt. Das Erbschaftssteuer-Straf- und Strafprozeßrecht.

I. Das materielle Strafrecht.

II. Das Strafverfahren.

a) Im allgemeinen.

b) Das Verfahren vor den Verwaltungsbehörden.

c) Das Verfahren vor den ordentlichen Gerichten.

I. Teil.

Kommentar zum Erbschaftssteuergesetze nebst Anhang.

Gesetz,

betreffend

die Erbschaftssteuer

vom 30. Mai 1873/19. Mai 1891, in der vom Finanzminister am 24. Mai 1891 bekannt gemachten Fassung (G.S. S. 78), unter Berücksichtigung der durch die Novelle vom 31. Juli 1895 (G.S. S. 412) bewirkten Änderungen.

Wir **Wilhelm**, von Gottes Gnaden König von Preußen ꝛc. verordnen, unter Zustimmung beider Häuser des Landtags, für den Umfang der Monarchie mit Ausschluss der Insel Helgoland, was folgt:

I. **Zur Entstehung des Gesetzes:** Vgl. Syst. Einleitung.

Hier sei nur Folgendes hervorgehoben:

Das ursprüngliche am 1. Januar 1874 in Kraft getretene Gesetz, betreffend die Erbschaftssteuer, vom 30. Mai 1873 (G.S. S. 329) hatte durch das am 1. Juli 1891 in Kraft getretene Gesetz, betreffend Abänderung des Erbschaftssteuergesetzes vom 19. Mai 1891 (G.S. S. 72) mehrfache Abänderungen erfahren; der abgeänderte Text wurde vom Finanzminister am 24. Mai 1891 bekannt gemacht. Nunmehr sind durch das am 1. April 1896 in Kraft getretene Gesetz, betreffend die Erbschaftssteuer, vom 31. Juli 1895 (G.S. S. 412) weitere Änderungen in den §§ 10 und 15 des Gesetzes und im Tarife unter 1, 2 g, der „Befreiungen“ sowie durch Einschaltung eines neuen Absatzes zwischen die Buchstaben i und k in dem Absatze „Befreiungen zu 2“ und durch Hinzufügung eines weiteren Absatzes hinter 2 k der „Befreiungen“ eingetreten. Im Texte ist das Gesetz in seiner neuen Gestalt wiedergegeben. Seine verschiedenen Bestandteile sind, wie folgt, kenntlich gemacht:

a) der Text des Gesetzes von 1873 durch Frakturschrift;

b) die durch die Novelle von 1891 bewirkten Änderungen durch Antiquaschrift;

c) die Neuerungen der Novelle von 1895 durch Kursivschrift.

II. **Rückwirkende Kraft:**

Keines der vorgenannten Gesetze hat rückwirkende Kraft. In § 48 des Ges. von 1873 war ausdrücklich folgendes bestimmt: „Hinsichtlich der Besteuerung der (vor dem 1. Januar 1874) . . . eingetretenen, der Erbschaftssteuer unterworfenen Anfälle, kommen noch die bisherigen Gesetze zur Anwendung.“ Dieser Paragraph ist zufolge Art. 4 Abs. 2 des Ges.

v. 19. Mai 1891 als (frühere) Übergangsbestimmung in der neuen Fassung weggelassen. Es sind daher grundsätzlich zu beurteilen die Erbfälle und die darauf beruhenden Anfälle:

a) vor dem 1. Januar 1874 nach den bis dahin geltenden Gesetzen;
b) vom 1. Januar 1874 bis zum 30. Juni 1891 nach dem Ges. vom 30. Mai 1873;
c) vom 1. Juli 1891 bis zum 31. März 1896 nach dem Ges. vom 19. Mai 1891;
d) vom 1. April 1896 ab nach dem Ges. vom 31. Juli 1895.

Über den Zeitpunkt des Anfalls vgl. Anm. zu § 14.

Soweit die Anfälle aufschiebend bedingt sind, kommt es auf das zur Zeit des Eintritts der Bedingung geltende Recht an. Vgl. R.G. III. Urt. vom 1. Juli 1892, Jur. Woch. S. 383. Wegen des Näheren vgl. § 22 Anm. II.

Von dem Grundsatze der Nichtrückwirkung ist jedoch eine Ausnahme hinsichtlich der neu eingeführten „Befreiungen" zu machen. Hier ist als Wille des Gesetzes die Rückwirkung anzusehen, weil der Gesetzgeber damit zu erkennen gegeben hat, daß er die Erhebung der Steuer von diesen Anfällen im öffentlichen Interesse nicht für angezeigt hält.

III. **Geltungsgebiet:**

Das Gesetz vom 30. Mai 1873 galt nicht in den Hohenzollernschen Landen und in dem erst durch das Gesetz vom 23. Juni 1876 (G.S. S. 169) mit der Preußischen Monarchie vereinigten Herzogtum Lauenburg. Durch das Gesetz vom 19. Mai 1891 Art. 2 wurde es auch in diesen Gebietsteilen mit gewissen, für die Erbschaftssteuer jetzt belanglosen Abweichungen eingeführt. Sein Geltungsgebiet ist durch das Gesetz vom 31. Juli 1895 nicht erweitert, indem ausdrücklich bestimmt ist, daß es auf der durch Ges. vom 18. Februar 1891 (G.S. S. 11) der Preußischen Monarchie einverleibten Insel Helgoland nicht gilt. Mit dieser einzigen Ausnahme hat es daher jetzt in der gesamten Monarchie Geltung.

Es gilt aber nicht in den deutschen Schutzgebieten, obschon in ihnen das Gesetz über die Konsulargerichtsbarkeit vom 10. Juli 1879 (R.G.Bl. S. 197) durch das R.G. v. $\frac{\text{17. April 1886}}{\text{15. März 1888}}$ (R.G.Bl. S. $\frac{75}{71}$) und die Kais. Verordnungen vom 5. Juni u. 13. September 1886 (R.G.Bl. S. 187, 291), vom 11. Januar, 18. November und 21. Dezember 1887 (R.G.Bl. S. 4, 527, 535) eingeführt sind, wonach dort die das bürgerliche Recht betreffenden allgemeinen Gesetze derjenigen preußischen Landesteile, in welchen das A.L.R. Gesetzeskraft hat, gelten. Denn im *Sinne der Steuergesetze* werden die Schutzgebiete nach der herrschenden Ansicht (s. G. Meyer, die staatsrechtliche Stellung der deutschen Schutzgebiete, 1888 S. 93 ff.; von Stengel, die deutschen Schutzgebiete, 1889, S. 191 ff.) als Ausland betrachtet.

§ 1.

Gegenstand der Erbschaftssteuer.

Tarif. Der Erbschaftssteuer sind nach Vorschrift dieses Gesetzes und des anliegenden von Uns vollzogenen Tarifes unterworfen, ohne Unterschied, ob der Anfall Inländern oder Ausländern zukommt:

1. Erbschaften, Vermächtnisse und Schenkungen von Todeswegen (mit Einschluß der remuneratorischen und der mit einer Auflage belasteten Schenkungen);
2. Lehns- und Fideikommißanfälle;
3. die Anfälle von Hebungen aus Familienstiftungen, welche in Folge Todesfalles auf den vermöge stiftungsmäßiger oder gesetzlicher Succesionsordnung Berufenen übergehen;

4. Vermögen Verschollener bei vorläufiger Ausfolgung an die muthmasslichen Erbberechtigten.

Mot. von 1872 S. 58. Komm.=Ber von 1872 S. 838. Entw. von 1872 und Ges. von 1873 § 1. Zu Nr. 4: Mot. von 1890 S. 248. Komm.=Ber. von 1890 S. 1615.

Der § 1 bezeichnet diejenigen Fälle, in denen jemand für einen ihm zu Teil gewordenen Vermögenszuwachs (§ 5 Abs. 1) Erbschaftssteuer zu entrichten hat.

Die Aufzählung ist eine ausschließliche; andere als die hier genannten Anfälle unterliegen der Erbschaftssteuer nicht. S. jedoch § 12.

Ob für derartige der Erbschaftssteuer nicht unterworfene Anfälle die Schenkungssteuer zu entrichten ist, ist für die Hohenzollernschen Lande nach § 4 d. Ges., für die übrige Monarchie nach Nr. 56 des Tarifs zum Stempelsteuergesetze vom 31 Juli 1895 zu beurteilen. Vgl. R.G. IV. vom 26. Juni 1893, Jur. Woch. 1893 S. 397.

I. Gemeinsame Grundsätze für die in Nr. 1—4 genannten Anfälle.

a) Was unter Erbschaft, Vermächtnis, Lehns= und Fideikommißanfall u. s. w. zu verstehen ist, ist lediglich aus den für den Anfall maßgebenden Landesgesetzen zu entnehmen. R.G. IV. vom 26. Juni 1893, Jur. Woch. S. 397.

Welches Recht im Einzelfalle maßgebend ist, wird zu den §§ 9—11 erörtert werden. Vgl. aber auch II.

b) Nach dem zur Anwendung gelangenden bürgerlichen Rechte bestimmt sich auch, was zum Vermögen eines Erblassers und infolgedessen zu seinem Nachlasse gehört, sowie ob und in welchem Umfange ein Übergang von Todeswegen bezüglich der ihm gehörigen Sachen stattfindet.

Die Konkurseröffnung bewirkt nach Reichsrecht nicht, daß das zu ihrer Zeit dem Gemeinschuldner gehörige Vermögen aufhört, sein Eigentum zu sein. Daher gehört, wenn der Gemeinschuldner nach der Konkurseröffnung stirbt, die gesamte Konkursmasse nebst dem von ihm etwa nachträglich erworbenen Vermögen zu seinem Nachlasse.

c) Die Verschiedenheit des in Preußen geltenden Privatrechts hat zur Folge, daß Anfälle in dem einen Rechtsgebiete, weil unter § 1 fallend, der Steuer unterliegen, in einem andern hingegen steuerfrei sind.

d) Die Staatsangehörigkeit des Erwerbers eines Anfalles begründet grundsätzlich keinen Unterschied in der Steuerpflicht. Ausnahmen s. § 11.

e) Die Erbschaftssteuer wird geschuldet, sobald jemandem ein Anfall der unter 1—4 bezeichneten Art zukommt, selbst wenn die Verfügung, auf Grund deren der Anfall erfolgt (Testament, Kodizill, Schenkung, Stiftungsakt u. s. w.), anfechtbar ist. Denn die blos anfechtbare letztwillige Verfügung äußert solange Rechtswirkungen, als sie unangefochten bleibt. Während ihres Bestehens ist für die gesetzliche Erbfolge kein Raum. Erkennen die gesetzlichen Erben sie stillschweigend an, so verzichten sie damit auf einen Rechtsbehelf, sie treten aber nicht etwa die Erbschaft an. In diesem Falle sind daher die in der Verfügung Bedachten steuerpflichtig. Ebenso, Böhm, E.St., S. 9, 10.

Anders, wenn die letztwillige Verfügung nichtig ist. Alsdann äußert sie keinerlei Rechtswirkungen. Sie gilt als nicht vorhanden. Es tritt die gesetzliche Erbfolge ein. In der thatsächlichen Anerkennung der nichtigen Verfügung und in der Ausführung der darin getroffenen Anordnung seitens der gesetzlichen Erben liegt eine Antretung der Erbschaft durch diese unter gleichzeitigem Verzichte zu Gunsten der in der Verfügung Bedachten. Erbschaftssteuerpflichtig sind mithin die Intestaterben. (Ob der Verzichtsakt einer Besteuerung unterliegt, bestimmt sich nach den Grundsätzen über den Urkundenstempel.) Vgl. noch R.G. IV v. 27. Februar u. 26. Juni 1893, C.S. Bd. 31 S. 242 u. Jur. Woch. S. 397, K.G. v. 23. Mai 1893 u. 16. April 1894, Johow, Bd. 13 S. 109 u. Bd. 14 S. 59.

Über die Frage, ob Nichtigkeit oder Anfechtbarkeit vorliegt, entscheidet das bürgerliche Recht. (S. darüber Dernburg, Pr. Pr, III §§ 100, 104, 127, 178, Förster=Eccius,

IV § 256; Dernburg, Pand., III § 93 ff.; Windscheid, III § 563; Zachariä-Crome, I §§ 126, 129, IV §§ 672, 678, 680, 755.)

Ähnlich Knobling, S. 6 Anm. 2 zu Art. 1; Bacher S. 80 Anm. 13: die Anerkennung eines rechtlich nichtigen Testaments verleihe diesem an sich keine Wirksamkeit, dem Erbrechte werde vielmehr ein neues Fundament: eine Liberalität supponiert; es lägen mithin zwei steuerpflichtige Akte vor: der Erwerb seitens des Intestaterben und eine Schenkung dieses an die im Testamente bezeichnete Person.

Desgleichen richtig F.M.R. vom 17. Mai 1850, III 10066 an d. P.St.D. in S., bei Hoyer-Gaupp, S. 1037 Anm. 22a: Das in einem wegen Formmangels anfechtbaren, aber anerkannten Testament ausgesetzte Legat ist als erbschaftlicher Erwerb zu versteuern. Ebenso, wenn es mündlich — F.M.R. vom 2. August 1865, III 10475 an d. Reg. in F. — oder in einem Briefe — F.M.R. v. 10. Mai 1882, III 6294 — angeordnet, demnächst von den Erben anerkannt und ausgeführt ist, vorausgesetzt daß derartige Anordnungen nach dem maßgebenden bürgerlichen Rechte verbindlich sind. Vgl. S. 8.

Abweichend, aber unzutreffend der F.M., wenn er, wie es scheint, für den Fall, daß die Erben sich in einem Rezesse gegenseitig anerkannt haben, allgemein den Satz aufstellt: daß die Steuerverwaltung an der Untersuchung der Frage, ob vor Abschluß des Rezesses überhaupt ein Anspruch an den Nachlaß bestanden und ob dieser als ein Erbanspruch hätte aufgefaßt werden können, kein Interesse habe, weil vertragsmäßig von allen Beteiligten die Erbenqualität anerkannt sei. F.M.R. vom 4. Februar 1873, III 1245, bei Hoyer-Gaupp, S. 1037 Anm. 22b.

f. Ein Erwerb, der unter Nr. 1—4 bezeichneten Art liegt unter der Voraussetzung, daß es sich nicht um eine nichtige Verfügung handelt, auch dann vor, wenn die mehreren Prätendenten einer Erbschaft, eines Vermächtnisses, der Anfälle einer Familienstiftung u. s. w. sich im Wege des Vergleichs einigen. Denn die Bereicherungen, welche dieser für die Beteiligten zur Folge hat, haben ihren rechtlichen Ursprung in dem von ihnen geltend gemachten und durch den Vergleich nur näher festgestellten und begrenzten Erb-, Fideikommiß- u. s. w. Rechte. Vgl. Wahl, Anm. 4 zu Art. 1 und den dort angef. Beschl. des sächs. F.M. vom 20. Mai 1889. S. außerdem unten S. 17, Anm. b.

g. Der Beweggrund, welcher der einen Anfall anordnenden letztwilligen Verfügung zu grunde liegt, ist für die Steuerpflicht des Anfalls unerheblich; z. B. A. vermacht dem B., weil dieser ihm Dienste geleistet hat, ohne die ihm dafür an sich zustehende Bezahlung gefordert zu haben, 1000 M. Böhm, E. St., S. 16.

II. Im einzelnen unterliegen der Erbschaftssteuer

A. Erbschaften, Vermächtnisse und Schenkungen von Todeswegen.

Ob ein Anfall unter einen dieser Begriffe fällt, ist nach dem am letzten Wohnsitze (s. Anm. zu § 10) des Erblassers geltenden Rechte zu beurteilen. Böhm, Handbuch, § 5 Anm. 9; Dernburg, Pand. I § 46 und Förster-Eccius, I § 66 Anm. 45; Crome, Allg. Teil, § 12 Nr. 7. (Über den Fall eines mehrfachen Wohnsitzes s. Förster-Eccius, a. a. O.; vgl. dazu Böhm, Handbuch § 2 Anm. 20.)

Wenn nach Landesrecht ein Anfall unter einen dieser Begriffe fällt, so ist es für die Frage der Steuerpflichtigkeit des Anfalls gleichgiltig, welcher Begriff zutrifft. So ist z. B. für die Anwendbarkeit des § 1 unerheblich, ob nach gemeinem Recht der Anspruch des arrogierten und später wieder emanzipierten Unmündigen auf den vierten Teil des Nachlasses des Arrogierenden — die sog. Quarta Divi Pii — als Erbrecht oder als gesetzliches Vermächtnis anzusehen ist (vgl. Dernburg, Pand. III § 137). Dagegen kann diese Frage bezüglich der Haftung für die Steuer nach § 29 allerdings von Bedeutung sein.

a) **Erbschaft** ist nach gem., preuß. und franz. Recht der Inbegriff derjenigen Vermögensbestandteile, welche jemand bei seinem Tode hinterläßt, soweit sie überhaupt vererblich sind. Vgl. Förster-Eccius, IV § 266; Dernburg, Pand. III § 55; Windscheid, III § 528; Zachariä-Crome, IV § 598.

Jedoch ist nach der Terminologie des franz. R. „Erbfolge" im technischen Sinne nur die gesetzliche Berufung zur Erbschaft, während jede auf einer testamentorischen Anordnung des Erblassers beruhende „Vermächtnis" genannt wird. Zachariä-Crome, a. a. O. und § 720 ff.

Ob die Erbschaft auf Gesetz, Vertrag (Erbvertrag, Erbverzicht, Einkindschaftsvertrag, Ehestiftung) oder letztwilliger Verfügung beruht, ist einflußlos. Vgl. R.G. IV v. 8. Juni 1893, Jur. Woch. 1893, S. 372; Krug, Anm. 1 zu Art. 1; Pfaff, Hessen, Anm. 1 zu Art. 1.

α) Ein Anfall ist als Erbschaft erst dann anzusehen, wenn derjenige, von dem er kommt, verstorben ist.

β) Die gerichtliche Todeserklärung steht dem natürlichen Tode gleich. Bacher, S. 81. — Die im Auslande vom Gerichte des letzten Wohnsitzes einer Person bezüglich ihrer ausgesprochene Todeserklärung ist auch für die preußischen Behörden bindend. Böhm's Zschr., 1895 S. 214.

Vgl. hinsichtlich der Todeserklärung wegen des Verfahrens: A.G. z. C.P.O. §§ 22, 24—26; C.P.O. § 823 ff.; wegen des mater. Rechts:

1. Für das gem. Recht: Dernburg, Pand. I, § 51. Man unterscheidet 2 Systeme. Bei dem schlesischen Systeme gilt der Tag der Rechtskraft des die Todeserklärung enthaltenden Urteils als Tag des Todes (der daher auch für die Frage maßgebend ist, wer als Erbberechtigter anzusehen ist); beim sächs. Systeme ist bestritten, ob der Tag der Rechtskraft, oder der Tag, an welchem der Verschollene das 70. Lebensjahr vollendet haben würde, als Todestag gilt. Für ersteres Dernburg, wo Litteratur-Nachweise zu finden sind.
2. Für das preuß. Recht: A.L.R. II 18 §§ 19—27, § 823 ff., I 1 §§ 37—39, II 1 § 665; Ges. v. 24. Februar 1851 (Ges.S. S. 23); als Todestag gilt der Tag der Rechtskraft (§ 834 C.P.O.).
3. Für das franz. Recht: Crome, allg. Teil, § 14, der dem Urteile nur deklaratorische Natur beilegt.

Der Erwerb des Vermögens des für tot Erklärten erfolgt nicht unter einer auflösenden Bedingung, sondern er ist überhaupt nur ein provisorischer. Vgl. Anm. zu § 22. Dessenungeachtet unterliegt er nach § 1 Nr. 4 der Versteuerung sogleich bei der vorläufigen Ausfolgung; die gezahlte Steuer wird jedoch, wenn der Verschollene zurückkehrt, oder wenn ein näherer gesetzlicher Erbe eintritt, je nach seinem Verwandtschaftsverhältnis zu dem Verschollenen, zurückerstattet, in beiden Fällen bis auf den der thatsächlichen Bereicherung des provisorischen Erwerbers entsprechenden Betrag (§ 22). Vgl. hierzu F.M.R. v. 26. März 1880, III 1442 an den P.St.D. in B., bei Hoyer-Gaupp, S. 1037 Anm. 23 b.

γ) Aus dem Satze unter α folgt, daß, wenn jemand zu seinen Lebzeiten sein Vermögen oder einen Teil davon einem anderen, den er zu seinem Erben eingesetzt hat oder der sein gesetzlicher Erbe ist, endgültig zu Eigentum überträgt, nicht eine Erbschaft vorliegt, sondern eine Schenkung unter Lebenden, deren Steuerpflichtigkeit sich nach dem Stempelsteuergesetze vom 31. Juli 1895 richtet, vgl. jedoch unten S. 6 ϑ.

δ) Erbschaft ist auch jede erblose Verlassenschaft, und zwar im französischen Recht sowohl die „succession en déshérence" (Code civ. Art. 768), als die „succession vacante" (Code civ. Art. 811). Vgl. Hollerith, Anm. 3 u. 4 zu § 1.

Daher tritt der Fiskus, der die erblose Verlassenschaft an sich nimmt, als wahrer Erbe ein — Dernburg, Pand., III § 138; Förster-Eccius, IV § 263; Zachariä-Crome, IV § 617 S. 61 — und ist an sich steuerpflichtig. Indes ist der preußische Fiskus steuerfrei; wegen der Steuerpflicht des Fiskus anderer Staaten und der vorgenannten Anstalten vgl. Anm. zum Tarif, Pos. Befreiungen 2, e.

Desgleichen sind die Ansprüche, welche gewissen Rechtssubjekten (Gemeinden — z. B. den Städten Berlin, Frankfurt a. M. — Universitäten, Armenanstalten, Kirchen, Regimentern) nach einzelnen Rechten auf erblose Verlassenschaften zustehen, auf den Titel einer subsidiären Intestaterbfolge zurückzuführen. Derartige Anfälle sind daher, soweit nicht ein besonderer Befreiungsgrund vorliegt, ebenfalls steuerpflichtig. Bacher, S. 81.

Rev.=Prot. des F.M. v. 2. Februar 1831, betr. die Erbsch.=Stempel=Tabellen im Bezirk des App.Ger. zu Cöslin für das III. Tertial 1829 (aus Schmidts Komm. zum Stempelges. von 1822, mitgeteilt bei H.G. S. 1037 Anm. 23a).

Dagegen ist derjenige, welcher die Nachlaßgegenstände als herrenlose Güter okkupiert, zur Zahlung der Erbschaftssteuer nicht verpflichtet. Denn es liegt nicht ein Erwerb kraft letztwilliger Verfügung des Erblassers bezw. kraft gesetzlicher erbrechtlicher Bestimmung vor.

ε) Die dem französischen Rechte eigentümliche, auf dem gesetzlichen Rückfallsrechte beruhende Nachfolge (Code civ. Art. 351, 352, 747, 766) ist Erbfolge, successio universalis, denn das Rückfallsrecht begreift die gesamten Güter, welche der Rückfallserbe dem Erblasser geschenkt hat, als ein rechtliches Ganzes. Zachariä=Crome, IV § 618.

Das in Gemäßheit dieses Rechts Erworbene unterliegt daher der Erbschaftssteuer. Hollerith, Anm. 5 zu § 1.

Dagegen hat das vertragsmäßige Rückfallsrecht lediglich die Bedeutung einer Eigentumsübertragung mit hinzugefügter auflösender Bedingung und begründet keine Erbfolge. Zachariä-Crome, IV, § 710 S. 399, Hollerith, Anm. 5 zu § 1.

In diesem Falle liegt mithin ein steuerpflichtiger Anfall nicht vor.

ζ) Andererseits hört eine Vermögensmasse auf, eine „Erbschaft" zu bilden, sobald die Nachlaßgegenstände in das Vermögen des Erben übergegangen sind. Daher liegt ein erbschaftssteuerpflichtiger Anfall nicht vor, wenn der Erbe den „Nachlaß" oder die „Erbschaft" bezw. das „Erbrecht" als Einheit weiter veräußert; oder wenn der in einem anfechtbaren, aber nicht angefochtenen Testamente eingesetzte Erbe die Erbschaft, nachdem er sie erworben hat, ganz oder teilweise den gesetzlichen Erben ausantwortet.

Dieses gilt auch, wenn der Fiskus mangels gesetzlicher oder testamentarischer Erben den Nachlaß an sich genommen hat, ihn aber aus Billigkeitsrücksichten ganz oder teilweise den Angehörigen des Erblassers zuwendet oder aus dem Nachlasse andere Personen mit Gnadengeschenken bedenkt. Für die letztere Alternative ebenso F.M.R. vom 25. Januar 1887 III 809 an den P.St.D. zu Kg.; mitgeteilt bei H.G. S. 1005 Anm. 4.

η) Wird bei gütergemeinschaftlicher Ehe der überlebende Ehegatte durch den Tod des zuerst Versterbenden alleiniger Eigentümer des gemeinschaftlichen Vermögens, so liegt nur bezüglich der dem letzteren gehörigen Hälfte ein Erbgang vor.

Wird in einem Gütergemeinschafts= oder Ehevertrage bestimmt, daß der überlebende Ehegatte den Verwandten des Verstorbenen gewisse Herauszahlungen zu machen hat, so bilden diese für die Verwandten ein steuerpflichtiges Vermächtnis. Bacher, S. 79. Knobling, S. 4 Anm. 1 zu Art. 1.

ϑ) Wenn der Fiduziar zu seinen Lebzeiten dem fideikommissarisch substituierten Erben die Erbschaft oder einen Teil davon zuwendet, so liegt nicht eine Schenkung unter Lebenden, sondern die vorzeitige Auszahlung eines betagten und bedingten erbschaftlichen Anfalls vor. Es ist mithin für den Erbteil selbst nicht die Schenkungs=, sondern die Erbschaftssteuer zu entrichten und für ihren Satz nicht das zwischen dem Substituten und dem Fiduziar, sondern das zwischen dem ersteren und dem Erblasser obwaltende Verhältnis maßgebend. R.G. IV vom 24. Februar 1885, J.M.Bl. S. 161; C.Bl. S. 124; Bolze, Bd. 1 S. 320.

Möglicherweise liegt darin zugleich eine Schenkung des Zinsgenusses an dem Erbteil für die Zeit von der Übertragung bis zum Tode des Fiduziars, deren Steuerpflichtigkeit sich nach dem Stempelsteuergesetze v. 31. Juli 1895 richtet.

b) **Vermächtnisse:** auf Kosten des Nachlasses durch letztwillige Verfügung zugewendete Freigebigkeiten. Dernburg, Pand. III. §§ 55, 98; Förster=Eccius, IV § 252; Zachariä=Crome, IV § 720; Knobling, S. 13 Anm. 3 zu Art. 1.

α) Auch für den Begriff der Vermächtnisse ist lediglich das bürgerliche Recht maßgebend. Es ist nicht zulässig, in Erweiterung des danach sich ergebenden Begriffes als Verm.

„jeden in Geld schätzbaren Vorteil zu begreifen, welcher jemandem durch Auflage an die Erben oder andere letztwillig Bedachte zugewendet wird, auch diejenigen Erwerbungen von Todeswegen, welche eines besonderen Namens ermangeln." (Wintterlin, Anm. 4 zu Art. 1.; ähnlich Pfaff, Bayern, Anm. 1 zu Art. 1.) R.G. IV. vom 26. Juni 1893, Jur. Woch. S. 397.

β) Nach der Terminologie des franz. R. ist jede testamentarische Verfügung, auch wenn sie den ganzen Nachlaß zum Gegenstande hat, „legs". Zachariä-Crome, a. a. O.

γ) Die Frage, ob das condicionis implendae causa zu Leistende (z. B. A. soll mein Erbe sein, wenn er dem B. 1000 M. auszahlt) als Vermächtnis anzusehen und demgemäß steuerpflichtig ist, muß nach den verschiedenen Rechtsgebieten verschieden beantwortet werden. Im gemeinen Recht ist nur die auf Kosten des Nachlasses erfolgende Zuwendung Vermächtnis, und deshalb ist die zur Erfüllung der Bedingung aus dem Vermögen des Erben erfolgende Leistung als solches nicht anzusehen. (Dernburg, Pand. III. § 98.) Nach preuß. Recht dagegen gilt es als Vermächtnis (A.L.R. I 12, § 6; Förster-Eccius, IV § 252 S. 416).

Bemerkt sei, daß Hessen Art. 1 Nr. 1 ausdrücklich neben den Erbschaften, Vermächtnissen und Schenkungen von Todeswegen „alle anderen Zuwendungen von Todeswegen oder Erwerbungen, welche infolge des Todes einer Person eintreten" der Steuer unterwirft. Die Ausdehnung der Steuerpflicht auf diese Erwerbsfälle entspricht der Gerechtigkeit. (Krug, Anm. 2 zu Art. 1.)

δ) Jedes Vermächtnis ist steuerpflichtig. Ausnahmen für besondere Gattungen derselben kennt das Gesetz nicht; auch die sogenannten remuneratorischen Vermächtnisse (Zuwendungen für geleistete Dienste in Vermächtnisform) und das Befreiungsvermächtnis (legatum liberationis: der Erblasser vermacht dem Legatar die Summe, die dieser ihm schuldet) unterliegen der Steuer. Hollerith, Anm. 8 zu § 1; Wahl, Anm. 7 zu Art. 1. — Einen besonderen Fall s. Bolze, Bd. 8 Nr. 653.

Das Schuldvermächtnis (legatum debiti: der Erblasser vermacht dem A. die Summe, die er diesem z. B. aus einem Darlehen schuldet; vgl. Dernburg, Pand. III § 112 Nr. 3; Förster-Eccius, IV § 252 S. 429, 430) ist Vermächtnis und als solches an sich der Steuer unterworfen, jedoch nach § 5 Abs. 1 nur insoweit, als eine Bereicherung des Legatars herbeigeführt wird. Ebenso: Pfaff, Bayern, Anm. 1 zu Art. 1.

ε) Nur was jemand nach dem Tode des Erblassers auf Grund der letztwilligen Anordnung aus dem Nachlaß (s. indes oben γ) erwirbt, kann als Vermächtnis bezeichnet werden. Überträgt der Erblasser schon zu seinen Lebzeiten den vermachten Gegenstand dem Legatar in der Absicht der Erfüllung des Vermächtnisses, so ist dieses gegenstandslos. Förster-Eccius, IV § 252 S. 421: Ob.Tr. I vom 12. Mai 1876; Strieth. Arch. Bd. 99 S. 7; R.G. II v. 13. März 1888, Bolze, Bd. 5 S. 298. — Ein der Erbschaftsst. unterliegender Anfall ist daher nicht vorhanden; ob die Übertragung als Schenkung unter Lebenden steuerpflichtig ist, ergiebt sich aus den für diese geltenden Vorschriften. (Wegen der fidikommissarischen Substitution s. § 27 Abs. 2.)

Sofern nach Landesrecht der Erblasser in der Lage ist, durch einfache mündliche Anordnung dem Erben Vermächtnisse rechtswirksam aufzulegen (Oralfideikommisse, vgl. für das gem. Recht: Dernburg, Pand., III. § 75; Windscheid, III. § 629; für das preuß. Recht: A.L.R. I 12 § 172; Förster-Eccius, IV § 249 S. 377; s. auch sächs. bürgerl. Ges.-Buch § 2384; Motive zum B.G.B., V S. 293; im französischen Recht sind mündliche Verfügungen auf den Todesfall nichtig: Zachariä-Crome, IV § 657), ist der auf Grund einer solchen Anordnung jemandem zukommende Anfall steuerpflichtig. Vgl. Wahl, Anm. 3 zu Art. 1.

ζ) Ein Allerhöchstes Gnadengeschenk aus einem dem Fiskus angefallenen erblosen Nachlasse ist nicht erbschaftssteuerpflichtig. F.M.R. v. 25 Jan. 1887 III 809 an d. P.St.D. zu Kg., bei H.G. S. 1005 Anm. 4.

η) Über die Verwandlung einer nichtigen Schenkung von Todeswegen in ein Vermächtnis durch Anerkennung Seitens der Erben nach französischem Recht siehe unten S. 9, γ.

c. **Schenkungen von Todeswegen** (Donationes mortis causa) oder auf den Todesfall sind solche Schenkungen, deren Rechtsbeständigkeit davon abhängt, daß der Geschenkgeber vor dem Geschenknehmer oder nach gemeinem Rechte wenigstens gleichzeitig mit ihm verstirbt. Sie sind entweder für den Fall einer bestimmten Todesgefahr oder allgemein im Hinblick auf den Tod gemacht. (Dernburg, Pand. III. § 117; Windscheid, II §§ 369, 427, III §§ 675 676. Förster-Eccius, II § 122e; Zachariä-Crome, IV § 719.) Ihre Steuerpflichtigkeit hängt nicht von ihrer Beurkundung ab, soweit nicht das maßgebende bürgerliche Recht eine solche bei Vermeidung der Nichtigkeit vorschreibt. Vgl. hierüber: Dernburg, Pand., II § 108; Pr. Pr., II § 162; Förster-Eccius, II § 122; Zachariä-Crome, IV § 666. S. außerdem: R.G. v. 24. Juni 1880, J.M.Bl. 1881 S. 15; R.G. III v. 26. Januar 1883, C.S. Bd. 8 S. 143; R.G. I v. 26. Januar 1884, C.S. Bd. 14 S. 191; R.G. V v. 13. Januar 1886, C.S. Bd. 15 S. 226; R.G. I v. 6. Oktbr. 1886, C.S. Bd. 18 S. 49; R.G. VI v. 4. Juli 1892, C.S. Bd. 30 S. 106.

α) **Begriff.** Eine Schenkung von Todeswegen setzt voraus, daß αα) eine „Schenkung“ vorliegt und daß diese ββ) bedingt ist durch das Vorversterben oder nach gemeinem Rechte das Nichtüberleben des Schenkers.

αα) Schenkung ist die freigebige Zuwendung von Vermögen an den Beschenkten auf Kosten des Schenkers durch Vertrag.

Voraussetzung für die Steuerpflicht ist das Vorhandensein einer giltigen Schenkung. Anfechtbarkeit ist auf die Steuerpflicht ohne Einfluß, Nichtigkeit hebt sie auf, selbst wenn die Schenkung thatsächlich zur Ausführung kommt. In letzterem Falle liegt keine Schenkung von Todeswegen zwischen dem Erblasser und dem Geschenknehmer vor, sondern möglicherweise eine Schenkung unter Lebenden zwischen dem Erben und dem Beschenkten.

ββ) Die Rechtsbeständigkeit der Schenkung muß von dem Vorversterben des Geschenkgebers abhängig gemacht sein. Vgl. Rehbein Ob.Tr., II S. 422. Dies kann ausdrücklich zwischen den Beteiligten vereinbart sein, aber auch aus den Umständen, unter welchen die Schenkung erfolgt, und aus ihren Modalitäten hervorgehen, und ist im letzteren Falle eine Frage der Auslegung.

Die Praxis pflegt eine Schenkung von Todeswegen besonders dann anzunehmen, wenn sich der Schenkgeber das freie Widerrufrecht vorbehalten hatte. Dernburg, Pand. III § 117.

Die Frage, ob eine Schenkung von Todeswegen oder unter Lebenden vorliegt, ist für den Zeitpunkt der Entstehung der Steuerforderung des Fiskus von Bedeutung. Die erstere wird erst mit dem Tode des Schenkers perfekt, selbst wenn die Übereignung des Schenkungsobjekts und damit der Übergang des Eigentums schon mit der Vollziehung des Schenkungsaktes bethätigt sein sollte. Ihr Bestand ist von dem Schicksale der Erbschaft, insbesondere davon, ob diese einen Erben findet, unabhängig, weil hier kein bestimmter Beschwerter vorhanden ist.

β) **Arten der Schenkung von Todeswegen.** Im Gesetze sind namentlich hervorgehoben die remuneratorische oder belohnende, d. h. zur Vergeltung irgend welcher Verdienste des Beschenkten um den Geber (z. B. Verpflegung, Wartung, Führung einer Vermögensverwaltung — s. z. B. R.G. IV v. 24. Juni 1880 und v. 4. April 1881, J.M.Bl. 1881 S. 15 und 1882 S. 19; C.S. Bd. 15 S. 229; Bd. 29 S. 192 — Rettung aus Lebensgefahr) oder um Dritte oder das Allgemeine gemachte Schenkung, und die mit einer Auflage belastete Schenkung von Todeswegen (donatio sub modo), welche insbesondere nach § 1053 A.L.R. I 11 unter einer von dem Geschenknehmer zu leistenden Bedingung oder zu einem gewissen von ihm zu erfüllenden Endzweck gemacht ist. Auch die letztere ist trotz § 1053 A.L.R. I 11 soweit eine Bereicherung vorliegt, als Schenkung der Erbschaftssteuer unterworfen. F.M.R. vom 18. Febr. 1891, III 17431, bei Hoyer-Gaupp, S. 1005 Nr. 5a. Anders wohl im Falle des § 1048 A.L.R. I 11; vgl. dazu R.G., C.S. Bd. 17 S. 252; Gruchot, Bd. 34 S. 965.

Im 1. Entw. waren „zur Vermeidung wahrgenommener Zweifel“ (Mot. S. 58.)

außer den vorerwähnten auch die durch unentgeltliche Entsagung bewirkten Schenkungen angeführt. Die Streichung dieses Passus wurde in der Kommission beschlossen mit der Begründung, die Worte seien kasuistisch und geeignet, zu neuen Zweifeln Veranlassung zu geben; ob in einer Entsagung eine Schenkung liege, müsse nach den Umständen des Falles beurteilt werden. Vgl. § 393 A.L.R. I 16 und hierzu Ob.Trib. Bd. 7 S. 88; Strieth. Arch. Bd. 43 S. 268; Ob.Trib. Bd. 75 S. 180 (Strieth. Arch. Bd. 95 S. 13); R.G. IV v. 8. Februar 1896, C.S. Bd. 29 S. 189.

γ) **Besondere Grundsätze des französischen Rechts.**

Dem französischen Rechte ist die Schenkung von Todeswegen als Form der letztwilligen Verfügungen unbekannt. Nur freigebige Verfügungen, die in einem Heiratsvertrage getroffen werden, können Schenkungen auf den Todesfall in dem Sinne sein, daß sie das Vermögen, welches der Schenkgeber bei seinem Versterben hinterläßt, zum Gegenstande haben. Code civ. Art. 1082, 1084, 1095.

Außerdem sind die Schenkungen, welche ein Ehegatte dem anderen während der Ehe macht, Schenkungen auf den Todesfall in dem Sinne, daß sie während bestehender Ehe vom Geber jeder Zeit widerrufen werden können. Code civ. Art. 1096.

Von diesen Ausnahmen abgesehen sind wahre Schenkungen von Todeswegen — nicht auch Schenkungen unter Lebenden mit Hervorhebung der Erwartung des nahen Todes als Beweggrundes — nach unbestrittener Ansicht nichtig. Zachariä-Crome, IV § 654 S. 213 ff.

Doch kann die Nichtigkeit nach Code civ. Art. 1340 (durch Genehmigung bezw. Ausführung seitens der Erben in Kenntnis der Ungiltigkeit) geheilt werden. Geschieht dies, so liegt in der Schenkung ein Legat, das nach § 1 Z. 1 zu versteuern ist R.G. II vom 23. Oktober 1894, C.S. Bd. 34 Nr. 83 S. 337.

B. Lehns- und Fideikommißanfälle.

a. **Begriffe.**

1. Lehen ist das ausgedehnte, auf Verleihung durch den Eigentümer beruhende erbliche Nutzungs- und Gebrauchsrecht an einer fremden Sache, das zugleich eine Verpflichtung des Verleihers und des Geliehenen zu wechselseitiger Treue hervorruft. (Gerber, D.Pr.R. § 104; Knobling, S. 21 Anm. 6 zu Art. 1).

   Das Lehnrecht hat erheblich an Bedeutung eingebüßt, seitdem durch Art. 40 der Verfassungsurkunde (in seiner heutigen Gestalt, eingeführt durch Art. 2 des Ges. v. 5. Juni 1852 — G.S. S. 319 —) die Errichtung von Lehen untersagt und die Umwandlung der bestehenden Lehen in freies Eigentum angeordnet ist, durch Art. 41 (in seiner heutigen Gestalt, eingeführt durch Art. 3 des ang. Ges.) nur für die Thronlehen und die außerhalb des Staats belegenen Lehen eine Ausnahme zugelassen ist.

   Die in Art. 2 des ang. Gesetzes enthaltene Verheißung: „Der in Bezug auf die vorhandenen Lehen noch bestehende Lehensverband soll durch gesetzliche Anordnung aufgelöst werden" ist inzwischen zum großen Teile verwirklicht worden. Vgl. die Zusammenstellung bei Turnau, Grundb. Ordnung, II § 12; Rehbein und Reincke, Allg. Landrecht, Anm. 2 zu A.L.R. I 18 Abschn. 1.

2. Der Begriff der Fideikommißstiftungen ist für das Gesetz durch § 3 festgelegt; dieser bildete im I. Entw. in etwas anderer Fassung einen besonderen zweiten Abs. zu § 1. Die jetzige Fassung und die veränderte Stellung wurde in der Kommission beschlossen. (Bericht S. 838.) Der § 3 muß daher, obwohl er durch § 35 Abs. 2 des Stempelsteuergesetzes vom 31. Juli 1895 ohne Einschränkung aufgehoben ist, insoweit als fortgeltend angesehen werden. (Vgl. übrigens daselbst Tarif Nr. 24.) Der Begründung eines Fideikommisses steht die Erklärung, nach welcher ein Gut für immer der Familie erhalten bleiben soll (Stammgutserklärung), gleich. R.G. III. v. 8. Juli 1892, Jur. Woch. S. 400; Bolze, Bd. 15 Nr. 537.

b) **Gemeinsame Grundsätze für die Steuererhebung.**

1. Die Z. 2 des § 1 enthält nichts darüber, in welchen Fällen die Errichtung eines Lehens

oder Fideikommisseis einer **Besteuerung** unterliegt (s. hierüber Nr. 24 des Tarifs zum Stempelsteuergesetze vom 31. Juli 1895), vielmehr wird hier nur die Steuerpflichtigkeit der Anfälle festgesetzt. Wahl, Anm. 9 zu Art. 1.

Nur die dem Lehns- bezw. Fideikommißfolger zu teil werdende Bereicherung bildet einen steuerpflichtigen Anfall. Dagegen unterliegen die von ihm auf Grund der Stiftungsurkunde oder der Statuten unter dem Namen von Apanagen, Wittwengeldern u. s. w. an andere Personen zu entrichtenden Beträge, weil keinen erbschaftlichen Erwerb darstellend, der Steuer nicht. Vgl. Bacher, S. 84; Wintterlin, Anm. 10 zu Art. 1; Knobling, S. 25 Anm. 7 zu Art. 1.

2. **Zeitpunkt der Entstehung der Steuerpflicht.**
Ein steuerpflichtiger Anfall liegt zum ersten Male vor,

α) wenn die Errichtung durch Verfügung unter Lebenden erfolgte: mit dem Übergange des Lehens bezw. Fideikommisses von dem ersten Inhaber auf den zweiten; denn für den ersteren lag ein „Anfall", d. h. eine Rechtsnachfolge nicht vor, für ihn bildete die Verwandlung des Vermögenskomplexes vom freien Eigentum zum Lehen bezw. Fideikommisse keine Succession. Ebenso: Bacher, S. 84 Anm. 22 (für das württemb. Recht); Wintterlin, Anm. 4 zu Art. 1; Knobling, S. 25 Anm. 7 zu Art. 1.

β) wenn die Errichtung durch Verfügung von Todeswegen geschah: mit dem Tode des Stifters und der infolgedessen eintretenden Wirksamkeit der letztwilligen Verfügung; denn derjenige, der jetzt in den Genuß des Lehens- bezw. Fideikommisses gelangt, besaß es vorher nicht; für ihn liegt eine Succession, ein „Anfall" vor. Ebenso: Knobling S. 25 Anm. 7 zu Art. 1. A. M. Bacher, S. 84, der beim Eintreten des ersten Inhabers auf Grund letztwilliger Verfügung eine Succession und damit die Steuerpflicht nicht als vorliegend annimmt.

3. **Voraussetzungen der Steuerpflicht.** Die Steuerpflichtigkeit ist nicht dadurch bedingt, daß der Eintritt eines neuen Nutznießers in dem Versterben des früheren seinen Grund hat, sondern sie ist auch dann gegeben, wenn die Nachfolge auf anderen Gründen beruht. Als solche kommen in Betracht: Verzicht, eintretende Unfähigkeit (z. B. durch Verlust der Staatsangehörigkeit, der bürgerlichen Ehrenrechte, durch Religionswechsel, Nichtanerkennung eines angemaßten Adelsprädikats durch die zuständige Behörde — vgl. J.M.Bl. 1895 S. 426 —), endlich — bei Lehen — auch Felonie. Für die Steuerpflicht spricht: 1. daß auch in diesen Fällen der Eintritt des neuen Nutznießers nicht durch willkürliche Verfügung des früheren, sondern auf Grund der gesetzlichen oder statutarischen Successionsordnung, ex pacto et providentia maiorum erfolgt; 2. daß in Nr. 2 das Erfordernis: „welche in Folge Todesfalls . . . übergehen" nicht ausdrücklich hervorgehoben ist, während dieses in der Nr. 3 geschehen ist. Einige außerpreußische Gesetze haben besonders zum Ausdruck gebracht, daß die Anfälle, auch wenn sie ohne Todesfall stattfinden, steuerpflichtig sind (z. B. Hessen, Art. 1 Nr. 4). Gleicher Ansicht: Pfaff, Bayern, Anm. 5 zu Art. 1; Bacher, S. 83; Ob.Tr. I vom 3. Dec. 1877; Str.Arch. Bd. 99 S. 266 (teilw. abgedruckt bei Hoyer-Gaupp, S. 1006 Anm. 8). Im Falle des Verzichts des Inhabers zu Gunsten des nächsten Berechtigten liegt eine Schenkung unter Lebenden vor, deren Gegenstand die Nutzungen des Lehens bezw. Fideikommisses zu Lebzeiten des früheren Inhabers ist, und welche, wenn schriftlich beurkundet, nach den Vorschriften des Stempelsteuergesetzes v. 31. Juli 1895 steuerpflichtig ist. Die Lehns- bezw. Fideikommißfolge konvalesziert erst, wenn sich bei dem Tode des Verzichtenden herausstellt, daß derjenige, zu dessen Gunsten verzichtet wurde, auch in concreto folgeberechtigt war. Dieser Umstand beeinflußt naturgemäß den Zeitpunkt der Entstehung der Steuerpflicht. Vgl. über S. 6 Anm. 5.

4. **Gegenstand des Anfalls** bildet nicht das Eigentum an der Substanz des Lehns- bezw. Fideikommisses, sondern das — allerdings sehr ausgedehnte und nur in Bezug auf Veräußerungs- und Belastungsbefugnis beschränkte — Nutzungsrecht. Die Steuer berechnet sich nach § 26 d. Ges. in Verbindung mit Pos. 3 des Tarifs. Vgl. Krug, Anm. 11 zu Art. 1; Knobling, S. 23 Anm. 6 und S. 25 Anm. 7 zu Art. 1; Wahl, Anm. 8 zu Art. 1; Wintterlin, Anm. 10 Abs 3 zu Art. 1.

In denjenigen Fällen, in denen ein Lehn nach § 7 des Gesetzes über die Auflösung des Lehnsverbandes der nach dem Lehnrecht der Kurmark, Altmark und Neumark zu beurtheilenden Lehne vom 23. Juli 1875 (G.S. S. 537) in der Hand eines zur Erbfolge gelangenden Agnaten oder Mitbelehnten mit lehnsfähiger Nachkommenschaft die Lehnseigenschaft verliert, ist die von dem Agnaten oder Mitbelehnten zu entrichtende Erbschaftssteuer nicht von dem nach seinem Lebensalter zu ermittelnden Nießbrauchswert, sondern von dem Wert des Lehnguts selbst (der Substanz) zu berechnen. ... Von der Erhebung einer Erbschaftssteuer für die Abfindung an die übrigen Mitglieder der bisher lehntragenden Familie ist auch dann abzusehen, wenn die Familienmitglieder diese Abfindung unter sich aufteilen, da sie den auf jeden Einzelnen fallenden Betrag nicht als Erben oder Vermächtnißnehmer, sondern als eine vom Gesetz aus Billigkeitsgründen ihnen zugestandene Entschädigung für den Wegfall künftiger bedingter Erbansprüche erhalten und ein solcher Erwerb nicht unter § 1 des Erbschaftssteuergesetzes fällt. Wird aus der Abfindung eine Familienstiftung begründet, so bleibt der erste Hebungsberechtigte von Erbschaftssteuer befreit, wogegen die infolge Todesfalls eintretenden späteren Anfälle von Hebungen aus der Stiftung nach § 13 (jetzt § 15) des Erbschaftssteuergesetzes zu versteuern sind. F.M.R. v. 15. Novemb. 1892 III 14253 an den P.St.D. zu B., bei H.G. S. 1007.

C. Anfälle von Hebungen aus Familienstiftungen.

a) **Begriff.** Familienstiftung ist ein durch Bestimmung des Eigentümers den Zwecken einer Familie dauernd oder auf bestimmte Zeit ausschließlich gewidmetes, mit selbständiger juristischer Persönlichkeit ausgestattetes Vermögen. Vgl. Dernburg, Pand. I § 62; A.L.R. II 4 § 21 ff.; A. K.O. v. 23. Mai 1845, mitgetheilt nur im J.M.Bl. 1845 S. 178, auch Ob.Tr. Bd. 23 S. 347, Strieth.Arch. Bd. 15 S. 60, Bd. 94 S. 26; Krug, Anm. 7 zu Art. 1; Pfaff, Hessen S. 2 Anm. zu Art. 1 Nr. 3; Knobling, S. 29 Anm. 11 zu Art. 1.

Auch den Akt der Errichtung bezeichnet man als Stiftung.

Begrifflich sind Familienstiftung und Familienfideikommiß streng zu scheiden: während bei letzterem die Berufenen selbst die successiven, wenn auch beschränkten Eigentümer, also dinglich Berechtigte sind, ist die erstere selbst Rechtssubjekt, dem die Bezugsberechtigten lediglich als Gläubiger gegenübertreten. Vgl. die vorangef. Ob.Tr.-Erkenntnisse, auch Pfaff, (Hessen) S. 3 Anm. zu Art. 1 Nr. 3.

Thatsächlich ist häufig schwer zu entscheiden, ob die eine oder die andere Rechtsbildung vorliegt.

b) **Geschichtl. Entwickelung der Besteuerung.** Bis zum Erlaß des Gesetzes von 1873 waren die Anfälle von Hebungen aus Familienstiftungen steuerfrei, während die Anfälle aus Familienfideikommissen besteuert wurden. Hierin lag insofern eine Ungerechtigkeit, als trotz der rechtlichen Verschiedenheit beider Institute die Lage der Bezugsberechtigten in beiden Fällen thatsächlich gleich war. Auch ist, wie schon zu a bemerkt, nicht immer mit Sicherheit zu entscheiden, ob Stiftung oder Fideikommiß vorliegt. Diesen Erwägungen verdankt die Besteuerung ihre Entstehung. Vgl. Motive, S. 58.

c) **Gegenstand der Besteuerung.**

α) Nur die Anfälle werden durch § 1 Nr. 3 der Steuer unterworfen; inwiefern der Akt der Stiftung selbst einer Besteuerung unterliegt, ist aus dem Stempelsteuergesetze vom 31. Juli 1895 zu entnehmen.

β) Nur die Anfälle von Hebungen, nicht die Substanz ist zu versteuern; vgl. oben B b. 4.

γ) Nur diejenigen Anfälle unterliegen der Steuer, welche infolge Todesfalles auf den Berufenen übergehen.

Damit scheiden alle diejenigen Stiftungen aus, bei denen der Genuß für ein bestimmtes Familienmitglied nicht infolge eines Todesfalles eintritt, auch nicht nach einer bestimmten Successionsordnung erworben wird, sondern entweder von einem anderen im Voraus bestimmten Ereignisse (z. B. Verheiratung, Eintritt in ein Kloster, in den Militärdienst, Erreichung eines bestimmten Alters), oder (wie z. B. in der Regel bei Stipendienstiftungen) von der Entschließung der zur Verwaltung und Vertretung der Stiftung Berufenen abhängt. Vgl. Pfaff, Hessen S. 3 Anm. zu Art. 1 Nr. 4.

Dagegen macht es keinen Unterschied, ob der Erwerber vermöge stiftungsmäßiger oder gesetzlicher Successionsordnung berufen ist.

Gegenüber dem klaren Wortlaute des Gesetzes ist es nicht angängig, den infolge eines Todesfalles erfolgenden Anfällen diejenigen Fälle gleichzustellen, in welchen der Erwerb wegen eingetretener Unfähigkeit des Bezugsberechtigten oder wegen Ablaufs der stiftungsmäßigen Genußzeit geschieht. Vgl. Pfaff, Hessen, S. 3 Anm. zu Art. 1 Nr. 3.

δ) Im Falle des Verzichts des Berechtigten zu Gunsten eines anderen ist zu bemerken: Der Verzicht ist Rechtsgeschäft unter Lebenden; die Frage seiner Stempelpflichtigkeit ist lediglich nach den Vorschriften über den Urkundenstempel zu beurteilen. Durch Verzicht kann nicht das Recht auf die Hebungen aus der Stiftung, sondern nur dessen Ausübung übertragen werden. Der Verzichtende ist, rechtlich betrachtet, bis zu seinem Tode zum Genusse der Stiftungseinkünfte berechtigt. Erst mit seinem Tode geht die Berechtigung, ohne Berücksichtigung des Verzichts, auf den durch die Successionsordnung Berufenen über. Dieser hat in allen Fällen den Anfall gemäß § 1 Z. 3 zu versteuern, auch wenn er mit demjenigen, zu dessen Gunsten der frühere Berechtigte verzichtete, identisch ist. Denn erst jetzt ist er, kraft persönlichen Rechts, auf Grund der Stiftungsurkunde oder der gesetzlichen Erbfolge, berechtigt geworden, nicht etwa auf Grund des Verzichts seines Vorgängers, welcher nach dem Grundsatze: „nemo plus juris transferre potest, quam ipse habet" nur während dessen Lebzeiten wirksam war. Vgl. das bereits erwähnte Erk. des Ob.Tr. I vom 3. Dez. 1877, Strieth.Arch., Bd. 99 S. 266; diese Entscheidung bezieht sich zwar auf ein Familien-Fideikommiß, die ihr zu Grunde liegenden Erwägungen treffen aber auch für die Familienstiftung zu: weder der Fideikommißbesitzer, noch der Nutznießer der Stiftungseinkünfte kann bezüglich der Einkünfte aus dem Fideikommiß bezw. aus der Stiftung über seinen Tod hinaus verfügen. A. M., nämlich für die Steuerfreiheit im Falle des Verzichts: Pfaff, Hessen, S. 3 Anm. zu Art. 1 Nr. 3. — Bayern, Art. 1d unterwirft alle Bezüge aus einer Familienstiftung, „welche auf den durch die Successionsordnung Berufenen übergehen", der Steuer.

D. Vermögen Verschollener.

a) Die Bestimmung unter Nr. 4 ist durch Art. 1 des Ges. vom 19./24. Mai 1891 hinzugetreten. Sie soll (nach den Mot. von 1890 S. 2) entstandene Zweifel beseitigen und schließt sich an die entsprechende Vorschrift von Bayern Art. 1b, Württemberg Art. 1b und Elsaß-Lothringen § 1 an.

b) Wird jemand durch Urteil für tot erklärt, so wird es rechtlich so angesehen, als ob er gestorben wäre und sein Nachlaß wird, auch vom Standpunkte der Besteuerung, als „Erbschaft" im Sinne der Nr. 1 betrachtet und besteuert. Die Vorschrift in Nr. 4 soll sich lediglich auf den Fall beziehen, in welchem nach dem bürgerlichen Rechte das Vermögen eines Verschollenen schon vor der Todeserklärung den mutmaßlichen Erben gegen Sicherstellung ausgeantwortet wird. Diese Beschränkung ergiebt sich nicht mit Sicherheit aus dem Wortlaute — denn auch die Einweisung auf Grund der Todeserklärung ist insofern eine „vorläufige", als sie aufhört, wenn der für tot Erklärte zurückkommt — wohl aber aus den Motiven von 1890 S. 2).

Die vorläufige Verabfolgung ist u. a. zulässig im Gebiete des rheinischen (nach Code civ. art. 112—140) und des gemeinen Rechts (vgl. Bacher, S. 81).

c) Für die Anwendung der Vorschrift gelten folgende Grundsätze:

1. Die Steuerpflicht tritt nur ein, wenn eine „Ausfolgung", d. h. eine von der zuständigen

Behörde ausgehende Einweisung der mutmaßlichen Erben in den Besitz des Nachlasses stattgefunden hat.

Haben sich die Beteiligten in formloser Weise in den Besitz des Vermögens gesetzt, so kann die Steuer nicht erhoben werden. So Hollerith, Anm. 9 zu § 1.

2. Obschon der Anfall nur ein provisorischer ist (siehe oben S. 5, β), tritt die Steuerpflichtigkeit mit seinem Erwerbe ein. Mit der Entrichtung der Steuer ist die Beerbung des Verschollenen in steuerlicher Hinsicht erledigt; eine nochmalige Besteuerung oder eine Änderung des Steuerbetrages findet bei der späteren Todeserklärung nicht statt. Vgl. Motive von 1890 S. 2.

3. Dagegen findet eine Zurückzahlung der Steuer ganz oder teilweise statt, wenn der Verschollene zurückkehrt und die Empfänger das Vermögen zurückgeben müssen, oder wenn ein näherer gesetzlicher Erbe eintritt. S. oben Anm. S. 5, β; vgl. auch Wintterlin, Anm. 8 zu Art. 1.

§ 2*).

Fideikommiß- und Familienstiftungen.

In Betreff der von Fideikommiß- und von Familienstiftungen zu entrichtenden Werthstempelabgabe bewendet es bei den bestehenden Vorschriften mit folgenden Maßgaben:

1. **die Ermittelung des stempelpflichtigen Werthes erfolgt nach den Bestimmungen in den §§ 14 bis 21 dieses Gesetzes, jedoch ohne Abzug der Schulden;**
2. **bei Fideikommiß- und Familienstiftungen von Todeswegen ist der Werthstempel binnen 6 Monaten nach dem Todesfall beizubringen und kommen wegen der Verhaftung für die Entrichtung desselben die Bestimmungen der §§ 29 und 30 dieses Gesetzes zur Anwendung.**

§ 3.

Als Fideikommißstiftungen im Sinne dieses Gesetzes sind alle von Todeswegen oder unter Lebenden getroffene Anordnungen anzusehen, kraft deren gewisse Vermögensgegenstände der Familie für immer oder für mehr als zwei Generationen erhalten bleiben sollen.

§ 4**).

Schenkungen unter Lebenden.

Schenkungen unter Lebenden — insbesondere auch die remuneratorischen und die mit einer Auflage belasteten Schenkungen unterliegen, wenn eine schriftliche Beurkundung derselben stattfindet, einer Werthstempelabgabe von dem Betrage der Schenkung. Als Beurkundung von Schenkungen im Sinne dieser

*) In den Hohenzollernschen Landen und im Kreise Herzogthum Lauenburg kommt der § 2 nicht zur Anwendung.

**) In den Hohenzollernschen Landen und im Kreise Herzogthum Lauenburg kommt der dritte Absatz des § 4 nicht zur Anwendung. Für die genannten Gebietstheile treten an dessen Stelle folgende Worte:

Der Finanzminister trifft nähere Bestimmungen über die Art der Entrichtung dieser Abgabe. Für dieselbe haftet jeder Aussteller, sowie jeder spätere Inhaber oder Vorzeiger der Urkunde.

Bestimmung sind alle Schriftstücke über solche Geschäfte anzusehen, bei welchen die Absicht auf Bereicherung des einen Theils gerichtet war, auch wenn das Geschäft in der Form eines lästigen Vertrags abgeschlossen ist. Bei Beurtheilung der Frage, ob die Absicht der Bereicherung des einen Theils anzunehmen ist, sind auch solche Umstände in Betracht zu ziehen, welche aus der Urkunde nicht ersichtlich sind.

Der erforderliche Werthstempel bestimmt sich nach den Vorschriften des anliegenden Tarifs und der §§ 6 bis 25, sowie des § 27 erster Absatz dieses Gesetzes, indem an Stelle der Verhältnisse des Erblassers und des Erwerbers des Anfalls die Verhältnisse des Gebers, beziehungsweise des Beschenkten berücksichtigt werden.

Im Uebrigen finden auf diese Werthstempelabgabe die Bestimmungen wegen des Urkundenstempels Anwendung. In denjenigen Fällen, in welchen die Versteuerung der Schenkung über die für die Verwendung des Urkundenstempels sonst vorgeschriebene Frist hinaus ausgesetzt bleibt (§§ 22 bis 25 und § 27 erster Absatz), muss die Urkunde vor Ablauf dieser Frist der von dem Finanzminister zu bestimmenden Steuerbehörde vorgelegt werden, welche die erforderlichen Anordnungen wegen späterer Verwendung des Stempels zu treffen hat und welcher hierfür auf Verlangen Sicherheit zu bestellen ist.

Von den §§ 2—4 ist nach Art. 2 des Ges. vom 19. Mai 1891 der § 2 und der 3. Absatz des § 4 in den Hohenzollernschen Landen und im Kreise Herzogtum Lauenburg nicht zur Anwendung gelangt. Dort hat an Stelle der letzteren Vorschrift die S. 13 Anm. ** abgedruckte Bestimmung gegolten.

Durch § 35 Abs. 2 des Stempelsteuergesetzes vom 31. Juli 1895 sind vom 1. April 1896 ab außer Kraft gesetzt:

die §§ 2 bis einschließlich 4 und 46, sowie die Anmerkung zu diesem Paragraphen des Gesetzes, betreffend die Erbschaftssteuer vom $\frac{\text{30. Mai 1873}}{\text{19. Mai 1891}}$; Gesetzsammlung für 1891 S. 78, insoweit diese Vorschriften nicht für die Hohenzollernschen Lande Geltung haben.

Mithin gelten von ihnen noch § 3 und § 4 Abs. 1 und 2 in den Hohenzollernschen Landen. Wegen des § 3 vgl. außerdem S. 9, unten 2. — Übrigens sind die aufgehobenen Vorschriften materiell in das Stempelsteuergesetz vom 31. Juli 1895, Tarif Pos. Nr. 23, 24, 56, übernommen.

Mit Rücksicht hierauf und auf den Umstand, daß die Bestimmungen mit der Erbschaftssteuer nichts zu thun haben, werden sie hier nicht erläutert.

§ 5.

Erbschaftssteuerpflichtige Masse.

Die Erbschaftsteuer wird von dem Betrage entrichtet, um welchen diejenigen, denen der Anfall zukommt, durch denselben reicher werden.

Es sind daher der steuerpflichtigen Masse alle zu derselben gehörige ausstehende Forderungen, auch die, welche der Erwerber selbst zur Masse schuldet, oder die ihm erst mit dem Anfall erlassen werden, hinzuzurechnen.

Dagegen kommen von der steuerpflichtigen Masse in Abzug alle Schulden und Lasten, welche mit und wegen derselben übernommen werden. Hierzu

werden bei Erbschaften auch gerechnet die Kosten der letzten Krankheit und des Begräbnisses des Erblassers, die gerichtlichen und außergerichtlichen Kosten der Nachlaßregulierung und der im Interesse der Masse geführten Prozesse, nicht aber der Betrag der Erbschaftssteuer selbst und nicht die Kosten der zwischen den Erbinteressenten in deren besonderem Interesse geführten Prozesse.

Entw. I § 4; Mot. von 1872 S. 59; Komm. Ber. S. 838; Ges. von 1873 § 5.

I. **Die Erbschaftssteuer ist Bereicherungs-, nicht Handänderungs- (Mutations) Steuer.** Dies bringt Abs. 1 zum Ausdruck: Abs. 2 und 3 bezwecken lediglich, die Anwendung des in Abs. 1 ausgesprochenen Grundsatzes zu erleichtern. Der § 5 entspricht dem früher nach dem Ges. von 1822 § 9a, bezw. d. Vg. vom 5. Juli 1867 § 2 geltenden Rechte. Nur insofern jemand durch einen Anfall bereichert wird, hat er davon Steuern zu entrichten. Die Höhe der Bereicherung ist aber nur zu ermitteln durch Vergleichung der Aktiva mit den Passiven. Zu den ersteren gehören, außer den im Nachlasse befindlichen Sachen — s. aber §§ 353, 354A.L.R. I 9 — alle diesem zustehenden Forderungen; sie sind dem Werte der ersteren beizurechnen (Abs. 2). Der so erhaltene Wert wird vermindert durch die auf dem Nachlasse ruhenden Schulden und Lasten, deren Wert mithin abzuziehen ist (Abs. 3). Der verbleibende Rest bildet den Gegenstand der Bereicherung und ist zu versteuern. Für den Umfang der Bereicherung ist die Zeit des Anfalls maßgebend (siehe darüber § 14). Das Gesetz geht davon aus, daß der gesamte Nachlaß eines Erblassers — soweit nicht ein Fall der Steuerfreiheit gegeben ist — der Besteuerung unterliegt. Sind an einem Nachlasse nur steuerpflichtige Personen mit steuerpflichtigen Beträgen beteiligt, so muß die Summe der von ihnen versteuerten Werte gleich dem Werte des gesamten Nachlasses sein. Daraus folgt einmal, daß das, was von dem Erben als Legat abgesetzt wird, von dem Vermächtnisnehmer zu versteuern ist; andererseits, daß das, was schon von dem einen Beteiligten versteuert wird, nicht noch einmal von einem anderen versteuert zu werden braucht, Pfaff, Hessen, S. 16. Gegen diesen Grundsatz verstößt der S. 21 unter 4) erwähnte Beschl. des sächs. F.M. vom 17. Dezbr. 1892 Nr. 708 St.R.C. (Wahl, S. 20), der ausspricht, daß der Erbe, der ein Legat erst nach längerer Zeit zinsenfrei auszuzahlen braucht, den Wert der Nutzung in der Zwischenzeit zu versteuern hat, während dem Vermächtnisnehmer der Abzug dieses Wertes (§ 27) nicht gestattet sein soll.

II. **Zu Abs. 1. Die durch den Anfall bewirkte Bereicherung wird besteuert.** Bei einer überschuldeten Erbschaft (hereditas damnosa) kann von einer Bereicherung, mithin auch von einer Steuerpflicht, nicht die Rede sein.

a. **Reicher wird jemand durch einen Anfall nur dann, wenn seinem Vermögen ein in Geld schätzbarer Zuwachs zu teil wird, den er ohne den Anfall nicht erhalten haben würde.** Dabei ist jedoch zu beachten, daß eine Bereicherung auch in der Ersparung einer Ausgabe, die vom Bedachten gefordert werden durfte, liegen kann. Wenn z. B. der Erblasser seinem Schuldner das vermacht, was dieser ihm selbst schuldig ist (§ 425 A.L.R. I 12), so liegt hierin eine Bereicherung des Bedachten, selbst wenn er aus irgend welchen Gründen zur Zeit des Anfalls des Vermächtnisses nicht in der Lage wäre, die ihm vermachte Schuld aus seinem Vermögen an den Nachlaß zu zahlen. Vgl. Bolze Bd. 10 Nr. 677. (Wegen der Zurechnung der erlassenen Schuld zur steuerpflichtigen Masse s. unten S. 25.)

Eine Bereicherung liegt daher nicht vor:

1. Wenn der Erwerber durch den Anfall lediglich erhält, was er schon hat; z. B. der Erblasser vermacht jemandem eine diesem bereits gehörige Sache oder eine ihm zu seinen, des Erblassers, Lebzeiten bereits erlassene Schuld. S. den Fall bei Bolze, Bd. 11 Nr. 587.
2. Wenn der Erwerber durch den Anfall nur das erhält, worauf er auch ohne die dem Anfalle zu Grunde liegende Verfügung einen fälligen Rechtsanspruch hatte z. B. der (Erblasser vermacht dem A. die 100 M., die er ihm ohnehin aus einem Darlehen schuldet (legatum debiti; § 430 A.L.R. I 12). Auch in der Anordnung des Erblassers, seinem Gläubiger für eine noch nicht fällige Forderung Sicherheit aus dem Nachlasse zu bestellen, wird in der Regel keine Bereicherung liegen, weil der Gläubiger dadurch nicht mehr erhält, als was es zu fordern hat. Böhm, E.St., S. 34.

Es genügt das Bestehen einer natürlichen Verbindlichkeit — s. wegen des Begriffs: Dernburg, Pand. II § 4; Förster-Eccius, I S. 250 Anm. 2, S. 344; Zachariä-Crome, II § 277; Crome, Allg. Teil, § 43 Anm. 5 ff., § 47 Anm. 38 ff. — auf Seiten des Erblassers, soweit das Landesrecht daraus einen, wenn auch unvollkommenen Rechtsanspruch entstehen läßt.

Es ist ferner ohne Einfluß, daß der an sich rechtsbeständigen Forderung eine Einrede (vgl. jedoch wegen der Kompensationseinrede S. 23) entgegengesetzt werden kann.

War die Forderung nicht fällig, so ist zu unterscheiden:

α) Der Betrag der betagten Forderung fällt dem Erwerber vor dem Eintritte des Termines an. Eine Bereicherung liegt hier nur dann und nur insoweit vor, als die vorzeitige Erlangung des Besitzes des geschuldeten Gegenstandes für den Gläubiger einen Vermögensvorteil bildet. Das wird häufig, aber nicht immer der Fall sein; man denke z. B.: A. bestellt heute für eine Menagerie, die er in 2 Jahren zu eröffnen gedenkt, gegen Vorauszahlung eine Anzahl wilder Tiere und erhält sie durch ein Vermächtnis schon nach 6 Monaten. — Der häufigste Fall ist der des Vermächtnisses einer Geldforderung, z. B. der Erblasser, der dem A. am 1. Januar 1900 die Summe von 100000 M. zu zahlen hat, vermacht ihm diese Schuld testamentarisch und stirbt am 1. Januar 1896. Hier liegt eine Bereicherung nicht vor, wenn der Erblasser die Schuld verzinsen mußte und der Zinsfuß dem üblichen gleich war. War der Zinsfuß niedriger, so ist A. um eine 4 Jahre (1. 1. 96 — 1. 1. 1900) laufende Rente reicher, deren Wert man erhält, wenn man den für den Erblasser festgesetzten Zinsbetrag von dem von ihm durch anderweitige Beleihung des Kapitals zum üblichen Zinsfuße zu erzielenden abzieht und den Kapitalwert nach §§ 18, 19 berechnet.

War die Schuld unverzinslich, so ist der Erwerber, vorausgesetzt daß er in der Lage ist, das Kapital zinsbar anzulegen, um den 4 jährigen Zinsbetrag, dessen Kapitalwert ebenfalls nach §§ 18, 19 zu berechnen ist, reicher geworden. Die Möglichkeit der zinsbaren Anlegung von Geldern ist indes nach den heutigen Verkehrsverhältnissen bis zum Beweise des Gegenteils anzunehmen. Der Erwerber hat daher die Unmöglichkeit der Belegung nachzuweisen.

β) Bei bedingten Forderungen sind die beiden Arten der Bedingungen zu unterscheiden:

αα) Der Gegenstand der aufschiebend bedingten Forderung fällt dem Erwerber vor dem Eintritte der Bedingung zu.

Hier liegt eine Bereicherung nur unter der oben für den Fall der betagten Forderung erörterten Voraussetzung vor.

Die Höhe der Bereicherung ist zunächst unbestimmt und mit Sicherheit erst zu ermitteln, wenn die Bedingung eingetreten ist oder wenn feststeht, daß sie vereitelt ist. Es liegt also ein zur sofortigen Wertermittlung nicht geeigneter Gegenstand vor, dessen Wert nach § 25 zu bestimmen ist.

ββ) Das vom Erblasser dem Erwerber unter einer auflösenden Bedingung Geschuldete fällt dem letzteren, befreit von dieser Bedingung, an (z. B. der Erblasser hatte dem Legatar 1000 Mark zu zahlen, wenn dieser bis zum 30. Jahre ledig blieb; er vermacht ihm die 1000 Mark unbedingt und stirbt, als der Legatar 20 Jahre alt ist.) Auch hier liegt eine nur unter den zu *αα* angegebenen Voraussetzungen steuerpflichtige Bereicherung vor.

3. Wenn der Erwerber an Stelle des ihm Geschuldeten etwas anderes — z. B. an Stelle der geschuldeten Sache deren Wert oder einen anderen Gegenstand — erhält. Eine Bereicherung liegt insoweit nicht vor, als die Werte sich decken.

Dasselbe gilt, wenn der Erblasser dem Erben eine diesem gehörige Sache entzieht und ihm eine andere zuwendet. § 374 A.L.R. I 12. Ob.Tr. I v. 21. Dezember 1863, abgedr. b. G.A., Bd. 15 S. 603 unter Nr. 18 und Hoyer-Gaupp, S. 1040

Anm. 27a; Bacher S. 98; Hollerith, Anm. 18 zu § 3; Pfaff, Bayern, Anm. 3 zu Art. 5; Wahl, S. 20 Anm. 3 zu Art. 5; Pfaff, Hessen, S. 15 Anm. zu Art. 10 Abs. 1; Böhm, E.St., S. 33.

4. Wenn der Erwerber von mehreren seitens des Erblassers ihm alternativ geschuldeten Gegenständen den einen davon auf dem Wege eines der im § 1 bezeichneten Anfälle erhält, selbst wenn die Gegenstände an Wert ungleich waren und der ihm angefallene Gegenstand den höheren Wert hatte.

5. Wenn der Berechtigte auf das ihm zugewendete Recht schon vor dem Anfalle wirksam verzichtet hatte. Vgl. R.G. Urt. IV v. 12. November 1894, Jur. Woch. S. 53; Bolze, Bd. 19 Nr. 732.

b) **Nur der nach der letztwilligen Verfügung bezw. den gesetzlichen Bestimmungen sich ergebende Betrag der Bereicherung ist der Berechnung der Steuer zu Grunde zu legen.**

Hieraus folgt, daß Vergleiche der Erben über die Höhe der Erbteile, Verzichte eines Erben zu Gunsten eines anderen, freiwillige Erhöhung der Beträge von Vermächtnissen u. s. w. auf die Höhe der Steuer einflußlos sind und die Steuerbehörde nicht binden. Sie sind Verfügungen unter Lebenden, welche die Wirkungen der letztwilligen Bestimmungen des Erblassers bezw. die Vorschriften des Gesetzes hinsichtlich des Steuerpunktes unberührt lassen. Rev.-Prot. des F.M. vom 16. Mai 1869 betr. die Erbschaftsstempel-Tabellen im Bereich des App.Ger. zu Frankfurt a. O. für das II. Tertial 1868 Monitum 31, mitgeteilt bei H.G. S. 1038, Anm. 24a. R.G. IV vom 11. Dezember 1879, Gruchot Bd. 24 S. 1063; R.G. v. 4. Februar 1895, C.Bl. S. 88; R.G. v. 27. Mai 1895, Jur.Woch. S. 364; Rev. Prot. des F.M. vom 6. Juni 1854, betr. die Erbschaftsstempel-Tabellen im Bereich des App.Ger. zu Cöslin für das I. Tertial 1853 Mon. 7, mitgeteilt b. H.G. S. 1038 Anm. 24c; F.M.R. v. 27. Januar 1894, III 741 an den P.St.D. zu B., bei H.G. S. 1037. Pfaff, Bayern, Anm. 4 zu Art. 5.

Wird hingegen ein Testament durch Urteil aufgehoben, oder wird eine zweifelhafte Frage über die Interpretation einer letztwilligen Verfügung durch rechtskräftiges Urteil entschieden, so ist der Inhalt des Urteils auch der Berechnung der Steuer zu Grunde zu legen. Pfaff, Bayern, Anm. 4 zu Art. 5.

Kasuistik zu a u. b. Die Anwendung der vorstehend erörterten Grundsätze ergiebt Folgendes:

1. Der erbschaftliche (d. h. auf Grund eines Todesfalles erfolgende) Anfall des Nießbrauchs an einem Erbteile unterliegt der Besteuerung, wenn und insoweit der Erwerber dadurch eine Bereicherung erfährt.

   Eine Bereicherung liegt vor:

   α) wenn ein im Augenblick des Todes des Erblassers dem Erwerber bereits zustehender, über diesen Zeitpunkt hinaus dauernder Nießbrauch durch letztwillige Verfügung entweder

   αα) inhaltlich erweitert, oder

   ββ) zeitlich ausgedehnt wird.

   Beispiele: Zu αα). A., der dem B. die Benutzung seiner Bibliothek nur zu seinem persönlichen Gebrauche auf eine Reihe von Jahren (bis 1910) eingeräumt hat, ermächtigt durch letztwillige Verfügung den B. nach seinem Tode die Bücher auch gegen Entgelt zu verleihen, und stirbt vor Ablauf der festgesetzten Zeit (1900). Die Bereicherung liegt in dem Mehrwert, den der Nießbrauch mit Verleihungsrecht im Vergleiche zu dem Nießbrauch ohne Verleihungsrecht hat.

   Zu ββ). Der dem B. von A. durch Schenkung unter Lebenden bis 1910 zugewandte Nießbrauch an einem Kapital von 10000 Mark wird von A. durch letztwillige Verfügung bis 1930 ausgedehnt; A. stirbt 1908.

   Die Bereicherung besteht in der Zuwendung des Nießbrauchs für die Zeit von 1911—1930.

   β) wenn der Erwerber durch letztwillige Verfügung im Genusse eines Nießbrauches belassen wird, der ohne diese Verfügung mit dem Tode des Erblassers sein Ende erreicht haben würde.

Beispiel: A., der dem B. für seine, des A. Lebzeiten, den Nießbrauch an einem Kapital von 10000 Mark eingeräumt hat, vermacht ihm diesen bis zu seinem, des B., Tode. Die Bereicherung besteht in dem Werte des Nießbrauchs vom Tode des A. bis zum Tode des B. und ist nach § 16 zu berechnen.

γ) Wenn der Erwerber erst durch den Tod des Erblassers in den Genuß des Rechts gelangt. Auszuscheiden ist der Fall, daß der Anfall ohne letztwillige Verfügung lediglich auf Grund einer gesetzlichen, aber nicht dem Erbrechte angehörigen Bestimmung erfolgt.

Beispiel: A. setzt die minderjährigen Kinder seines Freundes B. zu Erben ein. Nach gem. und nach preuß. Rechte steht dem Vater an den Erbteilen der Kinder, solange sie in seiner Gewalt sind, ein gesetzlicher Nießbrauch zu. l. 1 sq. C. de bonis maternis et materni generis 6, 60; l. 6 § 1 C. de bonis quae liberis adquiruntur 6, 61. Dernburg, Pand. III. § 34; Pr. Privatrecht, III §§ 54, 55.

Dieser Erwerb ist für den Vater kein erbschaftlicher, weil er im Familiengüterrechte seinen Grund und in dem Erbfalle nur seinen äußeren Anlaß hat. Er ist daher nicht steuerpflichtig. Die Kinder haben vielmehr die gesamte Substanz zu versteuern, ohne daß sie den Wert des väterlichen Nießbrauchs abziehen dürfen.

Hier sind 2 Fälle zu unterscheiden:

αα) Dem Anfalle liegt eine letztwillige Verfügung zu Grunde, ohne welche dem Erwerber der Nießbrauch nicht zu teil geworden wäre. Ohne Belang ist, ob die Zuwendung des Nießbrauchs lediglich eine Entschädigung für die Entziehung eines sonst infolge der letztwilligen Verfügung kraft Gesetzes dem Bedachten zu teil gewordenen Vorteils bildet.

Beispiel: A. setzt seinen Freund B. zum Erben ein und vermacht dem C. den lebenslänglichen Nießbrauch an der Hälfte des Nachlasses. — C. hat den nach § 16 zu ermittelnden Wert des Nießbrauches zu versteuern.

A. entzieht dem Vater des zum Erben eingesetzten minderjährigen B. den gesetzlichen Nießbrauch an dem Erbteile und vermacht ihm zum Ersatze den Zinsgenuß eines andern Kapitals. — Der Vater hat den letzteren zu versteuern, ohne den Wert des ihm entgangenen abziehen zu dürfen. Böhm, E.St., S. 33.

ββ) Der Erwerb erfolgt auf Grund einer letztwilligen Verfügung, würde aber auch ohne solche kraft Gesetzes eingetreten sein.

Beispiel: A. setzt die minderjährigen Kinder des B. zu Erben ein und vermacht dem letzteren den Nießbrauch an den Erbteilen seiner Kinder.

Die Praxis der Steuerbehörden hat in dieser Frage geschwankt.

Durch A.K.O. v. 25. August 1839 (abgedruckt bei H.G., S. 1041 Anm. 2) war (zu § 4 des Ges. v. 1822) der Nießbrauch des Vaters an dem mütterlichen Vermögen der Kinder für die Dauer der väterlichen Gewalt von der Erbschaftssteuer befreit und angeordnet, daß der Erbschaftsstempel erst dann erhoben werden solle, wenn der Vater auch nach Beendigung der Gewalt den Nießbrauch fortsetze.

Im Fin.Ministerium war noch im Jahre 1880 die Ansicht herrschend, daß hierdurch an der Steuerpflichtigkeit des einem Vater vermachten Nießbrauchs an anderem Vermögen seiner Kinder, selbst wenn ihm dieser auch ohne die ausdrückliche Zuwendung für die Dauer der väterlichen Gewalt schon gesetzlich zugestanden hätte, nichts geändert sei. Vgl. F.M.R. v. 1. Sept. 1880 III. 13071 an den Amtmann W. in P., mitgeteilt dem P.St.D. in B., abgedruckt bei H.G. S. 1042 Anm. 29b.

Nun stellte der III. Civilsenat des R.G. in einem Urteil vom 17. März 1881, C.S. Bd. 5, Nr. 57 S. 211; J.M.Bl. von 1881 S. 110 — den Grundsatz auf: Der Erbschaftssteuer unterliegt ein durch Testament vermachter Nießbrauch nicht, wenn er bereits auf Grund des ehelichen Güterrechts gesetzlich begründet ist und sich einem Werte nach mit dem gesetzlichen Nießbrauche deckt oder etwa hinter ihm zurückbleibt. — Der zu grunde liegende Sachverhalt bot dem R.G. keine Veranlassung, die Frage zu entscheiden, ob und inwieweit ein testamentarisch vermachter Nießbrauch der Steuer unterliegt, wenn bezüglich der Dauer des Rechts oder in sonstiger Beziehung von den Normen des ehelichen Güterrechts abweichende, dem Erwerber günstigere Bestimmungen getroffen sind. Es war demnach damit nicht entschieden, ob in dem Falle, daß ein letztwillig zugewendeter Nießbrauch den gesetzlichen an Wert übersteigt, nur diese Differenz oder der volle Wert zu versteuern ist.

Demnächst wurde in einem Einzelfalle durch F.M.R. v. 23. Nov. 1882, III. 14028 an den P.St D. in B., abgedruckt bei H.G. S. 1042 Anm. 29c, ausgesprochen, daß der Nießbrauch eines Vaters an dem Pflichtteile seiner Tochter, weil er diesem schon gesetzlich zustehe, der Steuer nicht unterliege. Außerdem erging durch eine im Einverständnis mit dem Justizminister erlassene Zirk.-Verf. des F.M. v. 9. Mai 1885, III. 6112, abgedruckt bei H.G. S. 1042 Anm. 29d., in welcher auf das erstenwähnte Erkenntnis Bezug genommen wurde, an sämtliche Prov.-Steuer-Dir. die Anweisung, überall, wo dem überlebenden Ehegatten gesetzlich ein Nießbrauchsrecht an dem nach dem Tode des anderen Ehegatten den minderjährigen Kindern zufallenden Vermögen zusteht, von der Erhebung der Erbschaftssteuer abzusehen. In Übereinstimmung hiermit wurde in einem an den Prov.Steuer-Dir. in B. ergangenen F.M.R. vom 7. Jan. 1887, III. 81, abgedruckt bei H.G. S. 1042, 1043 Anm. 29e, ausgeführt, daß von der Erhebung einer Erbschaftssteuer für den einem Vater oder einer Mutter testamentarisch ausgesetzten Nießbrauch an den Erbteilen ihrer Kinder abgesehen werden müsse, wenn und soweit der Nießbrauch dem Vater oder der Mutter schon kraft Gesetzes zustehe, gleichviel ob dieses Gesetz mit dem ehelichen Güterrecht im Zusammenhang stehe oder auf anderen Gründen (z. B. der väterlichen Gewalt) beruhe, da in allen diesen Fällen dem Vater oder der Mutter durch die testamentarische Bestimmung keine Bereicherung zu teil werde.

Hierauf sprach der IV. Civilsenat des R.G. in dem Urteil vom 24. Februar 1890, abgedruckt bei H.G. S. 1043 u. 1087, aus: ein testamentarisch vermachter Nießbrauch ist von der zu versteuernden Erbschaftsmasse seinem Werte nach gemäß § 27 (früher 25) des Ges. auch dann in Abzug zu bringen, wenn er dem Vermächtnisnehmer schon gesetzlich zusteht.

Die Anwendung dieses Satzes und des in der Entscheidung des III. Senats vom 17. März 1881 aufgestellten hatte zur Folge, daß der Nießbrauch einer Besteuerung überhaupt nicht unterlag; von seiten des Substanzerben nicht, weil dieser befugt war, den Wert des Nießbrauchs gemäß § 27 von der steuerpflichtigen Masse in Abzug zu bringen; von seiten des Nießbrauchsberechtigten nicht, weil der Erwerb des Nießbrauchs ihm gegenüber nicht als ein erbschaftlicher galt.

Um dieses Ergebnis zu vermeiden, wurde durch Cirk.Verf. des F.M. vom 13. April 1891, III 3815, abgedruckt teilweise bei H.G. S. 1043 Anm. 29f. Note 2, im Einverständnis mit dem Justizminister bestimmt, daß einstweilen und für die Zukunft zu der vor dem Jahre 1885 geübten Praxis zurückzukehren und für Vermächtnisse eines Nießbrauchs an anderem, als mütterlichem Vermögen von den Nießbrauchberechtigten, wenn sie zu den erbschaftssteuerpflichtigen Personen gehören, die Erbschaftssteuer wieder zu erheben sei. Zur Begründung wird ausgeführt: wenn der Substanzerbe befugt sei, den dem Vater oder der Mutter angefallenen Nießbrauch von der steuerpflichtigen Masse in Abzug zu bringen, so stelle dieser eine Last im Sinne des § 5 Abs. 3 des Ges. dar, welche mit und wegen dieser Masse von den Erben übernommen und deshalb (sic!) nicht durch das Gesetz, sondern durch letztwillige Anordnung des Erblassers begründet worden sei. Nach dem Gesetze § 1 Nr. 1 seien aber alle auf letztwilligen Verordnungen beruhenden Zuwendungen, insoweit nicht das Gesetz selbst gewisse Befreiungen angeordnet habe, der Erbschafssteuer unterworfen. Das Urteil v. 17. März 1881 sei danach nicht so unbedingt für zutreffend zu erachten, daß eine abweichende Entscheidung ausgeschlossen erscheine.

Eine der Auffassung des F.M. entsprechende Entscheidung ist vom IV. Senate am 9. November 1891, Gruchot, Bd. 36 (1892) S. 698; J.M.Bl. 1892, S. 70; C.Bl. 1892 S. 56; Bolze, Bd. 13 S. 334 erlassen. Folgender Thatbestand lag zu Grunde: Der verstorbene Rentier M. hatte in seinem Testamente die drei Kinder seiner Tochter Natalie, verehelichten W., auf $^3/_8$ seines Nachlasses zu Erben eingesetzt, jedoch bestimmt, daß die Eltern, die in Gütergemeinschaft lebenden Eheleute W., so lange sie, bezw. einer von ihnen, am Leben sein würden, den Nießbrauch an dem Erbteile ihrer Kinder haben sollten. Von dem Anteile des Ehemannes W. war die Erbschaftssteuer in Höhe von 4% gefordert. Seine Klage auf Rückzahlung, welche er damit begründete, daß ihm der Nießbrauch schon auf Grund der zwischen ihm und seiner Ehefrau bestehenden Gütergemeinschaft zustehen würde, ihm mithin aus der testamentarischen Zuwendung des Nießbrauchs kein Vorteil erwachsen sei, wurde in allen drei Instanzen abgewiesen. Das O.L.G. hatte u. a. ausgeführt, durch Vergleichung der Vorteile und Nachteile zwischen dem auf testamentarischer Anordnung und dem auf dem Gesetze beruhenden Nießbrauche sei zu ermitteln, ob durch den Erbanfall für den Betreffenden eine Bereicherung eingetreten sei. Diese Vergleichung führe im vorliegenden Falle dahin, daß der dem Kläger W. vermachte Nießbrauch ihm größere Vorteile biete, als der auf dem Gesetze beruhende.

Das R.G. begründete sein Urteil folgendermaßen: „Der § 5 des Erbschaftssteuergesetzes v. 30. Mai 1873 bestimmt: Die Erbschaftssteuer wird von dem Betrage entrichtet, um welchen diejenigen, denen der Anfall zukommt, durch denselben reicher werden. Der Kläger W., der für seine Person dem Erblasser M. gegenüber nicht zu denjenigen Personen gehört, welche gemäß Tarif zum Erbschaftssteuergesetz von der Entrichtung der Erbschaftssteuer befreit sind, muß diese Steuer von demjenigen Betrage entrichten, welcher ihm aus dem M.'schen Nachlasse zugefallen ist und ihn bereichert hat. Schon die eine Erwägung, daß das M.'sche Testament allseitig anerkannt und die Erbschaft aus demselben angetreten ist, führt zu dem Ergebnisse, daß der Kläger W. den Nießbrauch, wie ihn solcher im Testamente überwiesen ist, ausübt, nicht aber kraft Gesetzes. Allerdings steht dem Kläger W. als gütergemeinschaftlichem Ehemann der Nießbrauch an dem Vermögen seiner Frau und als Vater der Nießbrauch an dem nicht freien Vermögen seines minderjährigen Sohnes B. gesetzlich zu, allein eine Vergleichung dieses gesetzlichen Nießbrauchs mit dem testamentarisch überwiesenen führt zu dem Resultate der Annahme einer für den Kläger W. vorhandenen Bereicherung. Die Frage der zwischen dem auf testamentarischer Bestimmung beruhenden Nießbrauche und dem durch das Gesetz gegebenen bestehenden Unterschiede wird von dem vormaligen preußischen Ober-Tribunal in der Entscheidung vom 30. September 1870, Str.Arch. Bd. 79 S. 231, näher dahin bestimmt, daß die Rechte, welche der Vater durch einen ihm vermachten Nießbrauch an einem seinen Kindern legierten Kapitale erlangt, nicht dadurch gekürzt und beeinträchtigt werden, daß das den Kindern vermachte Kapital selbst zur Bezahlung von aus deren unerlaubten Handlungen entstandenen Schulden angegriffen werden könnte (§ 203 a. a. O.), und daß es auch den Kindern gegenüber weder davon, daß der Vater für ihre standesmäßige Erziehung und Unterhalt sorge, abhänge (§ 204 a. a. O.), noch für den Vater dadurch, daß er in Konkurs verfalle (§ 206 a. a. O.), oder daß eine Einschränkung oder Aufhebung der väterlichen Gewalt eintrete (§ 264 a. a. O.) verloren gehe. Dieser Auffassung ist beizutreten. Es handelt sich hierbei um Vorteile, die nicht nur keine unmittelbaren Folgen der für den gesetzlichen Nießbrauch geltenden §§ 156 und 168 a. a. O., sondern, wie das Obertribunal weiter ausführt, gerade abweichend von den dadurch einem Vater begründeten Rechten ausschließlich aus der betreffenden letztwilligen Verordnung abzuleiten sind. Derartige Rechte hat auch im vorliegenden Falle der Kläger W. aus dem Testamente des Erblassers M. gegenüber seinen 3 Kindern, von denen nur das jüngste minderjährig ist, erworben. Der diese Rechte einschließende Nießbrauch ist also als Bereicherung des Klägers W. anzusehen und unterliegt mithin der Erbschaftssteuer. Aber auch eine Vergleichung des dem Kläger W. als Ehemann an dem Vermögen seiner Ehefrau zustehenden gesetzlichen und ihm testamentarisch vermachten Nießbrauchrechts ergiebt, daß für denselben durch die testamentarische Zuwendung eine Vermehrung seines Vermögens, also eine Bereicherung eingetreten ist, namentlich dadurch, daß bezüglich der Dauer dieses Rechts von den Normen des ehelichen Güterrechts abweichende, dem Kläger günstigere Bestimmungen getroffen worden sind. Von ähnlichen Grundsätzen ist auch das Reichsgericht in der Entscheidung vom 17. März 1881, Entscheidungen des Reichsgerichts in Civilsachen, Bd. 5 S. 211, ausgegangen."

Diese Entscheidung ist insofern nicht zu billigen, als sie den gesamten Wert des testamentarisch vermachten Nießbrauchs der Steuer unterwirft. Das R.G. hätte den Betrag der Bereicherung durch eine Vergleichung des Werts des gesetzlichen Nießbrauchs mit dem des testamentarischen ermitteln müssen und nur den Überschuß als steuerpflichtig erklären dürfen. Indem es das nicht thut, kommt es zu einem dem Begriffe der Bereicherung nicht entsprechenden Ergebnis. (Vgl. namentlich auch das von ihm angef. Ob.Tr. Erk. v. 30. September 1870.) Zu Unrecht bezieht es sich auf das Urteil vom 17. März 1881, denn dieses hat, wie S. 18 ausgeführt, die Frage der Steuerpflicht eines den gesetzlichen an Wert übersteigenden testamentarischen Nießbrauchs nicht entschieden.

Aus vorstehenden ergiebt sich, daß auch die Praxis des F.M. — jedenfalls in der Zeit vor 1885 und nach Erlaß der Cirk.Verf. vom 13. April 1891, wahrscheinlich aber auch in der Zwischenzeit — dem Gesetze nicht entspricht.

Vielmehr ist der Wert eines letztwillig zugewendeten Nießbrauchs
einerseits auf Seiten des Bedachten steuerpflichtig,
andererseits auf Seiten des Belasteten abzugsfähig,
nur insoweit, als er den Wert des gesetzlichen Nießbrauchs übersteigt, da das Gesetz nur die Bereicherung durch den Anfall von der Steuer getroffen wissen will und von einer solchen nur insofern die Rede sein kann, als nicht der Erwerber auch ohne den Anfall, wennschon aus einem anderen Rechtsgrunde reicher geworden wäre. Dieser Grundsatz gilt für alle Fälle, in denen ein letztwillig zugewendeter Nießbrauch mit einem auf Gesetz beruhenden zusammentrifft. Es wäre auch nicht gerechtfertigt, auf Grund der nicht mehr geltenden A. K.O. v. 25. August 1839 den Nießbrauch des Vaters an dem mütterlichen Vermögen abweichend zu behandeln, wie dies anscheinend der F.M. will, wenn er in der Cirk.Verf. vom 13. April 1891 von einer Rückkehr zu der vor dem Jahre 1885 geübten Praxis spricht.

Nicht zu verkennen ist, daß die Schätzung der Vorteile des letztwillig zugewendeten Nießbrauchs gegenüber dem Werte des gesetzlichen in den meisten Fällen schwierig sein wird. In der Regel wird sich übrigens ein Mehrwert des ersteren nur ergeben, wenn der gesetzliche in seiner Dauer verlängert ist.

2. Ein Vermächtnisnehmer, der zunächst eine Rente und an deren Stelle nach dem Eintritt einer aufschiebenden Bedingung ein Kapital erhält, wird bei dem Anfall dieses Kapitals nicht um dessen vollen Betrag, sondern nur insofern bereichert, als das Kapital selbst den Kapitalwert der dem Vermächtnisnehmer bereits zustehenden Nutzungen übersteigt. Für die nach § 16 erfolgende Berechnung dieses Kapitalwerts ist das Lebensalter des Vermächtnisnehmers zur Zeit des Eintritts der Bedingung maßgebend. Auch kommt sein persönliches Verhältnis zum Erblasser in Betracht. F.M.R. v. 9 Novbr. 1893, III 13662 an der P.St.D. zu B., C.Bl. 1893 S. 326.

3. Die Zuwendung eines steuerfreien Vermächtnisses enthält, da nach Abs. 3 der Abzug der Steuer von der steuerpflichtigen Masse absolut verboten ist, eine Erhöhung des

Werts des Vermächtnisses um den Betrag der Steuer. Der Legatar, für dessen Vermächtnis nach besonderer Bestimmung des Erblassers der Erbe die Steuer zu entrichten hat, ist nicht nur um den Betrag des Vermächtnisses, sondern um den Betrag der Steuer bereichert; die Summe beider Beträge ist zur Ermittelung des Betrags der Steuer zu Grunde zu legen. Ebenso: Wahl, Anm. 4 zu Art. 5; R.G. in ständiger Rechtsprechung: — IV v. 1. Februar 1892, C.S. Bd. 29. S. 180; Jur. Woch. 1892 S. 174; IV v. 9. Januar 1893, C.S. Bd. 30 S. 287; C.Bl. S. 181; Bolze, Bd. 14 S. 373; IV vom 30. Januar 1893, Jur. Woch. 1893 S. 170; IV vom 4. Dezember 1893. Jur. Woch. 1894 S. 72. —; F.M.R. v. 19. Juni 1856, III 12220 an die Erbsch.-Stempelverw. in B. bei H.G. S. 1039 Anm. 26 a; F.M.R. vom 24. Januar 1890, III 5406 an den Pr.St.D. in B., bei H.G. S. 1039 Anm. 26 b.

4. Hat der Erbe das einem Dritten vermachte Legat erst nach längerer Zeit an den Dritten oder dessen Erben zu entrichten, so ist in jedem einzelnen Falle zu untersuchen, ob eine Bereicherung des Erben vorliegt. Ist dieses der Fall, so ist sie steuerpflichtig.

Zu allgemein: Pfaff, Bayern, Anm. 3 zu Art. 5. Richtig: F.M.R. vom 19. Juni 1858, III. 12171 an die Reg. in F., mitgeteilt bei H.G. S. 1039 Anm. 25c.

Eine Bereicherung wird in der Regel vorliegen, wenn das Vermächtnis in Geld besteht und der Erbe es in der Zeit vom Antritt der Erbschaft bis zum Zahlungstage nicht zu verzinsen braucht, vorausgesetzt, daß er in der Lage war, das Geld zinsbar anzulegen. (Vgl. S. 16, Anm. α). In der Anordnung des Erblassers, daß das Kapital erst nach Ablauf einer gewissen Zeit gezahlt werden solle, liegt dann die Zuwendung seiner Nutzung an den Erben für die Zwischenzeit (vgl. § 408 A.L.R. I 12). Den Wert dieser Nutzung hat der Erbe zu versteuern; andrerseits kann der Vermächtnisnehmer verlangen, daß gemäß § 27 sein Erwerb um den Betrag der Nutzung geringer angeschlagen wird.

Gleicher Ansicht: Hollerith, S. 18; Beschl. des sächs. Fin.M. vom 17. Dezember 1892 Nr. 708 St.R.C. (mitgeteilt, bei Wahl Anm. 1 zu Art. 5), der jedoch inkonsequent dem Legatar den Abzug des Werts der Nutzungen nicht gestatten will. Rev.Prot. des F.M. vom 13. März 1860, betr. die Erbschafts-Stempel-Tabellen im Bezirk des App.Ger. zu Greifswald, Mon. 3 (mitgeteilt bei H.G. S. 1038 Anm. 25a). Just.Min.R. vom 4. August 1866, III 2355 im Einverst. des F.M. an das App.Ger. in Br., bei H.G. S. 1038 Anm. 25b. F.M.R. vom 27. Januar 1894, III 741 an den Pr.St.D. in B., mitgeteilt bei H.G. S. 1039 Anm. 25d.

A. M. Bacher, S. 98, da die nach dem Tode des Erblassers gezogenen Früchte nicht mehr rechtliche Konsequenz des mit dem Tode abgeschlossenen Vermögensbestandes seien und der Erbe sie nicht als Bestandteil der Hinterlassenschaft, sondern kraft eigenen Rechts als Zubehör seines Eigentums erwerbe. Auch Wahl, S. 20; Knobling, S. 61. S. ferner das Erk. des Ob.Tr. IV vom 30. September 1870, Strieth. Arch., Bd. 79 S. 231, welches entschied, daß eine Bereicherung um die Zinsen nicht vorliege, wenn jemandem durch Testament die Verpflichtung auferlegt ist, seinen Kindern bei ihrer Großjährigkeit eine bestimmte Summe zu zahlen und dabei ausdrücklich festgesetzt ist, daß er bis zur Großjährigkeit seiner Kinder die vermachten Beträge nicht zu verzinsen hat. Hier liege kein Vermächtnis des Nießbrauchs an Kapitalien (A.L.R. I. 12 § 421, I. 21 §§. 22, 101) vor, sondern die Bestimmung eines bestimmten, von der Vorschrift des A.L.R. I. 12 § 294 abweichenden Zahlungstages unter Befreiung von der nach § 328 a. a. O. dem Erben obliegenden Pflicht, Geldvermächtnisse vom Ablaufe der Deliberationspflicht an zu verzinsen. Über den Fall, daß in der Befristung eine Bedingung liegt, vgl. zu § 23.

Bei anderen, nicht in Geld bestehenden Vermächtnissen wird eine Bereicherung nur dann angenommen werden können, wenn der Gegenstand nicht nur überhaupt, sondern auch speziell für den Erben einen Gebrauchswert hat.

c) **Nur die durch den Anfall bewirkte Bereicherung ist steuerpflichtig.**

Erfolgt der Anfall auf Grund eines vom Erwerber mit dem Erblasser geschlossenen Erbvertrages, so ist der Berechnung der Steuer nicht der Betrag zu Grunde zu legen, um den der Erwerber durch den Vertrag, sondern derjenige, um den er durch den Anfall reicher wird. R.G. IV vom 8. Juni 1893. — C.Bl. S. 272; Jur. Woch.

S. 237; C.S. Bd. 31 S. 282 —, durch F.M.R. vom 22. Juli 1893 III 8661 zur Kenntnisnahme und Nachachtung mitgeteilt. S. auch Wahl, Anm. 7.

Der Entsch. lag folgender Thatbestand zu Grunde: Zwei Schwestern hatten mit ihrem Schwestersohne einen Erbvertrag abgeschlossen, durch den sie ihn zu ihrem Universalerben ernannten, wogegen er auf die ihm von seinen beiden Tanten geschuldete Wohnungsmiete verzichtete und sich verpflichtete, seinen beiden Tanten, so lange auch nur eine von ihnen am Leben sein würde, eine jährliche Rente zu zahlen. Der Schwestersohn wollte die erlassene Mietsschuld und die gezahlte Rente als Schulden und Lasten von der erbschaftssteuerpflichtigen Masse in Abzug bringen. Dieser Anspruch wurde durch das Erkenntnis für ungerechtfertigt erklärt.

d) **Bei Entscheidung der Frage, wer durch den Anfall bereichert ist,** kommt es nicht darauf an, wer formell vom Erblasser als Empfänger bezeichnet ist, sondern darauf, wem durch die Zuwendung ein materieller Vorteil zu teil wird.

Sind z. B. jemandem Beträge mit der ausdrücklichen Bestimmung vermacht, daß sie als Beihülfe zur Erziehung und Ausbildung seiner minderjährigen Kinder dienen sollen, so liegt eine Zuwendung für die Kinder vor. F.M.R. vom 23. November 1882, III 14028 an den P.St.D. in B., abgedruckt bei H.G. S. 1042 Anm. 29c.

e) **Nur in Geld schätzbare Vermögensbestandteile bereichern den Erwerber.** Die Schwierigkeit der Schätzung bildet keinen Grund, diese Bestandteile bei der Berechnung der Steuer außer Acht zu lassen, sofern sie nur annähernd möglich ist. (Wegen der unsicheren Forderungen vgl. § 25.)

Außer den körperlichen Sachen, deren Bewertung keine Schwierigkeiten macht (Mobilien, Wertpapiere, Grundstücke u. s. w.), und den im Abs. 2 gedachten Forderungen sind daher u. a. zu berücksichtigen:

1. Die sogen. immateriellen Rechte, soweit sie überhaupt vererblich sind: Verlags-, Patent-, Musterschutz-Rechte, das Recht, ein Warenzeichen zu führen, das Firmenrecht.
2. Dienstbarkeiten und selbständige Gerechtigkeiten, vererbliche Konzessionen, Kirchenstellen (§ 681 A.L.R. II 11), etwaige Zwangs- und Banngerechtigkeiten (ALR. I 23); Erbbegräbnisse (Ob.Tr. Bd. 73 S. 66).
3. Vermögensbestandteile, welche weder als Sachen, noch als Rechte anzusehen sind, aber im Geschäftsleben als Gegenstand von Rechtsgeschäften gelten. Hierher gehören:
   α) Geschäfts- und Betriebsgeheimnisse,
   β) Die Kundschaft eines Handelsgeschäftes (vgl. Staub, Komm. z. H.G.B., 4. Aufl., Art. 22 § 2).

   Ebenso unter Berufung auf ein Urteil des L.G. Colmar vom 12. Mai 1879 (Amtsbl. S. 343) Hollerith, Anm. 8 zu § 3.

f) **Für den Wert der Bereicherung ist nach § 14 die Zeit des Anfalls maßgebend.** Vgl. die Anm. daselbst.

III. **Zu Abs. 2. Die zur Masse gehörigen ausstehenden Forderungen jeglicher Art** (vgl. § 362 A.L.R. I 9) bilden einen Teil von ihr und sind ihrem Werte nach bei der Berechnung der Steuer zu berücksichtigen. Solche sind z. B. auch Ansprüche auf Buße, aus einem Verlöbniß, auf Entscheidungsstrafe, wenn und soweit sie nach dem maßgebenden bürgerlichen Rechte vererblich sind.

Hinterläßt also der Erblasser Mobilien im Werte von 1000 M., an barem Gelde 5000 M. und eine Darlehnsforderung an X. von 1500 M., so beträgt der Nachlaß 7500 M.

Der Beweis für das Vorhandensein einer Nachlaßforderung ist im Bestreitungsfalle von der Steuerbehörde zu führen.

a) **Nur Forderungen im Rechtssinne** sind hinzuzurechnen. Hierzu gehören nicht solche Ansprüche, deren Erfüllung nicht Tilgung einer Schuld, sondern lediglich Erledigung einer Anstandspflicht des Schuldners ist; wohl aber natürliche Verbindlichkeiten. Ob eine solche vorliegt, ist nach Landesrecht zu beurteilen, so z. B. ob nach der Verjährung einer Forderung eine natürliche Verbindlichkeit des Schuldners zurückbleibt. Immer aber ist zu berücksichtigen, daß eine auf natürlicher Verbindlichkeit beruhende Forderung meist eine unsichere (vgl. § 25) sein wird.

b) **Für die steuerpflichtige Behandlung des Nachlasses kommen nur Forderungen, welche im Augenblicke des Todes des Erblassers schon vorhanden sind oder noch bestehen, in Betracht.** Vgl. auch Anm. zu § 14.

Ein auf ein dem Erblasser gehörig gewesenes Lotterieloos gefallener Gewinn unterliegt hiernach nur dann der Erbschaftssteuer, wenn das Loos noch bei Lebzeiten des Erblassers gezogen worden ist.

Bei verzinslichen Forderungen gehören die bis zum Todestage aufgelaufenen Zinsen mit zur Masse. Bei dividendenberechtigten Wertpapieren gehört die Dividende, vorausgesetzt, daß der Dividendenschein sich im Nachlasse befindet, nur dann zur Masse, wenn sie noch bei Lebzeiten des Erblassers nach Maßgabe des Statuts der betreffenden Gesellschaft festgestellt worden ist, denn sie wird erst mit der Feststellung zum unantastbaren Gläubigerrechte. R.G. II v. 30. November 1888, C.S. Bd. 22 S. 113; Jur. Woch. 1889 S. 22; Bolze, Bd. 7 Nr. 635; Bes. Beil. z. R.Anz. 1889 S. 136. Ist der Erblasser vor der Feststellung verstorben, so sind nur die üblichen Stückzinsen bis zum Todestage zu berechnen. Es erscheint ungerechtfertigt, wenn Böhm, E.St., S. 36 bei Lebensversicherungen, welche statutenmäßig noch eine gewisse Zeit nach dem Tode des Versicherten Dividende gewähren, letztere ebenfalls als Nachlaßaktivum behandelt wissen will. Was nach dem Tode des Erblassers erworben wird, gehört nicht mehr zu seinem Nachlasse.

Ist die Forderung einmal auf rechtsgiltige Weise aus dem Vermögen des Erblassers durch ein von ihm vollzogenes Rechtsgeschäft unter Leben ausgeschieden — z. B. durch Schenkung (eines Sparkassenguthabens; R.G. IV. Urt. v. 18. November 1889, Bolze, Bd. 9 Nr. 599) — so gehört sie nicht mehr zur Masse.

Bestehen Gegenforderungen, so gilt Folgendes:

Nach gemeinem und preußischem Rechte heben sich einander gegenüberstehende Forderungen (Beispiel: Erblasser schuldet dem A. 1000 M. aus Kauf, A. dem Erblasser 1000 M. aus Darlehn) nicht von selbst, sondern erst durch die Erklärung des Kompensationswillens auf. R.G. III v. 20. Juni 1882 u. I v. 11. Oktober 1883, C.S. Bd. 7 S. 325 und Bd. 11 S. 114. Der Erwerber schuldet daher den Betrag zur Masse, auch wenn er an sie eine gleich hohe Gegenforderung hat, falls er nicht etwa zu Lebzeiten des Erblassers mit diesem einen Aufrechnungsvertrag geschlossen oder doch seinen Willen, zu kompensieren, erklärt hat. Dagegen heben nach französischem Recht entgegenstehende Forderungen sich, sobald sie einander gegenübertreten, kraft Gesetzes auf. Cod. civ. Art. 1290; R.G. II vom 28. Februar 1882, C.S. Bd. 7 S. 309.

c) **Nur die der Masse zustehenden Forderungen sind hinzuzurechnen.** Forderungen, welche einem Dritten zustehen, gehören selbstredend nicht zur Masse, wie z. B. die Ansprüche des Ehemanns aus dem gesetzlichen, statutarischen oder vertraglichen Nießbrauchsrechte an dem Vermögen seiner Ehefrau, wenn diese verstirbt, bis zum Todestage dem Ehemanne gebühren. Dagegen gehört diejenige Forderung zur Masse, welche der Schuldner auf Anweisung des Erblassers zur Tilgung von Vermächtnissen verwenden muß. R.G. v. 1. Dezbr. 1884, Bolze, Bd. 1 Nr. 1439.

1. **Außer Ansatz bleiben**

   α) Forderungen, welcher zwar dem Erblasser zustanden, aber nicht zur Masse gehören, weil sie rein persönlich und unvererblich sind: der Nießbrauch, persönliche Wohnrechte, Ansprüche aus einem Delikt, soweit sie nicht auf Schadensersatz gehen, die querela inofficiosi testamenti, wenn sie nicht mindestens vorbereitet ist (nach gem. Recht; dagegen ist die querela inoff. donationis vel dotis aktiv vererblich, Dernburg, Pand. III § 156 Anm. 15). Vgl. insbesondere für das preußische Recht die §§ 360 ff. A.L.R. I 9 und die Anmerkungen dazu bei Rehbein u. Reincke.

β) Forderungen, welche nicht der Masse, sondern den einzelnen Erben zustehen.

αα) Die Verpflichtung zur Kollation (Ausgleichung A.L.R. II 2 § 303 rapport, Rückbringen C. c. art. 843 ff.) ist nicht eine Schuld gegen den Erblasser und infolgedessen gegen den Nachlaß, sondern gegen den einzelnen kollationsberechtigten Erben, und zwar nach gem, preuß. und franz. Recht. Dernburg, Pand. III § 141; derselbe, preuß. Privatr., III § 241 S. 713; Förster-Eccius, IV § 274 S. 594 ff.; Zachariä-Crome, IV § 637 ff. Die Ansprüche auf Kollation sind daher der Masse nicht zuzurechnen. So auch (für das franz. Recht) Hollerith, Anm. 3 zu § 3.

ββ) Bei Ansprüchen aus einem vom Erblasser abgeschlossenen Lebensversicherungsvertrage ist zu unterscheiden:

ααα) Die Versicherung ist zu Gunsten bestimmter Personen abgeschlossen. Hier sind 2 Fälle möglich:

αααα) Die Person ist individuell bestimmt (z. B. zu Gunsten meines Freundes A.)

Für sämtliche Rechtsgebiete darf jetzt der Satz als anerkannt gelten, daß derjenige, zu dessen Gunsten der Vertrag abgeschlossen ist, daraus dann unmittelbar persönlich berechtigt wird, wenn er ihm mit ausdrücklicher oder stillschweigender Genehmigung des Promissars (d. h. dessen, der sich den Vorteil des Dritten hat versprechen lassen) beigetreten ist. Das Gleiche gilt, wenn ohne daß ein Beitritt erfolgt ist, der Wille des Promissars dahin geht, dem Dritten sogleich mit Abschluß des Vertrages ein derartiges Recht zu verschaffen. Vgl. für das gemeine Recht: Dernburg Pand. II § 18; Windscheid, II § 316; Rehbein, Ob.Trib. I S. 322; R.G. III. Urt. v. 18. Dezbr. 1891, Jur. Woch. 1892 S. 65; für das preußische Recht: A.L.R. I 5 §§ 74 ff.; Dernburg, Pr.Priv., II § 39; Förster-Eccius, I § 75, II § 146; Rehbein, Ob.Trib., I S. 318 ff.; R.G. V Urt. v. 25. Febr. 1880, C.S. Bd. 1 S. 188; R.G. V Urt. v. 3. März 1880, C.S. Bd. 1 S. 378; R.G. V Urt. vom 1. Oktbr. 1894, Gruchot, Bd. 39 S. 129; vgl. ferner R.G. Urt. in Jur. Woch. von 1887 S. 293 Nr. 25 und 1889 S. 246 Nr. 11; — für das französische Recht: darüber hinaus in allen Fällen, wo der Vertrag zu Gunsten bestimmter dritter Personen abgeschlossen ist: Zachariä-Crome, II § 326; R.G. II Urt. vom 22. April 1892, C.S. Bd. 29 S. 321; Reutti-Grosch, S. 74. — Dieser Wille des Promissars muß regelmäßig im Vertrage erklärt sein; einer ausdrücklichen Erklärung bedarf es indessen nicht, wenn die Versicherung zu Gunsten der Ehefrau, der Kinder oder anderer naher Angehörigen des Promissars abgeschlossen ist (vgl. Dernburg und Windscheid a. a. O.).

Hiernach gilt für die Frage der Steuerpflichtigkeit Folgendes: Hat der Dritte mit Abschluß des Vertrages einen unmittelbaren persönlichen Anspruch erworben, so gehört dieser nicht zur steuerpflichtigen Masse. Die Summe wird mit dem Tode des Versicherungsnehmers fällig und ist von dem Versicherer nicht an den Nachlaß, sondern direkt an den Dritten zu zahlen (R.G. II Urt. vom 22. April 1892, C.S. Bd. 29 S. 323). Im entgegengesetzten Falle bildet der Anspruch einen Teil des Nachlasses und unterliegt an sich der Steuer. Hierbei ist indes zu beachten, daß in den Fällen, wo der Dritte von dem Nachlasse die Herausgabe des diesem aus dem Versicherungsvertrage zugefallenen Zuwachses mit Erfolg beansprucht, der Erbe berechtigt ist, seinerseits den

Wert des Anspruches als eine mit und wegen der steuerpflichtigen Masse übernommene Schuld abzuziehen.

Für die Steuerfreiheit jeder Forderung, die aus einer zu Gunsten einer bestimmten Person abgeschlossenen Versicherung entsteht, spricht sich aus Bacher, S. 98 unter Berufung auf ein (anscheinend nicht abgedrucktes) Urt. des R.G. IV v. 21. April 1884.

ββββ) Die Person der Berechtigten ist generell bezeichnet: z. B.: „zu Gunsten meiner Erben", „zu Gunsten meiner Rechtsnachfolger".

Hier bildet die Versicherungssumme bezw. der Anspruch auf ihre Auszahlung einen Bestandteil des Nachlasses und geht in dieser Eigenschaft auf die Erben als solche über, als Repräsentanten der vermögensrechtlichen Persönlichkeit des Erb- Erblassers, und nicht als dritte, aus eigener Person Berechtigte. — Vgl. übrigens Ob.Tr. Bd. 71 S. 1; Strieth. Arch. Bd. 62 S. 337; R.G. III Urt. v. 4. Juni 1886, C.S. Bd. 16 S. 126; R.G. III Urt. v. 26. Januar 1894, C.S. Bd. 32 S. 162.

βββ) Die Versicherung ist nicht zu Gunsten bestimmter Personen abgeschlossen, sondern es ist lediglich im Vertrage bestimmt, daß die Auszahlung beim Tode des Versicherten erfolgen solle.

Hier bleibt der Versicherte Eigentümer der Forderung, die somit einen Bestandteil des Nachlasses bildet. Übereinstimmend: Hollerith, Anm. 9 zu § 3. Übrigens ist es Thatfrage, ob dieser Fall oder der unter ββββ behandelte vorliegt. Vgl. R.G., C.S. Bd. 16 S. 126.

2. **Dagegen ist die Person des Schuldners gleichgiltig**: es sind daher auch diejenigen Forderungen hinzuzurechnen, welche der Erwerber zur Masse im Augenblicke des Todes schuldet. Denn sie vermehren den Wert der Masse, und zwar wirtschaftlich betrachtet selbst dann, wenn sie ihm durch den Anfall erlassen werden. Dies kann geschehen entweder nach den Grundsätzen über Konfusion (A., der dem B. aus einem Kaufvertrage 1000 M. schuldete, wird dessen einziger Erbe) oder auf Grund ausdrücklicher Bestimmung (Erblasser vermacht dem A. die 100 M., die dieser ihm schuldete; legatum liberationis).

Die Aufnahme einer ausdrücklichen Bestimmung über die steuerliche Behandlung der vom Erben oder Vermächtnisnehmer der Masse geschuldeten Forderung war erforderlich, weil die Wirkungen des Schulderlasses in den einzelnen Rechtsgebieten verschieden sind. Während nach gemeinem Rechte die Befreiung des Legatars erst mit dem Erbschaftsantritte erfolgt — Dernburg, Pand. III § 112 —, erlischt bei dem Vermächtnis der Schuld eines Legatars diese nach preußischem und französischem Rechte im Wege der Konfusion schon mit dem Augenblicke des Todes des Erblassers, mithin in dem Augenblicke, von welchem erst die Steuerpflicht beginnt. Förster-Eccius, IV § 276 S. 614, 617; Dernburg, Pr. Privatr., III § 150; Zachariä-Crome, II § 310.

3. In **Gesellschaftsverträgen** findet sich nicht selten die Bestimmung, daß im Falle des Todes eines Gesellschafters sein Anteil an dem Gesellschaftsvermögen auf die überlebenden Gesellschafter übergehen soll, während seinen Erben nur der Geldwert des Anteils auszuzahlen ist. Ein derartiger Vertrag ist ein bedingter Kaufvertrag, der durch das Versterben eines Gesellschafters zu einem unbedingten wird. Die den Erben auszuzahlende Summe, bezw. die auf die Auszahlung gerichtete Forderung ist der Masse hinzuzurechnen. Vgl. Hollerith, S. 18 Anm. 21 zu Art. 3.

IV. Zu Abs. 3.

Abgezogen werden die Schulden und Lasten, welche der Erwerber übernimmt, ohne Unterschied, ob sie schon zu Lebzeiten des Erblassers auf der Masse geruht, also mit ihr übernommen worden, oder ob der Erblasser sie dem Erwerber auferlegt hat (z. B. indem er das Legat mit einem Modus beschwerte oder von der Erfüllung einer Bedingung abhängig machte), welche also wegen der steuerpflichtigen Masse übernommen werden.

Nicht abzugsfähig sind diejenigen Aufwendungen, welche der Erwerber im Hinblick auf den ihm zugedachten Anfall gemacht hat; z. B. A. schließt mit B. über dessen Nachlaß einen Erbvertrag, in welchem er sich zur Zahlung einer Leibrente an B. oder an C. verpflichtet. — R.G. IV Urt. v. 8. Juni 1893, C.Bl. S. 272; Jur. Woch. S. 372; C.S. Bd. 31 S. 282. Der § 6 findet darauf keine Anwendung, weil diese Leistungen nicht mit dem Anfalle übernommen werden, sondern unabhängig davon bereits durch den Vertrag endgiltig begründet sind.

a) **Allgemeines.** Nur die Schulden, zu deren Bezahlung der Erwerber als Rechtsnachfolger des Erblassers verpflichtet ist, gleichviel, auf welchem Rechtsgrunde sie beruhen, sind abzugsfähig, und zwar nur in der Höhe, in welcher die Verpflichtung besteht. R.G. v. 11. Dezember 1879, Gruch. Bd. 24 S. 1083; R.G. IV v. 11. Juni 1894, C.S. Bd. 33 S. 328. Knobling, S. 65; Pfaff, Hessen, S. 15 Anm. zu Art. 10 Abschn. 1. Giebt der Erwerber aus seinem Anfalle Vermögensstücke fort, ohne hierzu rechtlich verpflichtet zu sein, so kann er dieserhalb keinen Abzug von der steuerpflichtigen Masse machen; freilich unterliegt auch die Zuwendung nicht der Erbschaftssteuer. Böhm, E.St., S. 23, 90. — Der Abzug erfolgt von der Teilungsmasse, nicht von dem Erbteile desjenigen Erben, welcher die fragliche Schuld oder Leistung bei der Auseinandersetzung übernommen hat. Rev.Prot. des F.M. vom 20. Januar 1868 betr. die Erbsch. Stempeltabellen im Bezirk des Appell.Ger. zu Frankfurt a. O. für das I Tertial 1867 Mon. 72, mitgeteilt bei H.G. S. 1045 Anm. 32.

Beweispflichtig für die Existenz und die Höhe der Schuld ist der Erwerber eines Anfalls, der ihren Abzug beansprucht. Ob.Tr. I vom 21. Dezember 1863, in G.Arch., Bd. 15 S. 603 unter Nr. 18; Hollerith, S. 13.

1. Auch eine **natürliche Verbindlichkeit** begründet eine Rechtspflicht zur Erfüllung, ist daher abzugsfähig. Ebenso Böhm, E.St., S. 38. Wann eine solche vorliegt (z. B. ob nach Verjährung einer Forderung), ist nach Landesrecht zu beurteilen. Wegen des Werts einer verjährten Forderung vgl. Anm. zu § 25.

   Dagegen genügt das Bestehen einer bloßen Anstandspflicht, einer rein moralischen Verbindlichkeit oder einer allgemeinen Observanz nicht. F.M.R. vom 29. Mai 1857 III 10632 an die Erbschaftsstempelverwaltung in B., v. 5. Oktober 1894, III 12655 u. v. 19. November 1894, III 15344, bei H.G. S. 1045, 1245, 1246.

   Bezüglich des Honorars des Testamentsvollstreckers ist zu beachten, daß er nach gemeinem und französischem Recht einen Anspruch darauf nur hat, wenn ihm der Erblasser ein solches ausdrücklich ausgesetzt hat, nach preuß. Recht auch dann, wenn die Ausrichtung derartiger Geschäfte zu seinem ordentlichen Gewerbe gehört Windscheid, Pand. III § 567; A.L.R. I 12 § 557, 13 §§ 74, 75; Dernburg, Pr. Pr. III § 168; Code civ. Art. 1034; Zachariä-Crome, IV § 725.

2. **Geldstrafen und Kosten des Strafverfahrens**, zu denen der Erblasser bei seinen Lebzeiten rechtskräftig verurteilt ist, bilden eine Schuld des Nachlasses. St.G.B. § 30; St.P.O. 497 Abs. 2.

3. **Die freiwillige Erhöhung der den Legataren ausgesetzten Beträge** von Seiten des Erben bildet eine Schenkung unter Lebenden; abzugsfähig sind nur die letztwillig ausgesetzten Beträge. Rev. Prot. d. F.M. v. 6. Juni 1854 betr. die Erbsch.-Stemp.-Tab. im Bez. d. App.Ger. zu Cöslin für das I. Tertial, Mon. 7, bei Hoyer-Gaupp S. 1038 Nr. 24 c; s. auch Wahl, Anm. 2 zu Art. 5.

4) Es kann zweifelhaft sein, ob gewisse dem Erblasser zu seinen Lebzeiten von ihm nahestehenden Personen **geleistete Dienste** in der Absicht geleistet sind, dafür später Ersatz zu fordern. Ist nach den Umständen, unter denen die Leistuug geschah, oder nach dem zwischen dem Geber und dem Empfänger bestehenden persönlichen Verhältnis die Absicht, Ersatz zu fordern, ausgeschlossen, so kann die trotzdem erhobene Forderung von der steuerpflichtigen Masse nicht in Abzug gebracht werden. Vgl. § 280 A.L.R. I 13; s. auch Labus, Anm. 5 b und F.M.R. v. 10. Juli 1883 III 8966.

b) **Die im Gesetze hervorgehobenen Fälle.** Diese beziehen sich nur auf Erbschaften, nicht auf die übrigen in § 1 genannten Anfälle. Abzugsfähig sind die Kosten nur, soweit sie notwendig waren; (— was unnötiger Weise aufgewendet wurde, bildet nicht eine Last des Nachlasses, sondern eine Schenkung daraus —) und soweit sie dem Nachlaß zur Last fallen (— nicht also, wenn sie gesetzlich von einem Dritten zu tragen sind —). **Abzugsfähig sind:**

1. **Die Kosten der letzten Krankheit des Erblassers.**

Hierzu gehören: das Honorar für den Arzt, Kosten für Beschaffung von Medizin, Verbandzeug, besonders kostspielige Nahrungs- und Erfrischungsmittel, die Kosten der Krankenhausverpflegung, die Aufwendungen für besondere, über das für einen in gleicher Lebenslage befindlichen Gesunden übliche Maß hinausgehende Pflege und Bedienung.

Die Kosten kommen mit dem thatsächlich aufgewandten Betrage in Abzug, soweit er notwendig war. Jedoch sind die Angehörigen des Erblassers nicht befugt, für die ihm geleistete Pflege besondere Vergütungen zu beanspruchen und deren Wert von der steuerpflichtigen Masse in Abzug zu bringen, falls nicht etwa der Angehörige seinen Lebensunterhalt selbst verdienen muß und auf diesen Verdienst verzichtet hat, um sich der Pflege widmen zu können.

Der Abzug der Krankheitskosten ist nicht zulässig, wenn ihre Bestreitung nach gesetzlicher Bestimmung nicht aus dem Vermögen des Erblassers, sondern aus dem eines anderen zu erfolgen hat, wie z. B. im Falle der Erkrankung einer Ehefrau aus dem Vermögen des Ehemannes nach A.L.R. II. 1 §§ 185, 187.

Das F.M.R. vom 18. Februar 1880, III 824 an den P.St.D. in B., Nr. 1, mitgeteilt bei H.G. S. 1046 Anm. 34 a, erklärt die Kurkosten auch dann für abzugsfähig, wenn sie vertragsmäßig von einem Dritten zu tragen sind. Dem kann jedoch nicht beigetreten werden; der Anspruch an den Dritten bildet nach Abs. 2 ein selbständiges Aktivum der Masse, weil er eben auf einem Vertrage beruht.

2. **Die Kosten des Begräbnisses des Erblassers.**

Hierher sind zu rechnen: die Kosten der Bekanntmachung des Todesfalls, der üblichen Danksagungen, des Trauergeläutes, die Stolgebühren, die Auslagen für die eigentliche Beisetzung, für Ankauf und Herrichtung des Grabes.

Ferner gehören dazu: die Kosten für den Leichenschmaus, sofern ein solcher herkömmlich veranstaltet wird und die Kosten sich innerhalb angemessener Grenzen halten (Knobling, S. 63; Pfaff, Bayern, Anm. 10 zu Art. 5). Ebenso die Kosten für den Leichenstein, auch wenn der Erblasser die Beschaffung eines solchen nicht besonders angeordnet hat. (So F.M. wiederholt — siehe Hoyer-Gaupp S. 1044, 1045 —; Pfaff, Bayern, Anm. 11 zu Art. 5); bezüglich der Höhe der Aufwendung ist der Ortsgebrauch, die Stellung des Erblassers und der Betrag des Nachlasses zu berücksichtigen. Vgl. Pfaff, Hessen, Anm. zu Art. 10 Abs. 3; Knobling, S. 68.

Die Kosten der Verschönerung und der Erhaltung des Grabes gehören im allgemeinen nicht zu den Begräbniskosten; vgl. jedoch § 6 Anm. III a.

Nach Code civ. Art. 1481 bilden die Trauerkosten der Wittwe des Erblassers eine Schuld des Nachlasses.

Abgesehen hiervon können die Kosten der Trauerkleider, namentlich für die Dienstboten des Erblassers, als solche nicht angesehen werden. F.M.R. vom 29. Mai 1851, III 10632 an die Erbsch. Stempelverwaltung in B., mitgeteilt bei H.G. S. 1045 Anm. 31. Werden indeß Trauerkleider auf Grund rechtsgiltiger letztwilliger Anordnung des Erblassers angeschafft, so liegt darin ein Vermächtnis zu Gunsten der Empfänger.

3. **Die Kosten der Nachlaßregulierung**, gerichtliche wie außergerichtliche.

Hierher sind zu rechnen: die Auslagen für die Eröffnung des Testamentes und die Anfertigung der erforderlichen Abschriften, die Kosten der Erbteilung (Aufsetzung des notariellen Erbteilungsvertrages, Stempel), der Versteigerung der Nachlaßgegenstände mit Einschluß der unbeweglichen), auch das Honorar des Testamentsvollstreckers, soweit diesem ein Rechtsanspruch darauf zustand (vgl. hierüber S. 27, 1).

Hingegen fallen diejenigen Kosten nicht darunter, welche auf Grund eines speziellen Titels (vgl. z. B. § 312 A.L.R. I 12; Zachariä-Crome, IV § 727 Anm. 7) von den Vermächtnißnehmern oder sonstigen Dritten getragen werden müssen. F.M.R. v. 5. Oktober 1894, III 12655, H.G. S. 1246.

Zu den Kosten der Nachlaßregulierung gehört an sich auch der für die Erbschaftssteuer aufzuwendende Betrag. Sein Abzug ist jedoch vom Gesetz ausdrücklich verboten. Das Verbot ist ein absolutes: der Betrag der Steuer selbst ist bei Ermittlung der steuerpflichtigen Masse völlig außer Betracht zu lassen. Dies gilt nicht nur dann, wenn die Entrichtung der Steuer nach den vom Gesetz (in § 29) gegebenen Vorschriften erfolgt, sondern auch dann, wenn auf Grund besonderer Bestimmung des Erblassers der Erbe außer der von ihm geschuldeten Steuer noch die Steuer für die Miterben oder einen Vermächtnisnehmer aus eigenen Mitteln zahlen soll (häufiger Ausdruck: „Dem X. vermache ich steuerfrei" . . .). Auch diese letztere Steuer darf nicht in Abzug gebracht werden. Eine derartige Verfügung des Erblassers regelt lediglich das civilrechtliche Verhältnis unter den Miterben: sie vermindert das Erbteil des Belasteten um den Betrag der Steuer und erhöht den Anfall des Begünstigten um den gleichen Betrag; das Verhältnis der steuerpflichtigen Teilnehmer an der Erbschaft zum Fiskus bleibt unberührt. Wollte man der Verfügung einen Einfluß auf die Steuerpflicht einräumen, so würde man nicht nur bewirken, daß die Höhe der Steuer eine Veränderung erlitte, je nachdem der Erblasser kraft Gesetzes oder auf Grund eines eine derartige Verfügung enthaltenden Testamentes beerbt würde. Der Erblasser würde es auch in der Hand haben, durch die Bestimmung: „Die Erbschaftssteuer von sämtlichen Vermächtnissen hat der Erbe zu entrichten" eine Verminderung der steuerpflichtigen Masse herbeizuführen.

Ebenso: Hollerith, Anm. 15 zu § 3 (für Elsaß-Lothringen, das ein ausdrückliches Verbot des Abzuges nicht hat); Bacher, S. 100; Pfaff, Bayern, Anm. 12 zu Art. 5. Vgl. F.M.R. vom 26. Juni 1856, III 12220 an die Erbschaftsstempelverwaltung in B., H.G. S. 1039 Anm. 26 a. F.M.R. vom 24. Januar 1890, III 5406 an den P.St.D. in B., H.G. S. 1039 Anm. 26 b. A. M. Vbg. des sächs. F.Min. vom 30. März 1881 Nr. 313 St.R.C., mitgeteilt bei Wahl, Anm. 5 zu Art. 5, mit der Begründung: das Verbot des Abzuges gelte nur für die vom eigenen Anfalle des Steuerpflichtigen zu entrichtende Steuer; die Anordnung, daß der Erbe die Steuer für die Legate zu entrichten habe, bilde eine Belastung der Masse.

Das ausdrückliche Verbot des Abzuges der Steuer findet sich auch in Sachsen Art. 5; Bayern Art. 5; Hessen Art. 10.

4. **Die Kosten der im Interesse der Masse geführten Prozesse.**

Im Interesse der Masse liegt jeder Prozeß, der eine Vermehrung der Gesamtmasse bezweckt, auch wenn er von einem einzelnen Beteiligten im eigenen Namen geführt wird. Vgl. Pfaff, Bayern, S. 17 Anm. zu Art. 10 Abs. 3.

Dem gegenüber stehen die von einem einzelnen Beteiligten im eigenen Interesse, namentlich die mit den anderen Erbinteressenten geführten Prozesse, deren Kosten ausdrücklich als nicht abzugsfähig bezeichnet sind.

Soweit die Kosten noch nicht feststehen, findet § 25 Abs. 2 Anwendung. Der I. Entwurf enthielt den Zusatz: „soweit solche zur Zeit der Berechnung der Erbschaftssteuer bereits feststehen"; dieser wurde jedoch, als eine ungerechtfertigte Härte enthaltend schon in der Kommission des Hauses der Abgeordneten gestrichen (Komm. Ber. S. 838).

§ 6.

Zuwendungen zur Vergeltung übernommener Leistungen.

Insoweit eine Zuwendung zur Vergeltung für Leistungen bestimmt ist, welche mit dem Anfall übernommen werden und welche im Geldwerth zu veranschlagen sind, kommt der Werth dieser Leistungen von der Zuwendung in Abzug.

Entw. I von 1872 § 5 und Ges. von 1873 § 6. Mot. von 1872 S. 59: Komm. Ber. von 1872 S. 838, 839.

Der § bezieht sich auf solche letztwillige Zuwendungen, welche nicht reine Liberalitäten sind, sondern dem Erwerber eine Gegenleistung auflegen.

I. **Entstehungsgeschichte.** Der § enthält eine Abänderung des früheren Rechts. Nach diesem wurde — und zwar im Geltungsgebiete des Stempelgesetzes vom 7. März 1822 auf grund einer A.K.O. vom 7. Juli 1830, in den neuen Landesteilen auf grund des Tarifs zur Verordnung vom 5. Juli 1867 Pos. Befreiungen Nr. 3 — unterschieden, ob eine jährliche Vergeltung während der Dauer aufgetragener Dienstleistungen angeordnet, oder ein Kapital hinterlassen war, dessen Zinsen auch nach vollendeter Dienstleistung einen Zuwachs für das Vermögen des Empfängers bildeten. Im ersteren Falle war die Zuwendung steuerfrei, im letzteren dagegen nicht. Um diese ungerechtfertigte Unterscheidung zu beseitigen (Mot. S. 59) war in den I. Entwurf als § 5 folgende Bestimmung aufgenommen: Insoweit eine Zuwendung in der Vergeltung für Leistungen besteht, welche mit dem Anfall übernommen werden und welche einen Kostenaufwand verursachen, oder für welche eine Vergütung gefordert werden kann, kommt der Betrag des erforderlichen Kostenaufwandes oder der den Leistungen entsprechenden Vergütung von der Zuwendung in Abzug. In der Komm. (Bericht S. 830, 839) erhielt der § seine jetzige Fassung; es wurde geltend gemacht, daß das an sich richtige Prinzip: den Wert der Leistungen in jedem einzelnen Falle festzustellen und von der Zuwendung in Abrechnung zu bringen, durch die Worte „oder für welche eine Vergütigung gefordert werden kann“ eingeschränkt und verdunkelt sei, und daß seine praktische Durchführung wegen der Unzuverlässigkeit von Taxen zu großen Belästigungen und Härten führen könne. Indes wurde der in der Kommission gestellte Antrag, dem § noch hinzuzusetzen: 1) „beträgt die Differenz zwischen dem Werte der Zuwendungen und den Leistungen nicht mehr als $12\frac{1}{2}$ %, so ist die Zuwendung steuerfrei; 2) die Honorare der Testamentsvollstrecker unterliegen nicht der Erbschaftssteuer“ — abgelehnt, nachdem der Regierungs-Kommissar ausgeführt hatte, der Entwurf fasse die Honorare der Testamentsvollstrecker keineswegs als reine Legate auf und lasse sie, soweit sie die gesetzliche Taxe nicht übersteigen, steuerfrei.

II. **Allgemeine Grundsätze.**

a) **Nur auf Leistungen, welche mit dem Anfalle übernommen werden,** bezieht sich der §. Bei einer Zuwendung zur Vergeltung von Diensten, die dem Erblasser bereits geleistet sind, ist der Abzug des Werts dieser Diensten nicht zulässig, vielmehr ist der Anfall dem vollen Betrage nach zu versteuern. R.G. II vom 8. Januar 1892, mitgeteilt durch F.M.R. vom 10. Februar 1892 III 1801, bei H.G., S. 1050 Anm. 37 b; Bolze, Bd. 14 Nr. 570; R.G. IV vom 5. Mai 1894, Jur. Woch. S. 248; Bolze, Bd. 18 Nr. 647. Ebenso Hollerith, S. 19; Knobling, S. 79; Krug, S. 49; Pfaff, Hessen, S. 17; Wahl, S. 22.

Hatte jedoch der Leistende einen Rechtsanspruch auf Entschädigung für die Leistung, so liegt ein Schuldvermächtnis vor, das nur insoweit steuerpflichtig ist, als es eine Bereicherung des Bedachten bewirkt. Beschl. des sächs. F. M. vom 7. Juli 1893 Nr. 285 St.R.C., mitgeteilt bei Wahl, S. 23.

b) **Nur Leistungen, welche im Geldwert zu veranschlagen sind,** sind abzugsfähig. Im Geldwerte zu veranschlagen ist jede Leistung, welche ein Vermögensinteresse hat, also schließlich für den vom Erblasser Bedachten, der zu ihr verpflichtet ist, auf eine Geldleistung hinauskommt (wie z. B. das nur einen Geldaufwand erfordernde Lesenlassen von Seelenmessen) — vgl. Dernburg, Pand. I § 115 —. Leistungen hingegen, welche vom Standpunkte des zu ihnen verpflichteten Bedachten lediglich ein Affektionsinteresse haben (z. B. die Verpflichtung, den Namen des Erblassers zu führen) bewirken einen Abzug selbst dann nicht, wenn sie mittelbar dem Erwerber Kosten verursachen.

c) **Voraussetzung des Abzugs** ist, daß der Erwerber nach Inhalt der letztwilligen Verfügung zu der Leistung nach den Grundsätzen über Bedingung oder Modus rechtlich verpflichtet ist: andernfalls liegt lediglich eine Schenkung von seiten des Erwerbers vor. Deshalb können die Erben, an welche im Testamente nur die Bitte gerichtet ist, für einen Dritten zu sorgen, den Wert der für diesen zu machenden Aufwendungen nicht absetzen. Beschl. des sächs. F.M. vom 11. Oktober 1893, Nr. 433 St.R.C., mitgeteilt bei Wahl, S. 23.

d) Der **Beweis** daß eine Zuwendung zur Vergeltung für eine Leistung der in § 6 bezeichneten Art bestimmt ist, sowie der Nachweis des Werts der Leistung liegt dem Erwerber des Anfalls ob — so zutreffend Ob.Tr. I vom 1. Mai 1876, mitgeteilt bei H.G. S. 1050 Anm. 37 a; auch Wahl, S. 23 —, weil er einen an sich steuerpflichtigen Anfall von der Steuer befreit wissen will. A. M. Knobling, S. 79, der den Fiskus für verpflichtet hält, nachzuweisen, daß die Zuwendung den Wert der Leistung übersteigt.

e) Liegen die Voraussetzungen des § 6 vor, so ist der Wert der Leistungen von dem Werte der Zuwendung abzusetzen. Soweit beide sich decken, findet eine Besteuerung durch den zur Leistung Verpflichteten nicht statt. Unrichtig, Böhm, E.St., S. 19. Der Mehrwert der Zuwendung ist aber der Steuer unterworfen.

f) Bildet die von dem Erwerber übernommene Leistung ein Vermächtnis zu Gunsten eines Dritten (wie z. B. nach preuß. Rechte bei einem Legate, welches mit der Verpflichtung verknüpft ist, einen Dritten zu alimentieren), so ist dieser nach Maßgabe seiner Beziehung zum Erblasser steuerpflichtig. Vgl. Knobling, S. 80; Bacher, S. 102.

g) Wegen des Anspruchs der Steuerbehörde auf Sicherheitsleistung s. § 22 Anm. und § 23 Abs. 2.

III. Einzelne Fälle.

Die Fälle, auf welche § 6 hauptsächlich Anwendung findet, sind.

a) Vermächtnisse, mit denen die Verpflichtung verbunden ist, das Grab des Erblassers zu unterhalten oder zu verschönern. F.M.R. vom 16. August 1839, III 11932 an die Reg. in F. und Rev.Prot. des F.M. vom 5. Mai 1861, betr. die Erbsch.-Stempeltabellen im Bezirk des Appell.-Gerichts zu Greifswald für das II. Tertial 1860, Mon. 8, beide mitgeteilt bei H.G. S. 1044 Anm. 30 a.

Ebenso Knobling, S. 68. Darüber, daß die Unterhaltung und die Verschönerung des Grabes nicht zu den Begräbniskosten im Sinne des § 5 Abs. 3 gehört, vgl. daselbst Anm. 2 auf S. 28.

b) Letztwillige Zuwendungen an den Testamentsvollstrecker.

Besteht eine gesetzliche oder eine übliche Taxe, so unterliegt der die taxmäßige Summe übersteigende Betrag der Steuer. Severin, S. 4. Fehlt eine solche, so liegt, soweit die Zuwendung den Wert seiner Leistungen übersteigt, ein steuerpflichtiges Vermächtnis vor. S. das unten erwähnte R.G. II v. 8. Januar 1892. Der Testamentsexekutor hat zu beweisen, daß die ihm gemachte letzwillige Zuwendung durch den Wert der von ihm dafür übernommenen Leistungen ganz oder teilweise absorbiert wird. Ob.Tr. I vom 1. Mai 1876, bei H.G. S. 1050 Anm. 37 a.

Die vom Erblasser einseitig getroffene letztwillige Anordnung, daß eine Zuwendung an den Testamentsvollstrecker bis zu einem gewissen Betrage als Honorar angesehen werden solle, ist darnach für die Frage der Steuerpflicht nicht maßgebend. R.G. II vom 8. Januar 1892, mitgeteilt durch F.M.R. vom 10. Februar 1892, III 1801 bei H.G. S. 1050 Anm. 37 b.; Bolze, Bd. 14 Nr. 570. — Ist zwischen dem Testator und dem Testamentsvollstrecker über die Höhe des Honorars ein Vertrag unter Lebenden geschlossen, so bildet die Honorarforderung eine Nachlaßschuld, für welche die Erhebung einer Erbschaftssteuer nicht in Frage kommt. Ob der Vertrag dem Schenkungsstempel unterliegt, ist nach dem Stempelsteuergesetze vom 31. Juli 1895 zu beantworten.

Hat der Testamentsexekutor dem Erblasser bei dessen Lebzeiten Dienste geleistet, so bleiben sie für die steuerliche Bemessung des Honorars außer Betracht, weil sie nicht mit dem Anfalle übernommen sind. Im übrigen s. S. 27, a 4.

c) Vermächtnisse an den Rechtsbeistand des Testamentsvollstreckers, soweit die Zuwendung als eine Entschädigung für die von ihm zu leistenden Dienste anzusehen ist. R.G. IV. Urt. v. 8. November 1886, Bolze Bd. 3 Nr. 969.

d) Vermächtnisse an eine Kirche, mit der Auflage, Messe lesen zu lassen, oder an eine Synagoge, bezw. jüdische Gemeinde zum Zwecke der Verrichtung des üblichen Trauergebetes am Todestage, F.M.R. vom 4. August 1866, III 2355 an das App.Ger. in Br., im Einverst. des F.M., mitgeteilt bei H.G. S. 1051 Anm. 39.

e) Vermächtnis der Zinsen eines zeitweise nicht zu verzinsenden Legats, verbunden mit der Verpflichtung des Erben, dafür die Erbschaftssteuer an Stelle des Legetars zu zahlen. F.M.R. v. 18. Februar 1880, III 824, bei H.G. S. 1046.

§ 7.

Stiftungen.

Vermögen, welches zur Begründung einer angeordneten oder einem Erben, Vermächtnißnehmer u. s. w. aufgetragenen Stiftung — mit Ausschluß der Fideikommiß- und der Familienstiftungen (§ 2) — gewidmet ist, wird hinsichtlich der Versteuerung ebenso behandelt, als ob dasselbe der schon begründeten Stiftung angefallen wäre, vorbehaltlich der anderweiten Feststellung und Nachforderung oder Erstattung der Steuer, falls die Stiftung nicht, oder nicht in der angeordneten Weise zur Ausführung gelangt. Für die eintretendenfalls nachzuerhebenden Steuerbeträge kann Sicherheitsbestellung gefordert werden.

Entw. I von 1872 § 6 und Ges. v. 1873 § 7; Mot. von 1872 S. 59; Komm.-Ber. S. 839.

I. **Der § 7 bezieht sich auf solche Anordnungen des Erblassers, welche die Begründung einer Stiftung bezwecken.** Er will eine civilrechtliche Kontroverse für das Gebiet des Erbschaftssteuerrechts regeln, um eine gleichmäßige Praxis in der Besteuerung herbeizuführen. Mot. S. 59. Unzweifelhaft unterliegt eine bereits bestehende Stiftung wegen der ihr zufallenden Erbschaften und Vermächtnisse der Steuerpflicht. Nun ist aber nach gemeinem und preußischem Recht — Dernburg, Pand. I § 63; Förster-Eccius, IV § 251 S. 399 ff., § 285 S. 699 — streitig, ob durch letztwillige Verfügung eine bis dahin nicht existierende Stiftung ins Leben gerufen werden könne. Verneint man die Frage, so ist die Verfügung, durch welche die Stiftung begründet wird, unwirksam, es kann mithin auch die Stiftung nicht zur Entrichtung der Erbschaftssteuer angehalten werden, wenn der Erbe sie trotzdem errichtet. Denn die Stiftung erhält ihr Vermögen dann nicht durch eine Verfügung von Todeswegen, sondern durch eine Freigebigkeit unter Lebenden, deren Stempelpflichtigkeit von dem zufälligen Umstande der schriftlichen Beurkundung abhängt. Gehört nun der Erbe zu den steuerfreien Personen, so wird von dem der Stiftung zugefallenen Betrage eine Erbschaftssteuer überhaupt nicht entrichtet, obwohl die Begründung der Stiftung in Wahrheit auf einer letztwilligen Anordnung des Erblassers beruht.

Obschon die herrschende Ansicht sowohl für das Gebiet des gemeinen, wie für das des preußischen Rechts die Errichtung einer Stiftung durch letztwillige Verfügung für zulässig gehalten hat, so hat doch (nach den Mot.) in der Praxis der Steuerbehörden Unsicherheit geherrscht, indem man in früherer Zeit Anstand genommen hat, eine testamentarisch errichtete Stiftung ohne eine positive Gesetzesbestimmung hierüber zur Erbschaftssteuer heranzuziehen. Diese Unsicherheit soll durch die ausdrückliche Vorschrift des § 7 beseitigt werden.

II. **Ausgenommen sind Fideikommiß- und Familienstiftungen,** auf welche vom 1. April 1896 ab lediglich die Bestimmungen des Stempelsteuergesetzes Anwendung finden. Über diese beiden Begriffe vergl. § 1 Anm. S. 9 u. 11. — Ob eine Familienstiftung oder eine öffentliche Stiftung vorliegt, kann zweifelhaft sein; so insbesondere, wenn die Erträge Stiftung vorzugsweise Angehörigen des Stifters und nur subsidiär anderen Personen zu Gute kommen sollen.

In einem Spezialfalle ist eine derartige Stiftung, welche von der Erbschaftsstempelsteuerverwaltung in B. als allgemein wohlthätige anerkannt und deshalb vom Stiftungsstempel freigelassen worden war, vom F.M., wegen ihres gemischten Charakters als dem Stiftungsstempel unterliegend, bezeichnet. F.M.R. vom 27. Mai 1872, III 6816 an die Erbschaftsstempelverwaltung in B., mitgeteilt bei H.G. S. 1052 Anm. 41 b.

III. **Der § 7 umfaßt darnach 2 Fälle:**

a) wenn der Erblasser selbst in der letztwilligen Verfügung die Stiftung begründet;

b) wenn der Erblasser nur bestimmt, daß eine Stiftung begründet werden soll, die Errichtung selbst aber dem Erben, Vermächtnisnehmer u. s. w. überläßt.

Voraussetzung für die Anwendbarkeit des § 7 ist, daß die Anordnung der Stiftung, bezw. der Auftrag an den Bedachten, rechtsverbindlich ist und der von dem Erben zur Begründung einer Stiftung verwendete Betrag diesem nicht etwa zur freien Verfügung zugefallen war. In letzterem Falle ist die betr. Verfügung bei Berechnung der Steuer nicht zu berücksichtigen. Wintterlin, S. 34; F.M.R. vom 11. November 1873, III. 15 156, mitgeteilt bei Khm. S. 310. Rechtsverbindlich ist auch die Anordnung, deren Befolgung mangels eines speziell Bedachten durch eine öffentliche Behörde — vgl. Dernburg, Pand. III. § 84; A.L.R. I 12 § 514; R.G. III vom 21. Oktober 1887, C.S. Bd. 19 S. 257 — z. B. die städtische Armenverwaltung, erzwungen werden kann. F.M.R. vom 24. Juni 1890, III 5406 an die Wittwe Qu. zu B. und nachrichtlich an den P.St.D. daselbst, bei H.G. S. 1052 Anm. 42.

Die Form, welche der Erblasser für die Übertragung des Vermögens vorgeschrieben hat, ist auf die Stempelpflicht ohne Einfluß, wofern erkennbar nicht ein bloßer Wunsch, sondern der Wille die Erben zu verpflichten vorliegt. So genügte es, wenn der Erblasser die Begründung einer Unterstützungskasse für sein Geschäftspersonal in der Weise angeordnet hat, daß ihr ein Betrag von 10000 M. in den Handlungsbüchern gut geschrieben werden soll. S. das vorerwähnte F.M.R. und F.M.R. vom 31. Oktober 1893 III 11958 an den P.St.D. zu B. bei H.-G. S. 1055. Vgl. für diesen Fall jetzt Tarif Pos. k der „Befreiungen".

IV. **Der Grundsatz des § 7.**

Eine Anordnung des Erblassers, welche eine Stiftung begründet oder dem Erben u. s. w. die Begründung aufträgt, unterliegt einer doppelten Umdeutung (Fiktion).

Es wird fingiert,

α) daß eine Stiftung der in der letztwilligen Verfügung bezeichneten Art schon begründet sei, d. h. bereits bestehe;

β) daß dieser als bestehend gedachten Stiftung das vom Erblasser bezeichnete Vermögen angefallen sei.

Die Stiftung wird demnach als das steuerpflichtige Subjekt angesehen. Die Steuerbehörde ist berechtigt, den Betrag der Steuer aus dem vom Erblasser ausgeworfenen Vermögen zu entnehmen. Daneben haften die in den §§ 29, 30 genannten Personen für die Steuer.

Diejenigen, denen die Erträgnisse der Stiftung zu Gute kommen, sind in keinem Falle zur Entrichtung der Steuer verbunden; sie sind es auch dann nicht, wenn der Stifter die zunächst zum Genusse der Stiftung Berufenen in der letztwilligen Verfügung namentlich bezeichnet hat, weil die Namhaftmachung nur einen integrierenden Teil der Stiftungsurkunde darstellt. So F.M.R. vom 8. Juli 1875, III 8292 an das Erbsch.-Steueramt in B., mitgeteilt bei H.G. S. 1051 Anm. 41 a, wo mit Recht noch darauf hingewiesen wird, daß es nicht in der Absicht des Gesetzes liege, die vom Erblasser selbst berufenen, also ihm näher stehenden Personen, ungünstiger zu stellen, als diejenigen, welche später von den Verwaltern der Stiftung in den Genuß eingesetzt werden.

Die Frage, ob überhaupt eine Erbschafts-Steuer zu entrichten ist, ist lediglich nach den vom Erblasser getroffenen Bestimmungen zu beantworten. Stellt sich danach die Stiftung als solche dar, welche unter die Pos. g—k der „Befreiungen" des Tarifes fällt, so ist sie steuerfrei. Fällt die Stiftung unter Pos. C. e des Tarifs, so beträgt die Steuer 4 %, in allen anderen Fällen 8 %.

In dem Urteile des R.G.s IV vom 8. November 1894, C.S. Bd. 34 S. 273, J.M.Bl. 1895 S. 318, Jur. Woch. 1895 S. 55; C.Bl. 1895 S. 33; Bolze, Bd. 19 S. 409 — vgl. auch die darin angeführten älteren R.G.urteile —, welches es allerdings nur mit einem Falle des § 8 des Gesetzes zu thun hat und für diesen richtig ist, wird eine abweichende Ansicht vertreten. Die darin vorkommenden Sätze:

„Nach den Vorschriften der §§ 7, 8 E.St.G. ist das Vermögen letztwillig angeordneter Stiftungen, sowie jede Zuwendung zu milden, gemeinnützigen oder öffentlichen Zwecken, der Besteuerung unterworfen, wobei hinsichtlich der Höhe des Steuersatzes die Bestimmung des Tarifes . . . C. e. zur Anwendung kommt"

und

„Es tritt . . . die Steuerpflicht . . . grundsätzlich auch dann ein, wenn . . . der Vermögensvorteil an eine subjektiv befreite Person, z. B. einen Ortsarmenverband, zur Verwendung für Hilfsbedürftige (Position des Tarifs Befreiungen 2 f) gelangt ist. Diese allgemeine Befreiung schließt die auf den Spezialbestimmungen der §§ 7, 8 des Gesetzes beruhende Steuerpflicht nicht aus."

erscheinen indeß in ihrer Allgemeinheit für den § 7 nicht richtig.

Es ist zunächst zu beachten, daß die zur Begründung herangezogenen Motive lediglich zum § 8 des Gesetzes gegeben sind und daß aus ihnen nichts für den § 7 zu entnehmen ist. Sodann wird vom R.G. übersehen, daß der § 7 von der beabsichtigten Begründung einer Stiftung handelt, die sich im einzelnen Falle sehr wohl als unter die Pos. 2 g—k der „Befreiungen" gehörig erweisen kann, während der § 8 den Fall im Auge hat, wo ohne Begründung einer Stiftung durch den Erblasser Zuwendungen angeordnet oder Leistungen aufgetragen sind „zu milden, gemeinnützigen oder öffentlichen Zwecken", also ohne daß der Erblasser eine der nach der Pos. 2 f—k subjektiv befreiten Persönlichkeiten damit direkt bedacht und ihr die Verwendung des Betrages zu ihren statutgemäßen oder innerhalb ihres Rahmens liegenden Zwecken überlassen hat.

Im Falle des § 8 entscheidet der verordnete Zweck, der sich mit den Zwecken der — sei es direkt vom Erblasser, sei es indirekt zufolge seines Auftrags von einem Dritten — bedachten Persönlichkeit nicht zu decken braucht. Deshalb kann von einer Befreiung keine Rede sein. Im Falle des § 7 entscheidet der Charakter des durch die Widmung des Erblassers neu geschaffenen Rechtssubjekts. Dieses kann aber eine subjektiv befreite Persönlichkeit sein. Die Folge davon ist die Steuerfreiheit des zu ihrer Begründung gewidmeten Vermögens.

V. Eine nachträgliche anderweitige Festsetzung des bereits berechneten und festgestellten Steuerbetrages ist zulässig, wenn die Stiftung nicht oder nicht in der angeordneten Weise zur Ausführung gelangt. Diese Abweichung vom Willen des Erblassers kann beruhen: auf Vereinbarung der Beteiligten, aber auch auf dem Einschreiten der Verwaltungsbehörde.

Nach § 1 des preuß. Ges. vom 23. Februar 1870 betr. die Genehmigung zu Schenkungen u. s. w. an juristische Personen (Ges.S. S. 118), abgedruckt im Anh., bedürfen u. a. letztwillige Zuwendungen der Genehmigung des Königs, insoweit dadurch im Inlande eine neue juristische Person ins Leben gerufen werden soll. Die Genehmigung kann (nach § 3 Abs. 3) auf einen Teil der Zuwendung beschränkt werden. Versagt oder beschränkt die Königl. Vdg. die Genehmigung, so wird der von der Stiftung zu viel erhobene Betrag zurückerstattet, der vom Belasteten zu wenig erhobene aber nachgefordert.

Für die nachzuerhebenden Beträge kann Sicherheit gefordert werden. Die Forderung ist ausgeschlossen, wenn der Belastete zu den (subjektiv) steuerfreien Personen gehört. Im übr. vgl. wegen der Sicherheitsbestellung Anm. zu § 22.

§ 8.

Zuwendungen zu milden ꝛc. Zwecken.

Sind ohne Begründung einer Stiftung Zuwendungen zu milden, gemeinnützigen oder öffentlichen Zwecken angeordnet oder einem Erben, Vermächtnißnehmer ꝛc. Leistungen zu gleichen Zwecken aufgetragen, so werden dieselben hinsichtlich der Versteuerung ebenso behandelt, als ob zu demselben Zwecke eine Stiftung im Betrage der Zuwendung beziehungsweise Leistung angeordnet wäre.

Die auf solche Zuwendungen entfallende Steuer ist von den mit der Zuwendung Belasteten zu entrichten und kann, wenn dieserhalb keine andere Anordnung getroffen ist, auf die Zuwendung beziehungsweise Leistung selbst angerechnet werden.

Entw. I von 1872 § 7; Mot. von 1872 S. 59; Komm.Ber. von 1872 S. 839. Ges. von 1873 § 8.

I. **Einleitung:**

Die Motive zu § 8 lauten. „Zuwendungen zu milden, gemeinnützigen oder öffentlichen Zwecken können nicht blos in der Weise gemacht werden, daß eine bestehende Stiftung zum Erben eingesetzt, oder mit einem Legat bedacht, oder daß eine neue Stiftung errichtet wird, sondern kommen häufig in der Art vor, daß einem Erben oder Legatar, mag derselbe eine physische oder juristische Person sein, die Verwendung des für den betreffenden Zweck Ausgesetzten aufgetragen und von ihm übernommen wird. In diesem Fall entsteht kein neues Rechtssubjekt, welches zur Versteuerung des Erworbenen herangezogen werden könnte, und ebensowenig hätte streng genommen der Erbe oder Legatar zur Versteuerung der Zuwendung als eines Teiles des ihm zukommenden Anfalles, angehalten werden können, weil er um den Betrag derselben nicht reicher wird. Man möchte also in letzterem Sinne eine positive Anordnung treffen, wie es wohl anderswo geschehen ist, dahin, daß solche Zuwendungen Seitens des damit beschwerten Erben oder Legatars von der steuerpflichtigen Masse nicht in Abzug gebracht werden dürfen. Indessen würde eine solche Anordnung zu nicht zu billigenden Ergebnissen führen. Es würde ganz von der getroffenen Auswahl der Person des mit der Zuwendung Beauftragten abhängen, ob die Zuwendung selbst in dem einen Falle mit 8 Prozent zu versteuern, in dem anderen Falle steuerfrei zu lassen oder nur mit einem geringeren Prozentsatz, wegen des obwaltenden Verwandtschaftsverhältnisses, zu belegen wäre. Der angedeutete Ausweg entspricht daher nicht der Natur der Sache. Der Entwurf geht dagegen von der Unterstellung aus, daß eine Zuwendung der in Rede stehenden Art einer Stiftung von gleichem Betrage zu demselben Zwecke gleich zu achten sei. Hierbei wird der Zweck gewissermaßen als personifizirt gedacht, und es ist nun möglich, den Einfluß der durchaus zufälligen, mit der Persönlichkeit des Beauftragten zusammenhängenden Momente auszuschließen und die eigentliche Natur der Zuwendung gebührend zu berücksichtigen. — Vgl. Tarif D. e. (des Entwurfs-Pos. C. e. des Tarifs)."

II. a) Hiernach wird das vom Erblasser oder auf seine Veranlassung von einem Dritten zu den angegebenen Zwecken ohne Begründung einer Stiftung gewidmete Vermögen als selbständiges Zweckvermögen gedacht und als solches versteuert. Der Erblasser will nicht, daß aus ihm eine Stiftung wird. Aber er will es vielleicht einer Stiftung u. s. w. zuwenden. Das kann er. Wendet er es nun direkt einer befreiten Stiftung oder einer anderen befreiten Persönlichkeit zu, so ist der Anfall doch nur befreit, wenn er ihn dem Bedachten ausdrücklich zu dessen spezifischen Zwecken oder ganz ohne Zweckbestimmung zukommen läßt. Er ist hingegen nicht befreit, wenn der Erblasser ihn so zu sagen mit seinem, d. h. mit dem von ihm gewollten milden, gemeinnützigen oder öffentlichen Zwecke behaftet; insofern geht die Spezialbestimmung des § 8 der allgemeinen Befreiung des Tarifs vor. Die Befreiungen des Tarifs vertragen nicht, daß der Anfall mit einem derartigen Zwecke belastet wird.

Dasselbe gilt natürlich, wenn nicht der Erblasser, sondern der von ihm Beauftragte, um dem Auftrage zu genügen, die Zuwendung macht. Und ebensowenig tritt eine Befreiung um deswillen ein, weil der Beauftragte zum Erblasser in einem Verhältniß steht, welches ihn im übrigen von der Erbschaftssteuer befreit, oder weil der Beauftragte eine sonstige steuerfreie Person ist oder weil, mangels besonderer Bestimmung des Erblassers, der Belastete die Verwendung einer steuerfreien Person überläßt. R.G. IV vom 5. Februar 1881, J.M.Bl. S. 84; R.G. IV vom 13. Oktober 1881, Reichsanz. 1881 Nr. 259 S. 2; R.G. II vom 10. März 1887, J.M.Bl. S. 322; R.G. IV vom 28. September 1891, Jur. Woch. S. 491; Schreiben des F.M. vom 8. Mai 1891, III 6282 an den Gemeindevorstand der Großherzoglichen Residenzstadt Weimar, mitgeteilt dem P.St.D. zu B. durch F.M.R. von demselben Tage, abgedruckt bei H.G. S. 1056 Anm. 45 a. Ebenso: R.G. II vom 23. Oktober 1891, Jur. Woch. S. 532; R.G. IV vom 8. November 1894, E.S. Bd. 34 S. 273.

b) Der § 8 findet nur Anwendung auf rechtsverbindliche (vgl. Anm. III zu § 7) Zuwendungen zu „milden, gemeinnützigen oder öffentlichen Zwecken."

1. Milde Zwecke verfolgen solche Bestimmungen, welche auf Hebung einer Notlage irgendwelcher Art nicht für den Einzelnen, sondern für einen größeren Personenkreis abzielen.
2. Gemeinnützige Zwecke: Veranstaltungen, die einen Nutzen für die Gesamtheit oder eine unbestimmte Anzahl von Personen haben, und nicht dem Erwerbsinteresse eines oder einzelner gewidmet sind. Als solche wurden in einem Einzelfalle angesehen: Verschönerung der Stadt, Feier patriotischer Feste, wie Kaisers Geburtstag und Sedan. F.M.R. vom 6. Januar 1878, III 14275, mitgeteilt bei H.G. S. 1055 Anm. 45 a. Dahin würde auch die Errichtung einer Volksbadeanstalt, einer Volksküche u. s. w. gehören.
3. Öffentliche Zwecke: alle nicht einzelnen, bestimmt bezeichneten Personen, sondern der Allgemeinheit dienende Zwecke; auch die unter 1 und 2 erwähnten Zwecke werden meist öffentliche sein.

   Böhm S. 47 will anscheinend die Anwendbarkeit des § 8 auf den Fall beschränken, daß die wirkliche Verwendung zu dem milden, gemeinnützigen oder öffentlichen Zwecke gesichert ist, und nimmt zur Begründung auf den Tarif Pos. C. e. Bezug; dieses ist unzutreffend; nicht die Anwendbarkeit des § 8, sondern die Ermäßigung der Steuer auf 4 % ist von der erwähnten Voraussetzung abhängig.

c) Fideikommisse und Familienstiftungen unterliegen auch nach § 8 nicht der Besteuerung, ebensowenig wie nach § 7, an den sich § 8 inhaltlich anschließt. R.G. IV Urt. v. 28. September 1891, Jur. Wochenschr. S. 491.

d) Da nicht die einzelnen Empfänger, sondern das personifizierte Zweckvermögen als steuerpflichtiges Subjekt gilt, so ist für die Frage der Steuerpflicht der Betrag der ganzen Zuwendung maßgebend, und diese ist selbst dann zu besteuern, wenn jeder einzelne Empfänger weniger als 150 M. erhält. Mon. 1 des Revisionsprotokolls des F.M. vom 5. März 1892, betr. die Erbschaftssteuer-Tabellen des Erbschaftssteueramts zu B. für das I. Halbjahr 1890/91, mitgeteilt dem Pr.St.D. daselbst durch F.M.R. von demselben Tage III 16369/91, Erbfall Sch. Nr. 44 der Nachtragstabelle, erwähnt bei H.G. S. 1056 Anm. 45e.

e) Aus der Rechtsprechung.

1. Durch Urteil des R.G. IV. v. 9. Januar 1893, C.S. Bd. 30 S. 287, Centr.Bl. S. 181 — den P.St.D. durch F.M.R. v. 26. April 1893, III 4981, zur Nachachtung mitgeteilt — wurde dahin erkannt: In der Anordnung eines Erblassers, daß für Dienstleute und Arbeiter auf seiner Majoratsherrschaft 20000 M. ausgesetzt würden, welche sein Wirtschaftsdirektor aus der Teilungsmasse erhalten und nach eigenem Ermessen, jedoch binnen Jahresfrist, verteilen sollte, so daß der von ihm nicht Bedachte keinen Anspruch auf das Legat habe, — liegt weder eine einer milden Stiftung ähnliche Zuwendung an eine Personengesamtheit im Sinne des § 8, noch ein einheitliches Legat für die Gesamtheit der Arbeiter, sondern ein Vermächtnis für mehrere einzelne Personen zugleich und ungeteilt (A.L.R. I 12 § 368), suspensiv bedingt durch das Ermessen des mit der Verteilung Beauftragten.

2. Nach R.G. II, Urt. v. 23. Oktober 1891, Jur. Woch. S. 532, unterliegt die Zuwendung eines Kapitals an eine Wohlthätigkeitsanstalt zum Zwecke der Anlage eines Kurhauses der Steuer nach § 8, wenn eine derartige Anlage über die eigentlichen Zwecke der Anstalt hinausgeht.

III. Belastet mit der Zuwendung ist derjenige, dessen Anfall durch die Ausführung der Anordnung des Erblassers verringert wird. Abweichend R.G. IV, Urt. v. 8. November 1894, C.S. Bd. 34 S. 273.

Der Entsch. liegt folgender Fall zu Grunde: Der Erblasser hatte bestimmt, daß „aus seinem Nachlasse" ein Betrag von 45000 M. zu wohlthätigen Zwecken verwendet werden und daß sein Bruder die Verwendung nach seinem Ermessen bewirken solle. Die Steuer war von dem Bruder, der zufällig zugleich Vormund der minderjährigen Erben war, persönlich erfordert und wurde von diesem im Wege der Klage zurückgefordert. Das R.G. sah den Bruder als „Belasteten" an.

Diese Entsch. ist zutreffend, aber unrichtig begründet; nicht der Bruder, sondern die Erben waren mit der „aus dem Nachlasse" zu entnehmenden Zuwendung belastet; der Bruder war lediglich Testamentsvollstrecker bezüglich dieser Bestimmung (§ 30).

Der Belastete hat die Steuer zu entrichten — eine Verpflichtung, die schon aus § 29 des Gesetzes folgt. Er kann den Betrag von der Zuwendung, bezw. Leistung in Abzug bringen, falls der Erblasser nicht das Gegenteil bestimmte.

§ 9.

Unbewegliches Vermögen.

Grundstücke und Grundgerechtigkeiten, welche außerhalb Landes liegen, gehören nicht zur steuerpflichtigen Masse. Von dem Anfall inländischer Grundstücke oder Grundgerechtigkeiten oder deren Nutzungen ist die Erbschaftssteuer zu erheben, ohne Unterschied, ob der Erblasser Inländer oder Ausländer war und ob derselbe seinen Wohnsitz im Inlande hatte oder nicht.

§ 10.

Bewegliches Vermögen.

Anderes als das im § 9 bezeichnete Vermögen ist der Erbschaftssteuer unterworfen, wenn der Erblasser bei seinem Ableben seinen Wohnsitz in Preussen hatte oder die vorläufige Ausfolgung des Nachlasses (§ 1 Ziffer 4) von einem Preussischen Gericht verfügt ist, das ausserhalb Preussens belegene Vermögen indessen nur dann, wenn davon in dem auswärtigen Staate keine, oder eine geringere Abgabe, als nach den Vorschriften dieses Gesetzes zu entrichten ist. Im letzteren Fall wird die in dem auswärtigen Staate erweislich gezahlte Abgabe auf die diesseitige Steuer angerechnet.

Hatte der Erblasser bei seinem Ableben keinen Wohnsitz, so unterliegt das Vermögen der diesseitigen Erbschaftssteuer, insoweit es bei seinem Ableben in Preussen sich befindet.

§ 11.

In Bezug auf den Nachlass von Personen, welche in solchen Staaten ihren Wohnsitz gehabt haben oder Angehörige solcher Staaten gewesen sind, in welchen die Erbschaftssteuer nach anderen, als den im § 10 angegebenen Grundsätzen erhoben wird, kann der Finanzminister zum Zweck der Ausgleichung und thunlichster Vermeidung von Doppelbesteuerungen Abweichungen von der Vorschrift des § 10 in der Art anordnen,

1) dass die Erhebung der Preussischen Erbschaftssteuer für das nicht in Grundstücken oder Grundgerechtigkeiten bestehende Vermögen, unabhängig von dem Wohnsitz des Erblassers, zu erfolgen hat, sofern derselbe Preussischer Staatsangehöriger war;
2) dass die Erhebung der Preussischen Erbschaftssteuer für das nicht in Grundstücken oder Grundgerechtigkeiten bestehende Vermögen, unabhängig von dem Wohnsitz und der Staatsangehörigkeit des Erblassers, zu erfolgen hat, falls das Vermögen in Preussen sich befindet.

Anmerkungen zu den §§ 9, 10 und 11.

Materialien: Entw. I von 1872 §§ 8, 9; Mot. von 1872 S. 59, 60; Komm.Ber. S. 839, 840; Ges. von 1873 §§ 9, 10; Mot. von 1890 S. 248; Komm.Ber. von 1890 S. 1615, 1616; Novelle von 1895 Art. 1 Nr. 1 und Mot. dazu S. 1562.

Die §§ 9, 10 und 11 enthalten die in Preußen geltenden Grundsätze des internationalen Erbschaftssteuerrechts. Diese tragen dem Umstande Rechnung, daß das Gesetz nicht den Erbanfall oder den Nachlaß als solchen, sondern dessen reale Bestandteile besteuert, die ebensowohl innerhalb wie außerhalb Landes liegen können; vgl. R.G. IV Urt. vom 16. April 1885 C.S. Bd. 13 S. 278; J.M.Bl. S. 343; C.Bl. S. 190.

Die gesetzliche Regelung dieser Materie bietet keine erheblichen Schwierigkeiten, soweit das unbewegliche Vermögen in Frage kommt. Für dieses ist, dem allgemein anerkannten Satze des internationalen Rechts entsprechend, lediglich die Lex rei sitae maßgebend; es findet mithin eine Besteuerung nur in dem Lande statt, in welchem es belegen ist. Hieraus ergeben sich zwei Sätze; 1. das im Auslande belegene Grundvermögen unterliegt in keinem Falle der inländischen Steuer; 2. das im Inlande belegene wird in allen Fällen besteuert.

Dagegen ist bei dem beweglichen Vermögen eine verschiedene Behandlung möglich. (Vgl. Komm.-Ber. v. 1872 S. 840.) Geht man davon aus, daß die Steuer nicht den Erblasser treffe, sondern daß die Steuerpflicht erst nach dessen Tode entstehe und nicht auf der Erbschaft als solcher, sondern auf dem erbschaftlichen Erwerbe ruhe und in dem Schutze, den die preußischen Gesetze diesem Erwerbe angedeihen lassen, seinen Grund finde, so wird man nicht die Staatsangehörigkeit des Erblassers als entscheidend ansehen, sondern seinen letzten Wohnsitz, an welchem sich in den weitaus meisten Fällen die bewegliche Habe befinden wird. — Betrachtet man jedoch die Steuer als eine Vermögenswechselabgabe, die durch den Tod des Erblassers blos veranlaßt wird und nach der Höhe der Bereicherung des Erwerbers nur zu berechnen ist, während man das eigentliche Objekt der Steuer nicht hierin, sondern in der Erbschaft als solcher, sieht, so kann man —, in Konsequenz des unbestrittenen Satzes, daß für die Rechtsverhältnisse der Erbschaft die Person des Erblassers maßgebend ist, und des bestrittenen Satzes, daß für die Ausübung des Besteuerungsrechts als eines Staatshoheitsrechts nicht der privatrechtliche Gesichtspunkt des Wohnsitzes, sondern der staatsrechtliche der Staatsangehörigkeit maßgebend ist, — nur die letztere über die Steuerpflicht entscheiden lassen.

I. Die Stellung der preußischen Gesetzgebung und Praxis zur Regelung dieser Frage hat — abgesehen von der Besteuerung des unbeweglichen Vermögens — gewechselt.

Unter der Herrschaft des Stempelgesetzes von 1822, dessen Tarifposition „Erbschaften“ maßgebend war, verfuhren die Steuerbehörden mangels ausdrücklicher gesetzlicher Vorschrift nach dem Grundsatze, daß für die Frage der Besteuerung eines beweglichen Nachlasses die Staatsangehörigkeit maßgebend sei; der Nachlaß des preußischen Staatsangehörigen wurde besteuert, der des Ausländers blieb steuerfrei.

(Vgl. die vom Regierungs-Kommissar in der Kommission des Abgeordnetenhauses bei Beratung des Entwurfs von 1872 abgegebene Erklärung — Komm.-Bericht S. 840.)

Dieser Anschauung trat ein Plenarbeschluß des Ob.Tr. vom 8. Januar 1866 (Centr.-Bl. S. 198) entgegen, in welchem ausgesprochen wurde:

„Für die Steuerpflichtigkeit einer Erbschaft nach dem Gesetze vom 7. März 1822 ist nicht das Unterthanenverhältnis des Erblassers, wohl aber der letzte Wohnsitz desselben entscheidend.“

Im Anschluß hieran brachten die §§ 9 und 10 des Entw. I ebenfalls diesen Grundsatz zum Ausdruck. Demgemäß sollte das gesamte bewegliche Vermögen eines in Preußen wohnhaft gewesenen Erblassers, ohne Rücksicht auf den Ort, wo die Vermögensstücke sich befanden, der preußischen Erbschaftssteuer unterliegen, andrerseits aber das Vermögen eines außerhalb Preußens wohnhaft gewesenen Erblassers davon befreit bleiben. Dabei sollte aber die doppelte Ausnahme eintreten:

1. daß für das außerhalb Preußens befindliche Vermögen eines in Preußen wohnhaft gewesenen Erblassers, wenn dafür an den auswärtigen Staat Erbschaftssteuer bezahlt werden mußte, die preußische Steuer nur insoweit zu erheben war, als sie den Betrag der ausländischen Steuer überstieg, und

2. daß umgekehrt das in Preußen befindliche Vermögen eines außerhalb Preußens wohnhaft gewesenen Erblassers der preußischen Erbschaftssteuer unterlag, wenn der Staat, „wohin dasselbe verabfolgt werden sollte“, in dem umgekehrten Falle Erbschaftssteuer erhob.

In der Kommission des Abgeordnetenhauses wurde beschlossen, an Stelle des Wohnsitzes die Staatsangehörigkeit zu setzen. Der Antragsteller hatte seinen Antrag damit begründet (Komm.Ber. von 1872 S. 840), daß die Erbschaftssteuer an die Person des Erblassers anknüpfe und in dessen Staatsangehörigkeit ihren Grund finde, außerdem diese auch für die Einkommensteuer (nach § 16 des Ges. vom 1. Mai 1851, Ges.S. S. 193) in erster Linie entscheide. Nachdem der Kommissionsbeschluß die Billigung des Landtages gefunden hatte, erhielten die gedachten §§ folgenden Wortlaut:

Im Auslande befindliches Vermögen.

§ 9. Grundstücke und Grundgerechtigkeiten, welche außerhalb Landes liegen, gehören nicht zur steuerpflichtigen Masse. Anderes im Auslande befindliches Vermögen eines Erblassers, welcher bei seinem Ableben Inländer war, unterliegt der Versteuerung, falls davon im Auslande keine, oder eine geringere Erbschaftssteuer, als nach Vorschrift dieses Gesetzes, zu entrichten ist. Im letzteren Falle findet die Anrechnung der im Auslande erweislich gezahlten Erbschaftssteuer auf die diesseitige Steuer statt.

Im Inlande befindliches Vermögen.

§ 10. Von dem Anfall inländischer Grundstücke, Grundgerechtigkeiten oder deren Nutzungen ist die Erbschaftssteuer zu erheben ohne Unterschied, ob der Erblasser Inländer oder Ausländer war, und ob derselbe seinen Wohnsitz im Inlande hatte oder nicht.

Anderes im Inlande befindliches Vermögen eines Erblassers, welcher bei seinem Ableben Ausländer war, unterliegt der Versteuerung nicht, wenn in dem Staate, wohin dasselbe verabfolgt werden soll, die gleiche Rücksicht hinsichtlich des Nachlasses diesseitiger Angehöriger beobachtet wird.

Diese Bestimmungen hatten — wie in den Mot. von 1890 (S. 248) ausgeführt wird, in der Praxis zu vielen Schwierigkeiten geführt. Der Nachlaß eines in Preußen wohnhaft gewesenen Erblassers mußte (abgesehen von der oben unter Nr. 2 erwähnten Ausnahme) von der preußischen Steuer freigelassen werden, sobald die Erben nachwiesen, daß er Angehöriger eines anderen deutschen oder ausländischen Staates gewesen war. Dagegen war Preußen aus Gründen thatsächlicher Art fast nie in der Lage, den Nachlaß eines außerhalb Preußens wohnhaft gewesenen preußischen Staatsangehörigen der preußischen Erbschaftssteuer zu unterwerfen; in der Mehrzahl der Fälle erhielten die preußischen Behörden nicht einmal Kenntnis von dem Todesfalle. Zudem waren über die Auslegung des Ausdrucks: „Der Staat, wohin das Vermögen verabfolgt werden soll“, Zweifel entstanden.

Zur Beseitigung dieser Mißstände wurde in dem Entwurfe von 1890 die Erhebung der Steuer grundsätzlich nicht von der Staatsangehörigkeit, sondern von dem letzten Wohnsitze des Erblassers abhängig gemacht. In den Motiven wird darauf hingewiesen, daß auch nach dem Gesetze wegen Beseitigung der Doppelbesteuerung vom 13. Mai 1870 (B.G.Bl. S. 119) ein Deutscher, von bestimmten Ausnahmen abgesehen, zu den direkten Steuern nur in demjenigen Bundesstaat herangezogen werden soll, in welchem er seinen Wohnsitz hat; daß ferner der in § 28 C.P.O. bestimmte Gerichtsstand der Erbschaft und die in § 202 K.O. für das Konkursverfahren über einen Nachlaß festgestellte Zuständigkeit ebenfalls regelmäßig auf den letzten Wohnsitz des Erblassers zurückführen (C.P.O. §§ 13 ff.); und daß endlich nach feststehender Rechtsprechung des Reichsgerichts für die Beerbung einer Person in der Regel, und soweit nicht durch Staatsverträge Ausnahmen gemacht sind, gleichfalls das Recht des letzten Wohnsitzes maßgebend sei. Auch hatte Elsaß-Lothringen (§ 7 Abs. 2) diesen Grundsatz bereits zum Gesetz erhoben.

II. Zu § 9.

a) **Der Paragraph handelt von der Besteuerung des unbeweglichen Vermögens.**

Was zum Vermögen überhaupt, und was zum Vermögen einer bestimmten Person — des Erblassers — gehört, ist nach dem für die Beerbung des Verstorbenen insgemein maßgebenden Rechte, d. h. nach dem am letzten Wohnsitze des Erblassers geltenden bürgerlichen Rechte zu beurteilen. S. von Bar, Lehrbuch, S. 158; Böhm, intern. Nachlaßbehandlung, S. 32 und die Zitate in Anm. 7 u. 9.

Das Gesetz bezeichnet im Texte als Bestandteile des unbeweglichen Vermögens Grundstücke und Grundgerechtigkeiten, deren Begriffe ebenfalls aus dem vorerwähnten bürgerlichen Rechte zu ergänzen sind, Böhm, a. a. O. S. 34. Nach der Fassung des § ist es nicht zulässig, etwa aus der Gegenüberstellung der Überschrift des § 9 mit der des § 10 zu folgern, daß der erstere auf alle Vermögensstücke Anwendung findet, welche nach maßgebendem bürgerlichen Rechte nicht zum beweglichen Vermögen gehören. Vielmehr beschränkt sich sein Geltungsgebiet auf solche Vermögensbestandteile, welche nach bürgerlichem Rechte als Grundstücke oder Grundgerechtigkeiten anzusehen sind. Dabei sind allerdings diese Begriffe im weitesten Sinne aufzufassen. (Besser Elsaß-Lothringen § 5, wo „Liegenschaften und demselben gleichgeachtete Rechte“ übereinstimmend behandelt werden.)

Jedoch folgt daraus, daß gewisse, an sich bewegliche Vermögensteile in einer einzelnen Beziehung (z. B. bezüglich der Zwangsvollstreckung oder der Erfordernisse der Verpfändung) als unbewegliche gelten, nicht ohne weiteres, daß sie auch für das Erbschaftssteuerrecht als unbewegliche in dem eben erörterten Sinne zu gelten haben. Vgl.

Förster-Eccius Bd. I. § 21, S. 108 Anm. 8 (über den Begriff der unbeweglichen Sache i. S. des § 25 C.P.O.); Seuffert, Kommentar zur C.P.O. Anm. 1 zu § 25.

b) **Unter § 9 fallen Grundstücke und Grundgerechtigkeiten.**

1. **Grundstücke** sind begrenzte Stücke des Erdreichs nebst allen denjenigen Zubehörstücken (Pertinenzen), welche mechanisch oder organisch derart mit dem Grund und Boden verbunden sind, daß sie im Falle der Trennung ihre Substanz nicht bewahren können. Dernburg, Pand., I § 74; A.L.R. I 2 § 6; Förster-Eccius, I § 21 S. 107, 108; Crome, Allg. Teil, § 18; Zachariä-Crome, I § 103.

Dafür, ob eine Sache als Teil des Erdbodens anzusehen ist, ist also die Möglichkeit der Trennung, unbeschadet der Substanz, entscheidend. Feste Gebäude bilden in der Regel einen Teil des Grund und Bodens. Nach der Rechtsprechung des Ob.Tr., Bd. 37 S. 144, Bd. 52 S. 153 bilden auch Windmühlen einen Teil des Bodens, weil die heutige Technik sie nicht als Ganzes fortschaffen könne. Es dürfte fraglich sein, ob diese Begründung nach dem jetzigen Stande der Technik noch zutrifft. (Vgl. Rehbein, Entsch. d. Ob.Tr. I S. 127.)

Baulichkeiten, die ihrer Bestimmung nach nur zu vorübergehendem Gebrauche dienen, wie hölzerne Zirkusbauten, Tribünen, Festhallen u. s. w. sind nicht als Teile des Grund und Bodens anzusehen. Wegen der eigentümlichen Rechtsverhältnisse im Falle des § 332 A.L.R. I 9 (Inädifikation) s. R.G. III H.S.Urt. v. 7. Februar 1880, C.S. Bd. 1 S. 178.

Zu den Grundstücken sind auch die verliehenen Bergwerke (das Bergwerkseigentum) des § 68 des Eigentumserwerbsgesetzes zu zählen. Vgl. Rehbein-Reincke, Komm. z. A.L.R., 5. Aufl., Anm. 58 zu § 50 des Berggesetzes.

2. **Grundgerechtigkeiten** im Sinne des § 9 sind:

α) Superficies und Emphyteuse.
Wegen der Begriffe vgl. Dernburg, Pand. I §§ 158—160; Zachariä-Crome, I §§ 104, 183; Förster-Eccius, I § 21 S. 108, III § 167 S. 136, § 186 S. 362. Zu beachten ist, daß die Superficies im preußischem Landrechte als Grundgerechtigkeit bzw. als persönliches Nutzungsrecht an fremder Sache angesehen wird und demnach das superfiziarische Recht im Sinne des Landrechts kein Immobile ist. Strieth.Arch. XLVIII. S. 88. Vgl. im übr. Rehbein, Entsch. d. Ob.Tr., III 357, 1077 ff.

β) Die Grunddienstbarkeiten (Servituten).
Wegen der Begriffe vgl. Dernburg, Pand. I §§ 235 ff.; Förster-Eccius, III §§ 187, 187a; Zachariä-Crome, II §§ 203, 216 ff.

γ) Die sogen. selbständigen Gerechtigkeiten (vgl. Eig.Ges. § 69), d. h. vom Grundbesitze unabhängige, ohne natürliche und juristische Begrenzung in der Zeit und Veräußerlichkeit fortdauernde Gerechtigkeiten (Koch, Hypothekenordnung, S. 13), sofern für sie Grundbuchblätter eingerichtet sind.

Als solche kommen für das preuß. und zum Theil für das gemeine Recht — im Geltungsbereiche des rheinischen Rechts giebt es keine Gerechtigkeiten, welche in das Grundbuch aufzunehmen wären, vgl. Mügel, das rhein. Grundbuchrecht, 2. Aufl., Anm. 1 zu § 17 — hier in Betracht: die sächsischen Kohlenabbaugerechtigkeiten, Ges. vom 22. Februar 1869 § 3 (Ges.S. S. 401); Ob.Tr. Bd. 76 S. 180, Bd. 88 S. 78, Bd. 79 S. 56; die Erbstollengerechtigkeiten, Berggesetz § 223; die alten Apothekengerechtigkeiten, Ges. v. 2. November 1810; Vdg. v. 24. Oktober 1811 (Ges.S. S. 359); Reskript v. 19. März 1840, J.M.Bl. S. 113; preuß. Gew.-Ordnung v. 17. Januar 1845 (Ges.S. S. 41) § 54. Sie werden heute nicht mehr erteilt. In den Landesteilen, welche eine Zeit lang zu dem vormaligen Königreich Westfalen gehört haben, ist die Vererblichkeit der Apothekenprivilegien auch da, wo sie früher bestand, aufgehoben. O.Tr. (Präj. 637) Entsch. Bd. 4 S. 226 die Schiffsmühlengerechtigkeiten, §§ 229, 230 A.L.R. II 15; die

Fähr- und Fischereigerechtigkeiten, **wenn** sie als Realpertinenzen verliehen sind. A.L.R. II 15 § 76; Ges. v. 30. Mai 1874, (Ges.S. S. 157).

c) **Die vorbezeichneten Grundstücke und Grundgerechtigkeiten unterliegen der Erbschaftssteuer, wenn sie inländische sind.**

1. Ein Grundstück ist ein inländisches, wenn es innerhalb der preußischen Landesgrenze liegt. Ein zusammenhängendes Grundstück, das teils in Preußen, teils im Auslande liegt, ist für die steuerliche Behandlung in zwei selbständige Grundstücke aufzulösen, deren Grenze mit der Landesgrenze zusammenfällt. Dasselbe gilt, wenn die Grenze, wie es thatsächlich vorkommt, mitten durch ein Gebäude geht.
2. Eine Grundgerechtigkeit ist eine inländische, wenn das Grundstück, dessen Besitz die Voraussetzung ihrer Ausübung bildet, im Inlande liegt. Eine Servitut insbesondere ist eine inländische, wenn das herrschende Grundstück im Inlande liegt, weil sie als dessen Zubehör zu betrachten ist. Vgl. § 44 A.L.R. I 2. Ebenso Hollerith, S. 22 Anm. 2. Abw. von Bar, Lehrbuch, S. 102.

III. Zu § 10.

a) **Der § 10 handelt von der Besteuerung des beweglichen Vermögens** und begreift darunter nach dem Texte alles andere, als das in § 9 bezeichnete Vermögen.

Was zum Vermögen überhaupt und zum Vermögen des Erblassers insbesondere gehört, ist nach dem am letzten Wohnsitze des Erblassers geltenden bürgerlichen Rechte zu beurteilen.

Dagegen ist der Begriff des beweglichen Vermögens im Sinne des Erbschaftssteuerrechts weiter, als im bürgerlichen Recht und umfaßt alle Vermögensbestandteile, welche weder Grundstücke oder Bestandteil eines solchen, noch Grundgerechtigkeiten sind, selbst wenn sie nach dem maßgebenden bürgerlichen Recht in anderen Beziehungen (z. B. Zwangsvollstreckung, Erfordernisse der Verpfändung oder der Eigentumsübertragung) als unbewegliche Sachen behandelt werden.

Zu dem beweglichen Vermögen i. S. des § 10 gehören, soweit sie einen Vermögenswert (vgl. oben II b zu § 6) haben:

1. Bewegliche Sachen;
2. dingliche Rechte, welche nicht Grundgerechtigkeiten in dem obeu (II b 2) erläuterten Sinne sind. Daher auch Hypothekenforderungen (Ob.Tr. Bd. 53 S. 312; Strieth.Arch. Bd. 57 S. 82; Bd. 77 S. 242; R.O.H.G. Bd. 16 S. 275), Mietsrechte (nach preuß. R., s. Ob.Tr. Bd. 73 S. 200), die Kuxe alten, wie neuen Rechts;
3. selbständige Gerechtigkeiten, welche nicht in das Grundbuch eingetragen sind und diejenigen Rechte, denen (vgl. z. B. A.L.R. I 2 § 9) die Eigenschaft einer unbeweglichen Sache durch Gesetz nur in gewisser Beziehung ausdrücklich beigelegt ist;
4. Forderungen; auch Erbschaftsrechte, selbst wenn Immobilien dazu gehören (Ob.Tr. Bd. 76 S. 153);
5. die sogen. immateriellen Rechte, Patent-, Musterschutz-, Markenschutz-, Firmen- und Verlagsrechte.

b) Der bezüglich des beweglichen Vermögens (in dem vorstehend erörterten Sinne) vom Gesetze aufgestellte Grundsatz ist in § 10 nicht völlig klar zum Ausdruck gelangt. Gesagt werden soll:

Das bewegliche Vermögen des Erblassers unterliegt, vorbehaltlich der nach § 11 dem Finanzminister überlassenen abweichenden Anordnungen:

1. wenn der Erblasser bei seinem Ableben seinen Wohnsitz im im Auslande hatte, der preußischen Erbschaftssteuer nicht;
2. wenn der Erblasser bei seinem Ableben seinen Wohnsitz in Preußen hatte, der preußischen Erbschaftssteuer
   α) soweit es innerhalb Preußens belegen ist, unbeschränkt;
   β) soweit es außerhalb Preußens belegen ist, nur dann, wenn

davon in dem auswärtigen Staate keine, oder eine geringere Abgabe, als nach den Vorschriften dieses Gesetzes, zu entrichten ist.

Außerdem sind für die besonderen, nicht häufig vorkommenden Fälle, daß die vorläufige Ausfolgung des Nachlasses von einem preußischen Gericht verfügt ist, oder daß der Erblasser bei seinem Ableben keinen Wohnsitz hatte, Bestimmungen getroffen, deren Tragweite sich aus dem Wortlaut des Gesetzes ergiebt.

Es mag bemerkt werden, daß das von Loeck S. 33 und von Böhm S. 55 angeführte R.G. III Urt. vom 10. November 1882 (E.S. Bd. 8 S. 232), sowie das von Loeck dazu erwähnte F.M.R. vom 3. Juli 1890, III 4999, für das seit der Novelle von 1891 geltende Recht nicht mehr zutreffen. Der darin entschiedene Fall (ein ausländischer Erblasser hinterläßt einen in Preußen befindlichen Mobiliarnachlaß, welcher an einen preußischen Erben fällt) ist auch nach dem geltenden Recht im Sinne der Steuerfreiheit zu entscheiden, aber nur unter der Voraussetzung, daß der Erblasser zur Zeit seines Ablebens seinen Wohnsitz im Auslande hatte.

c) Ob das unter § 10 fallende Vermögen der preußischen Erbschaftssteuer unterworfen ist, hängt zunächst davon ab, ob es innerhalb oder außerhalb Preußens belegen ist. Im letzteren Falle spricht man von ausländischem beweglichen Vermögen. Zu diesem gehören im allgemeinen alle diejenigen beweglichen, thatsächlich im Auslande befindlichen Vermögensstücke eines Inländers, deren Verabfolgung in das Inland beansprucht werden kann. R.G. IV Urt. vom 16. April 1885, E.S. Bd. 13 S. 278; F.M.Bl. S. 343; C.Bl. S. 190.

1. Wo sich ein Vermögensbestandteil befindet, kann zweifelhaft sein.

α) Körperliche bewegliche Sachen befinden sich auch im Rechtssinne da, wo sie sich im natürlichen Sinne befinden. Während z. B. noch § 28 der Einl. zum A.L.R. von der Auffassung ausgeht, daß die Rechtsverhältnisse des beweglichen Vermögens einer Person nach dem Rechte ihres Domizils zu beurteilen sind (mobilia ossibus inhaerent, personam sequuntur), ist in der neueren Jurisprudenz die Anschauung zum Durchbruch gelangt, daß auch für die rechtliche Beurteilung beweglicher Sachen die Lex rei sitae maßgebend ist. Vgl. v. Bar, Lehrbuch, S. 96; Niemeyer, Vorschläge und Materialien, S. 247; Savigny, VIII S. 169 ff.; Dernburg, Pand., I § 47 S. 105; Förster-Eccius, I § 11 S. 59 ff.; Zachariä-Crome, I § 30 S. 110; R.G. III Urt. v. 20. Okt. 1882, E.S. Bd. 8 S. 113; R.G. III. Urt. v. 15. Febr. 1884, E.S. Bd. 11 S. 55.

Daß diese Ansicht jedenfalls für das Gebiet der Erbschaftssteuer zutrifft, ergiebt sich aus folgender Erwägung. Das Gesetz sieht ausdrücklich den Fall vor, daß ein Erblasser, der in Preußen seinen Wohnsitz hat, außerhalb Preußen belegenes, nicht unter § 9 fallendes, also bewegliches Vermögen, hinterläßt. Dieser Fall kann überhaupt nur eintreten, wenn man annimmt, daß eben nicht der Wohnsitz des Erblassers, sondern der natürliche Aufenthaltsort der Sache entscheidet. Danach ist aber auch anzunehmen, daß durch § 10 auf dem Gebiete der Erbschaftssteuer einheitliche Rechtsgrundsätze für die ganze Monarchie geschaffen sind, so daß die Frage, ob etwa für das Geltungsgebiet des A.L.R. auf Grund des § 28 der Einleitung das Domizil des Erblassers maßgebend ist, auf sich beruhen kann.

Als körperliche Sachen sind auch anzusehen: Geld mit Einschluß des Papiergeldes (die Reichskassenscheine sind uneigentliches Papiergeld, vgl. Förster-Eccius, I § 91 Anm. 60), Wertpapiere, d. h. Urkunden, bei denen die Geltendmachung des verbrieften Rechts an das Papier geknüpft ist und bei denen die Übertragung des Papiers die Übertragung des Rechts bedeutet (Staub, Anm. § 7 zu H.G.B. Art. 271), insbesondere Inhaberpapiere, d. h. solche Wertpapiere, bei denen aus der Urkunde, wenn auch nicht in solenner Form, hervorgeht, daß deren Innehabung nicht blos die Vermutung der Berechtigung, sondern die Berechtigung selbst gewährt.

Über Inhaberpapiere im engeren und weiteren Sinne s. Gareis, Handelsrecht, 5. Aufl., 379 S. 674. Zu den ersteren gehören namentlich: Aktien auf den Inhaber, Dividendenscheine (nicht auch Talons), Reichsbanknoten, Prämienscheine, Lose u. s. w. Derartige Inhaberpapiere werden im Verkehr als vermögenswerte Sachen behandelt. Förster-Eccius, I § 64 S. 372.

Von den Inhaberpapieren sind solche Urkunden zu unterscheiden, welche nicht den Inhaber berechtigen, sondern lediglich dem Schuldner die Legitimation erlassen oder erleichtern sollen: Sparkassenbücher, Depotscheine der Reichsbank über hinterlegte Wertpapiere und verschlossene Depots, Lebensversicherungspolizen, Lieferscheine, Theaterbillets, Eisenbahnfahrkarten, Speisemarken, Pfandscheine, Wechsel- und Grundschuldbriefe (selbst wenn sie in blanco giriert sind), Hypothekenbriefe, Karten oder Marken, gegen deren Rückgabe eine Leistung gewährt oder eine (z. B. zur Reparatur übergebene) Sache ausgehändigt wird. Vgl. hierüber Förster-Eccius, a. a. O., S. 367 ff.; Staub, Anm. § 1 zu Art. 307 H.G.B. Diese teils hinkende Inhaberpapiere, teils nur Legitimationszeichen darstellenden Urkunden haben Vermögenswert nur insofern, als sie als Beweismittel für die Forderung, auf welche sie sich beziehen, dienen.

β) Dingliche Rechte an körperlichen Sachen mit Einschluß der Pfandrechte befinden sich da, wo der Gegenstand ist, an dem sie auszuüben sind.

γ) Selbständige Gerechtigkeiten, welche nicht mit dem Besitze eines Grundstückes verbunden sind und (nach A.L.R. I 2 § 9) solche Rechte, denen die Eigenschaft einer unbeweglichen Sache durch Gesetz ausdrücklich beigelegt ist, befinden sich da, wo sie ausgeübt werden.

δ) Forderungen befinden sich da, wo sie zu erfüllen sind. Als Erfüllungsort gilt im Zweifel der Wohnsitz des Schuldners; vgl. Wahl, S. 26. — Das R.G. IV Urt. vom 16. April 1885 (C.S. Bd. 13 S. 279; J.M.Bl. S. 343; C.Bl. S. 190) hat unter der Herrschaft des Gesetzes von 1873 in einem Falle, wo der Schuldner ein Ausländer und für die Schuld ein ausländisches Grundstück verpfändet war, die Forderung als im Auslande belegen angesehen. Es begründet seine Ansicht damit, daß der Gläubiger zu seiner Befriedigung auf ausländische Zahlungsmittel angewiesen sei, welche der Einwirkung des fremden Staates mittels Erhebung einer Erbschaftssteuer unterlägen. — Hat ein ausländischer Schuldner im Inlande eine Zweigniederlassung im Sinne des Art. 21 H.G.B., so ist eine dieser Zweigniederlassung gegenüber bestehende Forderung als inländische anzusehen.

ε) Die sog. immateriellen Rechte befinden sich am Wohnsitze des Ausübungsberechtigten. Vgl. Kohler in der Zeitschr. f. H. und W.R., Bd. 47 S. 339; Patentgesetz vom 7. April 1891 (R.G.Bl. S. 79 § 12; Gesetz betr. den Schutz von Gebrauchsmustern vom 1. Juni 1891 (R.G.Bl. S. 290) § 13; Gesetz zum Schutz der Warenbezeichnungen vom 12. Mai 1894 (R.G.Bl. S. 441) § 23 Abs. 2.

2. Befinden sich die unter § 10 fallenden Bestandteile des beweglichen Vermögens bei dem Ableben des Erblassers in Preußen, so unterliegen sie der preußischen Erbschaftssteuer:

α) Wenn der Erblasser bei seinem Ableben seinen Wohnsitz in Preußen hatte.

Die Vorschriften über den Wohnsitz, welche übrigens, weil überall auf römisch-rechtlicher Grundlage beruhend (vgl. von Bar, Lehrbuch, S. 31), für alle Rechtsgebiete inhaltlich in allen wesentlichen Punkten übereinstimmen, sind enthalten: für das gemeine Recht: l. 7 C. de incolis 10, 39; l. 203 D. de V. S. 50, 16; l. 6 § 2, l. 17 § 13, l. 27 § 1 D. ad munic. 50, 1; Vgl. noch: l. 2 C. de incolis 10, 39; l. 5, l. 22 § 3, l. 27 § 2, 3 D. ad munic. 50, 1. Dazu: Litteratur und Rechtsprechung: Savigny, System, VIII §§ 353, 354;

Windscheid, Pand. I § 36; Dernburg, Pand. I § 46. Seuffert, Archiv, II Nr. 5; X Nr. 220; XVI Nr. 65, 89; XVIII Nr. 204; XIX Nr. 4, 6; XX Nr. 1; XXII Nr. 112; XXXX Nr. 237. R.O.H.G., Bd. 13 S. 363. R.G., Urt. v. 18. Juni 1885, C.S. Bd. 15 Nr. 95 S. 367. Für das preußische Recht: in der Einleitung zum A.L.R. §§ 23 ff. in Verbindung mit §§ 9 ff. A.G.O. I 2. Dazu aus der Litteratur und Rechtsprechung: Förster-Eccius, I § 11; Dernburg, preuß. Privatr., I § 27. Strieth. Archiv, Bd. 86 S. 46; Präj. 489, 513 (Pr.S. S. 230); Rehbein, Ob.Tr. Entsch., Bd. 1 S. 61. Für das französische Recht: Code civil Art. 102—109. Dazu: Crome, Allg. Theil, § 12; Zachariä-Crome I § 80 ff.

Da die Anwendung des § 10 die Kenntnis der grundlegenden Bestimmungen über die Lehre vom Wohnsitz voraussetzt, so bedarf diese hier einer kurzen Darstellung. Vgl. zum Folgenden: Savigny a. a. O.; Böhm, Handbuch, S. 9—16 (wo übrigens die Begriffe „Wohnsitz" und „Gerichtsstand", sowie der abgeleitete und der notwendige Wohnsitz nicht immer scharf auseinander gehalten werden); v. Bar, Lehrbuch, S. 30—34, Seuffert, Komm. zu §§ 12 ff. der C.P.O.; Dernburg, Windscheid, Förster-Eccius, Crome, Zachariä-Crome a. a. O.

αα) Begriff. Wohnsitz (Domizil, auch wohl: Wohnort [Savigny, S. 58], domicile) einer Person ist der Ort, welchen sie zum bleibenden Aufenthalte und damit zum Mittelpunkte ihrer Lebensverhältnisse gewählt hat. l. 7 C. de incolis 10, 40; l. 203 D. 50. 16. Code civil art. 103: le fait d'une habitation réelle dans un . . lieu, joint à l'intention d'y fixer son principal établissement; vgl. § 2 des Ges. vom 13. Mai 1870 (B.G.Bl. 119).

ββ) Zur Begründung des Wohnsitzes ist erforderlich der Wille, einen Ort auf längere Zeit zum ständigen Aufenthalt zu wählen, und die Bethätigung dieses Willens durch entsprechende Handlungen: Begründung eines Geschäfts, Niederlassung z. B. als Anwalt, Arzt, Lehrer, Ankauf eines Wohnhauses, Errichtung eines Haushalts u. dgl. Eine ausdrückliche Erklärung dieses Willens wird selten vorkommen und ist nicht erforderlich.

Beide Erfordernisse müssen vorliegen. l. 20 D. ad municipalem 50, 1: Domicilium re et facto transfertur, non nuda contestatione.

Im einzelnen:

ααα) Die Begründung des Wohnsitzes an einem Orte ist nicht dadurch ausgeschlossen, daß man daselbst ein Wohnrecht nicht hat. Denn den Willen, an jenem Orte seinen Wohnsitz zu nehmen, kann der nicht Wohnberechtigte haben in der Erwartung, daß trotzdem seinem Wohnen kein Hindernis in den Weg gelegt werde, und die Bethätigung dieses Willens ist möglich, solange die Behörde von ihrer Ausweisungsbefugnis keinen Gebrauch macht. R.G. I Urt. v. 29. Januar 1883, C.S. Bd. 8 Nr. 37 S. 145. S. aber R.G. Urt. v. 19. November 1894, C.S. Bd. 34 Nr. 103 S. 399.

Ebenso ist der Unterstützungswohnsitz (Reichsges. v. 6. Juni 1870 in der Fassung der Novelle vom 12. März 1894, R.G.Bl. 1894 S. 259, §§ 9 ff.) oder der politische Wohnsitz (domicile politique: der Ort, wo jemand Heimat, Ansässigkeit, Bürgerrecht, Wahlrecht hat), zur Begründung des civilrechtlichen Wohnsitzes weder erforderlich noch ausreichend. Böhm, Handbuch, S. 11; Seuffert, Komm. zur C.P.O. Anm. 3 zu § 13; von Bar, Lehrbuch, S. 32.

Der civilrechtliche Wohnsitz einer Person kann von dem prozeßrechtlichen verschieden sein. Insbesondere folgt aus den Bestimmungen der §§ 13 ff. C.P.O., wonach gewisse Personen (Militärpersonen, Exterritoriale, Ehefrauen) in Ansehung des Gerichtsstandes einen gesetzlichen Wohnsitz an einem von ihrem thatsächlichen Aufenthalt unabhängigen

Orte haben, nicht, daß dort auch ihr civilrechtliches Domizil ist. Ebenso Seuffert, Komm. zur C.P.O., Anm. 1 zu § 14.

Auch die Vereinbarung eines Wohnsitzes für ein bestimmtes Rechtsgeschäft (domicile élu, code civil art. 111) begründet kein civilrechtliches Domizil für die Vertragsschließenden.

ββ) Zur Begründung des Wohnsitzes ist nicht erforderlich die Absicht, lebenslänglich zu bleiben, wohl aber muß der Wille, bis auf weiteres auszuharren (si nihil avocet, l. 7 C. 10, 40) vorliegen. Daher keine Begründung des Domizils durch Verbringung in eine Strafanstalt, oder durch Anweisung eines bestimmten Aufenthaltsortes oder durch die Obrigkeit. Böhm, S. 15; von Bar, S. 32; Seuffert, Archiv, XL Nr. 237).

Dieser Wille wird regelmäßig fehlen bei einem — selbst längeren — Aufenthalt zum Kurgebrauche, zur ärztlichen Behandlung, zum Studium (da dieses erfahrungsgemäß sich auf eine annähernd bestimmbare Dauer beschränkt l. 2 C. 10, 40), zur Erfüllung der Wehrpflicht, zur Erlernung eines Gewerbes oder Handwerks, zum Besuche, als Gesinde. Diese Personen behalten ihren früheren Wohnsitz bis zur Begründung eines neuen. So die unbestrittene Ansicht in Doktrin und Praxis. Indes lassen sich, besonders bei verlängertem Gesindedienst, Fälle denken, in denen es an der Absicht, den Aufenthaltsort in absehbarer Zeit zu wechseln, fehlt. Diese Möglichkeit wird auch von Böhm, S. 14, anerkannt.

Nach code civil art. 106 hat auch die Übernahme eines auf eine gewisse Zeitdauer beschränkten oder widerruflichen Amtes die Neubegründung eines Domizils nicht zur Folge, falls nicht eine dahingehende Absicht zum Ausdrucke gelangt ist.

γγγ) Daß jemand mehrere Domizile haben kann, ist nach gemeinem Rechte — l. 6 § 2, l. 11, l. 27 D. 50. 17; von Savigny, S. 63; von Bar, Lehrbuch, S. 32; Böhm, Handbuch, S. 15; Windscheid, a. a. O.; — ausdrücklich zugelassen, dürfte aber auch für die übrigen Rechtsgebiete anzunehmen sein und (wie Böhm zutreffend ausführt) insbesondere dann vorkommen, wenn jemand an zwei Orten neben einander sich dergestalt einrichtet, daß er für jeden von ihnen vollständig den Voraussetzungen der Domizilbegründung entspricht und eine Willenserklärung oder sonstige Umstände, welche auf das Aufgeben des erstbegründeten Wohnsitzes schließen lassen, nicht vorliegen. Vgl. Seuffert, Arch., XVI Nr. 74; Förster-Eccius, I § 11 S. 56, 66 Anm. 45; Zachariä-Crome I § 83.

γγ) Der **Verlust** des Domizils tritt nur ein, wenn beide Erfordernisse der Begründung aufhören. Es genügt weder der Wille allein, einen Wohnsitz aufzuheben (daher kein Verlust des Domizils, wenn die Übersiedlung zwar geplant, aber noch nicht völlig ausgeführt ist — R.G. IV v. 18. Juni 1885, E.S. Bd. 15 Nr. 95 S. 365), noch eine langdauernde Abwesenheit ohne diesen Willen.

Der Verlust des alten Wohnsitzes wird meist mit der Erwerbung eines neuen zusammenfallen; doch ist dieses keineswegs notwendige Vorbedingung für den Verlust des alten. Denn es ist zulässig und möglich, daß jemand überhaupt keinen Wohnsitz hat.

Savigny (S. 64) hat in dieser Beziehung folgende Fälle aufgestellt:

ααα) Wenn der bisherige Wohnsitz aufgegeben ist, und ein neuer erst aufgesucht wird, solange bis dieser gewählt und wirklich begründet ist;

βββ) Wenn jemand eine lange Zeit hindurch das Reisen zu seinem Lebensberufe macht, ohne daneben eine Heimat zu haben als bleibenden Mittelpunkt seiner Geschäfte, in welchen er regelmäßig zurückkehrt (wie z. B. ein

Handlungsreisender, der das ganze Jahr auf Reisen ist, aber in Berlin eine feste Wohnung hat, in der er von Zeit zu Zeit ausruht).

γγγ) Bei Landstreichern oder Vagabunden, die ohne einen festen Lebensberuf in unbestimmter Weise umherziehen. Indes ist nicht bei jedem Handwerker oder Arbeiter, der eine Zeit lang arbeitslos auf Wanderschaft ist, anzunehmen, daß er ohne Wohnsitz sei: vielmehr behält ein solcher zunächst den alten Wohnsitz bei.

δδ) Besondere Fälle. Abgeleiteter und gesetzlicher Wohnsitz.

ααα) In den vorstehenden Ausführungen ist davon ausgegangen, daß jeder Mensch in der Lage ist, seinen Wohnsitz frei zu wählen. Es giebt jedoch Personen, denen diese Fähigkeit abgeht, weil sie handlungsunfähig sind. Hierzu gehören:

αααα) Der Geisteskranke ist, weil sein Wille keine rechtliche Bedeutung hat, nicht im Stande, ein Domizil zu begründen. Die Verbringung eines Geisteskranken in eine Heilanstalt hat daher nicht zur Folge, daß er am Orte der Anstalt seinen Wohnsitz erhält. Vielmehr behält er seinen früheren Wohnsitz. Hatte er einen solchen nicht, so gilt als sein Wohnsitz derjenige des Vormundes (s. code civil. Art. 108) oder, wenn auch dieser einen solchen nicht hat, der Sitz des Vormundschaftsgerichts.

Die Frage, ob der entmündigte und bevormundete Geisteskranke in sogen. lichten Zwischenräumen (lucida intervalla) zur giltigen Vornahme rechtlich erheblicher Handlungen und damit zur selbständigen Begründung eines Wohnsitzes fähig ist, ist für das gemeine Recht — l. 2 C. de contrahenda emtione 4, 38; l. 9 C. qui facere testamentum 6, 22; Dernburg, Pand., I § 56 — zu bejahen, für das preußische (A.L.R. I. 4 § 25) und das französische Recht (s. Crome, Allg. Teil § 29 S. 278; Zachariä-Crome, III § 584) aber zu verneinen.

Der Verschwender kann nach französischem Rechte ohne weiteres — s. Crome, Allg. Teil, § 29 S. 280; Zachariä-Crome, III § 597 —, nach gemeinem Rechte aber nur dann einen Wohnsitz begründen, wenn er dadurch seine Vermögenslage nicht im allgemeinen verschlechtert (s. Dernburg, Pand. I § 57), also z. B. an einen Ort zieht, wo die ganze Lebensführung eine kostspieligere, die Steuern höher sind. Nach preuß. Rechte ist er dazu überhaupt nicht im Stande (s. § 31 A.L.R. I 1).

Dagegen können die in § 81 Nr. 3 V.O. genannten Personen (nämlich Taube, Stumme oder Blinde, die einen Vormund erhalten, weil sie durch ihr Leiden an der Besorgung ihrer Rechtsangelegenheiten gehindert sind) selbständig einen Wohnsitz begründen.

ββββ) Bei Minderjährigen ist zu unterscheiden: uneheliche Kinder teilen den Wohnsitz der Mutter, eheliche den des Vaters, code civ. Art. 108.

Welche Kinder den ehelichen gleich stehen, ist nach dem am Wohnsitze des Vaters geltenden bürgerlichen Rechte zu beurteilen. Dieses trifft zu: nach gemeinem Rechte: für die legitimierten, die in putativer Ehe erzeugten (c. 2, 8, 14, 15 qui filii sint legitimi X. 4. 17), die arrogierten und die vollgiltig (plene) adoptierten und zum Teil (s. R.G. in C.S., Bd. 6 S. 163, Bd. 17 S. 131) für die eingekindschafteten Kinder; nach A.L.R.: für die durch nachfolgende Ehe (II. 2 §§ 596 ff.) und durch obrigkeitliche Deklaration (per rescriptum principis: II. 2 §§ 601—603) legitimierten, die an Kindesstatt angenommenen (II. 2. §§ 681 ff.) und die Pflegekinder (II. 2 §§ 753 ff.), zum Teil (s. Dernburg, preuß. Privatr., III § 67) für die eingekindschafteten Kinder; nach französischem Rechte: für die gesetzmäßig legitimierten und zum Teil für die adoptierten Kinder (s. Zachariä-Crome, III §§ 518, 529).

Man spricht hier von einem abgeleiteten (accessorischen) Wohnsitze. Die Kinder behalten ihn, bis sie ihn in rechtsgiltiger Weise aufgeben. Dies kann nach erlangter Handlungsfähigkeit geschehen, aber auch vorher mit Genehmigung des Vaters (vgl. Seufferts Archiv. Bd. 31 Nr. 10) bezw. der Mutter. Das Aufhören des väterlichen bezw. mütterlichen Wohnsitzes hebt auch den des minderjährigen Kindes auf (nur in Ansehung des Gerichtsstandes gilt er für das Kind nach § 17 Abs. 2 C.P.O. als fortbestehend).

Der Wohnsitz der Kinder dauert auch nach dem Tode des Vaters bezw. der Mutter fort. Auch einem Wohnsitzwechsel der Wittwe, welche nicht die Vormundschaft führt, schreibt man einen Einfluß auf den Wohnsitz der ehelichen Kinder nicht zu (Böhm, Handbuch, S. 13 Anm. 12); von Bar, Lehrbuch, S. 33).

Nach dem Tode der Eltern können auch minderjährige Kinder mit Genehmigung des Vormundes einen selbständigen Wohnsitz begründen.

βββ) Für gewisse Personenklassen ist der Wohnsitz durch das Gesetz bestimmt (gesetzlicher, notwendiger Wohnsitz, domicilium necessarium). Zu nennen sind

αααα) Die Exterritorialen.

Ausländer, die das Recht der Exterritorialität genießen, werden, selbst wenn sie im Inlande den Mittelpunkt ihrer Existenz haben, nach allgemein anerkanntem völkerrechtlichem Grundsatze so angesehen, als ob sie im Inlande keinen Wohnsitz hätten.

Solche Ausländer sind für Preußen (nach G.V.G. §§ 18, 19): die Chefs und Mitglieder der bei dem deutschen Reiche beglaubigten ausländischen Missionen und der bei dem preußischen Hofe beglaubigten außerpreußischen Missionen, die nichtpreußischen Mitglieder des Bundesrats (vgl. indes § 37 und dazu Anh. § 1 Einl. z. A.L.R.); die Familienmitglieder, das Geschäftspersonal der vorgenannten Personen und solche Bedienstete derselben, welche nicht Deutsche sind. Die im deutschen Reiche angestellten Konsuln gelten nur auf Grund besonderer Staatsverträge als exterritorial (§ 21 G.V.G.).

ββββ) Militärpersonen mit Ausnahme derjenigen, welche nur zur Erfüllung der Wehrpflicht dienen oder welche selbständig einen Wohnsitz nicht begründen können, haben nach C.P.O. § 14 in Ansehung des Gerichtsstandes ihren Wohnsitz am Garnisonorte, bezw. wenn der Truppenteil, zu welchem sie gehören, in Deutschland keinen Garnisonort hat, (nach § 15) am letzten deutschen Garnisonorte.

Man nimmt an, daß dies auch für das zivilrechtliche Domizil gilt. Böhm, Handbuch, S. 14.

Der Begriff der Militärpersonen ergiebt sich aus § 38 des Reichs-Militärgesetzes vom 2. Mai 1874, welcher lautet:

Zum aktiven Heere gehören:

A. Die Militärpersonen des Friedensstandes, und zwar:

1. Die Offiziere, Ärzte und Militärbeamten des Friedensstandes vom Tage ihrer Anstellung bis zum Zeitpunkte ihrer Entlassung aus dem Dienste;

2. die Kapitulanten vom Beginn bis zum Ablauf oder bis zur Aufhebung der abgeschlossenen Kapitulation;
3. die Freiwilligen und die ausgehobenen Rekruten von dem Tage, mit welchem ihre Verpflegung durch die Militärverwaltung beginnt, Einjährig-Freiwillige von dem Zeitpunkte ihrer definitiven Einstellung in einen Truppenteil an, sämtlich bis zum Ablauf des Tages ihrer Entlassung aus dem aktiven Dienste.

Die unter

B. (aus dem Beurlaubtenstande zum Dienste einberufenen) und

C. (in Kriegszeiten zum Heeresdienst aufgebotenen oder freiwillig eingetretenen) Personen gehören zwar zum aktiven Heere, sind aber nicht Militärpersonen. Offiziere à la suite gehören nicht zu den Militärpersonen im Sinne des § 14 C.P.O. (R.G. v. 16. März 1881, S.A. Bd. 36 Nr. 233), wohl aber Offiziere, die auf bestimmte Zeit beurlaubt und à la suite gestellt sind (Daude: Die bürgerlichen Rechtsverhältnisse der Militärpersonen, 1887 S. 91).

Letzteres gilt auch für das civilrechtliche Domizil.

γγγγ) Beamte haben in der Regel ihren Wohnsitz an dem Orte, wo die Behörde, bei der sie angestellt sind, ihren Sitz hat. Savigny, S. 61; Böhm, Handbuch, S. 15.

Jedoch ist erforderlich, daß der Beamte am Orte der Anstellung wirklich Aufenthalt genommen hat. Böhm, a. a. O.

Wohnt z. B. ein beim Amtsgericht I Berlin angestellter Richter dauernd in Lichterfelde, so hat er dort, nicht in Berlin, seinen Wohnsitz, gleichviel ob er die Genehmigung seiner vorgesetzten Dienstbehörde dazu hat oder ob er sie nicht hat.

Der Wohnsitz am Orte der Anstellung beginnt nicht schon mit der Anstellung bezw. der Versetzung, sondern erst mit der thatsächlichen Niederlassung. R.G. IV vom 1. Mai 1890, Gruchot, Bd. 34 S. 1141.

δδδδ) Die Ehefrau teilt in der Regel den Wohnsitz des Ehemanns; von Bar, Lehrbuch, S. 33; Böhm, Handbuch, S. 13.

Die Abhängigkeit hört auf, wenn die Ehe durch den Tod oder durch Urteil dem Bande nach gelöst oder wenn in früheren Fällen oder im Auslande auf immerwährende Trennung von Tisch und Bett erkannt ist (vgl. C.P.O. § 17. Abs. 1; Letzteres war in Deutschland vor Erlaß des Personenstandsgesetzes vom 6. Februar 1875 (vgl. § 77, 78 daselbst) zulässig und ist jetzt noch im Auslande nach verschiedenen Rechten möglich (vgl. R.G. II. Urt. v. 22 April 1884, CS. Bd. 11 S. 29).

Die zeitweilige Trennung von Tisch und Bett hat, selbst wenn sie durch gerichtliche Anordnung erfolgt, auf den abgeleiteten Wohnsitz der Ehefrau keinen Einfluß.

Dagegen ist trotz fortbestehender Ehe die Begründung eines selbständigen Wohnsitzes durch die Ehefrau möglich, wenn diese thatsächlich an einem anderen Orte lebt und es feststeht, daß sie voraussichtlich nicht zu ihrem Ehemanne zurückkehren wird. Dies wird nicht leicht anzunehmen sein, kann aber z. B. aus der selbständigen Begründung eines Geschäfts, einer Pension, der selbständigen Ausübung eines Berufs als Lehrerin, Künstlerin, Ärztin u. s. w. geschlossen werden. Unter solchen Umständen fehlen die thatsächlichen Unterlagen für die Annahme, daß die Frau den Wohnsitz des Mannes teilt.

Hat der Ehemann keinen Wohnsitz (über die Zulässigkeit dieses Falles siehe oben), so gilt für die Frau das gleiche, falls nicht etwa aus besonderen Gründen anzunehmen ist, daß sie selbständig einen Wohnsitz begründet hat.

εε. Die Anwendung der vorstehend entwickelten Grundsätze auf das Erbschaftssteuerrecht bietet keine Schwierigkeiten. Zu bemerken ist nur, daß die Steuer von dem in Preußen befindlichen Vermögen auch dann zu erheben ist, wenn der Erblasser einen doppelten Wohnsitz (in Preußen und im Auslande) hatte, gleichviel ob seine Beerbung nach dem inländischen oder dem ausländischen Rechte erfolgt und ohne Rücksicht darauf, wo er sich zuletzt thatsächlich aufgehalten oder welchen Wohnsitz er zuerst begründet hat. Mag auch im übrigen für das internationale Privatrecht das frühere Domizil entscheiden (so Dernburg, Pand. I § 46), für die Erbschaftssteuer kommt es nach dem Wortlaute, dem Zusammenhange und dem offensichtlichen Zwecke des Gesetzes nur darauf an, daß er bei seinem Ableben einen Wohnsitz in Preußen gehabt hat.

Die unter § 10 fallenden, bei dem Ableben des Erblassers in Preußen befindlichen Bestandteile des beweglichen Vermögens unterliegen ferner der preußischen Erbschaftssteuer:

β) Wenn der Erblasser bei seinem Ableben überhaupt keinen Wohnsitz hatte, nach Abs. 2 des §, der durch die Novelle von 1895 hinzugefügt worden ist. Vor dem 1. April 1896 fehlte es an der rechtlichen Unterlage für die Erhebung der Steuer in diesem Falle. Zur Begründung der Bestimmung wird in den Mot. gesagt: „Nach § 10 des preußischen Erbschaftssteuergesetzes ist das bewegliche Vermögen derjenigen Personen, die bei ihrem Ableben ihren Wohnsitz außerhalb Preußens hatten, einer preußischen Erbschaftssteuer nicht unterworfen, selbst wenn es ganz oder teilweise in Preußen sich befinden sollte, indem die Gesetzgebung von der Annahme ausgeht, daß in diesem Fall dem betreffenden ausländischen Staat die Besteuerung des ganzen beweglichen Nachlaßvermögens zu überlassen sei. Diese Rücksicht auf einen fremden Staat fällt weg, wenn der Erblasser einen Wohnsitz überall nicht gehabt. Daß ein vermögender Mann keinen Wohnsitz habe, ist allerdings eine große Seltenheit. Es sind indeß vereinzelt Fälle vorgekommen, in welchen aus überseeischen Ländern zurückgekehrte wohlhabende Leute längere Zeit in Deutschland sich aufgehalten und ohne Begründung eines Wohnsitzes an verschiedenen Orten in Hotels gewohnt haben. Es liegt kein Grund vor, solchen Nachlaß unversteuert zu lassen." Gegenüber den Motiven ist übrigens zu bemerken, daß nach verbreiteter Ansicht für das internationale Privatrecht das aufgegebene Domizil bis zur Begründung eines neuen als noch fortbestehend gilt (siehe Dernburg, Pand. I § 46).

γ) Wenn die vorläufige Ausfolgung des Nachlasses von einem preußischen Gericht verfügt ist. Vgl. hierzu § 1 Ziffer 4 des Gesetzes.

3. Befinden sich die unter § 10 fallenden Bestandteile des beweglichen Vermögens im Auslande, so unterliegen sie der preußischen Steuer nur dann, wenn a) entweder der Erblasser bei seinem Ableben seinen Wohnsitz in Preußen hatte oder die vorläufige Ausfolgung des Nachlasses von einem preußischen Gericht verfügt ist, und außerdem b) davon in dem ausländischen Staate keine, oder eine geringere Abgabe, als nach den Vorschriften des preußischen Gesetzes zu entrichten ist. Vgl. über einen besonderen Fall F.M.R. vom 5. März 1892 III 16369/91 an den P.St.D. zu B., bei H.-G. S. 1068.

Die Anwendung dieser Bestimmung setzt eine genaue Kenntnis der materiellen Vorschriften der ausländischen Erbschaftssteuergesetze voraus. Vgl. dieserhalb die Zusammenstellung im Anhange.

Die Befreiung von der inländischen Steuer tritt nur ein, wenn der ausländische Staat nach seinen Gesetzen einen Rechtsanspruch auf Zahlung der Erschaftssteuer hat. Es steht dem Erben nicht frei, sich durch schenkweise Hingabe einer dem Betrage der inländischen Steuer gleichkommenden Summe an den ausländischen Fiskus von der Zahlung der inländischen Steuer zu befreien.

Die Anrechnung der dem auswärtigen Staate gezahlten geringeren Steuer auf die höhere preußische Steuer erfolgt nur, sofern die Zahlung dargethan wird. Der Nachweis, daß die Steuer im Auslande geschuldet wird, genügt nicht. In welcher Art der Nachweis zu erbringen ist, bestimmt das Gesetz nicht, so daß es den Erbschaftssteuerämtern überlassen ist, ob sie den Nachweis für erbracht ansehen wollen. In der Regel wird indes nur eine öffentliche Urkunde der zuständigen Steuerbehörde des ausländischen Staats als genügend zu erachten sein.

Der Nachweis kann, da das Gesetz eine entgegenstehende Bestimmung nicht enthält, auch nach erfolgter Zahlung der inländischen Steuer erbracht werden und begründet alsdann einen Anspruch auf Rückzahlung. Vgl. Hollerith, S. 24 Anm. 3 zu § 6, S. 25 Anm. 3 zu § 7.

Der Rechtsweg ist sowohl in dem zuletzt erwähnten Falle, als auch dann zulässig, wenn der Verpflichtete gegenüber der Einforderung der inländischen Steuer bei dem Vorhandensein der Voraussetzungen des § 231 C.P.O. eine Feststellungsklage dahin erheben sollte, daß er nur zu einer geringeren Abgabe verpflichtet sei, weil er bereits im Auslande Steuer gezahlt habe.

IV. Zu § 11.

Die in § 11 dem F.M. erteilte Befugnis bezieht sich nur auf die Besteuerung des unter § 10 fallenden Vermögens, nicht also auf die (in § 9 behandelten) Grundstücke und Grundgerechtigkeiten.

Sie besteht ferner nur gegenüber solchen Staaten, in welchen die Erbschaftssteuer nach anderen, als den in § 10 angegebenen Grundsätzen erhoben wird.

Sie ist endlich dem F.M. nur zum Zwecke der Ausgleichung und der thunlichsten Vermeidung von Doppelbesteuerungen unter den im Gesetze normierten Voraussetzungen beigelegt.

Eine Zusammenstellung der ausländischen Gesetze und der vom preuß. Finanzminister auf Grund des § 11 erlassenen Verfügungen ist im Anhange abgedruckt.

§ 12.

Besondere Fälle der Versteuerung.

In denjenigen Fällen, in welchen bei Genehmigung von Schenkungen und letztwilligen Zuwendungen an Korporationen und andere juristische Personen diese die Verpflichtung übernehmen, einen Theil des Empfangenen oder des Werthes desselben an Angehörige des Schenkgebers oder Erblassers herauszugeben, haben letztere das auf diese Weise ihnen Zufliessende so zu versteuern, als ob es ihnen von dem Schenkgeber oder Erblasser selbst zugewandt worden wäre.

Entw. von 1890 § 10; Mot. von 1890 S. 249, 250; Komm.-Ber. von 1890 S. 1615, 1616; Ges. vom 19. Mai 1891 § 10b.

I. Im Gesetze vom 19. Mai 1891 heißt es in Zeile 4: „des Werths desselben“; in der Bekanntmachung des F.M. vom 24. Mai 1891 ist daraus geworden: „des Werthes derselben“. Hier liegt wohl ein Redaktionsfehler vor. Denn nachdem aus Schenkungen und letztwilligen Zuwendungen das „Empfangene“ gemacht worden war, hätte sinngemäß und sprachlich richtig gesagt werden müssen: „einen Teil des Empfangenen oder seines Wertes“.

II. Mit Rücksicht auf die Beseitigung des § 4 durch den § 35 des Stempelsteuergesetzes vom 31. Juli 1895 hätte in dem obigen Paragraphen entweder die Erwähnung der Schenkungen vermieden oder die Einschränkung auf die Schenkungen von Todeswegen kenntlich gemacht werden müssen.

III. Der § ist durch die Novelle von 1891 neu hinzugefügt worden und bezieht sich auf die Fälle, in denen Schenkungen oder letztwillige Zuwendungen an Korporationen oder andere juristische Personen nach dem Gesetze vom 23. Februar 1870 (Ges. Samml. S. 118) — abgedruckt im Anhange — der Genehmigung des Königs oder der durch Königliche Verordnung bestimmten Behörde bedürfen. Vor Erteilung der Genehmigung wird (auf Grund der Verf. der Ministerien des Inneren und der geistlichen u. s. w. Angelegenheiten vom 10. Februar 1872, Min.Bl. f. d. innere Verwaltung S. 75) geprüft, ob der Erblasser etwa durch übertriebene Freigebigkeit sittliche Pflichten gegen hülfsbedürftige Angehörige verletzt hat. Ergiebt sich, daß ein solcher Fall vorliegt, so wird in doppelter Weise Abhülfe geschafft. Entweder wird nach § 3 Abs. 3 des Ges. die Genehmigung auf einen Teil der Zuwendung beschränkt. Dann bleibt bei Anordnungen von Todeswegen der nicht genehmigte Teil den mit der Zuwendung Belasteten (Erben, Vermächtnisnehmern u. s. w.), die dafür, wenn sie überhaupt zu den steuerpflichtigen Personen gehören, nach ihrem Verwandtschaftsverhältnisse zum Erblasser Steuer zu entrichten haben. Oder es wird die ganze Zuwendung genehmigt unter der Bedingung, daß die Korporation oder sonstige juristische Person sich verpflichtet, bestimmten hülfsbedürftigen Angehörigen des Erblassers gewisse Beträge zukommen zu lassen. Daß die juristische Person diese Beträge nach § 5 Abs. 3 des Gesetzes bei der Versteuerung in Abzug bringen darf, unterliegt keinem Zweifel. Andrerseits konnte vor Erlaß der Novelle von 1891 von jenen Angehörigen die Steuer von den ihnen zugewendeten Beträgen nicht gefordert werden, weil sie sie nicht als Erben oder Vermächtnisnehmer erhalten hatten. Diese Lücke soll, wie die Mot. besagen, durch die ausdrückliche Bestimmung des § 12 ausgefüllt werden.

IV. Wegen der Zeit des Anfalls s. Anm. IV zu § 14 und II zu § 22. Zu beachten ist, daß nach § 3 Abs. 2 des Ges. v. 23. Februar 1870 die Schenkung oder letztwillige Zuwendung, wenn die Genehmigung erteilt wird, als von Anfang an giltig zu betrachten ist, dergestalt, daß mit der geschenkten oder letztwillig zugewendeten Sache auch die in die Zwischenzeit fallenden Zinsen und Früchte zu verabfolgen sind.

§ 13.

Vertheilung der Schulden und Lasten.

Schulden und Lasten, welche nur auf einem nach §§ 9, 10 und 11 steuerfreien oder steuerpflichtigen Theile der Masse haften, kommen bei Berechnung der Steuer nur bei demjenigen Theile in Abzug, auf welchem sie haften.

Schulden und Lasten, welche sowohl auf dem steuerfreien, als auf dem steuerpflichtigen Theile der Masse haften, kommen von letzterem nur nach dem Verhältniß dieses Theiles zur gesammten Masse in Abzug.

Hypothekarische Schulden, für welche der Eigenthümer zugleich persönlich haftet, gelten als zunächst das Grundstück belastend, und kommen nur rücksichtlich des durch das Grundstück nicht gedeckten Betrages bei der übrigen Masse in Anrechnung.

Entw. I von 1872 § 10; Mot. von 1872 S. 60; Komm.Ber. von 1872 S. 840; Gesetz von 1873 § 11.

I. **Der Paragraph giebt an, in welcher Weise der durch § 5 Abs. 3 zugelassene Abzug der Schulden und Lasten von der steuerpflichtigen Masse zu bewirken ist.** Welche Lasten überhaupt abzugsfähig sind, ergiebt § 5 Abs. 3.

Die Vorschriften des Paragraphen sind notwendig, weil es auf Grund der §§ 9, 10 und 11 möglich ist, daß ein Teil eines Nachlasses (z. B. das im Auslande belegene Immobiliarvermögen oder das dort belegene, daselbst so hoch, wie in Preußen versteuerte Mobiliarvermögen) für die preußische Steuer überhaupt nicht in Betracht kommt. Es würde ungerechtfertigt sein, in diesem Falle den Abzug von Schulden zu gestatten, die nicht auf dem der preußischen Steuer unterworfenen Teile, sondern auf dem von dieser nicht betroffenen Teile (z. B. als Grundschulden auf dem im Auslande belegenen Grundstücke) haften.

II. **Zu Absatz 1.**

Unter den Schulden des Nachlasses sind die Verbindlichkeiten zu verstehen, die nicht höchstpersönlicher Natur sind und für die der Erblasser, wenn er noch lebte, zu haften gehabt hätte — vgl. §§ 360 ff. A.L.R. I 9; Dernburg, Pand. III § 55; Zachariä-Crome, I § 117. — Zu den Schulden, die nur auf einem nach §§ 9—11 steuerfreien Teile der Masse haften, gehören z. B.

a) die auf einem ausländischen Grundstücke ruhende Grundschuld, vorausgesetzt, daß diese nach dem ausländischen Gesetze (was mannigfach der Fall ist), dasselbe begreift, wie nach § 19 des Eigentumserwerbsgesetzes vom 5. Mai 1872.

b) Die auf einem ausländischen Grundstücke lastenden Personal- und Prädialservituten, sowie die Reallasten.

Unter den Lasten des Nachlasses (les charges) sind die Verbindlichkeiten zu verstehen, die nur insofern auf dem übergegangenen Vermögen ruhen, als ein solcher Übergang stattfindet, deren Grund also mit der Übertragung selbst zusammenhängt. Dahin gehören z. B. die Vermächtnisse, die Kosten der Inventarisierung des Nachlasses u. s. w. Zachariä-Crome, I § 117. Vgl. im übr. Anm. zu § 5 Abs. 3.

III. **Zu Absatz 2 und 3.**

Als Schulden, welche sowohl auf dem steuerfreien, als auf dem steuerpflichtigen Teile der Masse haften, können alle Schulden in Betracht kommen, für welche zunächst der Erblasser persönlich, außerdem aber eine spezielle Sache dinglich verhaftet war, wie: Hypothekenforderungen, die Schulden des Erblassers, zu deren Sicherheit Faustpfand bestellt oder durch Pfändung ein Pfandrecht erworben ist, oder für welche der Gläubiger ein Recht auf vorzugsweise Befriedigung aus bestimmten Gegenständen (K.O. §§ 40, 41; A.G. z. K.O. §§ 6, 7, 8) hat.

Nur für die hypothekarischen Schulden, nicht auch für die anderen Fälle, bestimmt der (auf Vorschlag der Kommission des Abgeordnetenhauses von 1872 zur Entscheidung einer Streitfrage — Drucksachen Nr. 178 S. 7 — hinzugefügte) Absatz 3, daß sie bei der übrigen Masse (welche aus dem übrigen beweglichen, wie unbeweglichen Vermögen gebildet zu denken ist) blos insoweit in Anrechnung kommen, als ihr Betrag nicht durch das Grundstück, d. h. durch den gemeinen Wert des Grundstücks zur Zeit des Anfalles gedeckt ist.

Für alle sonstigen Fälle gilt der im Absatz 2 aufgestellte Grundsatz: es ist das Verhältnis des Wertes des steuerpflichtigen Teiles zu der gesamten Masse zu ermitteln, es ist sodann die Schuld in dem entsprechenden Verhältnis von der steuerpflichtigen Masse abzuziehen.

Beispiel. Der in Berlin domizilierte Erblasser hinterläßt nur bewegliche Sachen, von denen sich ein Teil im Werte von 8000 M. in Berlin, ein anderer im Werte von 2000 M. in Paris befindet; letztere sind, wie angenommen werden soll, nach § 10 d. Ges. der preußischen Steuer nicht unterworfen, und der gesammte Nachlaß ist für eine Nachlaßschuld von 4000 M. rechtsgiltig verpfändet. Es ist zunächst das Wertsverhältnis des steuerpflichtigen Teiles zur gesamten Masse des Nachlasses zu ermitteln, welches = 4 : 5 ist. Mithin gelangt die Nachlaßschuld nur mit $^4/_5$ = 3200 M. zum Abzuge, und es beträgt das in Preußen steuerpflichtige Vermögen 8000—3200 = 4800 M.

§ 14.

Ermittelung des Werthes der Masse.

Die Ermittelung des Betrages der Masse ist, ohne Rücksicht auf die für andere Zwecke vorgeschriebenen Abschätzungsgrundsätze, auf den gemeinen Werth zur Zeit des Anfalles zu richten.

Entw. von 1872 § 11; Mot. von 1872 S. 60; Komm.Ber. von 1872 S. 840; Gesetz von 1873 § 12.

I. **Der § 14 enthält den allgemeinen Grundsatz über die Ermittlung des Wertes einer steuerpflichtigen Masse.** Die §§ 15—19 schaffen nicht Ausnahmen von ihm, sondern geben Anweisung für die Anwendung auf einzelne besondere Fälle.

Jeder zur steuerpflichtigen Masse gehörige Gegenstand hat einen Vermögenswert, der sich ermitteln läßt, wenn auch im einzelnen Falle die Feststellung mit Schwierigkeiten verbunden und vielleicht nur eine annähernd richtige ist. Vgl. über den Sachwert: Savigny, System, I S. 376; Savigny, Obligationenrecht, I § 40; Dernburg, Pand. II § 44; Windscheid, Pand. I §§ 101, 102; Förster-Eccius, I § 22 S. 118 ff.

II. **Der gemeine Wert einer Sache** ist der Wert, den sie auf dem Markte hat (verum rei pretium), also der Kaufwert, den sie für jedermann hat. (So Dernburg, Pand., a. a. O.; Hollerith, S. 32 Anm. 2 zu § 9). Für ihn kommt demnach nur die objektive Beschaffenheit in Betracht (s. R.G. II H.S. Urt. v. 11. Oktober 1880, C.S. Bd. 3 S. 241); wesentlich subjektive Verhältnisse (die zum außerordentlichen oder gar zum Affektionswerte führen) werden nicht berücksichtigt. Er richtet sich übrigens nach Zeit und Ort. Als Zeit ist nach § 14 die Zeit des Anfalls maßgebend. Als Ort wird bei beweglichen wie bei unbeweglichen Sachen die lex rei sitae, bei Forderungen der Erfüllungsort, im Zweifel der Wohnort des Schuldners entscheiden. Nach A.L.R. I. 2 § 112 insbesondere ist der Nutzen, den die Sache einem jeden Besitzer gewähren kann, ihr gemeiner Wert. Dabei ist unter jedem Besitzer der zu verstehen, der die Sache zu dem Zwecke und der Nutzung erwirbt, zu denen sie ihrer Natur nach im allgemeinen bestimmt ist. Vgl. Rehbein, Entsch. des Ob.Tr., I S. 157 ff.; Förster-Eccius, I § 22 S. 119.

Vorschriften, nach welchen für gewisse Fälle der gemeine Wert nicht maßgebend ist (z. B. § 9 A.L.R. I 11, § 8 des Enteignungsgesetzes v. 11. Juni 1874), oder nach welchen gewisse Bestandteile und Zubehörungen (z. B. Früchte, Zinsen) außer Berücksichtigung bleiben sollen (z. B. für die Berechnung des Wertes des Streitgegenstandes nach C.P.O. §§ 2 ff.), haben für die Berechnung des Wertes des steuerpflichtigen Nachlasses keine Gültigkeit. Insbesondere sind bei ihr, wie nochmals hervorgehoben wird (vgl. auch Mot. S. 60), nicht zu berücksichtigen:

a) der außerordentliche Wert (der Nutzen, den eine Sache nur unter gewissen Bestimmungen oder Verhältnissen leisten kann; A.L.R. I 2 § 114);

b) der Wert der besonderen Vorliebe (der aus blos zufälligen Eigenschaften oder Verhältnissen einer Sache entsteht, die derselben in der Meinung ihres Besitzers einen Vorzug vor allen anderen Sachen gleicher Art beilegen; A.L.R. I 2 § 115). S. auch Dernburg, Pand. II § 44.

III. **Im einzelnen ist Folgendes zu bemerken.**

a) Bei Wertpapieren und Waren, welche einen Börsen- oder Marktpreis haben, ist dieser für den Tag des Anfalls zu ermitteln. Vgl. hierüber Staub, 4. Aufl. Komm. zum H.G.B. § 2 zu Art. 353, der ihn in Übereinstimmung mit Goldschmidt (Handbuch, 2. Aufl. II § 64 a) als denjenigen Preis definiert, welcher für eine Ware bestimmter Gattung und Art von durchschnittlicher Güte an dem Handelsplatze, wo sie einen Markt hat, und in dessen Handelsbezirke zu einer gewissen Zeit im Durchschnitte gewährt wird. Bei den Wertpapieren ist die Kursnotierung allein nicht entscheidend.

Der Gegenbeweis, daß der wahre Börsenpreis ein anderer gewesen sei, ist zulässig. R.G. I. Urt. v. 11. April 1883, E.S. Bd. 12 S. 7.

Fremde Währungen sind bei Wertpapieren — insoweit nicht nach Börsengebrauch eine andre Umrechnung stattfindet — nach dem Tageskurse vom Tage des Anfalls umzurechnen. Vgl. die Ausf.vorschr. zu dem Elf.-Lothr. Ges. v. 12. Juni 1889, Nr. 1, C. und BezAmtsblatt S. 154.

Forderungen, welche in das Staatsschuldbuch eingetragen worden sind, dürfen nicht mit ihrem Nennbetrage, sondern müssen mit dem Kurswerte der gleichartigen konsolidierten Staatsanleihe angesetzt werden, weil nach § 6 des Gesetzes vom 20. Juli 1883 (Ges. Samml. S. 121) im Falle der Löschung einer solchen Forderung Schuldverschreibungen derselben Anleihe von gleichem Nennwerte ausgehändigt werden. F.M.B. vom 4. Januar 1892 III 15229 an den P.St.D. zu B., abgedruckt bei H.G. S. 1045 Anm. 33 b.

Dasselbe gilt von den in das Reichsschuldbuch eingetragenen Forderungen nach § 6 Abs. 3 des Reichsges. vom 31. Mai 1891 (R.G.Bl. S. 321).

b) Bei verzinslichen Wertpapieren sind, um den Wert zur Zeit des Anfalls zu ermitteln, die laufenden Zinsen bis zu diesem Zeitpunkte hinzuzurechnen, soweit nicht etwa deren Betrag nach Börsengebrauch im Kurse Ausdruck findet.

c) Der gegenwärtige Wert einer erst künftig fälligen unverzinslichen Forderung ist gleich der Summe, die bei zinsbarer Anlegung mit Hinzurechnung der gesetzlichen Zinsen am Verfalltage den Nominalbetrag der Forderung ergeben würde. Die Differenz dieser Summe und des Nominalbetrages ist der Zwischenzins (Interusurium, Diskonto). Seine Berechnung erfolgt, wie angegeben, auf Grund der Hoffmannschen Methode, die durch § 58 K.O. für den Konkurs und durch § 31 des preußischen Zwangsversteigerungsgesetzes vom 13. Juli 1883 für die Immobiliarzwangsvollstreckung eingeführt worden ist und, weil in den weitaus meisten Fällen wirtschaftlich richtig, allgemein anzuwenden ist. Vgl. Dernburg, Pand., II § 35; Förster-Eccius, I § 68 S. 407; F.M.R. vom 2. Juni 1885 III 5853 an den P.St.D. in B., abgedruckt bei H.G. S. 1047 Anm. 34 b. Nr. 1.

Die Formel ist:

$$X + \frac{n.\ p.}{100}\ X = K.$$

K. ist die unverzinsliche Forderung, X die zu findende Summe, n der jährliche Zinsfuß, p die Anzahl der Jahre bis zur Fälligkeit.

Bei ausländischen Forderungen ist der Kursstand der ausländischen Währung zu berücksichtigen. Bei allen Forderungen werden die Solvenz des Schuldners und die sonstigen Chancen der Realisierung, auch allgemeine Erwägungen, aus welchen sich die Gefahr von Verlusten ergiebt, als bedeutsam in Betracht zu ziehen sein. Vgl. Staub, a. a. O., § 2 zu Art. 31 H.G.B.; R.G. I Urt. v. 28. März 1888, E.S. Bd. 22 S. 169.

d) Schulden sind gleichfalls zum wirklichen Werte einzustellen, der sich in den meisten Fällen mit dem Nennwerte, allenfalls nach Abrechnung des Zwischenzinses bei späterer Fälligkeit, decken wird, aber nicht immer zu decken braucht, z. B. bei Verbindlichkeiten aus Gefälligkeit, mit solidarischer oder eventueller Haftung, bei dem Vorhandensein von Regreßansprüchen. Vgl. darüber Staub, § 3 a. a. O.

Eine Nachlaßschuld ist so viel wert, als nach dem sie begründenden Rechtsverhältnisse zur Befriedigung des Gläubigers aufgewendet werden muß. Eine eingetragene Pfandbriefschuld ist daher mit dem Nominalbetrage selbst dann in Ansatz zu bringen, wenn der Kurswert ein geringerer ist. Ob.Tr. I vom 17. Mai 1878, Entsch. Bd. 82 S. 88.

Wird vor Teilung der Erbschaft eine Nachlaßschuld durch Vergleich herabgesetzt, so ist nur die Vergleichssumme abzugsfähig. Hingegen beeinflußt ein schenkungsweiser Erlaß nicht die Höhe des abzugsfähigen Betrags.

e) Wegen des Wertes von Grundstücken, insbesondere bei Handelsetablissements s. § 21 Anm. II b 1.

f) Gewisse Vermögensbestandteile, wie alle immateriellen Rechte, Zeitungstitel, Kundschaft eines Geschäfts u. s. w. lassen nur eine annähernde Wertbestimmung zu. Hier empfiehlt sich im Falle des § 21 die Zuziehung Sachverständiger.

IV. **Maßgebend ist der Wert zur Zeit des Anfalls.**

Daraus folgt: während jede vor dem Anfall erfolgende Wertsteigerung oder Wertsminderung der Nachlaßmasse zu berücksichtigen ist, bleibt die nach dem Anfall, aber vor der Festsetzung der Steuer eintretende Veränderung außer Betracht. Dieses letztere gilt nicht nur von Zuwüchsen (z. B. ein im Nachlaß befindliches Lotterielos wird nach dem Anfalle mit einem Gewinne gezogen, ein Grundstück wird nach dem Anfalle durch Aufstellung eines neuen Bebauungsplanes wertvoller, oder ein auf dem Nachlasse lastender Nießbrauch hört auf), sondern auch von Verlusten (z. B. Aktien, die im Augenblick des Anfalls auf 110 standen, fallen vor der Festsetzung der Steuer auf 80). Ob.Tr. I vom 13. Juni 1864, Entsch. Bd. 53 S. 293. F.M.R. vom 19. Oktober 1866, III 21420, an die Reg. in Pm., abgedr. bei H.G. S. 1073 Anm. 57 e.

Der Anfall einer Schenkung von Todeswegen tritt mit dem Vorversterben des Schenkgebers vor dem Schenknehmer ein.

Der Anfall einer erbschaftlichen Zuwendung ist von ihrem thatsächlichen Erwerbe zu unterscheiden und findet in dem Augenblicke statt, in welchem der Bedachte das Recht zum Erwerbe der Zuwendung erhält. Dieser Rechtserwerb tritt frühestens mit dem Augenblicke des Todes des Erblassers ein, fällt aber keineswegs immer mit ihm zusammen. Vielmehr ist nach den einzelnen Arten des Erwerbes und den verschiedenen Rechtsgebieten zu unterscheiden:

a) Im gemeinen Rechte:

Der Anfall der Erbschaft erfolgt in der Regel mit dem Augenblicke des Todes des Erblassers (l. 151 D. de V. S. 50, 16; Dernburg, Pand., III § 58; Förster-Eccius, IV § 243 S. 285, § 268 S. 532), bei aufschiebend bedingten und betagten Erbeseinsetzungen jedoch mit dem Eintritt der Bedingung und des Termines (Dernburg a. a. O.; Förster-Eccius, a. a. O.).

Der Anfall eines unbedingten, unbetagten, auflösend bedingten oder gewiß betagten Vermächtnisses (dies cedens) erfolgt — unter der Voraussetzung des demnächstigen Erbschaftsantritts — im Augenblicke des Todes des Erblassers ohne Wissen und Willen des Vermächtnisnehmers (Tit. Dig. quando dies legatorum 36. 2; Cod. 6. 53; l. 213 D. de V. S. 50. 16; Dernburg, Pand., III § 107), der eines ungewiß betagten oder aufschiebend bedingten mit dem Eintritte der Bedingung oder des Termines (Dernburg, a. a. O.; R.G. III, Urt. v. 1. Juli 1892, Jur. Woch. S. 383).

b) Nach A.L.R. gilt, gemäß dem deutschrechtlichen Grundsatze: „der Tote erbt den Lebendigen" als Zeitpunkt des Anfalls der Erbschaft im allgemeinen der Todestag des Erblassers, selbst wenn der Erbe weder von diesem noch von seiner Berufung zur Erbschaft Kenntnis hat (A.L.R. I. 9 §§ 367, 368; Dernburg, preuß. Privatr., III §§ 99, 217; Förster-Eccius, IV § 268 S. 531 ff.), bei aufschiebend bedingten oder betagten Erbschaften jedoch der Zeitpunkt des Eintritts der Bedingung oder des Termins (A.L.R. I. 9 § 369, I. 4 § 163; Förster-Eccius, IV § 268 S. 532; Dernburg, preuß. Privatr., III § 124).

Wegen der für Mönche und Nonnen nach §§ 1199, 1200 A.L.R. II 11 geltenden Ausnahmen s. Dernburg, a. a. O., I § 40, III § 95; Beschluß des Kammergerichts v. 5. April 1893, Johow, Bd. 13 S. 70.

Bei Vermächtnissen gilt — unabhängig von dem Erbschaftsantritte — stets der Augenblick des Todes des Erblassers als Zeitpunkt des Anfalls; auch bei betagten oder bedingten Vermächtnissen hat der Legatar, wenn es sich um individuell bestimmte Sachen handelt, schon vor Eintritt der Bedingung oder des Termines ein Recht zur Sache, und es wird nur der Zeitpunkt des Erwerbs hinausgeschoben. (A.L.R. I. 12

§§ 288, 485, 486; Dernburg, preuß. Privatr., III §§ 124, 144; Förster-Eccius, IV § 276 S. 614; vgl. noch die Fälle bei Bolze Bd. 5 Nr. 916 und Bd. 18 Nr. 647, Jur. Woch. 1894 S. 248).

Die Besteuerung des von einer aufschiebenden Bedingung abhängigen Erwerbs erfolgt jedoch nach § 22 des Gesetzes erst beim Eintritte der Bedingung. Für die Höhe der Steuer ist der in diesem Augenblick vorhandene Wert des Anfalls maßgebend; vgl. unten d γ.

c) Nach französischem Rechte fällt der Zeitpunkt des Anfalls der Erbschaft für die gesetzlichen Erben mit dem des Todes des Erblassers in der Regel (abgesehen von Art. 1006, 1082, 1093) zusammen (Code civil art. 724; Zachariä-Crome, IV § 619).

Der Anfall von unbedingten oder auflösend bedingten Vermächtnissen erfolgt sofort mit dem Tode des Erblassers (Code civil art. 711, 1014, 1183; Zachariä-Crome IV § 726); bei aufschiebend bedingten und ungewiß betagten Vermächtnissen erst mit dem Eintritte der Bedingung oder des Termins (Code civil art. 1040, 1041; Zachariä-Crome, a. a. O.).

Über die besondere Bedeutung der Bezeichnungen „Erbschaft“ und „Vermächtnis“ im französischen Rechte vgl. oben S. 5 und Zachariä-Crome, IV § 598.

d) Für sämtliche Rechtsgebiete ist zu beachten:

α) Wenn die Erbschaft nicht infolge des natürlichen Ablebens einer Person, sondern auf Grund gerichtlicher Todeserklärung eröffnet wird, so tritt der Tag der Rechtskraft des Urteils (§ 834 C.P.O.) an die Stelle des Todestages des Erblassers. So für das gem. Recht Dernburg, Pand., I § 51 (a. M. Windscheid, Pand., I § 53). Wegen des preuß. Rechts 1. A.L.R. I. 9 § 367; II. 18. §§ 834, 839, 840. Dernburg, preuß. Privatr. III § 95; Förster-Eccius, IV § 268 S. 533.

Nach französischem Rechte tritt an die Stelle des Todestages des Erblassers der Tag des Erblassers der gerichtlichen Verfügung, durch welche die mutmaßlichen Erben und sonstigen Rechtsnachfolger provisorisch in das Vermögen eines Abwesenden eingewiesen werden (vgl. Code civil art. 120 ff.; Zachariä-Crome I §§ 91 ff.).

β) Von dem Falle, daß ein Vermächtnis selbst bedingt oder betagt ist, ist der andere zu unterscheiden, wo nur die Auszahlung von einer Bedingung oder Befristung abhängig gemacht ist. Hier wird das Vermächtnis selbst als unbedingt und unbetagt behandelt. Dernburg, Pand. III § 107 Anm. 8; Förster-Eccius, I §§ 36, 38, S. 173, 185; Code civil art. 1041; Zachariä-Crome, IV § 726 S. 458.

Wenn in einem von zwei Eheleuten gemeinschaftlich errichteten Testamente, in welchem diese sich wechselseitig zu Erben eingesetzt haben, einem Dritten ein Vermächtnis, „zahlbar 6 Monate nach dem Tode des Letztlebenden der Ehegatten“, ausgesetzt ist, so gilt als Zeitpunkt des Anfalls des Vermächtnisses der Augenblick, in welchem der Vermächtnisnehmer ein unentziehbares Recht auf den Gegenstand des Vermächtnisses erlangt. Dieses ist der Fall, sobald nach dem Versterben des einen Ehegatten der Überlebende aus dem gemeinschaftlichen Testamente die Erbschaft des Verstorbenen antritt; denn von diesem Augenblicke an ist der Überlebende an den Inhalt des Testamentes nach A.L.R. II 1. § 492 gebunden. Durch die Klausel „zahlbar 6 Monate nach dem Tode des Letztlebenden der Ehegatten“ soll nur die Auszahlung des Vermächtnisses hinausgeschoben werden. R.G. IV. Urt. v. 28. Februar 1884, E.S. Bd. 11 S. 258.

Diese in einer landrechtlichen Sache ergangene Entscheidung trifft auch für das gemeine und das französische Recht zu. Dernburg, Pand., III § 97; R.G. III Urt. v. 24. Februar 1882, E.S. Bd. 6 S. 174; Zachariä-Crome, IV § 726 S. 458.

γ) Der Grundsatz, daß der Wert der Masse zur Zeit des Anfalls der Berechnung der Steuer zu Grunde zu legen ist, erleidet eine wichtige Einschränkung durch § 22, welcher bestimmt, daß Vermögen, dessen Erwerb von dem Eintritt einer aufschiebenden Bedingung abhängt, der Besteuerung erst bei dem Eintritt der Bedingung unterliegt, selbst wenn nach dem maßgebenden bürgerlichen Recht der Anfall schon früher erfolgt war. Vgl. die Anmerkungen zu § 22.

V. **Über das von den Steuerbehörden bei der Wertsermittlung zu beobachtende Verfahren** vgl. Anm. II zu § 21.

§ 15.

Bei immerwährenden Nutzungen und Leistungen wird das ***Fünfund*****zwanzigfache ihres einjährigen Betrages, bei Nutzungen und Leistungen von unbestimmter Dauer, sofern nicht die Vorschriften in den §§ 16 und 17 Anwendung finden, oder anderweite die längste Dauer begrenzende Umstände nachgewiesen werden, das Zwölfundeinhalbfache des einjährigen Betrages als Kapitalwerth angenommen.**

Entw. I von 1872 § 12; Mot. von 1872 S. 60; Komm.Ber. von 1872 S. 840; Gesetz von 1873 § 13; Novelle von 1895 Art. 1 Nr. 2; Mot. von 1895 S. 1562.

I. **Zu §§ 15—17. Die Bestimmungen dieser §§ finden** auf die Berechnung der den Wert der steuerpflichtigen Masse erhöhenden und der ihn vermindernden Nutzungen und Leistungen gleichmäßig **Anwendung**; § 23 Abs. des Gesetzes.

Sie gelten für alle dem Nachlasse zustehenden oder aus ihm zu gewährenden Leistungen und Nutzungen, ohne Unterschied, ob sie schon zu Lebzeiten des Erblassers bestanden haben oder erst durch letztwillige Verfügung begründet worden sind.

Sie beziehen sich aber nicht auf solche Nutzungen und Leistungen, welche trotz zu erwartender regelmäßiger Wiederkehr wegen der oft wechselnden Größe der periodischen Nutzungen und Leistungen die Annahme eines einjährigen Durchschnitts nicht zulassen. Vgl. v. Wilmowski-Levy, Komm. z. C.P.O., 7. Aufl., Anm. 1 zu § 9.

Der jährliche Reingewinn eines seit längerer Zeit bestehenden und erheblichen Konjunkturschwankungen nicht unterworfenen Handelsgeschäftes läßt sich mit einiger Sicherheit nach dem Durchschnittsertrage der letzten Jahre berechnen; sein Wert ist daher nach §§ 15—17 zu ermitteln. R.G. IV vom 5. Mai 1894, Jur. Woch. S. 248; Bolze, Bd. 18 Nr. 647.

Bei Nutzungen und Leistungen, deren Höhe gewissen, aber nicht außergewöhnlichen Schwankungen ausgesetzt ist, wird es sich in den meisten Fällen empfehlen, mit dem vorerwähnten Urt. des R.G. und in Übereinstimmung mit §§ 10 und 14 des Einkommensteuergesetzes vom 24. Juni 1891 (G.S. S. 175) der Berechnung den Ertrag der letzten drei Jahre vor dem Anfalle zu Grunde zu legen.

II. Nach § 13 des Gesetzes von 1873 wurde in Übereinstimmung mit § 6 c des Stempelgesetzes von 1822 als **Wert** immerwährender Nutzungen und Leistungen das Zwanzigfache, bei Nutzungen und Leistungen von unbestimmter Dauer im allgemeinen das Zwölfundeinhalbfache ihres einjährigen Betrages gerechnet, und dies wurde auch in der Fassung des Gesetzes von 1891 beibehalten. Die jetzige Bestimmung erfolgte mit Rücksicht auf das inzwischen allgemein eingetretene Sinken des Zinsfußes durch die Novelle von 1895; sie entspricht einem Zinsfuße von 4 % und stimmt überein mit C.P.O. § 9, Deutsches Gerichtskosten-Ges. § 9 und Preuß. Gerichtskosten-Ges. v. 25. Juni 1895 § 21.

Der einjährige Betrag einer Nutzung oder Leistung ist gemäß §§ 19—21 d. Ges. zu ermitteln. Unter ihm ist der einjährige Reinertrag zu verstehen, so daß unter Umständen auch der Abzug des Verwaltungsaufwandes und der herkömmlichen Verpflichtungen stattzufinden hat. Wintterlin, S. 38.

III. **Immerwährende** sind solche Nutzungen und Leistungen, von welchen nach dem regelmäßigen Verlaufe der Dinge mit Sicherheit anzunehmen ist, daß sie auf den Rechtsnachfolger des Nutzungsberechtigten oder des Leistungspflichtigen übergehen. Sie repräsentieren die Zinsen desjenigen Kapitals, welches zu ihrer Aufbringung notwendig ist, d. i. bei

Zugrundelegung eines vierprozentigen Zinsfußes das Fünfundzwanzigfache ihres einjährigen Betrages.

Beispielsweise seien genannt: Prädialservituten, Reallasten, Erbrenten und Erbpacht (Hollerith, S. 35).

IV. Von **unbestimmter Dauer** sind solche Leistungen und Nutzungen, bei denen feststeht, daß sie ein Ende nehmen, dagegen nicht feststeht, zu welchem Zeitpunkte.

Für sie wird das Zwölfundeinhalbfache des einjährigen Betrages als Wert angenommen, sofern nicht entweder

a) die §§ 16 oder 17 Anwendung finden, oder

b) anderweitige die längste Dauer begrenzende Umstände nachgewiesen werden; dies ist anzunehmen, wenn voraussichtlich eine Nutzung oder Leistung einen gewissen Zeitraum nicht überdauern wird, z. B. bei Zuwendungen „bis zur Entlassung aus der Schule", „bis zur Beendigung des Studiums", oder — bei einem bereits im Amte befindlichen, aber noch nicht fest angestellten Beamten — „bis zur Erlangung der definitiven Anstellung" oder „bis zur Erlangung eines bestimmten Gehaltes". In solchen Fällen ist der Wert nach § 18 zu ermitteln.

Das Zwölfundeinhalbfache ist z. B. als Wert angenommen bei Zuwendung von Alimenten bis zur Erlangung eines eigenen Erwerbs, vgl. R.G. IV, Urt. v. 16. Juni 1892, Jur. Woch. S. 330.

V. Die auf Grund des § 15 erfolgende **Wertfestsetzung ist endgiltig**. Es tritt daher weder eine Erstattung, noch eine Erhöhung der gezahlten Steuer ein, wenn die Leistung oder die Nutzung vor Ablauf des der Berechnung zu Grunde gelegten Zeitraums aufhört. Vgl. Hollerith, S. 36 und 37.

§ 16.

Der Werth von Leibrenten, Nießbrauchsrechten auf Lebenszeit und anderen auf die Lebenszeit des Berechtigten, oder einer anderen Person beschränkten Nutzungen oder Leistungen bestimmt sich nach dem zur Zeit des Anfalles erreichten Lebensalter der Person, bei deren Tode die Nutzung oder Leistung erlischt, und wird bei einem Lebensalter derselben

von 15 Jahren oder weniger		auf das	18fache
über 15 Jahre bis zu	25 Jahren	auf das	17fache
- 25 - - -	35	- - -	16 -
- 35 - - -	45	- - -	14 -
- 45 - - -	55	- - -	12 -
- 55 - - -	65	- - -	8½ -
- 65 - - -	75	- - -	5 -
- 75 - - -	80	- - -	3 -
- 80 - auf das	. . . .		2 -

des Werthes der einjährigen Nutzung beziehungsweise Leistung angenommen.

Ist jedoch die Nutzung oder Leistung schon innerhalb eines Jahres nach dem Anfalle erloschen, so wird der Werth derselben nur nach Maßgabe ihrer wirklichen Dauer bestimmt und das Zuvielgezahlte erstattet.

Entw. I von 1872 § 13; Mot. von 1872 S. 60; Komm.Ber. von 1872 S. 840; Gesetz von 1873 § 14; Entw. von 1890 Art. 1 Z. 6; Mot. von 1890 S. 16.

Der Paragraph macht die im Lebensversicherungswesen gewonnenen Erfahrungen über die mutmaßliche Lebensdauer der Menschen nutzbar, um die Berechnung des Kapitalwerts von lebenslänglichen Nutzungen oder Leistungen zu ermöglichen.

I. **Zu Abs. 1.** Vgl. Anm. I zu § 15. — Während der entsprechende § 14 des Gesetzes von 1873 einen Zinsfuß von 5% zu Grunde legte und demgemäß niedrigere Multiplikanten aufwies, beruht die jetzige, durch die Novelle von 1891 herbeigeführte Fassung auf der Annahme eines vierprozentigen Zinsfußes (Mot. von 1890. S. 16). — Maßgebend ist das Lebensalter, das die Person, bei deren Tode die Nutzung oder Leistung erlischt, zur Zeit des Anfalls hatte. Wann dieser eingetreten ist, ist in Anm. IV zu § 14 dargestellt.

a) Unter „Nießbrauchsrechten" sind alle Arten von Gebrauchsrechten zu verstehen, also auch die Rechte des usus, der habitatio und der operae animalium nach gemeinem Rechte, soweit heute solche noch praktisch sind (vgl. Dernburg, Pand., I § 250), ferner eine Alimentationsberechtigung (R.G. II Urt. vom 29. April 1892, Jur. Woch. S. 284).

b) Wie aus dem klaren Wortlaute des Gesetzes erhellt, ist es gleichgiltig, ob die Nutzungen oder Leistungen auf die Lebenszeit des Bedachten oder einer dritten Person beschränkt sind. In dem letzteren Falle entscheidet das Alter des Dritten für die Wertsberechnung. Wenn also A. dem B. auf die Lebensdauer von C. eine Rente vermacht hat, berechnet sich der Wert der Rente nach dem Lebensalter, das C. zur Zeit des Anfalls erreicht hat.

c) **Beispiel:** A. setzt seinen Bruder B. zum Universalerben seines 100000 M. werten Vermögens mit der Verpflichtung ein, dem 50jährigen Vetter C. eine Leibrente von jährlich 1000 M. zu zahlen. Der Wert der Leibrente ist 12 × 1000 = 12000 M. Hiernach ist an Erbschaftssteuer zu zahlen

1) von B. 2% von 88000 M. = 1760 M.
2) von C. 4% von 12000 M. = 480 M.
zus. 2240 M.

d) Ein Rentenvermächtnis liegt nicht vor,

α) wenn der Erblasser eine Summe im Ganzen vermacht und nur verschiedene Zahlungstermine angeordnet hat,

β) wenn er bestimmt hat, daß das vermachte Kapital behufs Sicherung einer künftigen Jahresrente bei einer Rentenversicherungsanstalt angelegt werden soll. Hier handelt es sich nur um eine mit einer besonderen Zweckbestimmung verknüpfte Kapitalzuwendung. Für die Besteuerung kommt daher nur das Kapital, nicht die Rente in Betracht. So Knobling, S. 108.

II. **Zu Abs. 2.** Zur Anwendung dieser auf Billigkeitsgründen beruhenden Bestimmung ist erforderlich, daß die Nutzung oder Leistung innerhalb eines Jahres nach dem Anfalle (nicht nach der Testamentseröffnung: R.G. IV Urt. v. 5. Mai 1894, Jur. Woch. S. 248; Bolze Bd. 18 Nr. 647) erloschen ist. — Über den Zeitpunkt des Anfalls vgl. Anm. IV zu § 14.

a) Über den Zeitpunkt, welcher der Berechnung zu Grunde zu legen ist, wenn ein Vermächtnisnehmer zunächst die Nutzung eines Kapitals oder eine Rente, und an deren Stelle nach dem Eintritte einer aufschiebenden Bedingung ein Kapital erhält (F.M.R. v. 9. November 1983 III 13662 an den P.St.D. zu B., Centralbl. S. 326) siehe oben S. 19 Nr. 2. Er ist in diesem Falle nur insoweit bereichert, als das Kapital selbst den Kapitalswert der ihm bereits zugefallenen Nutzungen übersteigt. Dieser Kapitalswert kommt aber zur Zeit des Anfalls des Kapitals nur mit dem Betrage in Anrechnung, der sich nach dem beim Eintritte der Bedingung erreichten Lebensalter des Vermächtnisnehmers ergiebt.

b) Die Frist ist nach der Kalenderzeit zu berechnen, derart, daß der Tag des Anfalls nicht mitzurechnen ist und daß die Frist, wenn ihr Ende auf einen Sonntag oder allgemeinen Feiertag fällt, erst mit dem Ablaufe des nächstfolgenden Werktags endigt. Vgl. Dernburg, Pand., I § 89; Förster-Eccius, I § 45; Zachariä-Crome, I § 132. S. auch R.G. Urt. v. 23. September 1882 u. v. 8. Februar 1884, C.S. Bd. 7 S. 277, Bd. 11 S. 44.

c) Nach F.M.R. v. 31. März 1890, III 2026 an den P.St.D. zu B., abgedruckt bei H.G. S. 1077 Anm. 62, soll die Bestimmung des Abs. 2 auch auf Fideikommißanfälle Anwendung finden.

d) Abgesehen von dem in Abs. 2 erwähnten Falle ist die Festsetzung der Steuer endgiltig; siehe Anm. V zu § 15.

Ebenso die Praxis in Sachsen: Vgl. Vdg. des Kgl. F.M. vom 12. September 1887 Nr. 466 St.M.C., abgedruckt bei Wahl S. 18 Anm. 13.

§ 17.

Ist die Dauer der Nutzungen oder Leistungen von der Lebenszeit mehrerer Personen dergestalt abhängig, daß beim Tode der zuerst versterbenden die Nutzung oder Leistung erlischt, so ist für die nach § 16 vorzunehmende Werthermittelung das Lebensalter der ältesten Person maßgebend. Wenn die Nutzung oder Leistung bis zum Tode der letztversterbenden Person fortdauert, erfolgt die Berechnung nach dem Lebensalter der jüngsten Person.

Entw. I von 1872 § 14; Mot. von 1872 S. 60; Komm.Ber. von 1872 S. 840; Gesetz von 1873 § 15.

I. Vgl. Anm. I zu § 15.

II. Die Bestimmung befindet sich in Übereinstimmung mit den Gesetzen von Bayern Art. 13 Abs. 2, Hessen Art. 16 Abs. 2 und Elsaß-Lothringen § 11 Abs. 2.

Sie bezweckt, die Summe zu bestimmen, um welche die angefallene Substanz geringer anzuschlagen ist, wenn der Erwerber sie beim Anfalle versteuert (vgl. § 27).

Beispiel: A. setzt seinen Bruder B. zum Universalerben seines 100000 M. werten Vermögens mit der Verpflichtung ein, dem 50jährigen Vetter C. und dessen 30jähriger Ehefrau zu gleichen Teilen eine Leibrente von jährlich 1000 M. zu zahlen, die aber zu ihrem vollen Betrage bis zum Tode des Letztversterbenden fortdauern soll. Der Wert der Leibrente ist, insoweit er als Abzugspost von der Substanz nach § 27 d. Ges. in Betracht kommt, 16 × 1000 = 16000 M. Hiernach ist an Erbschaftssteuer zu zahlen

1) von B. 2% von 84000 M. = 1680 M.
2) von C. 4% von (12 × 500 =) 6000 M. = 240 M.
3) von C.'s Ehefrau 8% von (16 × 500 =) 8000 M. = 640 M.

Im Falle des Ablebens des einen Eheteils muß der Überlebende von der ihm dann zufallenden weiteren Hälfte der Leibrente wiederum Erbschaftssteuer entrichten und zwar nach Maßgabe seines Lebensalters im Augenblicke des Ablebens des anderen Eheteils. (S. Pfaff, Bayern, S. 24.)

III. Zu den „mehreren Personen" gehört hier der Bezugsberechtigte selbst.

IV. Nicht zu verwechseln mit dem in § 17 behandelten Falle ist der im § 27 erwähnte Fall der fideikommissarischen Substitution.

§ 18.

Bei auf bestimmte Zeit eingeschränkten Nutzungen oder Leistungen ist der Kapitalwerth der gesammten Nutzungen beziehungsweise Leistungen für den Zeitpunkt des Anfalls unter Zugrundelegung eines vierprozentigen Zinsfußes nach der beigefügten Hülfstabelle zu ermitteln. Ist jedoch die Dauer der Nutzung oder Leistung noch außerdem durch die Lebenszeit einer oder mehrerer Personen bedingt, so darf der nach §§ 16 und 17 zu berechnende Kapitalwerth nicht überschritten werden. Tabelle.

Entw. von 1872 § 15; Mot. von 1872 S. 60; Komm.Ber. von 1872 S. 841; Gesetz von 1873 § 16; Mot. von 1890 S. 250; Komm.Ber. von 1890 S. 1616.

I. Vgl. Anm. I zu § 15. — Die Bestimmung beruht auf der Erwägung, daß der gegenwärtige Wert einer zeitlich beschränkten Nutzung nicht durch Multiplikation des jährlichen Betrages mit der Zahl der Jahre gefunden werden kann, sondern daß der Zwischenzins abzuziehen ist. Die Zugrundelegung des vierprozentigen an Stelle des früheren fünfprozentigen Zinsfußes ist durch die Novelle von 1891 eingeführt.

II. Der Paragraph findet z. B. Anwendung, wenn der Erblasser bestimmt hat, daß der Erbe das einem Dritten zugewandte Vermächtnis erst nach Ablauf einer festgesetzten Zeit an den Dritten oder dessen Rechtsnachfolger zu zahlen hat. Ist aber die Zahlung nur an den Dritten selbst zu leisten, also davon abhängig, daß dieser nicht vor Ablauf der Frist verstirbt, so finden die §§ 22 und 23 Anwendung.

III. Bei der Feststellung des Werts einer auf bestimmte Zeit eingeschränkten Nutzung oder Leistung darf selbstverständlich der Wert nicht überschritten werden, der sich ergeben würde, wenn es sich um eine gleiche immerwährende Nutzung oder Leistung handelte. In der — hinter dem Tarife abgedruckten — Hilfstabelle ist dies dadurch zum Ausdrucke gebracht, daß der Wert einer Rente oder Nutzung von 1 M. auf 84 „und mehr" Jahre auf 25 M., also gleich dem Werte einer immerwährenden Rente von 1 M. festgesetzt ist. Hollerith, S. 38.

IV. Bruchteile eines Jahres, die sich bei Bestimmung der Zeit, für welche die Nutzung oder Leistung gewährt ist, ergeben, sind für ein volles Jahr zu rechnen, da die Hilfstabelle nur nach vollen Jahren berechnet ist. So Hollerith, S. 38. — Nach einem Beschl. d. Kgl. sächs. Fin.M. v. 30. Januar 1892, Nr. 150 St.R.E., bei Wahl, S. 18 Anm. 12, soll indes der Bruchteil als solcher berücksichtigt werden. Das Letztere ist vorzuziehen, da es der Billigkeit entspricht.

V. Nach dem Wortlaute des Gesetzes ist die Hilfstabelle allein maßgebend. Eine andere Art der Berechnung ist weder für die Steuerbehörde, noch für den Steuerpflichtigen zugelassen.

VI. Als einen Fall der Anwendbarkeit des 2. Satzes erwähnen die Motive von 1872 das Vermächtnis eines Nießbrauchs bis zur Volljährigkeit eines Kindes. Ist also einem 50jährigen Manne bis zur Großjährigkeit seines einjährigen Kindes eine jährliche Rente von 1000 M. vermacht, so berechnet sich der Kapitalwert dieser Nutzung nicht unter Annahme einer Zahl von 20 Jahren nach der Hilfstabelle auf 14134 M., sondern, da die Dauer der Nutzung auch von dem Lebensalter des Vaters abhängt, nach § 16 auf $12 \times 1000 = 12000$ M.

VII. Vgl. Anm. V zu § 15.

§ 19.

Der einjährige Betrag der Nutzung eines Geldkapitals ist, wenn er nicht anderweitig feststeht, zu vier vom Hundert anzunehmen.

Entw. I von 1872 § 16; Mot. von 1872 S. 60; Komm.Ber. von 1872 S. 841; Gesetz von 1873 § 17; Mot. von 1890 S. 250; Komm.Ber. von 1890 S. 1616.

I. Der § 17 des Ges. v. 30. Mai 1873, an dessen Stelle der obige § 19 getreten ist, lautete:

§ 17. Nutzungen eines Kapitals sind zu fünf vom Hundert jährlich zu veranschlagen, soweit nicht eine die anderweite Verfügung über das Kapital ausschließende Beschränkung auf einen geringeren Prozentsatz nachgewiesen wird.

Der Zinsfuß ist nach den Mot. von 1890 mit Rücksicht auf die veränderten Geldverhältnisse und nach dem Vorgange der Erbschaftssteuergesetze von Bayern, Hessen und Elsaß-Lothringen (übereinstimmend mit § 15 d. Ges.) herabgesetzt. Eine Erhöhung des Gesamtertrages der Steuer liegt nicht darin, weil in den Fällen, wo Nutzung und Eigentum verschiedenen Personen zugewandt sind, der bei dem Einen abzusetzende Betrag bei dem Andern hinzutritt.

II. Der gesetzliche Aufschlag von 4% ist nur im Zweifel anzuwenden. Steht ein anderweitiger Zinsfuß fest, sei es daß der Steuerpflichtige einen niedrigeren oder die Steuerbehörde einen höheren Zinsfuß nachweist, so kommt nur der wirkliche Ertrag in Betracht; vgl. R.G. IV Urt. vom 11. Juni 1894, Jur. Woch. S. 445; Bolze, Bd. 19 Nr. 731.

§ 20.

Den Werth aller anderen Gegenstände anzugeben, liegt den Steuerpflichtigen beziehungsweise den im § 37 bezeichneten Verpflichteten ob. Wer der Verpflichtung zur Angabe des Werthes auf ergangene Aufforderung der Steuerbehörde nicht genügt, hat die durch amtliche Ermittelung desselben entstehenden und mit der Steuer einzuziehenden Kosten zu tragen.

Entw. von 1872 § 17; Mot. von 1872 S. 60, 61; Komm.Ber. von 1872 S. 841; Gesetz von 1873 § 18.

Neben der Anmeldepflicht (§ 32), der Inventarisationspflicht (§ 35) und der Deklarationspflicht (§ 35) **legt** zur Ergänzung der letzteren beiden **der § 20** gewissen Personen **die Verpflichtung auf, den Wert der Nachlaßgegenstände anzugeben.**

I. **Die Wertangabe** bezieht sich auf sämtliche zu einem Anfalle gehörige vermögenswerte — aktiven wie passiven — Bestandteile mit Ausnahme der in §§ 15 bis 19 behandelten Nutzungen und Leistungen. Für diese sind der Steuerbehörde lediglich die thatsächlichen Unterlagen (der einjährige Betrag oder Wert, die Zeitdauer der Leistung oder des Bezuges, das Alter der in Frage kommenden Personen, die Höhe des Geldkapitals im Falle des § 19) mitzuteilen, worauf die Behörde den Wert auf Grund des Gesetzes berechnet.

II. **Verpflichtet** zur Wertangabe sind nur a) derjenige, welchem ein steuerpflichtiger Anfall zugekommen ist, sowie b) die in § 37 bezeichneten Personen. Der Erwerber eines steuerfreien Anfalls ist blos zur Anmeldung, nicht auch zur Inventarisation und Deklaration verpflichtet (§§ 32, 35 Abs. 1 verb. mit § 36). In welchen Fällen ein Anfall der Besteuerung nicht unterliegt, ergiebt sich aus dem Tarif Pos. Befreiungen.

III. Die Angabe des Wertes erfolgt nach bestem Ermessen des Verpflichteten. Er muß den Wert, sofern er nicht feststeht, schätzen, z. B. den Wert oder den Ertrag von Immobilien, er ist aber nicht gezwungen, dabei Sachverständige zuzuziehen. Allerdings wird sich dies in manchen Fällen empfehlen, um Kosten zu vermeiden (§ 21).

Der Wert aller zum Anfalle gehörigen Gegenstände (die Ausn. s. I) ist anzugeben. Der Erwerber kann sich nicht darauf berufen, daß er ihn nicht kenne oder nicht abzuschätzen verstehe. Mehrere gleichartige Gegenstände können zusammengefaßt werden; ungleichartige nur, wenn die Steuerbehörde keinen Einspruch erhebt.

IV. Die Unterlassung der Wertangabe hat zur einzigen Folge, daß der Wert von Amtswegen ermittelt wird und der Steuerpflichtige die Kosten der Ermittelung zu tragen hat. Diese Verpflichtung tritt jedoch nur ein, wenn der Erwerber zuvor von der Steuerbehörde zur Angabe des Wertes ausdrücklich aufgefordert war. Die Kosten werden mit der Steuer im Wege des Verwaltungszwangsverfahrens (siehe Anm. III c zu § 21) eingezogen. Anderweitige, namentlich strafrechtliche Folgen, hat die Unterlassung der Wertangabe nicht. Vgl. §§ 43—45 d. Ges. Ebensowenig kann das Erbschaftssteueramt eine Wertangabe dadurch erzwingen, daß es die im § 39 vorgesehene eidesstattliche Versicherung fordert, da sich diese nicht darauf erstreckt. Vgl. auch Anm. V zu § 21.

V. Entsteht über die Verpflichtung zur Kostentragung Streit, so hat die Steuerbehörde die Aufforderung und die durch die amtliche Ermittelung erwachsenen Kosten zu beweisen. Dem Steuerpflichtigen ist der Einwand versagt, daß die Kosten übermäßige sind, weil er sie verschuldet hat; er müßte denn darzuthun vermögen, was kaum vorkommen kann (s. Anm. 6), daß die Steuerbehörde arglistig die Ermittelungen in einer Weise geleitet hat, die darauf abzielte, ihm übermäßige Kosten zu verursachen.

VI. Durch die Anweisung des F.M. vom 14. November 1873 für die Erbschaftssteuerämter § 6 Abs. 6 (C.Bl. 1874 S. 19, abgedruckt im Anhang) sind diese angewiesen, bei den von ihnen zu bewirkenden Wertermittelungen § 19, 36 — jetzt §§ 21, 38 d. Ges.) ohne prozessualische Weitläufigkeiten zu verfahren. S. auch Anm. II a zu § 21.

VII. Wegen unrichtiger Wertangaben und ihrer Folgen s. § 21.

§ 21.

Trägt die Steuerbehörde Bedenken, die Werthangabe (§ 20) als richtig anzunehmen, und findet eine Einigung hierüber mit den Steuerpflichtigen nicht statt, so ist die Steuerbehörde befugt, selbständig den Werth zu ermitteln und danach die Steuer zu erheben. Die Kosten der Werthsermittelung fallen dem Steuerpflichtigen zur Last, wenn der ermittelte Werth den von dem Steuerpflichtigen angegebenen Werth um mehr als 10 Prozent übersteigt. Die etwa gezahlten Kosten werden erstattet, wenn im Verwaltungswege oder im Rechtswege (§ 42) die Ermäßigung des Werthes auf einen nicht zum Kostenersatz verpflichtenden Betrag erfolgt.

Entw. I von 1872 § 18; Mot. von 1872 S. 60, 61; Komm.Ber. von 1872 S. 841; Gesetz von 1873 § 19.

Die Steuerbehörde ist befugt, die nach § 20 gemachte Wertangabe, sowohl hinsichtlich der zur Masse gehörigen Vermögensgegenstände, als der von ihr abzuziehenden Ansprüche und Lasten, — aller oder nur einzelner bestimmter — ohne Mitteilung von Gründen zu beanstanden. Die Beanstandung kann sofort bei der Vorlegung des Verzeichnisses oder später bei der Kontrollierung der darin enthaltenen Angaben erfolgen. In beiden Fällen wird die Steuerbehörde zunächst eine Einigung zu versuchen haben. Es ergeben sich zwei Möglichkeiten.

I. **Es findet zwischen der Steuerbehörde und dem Steuerpflichtigen eine „Einigung" statt.** Hierüber hat der IV. Civilsenat des R.G. in dem Urteil vom 10. Dezember 1894 (C.S. Bd. 34 Nr. 68 S. 280; Jur. Woch. 1895 S. 78; vgl. auch R.G. II vom 21. Oktober 1892, Jur. Woch. S. 492) folgende, als richtig anzuerkennende Grundsätze aufgestellt:

a) Die Einigung ist als eine Vereinbarung gedacht, durch welche die Wertermittelung inbetreff der zu einer steuerpflichtigen Masse gehörigen Gegenstände zwischen der Steuerbehörde und dem Steuerpflichtigen nach Art eines Vergleiches, also unter gegenseitigem Nachlassen (A.L.R. I 16 § 405) zum Abschlusse gebracht wird.

b) Die Einigung kann wirksam durch das Erbschaftssteueramt abgeschlossen werden, denn nach Wortlaut und Zusammenhang der §§ 31—41 des Gesetzes sind die Erbschaftssteuerämter die eigentlich verwaltenden Provinzialbehörden. Nur die Ermächtigung zur Annahme eines Aversionalquantums ist nach § 40 dem Finanzminister vorbehalten.

c) Eine derartige Einigung ist für den Fiskus rechtlich bindend; er ist zu einer Steuernachforderung, welche etwa zufolge neuer Ermittelungen darauf gestützt wird, daß die der Einigung zu Grunde liegende Schätzung zu niedrig gewesen sei, nicht befugt.

II. **Findet eine Einigung nicht statt, so ist die Steuerbehörde befugt (nicht verpflichtet), selbständig den Wert zu ermitteln.**

a) Hierbei ist **ohne prozessualische Weitläufigkeiten** zu verfahren. (Anweisung des F.M. v. 14. Novbr. 1873 für die Erbschaftssteuerämter, § 6 Absatz 6, im Anhange abgedruckt.) Die Steuerbehörde ist in der Wahl der Mittel zwecks Feststellung des Wertes nicht beschränkt. Sie kann, wie Hollerith S. 75 zutreffend hervorhebt, namentlich Verträge über den Erwerb der Gegenstände, Pachtverträge, Feuer- u. s. w. Versicherungspolizen, Verzeichnisse der Marktpreise, ihre eigene allgemeine Kenntnis der Verhältnisse benutzen, oder auch eine Abschätzung durch Sachverständige anordnen. Der kürzeste Weg wird zu wählen sein, wenn wegen bevorstehender Verjährung Gefahr im Verzuge und die Anwendung weiterer Mittel zeitraubend ist.

b) Über einzelne Punkte sind vom F.M. folgende Grundsätze aufgestellt:

1. **Bei den zu einem Handelsgeschäfte gehörenden Grundstücken, Maschinen und Gerätschaften** kommt es infolge der regelmäßigen jährlichen Abschreibungen bestimmter Abnutzungsprozente vor, daß der in die Bilanz aufgenommene Wert hinter dem thatsächlichen bedeutend zurückbleibt. Nicht selten werden die Abschreibungen so lange fortgesetzt, bis überhaupt kein Wert mehr bleibt — vgl. hierzu Staub,

4. Aufl., Komm. z. H.G.B., Einl. u. § 1 zu Art. 31 — während die betr. Gegenstände sich noch immer im Betriebe befinden, mithin einen gewissen Wert behalten haben müssen. „In Fällen, wo ein solcher Buchwert in Frage kommt, empfiehlt es sich daher, stets ein Verzeichnis der einzelnen Gegenstände mit besonderer Wertangabe, sowie die Vorlegung der Feuerversicherungspolice zu erfordern und dann zu prüfen, ob der ausgeworfene Buchwert als ein angemessener zu erachten ist, oder welche Ausstellungen dagegen zu machen sind, und ob es angezeigt erscheint, weitere Ermittelungen anzustellen.“ F.M.R. v. 13. Februar 1892, III 15943/91 an den P.St.D. in B., abgedruckt bei H.=G. S. 1048 Anm. 34d.

2. Über **die Berechnung des Wertes von städtischen Grundstücken** stellt ein (bei H.=G. S. 1074 Anm. 58 abgedrucktes) F.M.R. vom 6. Februar 1888 III 495 an den P.St.D. in B. (das sich zwar unmittelbar nur auf berliner Grundstücke bezieht, aber für die Grundstücke in großen Städten überhaupt zutrifft) die nachstehenden Grundsätze auf:

α) Es ist weder notwendig, noch in allen Fällen nützlich, diejenigen Grundsätze bestimmend sein zu lassen, welche bei gerichtlichen Abschätzungen zur Anwendung kommen (vgl. Allgem. Ger.Ordn. II 6 § 15 und J.M.V. v. 17. August 1841, J.M.Bl. S. 256), weil diese Ermittelungsart erfahrungsgemäß nicht immer den gemeinen Wert trifft. Vielmehr ist die Steuerbehörde befugt, den Wert mit allen ihr zu Gebote stehenden Mitteln und nach allen ihr zugänglichen Unterlagen selbständig zu ermitteln. Die Steuerpflichtigen zur Einreichung von Taxen zu veranlassen, ist zu vermeiden. (Dieser letzte Grundsatz ist auch neuerdings im F.M.R. v. 27. April 1892 III 5521 an den P.St.D. in B., erwähnt bei H.=G. S. 1078 Anm. 67a, ausgesprochen worden).

β) Wenn es im Falle eines Prozesses der Steuerbehörde nicht gelingen sollte, ihren eigenen Ermittelungen vor Gericht Geltung zu verschaffen, so steht ihr das Recht zu, auch ihrerseits solche Sachverständige vorzuschlagen, zu denen sie das Vertrauen haben darf, daß diese unbefangen und unbeeinflußt durch den besonderen Zweck ein ihr günstiges Urteil abgeben.

γ) In allen Fällen bedarf es der Ausmittelung des Gebäudesteuernutzungswertes und der Angabe seines Verhältnisses zum gemeinen Werte. Hierzu sind die durch die Prüfung der Tagebücher der Grundbuchführer gemachten Erfahrungen nutzbar zu machen. Auch empfiehlt es sich (wie im F.M.R. v. 18. Februar 1880 III 824 an den P.St.D. in B. Nr. 4, abgedruckt bei H.G. S. 1047 Anm. 34a, ausgesprochen ist), Katasterauszüge einzufordern, die bei den Akten zurückzubehalten sind. Der Nutzungswert ist aus dem Mittel des Materialien- und Grund- und Boden-Wertes einerseits und des Ertragswertes andrerseits zu berechnen. Dabei ist es angezeigt, letzteren nicht nur nach dem Ertrage eines Jahres, sondern nach einem etwa dreijährigen Durchschnitte und unter angemessener Berücksichtigung auch des Wertes etwa zeitweise unvermieteter Räume anzunehmen.

δ) Für Reparatur- und ähnliche Lasten sind in der Regel höchstens 12 % des Netto-Mietertrages abzuziehen.

3. Das zu *γ* erwähnte F.M.R. bestimmte, daß, wenn der Grundstückswert zum Teil durch Kapitalisierung des Grundsteuerreinertrags gefunden werden soll, dem Kapitalbetrage dieses der 25 fache Betrag des Gebäudenutzungswerts, nicht der Versicherungswert der Gebäude hinzuzurechnen ist.

III. a) Nach Entwurf I. von 1872 § 18 sollten **die Kosten der Wertermittelung** in allen Fällen dem Steuerpflichtigen zur Last fallen, ihm jedoch erstattet werden, wenn im Verwaltungswege oder im Rechtswege die Ermäßigung der Steuer auf den dem angegebenen Werte entsprechenden Betrag erfolgt. Die jetzige Fassung wurde in der Komission des Abgeordnetenhauses beschlossen, um Vexationen der Steuerbehörde wegen geringer Wertdifferenzen zu verhindern; es wurde erwogen, daß eine Verpflichtung des Steuerpflichtigen, die Kosten der lediglich im Steuerinteresse erfolgten Abschätzung zu tragen, sich aus der Steuerpflicht nicht herleiten lasse, eine Ausnahme jedoch gerechtfertigt erscheine, wenn die Differenz so erheblich sei, daß die Wertangabe sich als frivol darstelle. Mit Rücksicht auf die Unzuverlässigkeit der Taxen wurde ein Spielraum von 10 % als angemessen bezeichnet. (Komm.Ber. S. 841). Nach dem Reg.Komm.Ber. S. 1141 treffen die Kosten den Deklaranten gewissermaßen als den unterliegenden Teil.

b) Hat beispielsweise der Steuerpflichtige den Wert des Nachlasses auf 10000 M. angegeben, es wird aber ein Wert von 10900 M. ermittelt, so hat die Steuerbehörde keinen Anspruch auf den Ersatz der Kosten. Ergiebt hingegen das Ermittelungsverfahren einen Wert von mehr als 11000 M., so muß der Steuerpflichtige die Kosten ersetzen.

c) Die Kosten bilden im Verhältnis zur Steuerforderung eine Nebenforderung. Für sie haften etwaige Teilnehmer an dem Anfalle nach Maßgabe der wegen der Haftung für die Steuer bestehenden Vorschriften der §§ 29 und 30 d. Ges. Hierbei ist indes zu berücksichtigen, daß sich das Ermittelungsverfahren nicht auf den ganzen Nachlaß zu erstrecken braucht. Hat es nur einzelne Gegenstände betroffen, so werden auch blos die daran Beteiligten dafür haftbar zu machen sein. Die Kostenforderung wird, dies folgt aus ihrer rechtlichen Natur als Nebenforderung, wie die Steuer eingezogen. (Hollerith, S. 75, 76).

d) Die etwa gezahlten Kosten und, im Falle ihrer zwangsweisen Beitreibung, auch die dadurch verursachten Kosten sind zu erstatten, wenn auf Beschwerde im Verwaltungswege oder auf Klage im Rechtswege der Wert auf einen nicht zum Kostenersatze verpflichtenden Betrag ermäßigt wird.

IV. Der ermittelte höhere Wert ist selbstredend zu versteuern, auch wenn eine Kostenerstattungspflicht nicht besteht. (S. aber Anm. VII).

V. Ob die Berechtigung des Erbschaftssteueramts, eine **eidesstattliche Versicherung** über die Richtigkeit und Vollständigkeit des Verzeichnisses und der Deklaration oder einzelner Teile derselben zu verlangen (§ 39), sich auch auf die Wertangabe bezieht, kann nach dem Wortlaute des Gesetzes zunächst zweifelhaft erscheinen. Es ergiebt indes einmal eine Vergleichung mit § 35, wonach „ein vollständiges und richtiges, zugleich die erforderlichen Wertangaben enthaltendes Verzeichnis“ vorzulegen ist, ferner der Umstand, daß die unrichtige Wertangabe als solche nicht unter Strafe gestellt ist (vgl. §§ 43—45 d. Ges.), und endlich die Erwägung, daß jede eidesstattliche Versicherung nur Thatsachen, nicht persönliche Ansichten (auch nicht in dem Sinne, daß der Erklärende den angegebenen Wert für richtig halte), betreffen darf, als die Absicht des Gesetzgebers: hinsichtlich der Wertangaben solle eine eidesstattliche Versicherung nicht erfordert werden dürfen. — In dem elsaß-lothringischen Gesetze ist dies ausdrücklich ausgesprochen (§ 29 Abs. 1 a. E.). —

VI. Wegen der **Verjährung** der Nachforderungen infolge unrichtiger Wertangabe s. § 50.

VII. Die im Ermittelungsverfahren erfolgte **Feststellung der Steuer** ist nicht endgiltig, denn das Gesetz erwähnt als Fälle definitiver Wertfeststellung nur den Fall der Einigung mit dem Steuerpflichtigen (s. oben Anm. I) und den der Aversionalversteuerung. Es kann daher sowohl der Steuerpflichtige gegen die Wertfestsetzung vorgehen, wie umgekehrt die Steuerbehörde eine Nachforderung erheben. Das Letztere kann die Steuerbehörde auch, wenn sie anfänglich die Angaben des Steuerpflichtigen nicht bemängelt hat (vgl. R.G. II. Urt. v. 21. Oktober 1892, Jur. Woch. 1892 S. 492 Nr. 45).

Ist der Rechtsweg beschritten, so entscheidet das Gericht in allen Fällen nach dem Grundsatze freier Beweiswürdigung (§ 259 C.P.O.).

§ 22.

Bedingter Erwerb.

Vermögen, dessen Erwerb von dem Eintritt einer aufschiebenden Bedingung abhängt, unterliegt der Besteuerung erst bei dem Eintritt der Bedingung. Die

Steuerbehörde kann jedoch Sicherstellung der alsdann zu entrichtenden Steuer fordern. Unter einer auflösenden Bedingung erworbenes Vermögen — mit Ausnahme der Nutzungen von unbestimmter Dauer, welche lediglich nach den Bestimmungen in den §§ 15 bis 17 zu behandeln sind — ist wie unbedingt erworbenes zu versteuern. Beim Eintritt der Bedingung wird aber die gezahlte Steuer bis auf den der wirklichen Bereicherung entsprechenden Betrag erstattet.

Entw. I von 1872 § 19; Mot. von 1872 S. 61; Komm.Ber. von 1872 S. 841; Gesetz von 1873 § 20.

Die §§ 22, 23 und 24 behandeln die Fälle, in denen entweder der Erwerb (§ 22) oder die Verminderung des Erwerbes (§ 23) von einer Bedingung (§§ 22, 23) oder einer ungewissen Zeitbestimmung (§ 24) abhängig ist.

Was unter Bedingung überhaupt, unter aufschiebender und auflösender Bedingung insbesondere, sowie was unter ungewisser Zeitbestimmung zu verstehen ist, ist aus dem für den betreffenden Anfall maßgebenden bürgerlichen Rechte zu entnehmen. S. R.G. V. Urt. v. 26. Juni 1893, Jur. Woch. 1893 S. 397. Bei dem Vermächtnis eines Anteils an dem Reingewinn eines Unternehmens macht die Ungewißheit, ob in einem einzelnen Jahre ein Reingewinn erzielt werde, nicht das ganze Legat zu einem suspensiv bedingten. R.G. IV v. 5. Mai 1894, Bolze Bd. 18 Nr. 647, Jur. Woch. S. 248. Das bürgerliche Recht entscheidet ferner darüber, inwieweit eine Bedingung bei letztwilligen Verfügungen überhaupt hinzugefügt werden darf und welchen Einfluß die Hinzufügung von unmöglichen und unerlaubten Bedingungen äußert.

I. **Der § 22 handelt von dem Falle,** daß der Erwerb eines Vermögens unter einer Bedingung erfolgt ist. Über den Unterschied zwischen Erwerb und Anfall (= Recht auf den Erwerb) siehe Anm. IV zu § 14.

Nach den in § 22 aufgestellten Grundsätzen ist nicht blos dann zu verfahren, wenn der Anfall selbst von einer aufschiebenden oder auflösenden Bedingung abhängig ist, sondern auch dann, wenn zu dem Nachlaß ein Gegenstand gehört, den der Erblasser nur unter einer solchen Bedingung erworben hatte, ohne daß diese zur Zeit des Anfalls bereits eingetreten war. Mot. S. 61. Hollerith, S. 46; Pfaff, Hessen, S. 25. Hat der Erblasser z. B. ein Grundstück unter einer aufschiebenden Bedingung erworben, die an seinem Todestage oder dem sonst für den Anfall maßgebenden Tage noch schwebte, so hat der Steuerpflichtige es erst bei dem Eintritte der Bedingung zu versteuern.

II. **Aufschiebende Bedingung.**

a) Der thatsächliche Erwerb eines unter aufschiebender Bedingung angefallenen Vermögens (z. B. eines am Tage der Doktorpromotion des Legatars fälligen Vermächtnisses) vollzieht sich erst mit dem Eintritte der Bedingung, ohne Rücksicht darauf, ob der Bedachte vor ihrem Eintritte nach bürgerli chem Rechte überhaupt keinen Anspruch oder schon einen (wenn auch bedingten) Anspruch auf die Verabfolgung des Vermögens hatte. Dies gilt sowohl für den Fall, daß die Zuwendung selbst, als für den, daß nur die Auszahlung der zugewendeten Vermögensgegenstände bedingt ist

Für beide Fälle stellt der Paragraph den Satz auf, daß die Besteuerung erst mit dem Eintritte der Bedingung zu erfolgen hat.

Wie auch schon in der Kommission des Abgeordnetenhauses von dem Referenten (Kammergerichtsrat Gottschewski) hervorgehoben wurde, kann es fraglich sein, ob durch diese Bestimmung nur eine Aussetzung der Versteuerung oder direkt hat ausgesprochen werden sollen, daß die Versteuerung lediglich nach den bei dem Eintritte der Bedingung obwaltenden Verhältnissen zu erfolgen habe. Das letztere ist anzunehmen. Hierfür spricht zunächst der Wortlaut des Gesetzes, der erkennen läßt, daß nur der thatsächliche Erwerb versteuert werden soll. Dafür läßt sich auch der dem § 5 d. Ges. zu grunde liegende Gedanke anführen, daß die Höhe der Steuer der vollzogenen Bereicherung entsprechen soll. Es steht endlich damit im Einklange die von dem Regierungs-Kommissar in der Kommission des Abgeordnetenhauses ohne Widerspruch abgegebene

Erklärung, „daß, wenn ein bedingtes Recht vor Eintritt der Bedingung an einen Erben übergangen, lediglich dieser Erbe seinen Erwerb, und nicht auch den Erwerb seines Erblassers zu versteuern habe.

Die hier gezogene Konsequenz ist von erheblicher praktischer Bedeutung: für alle Rechtsgebiete in den Fällen, wo zwischen dem Todestage des Erblassers und dem Eintritte der Bedingung auf Seiten des Bedachten eine Rechtsnachfolge von Todeswegen eingetreten ist, welche bewirkt, daß der endgiltige Erwerber zu einem anderen Satze steuerpflichtig ist, als es derjenige gewesen wäre, welchem das Vermächtnis als bedingtes zugefallen war; z. B. der ursprünglich Bedachte hätte als Bruder des Erblassers nur 2 % zu entrichten gehabt, während seine ihn beerbende Ehefrau, weil mit dem Erblasser nicht verwandt, 8 % zu zahlen hat. Sie ist ferner von Belang für ein nach A.L.R. zu beurteilendes, aufschiebend bedingtes Vermächtnis von individuell bestimmten Sachen, weil bei einem solchen der Legatar schon vor Eintritt der Bedingung ein Recht zur Sache erlangt und nur der Zeitpunkt des thatsächlichen Erwerbs hinausgeschoben wird (vgl. oben S. 56 Anm. b); z. B. ein bedingt vermachtes Haus ist am Todestage des Erblassers 10000 M., bei dem Eintritte der Bedingung 50000 M. wert oder umgekehrt.

Hiernach ist bei aufschiebend bedingten Anfällen stets der Zeitpunkt des Eintritts der Bedingung maßgebend. Der Umstand, daß die aufschiebende Bedingung nach gemeinem, preußischem und französischem Rechte richtiger Ansicht nach rückwirkende Kraft hat, d. h. auf den Zeitpunkt zurückbezogen wird, in welchem das Recht als ein bedingtes und demzufolge vererbliches bereits entstanden war (vgl. Dernburg, Pand., I § 111; preuß. Privatrecht, I § 89; Förster-Eccius, 6 Aufl., S. 179; Crome, Allg. Teil. S. 328 ff.; Zachariä-Crome, I § 130, IV § 726), ist daher für die Frage der Besteuerung ohne Einfluß.

Daraus folgt zweierlei: Einmal: daß die Frage, ob und in welchem Umfange eine Besteuerung überhaupt Platz greift, sich nach dem zur Zeit des Eintritts der Bedingung herrschenden Gesetze richtet, nicht nach dem Gesetze, welches zu der Zeit, wo das bedingte Recht zur Entstehung gelangt ist, gegolten hat. S. das bei H.G. S. 1078 Anm. 68 a erwähnte, nicht abgedruckte R.G. Urt. v. 18. Oktober 1881 und R.G. III Urt. vom 1. Juli 1892, Jur. Woch. S. 383 Nr. 43; ebenso F.M.R. v. 16. Dezember 1887, III 14250, an den P.St.D. zu B., bei H.G. S. 1078. Vgl. auch R.G. II Urt. vom 7. November 1887, Bolze Bd. 5 Nr. 916, wo der Satz aufgestellt wird, daß die Steuerpflicht eines betagten Vermächtnisses sich nach demjenigen Gesetze richtet, unter dessen Herrschaft es dem Bedachten als vererblich angefallen ist. — Sodann: daß bei Beurteilung der Höhe der dem Erwerber zu teil werdenden Bereicherung nicht der frühere Zeitpunkt (der Todestag des Erblassers), sondern der Augenblick des Eintritts der Bedingung in Betracht kommt. A. M. Hollerith, S. 45 zu dem mit § 22 des Ges. übereinstimmenden § 16 des elsaß-lothringischen Gesetzes im Hinblicke auf Art. 1179 code civ.

Bei der auflösenden Bedingung, welche nach gemeinem und französischem, nicht aber nach preußischem Rechte rückwirkende Kraft hat (vgl. Dernburg, Pand., I § 112, preuß. Privr., I § 90; die übr. Cit. a. a. O.) ergeben sich diese Steitfragen nicht, weil hier die Steuer sofort bei dem Anfalle erhoben wird, wie wenn es sich um unbedingt erworbenes Vermögen handelte.

Der Regelfall gestaltet sich bei der Suspensivbedingung wie folgt: A. setzt den B. zum Erben ein und vermacht dem C. für den Fall seiner Doktorpromotion 1000 M. Hier hat C. zunächst keine Steuer zu entrichten; B. darf aber auch nicht die 1000 M. von der steuerpflichtigen Masse abziehen (§ 23 Abs. 1). Tritt die Bedingung ein, so hat C. nunmehr die 1000 M. zu versteuern, und B. erhält die seinerseits davon gezahlte Steuer zurückerstattet, abzüglich desjenigen Betrags, den er für den Nießbrauch in der Zwischenzeit zu entrichten hat.

b) Die Steuerbehörde kann **Sicherstellung** der bei dem Eintritte der Bedingung zu entrichtenden Steuer fordern.

α) Bacher, a. a. O., S. 115 bemerkt hierzu: „Daß die Kaution nicht von demjenigen gefordert werden kann, welcher sich noch nicht im Besitze des steuerpflichtigen Vermögens befindet, dessen spätere Steuerpflichtigkeit überdies noch fraglich ist, erscheint unbedenklich; es fehlt für einen derartigen Anspruch subjektiv und objektiv an jedem rechtlichen Fundamente. Die Sicherstellung darf daher nur aus der Masse, d. h. von dem Inhaber des steuerpflichtigen Vermögens, gefordert werden." Ähnlich Wintterlin, S. 40 Anm. 2 für das württemberg. Gesetz; Knobling, S. 115 für das bayrische Gesetz.

Diese Ansicht kann nicht geteilt werden. Nach § 29 trifft die Erbschaftssteuer den Erwerber des steuerpflichtigen Anfalls ohne Ausnahme, also auch dann, wenn er bedingt ist. Giebt nun das Gesetz für den letzteren Fall der Steuerbehörde das Recht, Sicherstellung zu fordern, weil der Steuerpflichtige die Steuer erst bei dem Eintritte der Bedingung zu bezahlen braucht, so erhellt ohne weiteres, daß er es auch ist, der die Sicherheit auf Verlangen zu leisten hat. Der Satz 2 des § 29 steht nicht im Wege. Wie er kumulativ die ganze steuerpflichtige Masse für die Steuer haften läßt, so erklärt er es kumulativ für statthaft, daß das Erbschaftssteueramt die Bestellung der Sicherheit aus ihr fordert (vgl. darüber die Anm. zu § 29). Der Grund liegt sehr nahe. Die Masse bietet immer die erforderliche Sicherheit, der Steuerpflichtige nicht. Die Behörde soll also die Wahl haben, von welcher Seite sie die ihr geboten erscheinende Sicherheit nehmen will. Reicht die von der einen Seite zu erlangende nicht aus, so wird sie sich wegen des Restes an den anderen Teil halten können. Sie ist also an die getroffene Wahl nicht gebunden. Hat sie aber genügende Sicherheit von einer Seite erhalten, so ist die andere Seite davon befreit. Nur dann wird eine Nachforderung statthaft sein, wenn etwa die gestellte Sicherheit nachteilige Änderungen erleiden sollte.

Es ist nicht zuzugeben, daß es diesem Resultate an jedem rechtlichen Fundamente fehlt. Im Gegenteile erscheint Bachers Ansicht um deswillen bedenklich, weil nach ihr es vorkommen kann, daß der Erbe, der die steuerpflichtige Masse in Händen hat und seinerseits den für den Dritten aufschiebend bedingten Erwerb nicht abziehen darf, diesen mitversteuern und außerdem noch Sicherheit für ihn leisten muß. Schließlich sei noch darauf hingewiesen, daß nach den Gesetzen von Sachsen (Art. 11) und von Elsaß-Lothringen §§ 16, 17, welche beide freilich eine Haftung der Masse nicht kennen, der Erwerber des steuerpflichtigen Anfalls die Sicherheit zu leisten hat. S. Wahl, S. 29 Anm. 5 (dagegen Bacher, a. a. O., Anm. 82); Hollerith S. 44.

β) Die Steuerbehörde kann vor Eintritt der Bedingung nur Sicherstellung, nicht Zahlung verlangen. Hat der zukünftige Erwerber des bedingten Anfalls irrtümlich vor Eintritt der Bedingung die Steuer gezahlt, so kann er sie sowohl nach gemeinem Rechte (vgl. Dernburg, Pand., II § 141; Windscheid, II § 426), als nach § 178 A.L.R. I 16 und nach Art. 1376, 1377 code civ. (vgl. Dernburg, preuß. Privr., II § 289; Zachariä-Crome, II § 412) zurückfordern.

c) Über die Sicherstellung hat der Finanzminister im § 9 der Anweisung für die Haupt-Zoll- und Haupt-Steuerämter vom 14. November 1873 (C.Bl. 1874 S. 25), welchem § 12 Abs. 4 bis 8 der Ausführungs-Anweisung vom gleichen Tage (C.Bl. 1874 S. 19) wörtlich entsprechen, folgendes bestimmt:

Betreffs der auf Grund der §§ 6, 7, 20—22, 25 [jetzt §§ 6, 7, 22—24, 27; (auch 29 u. 30)] des Gesetzes sicher zu stellenden Steuerbeträge hat das Erbschaftssteueramt die Berechnung der Beträge vorzunehmen und die Verpflichteten zur Erklärung aufzufordern, in welcher Weise sie die Sicherstellung leisten wollen. Die Annehmbarkeit der angebotenen Sicherheit ist von dem Erbschaftssteueramte zu prüfen. Von dem Ergebnis dieser Prüfung sind die Verpflichteten mit der

Aufforderung zur Ablieferung der Wertpapiere, Dokumente 2c. an das namhaft zu machende Hauptamt binnen einer bestimmten Frist zu benachrichtigen. Das betreffende Hauptamt erhält von dieser Verfügung beglaubigte Abschrift.

Wird der Aufforderung zur Sicherheitsbestellung nicht entsprochen, so hat das betreffende Hauptamt auf Requisition des Erbschaftssteueramtes die exekutivische Beitreibung des sicher zu stellenden Betrages herbeizuführen.

Die Nummern, unter welchen die bestellte Kaution im Dokumentenjournal und im Dokumentenmanual resp. im Depositenmanual gebucht ist, hat das Hauptamt dem Erbschaftssteueramte behufs Vermerkung im Stundungsregister mitzuteilen. Im übrigen finden betreffs der kassen- und rechnungsmäßigen Behandlung derartiger Deposita die sonst geltenden Vorschriften Anwendung.

Außerdem sind die folgenden, bei Hoyer-Gaupp S. 1091, 1092 abgedruckten Reskripte ergangen:

α) F.M.R. vom 22. Dezember 1876, III 14254 an den P.St.D. in B.: Bei sicher zu stellenden Ansprüchen aus dem Erbschaftssteuergesetze vom 30. Mai 1873 handelt es sich nicht eigentlich um die Kreditierung bestimmter, feststehender und fälliger Steuern. Der Anspruch auf Sicherstellung entspringt vielmehr überwiegend aus bedingten und aus solchen Anfällen, deren Versteuerung bis zur Vereinigung der Nutzung mit der Substanz ausgesetzt werden muß.

In Betreff derartiger Anfälle bestimmt das Gesetz in den §§ 25 und 27 (jetzt §§ 27, 29), daß die Sicherheit aus der steuerpflichtigen Masse zu leisten sei und daß diese ganze Masse für die Steuer hafte. In Fällen der Sicherstellung von bedingten Ansprüchen und von Ansprüchen anderer Art wird dies ebenfalls vorausgesetzt. Es erscheint deshalb zulässig, in den gedachten Fällen von der Anwendung der für die Sicherstellung kreditierter fälliger Abgaben gegebenen Bestimmungen des Erlasses v. 3. Februar 1868 abzusehen, um den Steuerpflichtigen und den Kassenbeamten die mit der Niederlegung auch der Zins- und Dividenden-Scheine verbundene Belästigung und Arbeit zu ersparen. Dies umsomehr, als vielfach in den Nachlaßmassen Wertpapiere derjenigen Art, welche kreditierte Steuern sicherstellen sollen, gar nicht vorhanden sein werden. — Wenn dagegen gelegentlich die Stundung eines wirklich bereits fälligen Erbschaftssteuerbetrags gewährt wird und der letztere sicher gestellt werden muß, so kommt der bezeichnete Erlaß dergestalt zur Geltung, daß mit den Wertpapieren und Talons auch die Zins- und Dividenden-Scheine zu deponieren sind. Die Art der Sicherstellung wird indes auch in einem solchen Falle durch die Beschaffenheit der steuerpflichtigen Masse begrenzt. —

β) C.Verf. des F.M. vom 16. März 1881 (C.Bl. 1881 S. 86): Wenn bei bedingten oder bei solchen Erbanfällen, deren Versteuerung bis zur Vereinigung der Nutzung mit der Substanz ausgesetzt werden muß, die nach den §§ 25 und 27 des Erbschaftssteuergesetzes v. 30. Mai 1873 zu bestellende Sicherheit für die später fällig werdende Erbschaftssteuer durch Niederlegung von Staatsschuldverschreibungen, Eisenbahnaktien oder ähnlichen auf den Inhaber lautenden Wertpapieren geleistet wird, so mögen dem Niederleger die Zins- und Dividenden-Scheine für einen 4 Jahr nicht übersteigenden Zeitraum belassen und nach Ablauf dieses Zeitraums jedesmal für einen ferneren Zeitraum von höchstens 4 Jahren auf einmal ausgeliefert werden. Der Talon beziehungsweise derjenige Zins- oder Dividenden-Schein, an dessen Inhaber die neue Zins- oder Dividenden-Schein-Serie ausgereicht wird, ist bei den niedergelegten Wertpapieren aufzubewahren.

Die vorstehende Erleichterung kommt indes nicht zur Anwendung, wenn gelegentlich die Stundung eines wirklich bereits fällig gewordenen Erbschaftssteuerbetrages gewährt wird und der letztere sicher gestellt werden muß. Vielmehr sind in solchen Fällen nach Maßgabe des § 91 Nr. 7 der Anweisung zur Kassen- und Buchführung für die Hauptzoll- und Hauptsteuerämter vom 27. Februar 1880 die Zinskoupons, Dividenden-Scheine und Talons mit den Wertpapieren niederzulegen.

γ) F.M.R. vom 9. August 1882 (C.Bl. S. 296): Als Sicherheit für gestundete Zölle oder sonstige Abgaben mögen in Zukunft anstatt der nach den bestehenden Vorschriften zulässigen Wertpapiere auch Depotscheine der Reichsbank in Berlin (Komptoir für Wertpapiere) über solche Papiere angenommen werden.

δ) F.M.R. vom 19. August 1886, III 9882 an den P.St.D. in B.: Der dort anscheinend herrschenden Auffassung, daß die Sicherstellung noch nicht fälliger Erbschaftssteuerbeträge in jedem einzelnen Falle in pupillarisch sichern Werten zu erfolgen habe, kann in dieser Allgemeinheit nicht beigetreten werden. Die Sicherstellung ist nach den §§ 25 und 27 (jetzt §§ 27 und 29) des Erbschaftssteuergesetzes aus der Masse zu leisten; es erscheint daher nicht zweifelhaft, daß sich der Fiskus mit derjenigen Sicherheit begnügen muß, welche die Masse sebst gewährt. Wenngleich nun im vorliegenden Falle aus dem Umstande, daß eine Nachlaßforderung von 30000 M. von den Erben eingezogen worden ist, allerdings das Recht herzuleiten sein möchte, die Sicherstellung in anderer Weise zu fordern, als sie durch die bis über die Hälfte ihres Werts mit Hypotheken belasteten Nachlaßgrundstücke gewährt wird, so mag unter den obwaltenden Umständen den Erben doch darin nachgegeben werden, daß die Sicherstellung lediglich durch die Eintragung auf diese Grundstücke zu derjenigen Stelle erfolge, welche zur Zeit des Erbanfalls dazu frei gewesen ist.

ε) F.M.R. vom 27. Oktober 1887 III 14279 (C.Bl. S. 477): Als Sicherheit für kreditierte Beträge an Zöllen und indirekten Steuern können fortan auch Anteilscheine der Reichsbank zum vollen, zur Zeit der Sicherheitsbestellung bestehenden Kurse, jedoch nicht über den Nennwert angenommen werden.

Hierzu sei wegen des Zusammenhanges bemerkt:

1. Die exekutivische Beitreibung der Sicherheit kann — abweichend von der Auffassung des F.M. — in allen denjenigen Fällen nicht für zulässig gelten, in denen es sich nicht um eine bereits fällige, sondern nur um eine in Zukunft mögliche Steuer handelt. Ein Gesetz, welches das Gegenteil besagte, existiert nicht. Vgl. Anm. zu § 42. Das Cirk.R. des F.M. v. 3. Februar 1868 (C.Bl. S. 127) bezieht sich nur auf die Sicherstellung kreditierter fälliger Abgaben und läßt schon um deswillen, wie auch das zu α wiedergegebene F.M.R. nicht zu verkennen scheint, eine analoge Anwendung nicht zu.

Die im Gesetze der Steuerbehörde zugesprochene Befugnis, Sicherstellung zu fordern, hat daher nur die Bedeutung eines gesetzlichen Kautionstitels, der begrifflich sowohl dem gemeinen, wie dem französischen und dem Landrechte bekannt ist (vgl. Dernburg, Pand., I § 167; Zachariä-Crome, I § 133; Crome, Allg. Teil. § 40 Anm. 14 ff., § 180 ff. A.L.R. I 14). Ein solcher Titel berechtigt aber nur, auf Bestellung der Sicherheit im Rechtswege zu klagen. Vgl. auch Hollerith, S. 44. Gegenüber der im Einzelfalle hiernach unzulässigen Beitreibung im Verwaltungszwangsverfahren würde daher der Exequend eine negative Feststellungsklage und nach bewirkter Beitreibung eine Klage auf Rückerstattung anstrengen können. Widerklagend dürfte freilich die Steuerbehörde ihr Recht auf Sicherstellung geltend machen. Unter Umständen wird sie auch durch Vorschützung der Einrede der Arglist nach dem Grundsatze: ‚dolo facit qui petit quod statim redditurus est‘ die Verurteilung zur Zurückzahlung abwenden können, insbesondere dann, wenn der Nachlaß nur aus baarem Gelde oder Wertpapieren besteht und die Beitreibung sich darauf erstreckt hat. — Vgl. im übrigen wegen der Zulässigkeit des Rechtswegs Anm. zu § 42.

2. Soweit für die Versteuerung eines bedingten Anfalls aus der steuerpflichtigen Masse Sicherheit bestellt werden muß (§ 29 Abs. 1), ist gleichfalls die Klage geboten; der Antrag muß angeben, mit welchen der im Nachlasse vorhandenen Vermögensbestandteile die Sicherheit gestellt werden soll.
3. Klagt die Steuerbehörde auf Sicherstellung, so wird das Gericht über die Art und den Betrag unter Berücksichtigung aller Verhältnisse auf den Vorschlag der Klägerin nach freiem Ermessen entscheiden. Es kann auf Bürgschaft, Pfandbestellung oder juratorische Kaution (vgl. insbes. § 194 A.L.R. I 14) erkennen.
4. Die Sicherheit kann von In- und Ausländern gefordert werden. Sie wird mit der Zahlung der Steuer frei und muß alsdann zurückgegeben werden. Umgekehrt hält sich die Behörde an sie, wenn die fällige Steuer nicht bezahlt wird.
5. Die Verjährnng einer sichergestellten Steuerforderung beginnt nach § 50 Abs. 3 nicht vor Ablauf desjenigen Jahres, in welchem die Sicherheit erloschen ist.

d) Aus der Rechtsprechung und der Praxis.

1. In einer letztwilligen Anordnung des Inhalts, daß einer Person aus dem Nachlasse eine Summe zugewiesen wird, um sie nach bestem Ermessen an Mitglieder einer bestimmten Personenklasse (Dienst- und Arbeitsleute des Erblassers) zu verteilen, so daß der von ihm nicht Bedachte keinen Anspruch auf das Legat haben soll — wurde vom R.G. weder eine der milden Stiftung ähnliche Zuwendung an eine Personengesamtheit im Sinne des § 8 des Gesetzes, noch ein einheitliches Legat für die Gesamtheit der Arbeiter erblickt, sondern ein Vermächtnis für mehrere einzelne Personen zugleich und ungeteilt (A.L.R. I 12 § 368), suspensiv bedingt durch das Ermessen des mit der Verteilung Beauftragten. R.G. IV. Urt. v. 9. Januar 1893, C.S. Bd. 30 S. 287, Centr.Bl. 1893 S. 181.
2. Ist eine lebenslängliche Rente oder eine andere auf die Lebenszeit beschränkte Nutzung oder Leistung zwei oder mehreren Personen in der Weise zugewendet, daß sie diese nicht gemeinsam, sondern nach einander zu beziehen haben, so hat nur der erste Bezugsberechtigte die Steuer für seinen Anfall sofort zu entrichten; der Anfall der folgenden Berechtigten ist dagegen nach § 22 zu behandeln. Hollerith, S. 45 (zu dem gleichlautenden § 16 des elsaß-lothr. Gesetzes). F.M.R. v. 7 November 1894 III 14920 an den P.St.D. in B., Centr.Bl. S. 520 und Hoyer-Gaupp, S. 1080 Anm. 68c.
3. Vermächtnisse und Schenkungen an Korporationen und andere juristische Personen hängen unter gewissen Voraussetzungen (siehe §§ 1 und 2 des preuß. Ges. v. 23. Februar 1870 G.S. S. 118), davon ab, daß die erforderliche Genehmigung erteilt wird. Erst aus dem Inhalte dieser Genehmigung ergiebt sich, ob und in welchem Umfange die Zuwendung erworben wird. Es findet daher § 22 Anwendung. Vgl. Hollerith, a. a. O.

III. Auflösende Bedingung.

a) Das unter einer auflösenden Bedingung erworbene Vermögen ist wie unbedingt erworbenes zu versteuern. Diese Behandlungsweise entspricht der rechtlichen Natur der auflösenden Bedingung. Das R.G. IV. Urt. vom 21. November 1892, Jur. Woch. 1893 S. 90, Bolze Bd. 15 Nr. 544 sieht als unter einer auflösenden Bedingung erworbenes Vermögen auch den Vermögenserwerb an, dessen der Erwerber kraft des Gesetzes bei dem Eintritte eines ungewissen Ereignisses wieder verlustig geht, mit der Begründung, daß der Erwerb solange rechtswirksam bestehe, als das Ereignis noch nicht eingetreten sei. Das ist für das Erbschaftssteuerrecht richtig, obschon im übrigen nach der herrschenden Ansicht die sog. gesetzliche Bedingung keine wirkliche Bedingung ist. S. auch S. 73 Nr. 1.

b) Beim Eintritte der Bedingung wird die gezahlte Steuer (ohne Zinsen) erstattet und nur derjenige Teil zurückbehalten, welcher der thatsächlich etwa bestehen bleibenden Bereicherung des Erwerbers entspricht. Eine solche Bereicherung kann z. B. vorliegen, wenn im gegebenen Falle der zur Herausgabe Verpflichtete die inzwischen bezogenen Einkünfte ganz oder teilweise zurückzubehalten berechtigt ist.

Die Erstattung erfolgt an denjenigen, welcher die Steuer gezahlt hat, bezw. an seinen Rechtsnachfolger.

Der Beweis des Eintritts der Bedingung und des Umfangs der noch bleibenden Bereicherung liegt dem ob, der die Zurückzahlung beansprucht. Wahl, S. 29.

Über die Zulässigkeit des Rechtsweges hinsichtlich des Erstattungsanspruchs vgl. § 42.

Der Regelfall gestaltet sich nach dem von Pfaff, Bayern, S. 28 gebildeten Beispiele, wie folgt: A. setzt den B. zum Erben ein und vermacht der C. 10000 M. unter der Bedingung, daß sie unverheiratet bleibt. Hier hat die C. den Betrag von 10000 M. sofort zu versteuern, es darf aber auch B. diesen Betrag von der steuerpflichtigen Masse abziehen. Tritt die Bedingung ein, d. h. heiratet die C., so wird ihr die gezahlte Steuer bis auf den der wirklichen Bereicherung entsprechenden Betrag, welcher nach § 19 auf jährlich 400 M. zu veranschlagen ist, zurückerstattet, während von B. derjenige Betrag nachzuzahlen ist, welchen er mehr zu entrichten gehabt hätte, wenn der Zeitpunkt des Eintritts der Bedingung ehedem schon bekannt gewesen wäre.

c) Eine **Ausnahme** von der Anwendbarkeit des § 22 machen die Nutzungen von unbestimmter Dauer, für welche lediglich die §§ 15—17 maßgebend sind; hinsichtlich ihrer verbleibt es, abgesehen von § 16 Abs. 2, endgiltig bei der gemäß den angezogenen Paragraphen vorgenommenen Berechnung und Erhebung der Steuer. Der Grund liegt offenbar in der Absicht des Gesetzgebers, wenigstens für diese Fälle den Belästigungen späterer Rückerstattungen vorzubeugen.

d) **Aus der Praxis.**

1. Der im Geltungsgebiete des A.L.R. erfolgte Erwerb eines anscheinend herrenlosen Nachlasses durch eine Stadtgemeinde, den diese später wieder herausgeben muß, weil sich herausstellt, daß noch Intestaterben des Erblassers vorhanden sind, ist kein (durch das Vorhandensein dieser Erben) resolutiv bedingter Erwerb. Denn durch das nachträgliche Bekanntwerden der Erben hat sich herausgestellt, daß die Stadtgemeinde niemals Erbin und Eigentümerin des Nachlasses gewesen ist. Ihre Rechtstellung zu den sich meldenden Erben war wie diejenige des Nachlaßbesitzers dem zurückkehrenden Verschollenen gegenüber; in beiden Fällen wird der Zwischenbesitzer hinsichtlich der gezogenen Nutzungen und in allen übrigen rechtlichen Beziehungen nur als **redlicher Besitzer** angesehen (A.L.R. II. 16 § 27; 18 §§ 847 ff.). Die Intestaterben sind deshalb auch nicht als Rechtsnachfolger an die Stelle der Gemeinde getreten, sondern haben die Hinterlassenschaft kraft eigenen Erbrechts unmittelbar vom Erblasser und mit dessen Tode erworben. Die von der Stadtgemeinde gezahlte und von ihr dem Intestaterben abgezogene Steuer ist daher diesem, soweit sie die von ihm etwa zu entrichtende übersteigt, zurückzuzahlen. F.M.R. v. 26. März 1890 III 1442 an den P.St.D. in B., angedruckt bei H.G., S. 1037 Anm. 23 b.

2. Im F.M.R. v. 16. Dezember 1887 III 14250 an den P.St.D. in B., abgedruckt bei H.G., S. 1078 Anm. 68 a, werden folgende Grundsätze aufgestellt: Ist einer Person ein Kapital unter aufschiebender Bedingung und für die Zeit bis zum Eintritte der Bedingung eine Jahresrente vermacht, so ist zunächst die Rente (§ 15) und nach dem Eintritte der Bedingung die Substanz zu versteuern. Eine Anrechnung der für die Rente bereits gezahlten Steuer auf die von der Substanz zu erlegende findet nicht statt, und zwar selbst dann nicht, wenn der unter aufschiebender Bedingung eingesetzte Erbe die Versteuerung der Substanz erst beim Eintritte der Bedingung bewirkt und er den Nießbrauch von der Substanz bis zu ihrem Erwerbe gehabt und versteuert hat.

Zur Milderung der in solchen Fällen sich herausstellenden Härten hat der Minister auf Grund des § (38 jetzt) 40 des Gesetzes die Ermächtigung erteilt,

α) dem Nießbraucher einer ihm unter aufschiebender Bedingung vermachten Substanz zu gestatten, sogleich bei Beginn des Nießbrauchs an Stelle dieses die

Substanz selbst zu versteuern, wenn nicht im einzelnen Falle eine Abweichung durch die obwaltenden Umstände geboten erscheint.

β) dieses Verfahren auf die Fälle, in welchen der Erwerber einer Substanz unter einer aufschiebenden Bedingung vom Erblasser nicht mit dem Nießbrauche dieser Substanz, sondern mit einer beim Eintritte der Bedingung aufhörenden Jahresrente bedacht worden ist, dann auszudehnen, wenn die an die Stelle des Nießbrauchs zu setzende Jahresrente zu der bei ihrem Aufhören zu versteuernden Substanz im Verhältnisse von 1 zu 20 (jetzt wohl zu 25 — vgl. Anm. II zu § 15 —) steht.

Der betreffende Erwerber ist zu einer entsprechenden Erklärung unter der Verwarnung aufzufordern, daß er, falls er die ihm unter aufschiebender Bedingung vermachte Substanz nicht sofort versteuere, gesetzlich zunächst von dem ihm angefallenen Nießbrauche (oder der Rente), und beim Eintritte der Bedingung die volle Substanz ohne Anrechnung von Nießbrauch- (oder Renten-) Steuer zu versteuern habe. Wird alsdann die Versteuerung der Substanz sofort bewirkt, so ist der Fall so zu behandeln, als ob die betreffende Person die Substanz unter einer auflösenden Bedingung, also dergestalt erworben hätte, daß die Substanz herauszugeben sein würde, wenn das die aufschiebende Bedingung darstellende Ereignis nicht eintritt. Im letzteren Falle ist die gezahlte Steuer bis auf den der wirklichen Bereicherung entsprechenden Betrag zu erstatten, und die Versteuerung der Substanz ist von dem endgiltigen Erwerber zu fordern.

3. Die letztwillige Anordnung, daß für den Fall des Verkaufs eines den Gegenstand eines Vermächtnisses bildenden Grundstücks einem Dritten ein Vorkaufsrecht für eine gewisse Summe zustehen solle, enthält nicht die Beifügung einer auflösenden Bedingung, sondern eine den Wert des Grundstücks schmälernde Belastung des Vermächtnisnehmers, welche durch den von seinem Willen abhängigen Verkauf des Grundstücks aufschiebend bedingt ist. Bei dem Eintritte dieser Bedingung mindert sich der an den Vermächtnisnehmer gelangte Anfall, die von ihm entrichtete Steuer ist bis auf den der wirklichen Bereicherung entsprechenden Betrag (nach § 23) zu erstatten. Die entgegengesetzte Ansicht ist vertreten in dem Beschl. des sächs. F.M. vom 7. Februar 1893 Nr. 63 St.R.C. (zu Art. 11 Abs. 2 des sächs. Ges.), mitgeteilt bei Wahl, S. 29. Beide Auffassungen führen indes praktisch zu demselben Resultat: daß nämlich das Vorkaufsrecht bei der Berechnung der Steuer zunächst nicht berücksichtigt wird.

4. Ein Vermächtnisnehmer, dem der lebenslängliche Nießbrauch an einem Grundstücke, so wie es beim Tode des Erblassers sein würde, mit der Befugnis vermacht ist, es jederzeit für einen hinter dem wirklichen Werte zurückbleibenden Betrag vom Erben zu kaufen, hat zu versteuern: a) sofort den Wert des Nießbrauchs; dieser ist durch den möglichen Erwerb des Eigentums an dem Grundstücke auflösend bedingt; gemäß § 15 ist das Zwölfundeinhalbfache des einjährigen Nutzungswerthes zu versteuern. Eine nachträgliche Berichtigung der Berechnung nach Maßgabe der wirklichen Bereicherung findet nicht statt (§ 22). b) den Betrag, um den der wirkliche Wert des Grundstücks in dem Augenblicke, wo er von seiner Befugnis zu kaufen Gebrauch macht, den von ihm zu zahlenden Preis übersteigt.

§ 23.

Bedingte Belastung.

Den Werth der steuerpflichtigen Masse vermindernde Lasten und Leistungen werden, soweit sie vom Eintritt einer aufschiebenden Bedingung abhängen, nicht berücksichtigt. Beim Eintritt der Bedingung ist das Zuvielgezahlte von der Steuerbehörde zu erstatten.

Lasten, deren Fortdauer von einer auflösenden Bedingung abhängt — mit Ausnahme der Leistungen von unbestimmter Dauer, deren abzuziehender Werth nach den Bestimmungen in den §§ 15 bis 18 sich berechnet — werden wie unbedingte in Abzug gebracht. Beim Eintritt der Bedingung ist derjenige Steuerbetrag nachzuerheben, welcher mehr zu entrichten gewesen sein würde, wenn der Zeitpunkt des Eintritts der Bedingung bei Berechnung der Steuer bekannt gewesen wäre. Die Steuerbehörde kann Sicherstellung dieses Anspruchs fordern.

Entw. I von 1872 § 20; Mot. von 1872 S. 61; Komm.Ber. von 1872 S. 841; Ges. von 1873 § 21.

Siehe die Vorbemerkung zu den Anm. von § 22.

I. **Der Paragraph handelt von dem Falle,** daß Lasten und Leistungen, welche den Wert der steuerpflichtigen Masse vermindern, vom Eintritte einer aufschiebenden (Abs. 1) oder daß ihre Fortdauer von einer auflösenden (Abs. 2) Bedingung abhängt. Was zu § 22 über die bedingte Wertserhöhung der Masse gesagt worden ist, findet auf die hier erörterten Fälle der bedingten Wertsverminderung sinngemäße Anwendung.

Der Paragraph bezieht sich nicht blos auf solche Lasten, welche auf letztwilliger Anordnung beruhen, sondern auch auf solche, welche aus einem anderen Rechtsgrunde (z. B. Vertrag) den Nachlaß beschweren. Auch hier sind aufschiebend und auflösend bedingte Belastungen zu unterscheiden.

II. **Aufschiebende Bedingung.**

a) Eine aufschiebend bedingte Last oder Leistung vermindert das Vermögen, auf dem sie ruht, wohl vom rechtlichen Gesichtspunkte, aber nicht thatsächlich, solange nicht die Bedingung eingetreten ist. Sie wird daher vor diesem Momente bei der Besteuerung nicht berücksichtigt: das Vermögen wird als unbelastet behandelt.

b) In welchem Umfange der Wert des Anfalls durch die darauf ruhende Last vermindert war, läßt sich erst nach dem Eintritte der Bedingung feststellen. Ergiebt sich dabei, daß der Steuerpflichtige zuviel bezahlt hat, so ist der Überschuß an ihn oder seinen Gesamtrechtsnachfolger zurückzuzahlen. Den Eintritt der Bedingung, sowie die Umstände, aus denen hervorgeht, daß zu viel Steuer gezahlt ist, muß der beweisen, der den Rückerstattungsanspruch geltend macht. Wegen der Zulässigkeit des Rechtsweges siehe § 42.

Der Steuerpflichtige kann nur den zuviel gezahlten Betrag, nicht auch Zinsen fordern, soweit nicht etwa der Steuerbehörde hinsichtlich der Zahlung selbst ein Vorzug zur Last fällt, der nach bürgerlichem Rechte die Verpflichtung, Zögerungszinsen zu zahlen zur Folge hat. Vgl. Dernburg, Pand., II § 29; Förster-Eccius, I § 68 S. 401; Zachariä-Crome, II §§ 287, 288, 311 und Crome, Obligationenrecht, § 15 Ziff. II.

c) Über die rechtliche Bedeutung des auf einem vermachten Gegenstande zu Gunsten eines Dritten ruhenden Vorkaufsrechts vgl. Anm. 3 und 4 auf S. 74.

III. **Auflösende Bedingung.**

a) Eine auf einem Vermögen ruhende auflösend bedingte Last (z. B. einer Wittwe ist ein Betrag von 1000 M. mit der Verpflichtung vermacht, ihn im Falle der Wiederverheiratung an den Erben zurückzuzahlen) vermindert den Wert des Vermögens, solange nicht die Bedingung erfüllt ist. Die Bedingung gilt für die Berechnung und die Einziehung der Steuer als nicht hinzugefügt. Eine Ausnahme hiervon machen die unter §§ 15—18 fallenden Leistungen von unbestimmter Dauer; der Wert dieser Leistungen wird sofort endgiltig versteuert; eine Rückerstattung der Steuer findet hier (abgesehen von § 16 Abs. 2) nicht statt. Vgl. hierzu F.M.R. vom 7. November 1894, III 14920 an den P.St.D. in B., C.Bl.S. 520; in dem zu Grunde liegenden Falle ruhte auf dem Nachlasse die Verpflichtung, einer Person bis zu ihrem vollendeten 18. Lebensjahre ein Ausgedinge zu gewähren.

b) Tritt bei den nicht unter §§ 15—18 fallenden Lasten die Bedingung ein, so ist es möglich, daß der Steuerpflichtige einen höheren Betrag an Steuer selbst dann nicht zu entrichten gehabt hätte, wenn der Zeitpunkt des Eintritts schon bei der Erhebung der Steuer bekannt gewesen wäre; dann kann auch nichts nacherhoben werden. Dies ist z. B. der Fall, wenn der zu berechnende Wert der Last mehr als das Fünfundzwanzigfache ihres einjährigen Betrages sein würde; denn ein höherer Wert darf für eine Last niemals in Abzug gebracht werden (§ 15). Ein solcher Fall wird indes kaum eintreten, da die Last wohl zumeist unter Berücksichtigung der Hülfstabelle des § 18 zu berechnen sein würde und darnach erforderlich wäre, daß der Berechtigte die Nutzung mindestens 84 Jahre genossen hätte.

Stellt sich demnach, was die Regel bildet, heraus, daß der Steuerpflichtige, wenn der Zeitpunkt des Eintritts der Bedingung bei der Berechnung der Steuer bekannt gewesen wäre, mehr zu entrichten gehabt hätte, so hat er oder sein Rechtsnachfolger diesen Betrag nachzuzahlen.

Der Beweis des Eintritts der Bedingung und der die Mehrforderung begründenden Umstände ist im Prozesse von der Steuerbehörde zu erbringen, da sie Rechte daraus herleitet. Vorher kann sie indes nach § 39 des Ges. eine eidesstattliche Versicherung fordern. Wegen der Zulässigkeit des Rechtsweges vgl. Anm. zu § 42.

c) Folgendes Beispiel, welches dem bei Hollerith S. 47 mitgeteilten Falle nachgebildet ist, möge die nicht einfache Berechnung veranschaulichen: A., dessen Nachlaß sich nach Abzug der Schulden auf einen Kapitalwert von 10000 M. beläuft, hat seinen Freund B. zum Erben eingesetzt und seiner verwittweten Freundin C. 1000 M. vermacht, die sie aber im Falle ihrer Wiederverheiratung an B. ohne Zins zurückzahlen muß.

Der Nachlaß beträgt	10000 M.
B. ist gemäß § 23 befugt, das der C. zugewandte Vermächtnis abzuziehen	1000 „
er hat also zu versteuern	9000 „
die Steuer hierfür beträgt nach Pos. D des Tarifs 8% = ...	720 „
die C. hat gemäß § 22 die Steuer für das Vermächtnis gleichfalls sofort zu entrichten, und zwar gemäß der näml. Pos. D mit 8% = . .	80 „

Nach 3 Jahren verheiratet sich die C. wieder. Sie muß daher die 1000 M. an B. zurückzahlen.

Nun findet folgende anderweitige Berechnung statt:

B. hat gemäß § 23 Abs. 2 Satz 2 denjenigen Steuerbetrag nachzuzahlen, welcher von der in Abzug gebrachten Last bei der ursprünglichen Besteuerung zu entrichten gewesen sein würde, wenn es damals schon bekannt gewesen wäre, daß die auflösende Bedingung nach 3 Jahren eintreten werde:

er hat also zu versteuern	1000 M.
nach Abzug des Werts der Nutzung dieser Summe, die die Wittwe C. drei Jahre lang bezogen hat. Dieser Wert berechnet sich, wie folgt: Der einjährige Betrag der Nutzung steht nicht fest, er ist also nach § 19 d. Ges. zu 4 vom Hundert = 40 M. anzunehmen. Der Kapitalwert der dreijährigen Nutzung beträgt daher nach der dem § 18 beigefügten Hülfstabelle	115 M. 44 Pf.
Nach Abzug verbleiben	884 M. 56 Pf.
Hiervon hat B. 8% Steuer nachzuzahlen (= 70,76 M. und wegen Nr. 1 des Tarifs =)	71 „
Die C. hat gemäß § 22 die für das Vermächtnis bezahlte Steuer bis auf den der wirklichen Bereicherung entsprechenden Betrag zurückzufordern. Sie hat bezahlt	80 „
der oben berechnete Kapitalwert der dreijährigen Nutzung des Vermächtnisses beträgt 115,44 M., die Steuer hiervon mit 8% (= 9,24 M. und wegen Nr. 1 des Tarifs =)	9 „ 50 „
Nach Abzug hat sie also zurückzufordern	70 M. 50 Pf.

Zu einer Aufrechnung der Schuld an die C. gegen die Forderung an B. ist die Steuerbehörde nicht befugt, weil B. und C. nicht solidarisch verpflichtet sind (vgl. § 29 d. Ges.).

d) Wegen der Sicherstellung vgl. S. 69 ff.

§ 24.

Die in den §§ 22 und 23 enthaltenen Bestimmungen sind gleichmäßig auch auf die von einem Ereigniß, welches nur hinsichtlich des Zeitpunktes seines Eintrittes ungewiß ist, abhängigen Erwerbungen, Lasten und Leistungen anzuwenden.

Entw. I von 1872 § 21; Mot. von 1872 S. 61; Komm.Ber. von 1872 S. 841; Ges. von 1873 § 22.

Vgl. die Anm. zu §§ 22, 23.

Durch § 24 wird der dies certus an, incertus quando, obwohl er rechtlich keine eigentliche Bedingung enthält, in Beziehung auf die Erbschaftssteuer der Bedingung gleichgestellt, und zwar der aufschiebenden, wenn seinem Eintritte eine aufschiebende, der auflösenden, wenn ihm eine auflösende Wirkung beigelegt wird (z. B. ein Vermächtnis von 1000 M., zahlbar an A. oder dessen Erben am Todestage des B. und ein am Todestage des X. von dem Vermächtnisnehmer an den Erben oder dessen Erben zurückzuzahlendes Vermächtnis von 1000 M.).

§ 25.

Unsichere Forderungen.

Unsichere Forderungen und andere zur sofortigen Werthermittelung nicht geeignete Gegenstände kommen mit einem muthmaßlichen Werthe in Rechnung, den der Steuerpflichtige in Vorschlag bringt. Findet keine Einigung statt, so kann die Steuerbehörde von dem angegebenen Werth die Steuer einziehen und die Berichtigung des Werthansatzes, sowie die entsprechende Nachforderung oder Erstattung der Steuer bis zum Ausgange derjenigen Verhandlungen vorbehalten, von welchen die Bezahlung der Forderung beziehungsweise die Werthsermittelung abhängt.

Sind bei Berechnung der Steuer ungewisse oder noch unbekannte Ansprüche an die Masse außer Berücksichtigung geblieben, so wird, wenn dieselben später zur Verwirklichung gelangen, das Zuvielgezahlte von der Steuerbehörde zurückerstattet.

Entw. I von 1872 § 22; Mot. von 1872 S. 61; Komm.Ber. von 1872 S. 841, 842; Ges. von 1873 § 23.

Die Überschrift des Paragraphen entspricht nicht völlig seinem Inhalte. Der Paragraph handelt, außer von unsicheren Forderungen, auch von solchen, die zur Zeit der Steuerberechnung noch unbekannt waren.

Auf den Fall, daß der Erb= (Vermächtnis=, Fideikommiß=, Lehns=, Schenkungs=) Anspruch selbst bestritten ist, bezieht sich der Paragraph nicht. So auch Pfaff (Bayern), S. 31 zu dem im wesentlichen gleichlautenden Art. 19 des bayerischen Gesetzes.

I. **Der Abs. 1** bezieht sich auf unsichere Forderungen und zwar sowohl solche, welche dem Nachlasse zustehen, als solche, welche gegen ihn erhoben werden, und andere zur sofortigen Wertermittelung nicht geeignete Gegenstände.

a) **Unsicher** ist jede Forderung, von der nicht nach dem gewöhnlichen Verlaufe der Dinge mit einiger Bestimmtheit vorauszusehen ist, ob oder mit welchem Betrage sie eingehen wird. Ähnlich Pfaff (Bayern), S. 30. Sie sind mit Berücksichtigung der Solvenz des Schuldners und der sonstigen Aussichten der Realisierung: der Prozeßlage der eingeklagten Forderung, der Möglichkeit der Verfolgung bei ausländischen Schuldnern u. s. w. anzusetzen. Vgl. Staub, § 2 zu Art. 31 H.G.B., 4. Aufl.; s. auch oben S. 55 unter c.

Unsichere Forderungen sind z. B.: die Forderung gegen eine Person, über deren Vermögen Konkurs eröffnet worden ist (mit Ausnahme jedoch des Falles, daß der Konkurs durch rechtskräftig bestätigten Zwangsvergleich beendigt worden ist — K.O. § 160 ff. —; hier ergiebt die Höhe der zugesicherten Prozente, vorausgesetzt, daß der Eingang sicher ist, den Wert der Forderung); ferner an eine Person, die, ohne daß es zu einem Konkursverfahren gekommen ist, zahlungsunfähig ist; Forderungen, wegen welcher eine Pfändung stattgefunden hat, die zu einem Verteilungsverfahren (§§ 758 bis 768 C.P.O.) geführt hat; Forderungen, über welche im Prozesse gestritten wird oder welche vom angeblichen Schuldner bestritten werden; verjährte Forderungen, da die Verjährung den Anspruch nur beseitigt, wenn sie eingewendet wird — es kommt hier demnach darauf an, ob dieser Einwand zu gewärtigen ist.

Nicht als unsicher zu behandeln ist diejenige Forderung, welche der Vermächtnisnehmer selbst zur Masse schuldete und die ihm vermacht worden ist (legatum debiti proprii), da er um den vollen Betrag reicher geworden ist. F.M.R. vom 15. Dezember 1871 III 18264, mitgeteilt bei Khm. S. 308. Ebenso das F.M.R. v. 24. Dezember 1859 an d. Reg. in F. und d. Rev.Prot. d. F.M. v. 24. Januar 1862, betr. die Erbschaftssteuer-Tabellen im Bezirke d. A.G. u Stettin f. d. 1. Tertial 1861, Mon. 9, abgedr. bei H.-G., S. 1083 Anm. 70b u. c.

Bedingte und betagte Ansprüche gehören nicht zu den unsicheren Forderungen im Sinne dieses Paragraphen; für sie sind ausschließlich die Bestimmungen der §§ 22, 23, 24 maßgebend (vgl. Anm. I zu § 22 und § 23).

b) **„Andere zur sofortigen Wertermittelung nicht geeignete Gegenstände"**: z. B. streitiges Eigentum, überhaupt bestrittene dingliche Rechte. Ferner werden hierher zu rechnen sein: unreife Früchte; unvollendete Kunstwerke; dramatische Werke und Patentrechte, deren Verwertung zweifelhaft ist.

c) **Ein strikter Nachweis der Unsicherheit** einer Forderung ist von dem Steuerpflichtigen nicht zu verlangen (vgl. F.M.R. v. 1. Juni 1827 III 10510 an den P.St.D. in Kg., bei H.-G., S. 1082 Anm. 70a). Der Entw. I von 1872 enthielt die Fassung: „Forderungen, welche erweislich unsicher sind". Dieser Ausdruck, der nach der Erklärung des Regierungskommissars gewählt worden war, um erkennbar zu machen, daß nackte Behauptungen nicht genügen, wurde in der Kommission des Hauses der Abgeordneten (Komm.Ber. S. 841) beanstandet und durch die jetzige Fassung ersetzt. Danach wird die Steuerbehörde nur verlangen können, daß der Steuerpflichtige Thatsachen glaubhaft macht, aus denen die Unsicherheit der Forderung oder die Ungeeignetheit des Gegenstandes zur sofortigen Wertermittelung zu schließen ist. Auf die Glaubhaftmachung finden jedoch die Vorschriften der C.P.O. § 266 nicht ohne weiteres Anwendung, insbesondere ist es unzulässig, dem Steuerpflichtigen die eidliche Versicherung seiner Angaben zu gestatten, da in Erbschaftssteuersachen die Versicherung an Eidesstatt das äußerste Mittel zur Erforschung der Wahrheit bildet. Es tritt vielmehr völlig freie Beweiswürdigung durch die Steuerbehörde ein, die nach bestem Ermessen zu prüfen hat, ob sie die Glaubhaftmachung als genügend ansehen will.

Werden solche Umstände nicht glaubhaft gemacht, so ist die Forderung zum vollen Werte in Ansatz zu bringen. Über die Zulässigkeit des Rechtsweges vgl. § 42.

d) **Sind Thatsachen der unter c bezeichneten Art glaubhaft gemacht**, so hat der Steuerpflichtige, bezw. der nach § 37 Verpflichtete, zunächst den seiner Ansicht nach mutmaßlichen Wert der Forderung oder des Gegenstandes anzugeben (§ 20; wegen der Strafbarkeit unrichtiger Angaben vgl. § 44). Unter Umständen erfüllt der Erwerber diese Pflicht auch, indem er die Forderung, bezw. den Gegenstand, als wertlos bezeichnet. Hat der Steuerpflichtige einen Vorschlag gemacht, so sind zwei Fälle möglich.

1. Es findet eine Einigung zwischen der Steuerbehörde und dem Steuerpflichtigen über den Wert der Forderung oder des Gegenstandes statt. Dann ist dieser Wert bei der Berechnung der Steuer zu Grunde zu legen. Diese Einigung hat, ebenso wie die in § 21 erwähnte (siehe Anm. I daselbst), den Charakter eines Vergleichs, zu dessen Abschluß die Erbschaftssteuerämter befugt sind, und welcher beide Teile rechtlich bindet, so daß später sowohl eine Nachforderung von Seiten des Fiskus, wie ein Erstattungsanspruch des Steuerpflichtigen ausgeschlossen ist.

   Eine derartige Einigung empfiehlt sich, zur Vermeidung der fortdauernden Kontrole (vgl. Anweisung des F.M. für die Erbschaftssteuerämter vom 14. Novbr. 1873 § 11, im Anhange) namentlich bei geringen Objekten.

2. Eine Einigung findet nicht statt. Dann ist die Steuerbehörde nach Abs. 2 befugt, ungewisse Ansprüche an die Masse zunächst überhaupt unberücksichtigt zu lassen. Thut sie dies nicht, so ist der vom Steuerpflichtigen behauptete Wert der Berechnung der Steuer zu Grunde zu legen und die so berechnete Steuer einzuziehen. Diese Einziehung ist jedoch nur eine vorläufige; die definitive Berechnung erfolgt erst, wenn der Wert sich mit annähernder Sicherheit (eine völlige Bestimmtheit ist nicht bei allen Gegenständen möglich und kann daher nicht gefordert werden) feststellen läßt. Ob die Behörde in den Fällen, wo es in der Hand des Steuerpflichtigen liegt, die Einziehung der Forderung zu betreiben, die Beitreibung selbst übernehmen kann, ist nach dem maßgebenden bürgerlichen Rechte zu beurteilen. Für das französische Recht vgl. Zachariä-Crome, II § 292. Nach gemeinem und preuß. Rechte ist Überweisung erforderlich.

   Ergiebt sich bei der nachträglichen Feststellung, daß ein unrichtiger Wert angenommen worden ist, so kann es sowohl zu einer Nachzahlung von Seiten des Steuerpflichtigen oder seiner Universalrechtsnachfolger, wie zu einer Erstattung von Seiten des Steuerfiskus kommen.

   α) Eine Nachzahlung von Seiten des Pflichtigen wird erforderlich, wenn entweder eine zum Nachlasse gehörige Sache oder eine dem Nachlasse zustehende Forderung zu niedrig, oder ein der Masse gegenüber bestehender Anspruch zu hoch veranschlagt worden ist. — Eine Sicherstellung wegen dieses Anspruches kann mangels einer ausdrücklichen Bestimmung des Gesetzes von der Steuerbehörde nicht gefordert werden.

   β) Eine Erstattung von Seiten der Steuerbehörde wird erforderlich, wenn entweder eine zum Nachlasse gehörige Sache oder eine dem Nachlasse zustehende Forderung zu hoch, oder ein dem Nachlasse gegenüber bestehender Anspruch zu niedrig veranschlagt worden war. Die Wertangabe bindet den Steuerpflichtigen nur im Falle der Einigung, nicht aber, wenn es zu einer solchen nicht kommt (vgl. Komm.Ber. S. 841, 842). — Wegen der Zulässigkeit des Rechtsweges bezüglich dieses Erstattungsanspruches vgl. § 42.

II. Der Abs. 2 fehlte im Entw. I und wurde zuerst in der Kommission auf Antrag des Referenten beschlossen (Komm.Ber. S. 842). Er handelt von dem Falle, daß Ansprüche an die Masse bei der Berechnung der Steuer zunächst unberücksichtigt geblieben sind, sei es, weil die Steuerbehörde sie wegen ihrer Unsicherheit außer Betracht ließ (vgl. die vorherige Anm.), sei es, weil sie damals überhaupt noch unbekannt waren. In Frage kommen können z. B. Forderungen aus einer Bürgschaft, aus Wechseln u. s. w.

Gelangen die Forderungen zur Verwirklichung, so wird das Zuvielgezahlte erstattet, aber nur wenn die Forderung rechtsbeständig war (natürliche Verbindlichkeit genügt; vgl. oben S. 16), weil anderenfalls lediglich eine Schenkung unter Lebenden von Seiten des Steuerpflichtigen vorliegt.

Daß der Anspruch zur Verwirklichung gekommen ist, muß der Steuerbehörde glaubhaft nachgewiesen werden.

Wegen der Zulässigkeit des Rechtsweges vgl. § 42; wegen der Verjährung § 50.

Das nachträgliche Bekanntwerden von Forderungen des Nachlasses an Dritte hat eine Erhöhung der Steuer nicht zur Folge.

§ 26.

Betrag der Lehns- und Fideikommißanfälle.

Lehns- und Fideikommißanfälle, sie mögen in Gütern oder Kapitalien bestehen, sowie Anfälle aus Familienstiftungen werden nach Maßgabe des Werths der einjährigen Nutzung und des Lebensalters des Erwerbenden nach Vorschrift des § 16 versteuert.

Entw. I von 1872 § 23; Mot. von 1872 S. 61; Komm.Ber. von 1872 S. 842; Ges. von 1873 § 24.

I. Vgl. oben Anm. I, II u. III zu § 1.

II. Die Beschränkung der Steuerpflicht auf die Nutzungen entspricht der Billigkeit, da der jeweilige Besitzer in der freien Verfügung über die Substanz, wenn schon nicht in gleichem Maße, so doch ähnlich wie ein Nutznießer, beschränkt ist.

III. Der Paragraph kommt nur zur Anwendung, wenn es sich um Lehns- und Fideikommißanfälle, sowie um Anfälle aus Familienstiftungen im eigentlichen Sinne handelt. Ist dagegen z. B. das Vermögen einer milden Stiftung mit der Maßgabe hinterlassen worden, daß die Nutzungen dieses der Stiftung zugewendeten Vermögens bis zu einem gewissen Termine den Verwandten des Erblassers zufließen sollen, so stehen nicht Anfälle aus einer Familienstiftung in Frage —, denn eine solche ist nicht begründet —, sondern Rentenvermächtnisse, die der eingesetzten milden Stiftung auferlegt sind. In einem solchen Falle richtet sich die Steuer beim Eintritte in die Rentenvermächtnisse nicht nach dem Verwandtschaftsverhältnis zu dem letzten Inhaber, sondern nach dem zum Testator. Vgl. den bei Wahl, S. 13 Anm. 8 mitgeteilten Beschl. des Kgl. sächs. F.M. v. 25. Juni 1890, Nr. 306 St.R.C.

IV. Der Steuersatz von Lehns- und Fideikommißanfällen, ingleichen von Hebungen aus Familienstiftungen (§ 1 Nr. 2 u. 3 d. Ges.) wird nach dem Verwandtschaftsverhältnis zwischen dem Stifter oder dem letzten Inhaber des Lehns- oder Fideikommisses beziehungsweise der Hebungen aus der Familienstiftung und dem Steuerpflichtigen bestimmt (Nr. 3 des Tarifs).

Außerdem wird bei neu errichteten Fideikommissen und Familienstiftungen in allen Fällen eine Stempelsteuer nach dem Tarife, Pos. Nr. 23 und 24, zum Stempelsteuergesetze erhoben.

V. Die Steuer ist hiernach, wie folgt, zu berechnen:
Zunächst wird der Wert der einjährigen Nutzung nach den in den §§ 14—21 erörterten Grundsätzen ermittelt. Sodann wird der Kapitalwert dieser Nutzung nach der Vorschrift des § 16, d. h. mit Rücksicht auf das Lebensalter des Erwerbers zur Zeit des Anfalls festgestellt. Aus diesem Kapitalwerte endlich ist der Betrag der Steuer nach dem Verwandtschaftsverhältnis zwischen dem letzten Inhaber und dem steuerpflichtigen unmittelbaren Nachfolger zu berechnen.

§ 27.

Erwerb der Substanz ohne die Nutzung.

Ist einem Erben, Vermächtnißnehmer u. s. w. Vermögen angefallen, dessen Nutzung einem Dritten zusteht, so wird dasselbe um den nach Vorschrift der

§§ 15 ff. berechneten Werth der Nutzung geringer angeschlagen, wenn der Erwerber der Substanz die Versteuerung bei dem Anfall bewirkt. Wird die Aussetzung der Versteuerung der Substanz bis zur Vereinigung der Nutzung mit der Substanz beantragt, so findet der vorstehend angeordnete Abzug nicht statt. Vielmehr erfolgt alsdann die Besteuerung nach Maßgabe der bei Beendigung der Nutznießung des Dritten obwaltenden Verhältnisse, und wenn inzwischen eine weitere Vererbung der Substanz eingetreten sein sollte, ohne Entrichtung einer Steuer für die dazwischen liegenden Anfälle dergestalt, als ob der in die Nutzung eintretende Erwerber der Substanz das Eigenthum unmittelbar von dem ursprünglichen Erblasser erworben hätte. Bei Aussetzung der Versteuerung ist die Steuer auf Verlangen der Steuerbehörde aus der Masse auf Kosten des Erwerbers der Substanz sicherzustellen.

Bei fideikommissarischen Substitutionen wird der Fiduziar als Nießbraucher und der Fideikommissar als Substanzerbe des herauszugebenden Vermögens behandelt. Ist jedoch das Fideikommiß auf dasjenige beschränkt, was beim Tode des Fiduziars noch vorhanden sein werde (quidquid supererit), so haben sowohl der Fiduziar von dem vollen Betrage des Anfalles, als der Fideikommissar von dem vollen Betrage des an ihn herausgegebenen Vermögens, nach ihrem Verwandtschaftsverhältniß zum Erblasser die Erbschaftssteuer zu entrichten.

Entw. I von 1872 § 24; Mot. von 1872 S. 61—63; Komm.Ber. von 1872 S. 842; Stenogr. Berichte über die Verhandlungen des Hauses der Abgeordneten 1872/73 Band 2 S. 1133, S. 1134, S. 1142—1148, S. 1334—1336, S. 1546; Band 3 S. 1833—1836, S. 1846; Stenogr. Berichte über die Verhandlungen des Herrenhauses 1872/73 S. 362 und Anlagen Nr. 121; Ges. von 1873 § 25.

I. **Früheres Recht.** Die steuerliche Behandlung der häufig vorkommenden Fälle der Trennung des Eigentums von der Nutzung hat, wie die Motive ausführen, gewechselt. Das Stempelgesetz vom 20. November 1810 (G.S. S. 121) hatte in Art. 7 Nr. 4 bestimmt:

> Von jeder Erbschaft und jedem Vermächtnisse, das erst nach beendigtem Nießbrauche übereignet wird, müssen die Stempelgefälle sogleich erlegt und, wenn der Erbe oder Legatar sich dessen weigert, vom Nießbraucher vorgeschossen werden. Die Erben des letzteren sind dagegen berechtigt, diesen Vorschuß nebst 5% Zinsen nach beendigtem Nießbrauche vom Eigentümer zurückzufordern.

Die Deklaration des Stempelgesetzes vom 27. Juni 1811 (G.S. S. 313) hatte aber unter Aufhebung der vorstehenden Anordnung im § 2 verfügt:

> Ein Erbe, Donatar oder Legatar ist erst dann verpflichtet die Stempelfälle zu erlegen, wenn ihm die Nutzung anheimfällt.

Der § 16 des Stempelgesetzes vom 7. März 1822 lautete:

> Für Nutzungen, welche dem Erben, Donatar oder Legatar erst in Zukunft anheimfallen, kann die Zahlung des Erbschaftsstempels nicht eher verlangt werden, bis der Anfall wirklich erfolgt ist.

Er beschränkte mithin die Anordnung der Deklaration auf die Versteuerung des Wertes der Nutzung. Seine Anwendung in der Praxis bot mannigfache Schwierigkeiten, namentlich bezüglich der Berechnung des Wertes der Substanz ohne die Nutzung. Es fehlte in dieser Beziehung an einer zweckmäßigen positiven Bestimmung. Man half sich dadurch, daß man von dem Erben die Angabe des Wertes verlangte, und, wenn Bedenken gegen deren Richtigkeit obwalteten, eine gerichtliche Taxe erforderte. Man hielt nicht für zulässig, den Wert der Substanz ohne die Nutzung dadurch zu finden, daß man den dem Zwölfundeinhalbfachen der einjährigen Nutzung gleichen Wert des lebenslänglichen Nießbrauchs von dem vollen Substanzwerte abzog, wonach sich der Wert der Substanz ohne die Nutzung auf $^3/_8$ des vollen Substanzwertes belaufen hätte. Vielmehr suchte man das unleugbare Bedürfnis einer Norm für die Schätzung des Wertes der nuda proprietas durch eine andere, lediglich auf Verwaltungsvorschriften beruhende Festsetzung zu befriedigen, indem man davon ausging, daß der Wert der Substanz allerdings von der wahrscheinlichen Dauer der Nutzungsberechtigung und diese wiederum von dem Lebensalter des Nutznießers abhänge. Diese Grundsätze sollten durch die Verfügung vom 4. September 1837 verwirklicht werden. Sie entsprach jedoch insofern nicht der Billigkeit, als in den Fällen, wo der Nießbraucher das 45. Lebensjahr überschritten hatte, von ihm und dem Substanzerben zusammen stets mehr, als der volle Wert der unbelasteten Substanz zu versteuern war.

Die anderweitige im § 16 des Ges. getroffene Wertbestimmung der lebenslänglichen Nutzung ebnet, wie die Motive wörtlich fortfahren, „den Weg, um den einfachen Grundsatz durchzuführen, daß bei sofortiger Versteuerung der für die Nutzung berechnete Wert von dem vollen Werte des Gegenstandes in Abzug gebracht und nur für den Rest von dem Substanzerben die Steuer zu entrichten ist. Eine Unterscheidung eintreten zu lassen, je nachdem das Nutzungsrecht erst durch letztwillige Verordnung konstituiert ist, oder schon vorher bestand, liegt keine Veranlassung vor.

Fraglich kann erscheinen, ob nicht bei Annahme des bezeichneten Grundsatzes die sofortige Versteuerung seitens der Substanzerben obligatorisch zu machen sein möchte. Sollte in der That dem Substanzerben, soweit ihm die Nutzung noch nicht zufließt, die Zahlung der Steuer hart fallen, so könnte Stundung nach Bedürfnis bewilligt oder dem Nutzungsberechtigten ꝛc. die Verpflichtung zur vorschußweisen Berichtigung der Zahlung für die Substanzerben gesetzlich aufgelegt werden. Von letzterer Maßregel ist indes abzusehen, da unter Umständen — wenn der Substanzerbe einen hohen Prozentsatz als Steuer zu entrichten hat und der Nutzungsberechtigte schon bejahrt ist — nur eine neue Härte gegenüber dem zur Vorschußleistung Verpflichteten die Folge sein würde und da das Auskunftsmittel bei den schon früher konstituierten Nutzungsrechten aus rechtlichen Gründen nicht statthaft ist. Überhaupt aber hat sich kein praktisches Bedürfnis gezeigt, dem Substanzerben die Nötigung aufzulegen, unter allen Umständen sofort den ihm gewordenen Anfall zu versteuern. In der Versagung des Abzuges für den Fall der Aussetzung der Versteuerung liegt der Antrieb zur sofortigen Versteuerung, welcher auch ferner sich hinlänglich stark erweisen wird, um in der weit überwiegenden Mehrzahl der Fälle gegen die Aussetzung der Versteuerung den Ausschlag zu geben.

Der zweite Satz des § 27 regelt die Behandlung der gewöhnlichen fideikommissarischen Substitutionen in Übereinstimmung mit den seit jeher in der Praxis herrschenden Grundsätzen."

II. **Der Paragraph handelt von den Fällen,** in denen jemand zwar die Substanz, nicht aber zugleich die Nutzung eines Vermögens erwirbt, wobei es gleichgiltig ist, ob es sich dabei um den ganzen Nachlaß oder nur um einen Teil davon handelt, ob die Nutzung auf bestimmte, unbestimmte oder Lebenszeit bestellt ist. Er regelt lediglich die Verpflichtung des Substanzerben zur Versteuerung, läßt aber die Verpflichtung des Erwerbers der Nutzung zur Entrichtung der Steuer für diese unberührt. R.G. IV, Urt. vom 12. Juli 1883 C.S. Bd. 9 S. 300. Er enthält materielle Normen für die Berechnung der Steuer, nicht aber eine Zeitbestimmung für die Zahlung des Steuerbetrages. R.G. IV. Urt. vom 11. Juni 1894, Jur. Woch. S. 445; C.S. Bd. 33 S. 328; Bolze, Bd. 19 S. 408. S. auch unten VIII.

Zu Absatz 1.

III. Außer Erben und Vermächtnisnehmern kommen in Betracht, wie das sächs. Ges. es ausdrückt, jeder auf den Todesfall Bedachte, oder, wie das bayr. und das hess. Ges. sagen, jeder Erbschaftssteuerpflichtige, insbesondere also: der Empfänger einer Schenkung von Todeswegen, der Nutznießer einer Familienstiftung, des Vermögens eines Verschollenen.

IV. Die Bestimmungen des Abs. 1 setzen, wie aus dem Wortlaute erhellt, voraus, daß die Substanz dem Erben u. s. w. angefallen ist, daß also der Vermögensanfall bereits stattgehabt hat. Demzufolge sind sie auf den Fall des suspensiv bedingten Erwerbs

(§ 22 Satz 1) an sich nicht anwendbar; im Abs. 2 ist indes für die fideikommissarischen Substitutionen (vgl. Anm. V) eine Ausnahme gemacht.

Sie finden auch dann Anwendung, wenn das Nutzungsrecht nicht erst durch die letztwillige Anordnung geschaffen ist, sondern schon vorher (zufolge Rechtsgeschäfts unter Lebenden oder Gesetzes) bestanden hat. (Mot. S. 62.) Es haben z. B. A. und B. gemeinschaftlich ein Haus gekauft derart, daß A. das Eigentum, B. die lebenslängliche Nutznießung erworben hat. A. stirbt. Seinem Erben steht das Recht zu, den Wert, den die Nutznießung B.'s am Todestage A.'s hat, von dem Werte des Eigentums abzuziehen. B. hat in diesem Falle für sein Nutzungsrecht selbstverständlich keine Erbschaftssteuer zu entrichten, denn er hat ja das Recht durch Kauf und nicht durch Erbschaft erworben. S. Hollerith, S. 49 Anm. 2.

V. Derjenige, dem ein Vermögen angefallen ist, dessen Nutzung einem Dritten zusteht (z. B. A. ist zum Erben eingesetzt, dem B. dagegen der lebenslängliche Nießbrauch am Nachlasse vermacht), ist auch während des Bestehens des fremden Nutzungsrechtes insofern bereichert, als die nuda proprietas einen Wert hat und insbesondere veräußert werden kann. An sich würde daher der Erwerber der Substanz diese stets mit dem Augenblicke des Anfalls zu versteuern haben, wobei die Nutzung des Dritten als eine auflösend bedingte Belastung nach § 23 Abs. 2 in Abzug zu bringen sein würde.

Durch § 27 wird nun dem Erwerber der Substanz die Wahl gelassen, ob er entweder a) die Versteuerung bei dem Anfalle bewirken, oder b) die Aussetzung der Versteuerung der Substanz bis zur Vereinigung der Nutzung mit der Substanz beantragen will.

Die Wahl fällt fort, wenn der Dritte vor Fälligkeit der Steuer auf die Nutzung verzichtet. Alsdann muß der Erwerber die ganze Substanz ohne Abzug sofort bei dem Anfalle versteuern.

a) Wird die **Versteuerung sogleich bei dem Anfalle** bewirkt, so wird der Wert der Nutzung von dem der Substanz abgesetzt. Die Berechnung des Wertes der Nutzung geschieht nach §§ 15—19, also unter Berücksichtigung ihrer Dauer. Dieser Wert der Nutzung ist von dem Nutzungsberechtigten, und zwar sofort beim Anfalle, zu versteuern, sofern ihm nicht ein besonderer Befreiungsgrund zur Seite steht. Denn der Paragraph bezieht sich lediglich auf die Steuerpflicht des Erwerbers der Substanz (vgl. oben Anm. II und das dort angeführte Erk. des R.G. vom 12. Juli 1883) und hat nicht die Bedeutung, daß durch die Substanzsteuer auch die Nutzungssteuer gedeckt wird.

Dieser Fall bietet keinerlei Schwierigkeiten.

b) Die **Aussetzung der Versteuerung** wird beantragt. Dann gelten folgende Grundsätze.

1. Auf die Verpflichtung des Erwerbers der Nutzung zu ihrer Versteuerung hat die Aussetzung der Versteuerung der Substanz keinen Einfluß; vgl. oben Anm. II und das dort mitgeteilte Erk. des R.G. vom 12. Juli 1883 und Anm. V a.
2. Wegen der später von der Substanz zu entrichtenden Steuer kann die Steuerbehörde zunächst nur Sicherstellung verlangen. Diese geschieht zwar auf Kosten des Erwerbers der Substanz, kann aber nicht aus seinem Vermögen, sondern lediglich aus der Masse gefordert werden, obwohl der zur Versteuerung der Substanz Verpflichtete nicht in ihrem Besitze ist. — Im übrigen s. wegen der Sicherstellung S. 69 ff.
3. Ist die Nutznießung zwei oder mehreren Personen in der Weise zugewendet, daß sie sie nicht gemeinsam, sondern nur für den Fall des Überlebens nach einander zu genießen haben, so ist nur der Wert der dem ersten Berechtigten zufallenden Nutznießung in Abzug zu bringen, die Rechte der übrigen hängen von einer aufschiebenden Bedingung ab. Es findet deshalb die Vorschrift des § 23 Abs. 1 Anwendung. Tritt die Bedingung später ein, so ist der Erwerber des Eigentums berechtigt, den Wert der dem folgenden Bedachten zufallenden Nutznießung nachträglich abzuziehen oder das, was er zuviel bezahlt hat, zurückzuverlangen. So Hollerith, S. 49.

4. Verstirbt der Erwerber der Substanz, bevor die Nutzung des Dritten ihr Ende erreichte, so haben seine Erben für den Übergang des Eigentums an der Substanz von dem ersten Erwerber auf sie keine Steuer zu entrichten. Es verbleibt lediglich bei der Aussetzung der Versteuerung der Substanz und der Sicherstellung der Steuer. Das Gleiche gilt, wenn der Erbe des Substanzerben vor Beendigung der Nutzung des Dritten stirbt, und so fort ohne Beschränkung.

5. Erreicht die Nutznießung des Dritten ihr Ende, so ist die Substanz ihrem vollen Betrage nach zu versteuern. Ein Abzug des Wertes der beendigten Nutzung findet nicht statt. Steuerpflichtig ist der nunmehrige Erwerber der Substanz. Er wird so angesehen, als ob er sie vom ursprünglichen Erblasser unmittelbar erworben hätte; daraus folgt:

   α) Maßgebend für die Höhe der Steuer ist der Wert der Substanz im Augenblicke des Aufhörens der Nutznießung. Vgl. R.G. II. Urteil v. 21. Oktober 1892, Jur. Woch. 1892 S. 492 Nr. 45.

   β) Maßgebend ist das persönliche Verhältnis des nunmehrigen Erwerbers zu dem ursprünglichen Erblasser.

6. Die Bestimmungen des Abs. 1 finden nur Anwendung, wenn mindestens der erste Erwerber der Substanz zu den steuerpflichtigen Personen gehörte, sind dagegen nicht zutreffend, wenn es sich um einen ersten steuerfreien Erwerber handelt. Daß die Regierung dem Abs. 1 diesen Sinn geben wollte, geht aus seiner Entstehungsgeschichte (vgl. unten Anm. **VII**), insbesondere aus den vom Regierungs-Kommissar in der Sitzung des Abgeordnetenhauses vom 22. Februar 1873 (Bericht Bd. 2 S. 1144) abgegebenen Erklärungen unzweifelhaft hervor. Aber auch der Wortlaut des Abs. 1 spricht für diese Auslegung; denn bei einem steuerfreien Erwerber der Substanz kann weder ihre sofortige Versteuerung, noch die Aussetzung der Versteuerung in Frage kommen.

   Es ergiebt sich daraus: Ist der erste Erwerber der Substanz steuerfrei, und stirbt er vor Beendigung des Nießbrauchs, so ist für die Steuerpflicht des Erben dessen persönliches Verhältnis nicht zum ursprünglichen Erblasser, sondern zu seinem unmittelbaren Vorgänger entscheidend. Der am häufigsten vorkommende Fall ist folgender: Ein Vater stirbt mit Hinterlassung eines Testamentes, in welchem seine Kinder zu Erben eingesetzt sind, während der Mutter der lebenslängliche Nießbrauch am gesamten Nachlasse vermacht ist. Wenn nun zu Lebzeiten der Mutter ein Kind stirbt und, sei es auf Grund eines Testamentes, sei es (wie z. B. nach gemeinem Rechte) kraft Gesetzes, von seinen Geschwistern beerbt wird, so müssen diese den Anfall versteuern, während sie, falls § 27 Anwendung fände, steuerfrei sein würden, weil es alsdann so angesehen würde, als ob sie von dem ursprünglichen Erblasser — ihrem Vater — unmittelbar erworben hätten. So auch H.G. S. 1083 Anm. 71 b.

   Jedoch ist folgendes zu beachten: wenn in der letztwilligen Verfügung, in welcher die Kinder zu Erben eingesetzt sind, zugleich bestimmt ist, daß der überlebende Ehegatte befugt sein soll, den Kindern bei der Erbteilung ihre Erbportionen festzusetzen (diese Anordnung kommt nicht selten vor), so ist vor erfolgter Erbteilung der Anspruch jedes Kindes durch das Ermessen des überlebenden Ehegatten aufschiebend bedingt. Demgemäß liegt (falls das vor der Erbteilung verstorbene Kind nicht etwa außer dem vom vorverstorbenen Elternteile herrührenden Vermögen noch anderes hat) hier ein Nachlaß überhaupt nicht vor.

c) **Beispiel** zu a und b.

Beträgt z. B. das dem Erben A. angefallene Vermögen 10000 M., und sind die Zinsen davon, 500 M., auf 10 Jahre dem B. vermacht, so kann A. die Steuer beim Anfalle entrichten. Der Wert der Substanz wird aber um den Wert der Nutzung, der nach § 18 sich auf 4217,50 M. beläuft, geringer, also nur auf 5782,50 M. angeschlagen. A. hat daher nur von dem letzteren Betrage, B. von 4217,50 M. Erbschaftssteuer zu entrichten. Hiermit ist die Besteuerung endgiltig vollzogen, und es findet keine anderweitige Berechnung der Steuer statt, auch wenn aus irgend welchem Grunde sich die Nutzung mit der Substanz vor dem Ablaufe von 10 Jahren vereinigen sollte. Stirbt A. schon nach 5 Jahren, so hat sein Erbe C. den Anfall dieses Eigentums zu versteuern. Aber auch C. hat die Wahl, ob er die Steuer sofort entrichten oder ihre Entrichtung bis zum Ableben B.'s aufschieben will. Entscheidet er sich für das erstere, so darf er von dem Werte des vollen Eigentums den der Nutzung zur Zeit des neuen Übergangs abziehen, das sind 2315 M.

A. kann aber auch die Aussetzung der Versteuerung bis zur Vereinigung der Nutzung mit der Substanz beantragen. Alsdann versteuert zunächst nur B., soweit er überhaupt steuerpflichtig ist, die ihm angefallene Nutzung mit 4217,50 M. A. hingegen (oder sein Erbe C.) zahlt die Steuer erst nach 10 Jahren, alsdann jedoch von den vollen 10000 M. Sein Erbe C. wird aber für die Besteuerung so angesehen, als ob er das Eigentum der Substanz unmittelbar von dem ursprünglichen Erblasser erworben hätte. Diese Bestimmung kann für die Höhe der Steuer von Einfluß sein, z. B. A. hätte als Bruder nur 2 % gezahlt, während C. als Fremder 8 % entrichten muß.

Ist ein Vermögen von veränderlichem Werte, z. B. ein Wohnhaus, ein Landgut u. s. w. angefallen, so muß in den in den beiden vorhergehenden Absätzen erwähnten Fällen auch noch die etwaige Wertsveränderung (sei es Erhöhung oder Minderung) berücksichtigt werden. Das Gesetz hatte dies nur für den Fall der Aussetzung der Versteuerung auszusprechen nötig, da es sich für den anderen Fall der weiteren Vererbung nach § 14 von selbst versteht.

Zu Absatz 2.

VI. Der Abs. 2 betrifft den praktisch wichtigen Fall der durch letztwillige Verfügung angeordneten — s. R.G. IV. Urt. v. 21. Novbr. 1892, Jur. Woch. 1893, S. 90 — fideikommissarischen Substitution, d. h. der vom Erblasser dem Erben oder Legatar gemachten Auflage, die Erbschaft oder das Vermächtnis oder einen Teil davon an einen Dritten herauszugeben. (Näheres über den Begriff siehe: Dernburg, Pand. III §§ 65, 114; Windscheid, Pand. III, §§ 561, 637; A.L.R. I 12. §§ 50 ff., §§ 458 ff.; Dernburg, Preuß. Privr., III §§ 156 ff.; Förster-Eccius, IV § 251 S. 404 ff.; Märcker, Die Nachlaßbehandlung, 14. Aufl., § 4c; Code civil art. 896 (Substitutionen sind verboten; wegen der Ausnahmen vgl. Zachariä-Crome, IV §§ 705 ff.). Die Anordnung einer fideikommissarischen Substitution liegt in der Regel auch dann vor, wenn ein Erblasser eine Person zum Erben einsetzt und einem Dritten den lebenslänglichen Nießbrauch nebst freier Verwaltung und der Befugnis, die Substanz anzugreifen, vermacht. Der Dritte ist hier rechtlich und thatsächlich nicht Vermächtnisnehmer, sondern Fiduziar.

Das Gesetz unterscheidet zwischen dem gewöhnlichen Fideikommiß und dem Fideikommiß auf den Überrest. Es trifft dabei durch positive Anordnungen Vorsorge, daß die in den verschiedenen Rechtsgebieten bezüglich der juristischen Konstruktion beider Rechtsverhältnisse herrschenden Streitfragen auf die steuerliche Behandlung ohne Einfluß bleiben. Eine völlig gleichmäßige Besteuerung wirtschaftlich gleichartiger Verhältnisse wird jedoch hierdurch nicht erreicht. Vgl. Anm. VIII.

a) Bei der **gewöhnlichen fideikommissarischen Substitution** finden die Bestimmungen des ersten Absatzes uneingeschränkt Anwendung, wobei der Fiduziar (heres institutus, directus, Vorerbe) als Nießbraucher, der Fideikommissar (heres substitutus, indirectus, Nacherbe) als Substanzerbe des herauszugebenden Vermögens angesehen werden. Es giebt also sogleich mit dem Tode des Erblassers zwei steuerpflichtige Anfälle. R.G. IV. Urt. vom 9. Januar/24. Februar 1890, Jur. Woch. S. 169; Bolze, Bd. 9 Nr. 601.

Wenn der fideikommissarisch substituierte Erbe schon bei Lebzeiten des Fiduziars von diesem einen Teil des mit der Substitution behafteten Nachlasses erhält, so liegt nicht eine Schenkung, sondern eine im Voraus bewirkte Nachfolge in das Fideikommiß vor; es finden danach nicht die Grundsätze über Schenkungs-, sondern diejenigen über

Erbschaftssteuer Anwendung. R.G. IV. Urt. vom 24. Februar 1885, Centr.Bl. S. 124, J.M.Bl. S. 161; Bacher, S. 122.

Ist nach dem maßgebenden bürgerlichen Rechte der Fiduziar berechtigt, einen Teil der Erbschaft oder des Vermächtnisses für sich zu behalten, so ist er für diesen Teil als Substanzerbe zu betrachten und hat den vollen Wert davon zu versteuern. So auch Pfaff (Bayern) S. 36 (zu dem mit Abs. 2 übereinstimmenden Art. 22 des bayrischen Gesetzes).

Nach gemeinem Rechte kann der Fiduziar den vierten Teil des herauszugebenden Vermögens (die sog. Quarta Trebelliana) zurückbehalten. Dernburg, Pand. III § 122; Windscheid, III § 666.

Das A.L.R. kennt ein derartiges Recht des Fiduziars nicht — A.L.R. I 12 §§ 333, 467 (ohne den geringsten Abzug); Dernburg, Pr. Priv., III § 134 — ebensowenig das französische Recht, vgl. Zachariä-Crome, a. a. O.

Stellt sich in einem Falle, wo die Versteuerung ausgesetzt war, bei der Restitution heraus, daß das herauszugebende Vermögen durch Verschulden des Fiduziars vermindert ist, so ist gleichwohl derjenige Wert zu versteuern, den die herausgebende Quote ohne diese schuldhafte Verminderung haben würde, weil anzunehmen ist, daß der Fideikommissar wegen der Verminderung der Substanz einen Schadensersatzanspruch hat.

b) Bei der **fideikommissarischen Substitution auf den Überrest** (auf dasjenige, was bei dem Tode des Fiduziars noch vorhanden sein werde, in id quid supererit, quid superfuturum erit, Dernburg, Pand. III § 123; Windscheid, Pand. III § 665; Dernburg, Pr. Priv., III § 160) haben sowohl der Fiduziar von dem vollen Betrage des Anfalles, als der Fideikommissar von dem vollen Betrage des an ihn herausgegebenen Vermögens nach ihrem Verwandtschaftsverhältnisse zum Erblasser die Erbschaftssteuer zu entrichten. In diesem Falle treten also zwei successive steuerpflichtige Anfälle bezüglich der von dem Fiduziar und dem Fideikommissar aus dem Nachlasse gemachten Erwerbungen ein. R.G. IV, Urt. vom 9. Januar/24. Februar 1890, Jur. Woch. S. 169; Bolze, Bd. 9 Nr. 601.

Im einzelnen ist zu bemerken:

1. Ob eine gewöhnliche fideikommissarische Substitution oder ein Fideikommiß auf den Überrest vorliegt, kann zweifelhaft sein. Das Vorliegen des letzteren wurde

   α) bejaht:
   bezüglich der Anordnung: „der Fideikommissar solle, wenn er Not leide, berechtigt sein, die Substanz für sich zu verwenden", F.M.R. vom 7. August 1858 III 17557 an den P.St.D. in S., mitgeteilt bei H.G., S. 1086 Anm. 78 d; bei der Einräumung des völlig freien Verfügungsrechtes unter Lebenden an den Fiduziar mit dem Zusatze, daß das nach dem Tode des Erblassers niedergelegte Inventar für das an die substituierten Erben gelangende Vermögen maßgebend sein solle (weil anzunehmen sei, daß das Inventar nur insoweit zu Grunde zu legen sei, als das Vermögen des Erblassers beim Ableben des Fideikommissars noch vorhanden sei), sowie ferner bei der Einräumung des völlig freien Verfügungsrechtes unter Lebenden an den Fiduziar jedoch mit dem Zusatze: der Erblasser habe das feste Vertrauen, daß der Fiduziar für die unverkürzte Überlieferung des Nachlasses an den Fideikommissar gewissenhaft sorgen werde (weil hierin nur der Ausdruck eines Wunsches, nicht aber eine den Überlebenden rechtlich verpflichtende Anordnung liege); F.M.R. vom 16. April 1890 III 2593 an den P.St.D. zu B., mitgeteilt bei H.G. S. 1087 Anm. 79 b.

   (Darüber, daß in einer Anordnung, durch welche ein Erblasser eine Person zum Erben einsetzt und einem Dritten den lebenslänglichen Nießbrauch mit der Befugnis über die Substanz zu verfügen, vermacht, in der Regel eine fideikommissarische Substitution des ersteren auf den Überrest liegt, vgl. oben Anm. V.)

β) verneint:
in einem (nach A.L.R. zu beurteilenden) Falle, wo der Erblasser den fideikommissarisch Substituierten verboten hatte, vom Fiduziar Sicherheitsbestellung und Ableistung des Manifestationseides zu fordern (weil diese Bestimmung nicht zugleich das Verbot der Inventarlegung umfasse, mithin der § 471 A.L.R. I 12 keine Anwendung finde). F.M.R. vom 8. Januar 1888 III 18036, mitgeteilt bei H.G. S. 1086 Anm. 79 a.

2. Der Fiduziar hat den vollen Betrag des Anfalles auch dann zu versteuern, wenn er nach bürgerlichem Rechte nicht befugt ist, ihn vollständig zu verbrauchen, sondern mindestens einen Teil dem Fideikommissar hinterlassen muß (so nach gemeinem Rechte ein Vierteil; nov. 108 cap. 1 und 2; Dernburg, Pand. III § 123; anders das preuß. Recht, vgl. Dernburg, III § 160).

Obwohl der Fiduziar bezüglich dieses seiner freien Verfügung entzogenen Teils lediglich die Stellung eines Nießbrauchers hat, ist nach dem Wortlaute des Gesetzes seine Verpflichtung zur Versteuerung auch dieser Quote nicht zu bezweifeln.

Ob der Fiduziar von seiner Befugnis, den Nachlaß zu verbrauchen, wirklich Gebrauch macht, ist für die Besteuerung unerheblich; der Umstand, daß er die Substanz unangetastet läßt, begründet keinen Anspruch auf Rückerstattung der Steuer, Rev.Prot. des F.M. vom 28. Dezbr. 1870, mitgeteilt bei H.G. S. 1085 Anm. 78 b.

3. Da das Gesetz den mit dem Tode des Erblassers sich vollziehenden Erwerb des Anrechts des Fideikommissars auf demnächstige Ausantwortung der Erbschaft nicht als einen steuerpflichtigen Anfall betrachtet (vgl. oben bei b), so kann auch dessen Vererbung vor Eintritt des Substitutionsfalles einen steuerpflichtigen Anfall nicht bilden, ohne Unterschied, ob der vom Erblasser ernannte Fideikommissar eine steuerpflichtige oder eine steuerfreie Person war. Das Gegenteil würde eine Unbilligkeit enthalten und mit dem aus Satz 1 des Absatzes 2 in Verbindung mit dem Absatz 1 des § 27 zu entnehmenden Grundsatze im Widerspruch stehen, daß die Versteuerung bei dem Eintritte des Substitutionsfalles ohne Abzug des Wertes des Nutzungsrechts von dem Werte der Substanz nach den bei dem Eintritte des Substitutionsfalles obwaltenden Verhältnissen erfolgt. So das oben bei b zitierte Urteil des R.G. vom 9. Januar, 24. Februar 1890, welches durch das F.M.R. vom 3. Mai 1893 III 5455 an den P.St.D. zu S. (Centr.Bl. S. 180; bei H.G., S. 1088 Anm. 79 d) gebilligt worden ist.

In dem letzteren wird vorgeschrieben, daß in den Fällen, wo der vom Erblasser ernannte Fideikommissar eine steuerfreie Person ist, eine Kontrolle des Erbfalls einzutreten hat, um die Erhebung der Steuer für den Fall zu sichern, daß der Fideikommissar vor dem Fiduziar sterben und an Stelle des ursprünglichen Fideikommissars eine steuerpflichtige Person treten sollte.

4. Tritt der Fall der Herausgabe des Vermögens an den Fideikommissar ein, so wird dieser so angesehen, als sei er unmittelbarer Rechtsnachfolger des Erblassers geworden. Für die Frage, ob er steuerpflichtig ist, ist daher sein Verhältnis zu diesem, nicht zu dem Fiduziar entscheidend (anders Hessen, Art. 24).

Er hat lediglich das zu versteuern, was an ihn herausgegeben ist. Herauszugeben hat aber der Fiduziar nach gemeinem Rechte und nach A.L.R. auch das, was er für Nachlaßobjekte erwarb, soweit es noch bei ihm existiert, — l. 70 § 3, l. 71, l. 72 D. de leg. II; O.Tr. I vom 17. Dezember 1877 (abgedruckt bei H.G., S. 1090 Anm. 84 a); R.G. I Hilfssenat vom 4. April 1882, Bd. 7 S. 207; vgl. auch Bolze, Bd. 8 Nr. 604 —; der Wert davon ist mithin, da der Fideikommissar auch bei dem Fideikommisse auf den Überrest einen Ersatzanspruch hinsichtlich des Surrogates hat — vgl. das angeführte R.G. Urt. vom 4. April 1882, — bei der Berechnung der Steuer in Anschlag zu bringen.

VII. Beispiel (nach Pfaff, Bayern, S. 36 Anm. 3):

Liegt ein Fideicommissum ejus, quod supererit vor, so hat zunächst der Fiduziar die Erbschaftssteuer von dem vollen Betrage des Anfalls, also auch von demjenigen Teile zu entrichten, den er z. B. gemeinrechtlich (vgl. Windscheid, III § 665) nicht veräußern darf, sondern dem Fideikommissar hinterlassen muß. Tritt der Fall der fideikommissarischen Substitution ein, so hat dann weiter auch der Fideikommissar Erbschaftssteuer zu zahlen, und zwar von dem vollen Betrage des an ihn herausgegebenen Vermögens. Für beide ist das Verwandtschaftsverhältnis maßgebend, in welchem jeder von ihnen zum Erblasser steht.

Hiernach zahlt, wenn A. seinen Bruder B. mit der Bestimmung zum Erben seines 10000 M. betragenden Vermögens einsetzt, daß er das, was nach seinem, des B., Tode vorhanden sein werde, dem gemeinsamen Freunde C. herauszugeben habe, und wenn das Vermögen beim Tode B.'s 5000 M. beträgt:

B. nach Nr. B. des Tarifs 2 % von 10000 M. = 200 M.
C. nach Nr. D. des Tarifs 8 % von 5000 M. = 400 M.

VIII. Zusatz zu § 27. Verschiedene Wirkung in den verschiedenen Rechtsgebieten.

In der Kommission des Abgeordnetenhauses war zu § 27 folgender dritter Absatz beschlossen worden:

„Wenn ein überlebender Ehegatte kraft elterlichen Nießbrauchs oder mit den Kindern fortgesetzter Gütergemeinschaft im Besitz des Ehevermögens bleibt, so findet eine Versteuerung des während der Dauer dieses Verhältnisses durch den Tod eines Kindes an dessen Geschwister oder deren Deszendenten gelangenden Anfalles nicht statt."

Dieser Beschluß fand einen warmen Verteidiger an dem Abgeordneten Dr. Baehr (Kassel), der (vgl. Stenogr. Berichte Band 2 S. 1143) ausführte: durch den während des Nießbrauchs der Mutter erfolgenden Tod eines Kindes trete auch in den Gebieten, in denen es von seinen Geschwistern beerbt werde, eine thatsächliche Veränderung in den Vermögensverhältnissen der Familie nicht ein. Es sei daher unbillig, diesen Erbfall zu versteuern. Auch würden auf solche Weise die Bewohner der Rechtsgebiete, in denen ein Kind außer von der Mutter auch von seinen Geschwistern beerbt werde, schlechter gestellt, als diejenigen, wo lediglich die Mutter zur Erbschaft berufen sei. Trotzdem wurde der Abs. 3 in der Schlußabstimmung vom 9. Mai 1873 (a. a. O. S. 1846) gestrichen, nachdem sich der Regierungskommissar (wegen des zu erwartenden Steuerausfalles, der so groß sei, daß er das Gesetz für die Regierung unannehmbar mache; a. a. O. S. 1836) dagegen erklärt hatte und das Herrenhaus ihn sowohl in der Kommission (Stenogr. Berichte, Anlage Nr. 121), wie im Plenum (Berichte S. 362) verworfen hatte. Dagegen wurde dem § 38 des Entw. I (dem jetzigen § 40) der Abs. 2 neu hinzugefügt.

Die vom Abgeordneten Bähr erwähnte ungleichmäßige Belastung der verschiedenen Rechtsgebiete durch § 27 ergiebt sich für das gemeine und das preußische Recht — das französische mag hierbei wegen des eigentümlichen Wiederanfallsrechts der Eltern außer Betracht bleiben, vgl. Zachariä-Crome, IV §§ 610, 618 — aus folgender Gegenüberstellung: Ein Vater ist mit Hinterlassung von 3 Kindern und einer Ehefrau, welche den Nießbrauch am Nachlasse hat, gestorben. Stirbt nun vor Beendigung des Nießbrauchs ein Kind, so erbt im Gebiete des A.L.R. zunächst nur die Mutter, von ihr später die überlebenden beiden Kinder; Steuer wird nicht gezahlt; dagegen im Gebiete des gemeinen Rechts die Mutter zusammen mit den beiden Geschwistern, welche letztere ihren Anfall mit 2 % versteuern müssen.

Daß die thatsächlichen Vermögensverhältnisse in beiden Rechtsgebieten bei den weitaus meisten Fällen die gleichen bleiben werden, bedarf keiner Ausführung.

Vom Abgeordneten Bähr wurde die Besteuerung des an die überlebenden Geschwister gelangenden Anfalls als eine „leidige juristische Konsequenzmacherei" (Berichte Bd. 2 S. 1143), vom Abgeordneten Dr. Braun als „ein grober fiskalischer Eingriff in geheiligte Familienbeziehungen" (a. a. O. S. 1145, 1146) bezeichnet, wogegen der Regierungskommissar geltend machte (a. a. O. S. 1144), es sei nicht Aufgabe eines Steuergesetzes, die sich aus der Verschiedenheit des materiellen Erbrechts ergebenden Ungleichheiten zu beseitigen.

Sonach unterliegt keinem Zweifel, daß diese aus § 27 sich ergebende Ungleichheit eine gewollte ist.

§ 28.

Berechnung der Steuer.

Die Erbschaftssteuer wird nach dem ganzen Antheile jedes einzelnen Erwerbers eines Anfalles für diesen besonders berechnet. Haben Ehegatten in einer gemeinschaftlichen letzwilligen Verfügung Verwandte des einen oder beider Ehegatten zu Erben eingesetzt oder mit Zuwendungen bedacht, und bleibt zweifelhaft, von welchem der beiden Ehegatten der Anfall erfolgt ist, so wird angenommen, daß der Anfall von dem dem Steuerpflichtigen am nächsten verwandten Ehegatten erfolgt sei, soweit der Nachlaß des letzteren reicht. Kann der Betrag des Nachlasses des zuerst verstorbenen Ehegatten nicht ermittelt werden, so ist derselbe behufs Berechnung der Steuer auf die Hälfte des beim Tode des letztlebenden Gatten vorhandenen Vermögens anzunehmen. Bleibt jedoch nur in Betreff einzelner Vermögensgegenstände zweifelhaft, zu welchem Nachlaß sie gehören, so wird angenommen, daß dieselben zum Nachlaß jedes Ehegatten zur Hälfte gehören.

Entw. I von 1872 § 25; Mot. von 1872 S. 63; Komm.Ber. von 1872 S. 842; Ges. von 1873 § 26.

I. **Der erste Satz** ist eine Konsequenz der Grundsätze, daß die Steuer nur von demjenigen Betrage erhoben wird, um welchen der Erwerber bereichert ist (§ 5 Abs. 1), und daß sich der Prozentsatz der Steuer nach dem persönlichen Verhältnisse des Erwerbers zum Erblasser richtet.

Wenn z. B. A. seinen Bruder B., seinen Onkel C. und seinen Freund D. zu gleichen Teilen zu Erben seines 30000 M. betragenden Vermögens einsetzt, so haben an Erbschaftssteuer zu entrichten:

B. nach Nr. B des Tarifs 2 % = 200 M.
C. „ „ C „ „ 4 % = 400 M.
D. „ „ D „ „ 8 % = 800 M.

II. **Der übrige Teil** des Paragraphen bezieht sich auf gemeinschaftliche letztwillige Verfügungen von Ehegatten; ob diese in einem gemeinschaftlichen Testamente oder in einem Erbvertrage enthalten sind, ist gleichgiltig. Erforderlich ist, daß nach ihnen die Erbfolge eröffnet wird. Das ist z. B. nach § 489 A.L.R. II 1 nicht der Fall, wenn die Ehe unter den wechselseitig testierenden Eheleuten durch Scheidung getrennt worden ist. Vgl. Förster-Eccius, IV § 257 Anm. 48; abw. Dernburg, preuß. Privr., III § 184 Anm. 8.

a) Die Bestimmungen der Sätze 2 bis 4 des Paragraphen finden nur Anwendung:

1. Wenn Ehegatten in einer Urkunde verfügt haben, nicht aber, wenn jeder Ehegatte in einer besonderen Urkunde verfügt hat, mögen auch beide Verfügungen sich inhaltlich als ein einheitliches Ganze darstellen.

2. Wenn Verwandte des einen oder beider Ehegatten (nicht wenn dritte Personen) zu Erben eingesetzt oder mit Zuwendungen bedacht sind.

   Über den Begriff „Verwandte" vgl. die Anm. zum Tarif.

3. Wenn es zweifelhaft ist, von welchem der beiden Ehegatten der Anfall erfolgt ist.

   Ein derartiger Zweifel kann sich erst dann ergeben, wenn nach dem Ableben beider Ehegatten die Verwandten als Erben oder Vermächtnisnehmer eintreten, wenn also der Anfall (nicht blos der thatsächliche Erwerb) der Zuwendung erst nach dem Tode des Letztverstorbenen erfolgt. Nur in einem solchen Falle kann überhaupt die Frage entstehen, ob der Nachlaß des einen oder des anderen Ehegatten mit den gedachten Zuwendungen als beschwert zu erachten ist, während dann, wenn eine Sondernachfolge in den Nachlaß des zuerst verstorbenen Ehegatten eingetreten ist, von selbst klar ist, daß die betreffenden Erbteile und Vermächtnisse lediglich auf dem Nachlasse eben dieses Ehegatten ruhen, und darum auch für die Berechnung der Erbschaftssteuer nur das Verhältnis der betreffenden Erben und Legatare zu dem erstverstorbenen Ehegatten maßgebend sein kann. Entsch. des bayerischen Verwaltungsgerichtshofes zu Art. 23 des bayer. Ges., mitgeteilt bei Pfaff, S. 37 Anm. 1.

Aber auch nach dem Versterben des letztlebenden der Ehegatten ist die Anwendbarkeit des Paragraphen ausgeschlossen, sobald es an der Voraussetzung zu 3 mangelt, also feststeht, daß der Anfall aus dem Vermögen des einen oder des anderen der Ehegatten erfolgt ist.

b) Im einzelnen ist auch aus der Rechtsprechung und der Verwaltungspraxis folgendes hervorzuheben.

1. Der Grundsatz, daß die in einer letztwilligen Verfügung Bedachten zunächst als von demjenigen der Ehegatten berufen anzusehen sind, mit welchem sie in einem Verwandtschaftsverhältnis stehen, ist auch dann zur Anwendung zu bringen, wenn Vermächtnisse in einem von beiden Ehegatten ausgehenden, mit dem Worte „wir" eingeleiteten Satze angeordnet, und ebenso die Erbeinsetzungen in einem von beiden Ehegatten gemeinschaftlich ausgehenden Satze („wir setzen zu Erben ein u. s. w.") enthalten waren. Es würde zu sachwidrigen Ergebnissen führen, wenn man dem Gebrauche der Worte „wir", „unsere Erben", „unser Nachlaß" u. s. w. eine entscheidende Bedeutung beilegen wollte, da diese Wortunterschiede vielfach auf Zufälligkeiten beruhen. Es ist daher der höhere Steuersatz nur zu fordern, wenn dies nach dem ganzen Sinn und Zusammenhange der in Betracht kommenden letztwilligen Verfügung geboten erscheint. F.M.R. vom 30. Januar 1890 III 400 an den P.St.D. zu A., den anderen P.St.D. zur Nachachtung mitgeteilt durch F.M.R. vom 13. Februar 1892 III 1812, abgedruckt bei H.G., 1089 Anm. 81. In Übereinstimmung hiermit hat das R.G. IV. Urt. vom 1 Februar 1886, Gruchot, Bd. 30 S. 1035; Bolze, Bd. 2 Nr. 1333 ausgesprochen: Aus der häufigen Bestimmung, daß der überlebende Ehegatte im Besitz und Genuß des gemeinschaftlichen Vermögens bis zu seinem Tode bleiben und daß die Vermächtnisse erst nach seinem Tode zahlbar sein sollen, ist nicht ohne weiteres zu schließen, daß die Legate als aus der gemeinschaftlichen Vermögensmasse zugewendet anzusehen sind. Vielmehr hat auch in diesem Falle das Gericht nach freiem Ermessen (§ 259 C.P.O.) den Willen der Testatoren zu erforschen.

2. Die Erben sind verpflichtet, das jedem der beiden Erblasser gehörig gewesene Vermögen in dem Zustande am Todestage des Letztverstorbenen getrennt anzugeben. Geschieht dieses nicht, so sind diejenigen Gegenstände, deren Eigentumsverhältnisse zweifelhaft sind, dem unzweifelhaften Nachlasse jedes Ehegatten je zur Hälfte hinhinzuzurechnen. F.M.R. vom 18. Dezember 1884 III 15039, mitgeteilt dem P.St.D. in B, abgedruckt bei H.G., S. 1088 Anm. 80b.

3. Ist ein überlebender Ehegatte, welcher im wechselseitigen Testamente als Fiduziarerbe eingesetzt ist, Eigentümer der dem vorverstorbenen Ehegatten zustehenden Hälfte an dem gütergemeinschaftlichen Vermögen geworden, so ist dieses in seiner Hand ein ungetrenntes und ungeteiltes geblieben; es müssen daher Verfügungen über einzelne Stücke davon, welche es verringern, auf das Vermögen als ganzes, ohne Verteilung auf den einen oder anderen Gütergemeinschaftsanteil bezogen werden.

R.G. IV. Urt. vom 14. März 1887, gebilligt durch F.M.R. vom 4. März 1888 III 1860 (Khm. S. 509).

4. Ein Ehegatte, welcher innerhalb der ihm durch das wechselseitige Testament beider Ehegatten gesetzten Schranken durch letztwillige Verfügung eine Verteilung des Nachlasses auf die im Testamente bezeichneten Verwandten des anderen Ehegatten vornimmt, bringt dadurch lediglich die letzwillige Anordnung zur Ausführung. Die den betreffenden Personen zukommenden Anfälle beruhen daher nicht nur auf der letztwilligen Verfügung des Überlebenden, sondern in erster Linie auf jener Anordnung des vorverstorbenen Ehegatten. Sie sind daher nach Maßgabe des Verwandtschaftsverhältnisses der Bedachten zu diesem Ehegatten zu versteuern. R.G. IV. Urt. v. 18. Januar 1894, Jur. Woch. S. 153.

5. Hat ein Ehemann als Vorerbe seiner Ehefrau an Stelle des aus ihrem Nachlasse herrührenden und von ihm verkauften Grundstücks den Nacherben nur den erzielten Erlös, nicht aber die dafür von ihm erworbenen Wertpapiere herausgegeben, so gehört der höhere Wert dieser Papiere zu seinem Nachlasse und nicht zu dem der Ehefrau. F.M.R. vom 1. Dezbr. 1893, III 11658, bei H.G. S. 1091 Anm. 84 b.

II. Vgl. im übrigen wegen der Grundsätze, die bezüglich der — nur nach gemeinem und nach preußischem Recht zulässigen (s. Zachariä-Crome, IV § 672) — gemeinschaftlichen Testamente von Ehegatten und des Erwerbes auf Grund solcher gelten: Dernburg, Pand. III § 97; Windscheid, III § 568; Dernburg, Pr. Priv., III §§ 182 ff; Förster-Eccius, IV § 257. R.G. III, Urt. vom 24. Februar 1882, C.S. Bd. 6 S. 174, R.G. IV. Urt. vom 28. Februar 1884, C.S. Bd. 11 S. 258. Wegen der Erbverträge s. Dernburg, Pand. III §§ 126, 127; Dernburg, Pr. Priv., III §§ 174 ff.; Förster-Eccius, IV § 147; Zachariä-Crome, IV § 747.

IV. **Beispiel** (nach Pfaff, Bayern, S. 38):

Die Eheleute A. und B., von denen der Ehemann A. ein Vermögen von 12000 M., die Ehefrau ein solches von 18000 M. besitzt, setzen in einem gemeinschaftlichen Testamente nach dem Ableben des Letztversterbenden ihre Neffen zu gleichen Teilen zu Erben ihres beiderseitigen Vermögens ein. A. hat 2 Neffen, B. hat 4 Neffen. Der Erbteil jedes Neffen beträgt sonach 5000 M. Hier wird nun angenommen, daß jeder Neffe des A. seinen Anfall ganz aus dessen Vermögen erhält und daß jeder Neffe der B. 4500 M. aus deren Vermögen, 500 M. aber aus dem Nachlasse des A. bezieht.

Würde in dem erörterten Falle der Betrag des Nachlasses des Erstverstorbenen nicht mehr zu ermitteln sein, so wäre anzunehmen, daß von dem beim Tode des Letztverstorbenen vorhandenen Vermögen von 30000 M. die Hälfte aus dem Nachlasse des Erstverstorbenen herrührt. Dann würde jeder Neffe des A. die ihm zukommenden 5000 M. ganz aus dem Nachlasse des A., und jeder Neffe der B. würde 3750 M. aus deren Nachlasse und 1250 M. aus dem des A. erhalten.

Der Steuersatz ist demnach für die Neffen der B. verschieden, je nachdem der eine oder der andere Fall vorliegt.

Vorbemerkung zu §§ 29 und 30.

Die §§ 29 und 30 begrenzen zunächst den Kreis derjenigen Personen, an welche sich die Steuerbehörde wegen der Entrichtung der Erbschaftssteuer halten kann; andere als die hier genannten Personen haften für die Steuer nicht.

Es haften:

a) der Erwerber des steuerpflichtigen Anfalles (§ 29 Abs. 1);

b) neben und mit diesem (solidarisch ohne Einrede der Teilung oder der Vorausklage, siehe Anm. zu § 29)

1. Erben und Miterben, denen der Erwerber eines Universalvermächtnisses oder eines Vermächtnisses unter einem Universaltitel gleichgestellt ist (§ 29 Abs. 2 und 3);

2. gewisse Personen, welche ein Verfügungsrecht über die steuerpflichtige Masse haben (gesetzliche Vertreter und Bevollmächtigte der Erbinteressenten, Testamentsexekutoren, Nachlaßverwalter, Verwalter von Familienstiftungen), wenn sie diese aus ihren Händen geben, ohne für Berichtigung oder Sicherstellung der Steuer zu sorgen (§ 30).

Die Verpflichtung der in §§ 29 und 30 genannten Personen geht in demselben Umfange, wie sie ihnen oblag, auf die Erben über. Der Umfang der Haftung dieser richtet sich nach dem bürgerlichen Rechte. Bezüglich der Haftbarkeit der in den §§ genannten Personen für die Strafen vgl. Anm. V zu § 30 und Anm. zu § 43.

Sachlich findet der Anspruch der Steuerbehörde seine Grenze in dem Umfange der steuerpflichtigen Masse. Die unter b 1 genannten Personen haften für die von allen den Nachlaß betreffenden Anfällen zu entrichtende Steuer solidarisch, aber nur bis auf die Höhe des aus der Erbschaft Empfangenen, die unter b 2 genannten nur bis auf die Höhe der von ihnen vorzeitig ausgeantworteten Beträge.

§ 29.

Haftung für die Steuer.

Die Erbschaftssteuer trifft den Erwerber des steuerpflichtigen Anfalles. Für dieselbe haftet die ganze steuerpflichtige Masse (§ 5), aus welcher auch auf Erfordern für die Versteuerung bedingter Anfälle Sicherheit bestellt werden muß (§§ 22 und 23).

Erben und Miterben sind bis auf Höhe des aus der Erbschaft Empfangenen für die von allen den Nachlaß betreffenden Anfällen zu entrichtende Erbschaftssteuer solidarisch verpflichtet.

Hinsichtlich der in diesem Gesetze den Erben und Miterben aufgelegten Verpflichtungen werden Erwerber eines Universalvermächtnisses oder eines Vermächtnisses unter einem Universaltitel den Erben und Miterben gleichgeachtet.

Entw. I von 1872 § 26; Mot. von 1872 S. 63; Komm.Ber. von 1872 S. 842; Ges. von 1873 § 27.

Zu Abs. 1.

I. a. Schuldner der Erbschaftssteuer ist in erster Linie der Erwerber des steuerpflichtigen Anfalls, also für die Erbschaft der Erbe, für das Vermächtnis der Vermächtnisnehmer, für die Schenkung der Schenknehmer.

Solange die Person des Erwerbers ungewiß ist, ist ein Schuldner der Steuer noch nicht vorhanden. Ist der Erbe eines Nachlasses oder einer Nachlaßquote unbekannt, so kann die Steuerbehörde, vorausgesetzt, daß eine Aktivmasse vorhanden ist, auf Grund des § 89 V.O. die Bestellung eines Pflegers beantragen. Ist der Erwerber eines anderen Anfalls unbekannt, so hat die Steuerbehörde diese Befugnis nicht, bedarf ihrer aber auch nicht, da sie sich (nach Abs. 2) an den Erben halten kann. Streiten mehrere Personen um das Recht auf den Erwerb eines Anfalls, so kann die Steuerbehörde sich an denjenigen wenden, welcher im Besitze der den Gegenstand des Anfalls bildenden Vermögensstücke ist.

b) Erwerber im Sinne des Paragr. ist derjenige, welcher thatsächlich und endgiltig erwirbt.

Wann ein Erwerb vorliegt, ist nach bürgerlichem Rechte zu beurteilen. Der nach bürgerlichem Rechte ungiltige (z. B. weil nach Ablauf der gesetzlichen Frist — vgl. O.Tr. Bd. 26 S. 253, Bd. 54 S. 44 — oder in unwirksamer Form — vgl. z. B. Strieth. Arch., Bd. 8 S. 274 — erklärte) Verzicht ändert an der Haftung des Erwerbers für die Steuer nichts, weil er die eingetretene Erbqualität nicht aufhebt.

Dagegen hindert der reine Verzicht auf den Erwerb des Anfalls oder seine

Ausschlagung (Repudiation) in den Fällen, wo dies nach bürgerlichem Recht überhaupt zulässig ist, den Erwerb und damit die Entstehung der Haftpflicht.

Die gleiche Wirkung hat der rechtzeitig und ordnungsgemäß zu Gunsten des nächsten Berechtigten (Intestaterben, Fideikommißanwärters) ausgesprochene Verzicht. Der Zusatz, daß der Verzicht zu Gunsten des nächsten Berechtigten erfolgt, ist, weil überflüssig, ohne rechtliche Wirkung.

In diesen Fällen haftet nicht der Verzichtende, sondern derjenige, auf welchen der Anfall infolge des Verzichts übergeht, für die Steuer.

Es bleibt ferner nach gemeinem Recht Erwerber auch derjenige, der über einen Anfall mit der Erklärung, daß er ihn nicht wolle, zu Gunsten eines anderen, als des zunächst Berechtigten, verfügt. Denn in der Verfügung über den Anfall liegt die Kundgebung des Willens, ihn erwerben zu wollen. So Dernburg, Pand. III § 168 Anm. 2; R.G. III Urt. vom 2. November 1880, C.S. Bd. 3 S. 193. A.M.: Arndts, Pand. § 512; Köppen, Erbrecht, S. 154). Es haftet daher in diesem Falle der Verzichtende für die Steuer (vgl. unten c). So Beschl. des sächsischen F.M. vom 30. November 1889 Nr. 529 St.R.C. und Wahl, S. 34, wo derselbe zitiert ist.— Das Gleiche gilt nach preußischem Rechte — vgl. Dernburg, Preuß. Privatr., III § 220; K.G. Beschl. vom 12. Juni 1883, Johow, Jahrbuch, Bd. 4 S. 231.

c) Die Bestimmung des Abs. 1 bezieht sich sowohl auf das Verhältnis der Steuerpflichtigen zur Staatskasse als auf das Verhältnis der an einer Erbschaft Beteiligten unter einander. In der letzteren Hinsicht gilt sie nur subsidiär, und es steht dem Erblasser wie den Interessenten frei, die Steuerpflicht anderweit zu regeln. Der Staatskasse gegenüber haben jedoch derartige Anordnungen keinerlei rechtliche Wirkung; die Steuerbehörde braucht sich nicht daran zu kehren. Denn die Steuerpflicht des Erwerbers ist, weil auf dem öffentlichen Rechte beruhend, eine absolute. Vgl. Bacher, S. 129.

Über den besonders häufigen Fall der Veräußerung des Anfalls oder des Rechtes aus dem Anfall ist folgendes zu bemerken.

Nach gemeinem, preußischem und französischem Rechte werden durch die Veräußerung der Erbschaft [des Erbschaftsrechts: § 447 A.L.R. I 11] die Rechte der Erbschaftsgläubiger gegen den Veräußerer (den Erben) nicht aufgehoben. Vgl. für das gemeine Recht: Dernburg, III § 168; Förster-Eccius, IV § 277 S. 634; für das preußische Recht: A.L.A. I 11 § 462; Dernburg, III §§ 234 ff.; Förster-Eccius, a. a. O.; für das französische Recht: Zachariä-Crome, II § 339 unter II.

Zu den Nachlaßgläubigern gehört auch der Fiskus wegen der Erbschaftssteuer. O.Tr. I vom 7. Juni 1847, Entsch. Bd. 14 S. 464; Präj. Nr. 1837.

Die Steuerbehörde kann sich daher trotz der erfolgten Veräußerung an den ursprünglichen Erben u. s. w. halten. Hollerith, S. 54; Pfaff (Bayern), S. 40; Entsch. des bayerischen Verwaltungsgerichtshofes vom 8. Januar 1885, abgedruckt bei Luthardt, Blätter für administrative Praxis, Bd. 36 S. 244 und in den Entsch. des Gerichtshofes, Bd. 6 S. 24.

Ob der Erbe vom Erwerber der Erbschaft Ersatz der verauslagten Steuer fordern kann, ist in erster Linie nach dem Inhalte des Veräußerungsvertrages und — wenn dieser darüber nichts bestimmt — nach dem bürgerlichen Rechte zu beurteilen.

Nach preußischem Rechte tritt der Erwerber in die Pflichten des Erben ein. (A.L.R. I 11 § 454). Halten sich die Gläubiger an den Verkäufer, so ist der Käufer ihn zu vertreten schuldig. (§ 466.) Zu den persönlichen Leistungen, für welche § 468 eine Ausnahme macht, gehört die Bezahlung der Erbschaftssteuer nicht. Der Veräußerer kann daher vom Erwerber Ersatz des verauslagten Steuerbetrages fordern. So für das preußische Recht: Ob.Tr. a. a. O. Dasselbe gilt für das gemeine Recht — vgl. Krug, S. 59; Windscheid, III § 621 — und für das französische Recht — vgl. Zachariä-Crome, a. a. O.

Die Steuerbehörde kann aber auch die Steuer direkt von dem Erwerber fordern. Dieses folgt — solange die steuerpflichtige Masse noch als solche erkennbar ist —

schon aus dem Grundsatze, daß der Anspruch auf Zahlung der Steuer auf der Masse ruht, läßt sich aber auch aus dem Civilrechte begründen. Für das A.L.R. ist die Befugnis der Erbschaftsgläubiger, sich nach ihrer Wahl an den Erwerber oder an den Veräußerer zu halten, durch § 464 ausdrücklich festgestellt. Aber auch die gemeinrechtliche Praxis giebt dem Gläubiger dieses Recht, ohne daß ihnen gegenüber eine Übernahme der Schulden seitens des Erwerbers erfordert wird. Siehe Dernburg III § 167; Förster=Eccius, IV § 277; Avenarius, Erbschaftskauf, S. 93; Delbrück, Übernahme fremder Schulden, S. 81; Unger, österr. Erbrecht, S. 227 Anm. 17; Gruchot, Erbrecht, I 266 ff. Vgl. auch den Rechtsfall im Arch. f. pr. R.w., N.F. Bd. 2 S. 333. Nach französischem Rechte kann die Steuerbehörde den Erwerber nur in Anspruch nehmen, wenn dieser im Vertrage die Verpflichtung zur Tragung der Steuer übernommen hat. Code civil. art. 1166; Hollerith S. 55.

Nach A.L.R. §§ 464, 465 I 11 kann übrigens der Gläubiger, der zuerst den Käufer in Anspruch nimmt, nur dann auf den Verkäufer zurückgehen, wenn er sich „sogleich" bei der Inanspruchnahme des ersteren dieses Recht vorbehält und den Vorbehalt dem letzteren „gerichtlich" bekannt machen läßt. Vgl. darüber Dernburg, Pr. Privr., III § 234; Förster=Eccius, IV § 277 Anm. 73. — Rehbein=Reincke, A.L.R. I 11 § 465 Anm. 278a, wollen die gerichtliche Bekanntmachung durch eine Mitteilung im Wege des § 1 A.G. z. C.P.O. vorgenommen wissen.

Zur Wahrung des Rechtes der Steuerbehörde dürfte eine gehörig behändigte amtliche Mitteilung an den Veräußerer genügen. „Sogleich" würde bedeuten: sogleich bei der Einforderung der Steuer von dem Erwerber im Wege der Klage.

d) Die **ganze steuerpflichtige Masse haftet** für die den Erwerber des Anfalls treffende Steuer.

Der Begriff der steuerpflichtigen Masse ergiebt sich aus § 5. Es haften also alle steuerpflichtigen, nicht die steuerfreien, Aktiven des Nachlasses, ohne Rücksicht darauf, wem sie zufließen. Mithin haften z. B. die steuerpflichtigen Erbteile der Erben auch für die von den Legataren zu entrichtende Steuer. Die Masse bildet zugleich die Grenze der Haftung des Erwerbers, sollte sie auch zur Zeit der Entrichtung der Steuer, z. B. durch den Kursrückgang von Wertpapieren, erheblich im Werte vermindert sein.

Die rechtliche Bedeutung der Haftung der Masse ist darin zu finden, daß dem Fiskus damit ein Kautionstitel hinsichtlich der Masse gegeben ist, den er, soweit es sich um fällige Steuern handelt, durch exekutivische Beitreibung geltend macht, im übrigen aber im Klagewege erfolgen muß. Vgl. Anm. S. 71, 72.

Inwieweit der gedachte Titel auch nach dem Übergange der Masse in dritte Hände Wirkungen zu äußern vermag, richtet sich nach den einschlägigen Bestimmungen des bürgerlichen Rechtes.

e) Aus der steuerpflichtigen Masse ist für bedingte Anfälle auf Erfordern der Steuerbehörde Sicherheit zu bestellen. Wegen der Sicherstellung s. Anm. S. 69ff.

Das Recht des Fiskus wird durch den Bestand der Masse begrenzt: die Steuerbehörde muß sich mit derjenigen Sicherheit begnügen, welche die Masse selbst bietet. Vgl. das oben S. 71 erwähnte F.M.R.

Zu Abs. 2 und 3.

II. a) Die im Abs. 2 festgestellte Haftung für die Steuer ist, (abgesehen von der Bestimmung des Absatz 3) auf diejenigen Personen beschränkt, welche nach dem für den Nachlaß überhaupt maßgebenden Rechte (vgl. oben Anm. Ia zu § 1) als Erben (Miterben) anzusehen sind, und darf nicht etwa auf andere Personen (z. B. Legatare) ausgedehnt werden. F.M.R. vom 25. Mai 1882, III 7178, mitgeteilt bei Khm. S. 323. Der Fiduziar haftet im Falle der gewöhnlichen fideikommissarischen Substitution (vgl. S. 85), weil er nach § 27 Abs. 2 d. Ges. als Nießbraucher angesehen wird, nicht wegen der vom Fideikommissar für dessen Anfall zu entrichtende Steuer. R.G. IV. Urt. vom 9. April 1886, Bolze, Bd. 3 Nr. 967.

Wegen der Frage, ob das Recht der armen Wittwe auf den vierten Teil des Nach=

lasses ihres wohlhabenden Gatten bis zum Höchstbetrage von 100 Pfund Goldes (nach R.G. VI. Urt. vom 28. April 1890, C.S. Bd. 26 S. 180 = 67200 M.) und der Anspruch des arrogierten Unmündigen auf den vierten Teil des Nachlasses des Adoptivvaters als Erbrecht oder als gesetzliches Vermächtnis anzusehen sind, s. Dernburg, Pand. III § 137.

Sind diese Ansprüche nicht als Erbrechte anzusehen, so haften die Berechtigten nicht für die von allen den Nachlaß betreffenden Anfällen zu entrichtende Erbschaftssteuer.

Der gesetzliche Rückfallserbe des französischen Rechts (code civil. art. 351, 352, 747, 766) ist Erbe, weil die auf dem gesetzlichen Rückfallsrechte beruhende Erbfolge eine successio universalis ist. Zachariä-Crome, IV § 618.

b) Die Bestimmung des Abs. 3 soll einerseits der rechtlichen Stellung des Universalfideikommissars, andererseits der besonderen Gestaltung des rheinischen Erbrechts Rechnung tragen.

1. Der Universalfideikommissar oder Nacherbe (derjenige, welcher den Nachlaß im ganzen oder eine Quote davon nicht unmittelbar vom Erblasser, sondern durch Vermittelung eines Zwischenmannes, des Fiduziars, Vorerben, erhält; Dernburg, Pand. III § 119) hat thatsächlich eine Stellung, welche der des Erben annähernd gleich ist. Es ist daher gerechtfertigt, beide auch bezüglich der Haftung für die Erbschaftssteuer gleichzustellen.

Derjenige, welchem lediglich der Nießbrauch an dem Nachlasse eines Verstorbenen vermacht ist, ist nicht Universalfideikommissar. R.G. II vom 8. Januar 1884, C.S. Bd. 11 S. 305 — (die Entscheidung bezieht sich auf die art. 1003, 1010, 610, 612 des Code civil).

2. Das französische Recht (vgl. Zachariä-Crome, IV § 721) bezeichnet, ausgehend von dem Grundsatze, daß es nur eine gesetzliche Erbfolge giebt, jede letztwillige Verfügung, auch wenn sie den ganzen Nachlaß zum Gegenstande hat, als „legs“ Vermächtnis.

Man unterscheidet:

α) Legs universel, Erbvermächtnis oder Universallegat: die Verfügung, durch die der Erblasser einer Person oder mehreren Personen zusammen die Gesamtheit der Güter giebt, welche er bei seinem Ableben hinterlassen wird. Art. 1003.

β) Legs à titre universel, Erbteilsvermächtnis oder Legat unter Universaltitel: die Verfügung, durch die der Erblasser entweder einen sovielsten Teil seines gesamten oder seines verschenkbaren Vermögens, oder seine gesamten unbeweglichen oder seine gesamten beweglichen Güter oder einen sovielsten Teil der einen oder der anderen Person vermacht. Art. 1010. Der Empfänger heißt: Erbteilsnehmer.

γ) Legs à titre particulier, Erbstücksvermächtnis oder Partikularlegat ist jedes Vermächtnis, das weder unter Art. 1003 noch unter 1010 fällt. Der Empfänger heißt: Erbstücksnehmer. — Hierher gehört auch „das Vermächtnis, durch welches dem Erben die Verbindlichkeit auferlegt wird, zum Vorteile einer bestimmten Person etwas zu thun“.

Als Erben und Miterben gelten hiernach die Empfänger der unter 1 und 2 erwähnten Vermächtnisse.

Der Erbstücksvermächtnisnehmer und der Erbstücksschenknehmer haften dagegen nur für die von ihren Anfällen geschuldete Steuer.

Zu den Erbstücksvermächtnisnehmern gehört auch der Nutznießer, und zwar selbst dann, wenn sich sein Nutznießungsrecht auf den ganzen Nachlaß oder eine verhältnismäßige Quote erstreckt. So die nicht unbestrittene, aber herrschende Ansicht, insbesondere Hollerith, S. 54; Zachariä-Crome, IV § 721 Anm. 13; R.G. II, Urt. vom 8. Januar 1884, C.S. Bd. 11 S. 305; Pfaff (Hessen), S. 36.

III. Über **die rechtliche Natur und den Umfang der Verpflichtung** der in Abs. 2 und 3 genannten Personen gelten folgende Grundsätze.

a) Sie haften für die von allen den Nachlaß betreffenden Anfällen, also auch von den Vermächtnissen und Schenkungen von Todeswegen, zu entrichtende Steuer.

b) Sie haften persönlich, nicht nur mit den aus dem Nachlaß empfangenen Gegenständen, sondern auch mit ihrem eigenen Vermögen.

c) Sie haften auch dann persönlich, wenn sie selbst von der Steuer befreit sind. Das Gesetz statuiert die solidarische Haftbarkeit in Höhe des aus der Erbschaft Empfangenen, ohne zu unterscheiden, ob dies steuerpflichtig oder steuerfrei ist. Abs. 1 steht nicht im Wege; dann der Satz 1 spricht von der Verpflichtung des Erwerbers, der Satz 2 von der Verpflichtung der steuerpflichtigen Masse. [A. M. für Sachsen Art. 15: Wahl S. 34; für Württemberg Art. 6: Wintterlin S. 30.]

d) Sie haften aber, falls sie sich nach §§ 30, 43 d. Ges. in weiterem Umfange verantwortlich machen, nur bis auf Höhe des aus der Erbschaft Empfangenen. Hierdurch wird die Möglichkeit ausgeschlossen, daß jemand, der nur einen geringen Betrag aus der Erbschaft erhalten hat, für die Ansprüche gegen die übrigen Teilnehmer an dem Nachlasse über das von ihm Empfangene haftbar gemacht werden könnte. Maßgebend ist der Wert des gesamten Anfalls; auch der etwa steuerfreie Teil ist mit zu rechnen. [A. M. Wahl, a. a. O.]. Auf die Höhe des Empfangenen geht die Haftung selbst dann, wenn die empfangenen Gegenstände im Vermögen des Erben u. s. w. nicht mehr vorhanden sind. Die Berechnung des Wertes erfolgt nach § 14.

e) In dem unter a—d begrenzten Umfange ist die Haftung eine solidarische: jeder kann auf das Ganze belangt werden; er hat nicht die Einrede der Teilung, sondern kann lediglich gegen die übrigen Beteiligten Regreß nehmen. Die Verpflichtung der Erben u. s. w. ist nicht nur im Verhältnis zu einander, sondern auch im Verhältnis zu den übrigen am Nachlaß beteiligten steuerpflichtigen Personen eine solidarische: die Erben u. s. w. haften selbständig neben diesen (z. B. den Legataren), nicht etwa nur subsidiär. R.G. III, Urt. vom 9. Dezember 1881, J.M.Bl. 1882 S. 377.

§ 30.

Gesetzliche Vertreter und Bevollmächtigte der Erbinteressenten, Testamentsexekutoren und Nachlaßverwalter, sowie die Verwalter von Familienstiftungen, dürfen die Erbschaft, einzelne Erbtheile, Vermächtnisse oder Schenkungen, beziehungsweise die Hebungen aus der Familienstiftung, nur nach Berichtigung oder Sicherstellung der darauf treffenden Erbschaftssteuer ausantworten und bleiben im entgegengesetzten Falle für die Steuer verhaftet.

Entw. I von 1872 § 27; Mot. von 1872 S. 63; Komm.Ber. von 1872 S. 843; Ges. von 1873 § 28.

I. Gewisse den eigentlichen Erwerber eines Anfalls vertretende Personen haften der Steuerbehörde für die Steuer, aber nicht in allen Fällen ohne weiteres, sondern nur wenn sie den Anfall vor Berichtigung oder Sicherstellung der ihn treffenden Steuer aus ihrer Hand geben. Die Aufzählung dieser bedingt haftenden Personen im § 30 ist eine ausschließliche. Auf andere, als die hier genannten Personenkategorien darf die Haftung nicht ausgedehnt werden. Ihre im I. Entw. enthaltene Erstreckung auf „alle Inhaber der Erbschaft" wurde schon in der Kommission des Abgeordnetenhauses „als eine ganz anomale Haftpflicht enthaltend" abgelehnt. Komm. Ber. S. 843. — Wegen der Haftung der Beamten siehe den Zusatz zu diesem Paragraphen.

II. Der § 30 findet Anwendung auf Vertreter der Erbinteressenten, d. h. aller Personen, welche als Erben, Miterben, Legatare oder sonst wie Bedachte (nicht etwa als Gläubiger) an einer Erbschaft ein vermögensrechtliches Interesse haben. Als solche Vertreter werden genannt:

a) gesetzliche Vertreter, d. h. jeder, der kraft Gesetzes für ein handlungsunfähiges Rechtssubjekt zu handeln befugt ist, der also direkt durch das Gesetz zum Vertreter bestellt ist, (Gegensatz: gewillkürter Vertreter, der einer Vollmacht des Vertretenen bedarf; Seuffert, Anm. 2 vor § 74; siehe unten b). Wer eines gesetzlichen Vertreters bedarf und wer zur gesetzlichen Vertretung eines Handlungsunfähigen berufen ist, bestimmt sich nach bürgerlichem Rechte.

Reichsgesetzliche Bestimmungen darüber enthalten u. a. H.G.B. Art. 117, 136, 137, 167, 172, 194, 196, 205, 223, 227, 229, 244, 244a; Bankges. vom 14. März 1875 (R.G.Bl. S. 180) §§ 27, 38; Gew.O. §§ 101, 104h; Ges. vom 7. April 1876 (R.G.Bl. S. 125) § 16; Ges. vom 15. Juni 1883 (R.G.Bl. S. 73) § 35; Ges. vom 6. Juli 1884 (R.G.Bl. S. 69) § 23; Ges. vom 5. Mai 1886 (R.G.Bl. S. 132) § 32; Ges. vom 11. Juli 1887 (R.G.Bl. S. 287) § 12; Ges. vom 13. Juli 1887 (R.G.Bl. S. 329) § 29; Ges. vom 1. Mai 1889 (R.G.Bl. S. 55) §§ 24, 37 Abs. 3, 49, Abs. 2, 86; Ges. vom 22. Juni 1889 (R.G.Bl. S. 97) § 46; Ges. vom 20. April 1892 (R.G.Bl. S. 477) § 35.

Außerdem sind zu nennen 1. der Vater als Inhaber der väterlichen Gewalt über seine minderjährigen Kinder; 2. der Vormund des Minderjährigen (V.O. §§ 11 ff.), des Geisteskranken, des wegen Verschwendung Entmündigten, des Tauben, Blinden oder Stummen, der durch sein Leiden an der Besorgung seiner Rechtsangelegenheiten gehindert ist, des abwesenden Großjährigen (V.O. §§ 81 ff.); der nach §§ 86, 87 V.O. für eine unter väterlicher Gewalt oder Vormundschaft stehende Person ernannte Pfleger; der Pfleger einer Leibesfrucht (V.O. § 88); der einer Person für einzelne Angelegenheiten oder für einen bestimmten Kreis von Angelegenheiten bestellte Pfleger, sofern ihm die Verwaltung des seinem Pfleglinge angefallenen Vermögens übertragen ist (V.O. § 90); der dem abwesenden Angeschuldigten bestellte Pfleger (St.P.O. §§ 334); 3. der Ehemann nach Maßgabe des bürgerlichen Rechts; 4. der zur Vertretung einer juristischen Person, eines Personenvereins oder einer Vermögensmasse kraft Gesetzes Berufene (Seuffert, Anm. 4 zu § 50); 5. der zur Vertretung einer Behörde nach Gesetz oder Verwaltungsgrundsätzen berufene Beamte; 6. der Konkursverwalter; er ist gesetzlicher Vertreter des Gemeinschuldners oder des Nachlasses nach § 202 K.O. — vgl. R.G., C.S. Bd. 29 S. 29 —; seine Vertretungsbefugnis erstreckt sich jedoch nur auf die zur Konkursmasse gehörigen Gegenstände, nicht also auf eine dem Gemeinschuldner nach der Konkurseröffnung angefallene Erbschaft (K.O. § 1).

b) Bevollmächtigte sind, im Gegensatz zu gesetzlichen Vertretern, gewillkürte Vertreter der Erbinteressenten; ihre Vertretungsbefugnis beruht auf dem ausdrücklich erklärten Willen des Vertretenen. Sie müssen durch die Übernahme des ihre Vollmacht begründenden Auftrags dem Fiskus gegenüber an die Stelle des Steuerpflichtigen getreten sein. Dahin zählen nicht diejenigen, die nur mit der Abgabe einer einzelnen Erklärung z. B. über Annahme der Erbschaft oder mit der Anmeldung des Anfalls, der Einreichung des Verzeichnisses betraut sind.

c) Testamentsexekutor ist derjenige, welcher vom Erblasser mit der Vollstreckung seines letzten Willens oder mit der Liquidation (Vertretung) des Nachlasses beauftragt ist und diesen Auftrag ausführt; vgl. für das gemeine Recht: Dernburg, Pand., III § 124; Windscheid, III § 567; — für das preußische Recht: A.L.R. I. 12 §§ 557 ff.; Dernburg, Preuß. Privatr., III §§ 164 ff.; Förster-Eccius, IV § 255; — für das französische Recht: Zachariä-Crome, IV § 725. S. im übr. noch R.G., C.S. Bd. 25 S. 292, Bd. 32 S. 152. J.M.Bl. 1892 S. 159. Jur. Woch. 1888 S. 240; Seufferts Arch. Bd. 43 S. 465; Gruchot, Bd. 32 S. 1183.

d) Nachlaßverwalter ist der den unbekannten Erben eines Nachlasses nach V.O. § 89 gerichtsseitig, und der im Falle der ledigen Erbschaft (succession vacante) nach Code civil Art. 811—814 bestellte Pfleger (über den letzteren vgl. Zachariä-Crome, IV §§ 651, 652). Der Ausdruck ist in seiner juristisch-technischen Bedeutung aufzufassen und begreift insbesondere nicht den mit einem Nießbrauche am gesamten NachlasseBedachten. R.G. II Urt. vom 8. Jan. 1884, C.S. Bd. 11 S. 305. Der Nachlaßverwalter ist hier besonders aufgeführt, weil es bestritten ist, ob er gesetzlicher Vertreter der Erbinteressenten ist. S. über ihn Dernburg, Preuß. Privatr., III § 216.

e) Verwalter von Familienstiftungen.

III. Die genannten Personen dürfen den Nachlaß sowie die einzelnen dazu gehörigen Vermögensstücke oder die Hebungen aus der Familienstiftung vor rechtsgiltiger Zahlung oder Sicherstellung (vgl. hierüber S. 69 ff.) der Steuer nicht ausantworten. Hierunter ist die Entäußerung der thatsächlichen Verfügungsgewalt über die angeführten Gegenstände zu verstehen. Vorausgesetzt ist also, daß sie das Erbvermögen in Händen hatten. Gleichgiltig ist, ob sie von dem Rückstande der Steuer Kenntnis hatten oder nicht. (Das hess. Ges. Art. 28 läßt sie nur in dem ersteren Falle haften.)

Den betreffenden Personen steht gegen die die Ausantwortung des Anfalls ohne Abzug der Steuer beanspruchenden Erbinteressenten, solange nicht die Steuer gezahlt oder sichergestellt ist, eine Einrede zu. Der in Anspruch Genommene muß behaupten und beweisen, daß er die Steuer noch nicht bezahlt oder sichergestellt habe und daß er auch hierzu ohne sein Verschulden nicht in der Lage gewesen sei.

IV. Durch die vorzeitige Ausantwortung des in ihrer thatsächlichen Verfügungsgewalt befindlichen Anfalls machen sich die genannten Personen der Steuerbehörde für die Steuer persönlich haftbar. Diese Folge tritt auch dann ein, wenn der Ausantwortende irrigerweise annahm, die Steuer sei sichergestellt oder gezahlt, falls er nicht etwa zu dieser Annahme durch eine eigene Handlung der Steuerbehörde veranlaßt wurde. Sie tritt weiter ein, wenn zwar scheinbar eine Zahlung oder Sicherstellung vorliegt, diese aber in rechtsunwirksamer Form oder gegenüber einer nicht zur Vertretung der Behörde legitimierten Person erfolgt ist.

Der Umstand, daß von mehreren gesetzlichen Vertretern u. s. w. eine Minderheit bei der Ausantwortung nicht mitgewirkt oder dieser ohne Erfolg widersprochen hat, ist auf die Haftung dieser Minderheit gegenüber der Steuerbehörde zunächst ohne Einfluß. Sie kann alle in Anspruch nehmen. Die Mitglieder der Minderheit können sich jedoch durch den von ihnen zu führenden Nachweis befreien, daß sie der Ausantwortung nicht zugestimmt haben und auch nicht in der Lage gewesen sind, sie zu verhindern. Die Verantwortlichen haften solidarisch, vorbehaltlich des gegenseitigen Rückgriffes.

Der Umfang der Haftung wird durch den Wert der ausgeantworteten Vermögensteile begrenzt; der Paragraph soll eine Verschlechterung der Lage des Fiskus und eine Erschwerung der Steuerbeitreibung verhindern, ein Anspruch auf Verbesserung der Stellung kann aber dem Fiskus aus der Handlungsweise der genannten Vertreter nicht entstehen.

V. Die Haftbarkeit eines nach § 30 Verpflichteten beschränkt sich auf denjenigen Steuerbetrag, welchen der von ihm Vertretene hinsichtlich des zu Unrecht ausgeantworteten Objekts zu entrichten hat. R.G. IV. Urt. vom 25. November 1889, Jur. Woch. S. 522; Bolze, Bd. 9 Nr. 600. Sie erstreckt sich nicht auf etwaige Steuernachforderungen, an denen der Verpflichtete keine Schuld trägt, z. B. wenn die Steuerbehörde ein ihr nachteiliges Versehen bei der Berechnung begangen hat. Das Ges. von Elsaß-Lothringen sagt im § 21 Schlußsatz ausdrücklich: „Auf Nachforderungen erstreckt sich diese Haftbarkeit nicht".

Die Haftbarkeit bleibt ferner nach dem klaren Wortlaute des Gesetzes auf die Steuer beschränkt und bezieht sich demgemäß nicht auf etwa durch den Steuerpflichtigen verwirkte Strafen.

VI. **Zusatz zu § 30.**

Im Interesse der Sicherstellung der Steuerbehörde enthielt der Entw. I von 1872 hinter § 45 des Gesetzes unter der Überschrift: „Verpflichtungen anderer Behörden und Beamten" noch folgenden

§ 46. Außer den Steuerbehörden haben alle diejenigen Staats- und Kommunalbehörden, welchen eine richterliche oder Polizeigewalt anvertraut ist, die Verpflichtung, alle bei ihrer Amtsverwaltung zu ihrer Kenntnis kommenden Zuwiderhandlungen gegen dieses Gesetz bei dem zuständigen Erbschaftssteueramte zur Anzeige zu bringen.

Kein Richter oder Notar darf bei eigener Vertretung der Erbschaftssteuer für Erben, Vermächtnisnehmer oder Beschenkte in Bezug auf ihnen zugefallene Erbschaften, Vermächtnisse oder Schenkungen von Todeswegen eine Handlung der freiwilligen Gerichtsbarkeit vornehmen, bevor nicht nachgewiesen worden, daß entweder die Erbschaftssteuer bereits berichtigt, oder daß das zuständige Erbschaftssteueramt von der vorzunehmenden Handlung spätestens am zehnten Tage vor deren Vornahme unterrichtet sei, oder in die Vornahme gewilligt habe.

Dieser Paragraph wurde jedoch bereits in der Kommission des Abgeordnetenhauses gestrichen, weil der erste Absatz mehr in eine Instruktion für die betreffenden Behörden, als in dieses Gesetz gehöre, der zweite Absatz aber sowohl für die Beamten wie für den gesamten Verkehr eine unerträgliche Belästigung herbeiführen werde (Komm.Ber. von 1872 S. 846).

§ 31.

Verwaltung der Steuer.

Die Verwaltung des Erbschaftssteuerwesens wird unter Leitung des Finanzministers von den Provinzialsteuerbehörden durch die Erbschaftssteuerämter geführt, welchen innerhalb der ihnen von dem Finanzminister anzuweisenden Geschäftsbezirke die Feststellung und Einziehung der zu erhebenden Erbschaftssteuerbeträge und die Aufsicht über die Beobachtung der Vorschriften dieses Gesetzes obliegt. Dieselben erhalten nach Vorschrift der betreffenden Ministerien von denjenigen, welchen die Führung der Todtenlisten obliegt, periodische Auszüge aus letzteren nach Maßgabe der für diesen Zweck anzuordnenden Formulare, ingleichen von den Gerichten beglaubigte Abschriften der eröffneten letztwilligen Verfügungen und der Todeserklärungen.

Ent. I von 1872 § 28; Mot. von 1872 S. 63; Komm.Ber. von 1872 S. 843; Ges. von 1873 § 29.

Der § 31 überträgt die Bearbeitung der Erbschaftssteuersachen von den Gerichten, welchen sie in den alten Provinzen bis zum 1. Januar 1874 oblag, auf die Steuerbehörden. Diese waren für die neuen Provinzen bereits durch § 7 der Verordnung vom 5. Juli 1867 damit betraut.

I. Die Erbschaftssteuerämter sind die für die lokale Verwaltung des Erbschaftssteuerwesens bestimmten Organe. Sie stehen unter der Leitung von Stempelfiskalen, welche zum Etat der betreffenden Provinzialsteuerbehörde gehören und mit deren übrigen Mitgliedern, abgesehen von den Oberregierungsräten, nach Maßgabe des Dienstalters rangieren. Dem Stempelfiskal stehen gegenüber den Subalternbeamten des Erbschaftssteueramtes, insbesondere auch bezüglich der Handhabung der Disziplin und der Beurlaubung dieselben Befugnisse zu, wie den Dirigenten der Hauptämter hinsichtlich der diesen untergebenen Beamten. Der nächste Vorgesetzte des Stempelfiskals ist der Provinzialsteuerdirektor. Dieser untersteht dem Finanzminister.

Ein Verzeichnis der zur Zeit bestehenden Erbschaftssteuerämter unter Angabe ihrer Geschäftsbezirke ist in der Beilage 1 zur Bekanntmachung des F.M. vom 13. Februar 1896, betr. die Ausführung des Stempelsteuergesetzes enthalten und im Anhange abgedruckt.

Die über den Geschäftsbetrieb in Erbschaftssteuersachen ergangenen Anordnungen der Centralbehörden sind, soweit sie noch von Interesse sind, im Anhang abgedruckt.

II. Damit die Erbschaftssteuerämter in der Lage sind, die Befolgung des Gesetzes herbeizuführen und zu überwachen, bedürfen sie in verschiedener Weise der Unterstützung anderer Behörden.

a) Die Standesämter haben den Erbschaftssteuerämtern periodische Auszüge aus den Totenlisten zu übersenden.

Cirk.Reskr. des F.M., des Minist. des Inneren und des Minist. der geistlichen u. s. w. Angelegenheiten vom 3. Dezbr. 1873 (C.Bl. 1874 S. 37, M.Bl. für die ges. innere Verw. 1874 S. 24) und Bekanntmachung der genannten Minister vom 3. Dezbr. 1873 (C.Bl. 1874 S. 38, M.Bl. für die ges. innere Verw. 1874 S. 25). Die durch diese Anordnungen den Geistlichen auferlegten Verpflichtungen sind seit der Neuordnung des Personenstandswesens auf die Standesbeamten übergegangen. R. des F.M. und des Minist. des Innern vom 15. August 1874 an sämtliche Oberpräsidenten (C.Bl. S. 209, M.Bl. für die ges. innere Verw. S. 243); Cirk.R. des Minist. des Inneren vom 22. Juni 1875 (M.Bl. für die ges. innere Verw. S. 143), den P.St.D. mitgeteilt durch Cirk.R. des F.M. vom 7. Juli 1875 III 9002.

Zu den Totenlisten sind Formulare zu benutzen, welche von der Regierung geliefert werden. Die Aufstellung der Listen erfolgt in den ersten Tagen der Monate Januar, April, Juli und Oktober, für die Stadtbezirke von Berlin, Breslau, Köln und Frankfurt a. M. aber binnen 10 Tagen nach dem Schlusse jedes Monats. Kommt im Laufe des betreffenden Zeitabschnitts kein Todesfall vor, so ist dieses dem Erbschaftssteueramte binnen gleicher Frist schriftlich anzuzeigen (Vakat-Anzeige).

Durch das oben erwähnte Cirk.R. des Minist. des Innern sind die Regierungen darauf hingewiesen, daß die sorgfältige Beantwortung der in dem Formulare gestellten Fragen im Interesse des Publikums selbst liegt und vor allem die Aussonderung der steuerfreien Erbfälle ermöglichen soll. Die Standesbeamten sollen das Publikum erforderlichenfalls mit dem Zwecke der von ihnen gestellten Fragen bekannt machen. Sind die Standesbeamten im Einzelfalle nicht imstande, die zur Ausfüllung der Liste erforderlichen Feststellungen ohne besondere Recherchen zu treffen, so haben sie dies amtlich zu erklären. Die Erbschaftssteuerämter sind (durch das oben erwähnte F.M.R. vom 7. Juli 1875) angewiesen, sich in derartigen Fällen mit der gedachten amtlichen Erklärung zu begnügen und die Feststellung auf anderem Wege zu bewirken. —

Die Provinzialsteuerbehörden müssen mit einem Verzeichnis sämtlicher in der Provinz vorhandenen Standesämter versehen sein, worin anzugeben ist, zu welchem Erbschaftssteueramtsbezirke die einzelnen Standesämter gehören. Von eintretenden Veränderungen in der Zahl der Standesämter und in der Person der Standesbeamten ist diesen Behörden ungesäumt Mitteilung zu machen. R. des F.M. und des Min. des Innern vom 15. August 1874 (siehe oben).

b) Die **Gerichte** haben dem zuständigen Erschaftssteueramte beglaubigte Abschriften der eröffneten letztwilligen Verfügungen und der Todeserklärungen mitzuteilen. Die Mitteilung der Anordnungen, durch welche das Vermögen Verschollener an die mutmaßlichen Erbberechtigten vorläufig ausgeantwortet wird, ist im Gesetze nicht vorgeschrieben, empfiehlt sich aber aus Zweckmäßigkeitsgründen. In den zahlreichen Fällen, in denen in einer letztwilligen Verfügung nur Bestimmungen zu Gunsten solcher Personen getroffen sind, welche von der Erbschaftssteuer befreit sind, wird eine dahingehende amtliche Erklärung genügen.

Die Abschriften der letztwilligen Verfügung sind sogleich nach der Eröffnung, die der Todeserklärungen sogleich nach dem Eintritte der Rechtskraft zu übersenden. Sämtliche Gerichte sind verpflichtet, den Erbschaftssteuerämtern jede statthafte und thunliche Auskunft über Thatsachen, die für die Berechnung der Erbschaftssteuer erheblich sind, auf Ersuchen zu erteilen. J.M.R. vom 30. Dezember 1873 an sämtliche Gerichtsbehörden (J.M.Bl. 1874, S. 3; C.Bl. 1874, S. 41); ebenso schon früher die an die Gerichtsbehörden in den neuen Landesteilen erlassene J.M. Verf. vom 20. August 1867 (J.M.Bl. S. 251).

Insbesondere sind die Gerichtsbehörden verpflichtet, den Erbschaftssteuerämtern auf Verlangen die Einsicht von Akten (auch Vormundschaftsakten) zu gestatten und sie ihnen zu diesem Zwecke zu übersenden. Wenn im Einzelfalle besondere sachliche Hindernisse entgegenstehen, so sind diese dem Erbschaftssteueramte bekannt zu machen. J.M.R. vom 23. August 1869 an die Gerichtsbehörden in den Bezirken der Appellationsgerichte Celle, Kiel, Kassel, Wiesbaden und Frankfurt a. M. (J.M.Bl. S. 171; C.Bl. S. 474). Vgl. auch R. des Kammergerichts vom 16. Oktober 1874 Nr. 134 C 10 an das Stadtgericht in B.; abgedruckt bei H.G., S. 998 Anm. 3d.

c) Die Polizeibehörden sind verpflichtet, den Erbschaftssteuerämtern auf Verlangen in der Wahrung staatlicher Interessen innerhalb ihrer Zuständigkeit behülflich zu sein. Die Erbschaftssteuerämter können jedoch eine Mitwirkung der Polizeibehörden nur da beanspruchen, wo ihre eigenen Mittel zur Feststellung der Steueranfälle erschöpft sind oder ihnen von vornherein keine solchen Mittel offen stehen. R. des Min. des Innern vom 12. September 1874 (M.Bl. für die ges. innere Verw. S. 260; C.Bl. 1875 S. 20).

d) Die Regierungspräsidenten haben dem zuständigen P.St.D. Mitteilung zu machen, wenn sie Nachlaßgelder, die aus Hinterlassenschaften im Auslande verstorbener Personen an deutsche Reichsangehörige zu zahlen sind, auszuzahlen haben. Diese Gelder werden von dem zuständigen Reichskonsul dem Auswärtigen Amte übermittelt, worauf letzteres die Versteuerung in Preußen durch die Provinzialregierungen bewirken läßt. Allg. Verf. des Min. des Innern vom 17. Juni 1885 an die Regierungspräsidenten u. s. w., den P.St.D. mitgeteilt durch Cirk.Verf. des F.M. vom 27. Juni 1885 (C.Bl. S. 198).

e) Die unteren Steuerbehörden (Haupt- und Neben-Zoll- bezw. Steuerämter) haben den Erbschaftssteuerämtern auf Ersuchen bei der Ermittelung der einen Anfall betreffenden Umstände behülflich zu sein.

III. Über die Zuständigkeit der einzelnen Erbschaftssteuerämter im konkreten Falle trifft das Gesetz keine Bestimmung. Es entscheidet daher die Anordnung des F.M. Zuständig ist dasjenige Amt, in dessen Bezirk der Erblasser im Augenblicke des Todes seinen allgemeinen Gerichtsstand hatte, oder, wenn er seinen Gerichtsstand in den Bezirken mehrerer Erbschaftssteuerämter gehabt hat, dasjenige, in dessen Bezirke der Erblasser zuletzt gewohnt hat. § 5 der Anweisung an die Erbschaftssteuerämter vom 14. November 1873. Hat er zur Zeit seines Todes einen Wohnsitz innerhalb Preußens nicht besessen, so wird jedes Erbschaftssteueramt, in dessen Bezirke sich steuerpflichtiges Vermögen befindet, für zuständig zu erachten sein (vgl. § 22 Abs. 2 des Ges. f. Els.-Lothr.).

Wenn von Ehegatten, welche in einem wechselseitigen Testamente sich gegenseitig zu Erben ernannt und über das vom letztlebenden übrig zu lassende Vermögen gemeinsam verfügt haben, der zuletzt versterbende bei seinem Ableben in einem anderen Erbschaftssteueramtsbezirke wohnt, als in demjenigen, in welchem der zuerst verstorbene seinen Wohnsitz hatte, so muß als Regel gelten, daß beide Erbfälle von demjenigen Amte zu erledigen sind, in dessen Bezirke der letztlebende Ehegatte zuletzt gewohnt hat. F.M.R. vom 28. Juni 1888, III 10239 an den P.St.D. zu B., abgedruckt bei H.G., S. 1095 Anm. 94.

§ 32.

Anmeldung des Anfalles.

Jeder, dem ein Anfall der im § 1 bezeichneten Art zukommt, ist verpflichtet, denselben binnen drei Monaten, nachdem er davon Kenntniß erlangt hat, dem zuständigen Erbschaftssteueramte schriftlich anzumelden, ohne Unterschied, ob die Erwerbung des Anfalles bereits stattgefunden hat oder nicht. Ist der Verpflichtete in außereuropäischen Ländern oder Gewässern abwesend, so werden die vorstehende und die im § 35 bestimmte zweimonatliche Frist auf sechs Monate verlängert.

Es wird vermuthet, daß spätestens am dreißigsten Tage nach dem Eintritt des Anfalles der zur Anmeldung Verpflichtete, wenn er in Europa sich aufhält, Kenntniß von dem Anfall erlangt hat, vorbehaltlich des der Steuerbehörde ob-

liegenden Beweises eines früheren und des dem Steuerpflichtigen obliegenden Beweises eines späteren Zeitpunktes.

Entw. I von 1872 § 29; Mot. von 1872 S. 63, 64; Komm.Ber. von 1872 S. 843 Ges. von 1873 § 30.

Der Paragraph handelt von der Anmeldepflicht.

Zu Abs. 1.

I. **Zur Anmeldung verpflichtet** ist jeder, dem ein Anfall der im § 1 bezeichneten Art zukommt, und zwar auch, wenn ihm ein persönlicher oder aus der Art des Anfalls herzuleitender Befreiungsgrund von der Steuerpflicht zur Seite steht. Das folgt aus dem Wortlaute des Gesetzes in Verbindung mit § 36, wo nur bezüglich des Verzeichnisses und der Deklaration die Beschränkung auf steuerpflichtige Anfälle nachgelassen ist. Die entgegengesetzte Annahme würde zu dem unpraktischen Ergebnisse führen, daß der Anfallsberechtigte vor der Anmeldung prüfen muß, ob sein Anfall der Steuer unterliegt oder nicht. — Auch derjenige, welcher den Anfall noch nicht erworben hat, sei es, daß dieser z. B. von einer aufschiebenden Bedingung abhängig gemacht oder daß er noch nicht ausgezahlt ist, ist zur Anmeldung verpflichtet. Der Substanzerbe, welcher die Nutzung des Anfalls einem anderen überlassen muß, ist schon beim Anfalle der Substanz zur Anmeldung verpflichtet. Ob.Tr. Urt. vom 25. Dezbr. 1877, Oppenhoff Rechtsprechung, Bd. 18 S. 666. — Wer auf den Erwerb des Anfalls, bevor dieser ein endgiltiger geworden ist, nach bürgerlichem Rechte form- und fristgerecht verzichtet hat, ist von der Anmeldepflicht befreit. — Über die Befreiung mehrerer zur Anmeldung Verpflichteter durch die von einem von ihnen oder von einer der im § 30 bezeichneten Personen bewirkte Anmeldung vgl. § 33. — Für diejenigen Beteiligten, welche einen gesetzlichen Vertreter haben, ist die Verpflichtung zur Anmeldung von den Vertretern zu erfüllen; § 37 Abs. 2.

Wegen der strafrechtlichen Folgen der Unterlassung der Anmeldung siehe § 43.

II. **Die Frist der Anmeldung** beträgt 3 Monate nach erlangter Kenntnis von dem Anfalle. Wegen der Bedeutung des Wortes Anfall s. § 14 Anm. IV. Hinzuzufügen ist, daß für denjenigen, an welchen das Vermögen erst infolge Eintritts der auflösenden Bedingung (§§ 22, 24) fällt, der Lauf der Frist erst mit dem Tage dieses Eintritts beginnt. — Kenntnis hat nur derjenige, welcher von dem Anfalle so glaubhafte Kunde erhält, daß auf Grund ihrer eine in allen wesentlichen Punkten vollständige Anmeldung überhaupt möglich ist; die völlig unbestimmte Nachricht von einem Anfalle genügt nicht, um die Frist beginnen zu lassen.

Die Frist *beginnt* mit dem Tage, an welchem die Kenntnis von dem Anfalle erlangt ist. Wegen der für den Beginn der Frist bestehenden gesetzlichen Vermutung s. unten Anm. VIII.

Der Beginn der Frist wird dadurch, daß es sich um einen aufschiebend bedingten Erwerb (§§ 22, 24) handelt, nicht hinausgerückt. Denn der Steuerbehörde muß die Möglichkeit gewährt werden, Sicherstellung zu fordern. Wird durch den Eintritt der Bedingung die Steuerpflicht begründet (§ 22), so ist eine Nachtragsanmeldung zu bewirken, für welche die Frist mit dem Tage des Eintritts der Bedingung aufs neue beginnt.

Das Gesetz hat *Ausnahmen* von der Regel für den Beginn des Fristenlaufs nicht aufgestellt. Es giebt daher solche nicht. Insbesondere ist der Streit über das Erbrecht oder die Giltigkeit eines Testaments u. s. w. ohne jeden Einfluß auf den Beginn. Der im Rechtsstreite Obsiegende verfällt, wenn er die Frist versäumt hat, seiner Zeit in die im § 43 bestimmte Strafe. Die Beteiligten werden sich hier durch die Nachsuchung einer angemessenen Fristverlängerung helfen können. Eine *Verlängerung* der Anmeldungsfrist ist zwar nicht (wie für die Frist zur Vorlegung des Verzeichnisses und der Deklaration, § 35 Abs. 2) im Gesetze ausdrücklich zugelassen, die Steuerbehörde wird sie aber, sofern nicht besondere dienstliche Vorschriften dies untersagen, bewilligen können. Freilich muß es ihr überlassen bleiben, geeignetenfalls Sicherstellung zu verlangen (vgl. § 24 d. Ges. f. Els.-Lothr.). Die Berechnung der verlängerten Frist erfolgt nach denselben Grundsätzen, wie die der gesetzlichen Frist.

Die Frist endigt mit der Mitternacht desjenigen Tages, welcher durch seine Zahl dem Tage entspricht, an dem die Frist begonnen hat; fehlt dieser Tag in dem letzten Monate, so endigt die Frist mit Ablauf des letzten Tages dieses Monats. Fällt das Ende der Frist auf einen Sonntag oder allgemeinen Feiertag (welche Tage als solche anzusehen sind, bestimmt sich nach dem am Wohnorte des Anfallsberechtigten geltenden bürgerlichen Rechte), so endigt die Frist mit Ablauf des nächstfolgenden Werktages. So nach C.P.O. § 200, St.P.O. §§ 42, 43, die hier analog anzuwenden sind. In Preußen sind allgemeine Feiertage, beide Weihnachts-, Oster- und Pfingstfeiertage, Neujahr, Charfreitag, Himmelfahrt, Bußtag (der Mittwoch vor dem letzten Trinitatissonntage: Ges. v. 12. März 1893 — G.S. S. 29 —, V. v. 12. März 1893 — G.S. S. 30) und in der Rheinprovinz der Allerheiligentag (1. November) — A.K.O. v. 7. Februar 1837 und vom 22. Juli 1839 (G.S. S. 21 u. S. 249) — in der Provinz Schleswig-Holstein auch der Gründonnerstag, R.G., Urt. v. 28. September 1883, Jur. Woch. S. 268. Im übrigen ist als allgemeiner Feiertag derjenige anzusehen, an welchem nach der Landesgesetzgebung Geschäftsruhe für die Gesamtheit der Bevölkerung eintritt. R.G., St.S., Bd. 4 S. 240.

III. **Die Frist beträgt nicht 3, sondern 6 Monate,** wenn der Verpflichtete an dem Tage, wo er Kenntnis von dem Anfalle erlangt hat, in außereuropäischen Ländern oder Gewässern abwesend ist. Dahin werden nach dem Vorgange der Wechselordnung (Art. 78) im Hinblicke auf die Entfernung und die Schwierigkeit der Verbindung auch Island und die Faröern zu rechnen sein. Im übrigen gilt das zu II Gesagte.

IV. **Form der Anmeldung.** Das Gesetz verlangt Schriftlichkeit, also eine von dem Erben oder einem legitimierten Bevollmächtigten (s. indes Anm. I zu § 33) unterzeichnete Erklärung. Die Steuerbehörde kann die Vorlegung einer beglaubigten Vollmacht verlangen, wenn ihm die Legitimation des Vertreters nicht auf andre Weise bekannt ist. Erklärung zu Protokoll der Steuerbehörde ist nicht erwähnt, genügt aber, wenn diese sich zur Entgegennahme der mündlichen Anmeldung bereit erklärt, wozu sie gesetzlich nicht verpflichtet ist.

Zur Erleichterung der Anmeldung sind die Erbschaftssteuerämter angewiesen, sobald ihnen ein nicht zweifellos steuerfreier Erbfall bekannt wird, den Erben ein Anmeldungsformular und eine gedruckte Belehrung über die Pflichten der Erben und Legatare zu übersenden. (Anweisung für die Erbschaftssteuerämter vom 14. November 1873 § 6 und Muster D dazu, siehe Anhang.) Die Übersendung erfolgt, weil sie ausschließlich im Staatsinteresse geschieht, portofrei. F.M.R. vom 30. November 1893, III 14784 an den P.St.D. in Köln, abgedruckt bei H.G., S. 1247 Anm. 83.

V. **Der Inhalt der Anmeldung** ergiebt sich aus ihrem Zwecke: der Steuerbehörde die Kontrole über die ordnungsmäßige Entrichtung der Steuer zu ermöglichen. Sie muß daher mindestens enthalten: Namen, Alter und Todestag des Erblassers, kurze Bezeichnung des Anfalls (ob Erbschaft, Vermächtnis u. s. w.), Datum und Unterschrift des Anmeldenden. (Vgl. das im Anhange abgedruckte Muster).

Das Erbschaftssteueramt darf eine nicht gehörige Anmeldung zurückweisen.

VI. Die Anmeldung ist an das zuständige Erbschaftssteueramt zu richten, vgl. hierüber Anm. III zu § 31. Das Amt, an welches eine Anmeldung gelangt, hat seine Zuständigkeit von Amtswegen zu prüfen. Ist es unzuständig, so macht es dem zuständigen Amte Mitteilung (vgl. Cirk. Verf. des F.M. vom 15. Oktober 1891 III 10727, C.Bl. S. 293, im Anhange abgedruckt) und weist zweckmäßig die Anmeldung zurück. Eine von einem unzuständigen Erbschaftssteueramte angenommene Anmeldung ist, wenn sie nicht an das zuständige Amt gelangt, als nicht abgegeben zu betrachten. Sie kann nicht entgegengehalten werden, wenn das zuständige Amt die nochmalige Anmeldung fordert. Sie kann nicht vorgeschützt werden, um die Verjährung zu begründen. Vgl. das bei Hollerith angeführte R.O.H.G., Urt. vom 31. Januar 1879, Amtsblatt des Gen.Dir. d. Zölle f. Els.-Lothr., S. 99. Die auf Grund der unrichtigen Anmeldung etwa erhobenen Steuern werden aber bei dem zuständigen Amte angerechnet.

Wegen des weiteren Verfahrens siehe § 6 der Anweisung für die Erbschaftssteuerämter vom 14. November 1873 (im Anhange).

VII. Die **Anmeldung** selbst ist nicht stempelpflichtig, wohl aber ist es die einem Dritten erteilte Vollmacht dazu gemäß Tarif Nr. 73 zum Ges. v. 31. Juli 1895.

Zu Absatz 2.

VIII. Die in Abs. 2 aufgestellte **Vermutung** tritt ein, wenn der zur Anmeldung Verpflichtete sich zur Zeit des Anfalls in Europa — mit Ausschluß von Island und den Faröern, s. Anm. III — aufhält. Sie ist eine sog. praesumptio iuris; sie ist widerlegbar. Die Beweislast trifft

a) die Steuerbehörde, wenn ein früherer,

b) den Steuerpflichtigen, wenn ein späterer Zeitpunkt der Kenntniserlangung behauptet wird.

Der Tag, an welchem der Anfall eintritt, wird nach dem Wortlaute des Gesetzes nicht mitgezählt. Vgl. auch C.P.O. § 199; St.P.O. § 42.

§ 33.

Theilnehmer an einer Erbschaft, sowie die zu Hebungen aus einer Familienstiftung Berufenen werden von der Anmeldungspflicht (§ 32) befreit, wenn die ihnen zukommenden Anfälle von einer der im § 30 bezeichneten Personen oder einem Mitberechtigten rechtzeitig angemeldet werden.

Entw I von 1872 § 31, Mot. von 1872 S. 63, 64; Komm.Ber. von 1872 S. 843; Ges. von 1873 § 31.

I. Der § 33 giebt jedem Teilnehmer an einer Erbschaft (Miterben, Legatar, Schenknehmer), sowie einem jeden zu Hebungen aus einer Familienstiftung Berufenen und endlich jeder der im § 30 bezeichneten Personen, ohne daß es einer Vollmacht bedarf, das Recht, alle den Nachlaß betreffenden Anfälle oder auch nur einzelne von ihnen für Dritte anzumelden.

Der einzelne zur Anmeldung Verpflichtete wird von seiner Verpflichtung zur Abgabe einer besonderen Erklärung (§ 32) befreit, wenn der ihm zukommende Anfall von einer der vorbezeichneten Personen angemeldet wird und wenn diese Anmeldung rechtzeitig, d. h. innerhalb der im § 32 angegebenen Frist, erfolgt. Befreit wird also nur derjenige, dessen Anfall ausdrücklich in der von einer derartigen Person bewirkten Anmeldung mit aufgenommen wird; z. B. nicht der Legatar, dessen Vermächtnis in der über einen Erbfall erstatteten Anzeige nicht erwähnt ist.

Wird die Erklärung nicht rechtzeitig, d. h. nach Ablauf der gesetzlichen oder der etwa verlängerten Frist abgegeben, so unterliegen die davon betroffenen Anmeldepflichtigen der Fristversäumnisstrafe. Im übr. vgl. § 43. Der einzelne Anmeldepflichtige, der sich auf die Anmeldung des Dritten verlassen hat, haftet für ihren Inhalt genau so, wie wenn er sie persönlich bewirkt hätte. Die Steuerpflicht (§ 29) wird durch die Art der Anmeldung nicht beeinflußt.

II. Die im § 33 genannten Personen sind zur Anmeldung zwar berechtigt, aber (soweit sie nicht gesetzliche Vertreter sind oder soweit nicht der Mitberechtigte einen eigenen Anfall anmeldet) nicht verpflichtet. Sie sind daher im Falle der Nichtmeldung gegenüber der Steuerbehörde nicht verantwortlich. Die Strafe trifft im Falle der Zuwiderhandlung allein die zur Anmeldung Verpflichteten.

§ 34.

Der Empfang der Anmeldung ist von dem Erbschaftssteueramt auf Verlangen auf einem vorzulegenden Duplikate kosten- und stempelfrei zu bescheinigen.

Entw. von 1872 § 32, Mot. von 1872 S. 63, 64; Komm.Ber. von 1872 S. 843; Ges. von 1873 § 32.

Der Anmeldende kann eine Bescheinigung seiner Anmeldung verlangen. Er muß alsdann eine mit der Original-Anmeldung genau übereinstimmende Abschrift beibringen; da das Gesetz nicht vorschreibt, daß die Abschrift beglaubigt sein muß, ist es Sache des Erbschaftssteueramts, ihre Übereinstimmung mit der Urschrift zu prüfen. Findet es dabei Abweichungen oder Auslassungen, so wird es die Abschrift dem Anmeldenden zur Abstellung der Mängel zurückgeben. Ist sie korrekt, so bescheinigt es darauf kosten- und stempelfrei den Empfang der Anmeldung.

Verlangt der mehrere Anfälle zugleich Anmeldende für jeden Anfall eine besondere Bescheinigung, so muß er eine entsprechende Anzahl von Duplikaten vorlegen.

Eine mehrfache Bescheinigung für eine einzelne Anmeldung kann bisweilen erforderlich werden, z. B. wenn das erste Duplikat verloren gegangen ist. Auch diese muß stempelfrei erteilt werden, vgl. § 9 Ges. vom 31. Juli 1895 und Tarif Nr. 16. Die etwaigen Kosten hat jedoch der Antragsteller zu tragen.

§ 35.

Verzeichniß und Deklaration.

Innerhalb einer ferneren zweimonatlichen Frist nach Ablauf der Anmeldungsfrist (§ 32) muß dem zuständigen Erbschaftssteueramte ein vollständiges und richtiges, zugleich die erforderlichen Werthangaben enthaltendes Verzeichniß (Inventarium) über die gesammte steuerpflichtige Masse und alle derselben zuzurechnende oder davon in Abzug zu bringende Gegenstände vorgelegt werden. Hiermit ist eine schriftliche Deklaration der die Festsetzung der Erbschaftssteuer bedingenden Verhältnisse zu verbinden und einzureichen.

Eine Verlängerung der Frist ist auf Antrag zu bewilligen, sofern besondere Gründe es erforderlich machen, und muß insbesondere gewährt werden, wenn der Berufene den Anfall noch nicht erworben hat und dies anzeigt.

Hinsichtlich der Einrichtung des Verzeichnisses und der Deklaration sind die nach Bedürfniß von dem Finanzminister zu erlassenden näheren Vorschriften zu beobachten.

Entw. I von 1872 § 33; Mot. von 1872 S. 64; Komm.Ber. von 1872 S. 843, 844; Ges. von 1873 § 33; Stenogr. Berichte über die Beratungen des Hauses der Abgeordneten 1872/73 Bd. 2 S. 1154, 1155.

Der Paragraph regelt die Verpflichtung zur Einreichung des Verzeichnisses und der Deklaration. Welchen Personen die Verpflichtung obliegt, ergiebt sich aus § 37.

Zu Abs. 1.

I. Für die Berechnung der zweimonatigen Frist gilt das in Anm. II zu § 32 Gesagte. — Wegen des zuständigen Amtes s. Anm. III zu § 31.

II. Das Verzeichnis soll die Steuerbehörde in die Lage versetzen, den Umfang und den Wert der steuerpflichtigen Masse selbst festzustellen. Es muß daher so genau sein, daß die Behörde jederzeit in der Lage ist, eine Nachprüfung vorzunehmen. Grundstücke sind grundbuchmäßig zu verzeichnen. Bei Wertpapieren ist Art und Nummer, bei Forderungen, Schulden und Lasten der Titel, die Summe, der Zinsfuß, der Betrag etwa rückständiger Zinsen, der Tag der Fälligkeit, der Name und Wohnort des Schuldners oder des Gläubigers anzugeben. Körperliche bewegliche Gegenstände können hingegen in kleineren, den Verhältnissen entsprechenden Gruppen angeführt werden. Am zweckmäßigsten wird das von dem Finanzminister in dem Muster D. zu § 6 der Anweisung für die Erbschaftssteuerämter vom 14. November 1873 empfohlene Schema zu Grunde gelegt. Es ist im Anhange abgedruckt. Mit einer unwesentlichen Änderung stimmt es mit dem von der A.G.O. zu Th. II Tit. 5 § 53 aufgestellten Formular überein. Zur Vollständigkeit des Verzeichnisses ist erforderlich, daß es sämtliche aktiven wie passiven Bestandteile des Nachlasses enthält. Insbesondere müssen auch diejenigen Gegenstände und Forderungen mit aufgenommen werden, welche der Anmeldende für wertlos hält, ferner Forderungen, welche er eingezogen und zur Tilgung von Nachlaßschulden verwendet hat, endlich solche Vermögensgegenstände, welche nach §§ 9—11 steuerfrei sind, wenn sie aus irgend einem Grunde für die Feststellung der Steuer in Betracht kommen. Hollerith, S. 13, 65; R.G. I Urt. vom 13. Novbr. 1879, St.S. Bd. 1 S. 99. Im übrigen ergiebt sich aus § 14, was zur steuerpflichtigen Masse gehört. Unvollständig ist das Verzeichnis, in welchem Aktiva verschwiegen sind. Das Verzeichnis muß ferner richtig sein, d. h. namentlich die Angaben über die Thatsachen, welche die Steuerpflichtigkeit, die Höhe des Steuersatzes oder des Steuerbetrages betreffen, müssen der Wahrheit entsprechen. Es muß außerdem die erforderlichen Wertangaben enthalten. Vgl. hierüber die §§ 14 ff. und die Anm. I b zu § 44. Das Verzeichnis ist stempelfrei. Tarif-Nr. 31 z. Ges. vom 31. Juli 1895. Vgl. noch Anm. VII zu § 32.

III. Zu den die Festsetzung der Steuer bedingenden Verhältnissen gehören insbesondere das persönliche Verhältnis des Bedachten zum Erblasser (z. B. eheliche oder uneheliche Verwandtschaft, Zugehörigkeit zum Hausstande des Erblassers als Gesinde), die etwa vorhandene persönliche Steuerfreiheit, der Wohnsitz und unter Umständen die Staatsangehörigkeit des Erblassers und des Bedachten, das Lebensalter des Bedachten und die Mitteilung über etwa erfolgte Verzichte auf den Anfall.

Die Beifügung standesamtlicher Urkunden (Geburts-, Trau-, Totenscheine) ist nicht erforderlich. Eine dahingehende im I. Entw. von 1872 enthaltene Vorschrift wurde in der Kommission als entbehrlich und überflüssige Kosten verursachend gestrichen.

Ist eine letztwillige Verfügung vorhanden, so empfiehlt sich eine Angabe darüber, ob sie als rechtsbeständig anerkannt ist.

IV. Die Steuerbehörde ist berechtigt, das Verzeichnis und die Deklaration, sofern sie dem Gesetze nicht entsprechen, zurückzuweisen.

V. Wegen der Strafbestimmungen, im Falle die Vorlegung des Verzeichnisses oder der Deklaration gänzlich oder innerhalb der Frist unterlassen wird und falls unvollständige oder unrichtige Angaben gemacht werden, s. §§ 43, 44. Auch hier haftet der Steuerpflichtige persönlich, selbst wenn die Vorlegung u. s. w. durch eine andere dazu berechtigte Person vorgenommen ist.

Zu Abs. 2.

VI. Die Gewährung der Fristverlängerung ist in dem Falle, daß der Berufene den Anfall noch nicht erworben hat und dies anzeigt, obligatorisch. Im übrigen ist die Fristbewilligung von dem billigen Ermessen des Erbschaftssteueramtes abhängig. Der Antragsteller hat die besonderen, eine Fristverlängerung rechtfertigenden Gründe darzulegen und auf Verlangen glaubhaft zu machen. Gegen die Versagung der Verlängerung ist Beschwerde im Aufsichtswege (Provinzialsteuerdirektor, Finanzminister) zulässig.

Zu Abs. 3.

VII. Die vom F.M. erlassenen Vorschriften verbinden die ihm untergebenen Beamten und gelangen zur vollen Bedeutung in den Fällen, wo der Rechtsweg nicht zugelassen ist. Die Gerichte binden sie nur insoweit, als sie den Gesetzen nicht widersprechen. R.G. IV. Urt. vom 6. Juni 1887, Gruchot Bd. 31 S. 1034.

Die bisher ergangenen Vorschriften sind im Anhang abgedruckt.

§ 36.

Bei Erbschaften, an denen kein steuerpflichtiger Erbe Theil nimmt, sondern bei denen nur steuerpflichtige Vermächtnisse, Schenkungen u. s. w. vorkommen,

kann das Verzeichniß und die Deklaration (§ 35) auf die, steuerpflichtige Anfälle betreffenden, Gegenstände und Verhältnisse beschränkt werden.

Entw. I von 1872 § 34; Mot. von 1872 S. 64; Komm.Ber. von 1872 S. 844; Ges. von 1873 § 34.

An einer Erbschaft nimmt kein steuerpflichtiger Erbe teil, wenn entweder ein Erbe überhaupt nicht vorhanden oder der vorhandene Erbe von der Steuer befreit ist. In diesem Falle ist die Pflicht zur Einreichung des Verzeichnisses und der Deklaration auf die steuerpflichtige Anfälle (Vermächtnisse, Schenkungen u. s. w.) betreffenden Gegenstände und Verhältnisse beschränkt.

§ 37.

Die Verpflichtung zur Vorlegung des Verzeichnisses und der Deklaration liegt ob:

1) **bei Erbschaften in Bezug auf alle den Nachlaß betreffenden steuerpflichtigen Anfälle, — wenn ein Testamentsvollzieher oder Nachlaßverwalter vorhanden ist, diesem, sonst den Erben, ohne Unterschied, ob sie selbst von den ihnen zukommenden Anfällen Erbschaftssteuer zu entrichten haben oder nicht. Andere Theilnehmer (Vermächtnißnehmer u. s. w.) sind in Betreff des ihnen zukommenden Anfalles zur Vorlegung des Verzeichnisses und der Deklaration nur auf Aufforderung des Erbschaftssteueramts innerhalb der ihnen bekannt zu machenden Frist verpflichtet;**
2) **bei den im § 1 unter 2 und 3 bezeichneten Anfällen — jedem Steuerpflichtigen hinsichtlich des ihm zukommenden Anfalles.**

Für Bevormundete, unter Kuratel oder väterlicher Gewalt stehende oder juristische Personen und für Konkursmassen ist die vorerwähnte Verpflichtung und die Verpflichtung zur Anmeldung (§§ 32 ff.) von deren gesetzlichen Vertretern zu erfüllen.

Entw. I von 1872 § 35; Mot. von 1872 S. 64; Komm.Ber. von 1872 S. 844; Ges. von 1873 § 35.

I. Es bedarf hier nur der Hervorhebung, daß eine *Verpflichtung* des Erben zur Vorlegung des Verzeichnisses und der Deklaration nur eintritt, wenn ein Testamentsvollzieher oder ein Nachlaßverwalter nicht vorhanden ist. Dieses gilt auch für den steuerpflichtigen Erben. Andererseits ist selbst der steuerfreie Erbe zur Vorlegung des Verzeichnisses und der Deklaration insoweit verpflichtet, als auf dem Nachlasse steuerpflichtige Anfälle ruhen.

Teilnehmer an der Erbschaft, die nicht Erben, sondern nur als Vermächtnisnehmer u. s. w. bedacht sind, sind nur in Betreff des ihnen zukommenden Anfalls und nur auf Aufforderung des Erbschaftssteueramtes zur Vorlegung verpflichtet. Dabei muß ihnen eine Frist gestellt werden, deren Nichtinnehaltung Strafe nach sich zieht (§ 43).

Bei Lehns- und Fideikommißanfällen und bei Anfällen von Hebungen aus Familienstiftungen (§ 1 Nr. 2 und 3) trifft die Verpflichtung den einzelnen Steuerpflichtigen.

II. Wegen des gesetzlichen Vertreters s. Anm. IIa zu § 30. Er tritt vollständig an die Stelle des von ihm Vertretenen.

§ 38.

Fernere Ermittelungen.

Das Erbschaftssteueramt hat die Richtigkeit und Vollständigkeit der vorgelegten Verzeichnisse und Deklarationen zu prüfen und die Verpflichteten (§ 37)

zur Erledigung der ihnen bekannt gemachten Erinnerungen innerhalb der zu bestimmenden Frist anzuhalten. Jeder, dem ein der Erbschaftssteuer unterworfener Anfall (§ 1) zukommt, ist zur Ertheilung der von dem Erbschaftssteueramt erforderten Auskunft über die auf den Anfall bezüglichen thatsächlichen Verhältnisse, soweit sie auf die Festsetzung der Steuer für den an ihn selbst oder an andere Theilnehmer an der Erbschaft u. s. w. gelangenden Anfall von Einfluß sein können, verpflichtet.

Auf Verlangen müssen dem Erbschaftssteueramte die den Anfall betreffenden Urkunden zur Einsicht vorgelegt werden, insbesondere letztwillige Verfügungen, Erwerbsdokumente und die Beweismittel über die von der Masse abzuziehenden Schulden und andere Ansprüche, auf Grund deren Abzüge von der Masse gemacht, oder Theile derselben ausgeschieden werden sollen.

Wird in den vorgedachten Fällen den Aufforderungen des Erbschaftssteueramts nicht genügt, so kann dasselbe die Säumigen durch Festsetzung und Einziehung von Ordnungsstrafen bis zu dem Betrage von sechzig Mark zur Befolgung seiner Anordnungen anhalten, auch das zur Erledigung derselben Nöthige auf Kosten der Säumigen beschaffen.

Entw. I von 1872 § 36; Mot. von 1872 S. 64; Komm.Ber. von 1872 S. 844; Gesetz von 1873 § 36.

I. Die im § 38 der Steuerbehörde gegebenen Befugnisse sollen dieser die Prüfung der eingereichten Verzeichnisse und Deklarationen und erforderlichenfalls deren Berichtigung ermöglichen. Sie stehen, einschließlich des im § 39 gewährten Rechts, der Behörde auch dann noch zu, wenn nach erfolgter Festsetzung der Erbschaftssteuer ein weiteres Ermittelungsverfahren erforderlich wird. R.G. Urt. vom 15. Mai 1882, Johow, Bd. 3 S. 287; G.A. Bd. 31 S. 291. Sie erlöschen mit dem Untergange des Anspruchs auf Zahlung der Steuer. — Die Behörde ist nicht berechtigt, im Interesse der Regulierung der Steuer die Beteiligten zur Vornahme der Erbteilung zu nötigen. Pfaff, Bayern, S. 48.

Zu Abs. 1.

II. Die Prüfung erstreckt sich auf die Richtigkeit und Vollständigkeit (vgl. Anm. II, III, IV zu § 35) der vorgelegten Verzeichnisse und Deklarationen. Wegen der Wertsermittelung vgl. § 21.

III. Aus der Vorschrift: „das Erbschaftssteueramt hat — die Verpflichteten — anzuhalten" folgt, daß es sie vor Ablauf der Frist nochmals zur Erledigung der Erinnerungen auffordern muß. Das Unterlassen einer wiederholten Aufforderung ist indes auf die Strafe (§ 43) ohne Einfluß.

IV. **Zur Erteilung der Auskunft** ist jeder Teilnehmer an einem steuerpflichtigen Anfalle (§ 1) in Bezug auf alle diesen Anfall betreffenden Verhältnisse verpflichtet, sofern sie geeignet sind, die Festsetzung der Steuer dafür auch nur hinsichtlich eines dritten Beteiligten zu beeinflussen. Es ist gleichgiltig, ob er seiner Zeit die Vorlegung des Verzeichnisses und der Deklaration selbst oder durch einen Bevollmächtigten bewirkt hat. Ist er gesetzlich vertreten, so trifft die Verpflichtung den gesetzlichen Vertreter. Sie liegt ferner ob dem Testamentsvollstrecker und dem Nachlaßverwalter, wie aus der Anführung des § 37 in Satz 1 hervorgeht. Hingegen erscheint der nur von einem Erbinteressenten Bevollmächtigte (vgl. Anm. II b zu § 30) zur Auskunftserteilung zwar berechtigt, aber nicht verpflichtet, seine Weigerung, der Aufforderung des Erbschaftssteueramts nachzukommen, würde weder für ihn selbst, noch für seinen Vollmachtgeber oder die sonstigen Teilnehmer an dem Anfalle nachteilige Folgen haben. Wegen der strafrechtlichen Folgen vgl. § 44.

V. Gegen ein auf Grund der Abs. 1 und 2 vom Erbschaftssteueramte gestelltes Verlangen nach Angabe thatsächlicher Verhältnisse oder Vorlegung von Urkunden ist nur Beschwerde im Aufsichtswege zulässig. Ebenso F.M.R. vom 28. Februar 1895 III 2018, bei Loeck S. 83 Nr. 115.

Zu Abs. 2.

VI. Neben der Auskunftserteilung kann das Erbschaftssteueramt auch verlangen, daß ihm diejenigen **Urkunden,** welche über den Anfall Aufschluß zu geben geeignet sind, ohne Ausnahme und ohne Rücksicht auf ihre Natur zur Einsicht vorgelegt werden; z. B. — neben den besonders genannten letztwilligen Verfügungen, Erwerbsdokumenten und Beweismitteln für Schulden und andere Ansprüche — Geschäftsbücher, Bilanzen, Haus- und Wirtschaftsbücher, Ehe-, und Erbverträge u. s. w.

Die von dem Steuerpflichtigen auf Verlangen vorgelegten Urkunden werden wegen dieses Gebrauchs nicht stempelpflichtig. Sind sie es aber an und für sich, und ergiebt sich bei ihrer Vorlegung eine Stempelkontravention, so wird das Erbschaftssteueramt die Nachforderung des Stempels und geeigneten Falls die Strafverfolgung veranlassen.

VII. Das Erbschaftssteueramt kann **die Vorlegung einer Urkunde nur von dem Anfallsberechtigten** verlangen, in dessen thatsächlicher oder rechtlicher Verfügungsgewalt sie sich befindet. Ebenso Pfaff, Hessen, S. 55. Ist der Besitzer nicht zugleich Eigentümer der Urkunde, so kann er die Vorlegung verweigern, wenn er dadurch die ihm gegen den Eigentümer aus irgend einem Rechtsgrunde obliegenden Verpflichtungen verletzen würde. Die Betretung des Rechtsweges, um die Vorlegung von Urkunden zu erzwingen, steht der Steuerbehörde gegen die zu IV genannten Verpflichteten frei, gegen andere Personen nur insoweit, als einem Verpflichteten gegen sie ein Anspruch darauf zusteht und dieser auf die Steuerbehörde durch Cession oder Pfändung übergegangen ist. Das Verwaltungszwangsverfahren ist zur Herbeischaffung von Urkunden nicht zulässig.

VIII. Wichtig ist die Frage, ob die Steuerbehörde **die Publikation einer uneröffneten letztwilligen Verfügung** betreiben kann und ob das sie aufbewahrende Gericht verpflichtet ist, einem dahin gehenden Antrage der Behörde trotz des Widerspruchs der übrigen Erbinteressenten stattzugeben. Die Frage läßt sich bei der großen Verschiedenheit der in den einzelnen Landesteilen über die Publikation der letztwilligen Verfügungen geltenden Bestimmungen nicht einheitlich für die ganze Monarchie beantworten. Nach A.L.R. I 12 § 213 können nach bekannt gewordenem oder nachgewiesenem Ableben des Erblassers seine Verwandten oder w e r s o n s t e i n I n t e r e s s e b e i d e r S a c h e a n z u g e b e n v e r m a g, auf die Publikation antragen. Da das Interesse nicht notwendig ein privatrechtliches zu sein braucht, sondern auch ein öffentlich rechtliches genügt, und die Steuerbehörde ein solches ohne Zweifel hat, ist im Geltungsgebiete des A.L.R. die Steuerbehörde zu dem Antrage auf Publikation befugt. In diesem Sinne hat auch das Landgericht Potsdam in einem (bei H.G. S. 1096 Anm. 98b erwähnten) Beschlusse vom 19. Januar 1892 I 764 entschieden, indem es das Amtsgericht, welches den Eröffnungsantrag abgelehnt hatte, anwies, diesem stattzugeben. A.M. Beschl. des K.G. vom 30. Januar 1889 (Johow, Bd. 8 S. 27, Jastrow, Nr. 927) mit der Begründung, daß § 213 ein privatrechtliches Interesse voraussetze und den Erbschaftssteuerämtern in anderen Gesetzen ein Recht auf Stellung des Eröffnungsantrages nicht beigelegt sei. — Die Steuerbehörde hat die Befugnis auch dann, wenn von zwei hinterbliebenen Testamenten das ältere in dem jüngeren aufgehoben ist; denn die Bestimmung des A.L.R. Anh. § 39 zu § 217 I 12, wonach in diesem Falle das ältere nicht eröffnet werden soll, bezieht sich nur auf die Publikation von Amtswegen. Beschl. des K.G. vom 28. Mai 1894, Johow, Bd. 14 S. 70.

In jedem Falle ist, wie auch in dem erwähnten Beschl. des K.G. ausgesprochen wird, die Steuerbehörde mit Rücksicht auf das von ihr wahrzunehmende öffentliche Interesse befugt, die Publikation solcher letztwilliger Verfügungen anzuregen, deren Eröffnung von Amtswegen erfolgen soll. Vgl. A.L.R. I 12 § 216. Im Falle der Ablehnung der Publikation von seiten des Amtsgerichts steht der Steuerbehörde lediglich die Beschwerde im Dienstaufsichtswege an den Landgerichtspräsidenten (in Berlin an den Präsidenten des Amtsgerichts I), nicht die gerichtliche Beschwerde an die Civilkammer des Landgerichts zu. Die Aufsichtsbehörde kann aber, wie Jastrow zutreffend bemerkt, dem Richter nur ihre

Ansicht über die Sache eröffnen und eine etwaige Ordnungswidrigkeit rügen. Die Entscheidung über die Testamentseröffnung untersteht der unabhängigen richterlichen Gewalt. (Verf.Urk. Art. 86).

Wechselseitige Testamente sind im Gebiete des A.L.R. nach dem Tode des zuerst versterbenden Ehegatten zu publizieren. Die Eröffnung wird, wenn die Voraussetzungen des angef. § 216 vorliegen, auch durch den Widerspruch des Überlebenden nicht aufgehalten. Eine Ausnahme greift nur Platz, wenn beide Testatoren den Zeitpunkt der Testamentseröffnung weiter hinausgeschoben haben. So neuerdings Beschl. des K.G. vom 28. Mai 1890 (Johow, Bd. 10 S. 57; Jastrow, Nr. 929, — mitgeteilt durch F.M.R. vom 21. Juni 1890 III 8218). Der in dem Beschluß vom 30. Januar 1889 (Johow, Bd. 8 S. 27; Jastrow, Nr. 928) ausgesprochene Grundsatz, daß die Publikation durch den Widerspruch des Überlebenden gehindert werde, ist mit Recht ausdrücklich aufgegeben. Wegen der Eröffnung des Testaments nach gemeinem Rechte s. Dernburg, Pand. III § 157; Windscheid, III § 567; Beschl. d. O.L.G. in Frankfurt a. M. vom 11. Mai 1891, Johow, Bd. 12 S. 282, welcher speziell einen nach dem für Frankfurt a. M. erlassenen Gesetze vom 28. Juni 1886 zu beurteilenden Fall betrifft. Nach französischem Rechte s. Zachariä-Crome, IV § 723.

IX. Durch F.M.R. vom 18. Februar 1880 III 824 an den P.St.D. in B. unter Nr. 5 (abgedruckt bei H.G., S. 1046 Anm. 34a) ist es als nicht ratsam bezeichnet, Nachlaßschulden grundsätzlich allein durch die eidesstattliche Versicherung ihrer Richtigkeit seitens der Erben in den Fällen für erwiesen zu erachten, in welchen die Beläge nur in der Form von Privaturkunden beigebracht werden können, weil erfahrungsmäßig oft erst die Beläge einen Anhalt zur Beurteilung der Frage gewähren, ob eine unter den Nachlaßschulden verzeichnete Post wirklich als Schuld des Erblassers oder des Nachlasses anzuerkennen ist. (Vgl. noch Anm. I zu § 39). Ergeben sich Bedenken gegen die Richtigkeit des Inhalts oder die Echtheit einer Privaturkunde, so steht der Erforderung einer eidesstattlichen Versicherung des Erben nichts im Wege. Andererseits erscheint es zulässig, von einem Nachweise überhaupt abzusehen, wenn es sich um Ausgaben handelt, welche wie Beerdigungskosten, Löhne, Mieten u. s. w. ihrer Natur nach gesetzlich dem Nachlasse zur Last fallen und ihrem Betrage nach angemessen erscheinen. Nach F.M.R. vom 26. Oktober 1894 III 14434 an den P.St.D. in B. (erwähnt bei H.G. S. 1047 Note 1 zu Anm. 34a) darf dies indes auf Darlehns- und Geschäftsschulden nicht ausgedehnt werden.

Zu Abs. 3.

X. Die Nichtbefolgung der nach Abs. 1 und 2 zulässigen Aufforderungen des Erbschaftssteueramtes von seiten des Steuerpflichtigen verleiht dem ersteren die doppelte Befugnis: Strafe zu verhängen und das zur Erledigung seiner Anordnungen Nötige auf Kosten der Säumigen zu beschaffen. Beide Mittel stehen dem Amte wahlweise und kumulativ zu Gebote.

Die nach Abs. 3 zulässige Strafe unterscheidet sich ihren Wesen nach von der im § 43 Abs. 2 erwähnten, obwohl beide übereinstimmend als Ordnungsstrafen bezeichnet sind.

Die hier angedrohte Strafe ist nicht Kriminal-, sondern Zwangsstrafe (auch Exekutions- oder Ungehorsamsstrafe (so Bayern, Art. 32 Abs. 2) genannt; vgl. über diesen Begriff Liszt in v. Holtzendorffs Rechtslexikon unter „Ordnungsstrafe"; Hugo Meyer, Lehrb. des Deutschen Strafrechts, S. 8 ff.; Preger, S. 418 ff.

Sie bezweckt nicht Sühne einer strafwürdigen Handlung, sondern Erzwingung der Erfüllung einer gesetzlichen Pflicht: der dem Steuerpflichtigen durch Abs. 1 und 2 auferlegten Verpflichtung zur Auskunftserteilung und zur Vorlegung von Urkunden.

Es ist daher durchaus zutreffend, wenn in den Mot. (S. 64) die Strafe als „exekutorische Ordnungsstrafe gegen Säumige oder Widerwillige" bezeichnet wird. Nur wäre unter diesen Umständen der vieldeutige Ausdruck „Ordnungsstrafe" besser vermieden, zumal die im § 43 Abs. 2 angedrohte Ordnungsstrafe, wie dort gezeigt wird, wahre Kriminalstrafe ist.

Aus dem geschilderten Charakter der Strafe ergiebt sich:

a) Die ihr zu Grunde liegende Handlung ist keine strafbare Handlung im Sinne des kriminellen Strafrechts. Die allgemeinen Grundsätze des Strafgesetzbuchs finden auf sie nur insoweit Anwendung, als die Natur der Zwangsstrafe dieses erfordert.

1. Nicht anwendbar sind die Grundsätze über Versuch, Teilnahme, Strafausschließung und Strafmilderung (vgl. jedoch die folgende Anmerkung). Die Anstiftung zu dem nach Abs. 3 strafbaren Verhalten ist straflos; die Aufforderung dazu kann nur nach § 110, nicht nach § 111 St.G.B. bestraft werden. Eine strafbare Begünstigung kann mit Beziehung auf die Handlung nicht begangen werden. Die Strafverfolgung verjährt nicht; dagegen findet auf die Verjährung der Strafvollstreckung der § 50 Abs. 4 Anwendung. Die festgesetzte Strafe entfällt nicht, wenn der zu Zwingende gestorben ist; die Vollstreckung in den Nachlaß ist zulässig. Im wesentlichen übereinstimmend Preger, S. 423. Die Umwandlung in Freiheitsstrafe findet nicht statt, ebensowenig darf zur Beitreibung der „Ordnungsstrafe" die Versteigerung von Grundstücken des Schuldners stattfinden, sofern dieser ein Inländer ist und seine Genehmigung nicht erteilt, obwohl der Abs. 3 des § 38 in § 47 nicht ausdrücklich erwähnt ist.

2. Dagegen setzt auch die Verhängung der Zwangsstrafe, weil sie auf Beugung des Willens abzielt, eine willensfähige Person voraus; sie ist daher nicht zulässig gegen Geisteskranke und die diesen gleichstehenden Personen (St.G.B. § 51). Die Unzulässigkeit ihrer Verhängung gegen Bevormundete, unter Pflegschaft oder väterlicher Gewalt stehende, gegen juristische Personen und Konkursmassen ergiebt sich aus § 37 Abs. 2.

Aus dem genannten Zwecke der Zwangsstrafe ergiebt sich, daß sie nur verhängt werden kann, wenn sich das Verhalten des Steuerpflichtigen als ein bewußt ungehorsames darstellt. Sie ist daher nur zulässig, wenn der Steuerpflichtige:

α) Von der Aufforderung der Steuerbehörde Kenntnis erhalten hat; diese Kenntnis muß bis zum Beweise des Gegenteils vermutet werden, wenn die Aufforderung nach den für das gerichtliche Strafverfahren oder nach den für Zustellungen in Verwaltungssachen geltenden Vorschriften zugestellt worden war. Unterläßt es der Steuerpflichtige vorsätzlich, sich mit dem Inhalte des ihm zugestellten Schriftstücks bekannt zu machen, so liegt hierin schon ein Akt des Ungehorsams, welcher die Verhängung der Strafe rechtfertigt.

β) Ferner ist erforderlich, daß der Aufgeforderte durch eigenes Verschulden (Vorsatz oder Fahrlässigkeit) die Aufforderung unbeachtet gelassen hat. Die Strafbestimmung ist daher nicht anwendbar, wenn die Nichtbefolgung auf einer in der Person des Aufgeforderten (z. B. schwere Krankheit) oder in den Umständen (z. B. Unauffindbarkeit der geforderten Urkunden) liegenden Unmöglichkeit ihrer Befolgung beruht.

γ) Die Zulässigkeit der Festsetzung und der Einziehung der Zwangsstrafe entfällt, sobald der zur Auskunft oder zur Vorlegung von Urkunden Verpflichtete die Auskunft erteilt oder die Urkunden vorgelegt hat. Dagegen ist die Einziehung der festgesetzten Strafe auch dann zulässig, wenn Auskunftserteilung oder Vorlegung der Urkunden erst infolge der Festsetzung erfolgt sind.

b) Der Festsetzung und Einziehung der Zwangsstrafen braucht die Androhung nicht vorauszugehen (anders § 7 Abs. 2 des Stempelsteuergesetzes). Indes ist es dem Erbschaftssteueramte nicht verwehrt, es zunächst mit der Androhung zu versuchen.

c) Solange der Steuerpflichtige den ihm durch Abs. 1 und 2 auferlegten Verpflichtungen nicht nachgekommen ist, kann wegen eines und desselben Ungehorsamsfalles die Strafe wiederholt verhängt werden, jedoch dürfen die mehreren Strafen wegen eines den nämlichen Gegenstand betreffenden Ungehorsams (z. B. Vorlegung einer bestimmten Schuldurkunde) den Gesamtbetrag von 60 M. nicht übersteigen. Hierfür spricht der Wortlaut des Gesetzes (der Plural: Strafen bis 60 M.) und wohl auch die im Komm.Ber. erwähnte, freilich einer mehrfachen Deutung fähige Äußerung des Regierungskommissars,

„daß der Entwurf die Wiederholung der Ordnungsstrafe bei dem Maximum von 20 Thalern für zulässig erachtet habe". Ebenso F.M.R. vom 28. Februar 1895 III 2018, bei Loeck, S. 83 Nr. 115.

Liegen mehrere selbständige Ungehorsamsfälle vor (z. B. der Säumige unterläßt zunächst die Ergänzung des Verzeichnisses, sodann die Richtigstellung der Deklaration endlich die Vorlegung eines Erwerbsdokuments), so können wegen jedes dieser Fälle mehrere Strafen, für jeden einzelnen indes nicht über 60 M., festgesetzt werden.

d) Die Form der Festsetzung der Zwangsstrafe ist im Gesetze nicht vorgeschrieben und daher dem Ermessen der Verwaltungsbehörde überlassen. Wegen der geschäftlichen Behandlung siehe § 13 der F.M.Anweisung für die Erbschaftssteuerämter vom 14. November 1873 (abgedr. im Anhange). Die Angabe Böhm's, E.St., S. 116 Anm. 5, daß der aus Abs. 3 ergehende Bescheid ein Strafbescheid im Sinne des § 459 St.P.O. sei und allen Erfordernissen desselben zu entsprechen habe, ist unzutreffend, weil die Strafprozeßordnung auf Exekutivstrafen mangels besonderer Bestimmung nicht anwendbar ist.

e) Die Beitreibung der festgesetzten Strafe erfolgt nach den Grundsätzen der Verordnung, betreffend das Verwaltungszwangsverfahren wegen Beitreibung von Geldbeträgen vom 7. Septbr. 1879 (Ges.S. S. 591, abgedruckt im Anhange); vgl. die Verordnungen wegen exekutivischer Beitreibung der direkten oder indirekten Steuern und anderer Abgaben und Gefälle vom 24. Novbr. 1843 (Ges.S. S. 351), 30. Juni 1845 (Ges.S. S. 444), 30. Juli 1853 (Ges.S. S. 909), 1. Febr. 1858 (Ges.S. S. 85), 22. Septbr. 1867 (Ges.S. S. 1553), abgedruckt bei Boullième u. Eisenach, das Verwaltungszwangsverfahren wegen Beitreibung von Geldbeträgen, 1889 S. 2 ff.

f) Das Erbschaftssteueramt ist zur Zurücknahme der von ihm erlassenen Strafverfügung befugt. Wegen der Niederschlagung der Strafe im Gnadenwege vgl. die syst. Einleitung.

g) Der Rechtsweg ist gegen die nach Abs. 3 festgesetzte Strafe nicht zugelassen; es ist weder die Anrufung strafrichterlicher Entscheidung (vgl. F.M.R. vom 28. Febr. 1895 III 2018, bei Loeck, S. 83 Nr. 115), noch die Rückforderung des gezahlten Betrages im Wege des Civilprozesses möglich. Mot. zum E.G. zur St.P.O., S. 233; R.G. II, Urt. vom 8. Januar 1884, Annalen Bd. 9 S. 370; Delius, Anm. zu § 38; Bonnenberg, S. 79, Anm. 18. Dagegen steht dem mit der Strafe Belegten die Beschwerde im Aufsichtswege (an den Provinzial-Steuer-Direktor und den Finanzminister) offen.

h) Durch die Festsetzung und Einziehung der Zwangsstrafe wird die kriminelle Bestrafung des Steuerpflichtigen nach § 44 nicht ausgeschlossen. Der Grundsatz ne bis in idem findet nur auf das Verhältnis mehrerer krimineller Strafen untereinander, nicht auch auf das Verhältnis von Zwangsstrafe zu krimineller Strafe Anwendung. So auch: Hugo Meyer, Lehrbuch des Deutschen Strafrechts S. 11; Hellweg, S. 314; Löwe, S. 447 Anm. 29a.

XI. Für denjenigen, der den Aufforderungen der Steuerbehörde nicht nachkommt, ergiebt sich (abgesehen davon, daß die Steuerbehörde von der Befugnis des § 39 Gebrauch machen dürfte,) **überdies ein doppelter Nachteil.** Einmal hat er zu gewärtigen, daß die Steuerbehörde die Steuer nach ihrem Ermessen festsetzt. In einem etwaigen auf Rückerstattung der zuviel erhobenen Steuer angestrengten Prozesse werden ihn gemäß § 89 C.P.O. die Kosten treffen, wenn die Behörde seinen Anspruch für den Fall der nachträglichen Beibringung der ehedem vergeblich verlangten Auskunft oder Urkunde sofort anerkennt; denn sie hat nicht durch ihr Verhalten zur Erhebung der Klage Anlaß gegeben, sondern der Steuerpflichtige oder sein gesetzlicher Vertreter, welcher der durch das Gesetz auferlegten Verpflichtung nicht Folge geleistet hat. So zutreffend Hollerith, S. 70. Sodann kann die Steuerbehörde das zur Erledigung ihrer Anordnungen Nötige auf Kosten des Säumigen beschaffen. Diese Kosten unterliegen ebenfalls der Beitreibung im Verwaltungszwangsverfahren. Vgl. die in Anm. X unter 5 angef. Verordnungen.

Der Rechtsweg wegen des Anspruchs auf Rückzahlung der so beigetriebenen Kosten ist unbeschränkt zulässig.

Eine subsidiäre Haftung dritter Personen für diese Kosten besteht nicht und ist insbesondere nicht aus § 29 d. Ges. zu begründen.

XII. Trotz der im § 38 der Steuerbehörde gewährten weitgehenden Befugnisse ist es nicht ausgeschlossen, daß schließlich alle Versuche für die Berechnung der Steuer eine sichere Unterlage zu gewinnen, erfolglos bleiben. Der Gesetzgeber hat diesen Fall als möglich vorausgesetzt (vgl. F.M.R. v. 12. Juli 1875 III 9460, bei H.G., S. 1103 Anm. 114c). Ein Nachteil für die Verwaltung kann hieraus nicht entstehen, weil sie befugt ist, die von ihr nach freiem Ermessen festgesetzte Steuer im Verwaltungszwangsverfahren beizutreiben.

§ 39.

Eidesstattliche Versicherungen.

Das Erbschaftssteueramt ist berechtigt, denjenigen, welchen ein nach § 1 der Erbschaftssteuer unterworfener Anfall zukommt, eine Versicherung an Eidesstatt über die Richtigkeit und Vollständigkeit des vorgelegten Verzeichnisses und der Deklaration oder einzelner Theile derselben (§§ 35 und 36), und der erforderten ferneren Angaben (§ 37), abzunehmen. Die eidesstattliche Versicherung ist nach näherer Bestimmung des Erbschaftssteueramts vor ihm selbst oder der deshalb requirirten Behörde schriftlich oder mündlich abzugeben.

Entw. I von 1872 § 37; Mot. von 1872 S. 65; Komm.Ber. von 1872 S. 844, 845; Stenogr. Berichte über die Verhandl. des Hauses der Abgeordneten 1872/73 Bd. 2 S. 1155—57; Gesetz von 1873 § 37.

I. Die Befugnis, von den Steuerpflichtigen eidesstattliche Versicherungen zu erfordern, ist als äußerstes Mittel zur Erforschung der Wahrheit den Erbschaftssteuerämtern nicht ohne Widerspruch einzelner Abgeordneter (insbes. der Abgeordneten Dr. Bähr und Dr. Reichensperger-Koblenz) verliehen worden.

Nach § 6 der Anweisung des F.M. v. 14. November 1873 für die Erbschaftssteuerämter (im Anh. abgedruckt) hat das Erbschaftssteueramt sorgfältig zu prüfen, ob Veranlassung zur Erforderung einer eidesstattlichen Versicherung gegeben ist, und bejahendenfalls zu bestimmen, wie und wo und binnen welcher Frist sie abgegeben werden soll.

Durch das F.M.R. v. 20. März 1889 III 4606 an den P.St.D. zu B., bei H.G., S. 1097 Anm. 101 ist sodann bestimmt, daß, wenn im Einzelfalle nicht besondere Bedenken gegen die Glaubwürdigkeit der abgegebenen eidesstattlichen Versicherungen vorliegen, diese namentlich auch für den Fall ausreichen sollen, wo die Erben sie rücksichtlich der von ihnen an den Nachlaß geltend gemachten eigenen Forderungen zwecks deren Abzugs abgegeben haben. Vgl. noch Anm. **IX** zu § 38.

II. Das Recht des Erbschaftssteueramtes auf Erforderung der eidesstattlichen Versicherung besteht **gegenüber jedem**, welchem ein nach § 1 der Steuer unterworfener Anfall zukommt, bei Handlungsunfähigen gegenüber dem oder den mehreren gesetzlichen Vertretern (vgl. § 37 Abs. 2). Die eidesstattliche Versicherung muß, wenn das Erbschaftssteueramt es verlangt, von dem dazu Verpflichteten in Person abgegeben werden. Es braucht sich mit der Ableistung des Eides durch einen Spezialbevollmächtigten, soweit solcher nach Landesrecht (§ 100 A.L.R. I 13) zulässig ist, nicht zu begnügen.

Das Recht ist an keinerlei formelle Schranken oder Voraussetzungen gebunden, insbesondere ist die Steuerbehörde nicht verpflichtet, anzugeben, aus welchen Gründen sie die Versicherung fordert. Ebenso steht es in ihrem Ermessen, die Versicherung über sämtliche thatsächliche Angaben des Steuerpflichtigen, soweit diese auf Grund der §§ 35, 36, 37 gemacht sind, oder nur über einzelne von ihnen zu fordern. Die Versicherung darf nur über

Thatsachen gefordert werden, nicht über rein subjektive Angaben, z. B. bezüglich des Werts von Gegenständen, weil hierin zumeist ein Urteil liegen würde. Vgl. Wahl, S. 40; Pfaff, Hessen, S. 57; Knobling, S. 178; Pfaff, Bayern, S. 49. S. indes Anm. **IV** unter f zu § 42.

Die Befugnis des Erbschaftssteueramtes, die eidesstattliche Versicherung zu erfordern, erlischt nicht mit der Festsetzung der Erbschaftssteuer, sondern besteht fort, wenn nach erfolgter Festsetzung der Steuer ein weiteres Ermittelungsverfahren erforderlich wird. K.G., Urt. vom 15. Mai 1882, Johow, Bd. 3 S. 287; G.A., Bd. 31 S. 291.

III. **Die Fassung der Norm** ist an sich dem Erbschaftssteueramte überlassen. Weder hiergegen, noch gegen das Verlangen der Steuerbehörde überhaupt ist der Rechtsweg zulässig; es findet vielmehr lediglich Beschwerde im Aufsichtswege statt. Gegen eine ungesetzliche oder ungeeignete Fassung wird sich indes der Steuerpflichtige äußersten Falls dadurch schützen können, daß er die Abgabe der eidesstattlichen Versicherung verweigert, gegen den Strafbescheid aus § 45 auf gerichtliche Entscheidung anträgt und vor Gericht die Norm bemängelt. Vgl. das zu Anm. **II** ang. K.G.Urt.

IV. Die Erbschaftssteuerämter können die Versicherung selbst entgegennehmen oder eine andre Behörde um die Abnahme ersuchen. Ob diese verpflichtet ist, dem Ersuchen Folge zu leisten, richtet sich nach den für sie geltenden Dienstvorschriften. Die Bestimmungen des Rechtshülfe-Gesetzes vom 21. Juni 1869 (B.G.Bl. S. 305) und des G.V.G. §§ 157—169 finden keine Anwendung. Die preußischen Gerichte sind nach § 38 der Verordnung v. 2. Januar 1849 (G.S. S. 1) verpflichtet, dem Ersuchen Folge zu leisten.

V. Wer der Verpflichtung zur Abgabe der eidesstattlichen Versicherung nicht genügt, hat, abgesehen von den in der folg. Anmerkung zu behandelnden strafrechtlichen Folgen, zu gewärtigen, daß die Steuerbehörde die Höhe der Steuer vorläufig nach ihrem Ermessen festsetzt.

VI. **Die strafrechtlichen Folgen** bestimmen sich

a) im Falle der Unterlassung der Abgabe der eidesstattlichen Versicherung trotz wiederholter Aufforderung nach § 45 des Erbschaftssteuergesetzes,

b) im Falle einer unrichtigen Versicherung an Eidesstatt nicht nach dem Erbschaftssteuergesetz (vgl. § 44 Abs. 2), sondern nach dem St.G.B. §§ 156 und 163:

§ 156. Wer vor einer zur Abnahme einer Versicherung an Eidesstatt zuständigen Behörde eine solche Versicherung wissentlich falsch abgiebt oder unter Berufung auf eine solche Versicherung wissentlich falsch aussagt, wird mit Gefängnis von Einem Monat bis zu drei Jahren bestraft.

§ 163. Wenn eine der in den §§ 153—156 bezeichneten Handlungen aus Fahrlässigkeit begangen worden ist, so tritt Gefängnisstrafe bis zu Einem Jahre ein.

Straflosigkeit tritt ein, wenn der Thäter, bevor eine Anzeige gegen ihn erfolgt oder eine Untersuchung gegen ihn eingeleitet und bevor ein Rechtsnachteil für einen Anderen aus der falschen Aussage entstanden ist, diese bei derjenigen Behörde, bei welcher er sie abgegeben hat, widerruft.

Wegen der Erläuterung dieser Bestimmungen muß im allgemeinen auf die Kommentare zum St.G.B. verwiesen werden. Hervorgehoben seien nur folgende Punkte:

1. Zuständige Behörde im Sinne des § 156 ist auch die vom Erbschaftssteueramte ersuchte Behörde, wenn sie dem Ersuchen Folge leistet, vorausgesetzt, daß sie überhaupt zur Abnahme eidesstattlicher Versicherungen befugt ist. Dagegen ist es unerheblich, ob das Ersuchen bei ordnungsmäßigem Geschäftsgange an eine andere Behörde zu richten gewesen wäre.
2. Die Anwendbarkeit des § 156 setzt nicht voraus, daß die eidesstattliche Versicherung nach der konkreten Sachlage des Einzelfalls erforderlich war oder daß der Strafrichter ihre Abnahme im konkreten Fall als berechtigt anerkennt. R.G. II. Urt. v. 11. Dezbr. 1885 u. v. 28. Dezbr. 1888, St.S. Bd. 13 S. 161 u. Bd. 18 S. 309.
3. Das Gesetz (§§ 5, 25, 35) verlangt, daß behufs Ermittelung der Erbschaftssteuer alle zur Erbmasse gehörigen Forderungen in das Inventar aufgenommen werden. Eine

fahrlässige falsche Versicherung an Eidesstatt liegt daher auch dann vor, wenn in dem Inventar, dessen Richtigkeit und Vollständigkeit an Eidesstatt versichert wurde, ausstehende Forderungen wegen ihrer vermeintlichen Wertlosigkeit oder eingegangene Beträge wegen stillschweigender Verrechnung auf Nachlaßschulden verschwiegen worden sind. Denn derartige Manipulationen ohne Kenntnis der Steuerbehörde führen zur Verdunkelung der Verlassenschaftsverhältnisse. So R.G. I. Urt. vom 13. November 1879, St.S. Bd. 1 S. 99.

VII. Das Erbschaftssteueramt ist nicht befugt, im Steuerermittelungsverfahren die **Ableistung eines Offenbarungseides** zu verlangen, und zwar selbst da nicht, wo das bürgerliche Recht (wie §§ 28 ff. A.G.O. I 22; Dernburg, Pand. III § 173) gewissen Nachlaßinteressenten eine derartige Befugnis giebt. Denn nach der Entstehungsgeschichte des § 39 kann darüber kein Zweifel sein, daß die Versicherung an Eidesstatt das äußerste Mittel sein sollte, welches der Gesetzgeber der Steuerbehörde zur Ermittelung der steuerpflichtigen Masse zur Verfügung stellen wollte. Anders, wenn sie im Rechtswege gegen einen Steuerpflichtigen ein Urteil erstritten hat und dieses nach den Vorschriften der Civilprozeßordnung vollstrecken läßt. In diesem Falle kann sie den Offenbarungseid gemäß den §§ 711, 769 C.P.O. fordern.

§ 40.

Aversionalversteuerung.

Der Finanzminister ist ermächtigt, ausnahmsweise von der Vorlegung des Verzeichnisses (§ 35) auf Antrag der Steuerpflichtigen ganz oder zum Theil abzusehen und ein Aversionalquantum für die Erbschaftssteuer anzunehmen; auch die Aversionalversteuerung solcher Anfälle, deren Versteuerung sonst noch ausgesetzt bleiben müßte, zu gestatten.

Wenn ein überlebender Ehegatte mit mehreren Kindern die eheliche Gütergemeinschaft fortsetzt, so wird die Versteuerung des beim Tode eines Kindes an dessen Geschwister oder deren Deszendenten gelangenden Anfalles bis zur Auflösung der Gütergemeinschaft ausgesetzt und erfolgt nach Maßgabe des alsdann vorhandenen Vermögens.

Entw. I von 1872 § 38; Mot. von 1872 S. 65; Komm.Ber. von 1872 S. 845; Stenogr. Berichte über die Verhandlungen des Hauses der Abgeordneten 1872/73, Bd. 2 S. 1142—1148, S. 1334, S. 1833—1836, S. 1846; Stenogr. Berichte über die Verhandlungen des Herrenhauses 1872/73, S. 362; Ges. von 1873 § 38.

Zu Abs. 1.

I. Grundsätzlich ist es Pflicht der Steuerbehörde, in jedem einzelnen Falle den Wert eines steuerpflichtigen Anfalls genau zu ermitteln und danach den Betrag der Steuer festzusetzen. Da die hiermit verbundenen Aufwendungen an Arbeit und Kosten unter Umständen im Vergleiche zu dem erzielten Ergebnisse zu hoch sein würden, so ist durch § 40 Abs. 1 dem Finanzminister die Befugnis erteilt worden, **ausnahmsweise** von der genauen Feststellung der Masse abzusehen und eine Pauschalsumme als Steuerbetrag anzunehmen. Er kann jedoch, bevor er hiervon Gebrauch macht, alle der Finanzverwaltung durch das Gesetz zur Ermittelung des Werts der steuerpflichtigen Masse gegebenen Mittel anwenden, insbesondere die nach § 39 zulässigen eidesstattlichen Versicherungen erfordern.

Die Aversionalversteuerung (im Ges. von Elsaß-Lothringen § 31 „Abkommensversteuerung" genannt) ist nur auf Antrag des Steuerpflichtigen zulässig, welchem es auch obliegt, einen geeigneten Vorschlag zu machen. Die Behörde prüft diesen und soll hierbei nach einem F.M.R. vom 22. Juni 1835, III 14480 an den P.St.D. in M., abg. bei H.G., S. 1098 Anm. 104b, vor allem die Person des Anbietenden in Betracht ziehen, namentlich ob er als rechtlich und zuverlässig bekannt ist. Der von der Behörde über die Annehmbarkeit des Vorschlags an den F.M. zu erstattende Bericht soll nach einem F.M.R. vom 16. März 1831, III 5444 an d. Reg. in F., abg. a. a. O., S. 1099 Anm. 104 d, mit Gründen versehen sein. Im übrigen wird über die Voraussetzungen und den Umfang der der Finanzverwaltung erteilten Ermächtigung in den Mot. zutreffend folgendes ausgeführt: „Es muß darauf verzichtet werden, die Voraussetzungen, unter denen die Aversionalversteuerung zuzulassen, in dem Gesetze zu spezialisieren. Selbstverständlich können blos subjektive Bedenken des Steuerpflichtigen gegen die vollständige Nachweisung des Nachlasses nicht entscheidend sein, und doch läßt sich auch deren Berücksichtigung nicht immer ohne Härte abweisen. Die Aversionalversteuerung ist überhaupt nicht blos als eine Erleichterung der Formalitäten für den Erben aufzufassen, ihre Zulassung liegt unter Umständen ebenso sehr im Interesse des Fiskus, weil sie das Mittel darbietet, weitaussehenden Ermittelungen und Differenzen, wie sie von einer genauen Nachweisung der einzelnen Bestandteile und des Wertes eines Nachlasses unzertrennlich sein würden, zuvorzukommen oder ein Ende zu machen, nach Art eines Vergleiches. Der Entwurf gedenkt ausdrücklich der in derselben Richtung liegenden Ermächtigung, auch solche Fälle, deren Versteuerung sonst noch ausgesetzt bleiben müßte, zur sofortigen Aversionalversteuerung zu verstatten, weil es sowohl dem Steuerpflichtigen als der Steuerverwaltung erwünscht sein muß, einerseits die Belastung mit der Sicherstellung des Anspruchs zu vermeiden, oder die fortdauernde Haftung der Masse für die Steuern zu beseitigen, und andererseits die Notwendigkeit einer langjährigen, nicht immer leichten, meist auch andere Behörden und Beamten in Anspruch nehmenden Kontrole des Steuerfalles und der späteren Wiederaufnahme von Verhandlungen überhoben zu sein, die zweckmäßiger und ohne materiellen Nachteil für das Steuerinteresse sogleich zum Abschluß gebracht werden. Nach der Fassung des Entwurfs kann endlich kein Zweifel darüber bleiben, daß die Zulässigkeit der Aversionalversteuerung sich nicht nur auf den ganzen Nachlaß bezieht, sondern ebensowohl nach Beschaffenheit der Verhältnisse für einzelne Teile zur Anwendung kommen kann, rücksichtlich deren die Einigung über ein Pauschquantum beziehungsweise die Abstandnahme von der Spezialisierung des Bestandes und Wertes erforderlich erscheinen mag, während die genaue Offenlegung des übrigen Nachlasses keinen Anstand findet."

II. a) Die Annahme eines Aversionalquantums ist nicht nur bei Erbschaften, sondern auch bei Anfällen anderer Art (Vermächtnissen, Fideikommißanfällen, Hebungen aus Familienstiftungen) zulässig. Das F.M.R. vom 21. Juni 1851 III 13029 an den P.St.D. in D., bei H.G., S. 1099 Anm. 104 d, welches bestimmte, daß die Aversionalversteuerung auf Vermächtnisse nicht auszudehnen sei, bezog sich auf § 9 d des Stempelgesetzes von 1822 und trifft für das jetzt geltende Recht nicht mehr zu. Unrichtig Loeck, S. 86.

b) Zuständig für die Annahme ist der Finanz-Minister, der indes seine Befugnis delegieren kann. Die Anträge sind an das zuständige Erbschaftssteueramt zu richten. Wegen ihrer geschäftlichen Behandlung s. § 12 der Anweisung des F.M. für die Erbschaftssteuerämter vom 14. November 1873.

c) Wird das Angebot des Steuerpflichtigen zur Zahlung des Aversionalquantums angenommen, so ist die Steuerbehörde nicht befugt, von dem Steuerpflichtigen die Aufstellung eines genauen Inventars und die eidesstattliche Versicherung seiner Richtigkeit zu verlangen. Denn die Aversionalbesteuerung soll eben nur in solchen Fällen eintreten, in denen eine ins einzelne gehende Feststellung der steuerpflichtigen Masse unthunlich ist — so schon für das ältere Recht F.M.R. vom 22. Juni 1835, III 14480 an den P.St.D. in M., abgedruckt bei H.G., S. 1098 Anm. 104 b. — Daher liegt für die Aversionalbesteuerung kein ausreichender Grund vor, wenn der Nachlaß nur aus Wertpapieren besteht. F.M.R. vom 8. Juli 1871, III 9268 an d. Reg. in F., bei H.G., S. 1099 Anm. 104 f.

d) Die zwischen der Steuerbehörde und dem Steuerpflichtigen über die Annahme des Aversionalquantums getroffene Verabredung hat den Charakter eines Vergleichs, weil seitens der Kontrahenten zum Zwecke der Feststellung eines ungewissen oder zweifelhaften Anspruchs wechselseitig etwas nachgegeben wird. R.G. IV. Urt. vom 8. März 1886, Jur. Woch. S. 159 Nr. 52.

Ihre Wirkungen bestimmen sich nach den in dem maßgebenden bürgerlichen Recht über den Vergleich geltenden Vorschriften. Hiernach ist auch die Frage zu beantworten, ob etwa (z.B. wegen betrügerischer Vorspiegelungen von seiten des Steuerpflichtigen) eine Nachforderung von Steuer gestattet ist. Über die Anfechtbarkeit des Vergleichs wegen Betrugs u. s. w. s. nach gem. R.: Dernburg, Pand. II § 109 Nr. 4; Windscheid, II § 414; — nach preuß. R.: Dernburg, Pr. Priv. I § 82; Förster-Eccius, I S. 698; nach franz. R.: Zachariä-Crome, II § 323.

III. Zur Milderung von Härten hat der F.M. nach dem bei H.G., S. 1078 Anm. 68a abgedruckten F.M.R. v. 16. Dez. 1887, III 14250 an den P.St.D. zu B., auf Grund des § 40 (früher § 38) die Ermächtigung erteilt, dem Nießbraucher einer ihm unter aufschiebender Bedingung vermachten Substanz zu gestatten, sogleich bei Beginn des Nießbrauchs, an Stelle des letzteren, die Substanz selbst zu versteuern, wenn nicht im einzelnen Falle eine Abweichung durch die obwaltenden Umstände geboten erscheint. Der betreffende Erbnehmer ist deshalb zu einer entsprechenden Erklärung unter der Verwarnung aufzufordern, daß er, falls die ihm unter aufschiebender Bedingung vermachte Substanz von ihm nicht sofort versteuert würde, gesetzlich zunächst den ihm angefallenen Nießbrauch, und beim Eintritte der Bedingung die volle Substanz ohne Anrechnung von Nießbrauchsteuer zu versteuern habe. Wird alsdann die Versteuerung der Substanz sofort bewirkt, so ist der Fall von seiten der Erbschaftssteuerverwaltung so zu behandeln, als ob die betreffende Person die Substanz unter einer auflösenden Bedingung, also dergestalt erworben hätte, daß die Substanz herauszugeben sein würde, wenn das eine aufschiebende Bedingung darstellende Ereignis nicht eintritt. (§ 20 des E.St.G. [jetzt § 22].) Im letzteren Falle würde dann die gezahlte Steuer bis auf den der wirklichen Bereicherung entsprechenden Betrag zu erstatten und die Versteuerung der Substanz von dem endgiltigen Erwerber zu fordern sein.

Bei der großen Ähnlichkeit des soeben beregten Falles mit den Fällen, in welchen der Erwerber einer Substanz unter einer aufschiebenden Bedingung vom Erblasser nicht mit dem Nießbrauche dieser Substanz, sondern mit einer bei Eintritt der Bedingung aufhörenden Jahresrente bedacht worden ist, unterliegt es keinem Bedenken, das angeordnete Verfahren auch auf diese Fälle insoweit auszudehnen, als die an die Stelle des Nießbrauchs zu setzende Jahresrente zu der bei Beginn der letzteren an deren Stelle zu versteuernden Substanz im Verhältnisse von 1 zu 20 (jetzt wohl 25) steht.

Zu Abs. 2.

IV. Die Bestimmung entspricht materiell dem früheren Rechte: Kab.O. von 20. Februar 1833, in v. Kamptz, Jahrb. Bd. 41 S. 201, und (für die neuen Landesteile) § 5 der Vdg. vom 5. Juli 1867.

V. Die Aussetzung der Versteuerung tritt sowohl dann ein, wenn die Fortsetzung der Gütergemeinschaft auf gesetzlicher Bestimmung, wie wenn sie auf einem zwischen dem überlebenden Ehegatten und den Kindern abgeschlossenen Vertrage oder auf testamentarischer Bestimmung des vorverstorbenen Ehegatten beruht. Bezüglich des zuletzt erwähnten Falles ebenso H.G., S. 1084 Anm. 71b. A.M. für den Fall der freiwilligen Fortsetzung der Gütergemeinschaft unter den Erben (für das frühere Recht) F.M.R. vom 22. März 1859 III 6090 an den P.St.D. in S., abgedruckt bei H.G., S. 1100 Anm. 105c.

Nur bezüglich des an die Geschwister gelangenden Anfalls, nicht auch bezüglich der an andere Personen gelangenden Zuwendungen wird die Versteuerung ausgesetzt.

VI. Ein vollständiger oder teilweiser Erlaß der nach dem Gesetze geschuldeten Steuer oder die Zurückerstattung einer zu Unrecht erhobenen Steuer nach dem Eintritte der Verjährung würde einem gnadenweisen Erlasse gleichkommen. Hierzu ist der F.M. nicht befugt. Insbesondere ist aus der Zulassung der Aversionalversteuerung eine derartige Befugnis nicht zu folgern. Wegen des Rechts des Staatsoberhaupts zum Erlasse von Steuern im Gnadenwege siehe die systematische Einleitung.

§ 41.

Feststellung der Steuer.

Ist die Erbschaftssteuer berechnet, so ertheilt das Erbschaftssteueramt eine kosten- und stempelfreie Bescheinigung, welche den Betrag der steuerpflichtigen Masse, die einzelnen Anfälle, das Verwandtschaftsverhältniß, die Beträge der von den einzelnen Steuerpflichtigen zu entrichtenden Steuer angiebt und zugleich die Anweisung zur Entrichtung der Steuer enthält. Die Verzögerung der Auseinandersetzung der Erben darf die Entrichtung der Steuer nicht aufhalten, soweit der Nachlaß zu deren Zahlung liquid ist.

Entw. I von 1872 § 39; Mot. von 1872 S. 65; Komm.Ber. von 1872 S. 845; Ges. von 1873 § 39.

I. **Wegen der geschäftlichen Behandlung** der Bescheinigung vgl. § 12 der Anweisung für die Erbschaftssteuerämter vom 14. November 1873, § 1 der Anweisung für die Haupt-Zoll- und Haupt-Steuerämter vom 14. November 1873, sowie die Cirk.Verf. des F.M. vom 4. Dezember 1877 an die St.Direktoren (C.Bl. 1878 S. 18) und das F.M.R. vom 6. Februar 1879 III 963 an den P.St.D. in B. (C.Bl. 1879 S. 86), abgedruckt im Anhange.

II. **Zu unterscheiden ist**: der Zeitpunkt, in welchem die Steuerforderung des Fiskus rechtlich entsteht, und der Zeitpunkt, in welchem sie thatsächlich beigetrieben werden kann. Das Forderungsrecht entsteht mit dem Augenblicke, in welchem der Steuerpflichtige den der Besteuerung unterliegenden Anfall erwirbt. Erhebungsfähig (vgl. Mot. S. 65) wird jedoch die Steuer erst, nachdem sie berechnet und nachdem dem Steuerpflichtigen die im § 41 angeordnete Bescheinigung erteilt worden ist. Wegen des Einflusses der Konkurseröffnung auf die Erbschaftssteuer s. Anm. VIII.

III. **Die Bescheinigung** bildet für die Steuerbehörde einen **Vollstreckungstitel** auf Grund dessen die zwangsweise Einziehung des festgesetzten Betrages erfolgen kann. Die Beitreibung erfolgt nach der Verordnung, betr. das Verwaltungszwangsverfahren wegen Beitreibung von Geldbeträgen vom 7. September 1879 (Ges.S. S. 591) — vgl. die § 38 Anm. X unter Nr. 5 gen. Verordnungen. — Nach § 6 der Verordn. vom 7. Septbr. 1879 soll der Zwangsvollstreckung in der Regel eine Mahnung des Schuldners mit dreitägiger Zahlungsfrist vorhergehen. Doch ist diese Vorschrift nur instruktionell und hindert die Steuerbehörde nicht, ohne zuvorige Mahnung vollstrecken zu lassen. Das Nähere s. bei Boulliême u. Eisenach, a. a. O., S. 12 ff.

Übrigens kann die Steuerbehörde auf diesen kürzeren Weg verzichten und auf Zahlung der Steuer vor den ordentlichen Gerichten Klage erheben. Das wird sich namentlich in den Fällen empfehlen, in denen die Verwaltung aus irgend welchem Grunde die Zwangsvollstreckung nicht sofort betreiben kann oder will und zunächst nur ein Interesse daran hat, eine Sicherung für die spätere Einziehung der Steuer herbeizuführen. Hollerith, S. 80. Über die Zulässigkeit des Rechtsweges vgl. § 42.

Die Steuerbehörde kann im Wege des Verwaltungszwangsverfahrens nur gegen diejenigen vorgehen, welche kraft des Erbschaftssteuergesetzes für die Entrichtung der Steuer haften. Gegen den, welcher auf Grund eines privatrechtlichen Rechtsgeschäfts, z. B. als Erbschaftskäufer wegen der Steuer in Anspruch genommen werden darf, muß sie, wenn sie in Güte Zahlung nicht erlangen kann, den Rechtsweg beschreiten. Denn die der Steuerbehörde gewährte Zwangsbefugnis besteht nur dem nach dem Steuergesetze Zahlungspflichtigen gegenüber und darf als eine singuläre auf andere nicht ausgedehnt werden. Bezüglich der zwangsweisen Versteigerung von Grundstücken wegen rückständiger Steuern vgl. das im Anhange abgedruckte F.M.R. vom 8. März 1880 III 2894, II 626 bei H.G., S. 60 Anm. 70.

IV. **Die Bescheinigung bindet** die Steuerbehörde und den Steuerpflichtigen nur insoweit, als sie auf einer nach § 25 Abs. 1 oder § 40 Abs. 1 getroffenen Vereinbarung beruht (siehe auch Anm. IId zu § 40). Soweit dieses nicht zutrifft, bindet sie weder die Steuerbehörde noch den Steuerpflichtigen. Der Inhalt der Bescheinigung steht daher einer Steuer-Nachforderung von seiten des Fiskus, der etwa irrtümlich den Anfall für steuerfrei gehalten oder auf Grund einer irrigen Wertangabe die Steuer zu niedrig berechnet hatte, nicht im Wege, wenn sich nachträglich herausstellt, daß sie den thatsächlichen Verhältnissen nicht entsprochen hat. R.G. III. Urt. vom 9. Dezember 1881, J.M.Bl. 1882 S. 377; II. Urt. vom 21. Oktober 1892, Jur. Woch. S. 492 Nr. 45; Bolze, Bd. 15 Nr. 542.

Das Gleiche gilt aber auch zu Gunsten des Steuerpflichtigen; es kann sich daher die Steuerbehörde gegenüber seiner Forderung auf Erstattung eines zu Unrecht gezahlten Betrages nicht auf den, den Thatsachen nicht entsprechenden Inhalt der Bescheinigung berufen.

V. Die Frage, ob die Steuerbehörde befugt ist, fällige **Steuern zu stunden,** ist (abgesehen von den besonderen Fällen, in denen eine Aussetzung der Versteuerung ausdrücklich zugelassen ist, vgl. §§ 23—25) im Gesetze nicht generell geregelt, unterliegt daher der Entscheidung des F.M. Diesem ist jedoch insofern eine Schranke gesetzt, als nach dem in dieser Beziehung noch geltenden § 8 der Instruktion für die Oberrechnungskammer vom 18. Dezember 1824 (Kamptz Ann., Bd. 9 S. 2) — vgl. Hue de Grais, Handbuch, S. 161 — solche Stundungen nur durch die Ministerien und die obersten Verwaltungsbehörden bewilligt werden dürfen. Danach ist der F.M. zwar befugt, selbst Stundungen zu gewähren oder eine im Einzelfalle gewährte Stundung zu genehmigen, nicht aber befugt, dieses Recht den Provinzialsteuerdirektoren generell zu delegieren. Dagegen hat der F.M. in einem wohl zu generalisierenden Reskripte erklärt, daß er die von dem P.St.D. gewährten Stundungen nicht beanstanden werde, wenn die bewilligten Fristen von kurzer Dauer sind und sich nicht über das jeweilige Etatsjahr hinaus erstrecken. Siehe F.M.R. vom 25. Juni 1891 III 8511, abgedruckt bei H.G., S. 1101 Anm. 108b.

VI. **Die Erhebung der Steuer muß** jedenfalls insoweit erfolgen, als der Nachlaß zu ihrer Zahlung liquid ist. Nicht liquid ist aber ein Teil des Nachlasses, an welchen noch Ansprüche dritter Personen erhoben werden. Bezüglich dieses Teiles muß daher die Entrichtung der Steuer bis zur Abweisung oder Anerkennung der erhobenen Ansprüche ausgesetzt bleiben. F.M.R. vom 26. November 1844 III 25437, erwähnt bei H.G., S. 1100 Anm. 107. Indes gilt dieses nur für solche Ansprüche, welche ernstlich geltend gemacht und binnen angemessener Frist nötigenfalls im Prozeßwege verfolgt werden. — Ein etwa schwebender freihändiger oder zwangsweiser Verkauf eines Nachlaßgrundstückes steht der Berechnung und Entrichtung der Steuer nicht entgegen, indem für die Berechnung nach § 14 allein der besonders zu ermittelnde gemeine Wert zur Zeit des Anfalls in Betracht kommt. Ähnlich für das frühere Recht die bei H.G., S. 1100 Anm. 107 abgedr. Rev.Prot. des F.M. vom 28. April 1867 und vom 19. Juli 1871.

VII. Wegen der Befugnis des Staatsoberhauptes, geschuldete Steuern im **Gnadenwege** niederzuschlagen, siehe die systematische Einleitung.

VIII. **Einfluß der Konkurseröffnung auf die Erbschaftssteuer.**

Die Erbschaftssteuer bildet immer nur eine Schuld des Erwerbers des steuerpflichtigen Anfalls oder einer der gemäß § 30 d. G. verpflichteten Personen. Eine Konkursforderung des Fiskus wegen Erbschaftssteuer kann daher nur im Konkurse einer dieser Personen, nie im Konkurse über das Vermögen des während des Konkurses verstorbenen Erblassers oder über seinen Nachlaß in Betracht kommen. Der Konkurs über den Nachlaß des Erblassers, der nach § 202 K.O. nur eröffnet werden kann, wenn entweder ein Erbe fehlt oder wenn der Erbe Benefizialerbe ist, hat demnach blos für den Fall eine gewisse Bedeutung, daß die gesetzliche Voraussetzung für die Eröffnung des Verfahrens, nämlich die Überschuldung des Nachlasses (§ 203 K.O.), sich im Resultate als irrig erweist und der suffiziente Nachlaß noch ein Aktivum ergiebt, um welches schließlich entweder der Benefizialerbe oder der eintretende gesetzliche Erbe „reicher wird". Hiervon muß der Benefizialerbe, wenn die sonstigen Voraussetzungen gegeben sind, Erbschaftssteuer entrichten; die auf Bezahlung dieser Steuer gerichtete Forderung kann aber nicht etwa als eventuelle in dem Konkurse angemeldet werden. Fällt das gedachte Aktivum als erblose Verlassenschaft an den preußischen Fiskus (s. S. 5 unter δ), so wird eine Steuer nicht erhoben. Haben gewisse Korporationen als gesetzliche Erben darauf Anspruch, so müssen diese, sofern sie nicht zu den subjektiv befreiten Persönlichkeiten gehören, die Steuer bezahlen. Vgl. hierzu die Urt. des L.G. u. O.L.G. Colmar vom 3. Februar 1882 und vom 19. Oktober 1883, Jur. Zeitschrift für Elsaß-Lothringen, Bd. 7 S. 181 und Bd. 9 S. 61, 300.

Wird über das Vermögen des für die Steuer haftenden Schuldners der Konkurs eröffnet, so kann sie nur dann im Konkurse geltend gemacht werden, wenn sie zur Zeit der Eröffnung des Verfahrens bereits begründet war (§§ 2, 100 K.O.) In diesem Falle genießt sie das im § 54 Nr. 2 K.O. den öffentlichen Abgaben gewährte Vorrecht, wenn sie im letzten Jahre vor der Eröffnung des Verfahrens fällig geworden ist oder nach § 58 K.O. als fällig gilt. Das trifft für das Konkursrecht zu, wenn das die Steuerpflicht begründende Ereignis im letzten Jahre vor der Eröffnung des Konkurses eingetreten ist. Denn schon mit diesem Augenblicke (vgl. § 14 Anm. IV) hat die Steuerbehörde einen wenn auch betagten Anspruch auf die nur noch ihrer Höhe nach der näheren Bestimmung bedürftige Steuer, welcher nach § 58 K.O. im Konkurse als fällige Forderung zu behandeln ist. Vgl. Motive zur K.O. S. 254, 255. Wollte man hier die Steuerforderung erst mit dem Augenblicke, wo sie zahlbar wird, als fällig geworden betrachten, so würde der zufällige Umstand der schleunigeren oder langsameren geschäftlichen Behandlung des Falles auf ihre Beitreibung von unberechtigtem Einfluß sein. Dem sollte aber gerade durch die Fassung des § 54 Nr. 2 K.O., wie die Motive erkennen lassen, vorgebeugt werden.

Durch die Anmeldung der Forderung im Konkurse wird die Verjährung unterbrochen.

Hat die Steuerbehörde vor der Konkurseröffnung gemäß §§ 39, 40, 41 Nr. 9 K.O., sei es auch nur durch eine im Verwaltungswege erfolgte Sicherungs- oder Vollstreckungspfändung, ein Absonderungsrecht erworben, so wird sie insoweit abgesonderte Befriedigung erlangen. Der § 41 Nr. 1 K.O. findet auf die Erbschaftssteuer keine Anwendung, weil er sich, wie die Motive zutreffend bemerken, nur auf Zölle, Verbrauchssteuern, Übergangsabgaben und andere öffentliche Abgaben bezieht, wegen deren sich die Steuerbehörde an die ihnen unterworfenen Sachen unmittelbar halten kann. S. Hollerith, S. 81, und die Kommentare zur K.O. von Petersen-Kleinfeller S. 19, 274, 275, 577 ff.; v. Wilmowski, S. 213, 249,250, 513 ff.

Geldstrafen, wozu in dieser Beziehung auch die auf Grund des § 38 Abs. 3 d. Ges. verhängten Ordnungsstrafen zu rechnen sind, können nach § 56 Nr. 3 K.O. im Konkursverfahren nicht geltend gemacht werden.

§ 42.

Zulässigkeit des Rechtsweges.

Die Bestimmungen in den §§ 11 und 12 des Gesetzes, betreffend die Erweiterung des Rechtswegs, vom 24. Mai 1861 (Gesetz-Samml. S. 241) finden auch auf die nach Vorschrift dieses Gesetzes zu entrichtende Erbschaftssteuer Anwendung. Eines Vorbehaltes bei Zahlung der Erbschaftssteuer (§ 12 des Gesetzes vom 24. Mai 1861) bedarf es nicht.

Insoweit die gänzliche oder theilweise Erstattung der erlegten Steuer wegen eines nach deren Festsetzung eingetretenen Ereignisses verlangt werden kann,

ist die Klage bei Verlust des Klagerechts binnen Jahresfrist nach dem Eintritt des Ereignisses anzubringen.

Entw. I von 1872 § 40; Mot. von 1872 S. 65; Komm.Ber. von 1872 S. 845; Ges. von 1873 § 40; Mot. von 1890 S. 250; Komm.Ber. von 1890 S. 1616; Entw. von 1890 Art. 1 Ziff. 12; Ges. von 1891 Art. 1 Ziff. 10.

I. **Entstehungsgeschichte.** Die in Abs. 1 durch die Novelle von 1891 herbeigeführten Veränderungen sind lediglich formeller Natur. In dem Gesetze von 1873 waren außer den §§ 11 und 12 auch die §§ 13 und 14 des Ges. vom 24. Mai 1861, sowie der Art. 5 der für die neuen Landesteile erlassenen Verordnung vom 16. September 1867 (Ges.S. S. 1515) zitiert. Die §§ 13 und 14 des genannten Gesetzes waren durch die spätere Gesetzgebung hinfällig geworden, nämlich § 13 durch G.V.G. § 70 Abs. 3, Preuß. A.G. zum G.V.G. vom 24. April 1878 § 39 und C.P.O. § 509, der § 14 durch E.G. z. St.P.O. § 6 und St.P.O. § 261. Auch der Art. 5 der Verordnung vom 16. September 1867 war durch die zuletzterwähnten gesetzlichen Bestimmungen bedeutungslos geworden.

II. Wer der Ansicht ist, daß eine Erbschaftssteuer von ihm zu Unrecht gefordert oder bezahlt ist, kann die **Beschwerde** im Aufsichtswege an den Provinzialsteuerdirektor und gegen dessen Bescheid an den Finanz-Minister einlegen. Auch ist die vorgesetzte Behörde kraft ihres Aufsichtsrechts — vgl. R.G. IV. Urt. vom 6. Juni 1887, Gruchot Bd. 31 S. 1034 — befugt, jederzeit einen von einem Erbschaftssteueramte zu Unrecht erhobenen Steuerbetrag zu beanstanden und die Rückzahlung anzuordnen. Die Befugnis des Finanz-Ministers erstreckt sich, wie in zahlreichen M.R. zutreffend bemerkt wird, nicht auf den Erlaß der nach dem Gesetze geschuldeten Steuerbeträge aus Gründen der Billigkeit (ein solcher kann vielmehr nur im Wege der landesherrlichen Gnade erfolgen; siehe die systemat. Einleitung), sondern lediglich auf die Anordnung der Erstattung solcher Beträge, die auf Grund irrtümlicher Auslegung des Gesetzes gefordert worden sind. Zur Sicherung der gleichmäßigen Anwendung des Gesetzes bei den Erbschaftssteuerämtern dienen die im Finanzministerium erfolgenden regelmäßigen Revisionen der Erbschaftssteuertabellen.

Abgesehen hiervon aber wird demjenigen, der sich durch die Erforderung oder Beitreibung einer Erbschaftssteuer beschwert fühlt, durch § 42 die **Beschreitung des Rechtsweges** gestattet, und zwar sofort, ohne daß er zuvor den Beschwerdeweg zu betreten braucht. **R.G. IV.** Urt. vom 6. Juni 1887, Gruchot Bd. 31 S. 1034, und die daselbst angeführten Urt. v. 29. Juni 1882 IV 481. 82 u. v. 5. Februar 1883 IV 516. 82; s. ferner R.G. III, Urt. v. **24. Februar 1893, C.S. Bd. 31 S. 30.**

Der § 42 trifft nur darüber Bestimmung, inwieweit der E r w e r b e r e i n e s A n f a l l s **über die Frage seiner Steuerpflicht eine Entscheidung der Gerichte anrufen kann. Dagegen handelt er nicht von der Befugnis der Steuerbehörde zur Beschreitung** des Rechtsweges. **Dieser steht es, wie schon in Anm. III zu § 41 hervorgehoben worden ist,** jederzeit frei, auf die **Beitreibung der von ihr festgesetzten Steuer im Verwaltungszwangs**verfahren zu verzichten und (je **nach** Lage **des Falles im Wege der Leistungs-** oder der Feststellungsklage) eine gerichtliche Entscheidung herbeizuführen.

Nur wegen der Erbschafts s t e u e r ist der Rechtsweg **durch § 42 zugelassen. Wegen** einer auf Grund des Erbschaftssteuergesetzes im Wege des Strafverfahrens festgesetzten und bezahlten Strafe findet, abgesehen von den strafprozessualisch etwa gewährten Rechtsmitteln eine Beschreitung des Rechtsweges nicht statt. Ob.Tr. I **vom 5. November 1877,** Entsch. Bd. 81 S. 122 Vgl. jedoch Anm. **XI** zu § 38 und **Anm. III** zu § 39.

Zu Abs. 1.

III. **Abs. 1 bezieht sich** sowohl auf den Fall, in welchem eine Steuerforderung in dem Augenblick der Festsetzung durch die Steuerbehörde überhaupt nicht oder nicht in der behaupteten Höhe zu Recht besteht, als auch auf den Fall, daß wegen eines nach der Festsetzung eingetretenen Ereignisses die Erstattung der erlegten Steuer beansprucht werden kann. Im letzteren Falle findet indes außerdem Abs. 2 Anwendung.

IV. Die angezogenen **Bestimmungen des Gesetzes vom** 24. **Mai 1861** lauten:

§ 11. Wer zur Entrichtung eines Werthstempels oder eines nicht nach dem Betrage des Gegenstandes zu bemessenden Vertragsstempels gar nicht oder nicht in dem geforderten Betrage verpflichtet zu sein vermeint, ist befugt, dies gerichtlich geltend zu machen.

§ 12. Die Klage ist bei Verlust des Klagerechts binnen sechs Monaten nach erfolgter Beitreibung oder mit Vorbehalt geleisteter Zahlung des Stempelbetrages anzubringen. Hinsichtlich der Stempel, welche zu Gerichtskassen eingezogen werden, ist die Klage gegen die betreffende Salarienkassen-Verwaltung, in allen übrigen Fällen gegen die zur Verwaltung der indirekten Steuern bestimmte Provinzialbehörde zu richten.

Zur Erläuterung dieser Vorschriften sei Folgendes bemerkt. Der wohl nur selten vorkommende Fall, daß die Steuerbehörde den Rechtsweg beschreitet, ist dabei im allgemeinen außer Acht gelassen.

Der Ausdruck „Wertstempel" ist für das geltende Recht insofern unzutreffend, als die Erbschaftsabgabe jetzt nicht mehr in Form eines Stempels erhoben wird.

a) Der Rechtsweg ist zulässig:

1. Wegen eines bereits gezahlten oder erst geforderten Steuerbetrages (wegen der Form der Geltendmachung im letzteren Falle vgl. unten b); nicht wegen der Strafen. Im übrigen siehe oben Anm. II, insbesondere die dort angeführten Urt. des R.G.
2. Wegen des Anspruches des Fiskus auf Sicherstellung eines zukünftig fälligen Steuerbetrages; denn auch dieser Anspruch hat seinen Rechtsgrund in einer, wenn schon bedingten oder betagten, Steuerforderung. Wer zur Leistung der Sicherheit sich nicht für verpflichtet hält, ist daher ebenfalls einer, der „zur Entrichtung einer Erbschaftssteuer nicht verpflichtet zu sein vermeint".
3. Wegen der Zinsen des zu Unrecht gezahlten Betrages an Steuer oder Sicherheit; denn der Zinsanspruch ist eine Nebenforderung, welche den gleichen Grundsätzen unterliegt, wie die Hauptforderung. Ob und in welchem Umfange der Fiskus zur Entrichtung von Zinsen verpflichtet ist, bestimmt sich nach dem bürgerlichen Recht. Es kommen, falls nicht im Einzelfalle die condictio indebiti Platz greift, die Grundsätze der cond. ob injustam causam zur Anwendung. Vgl. Dernburg, Pand., II §§ 138, 140; Windscheid, II §§ 422, 423; Dernburg, Pr. Privatr. II § 290; Förster-Eccius, II § 150 S. 486; Rehbein, Ob.Tr. Entsch., III S. 88 ff.

   Für das Gebiet des A.L.R. ist die Verpflichtung des Fiskus zur Erstattung von 5% Zinsen seit dem Tage der Zahlung in konstanter Judikatur angenommen. Vgl. die bei Rehbein, Ob.Tr.Entsch., angeführten Ob.Tr.Erkenntnisse; ferner R.G. IV. Urt. v. 7. April 1884, Gruchot, Bd. 27 S. 915; IV. Urt. v. 21. April 1892, C.S. Bd. 29 S. 237.

   Das Gleiche wird für das gemeine Recht anzunehmen sein. Vgl. Dernburg und Windscheid, a. a. O.; auch R.G. III. Urt. v. 8. Juli 1892, C.S. Bd. 30 S. 173.

   Im Gebiete des französischen Rechts hingegen ist der Fiskus nicht verpflichtet, Zinsen zu entrichten. Das Oberlandesgericht Colmar hat, im Anschluß an die konstante Rechtsprechung ausgeführt, daß die Art. 1153 und 1377 des Code civil auf die ausschließlich dem öffentlichen Rechte angehörigen Gebiete keine Anwendung finden, und daß Steuern ohne ausdrückliche Bestimmung des Gesetzes in ihrem Betrage eine Abminderung nicht erleiden dürfen. Urt. vom 21. Januar 1887, abgedruckt im Amtsblatte des Generaldirektors der Zölle und indirekten Steuern für Elsaß-Lothringen von 1888 S. 635, erwähnt bei Hollerith, S. 82. S. auch die Urt. bei Reutti-Grosch, S. 114, 120. Der Zinsanspruch kann selbständig verfolgt werden, wenn die Steuer oder die Sicherheit selbst bereits zurückgezahlt ist. Dafür spricht, wie in dem Urt. des R.G. IV v. 21. April 1892, C.S. Bd. 29 S. 237 ausgeführt wird, die Fassung des § 39 Ziff. 4 des A.G. z. G.V.G. und der auch für den Zinsenanspruch zutreffende Grund des Gesetzes, wegen der Tragweite der hinsichtlich der Ansprüche des § 39 zu entscheidenden Fragen und der in der Sache liegenden Anforderung möglichster Gleichmäßigkeit der Entscheidungen, auch wenn der Gegenstand des Anspruchs im einzelnen Falle nur ein geringer ist, die Einrichtung der Kollegialgerichte und den vollen Zug der Rechtsmittel nutzbar zu machen.

4. Wegen etwaiger sonstiger Nebenforderungen (Auslagen an Porto, Kosten der Beitreibung), welche dem Steuerpflichtigen gegen den Fiskus zustehen und ihren Rechtsgrund in der zu Unrecht geforderten Erbschaftssteuer haben.

Für das Gebiet des A.L.R. ist die Verpflichtung des Fiskus zur Erstattung der durch die zwangsweise Beitreibung der Steuer verursachten Kosten anerkannt durch Erk. des Ob.Trib. vom 29. November 1872, abgedr. bei H.G. S. 156 Anm. 29c. S. ferner R.G. IV. Urt. vom 7. April 1884, Gruchot, Bd. 28 S. 915. Wegen des gemeinen und des französischen Rechts s. Anm. 3.

b) Die gerichtliche Geltendmachung der völligen oder teilweisen Steuerfreiheit oder nach Rückzahlung der Steuer die Verfolgung des Zinsenanspruchs oder sonstiger, in der Regel nur als Nebenforderungen in Betracht kommender Ansprüche — s. R.G. IV, Urt. vom 21. April 1882, C.S. Bd. 29 S. 237 — geschieht, falls die Steuerbehörde klagt, im Wege der Einrede (wegen der Beweislast vgl. unten Anm. e), sonst durch Erhebung der Klage. Das Mahnverfahren ist zulässig; die Bestimmung des A.G. zum G.V.G. vom 24. April 1878 § 39 Nr. 4, wonach für die Ansprüche gegen den Landesfiskus in Betreff der Verpflichtung zur Entrichtung einer Erbschaftssteuer die Landgerichte ohne Rücksicht auf den Wert des Streitgegenstandes zuständig sind, steht der Zulässigkeit des Mahnverfahrens nicht entgegen. Denn zur Erlassung eines Zahlungsbefehls ist, wenn die Voraussetzungen des § 628 C.P.O. vorliegen, nach § 629 das Amtsgericht zuständig, bei welchem der allgemeine persönliche Gerichtsstand für die im ordentlichen Verfahren erhobene Klage begründet sein würde, wenn die Amtsgerichte in erster Instanz sachlich unbeschränkt zuständig wären. R.G. III, Urt. vom 17. September 1889, C.S. Bd. 24 S. 195; Seuffert, Anm. 2 vor § 628; v. Wilmowski-Levy, Anm. 2 zu § 628.

Bei der Klagerhebung im ordentlichen Prozesse kann der Klagantrag auf Zahlnng oder, wenn die Erfordernisse des § 231 C.P.O. vorliegen, auf Feststellung lauten. Der § 12 des Ges. von 1861 hat nicht die Bedeutung, daß erst geklagt werden könne, nachdem (freiwillig oder infolge zwangsweiser Beitreibung) gezahlt sei. Ob.Tr. V vom 4. November 1862, G.A. Bd. 15 S. 605; Ob.Tr. V vom 30. April 1864, Strieth. Arch., Bd. 54 S. 145, Centr.Bl. S. 274; vgl. auch R.G. III, Urt. vom 24. Februar 1893, C.S. Bd. 31 S. 30. Ein rechtliches Interesse an der alsbaldigen Feststellung des Rechtsverhältnisses durch richterliche Entscheidung kann der Erwerber eines Anfalls insbesondere dann haben, wenn die Steuerbehörde mit der Einleitung des Strafverfahrens wegen Steuerdefraudation droht — vgl. R.G. III. Urt. vom 24. Februar 1893, C.S. Bd. 31 S. 30 — oder mit der Behauptung, der Anfall unterliege einer noch nicht fälligen Steuer, für die letztere Sicherstellung fordert. Ist die Sicherheit bereits geleistet, so kann die Feststellungsklage wegen der Steuer mit der Klage auf Rückgabe der Sicherheit verbunden werden. Vergleiche im übrigen wegen der Voraussetzungen der Feststellungsklage die Kommentare zu § 231 C.P.O. und Stölzel, über Proberelationen, 2. Aufl., S. 28ff.; Schulung für die civilistische Praxis, 2. Aufl., S. 162, 208.

Die Erhebung einer Widerklage ist unter den in der C.P.O. normierten Voraussetzungen zulässig. Vgl. O.L.G. Colmar, Urt. vom 11. November 1880 und vom 11. November 1889, angeführt bei Hollerith, S. 79.

c) Besondere formelle Voraussetzungen für die Beschreitung des Rechtsweges sind nicht aufgestellt. Das Erfordernis des Vorbehalts bei der Zahlung ist durch § 42 Abs. 1 des Erbschaftssteuergesetzes beseitigt worden, weil es bei der Erbschaftssteuer leicht vorkommen kann, daß ein Erbe oder Miterbe die einen anderen Miterben oder Vermächtnisnehmer treffende Steuer ohne Vorbehalt zahlt. Wäre nur die Zurückforderung einer mit Vorbehalt gezahlten Erbschaftssteuer zulässig, so könnte der Zahlende leicht anderen Beteiligten, auf deren Interesse er nicht genügend Rücksicht nimmt, das Klagerecht abschneiden. Das an sich nicht erhebliche Erfordernis des Vorbehalts ist deshalb aufgegeben (Mot. von 1872 S. 65). — Ebensowenig ist die Zulässigkeit der Klage auf Rückzahlung eines Betrages davon abhängig, daß die Erstattung vorher von dem betr. Provinzialsteuerdirektor abgelehnt worden ist. R.G. IV. Urt. vom 21. April 1892, abgedruckt bei H.G., S. 50 Note 1. Wegen des Einflusses auf die Prozeßkosten vgl. unten Anm. e.

d) Aktiv- und Passiv-Legitimation.

Zur Klagerhebung legitimiert ist bei der Klage auf Rückzahlung der bereits gezahlten Steuer oder geleisteten Sicherheit: derjenige, welcher persönlich oder durch einen Vertreter gezahlt hat; bei der negativen Feststellungsklage: derjenige, welcher von der Steuerbehörde auf Zahlung oder Sicherheitsleistung in Anspruch genommen wird. In allen Fällen ist auch der allgemeine oder der besondere Rechtsnachfolger dieser Personen zur Beschreitung des Rechtsweges befugt.

Die Klage ist zu richten gegen den preußischen Steuerfiskus, vertreten durch denjenigen Provinzialsteuerdirektor, welcher die Steuer festgesetzt oder gefordert hat oder zu dessen Bezirk das Erbschaftssteueramt gehört, das die Steuer berechnet und festgestellt hat, ohne Rücksicht darauf, an welche Kasse die Zahlung der Steuer erfolgt ist. R.G. IV. Urt. vom 5. Dezember 1889, C.S. Bd. 25 S. 247; R.G. III. vom 3. Dezember 1883, C.Bl. von 1884 S. 22. In Übereinstimmung hiermit ist durch das F.M.R. vom 3. Januar 1884 III 16678 an den P.St.D. in B., bei H.G., S. 500 Anm. 8, bestimmt, daß auch die Prüfung der Anträge auf Erstattung angeblich zu Unrecht erhobener Beträge und die etwaige Anordnung der Rückzahlung durch den nach dem R.G. Urt. von 1883 zuständigen Provinzialsteuerdirektor zu erfolgen habe.

Wegen der Zulässigkeit der Haupt- und Nebenintervention sowie der Streitverkündung vgl. die Kommentare zur C.P.O.

e) Substanziierung und Beweislast. Zur Substanziierung der von dem Erwerber des Anfalls erhobenen Klage genügt die Behauptung, daß für den näher bezeichneten Anfall von der Steuerbehörde zu Unrecht Steuer gefordert oder beigetrieben sei. Diese Behauptung kann auch damit begründet werden, daß der zurückgeforderte Steuerbetrag bereits vor erfolgter Zahlung oder Beitreibung getilgt oder verjährt gewesen sei — vgl. § 9 Ges. vom 24. Mai 1861 — oder daß dem Kläger ein subjektiver Befreiungsgrund zur Seite stehe. Die Steuerbehörde muß in allen Fällen die die Steuerpflichtigkeit des Anfalls und die Höhe der Steuer begründenden Thatsachen behaupten und beweisen. Dies ist ohne weiteres klar in dem Falle, wo die Steuerbehörde die Steuer noch nicht beigetrieben hat und auf Zahlung oder Sicherstellung klagt. Es gilt aber auch, wenn nach Beitreibung der Steuer der in Anspruch genommene die Rückzahlung verlangt. Denn die Zulässigkeit des Verwaltungzwangsverfahrens soll lediglich im Staatsinteresse die vorläufige rasche, von der Durchführung eines Prozesses unabhängige Einziehung der Steuer sichern, bewirkt aber keine Änderung der Beweislast — so schon Ob.Tr. I vom 16. Juni 1865, Striethorst Arch., Bd. 58 S. 348; Entsch. Bd. 54 S. 393; Ob.Tr. I vom 22. Februar 1867, G.A. Bd. 15 S. 690; R.G. III. Urt. vom 30. Mai 1890 und 8. Juli 1892, C.S. Bd. 26 S. 55, 56; Bd. 30 S. 173, Jur. Woch. S. 400. Die Grundsätze, welche hierüber bei der condictio indebiti gelten, können bei der hier zugelassenen Klage auch nicht einmal analoge Anwendung finden. Denn der bei der condictio wesentliche Punkt: daß jemand infolge irgend eines Irrtums eine Zahlung geleistet hat, ist hier ohne jede Bedeutung. Bei der condictio hat aber der Zahlende die Nichtexistenz der Schuld gerade um deswillen zu beweisen, weil er gegen seine eigene, freiwillig vorgenommene Handlung ankämpfen, sie als auf Irrtum beruhend darstellen muß. Das trifft bei der Rückforderung eines Steuerbetrages nicht zu. Der in Anspruch genommene zahlt hier immer nur im Hinblick auf die ihm sonst drohende zwangsweise Beitreibung.

f) Bezüglich der Beweismittel gelten die allgemeinen Grundsätze der C.P.O. Beiden Parteien stehen sämtliche Beweismittel zu Gebote; insbesondere kann die Steuerbehörde dem Steuerpflichtigen gegenüber von der Eideszuschiebung Gebrauch machen. Die Beschränkung auf die Versicherung an Eidesstatt bezieht sich nur auf das vor der Steuerbehörde stattfindende Ermittelungsverfahren. Nach R.G. I. Urt. vom 12. November 1884, C.S. Bd. 15 S. 336, ist die Eideszuschiebung über den Wert einer Sache durch § 410 C.P.O. nicht unbedingt ausgeschlossen; sie ist vielmehr zulässig, wenn der Schwörende auf Grund der ihm nach seiner Stellung und Lebenserfahrung geläufigen thatsächlichen Verhältnisse die zur Beurteilung des Wertes der Sache erforderliche Sachkenntnis besitzt. Ebenso die herrschende Meinung, vgl. Seuffert, Anm. 2 und v. Wilmowski-Levy Anm. 1 zu § 410 C.P.O. S. aber wegen der eidesstattlichen Versicherung Anm. II zu § 39.

Ein dem Vertreter des Fiskus zugeschobener, zurückgeschobener oder auferlegter Eid ist von dem Provinzialsteuerdirektor, gegen welchen die Klage gerichtet ist, zu leisten.

Der Provinzialsteuerdirektor, welcher im Namen des Fiskus klagt, oder gegen welchen die Klage gerichtet ist, kann, weil er gesetzlicher Vertreter einer Prozeßpartei ist, weder als Zeuge noch als Sachverständiger vernommen werden. Vgl. R.G. Urt., C.S. Bd. 2 S. 400, Bd. 12 S. 188; Seufferts Arch. Bd. 40 S. 364; Jur. Woch. 1892 S. 180 Nr. 5. Die Vernehmung der bei der Provinzialsteuerdirektion angestellten Beamten als Zeugen oder Sachverständigen ist gesetzlich zulässig.

Über das Ergebnis der Beweisaufnahme entscheidet das Gericht nach freier Überzeugung § 259 C.P.O.

g) Das Gericht, bei welchem die Klage auf Feststellung der Nichtverpflichtung zur Zahlung der Erbschaftssteuer erhoben ist, ist nicht befugt, durch einstweilige Verfügung vor Erlassung des Endurteils in der Hauptsache die Einstellung des Verwaltungszwangsverfahrens anzuordnen. Die Vorschriften der §§ 647, 657, 668, 685, 688, 689, 690, 710 C.P.O. beziehen sich nur auf gerichtliche Zwangsvollstreckungen und sind auf Verwaltungszwangsvollstreckungen nicht ohne weiteres anwendbar. Aus der Verordnung vom 7. September 1879 ist eine derartige Befugnis nicht herzuleiten, vielmehr spricht ihr § 25 dagegen; darnach kann nämlich der Schuldner sich gegen die Pfändung nur schützen, wenn er entweder eine Fristbewilligung vorzeigt oder die vollständige Berichtigung des beizutreibenden Geldbetrages durch Quittung oder durch Vorlegung eines Postscheins nachweist, aus welchem sich ergiebt, daß der Betrag an die für die Einziehung zuständige Stelle eingezahlt ist. R.G. IV. Urt. vom 20. März 1890, C.S. Bd. 25 S. 406.

h) Klagenverjährung. Die Klage muß binnen sechs Monaten nach erfolgter Beitreibung oder geleisteter Zahlung der Steuer angebracht werden (wegen der Beseitigung des Erfordernisses des Vorbehalts bei der Erbschaftssteuer siehe § 42 Abs. 1 d. Ges. und oben Anm. c). Das Gesetz bezeichnet als Folge der Fristversäumnis Verlust des Klagerechts. Im einzelnen ist zu bemerken:

1. Die Frist ist keine Präklusiv-, sondern eine Verjährungsfrist. So Förster-Eccius, I S. 217 Anm. 20; Ob.Trib. I vom 17. Juni 1878, C.Bl. S. 217, J.M.Bl. 1879 S. 15; und — mit ausführlicher Begründung — R.G. IV. Urt. vom 27. Septbr. 1886, C.S. Bd. 17 S. 206, III. vom 17. Januar 1890, C.S. Bd. 24 S. 199.

   Es finden daher die Grundsätze Anwendung, welche in dem maßgebenden bürgerlichen Rechte für die erlöschende Verjährung gelten. Daraus ergiebt sich:

   α) Die Dauer der Frist ist für das Gebiet des A.L.R. nicht gleich 6 Kalendermonaten, sondern sechsmal 30 Tagen gleich 180 Tagen (A.L.R. I 9 § 550, vgl. das oben erwähnte R.G. Urt. C.S. Bd. 17 S. 206). Im gem. und französ. Rechte wird nach Kalendermonaten gerechnet. Die Frist endigt mit Ablauf desjenigen Tages des letzten Monats, welcher durch seine Zahl dem Tage entspricht, an dem die Frist begonnen hat; fehlt dieser in dem letzten Monate, so endigt die Frist mit Ablauf des letzten Tages dieses Monats. So Dernburg,

Pand. I § 89; Zachariä-Crome, I § 132; Crome, Allg. Teil, § 38 Anm. 13 ff. Abweichend Windscheid, I § 103.

β) Der Ablauf der Frist ist nicht von Amtswegen zu berücksichtigen, sondern nur auf Anrufen der Steuerbehörde, welche diejenigen Thatsachen behaupten und beweisen muß, aus denen sich der Ablauf der Verjährungsfrist ergiebt.

γ) Ob nach Ablauf der Frist eine natürliche Verbindlichkeit zur Rückzahlung eines zu Unrecht eingeforderten Steuerbetrages bestehen bleibt, hängt davon ab, ob das maßgebende bürgerliche Recht einer verjährten Forderung eine derartige Fortexistenz zuschreibt. Über diese so bestrittene Frage vgl. für das gem. Recht: Dernburg, Pand. I § 151; für das preuß. Recht: Dernburg, Pr. Privr., I § 170; Förster-Eccius I § 51. Nach französ. Rechte ist der völlige Untergang der Forderung anzunehmen. Zachariä-Crome, I § 147; Crome, Allg. Teil, I. § 43 Anm. 61 ff. Wo eine natürliche Verbindlichkeit bestehen bleibt, muß die Steuerverwaltung für befugt erachtet werden, auch den verjährten Anspruch noch zu befriedigen. Ist dagegen das Forderungsrecht vollständig erloschen, so kann die Rückzahlung nur noch im Wege der landesherrlichen Gnade angeordnet werden.

δ) Der Lauf der Frist beginnt mit dem Tage der Beitreibung oder der Zahlung der Steuer oder der Sicherheit. Entscheidend ist der Zeitpunkt der thatsächlich geleisteten Zahlung, nicht derjenige der — vielleicht erst später erfolgenden — Buchung der Zahlung bei dem Haupt-Zoll- bezw. Haupt-Steueramte. Es ist daher durch eine Verf. des P.St.D. zu Berlin vom 12. Dezember 1890 St. 4321, bei H.G., S. 1101 Note 1, das dortige Erbschaftssteueramt angewiesen, in allen Fällen, in welchen die Steuer bei einem Unteramte gezahlt worden ist, den Tag der Einzahlung bei diesem besonders festzustellen, wenn nicht nach den sonstigen Umständen die Klagefrist als gewahrt angesehen werden kann. Wegen des Endes der Frist s. Anm. α.

ε) Für die Unterbrechung der Frist gelten die allgemeinen Grundsätze der Unterbrechung der Klagenverjährung. Insbesondere wird ihr Lauf unterbrochen αα) durch Zustellung eines Zahlungsbefehls; R.G. IV. Urt. vom 17. Septbr. 1889, C.S. Bd. 24 S. 195; wegen der Zulässigkeit des Mahnverfahrens überhaupt vgl. oben Anm. IV b); ββ) durch rechtzeitige Erhebung der Klage, auch wenn sie als unsubstanziiert abgewiesen ist; R.G. III. Urt. vom 14. Juni 1881, C.S. Bd. 5 S. 122; γγ) auch durch Erhebung der Klage bei einem unzuständigen Gerichte; R.G. III Urt. vom 17. Januar 1890, C.S. Bd. 24 S. 199.

2. Wirkung des Fristablaufs ist: Verlust des Klagerechts. „Klagerecht" bedeutet hier: gerichtliche Geltendmachung im Sinne des § 11 des Gesetzes von 1861, umfaßt also außer dem Klagerecht auch die Befugnis, die Steuerfreiheit im Wege der Einrede geltend zu machen. Ein von der Steuerbehörde bereits anerkanntes Rückforderungsrecht unterliegt nicht der kurzen Verjährung von sechs Monaten, sondern der in dem maßgebenden bürgerlichen Rechte für vertragsmäßige Ansprüche allgemein festgesetzten Frist. Vgl. F.M.R. vom 4. Januar 1889 III 23641 an den P.St.D. in B., bei H.G., S. 49 Anm. 52 c.

i) Die Entscheidung über die Prozeßkosten erfolgt nach C.P.O. §§ 77—100.

Wegen des Falles, daß die Steuerbehörde zur Erstattung der Prozeßkosten verurteilt wird, vgl. die Cirk.Verf. des F.M. vom 23. März 1883 III 1859, I 3630, abgedruckt im Anhang I.

Der § 98 Abs. 4 des Deutschen Gerichtskostengesetzes vom 18. Juni 1878 (R.G.Bl. S. 141) bestimmt:

Soweit demjenigen, welchem die Gebührenfreiheit zusteht, Kosten des Verfahrens auferlegt werden (§ 86), sind Gebühren überhaupt nicht zu erheben und erhobene zurückzuzahlen.

Vgl. hierzu Allgem. Verf. des J.M. vom 16. April 1884 I 1330 (J.M.Bl. S. 78), abgedruckt im Anhang I.

k) Ausschließlich zuständig zur Entscheidung über die gemäß den §§ 11 und 12 erhobene Klage (wegen des Falles, daß der Anspruch im Mahnverfahren verfolgt wird, siehe oben Anm. IV b) ist ohne Rücksicht auf den Wert des Streitgegenstandes die Civilkammer des Landgerichts; A.G. zum G.V.G. vom 24. April 1878 (Ges.S. S. 230) § 39 Nr. 4; G.V.G. § 70 Abs. 3. Die ausschließliche Zuständigkeit ist auch dann begründet, wenn nach erfolgter Rückzahlung der Steuer oder der Sicherheit eine Nebenforderung gegen den Fiskus selbständig verfolgt wird. So (bezüglich des Zinsanspruches) R.G. IV. Urt. vom 21. April 1892, C.S. Bd. 29 S. 237. Für beide Parteien, auch für die Steuerbehörde, herrscht Anwaltszwang. Die Vollmacht des die Steuerbehörde vertretenden Anwalts muß von dem in der Klage bezeichneten Provinzialsteuerdirektor oder dem ihn nach den Dienstvorschriften vertretenden Beamten unterschrieben sein.

l) Rechtsmittel. Gegen die Endurteile des Landgerichts findet die Berufung an das Oberlandesgericht (C.P.O. § 472, G.V.G. § 123 Nr. 1) statt; gegen die Endurteile des Oberlandesgerichts ist die Revision, über welche das Reichsgericht entscheidet (G.V.G. § 135 Nr. 1), ohne Rücksicht auf den Wert des Beschwerdegegenstandes zulässig (C.P.O. § 509 Nr. 2).

m) Zwangsvollstreckung. Hat die Steuerbehörde ein ihr günstiges Urteil erstritten, so steht es ihr frei, dieses nach den Vorschriften der Civilprozeßordnung vollstrecken zu lassen. Sie kann aber auch hiervon absehen und nunmehr auf Grund des § 41 d. Ges. den ihr zugesprochenen Betrag im Wege des Verwaltungszwangsverfahrens einziehen. Thut sie dies, so kann sie dadurch eine ihr im Urteile gemäß § 650 C.P.O. auferlegte Sicherheitsleistung vermeiden. Wegen des hierbei zu beobachtenden Verfahrens s. die im Anhang teilweise abgedruckte Verordnung vom 7. September 1879 (G.S. S. 591). Die Richtigkeit dieser Ansicht ergiebt sich daraus, daß die Erbschaftssteuer, auch wenn der Steuerpflichtige noch nicht rechtskräftig verurteilt worden ist, im Verwaltungszwangsverfahren beigetrieben werden kann; dies muß umsomehr zulässig sein, nachdem die Steuerbehörde ein rechtskräftiges Urteil erwirkt hat.

Für den Fall des Unterliegens der Steuerbehörde ist zu beachten, daß die landesgesetzlichen Vorschriften über die Zwangsvollstreckung wegen Geldforderungen gegen den Fiskus, insoweit nicht dingliche Rechte verfolgt werden, durch die C.P.O. nicht berührt sind, Einf.Ges. z. C.P.O. § 15 Nr. 4. Nach A.G.O. I 35 § 33 und Anh. § 242; Anh. § 153 z. A.G.O. I 24 § 45, sowie der für das Geltungsgebiet derselben erlassenen Allg. J.M.V. v. 24. März 1882, J.M.Bl. S. 59, ist die Zwangsvollstreckung gegen den Fiskus den Gerichten zugewiesen und darf daher von dem Gerichtsvollzieher im Auftrage des Gläubigers nicht bewirkt werden. Demgemäß sind die aufsichtsführenden Amtsrichter beauftragt, die Gerichtsvollzieher hierüber mit Belehrung zu versehen. Das F.M.R. v. 10. April 1882, III 4403 teilt diese Verfügung mit dem Beifügen mit, im gegebenen Falle den Vorschriften des § 33 A.G.O. I 35 und des § 242 Anh. gemäß die erforderlichen Anordnungen nach Möglichkeit zu beschleunigen. Im Gebiete des gem. Rechts geschieht die Zwangsvollstreckung durch die Gerichtsvollzieher nach der J.M.V. v. 18. Juli 1881, J.M.Bl. S. 160. Für das rheinische Gebiet kommt das rhein. Ressortreglement vom 20. Juli 1818 § 25 zur Anwendung.

n) Weitere Verwaltungsvorschriften über Steuerprozesse s. im Anhange.

Zu Abs. 2.

V. Die Verlängerung der Frist auf ein Jahr für den Fall, daß die gänzliche oder teilweise Erstattung der Steuer wegen eines nach ihrer Festsetzung eingetretenen Ereignisses verlangt werden kann, beruht nach dem Komm.Ber. S. 845 auf der Erwägung, daß neben der sechsmonatigen Frist des Ges. von 1861 noch eine gleiche Frist für die dem Prozesse notwendig vorausgehende Korrespondenz mit der Verwaltungsbehörde erforderlich sei. Der Bericht führt als hierher gehörig die in den §§ 6, 19, 20 und 23 (wohl irrtümlich für 22) der Regierungsvorlage (= §§ 7, 22, 23 und 25 d. Ges.) auf. Es ist z. B. gemäß § 25 d. Ges. die Steuer für unsichere Forderungen und andere zur sofortigen Wertermittelung nicht geeignete Gegenstände nach dem von dem Steuerpflichtigen vorgeschlagenen Werte berechnet und die Berichtigung des Wertansatzes vorbehalten worden. Beim Ausgange derjenigen Verhandlungen, von welchen die Bezahlung der Forderung beziehungsweise die Wertermittelung abhängt, ergiebt sich ein Anspruch des Steuerpflichtigen auf Rückerstattung. Die einjährige Verjährungsfrist für diesen Anspruch läuft von dem Ausgange der gedachten Verhandlungen an. — Ein anderer Fall wäre der, daß ein Erbe gemäß § 10 d. Ges. befugt ist, eine im Auslande geschuldete und erweislich gezahlte Abgabe auf die diesseitige Steuer in Abzug zu bringen. Er hat dies aber bislang nicht thun können, weil er jene Abgabe noch nicht bezahlt hatte. Zahlt er später, so wird die Frist für den Rückerstattungsanspruch von dem Tage der im Auslande bewirkten Zahlung an laufen. —

Hingegen hat die nach Ablauf der Überlegungsfrist erklärte Genehmigung eines Ehemanns zur Erbschaftsentsagung seiner Ehefrau, weil überhaupt ohne rechtliche Bedeutung, nicht die Eigenschaft eines den Beginn der einjährigen Frist zur Anstellung der Klage begründenden Ereignisses. So R.G. IV. Urt. v. 22. Januar 1894, Jur. Woch. S. 134; Bolze, Bd. 18 Nr. 645.

Im übrigen gilt von der einjährigen Frist das oben unter IV h Gesagte mit der Maßgabe, daß die Jahresfrist nach der Kalenderzeit von Datum zu Datum berechnet wird.

Vorbemerkung zu §§ 43—47.

I. **Die §§ 43—47, sowie der Abs. 4 des § 50 behandeln das Erbschaftssteuerstrafrecht.** Der § 43 enthält außerdem in Abs. 1 Vorschriften über die vermögensrechtlichen Folgen der daselbst mit Strafe bedrohten Unterlassung und in Abs. 3 Bestimmungen über Zuständigkeit und Verfahren. Zur Erläuterung sind außer dem Folgenden auch die Ausführungen in der system. Einleitung zu vergleichen.

II. **Verhältnis des Erbschaftssteuerstrafrechts zum Reichsstrafgesetzbuche.**

a) Die Verletzungen der Steuergesetze fallen zum wesentlichen Teile, nämlich soweit sie den Thatbestand der Urkundenfälschung, des vollendeten oder versuchten Betruges und der vorsätzlich oder fahrlässig falschen Versicherung an Eidesstatt erfüllen, an sich unter die Bestimmungen des R.St.G.B., stellen sich mithin als „Materien“ dar, welche Gegenstand desselben sind. (So Olshausen S. 15; Ob.Trib. Urt. vom 12. Juni 1877; Stengleins Zeitschr. Bd. 7 S. 332; R.G. V.Straffen., Urt. vom 4. April 1881, St.S. Bd. 4 S. 50, Rechtsprechung Bd. 3 S. 193; R.G. III. Urt. vom 12. April 1886, St.S. Bd. 14 S. 124; R.G. II. Urt. vom 13. Juli 1886, St.S. Bd. 14 S. 293; Rechtsprechung Bd. 8 S. 534; R.G. I. Urt. vom 11. Februar 1889, St.S. Bd. 18 S. 400; R.G. I. Urt. vom 20. März 1890, St.S. Bd. 20 S. 305.) Sie würden daher an sich der Regelung durch die Landesgesetzgebung entzogen sein, wenn nicht durch § 2 Abs. 2 des E.G. zum R.St.G.B. die besonderen Vorschriften des Landesstrafrechts über strafbare Verletzungen der Steuergesetze ausdrücklich aufrecht erhalten wären. Aus dieser Bestimmung folgt auch die Befugnis der Landesgesetzgebung, auf dem Gebiete des Steuerstrafrechts neue Gesetze zu erlassen; (von Liszt S. 80; Seuffert, Strafgesetzgebung, S. 87; R.G. III Urt. vom 1. Mai 1880, Annalen Bd. 2 S. 1), eine Befugnis, deren Tragweite im einzelnen bestritten ist.

Aus ihr ergiebt sich ferner, daß die Vorschriften der Steuergesetze denjenigen des R.St.G.B. auch dann vorgehen, wenn ein in den ersteren aufgestellter Thatbestand unter eine Strafbestimmung des R.St.G.B. fällt. Olshausen, II Anm. 3 zu Abschn. 22 S. 998; R.G. I. Urt. vom 28. Oktober 1880, St.S. Bd. 2 S. 405; R.G. II. Urt. vom 2. Juli 1894, St.S. Bd. 26 S. 48; Jur. Woch. S. 498.

Soweit dagegen eine Handlung, welche sich auf das Steuerwesen bezieht und unter eine Bestimmung des R.St.G.B. fällt, in dem betreffenden Steuergesetze nicht behandelt ist, findet das R.St.G.B. Anwendung. So Olshausen a. a. O., wo die Judikatur des R.G. angegeben ist. A. M. Honemann, S. 40, welcher in diesem Falle völlige Straflosigkeit annimmt und zu Unrecht auch Löbe S. 151 als Vertreter dieser Ansicht aufführt. Vgl. jedoch die Spezialbestimmung in § 44 Abs. 2 des Gesetzes.

Die Kontroverse darüber, ob und inwieweit die Vorschriften des allgemeinen Teiles des R.St.G.B. Materien desselben sind oder ob die Landesgesetzgebung in der Lage ist, hierüber abweichende Vorschriften zu erlassen, ist dahin zu beantworten: 1. die Landesgesetzgebung ist befugt, abweichende Vorschriften zu erlassen; 2. die nach § 2 Abs. 2 des E.G. zum R.St.G.B. in Kraft gebliebenen „besonderen Vorschriften" werden von den allgemeinen Grundsätzen des R.St.G.B. nur beherrscht, soweit nicht die Landesgesetzgebung etwas anderes bestimmt. R.G. I. Urt. vom 28. Oktober 1880, St.S. Bd. 2 S. 405; R.G. V.Straff. Urt. vom 4. April 1881, St.S. Bd. 4 S. 50; R.G. III. Urt. vom 13. Juli 1891, St.S. Bd. 22 S. 121; R.G. I. Urt. vom 2. Juli 1894, St.S. Bd. 26 S. 49. — Berner, S. 267; v. Liszt, S. 78; Löbe, S. 32, 33; Oppenhoff, S. 2 ff; Olshausen, I S. 15, 16; Rüdorff-Stenglein, S. 39 ff., 54 ff.; Schwarze, S. 168; Seuffert, Strafgesetzgebung, S. 86, 87. A. M. Binding, Handbuch I S. 307, 344; Hälschner, I S. 110; Merkel, S. 7; Ziebarth, S. 328.

Es kommen daher in preußischen Erbschaftssteuerstrafsachen die besonderen Vorschriften des Erbschaftssteuergesetzes nur bezüglich des Verbots der Umwandlung der nicht beizutreibenden Geldstrafen in Freiheitsstrafen (§ 47) und der Verjährung (§ 50 Abs. 4) zur Anwendung, in allen übrigen Punkten aber gelten, da das Erbschaftssteuergesetz über diese nichts enthält, die allgemeinen Bestimmungen des St.G.B. ohne Einschränkung, soweit dieses nach der positiven Gestaltung des Erbschaftssteuerrechts überhaupt möglich ist. Deshalb finden von den Vorschriften über Strafmittel nur die über die Geldstrafen Anwendung, weil im Erbschaftssteuergesetze nur solche angedroht sind. Es sind ferner insbesondere anwendbar die Grundsätze über Versuch (St.G.B. §§ 43—46), Teilnahme (§§ 47—50) und Straflosigkeit des Thäters wegen fehlender Rechtswidrigkeit der That (unwiderstehliche Gewalt und Drohung, § 52; Notwehr § 53; Notstand § 54).

b) **Einer besonderen Betrachtung bedarf die Frage der subjektiven Verschuldung auf dem Gebiete des Erbschaftssteuerstrafrechts.**

Als unbestritten dürfen die folgenden beiden Grundsätze hingestellt werden:

1. **Auch die Steuerdelikte sind nur dann strafbar, wenn sie von einer zurechnungsfähigen Person begangen sind. Löbe S. 33. Denn die Zurechnungsfähigkeit des zu strafenden ist unerläßliche Voraussetzung einer jeden Strafthätigkeit, einerlei ob es sich um eine Strafbestimmung des R.St.G.B. oder eines Nebengesetzes handelt; Berner, S. 267. Die Strafbarkeit der Kontravention entfällt daher, trotz des Vorliegens des objektiven Thatbestandes, wenn der Thäter sich zur Zeit der Begehung der Handlung in einem Zustande von Bewußtlosigkeit oder krankhafter Störung der Geistesthätigkeit befand, durch welchen seine freie Willensbestimmung ausgeschlossen war (St.G.B. § 51), oder wenn der Thäter ein Taubstummer oder Jugendlicher zwischen 12 und 18 Jahren war, welcher die zur Erkenntnis der Strafbarkeit der von ihm begangenen Handlung erforderliche Einsicht bei Begehung der That nicht besaß (St.G.B. §§ 58, 56).**
2. **An sich ist nicht nur die vorsätzliche, sondern auch die fahrlässige Begehung eines Erbschaftssteuerdelikts strafbar; vgl. z. B. das (auf Stempelsteuerkontraventionen bezügliche) Urt. des R.G. II vom 20. Januar 1880, St.S. Bd. 1 S. 157. Eine Ausnahme machen indes die Fälle, in denen nur das wissentliche oder absichtliche Handeln unter Strafe gestellt ist; vgl. §§ 43 Abs. 1, 44 Abs. 1 des Ges.**

Streitig dagegen ist, ob eine Bestrafung wegen Steuerdelikts auch dann eintreten kann, wenn ein subjektives Verschulden des Thäters insofern nicht vorliegt, als er den vom Gesetze mit Strafe bedrohten Erfolg weder vorausgesehen hat (Vorsatz), noch voraussehen konnte und mußte (Fahrlässigkeit.) (Vgl. zum Folgenden hauptsächlich Lucas, S. 120 ff.).

Auf Grund der besonders seit Feuerbach in der Theorie zur Herrschaft gelangten Einteilung des strafbaren Unrechts in eigentlich kriminelles und polizeiliches Unrecht wurde früher vielfach (namentlich auch von dem vormaligen Ob.Trib., dessen Judikatur jedoch schwankte; vgl. Loos, S. 323 ff.) der Satz verteidigt, daß zur Strafbarkeit des letzteren — wozu außer den Polizeiübertretungen auch die Kontraventionen gegen Steuergesetze gerechnet wurden — das Vorhandensein eines zurechnungsfähigen Thäters und das Vorliegen des objektiven Thatbestandes genüge, daß mithin die Strafbarkeit eines Steuerdelikts auch dann begründet sei, wenn der Thäter weder vorsätzlich noch fahrlässig gehandelt habe. Nachdem neuerdings die Unterscheidung von kriminellem und polizeilichem Unrecht in Theorie und Praxis, von vereinzelten Ausnahmen abgesehen, als unhaltbar erkannt ist (Lucas, S. 121), hat auch die Ansicht, daß bei Steuerdelikten von dem Erfordernis der subjektiven Verschuldung des Thäters abgesehen werden könne, die Herrschaft eingebüßt. Vielmehr geht die herrschende Meinung dahin: „auch die Vergehen und Übertretungen gegen die Steuergesetze sind grundsätzlich nur dann strafbar, wenn der Thäter vorsätzlich oder fahrlässig gehandelt hat; sofern nicht etwa der Gesetzgeber das Gegenteil ausdrücklich vorgeschrieben hat.“ So: von Liszt, S. 140; Lucas, S. 122; Binding, Normen, II S. 616; Hälschner, I S. 258; Loos, S. 348; Olshausen I S. 265, II S. 1287; Rüdorff-Stenglein S. 754 (bezüglich der Übertretungen des R.St.G.B.); im Prinzip auch Oppenhoff S. 159; von Schwarze S. 250. — R.G. in den Urteilen des II. Sen. vom 12. Oktober 1880, St.S. Bd. 2 S. 321, des IV. Sen. von 13. Oktober 1885, St.S. Bd. 12 S. 431, des IV. Sen. vom 8. Dezbr. 1885, Rechtspr. Bd. 7 S. 722. — K.G., Urt. vom 22. Dezber. 1884, Johow, Bd. 5 S. 404.

Es findet daher auch der § 59 St.G.B. auf die Erbschaftssteuerdelikte Anwendung.

c) Endlich ist noch die **Beteiligung Jugendlicher an einem Erbschaftssteuerdelikt** zu erwähnen.

Ist bei einer Zuwiderhandlung gegen das Erbschaftssteuergesetz ein Angeschuldigter, welcher zur Zeit der Begehung der strafbaren Handlung das zwölfte, aber nicht das achtzehnte Lebensjahr vollendet hatte, als Thäter, Anstifter, Gehülfe oder Begünstiger beteiligt, so finden, wie überhaupt in Steuerstrafsachen, die Bestimmungen des St.G.B. § 57 Abs. 3 Anwendung. R.G. III. Urt. vom 24. März 1880, StS. Bd. 1 S. 334; F.M.R. vom 28. April 1871 III 5330 C.Bl. S. 373, und zwar nicht nur in den Fällen, in welchen eine arbiträre Strafe innerhalb gewisser Grenzen (z. B. Geldstrafe bis zu 1000 M.) angedroht ist, sondern auch da, wo die Strafe absolut bestimmt ist, (z. B. in einem Vielfachen der hintergezogenen Steuer besteht). Beschl. des K.G. vom 3. Dezber. 1886; Johow, Bd. 7 S. 245. In besonders leichten Fällen kann auf einen Verweis erkannt werden. Ob.Trib. vom 26. September 1877, G.A. Bd. 25 S. 498.

III. **Das gesamte Strafverfahren in Erbschaftssteuersachen** ist in der systematischen Einleitung im Zusammenhange dargestellt; auf diese Darstellung wird verwiesen.

Hier sei nur erwähnt:

a) Militärpersonen, welche sich einer strafbaren Handlung gegen das Erbschaftssteuergesetz schuldig machen, unterliegen der Kompetenz der Civilstrafgerichte; die Zuständigkeit der Militärgerichte ist durch § 3 der Militärstrafgerichtsordnung vom 3. April 1845 (Ges.S. S. 287) ausgeschlossen.

b) Wegen der auf Grund des Erbschaftssteuergesetzes erkannten **Strafen** ist die Anrufung des Civilrichters niemals zulässig. Ob.Tr. I. Urt. v. 5. November 1877, Entsch. Bd. 81 S. 122. R.G. II. Urt. v. 8. Januar 1884, Annalen Bd. 9 S. 370. Andererseits darf in Untersuchungen wegen Steuervergehen die Verpflichtung zur Zahlung der Steuer nicht zum Gegenstande des strafrechtlichen Urteils gemacht werden, soweit das nicht ausdrücklich gesetzlich angeordnet ist. R.G. III. Urt. vom 12. Januar 1881, St.S. Bd. 3 S. 293. Eine derartige Anordnung ist im Erbschaftssteuergesetze nicht getroffen.

Außerdem sind bezüglich der geschäftlichen Behandlung der Erbschaftssteuerstrafsachen bei den Hauptzoll- und Haupt-Steuerämtern und bei den Erbschaftssteuerämtern zu vergleichen: § 10 der Anweisung für die Haupt-Zoll- und Haupt-Steuerämter und § 13 der Anweisung für die Erbschaftssteuerämter vom 14. November 1873 (im Anhange).

§ 43.

Strafbestimmungen.

Wer die gesetzliche Verpflichtung zur Anmeldung eines steuerpflichtigen Anfalles, oder zur Vorlegung des Verzeichnisses und der Deklaration (§ 35) innerhalb der vorgeschriebenen, beziehungsweise auf Antrag verlängerten Frist nicht erfüllt, hat die durch die amtlichen Ermittelungen entstehenden Kosten zu tragen, die in Folge seiner Säumigkeit etwa ausfallenden Steuerbeträge zu ersetzen und verfällt außerdem in eine dem doppelten Betrage der Erbschaftssteuer von dem betreffenden Anfalle gleiche Geldstrafe, wenn aber der Betrag der Erbschaftssteuer nicht ermittelt werden kann, in eine Geldstrafe bis zu dreitausend Mark.

Ist jedoch nach den obwaltenden Umständen anzunehmen, oder kann der Angeschuldigte nachweisen, daß die rechtzeitige Erfüllung der Verpflichtung nicht in der Absicht, die Erbschaftssteuer zu hinterziehen, unterlassen sei, so tritt statt der vorgedachten Geldstrafe nur eine Ordnungsstrafe bis zu einhundertfünfzig Mark.

Diese Ordnungsstrafe kann ohne vorgängige Einleitung eines Strafverfahrens von dem zuständigen Erbschaftssteueramte bis auf Höhe von sechszig Mark durch besonderen, die Entscheidungsgründe enthaltenden Bescheid festgesetzt werden, gegen welchen dem Angeschuldigten der Rekurs oder die Berufung auf den Rechtsweg wie gegen ein Strafresolut der Steuerbehörden (§ 48) zustehen. Die Einziehung der Steuer erfolgt unabhängig von der Bestrafung.

Entw. I von 1872 § 41; Mot. von 1872 S. 65, 66; Komm.Ber. von 1872 S. 845; Stenogr. Berichte betr. die Verhandlungen des Abgeordnetenhauses von 1872/73, Bd. 2 S. 1159-1163, S. 1340—1342, S. 1837—1843; Stenogr. Berichte betr. die Verhandlungen des Herrenhauses 1872/73, S. 588—590; Ges. von 1873 § 41.

I. **Der § 43 regelt** in Abs. 1 und 2 die Folgen, welche die Nichterfüllung der dem Steuerpflichtigen durch §§ 32 und 35 auferlegten Verpflichtungen nach sich zieht. Die Folgen sind teils strafrechtliche, teils rein vermögensrechtliche; die Überschrift des Paragraphen deckt daher den Inhalt nicht vollständig. Der Abs. 3 enthält Vorschriften über die Zuständigkeit und das Strafverfahren.

II. Die in Abs. 1 und 2 normierten Rechtsnachteile treffen denjenigen, welcher die näher bezeichnete gesetzliche Verpflichtung nicht erfüllt. Wer zur Anmeldung eines steuerpflichtigen Anfalls und wer zur Vorlegung des Verzeichnisses und der Deklaration verpflichtet ist, ergiebt sich aus den §§ 32, 33, 35, 36, 37, deren Erläuterungen zu vergleichen sind.

III. Die Bestimmungen des § 43 setzen voraus, daß der Verhängung der Strafe die Ermittelungen über die Höhe des Nachlasses vorangegangen und abgeschlossen sind. F.M.R. vom 14. Oktober 1888 III 17083, bei Bonnenberg S. 155. Ist jedoch anzunehmen, daß die Absicht der Defraudation nicht vorgelegen hat, so konnte nach dem F.M.R. vom 12. Juli 1875 III 9460 an das Erbschaftssteueramt in B., bei H.G., S. 1103 Anm. 114c ohne weiteres mit Festsetzung der Ordnungsstrafe vorgegangen werden.

Neuerdings ist jedoch durch das F.M.R. v. 28. Februar 1895 III 2018, bei Loeck S. 90, bestimmt: daß das Erbschaftssteueramt, bevor es von der ihm durch § 43 beigelegten Befugnis zur selbständigen Festsetzung einer Ordnungsstrafe Gebrauch machen dürfe, nicht allein im Besitze eines von den Erben eingereichten Nachlaßverzeichnisses oder der durch amtliche Ermittelungen gewonnenen Unterlagen sein, sondern sich auch von dem Vorhandensein von Milderungsgründen der im Abs. 2 des § 43 bezeichneten Art überzeugt haben müsse.

IV. Die Voraussetzungen der Bestrafung aus § 43 im einzelnen:

a) Der § 43 bezieht sich nur auf den Fall, in welchem die Anmeldung, bezw. die Vorlegung des Verzeichnisses und der Deklaration entweder überhaupt nicht, oder nicht rechtzeitig erfolgt ist, nicht aber auf den Fall, daß Anmeldung, Verzeichnis oder Deklaration inhaltlich nicht den gesetzlichen Erfordernissen entsprechen; hierauf findet vielmehr § 44 Anwendung. Ob ein von dem Anmeldungs- oder Einreichungspflichtigen eingesandtes Schriftstück überhaupt als Anmeldung, Verzeichnis oder Deklaration angesehen werden kann, ist Thatfrage.

b) Die Strafe ist verwirkt, sobald die gesetzliche bezw. auf Antrag verlängerte Frist abgelaufen ist, ohne daß die Anmeldung, das Verzeichnis oder die Deklaration dem zuständigen Erbschaftssteueramte (vgl. Anm. zu § 31) zugegangen ist. Die Einreichung kann auch nach Schluß der vorgeschriebenen Geschäftsstunden erfolgen, wenn die Steuerbehörde die dazu erforderlichen Einrichtungen (Anstellung eines Kastellans, Aufstellung eines Briefkastens) getroffen hat.

c) Die Strafbarkeit des Pflichtigen tritt nur ein, wenn er die Einreichung oder Anmeldung schuldhaft (vgl. die Vorbemerkung zu diesem Paragraph, Anm. IIb) unterlassen hat. Auch die fahrlässige Begehung ist strafbar; R.G. II. Urt. vom 19. März 1892, St.S. Bd. 22 S. 429; vgl. auch R.G. II. Urt. vom 20. Januar 1880, St.S. Bd. 1 S. 157. Zum Vorsatz ist die Absicht der Steuerhinterziehung nicht erforderlich, doch bildet ihr Vorhandensein einen gesetzlichen Strafschärfungsgrund (siehe hierüber unten Anm. V. und über den Begriff des Strafschärfungsgrundes von Liszt, Lehrbuch § 69 S. 259). Die irrtümliche Annahme des Pflichtigen, daß der Anfall der Steuer nicht unterliege oder daß er zur Anmeldung oder zur Einreichung nicht verpflichtet sei, heben, weil einen Irrtum über das Strafgesetz bildend, die Strafbarkeit nicht auf. Jedoch ist dieser Rechtsirrtum auf die Höhe der Strafe insofern von Einfluß, als infolge desselben regelmäßig die Absicht der Steuerhinterziehung fehlen und damit die Anwendbarkeit des Abs. 1 ausgeschlossen sein wird. Der § 43 weicht insofern von den allgemeinen Grundsätzen der Strafrechtslehre ab, als er die Anwendung der Vergehensstrafen bei dem nachgewiesenen Fehlen einer auf Steuerhinterziehung gerichteten Absicht auch dann ausschließt, wenn der Mangel einer solchen Absicht sich auf Nichtkenntnis der strafrechtlichen Norm zurückführen läßt. Auf die Übertretretung des Abs. 2 erstreckt sich jedoch die Abweichung nicht. R.G. II. Urt. vom 19. März 1892, St.S. Bd. 22 S. 427; Jur. Woch. S. 498; vgl. R.G. I. Urt. vom 8. Febr. 1883, St.S. Bd. 8 S. 149. Dagegen ist der Irrtum über den Ablauf der gesetzlichen oder einer von der Steuerbehörde auf Antrag verlängerten Frist ein Irrtum über einen Thatumstand, auf welchen § 59 St.G.B. Anwendung findet. Die Unterlassung ist in diesem Falle nur dann strafbar, wenn die Unkenntnis selbst durch Fahrlässigkeit verschuldet ist, d. h. wenn der Pflichtige in der Lage war, sich von der Dauer der Frist zu überzeugen. War dieses nicht der Fall, so ist die Unterlassung straflos.

d) Ist die Strafe einmal verwirkt, wenn auch noch nicht erkannt, so wird die Strafbarkeit nicht dadurch aufgehoben, daß nach Ablauf der Frist die Anmeldung oder die Einreichung des Verzeichnisses und der Deklaration erfolgt. Ob.Tr. vom 25. Oktober 1877, C.Bl. von 1878 S. 209; Oppenhoff Rechtspr., Bd. 18 S. 666.

e) Thäter der strafbaren Handlung aus § 43 kann, weil die in §§ 32 und 35 normierten Verpflichtungen nur großjährigen Personen obliegen (arg. § 37 Abs. 2 d. Ges.), bloß eine Person, welche das 21. Lebensjahr vollendet hat oder nach § 61 Abs. 2 V.O. für großjährig erklärt ist, Anstifter, Gehülfe und Begünstiger aber auch ein Minderjähriger sein. Wegen der Bestrafung der im Alter von 12 bis 18 Jahren stehenden Thäter vgl. Vorbemerkung zu § 43 unter II c.

f) Die Strafe ist verschieden, je nachdem die Absicht, die Erbschaftssteuer zu hinterziehen, vorhanden war oder nicht. Zur Anwendung des milderen Strafrahmens gegenüber einem Beteiligten genügt es, wenn feststeht, daß ihm die fraudulose Absicht gefehlt hat; unerheblich ist, ob bei irgend einem andern Beteiligten die Absicht der Steuerhinterziehung bestanden hat. So (zu § 137 des Vereinszollgesetzes): R.G. III. Urt. vom 29. Januar 1883, St.S. Bd. 8 S. 21; Rechtspr. Bd. 5 S. 68; Annalen Bd. 7 S. 233; Jur. Woch. von 1883 S. 117; R.G. IV. Urt. vom 4. Oktober 1883; Rechtsprechung Bd. 5 S. 574; Annalen Bd. 8 S. 395; R.G. IV. Urt. vom 22. Mai 1885, St.S. Bd. 12 S. 212; Rechtsprechung Bd. 7 S. 324; Jur. Woch. von 1885 S. 296; R.G. II. Urt. vom 19. März 1886, St.S. Bd. 13 S. 410; Rechtsprechung Bd. 8 S. 194; Jur. Woch. von 1886 S. 220; C.Bl. von 1886 S. 240; R.G. I. Urt. vom 14. Oktober 1886, Rechtsprechung Bd. 8 S. 614; anderer Meinung: O.L.G. Hamburg vom 8. Juni 1886, G.A. Bd. 37 S. 84.

„Absicht". Während „Vorsatz" mit von Liszt (Lehrbuch § 38 S. 149) als die „Voraussicht des durch die Willensbethätigung bewirkten oder nicht gehinderten rechtswidrigen Erfolges" zu bestimmen ist, setzt die „Absicht" außerdem voraus, daß die Voraussicht des Erfolges Beweggrund des Handelns war. Die Absicht der Steuerhinterziehung liegt mithin vor, wenn der Thäter die Meldung, bezw. Einreichung unterläßt, um die Steuer zu hinterziehen, wenn die Ersparung der Steuer das Ziel, ihre Herbeiführung den Zweck der Unterlassung bildet.

Über die beiden Fälle ist im einzelnen zu bemerken:

1. Die Unterlassung geschah nicht in der Absicht, die Erbschaftssteuer zu hinterziehen, sondern z. B. aus Nachlässigkeit oder Bequemlichkeit.

Alsdann tritt „Ordnungsstrafe" bis zu 150 M. ein. Dieses ist der Regelfall des Delikts aus § 43; das Vorhandensein der Absicht bildet einen gesetzlichen Strafschärfungsgrund. In Übereinstimmung hiermit wird in den Mot. ausgesprochen: „Die vorgeschlagenen Bestimmungen gehen von der Unterscheidung aus, daß die Nichterfüllung der gesetzlichen Verpflichtungen an sich ebensowohl auf bloßer Nachlässigkeit, als auf der strafbaren Absicht einer Verkürzung der Steuer beruhen kann. Im ersteren Falle soll nur eine geringe Ordnungsstrafe ... eintreten .... Werden die gesetzlichen Vorschriften in defraudatorischer Absicht nicht erfüllt, so tritt eine Erhöhung der Strafe ein."

α) Nach dem Wortlaute des Gesetzes ist die Defraudationsstrafe ausgeschlossen sowohl in dem Falle, wo der Angeschuldigte nachweisen kann, wie in dem anderen, wo nach den obwaltenden Umständen anzunehmen ist, daß die rechtzeitige Erfüllung der Verpflichtung nicht in der Absicht, die Erbschaftssteuer zu hinterziehen, unterlassen sei. Darnach ist nicht anzunehmen, daß dem Angeklagten die Beweislast für das Fehlen der Defraudationsabsicht obliegt. Vielmehr folgt aus der Nebeneinanderstellung der beiden Fälle, daß, auch wenn der Angeschuldigte seinerseits den Entlastungsbeweis nicht angetreten hat, doch die Anklagebehörde den Nachweis des Vorhandenseins dieser Absicht zu führen hat. Zur Begründung der entgegengesetzten Ansicht kann der § 137 des Vereinszollgesetzes nicht herangezogen werden, denn dieser unterscheidet sich von § 43 Abs. 2 d. Ges. gerade in dem wesentlichen Punkte, daß er nur den Fall des vom Angeschuldigten geführten Nachweises erwähnt, nicht aber des anderen gedenkt, daß das Fehlen der Defraudationsabsicht aus den obwaltenden Umständen zu entnehmen ist; vgl. R.G. I. Urt. vom 13. Dezember 1894, St.S. Bd. 26 S. 310, welches in zutreffender Weise das Verhältnis des § 137 des V.Z.Gesetzes zu § 20 des Branntweinsteuergesetzes vom 24. Juni 1887 erörtert.

β) Das Delikt des § 43 Abs. 2 ist Übertretung; die niedrigste zulässige Strafe beträgt 1 M. (St.G.B. § 27). Der Versuch ist straflos (St.G.B. § 43); ebenso die Beihülfe (St.G.B. § 48), die Aufforderung zu ihr (St.G.B. § 49a) und die Begünstigung (St.G.B. § 48; R.G. I. Urt. vom 26. September 1881, St.S. Bd. 5 S. 23, Annalen Bd. 4 S. 381). Der Anstifter wird als Thäter bestraft (St.G.B. § 47), und zwar sowohl, wenn das Delikt vorsätzlich begangen wurde (R.G. II. Urt. vom 19. März 1892, St.S. Bd. 22 S. 427; Jur. Woch. S. 267), als wenn der Thäter lediglich fahrlässig handelte; im letzteren Falle ist derjenige, welcher anstiftete, mittelbarer Thäter; von Liszt S. 202.

γ) Die angedrohte Strafe ist trotz der unzutreffenden und irreführenden Bezeichnung als „Ordnungsstrafe" eine Kriminalstrafe; sie ist von der im § 38 Abs. 3 angedrohten Ordnungsstrafe wesentlich verschieden und bezweckt die Sühnung eines (im Sinne der älteren Theorie) „kriminellen" Unrechts. Ihr geringster Betrag ist eine Mark (St.G.B. § 27). Sie kann nur einmal verhängt werden und nicht zu dem Zwecke, um den Erwerber des Anfalls zur Einreichung des Inventars zu zwingen. F.M.R. vom 14. Oktober 1888 III 17083 (Bonnenberg S. 155). Ihre Verhängung ist ausgeschlossen, wenn bereits eine Bestrafung wegen absichtlicher Unterlassung der Anmeldung u. s. w. erfolgt war. Die Aufhebung des vollstreckbar gewordenen Strafbescheides der Verwaltungsbehörde kann nur im Gnadenwege erfolgen, und ein gnadenweiser Erlaß der Strafe kann nicht dahin abzielen, daß dadurch eine neue, unter Umständen härtere Bestrafung wegen desselben Vergehens ermöglicht würde. Verf. des P.St.D. zu St. vom 27. März 1890, 2519 (Bonnenberg S. 273).

δ) Zuständig ist für das gerichtliche Verfahren das Schöffengericht (G.V.G. § 27). Die Erlassung eines amtsrichterlichen Strafbefehls (St.P.O. § 447) ist zulässig, ebenso der Erlaß einer polizeilichen Strafverfügung (St.P.O. § 453; § 1 des preuß. Ges. vom 23. April 1883, Ges.S. S. 65). Gegen die Urteile des Schöffengerichts ist Berufung an die Strafkammer des Landgerichts, welche in der Besetzung von drei Richtern, einschließlich des Vorsitzenden, entscheidet (G.V.G. §§ 76, 77), gegen die Urteile des letzteren ist Revision zulässig. Über diese entscheidet der Strafsenat des Kammergerichts in der Besetzung von fünf Mitgliedern, einschließlich des Vorsitzenden (G.V.G. § 123 Ziff. 2, § 124; E.G. z. G.V.G. § 9, preuß. A.G. z. G.V.G. § 50 Nr. 2).

Wegen des näheren vgl. die systematische Einleitung unter „Strafverfahren".

ε) Für das Verwaltungsstrafverfahren in Erbschaftssteuersachen sind im allgemeinen die Hauptzoll- und Hauptsteuerämter zuständig (vgl. die systematische Einleitung und Bonnenberg S. 79 ff.). Doch ist durch Abs. 3 den Erbschaftssteuerämtern eine beschränkte Befugnis zur Festsetzung von Ordnungsstrafen verliehen. In den Motiven wird diese Maßregel damit begründet, daß in der überwiegenden Mehrzahl der Fälle nur die Verhängung einer Ordnungsstrafe in Frage komme und der Thatbestand ein höchst einfacher sei. Die Festsetzung erfolgt durch Strafbescheid, welcher den Erfordernissen des § 459 St.P.O. entsprechen muß. Zuständig ist das zur Festsetzung der Steuer berufene Erbschaftssteueramt.

Hält das Erbschaftssteueramt eine höhere Strafe als 60 M. für angemessen, so muß es die Sache zur Einleitung des förmlichen Strafverfahrens an das zuständige Hauptamt abgegeben. Dieses ist jedoch an die Auffassung des Erbschaftssteueramtes nicht gebunden und kann insbesondere auch eine geringere Strafe als 60 M. festsetzen. Bonnenberg S. 84.

Wegen der Frage, ob die Hauptamtsdirigenten befugt sind, von der Einleitung des Strafverfahrens Abstand zu nehmen, vgl. die systematische Einleitung.

2. Die Unterlassung geschah in der Absicht, die Erbschaftssteuer zu hinterziehen.

Wegen des Begriffs der Absicht siehe oben S. 332.

Die angedrohte Strafe ist verschieden, je nachdem der Betrag der Erbschaftssteuer ermittelt werden kann oder nicht. Es muß daher vor Festsetzung der Strafe das zuständige Erbschaftssteueramt zunächst den Wert des Nachlasses und die daraus sich ergebende Höhe der Steuer ermitteln (Bonnenberg S. 155 und oben III). Ermittelt zu werden braucht nur die Steuer, welche von demjenigen Anfall zu entrichten ist, der nicht angemeldet, oder bezüglich dessen Verzeichnis bezw. Deklaration nicht vorgelegt sind.

α) Ist der Betrag der Steuer ermittelt, so ist das Strafmaß ein absolutes und besteht in dem doppelten Betrage der Erbschaftssteuer von dem betreffenden Anfalle (im Entw. I war der vierfache Betrag angenommen). Der niedrigste Betrag der Strafe ist gleich dem doppelten Betrage der niedrigsten Steuer (vgl. Tarif, Allg. Vorschr. Nr, 1), mithin gleich 1 M. Trotz der absoluten Strafandrohung findet bei Angeklagten unter 18 Jahren der § 57 Nr. 3 St.G.B. Anwendung. R.G. III. Urt. vom 5. Dezember 1887, St.S. Bd. 16 S. 417; Rechtsprechung Bd. 9 S. 693. Beträgt die Steuer 75 M. oder weniger, mithin die Strafe höchstens 150 M., so ist die That eine Übertretung (St.G.B. § 1; von Liszt S. 98), und es findet auf sie bezüglich der Strafbarkeit des Versuchs, der Teilnahme, der Begünstigung, des Verfahrens und der Zuständigkeit das oben in Anm. a 2 und 4 Gesagte Anwendung. Beträgt die Steuer mehr als 75 M., mithin die Strafe mehr als 150 M., so ist die That Vergehen (so die gem. Meinung in Übereinstimmung mit der Rechtsprechung des Ob.Tr. und des R.G. I. Urt. vom 26. September 1881 und vom 7. Januar 1886, St.S. Bd. 5 S. 23, Bd. 13 S. 223; von Liszt S. 98). Versuch und Beihülfe sind daher strafbar (St.G.B. §§ 43, 49). Zuständig ist, wenn die Steuer den Betrag von 300 M. und mithin die Strafe den Betrag von 600 M. nicht übersteigt, das Schöffengericht (G.V.G. § 27 Nr. 2), darüber hinaus die Strafkammer (G.V.G. § 73). Die Überweisung an das Schöffengericht ist nicht zulässig; G.V.G. § 75 Nr. 15 findet keine Anwendung, denn er läßt die Überweisung nur zu, wenn „nach den Umständen des Falles anzunehmen ist, daß auf keine andere und höhere Strafe, als auf die im § 27 Nr. 2 bezeichnete (d. i. für den vorliegenden Fall: Geldstrafe von höchstens 600 M.) zu erkennen sein werde." Da das Gesetz, wenn der Betrag der Steuer feststeht, dem Richter keinerlei Spielraum bei Abmessung der Strafe läßt, so kann die Voraussetzung des § 75 Nr. 15 niemals vorliegen, sobald festgestellt ist, daß die Steuer mehr als 300 M. beträgt. A. M. Delius, S. 585, der auf Anm. 9 zu § 70 des Gewerbesteuergesetzes vom 24. Juni 1891 verweist und sich dort für seine Ansicht zu Unrecht auf Löwe, S. 45 Anm. 11 zu G.V.G. § 27 beruft. Vielmehr betont Löwe ausdrücklich, daß G.V.G. § 75 Nr. 15 nur auf solche Fälle zu beziehen ist, „in denen unter gewissen, in dem betr. Gesetz vorgesehenen Voraussetzungen dem Richter bei der Abmessung der Strafe ein Spielraum gelassen ist." Ebenso, wie Löwe, Hellweg-Dochow, S. 44 Anm. 21.

Hat die Überweisung an das Schöffengericht in einem Falle, wo sie nicht zulässig war, stattgefunden, so muß dieses sich gemäß § 270 St.P.O. für unzuständig erklären. Der § 28 G.V.G. findet keine Anwendung.

β) Ist der Betrag der Steuer nicht ermittelt, so ist auf Geldstrafe bis zu 3000 M. zu erkennen. Die Handlung ist in diesem Falle stets Vergehen (St.G.B. § 1); die niedrigste Strafe beträgt daher 3 M. (St.G.B. § 27); Versuch und Beihülfe sind stets strafbar (St.G.B. §§ 43 und 49). Zuständig ist die Strafkammer des Landgerichts (G.V.G. § 73 Nr. 1). Die Überweisung an das Schöffengericht ist nicht zulässig. Die Nummern 14 und 15 des § 75 G.V.G. sind nicht anwendbar, Nr. 14 nicht, weil die angedrohte Strafe mehr als 1500 M. beträgt, Nr. 15 nicht, weil die Strafe in diesem Fall nicht in einem mehrfachen Betrage der hinterzogenen Erbschaftssteuer besteht.

g) **Wegen der Konkurrenz zwischen** dem Delikt des § 43 und dem Betruge des St.G.B. § 263 vgl. die **Vorbemerkung** zu § 43 u. Anm. zu § 44.

h) **Die Verjährung der Strafverfolgung** der in § 43 unter Strafe gestellten Handlungen erfolgt ohne Unterschied in 3, die Verjährung der wegen derselben rechtskräftig erkannten Strafen in 5 Jahren; Gesetz § 50 Abs. 4.

i) **Wegen der Unzulässigkeit der Umwandlung** der Geldstrafen in Freiheitsstrafen und der Zwangsversteigerung von Grundstücken siehe § 47 des Ges.

k) **Wegen der Rechtsmittel** ist die systematische Einleitung (unter „Strafverfahren") zu vergleichen.

l) **Wegen der Aburteilung** von Militärpersonen durch die Civilstrafgerichte vgl. Vorbemerkung zu § 43.

V. **Die rein vermögensrechtlichen Folgen**, welche im § 43 angedroht werden, sind:

a) Die Verpflichtung zur Tragung der durch die amtlichen Ermittelungen entstehenden Kosten. Diese können, wie überhaupt die Kosten in Erbschaftssteuersachen im Verwaltungszwangsverfahren beigetrieben werden. Der Rechtsweg ist ihretwegen nur zulässig, wenn der in Anspruch genommene sein Rückforderungsrecht mit der Behauptung begründet, daß er zur Zahlung der von dem Anfalle geforderten Steuer nicht oder nicht in dem geforderten Betrage verpflichtet sei; vgl. Anmerkungen zu § 42.

b) Die Verpflichtung, dem Fiskus die infolge der Säumigkeit des Anmeldungs- oder Vorlegungspflichtigen etwa ausfallenden Steuerbeträge zu ersetzen. Diese Vorschrift bildet eine Erweiterung der §§ 29, 30 und bezieht sich wohl hauptsächlich auf solche Fälle, in denen infolge der Unterlassung die Steuerbehörde gehindert wird, von einem an sich der preußischen Steuer unterliegenden Anfalle die Steuer thatsächlich beizutreiben. Die Bestimmung setzt zu ihrer Anwendung voraus, daß der Steuerfiskus thatsächlich eine Verkürzung erleidet; sie findet daher nicht Anwendung, wenn zwar von dem eigentlichen Steuerpflichtigen die Steuer nicht beigetrieben werden kann, aber ein anderer der Steuerbehörde (z. B. nach § 30) haftender solventer Schuldner vorhanden ist.

Zu a und b: Auch die civilrechtlichen Folgen treten nur ein, wenn ein Verschulden des Anmeldungs- oder Vorlegungspflichtigen zu erweisen ist; sie entfallen daher, wenn dieser weder vorsätzlich (dolos), noch fahrlässig (kulpos) gehandelt hat. Die Beweislast für das Vorliegen dieser Erfordernisse liegt der Steuerbehörde ob.

Hat ein gesetzlicher Vertreter, Bevollmächtigter u. s. w. schuldhaft die Anmeldung, bezw. die Vorlegung unterlassen, so haftet er für Kosten und Steuer persönlich und ist nicht befugt, aus dem Vermögen des von ihm Vertretenen oder seines Auftraggebers Ersatz zu verlangen.

§ 44.

Die Bestimmungen des § 43 finden gleichmäßig Anwendung auf denjenigen, welcher wissentlich zu einem steuerpflichtigen Anfalle gehörige Gegenstände, zu deren Angabe er verpflichtet ist, verschweigt, oder über die Thatsachen, welche die Steuerpflichtigkeit, die Höhe des Steuersatzes oder des Steuerbetrages bestimmen, wissentlich unrichtige Angaben macht.

Eine Bestrafung findet jedoch nicht statt, wenn der Pflichtige auf erforderte eidesstattliche Versicherung seine Angaben berichtigt. Auch fällt die hier vor-

geschriebene Bestrafung hinweg, wenn die Täuschung mittelst Urkundenfälschung oder eidesstattlicher Versicherung unternommen ist und wegen dieser Vergehen Bestrafung eintritt.

Entw. von 1872 § 44; Mot. von 1872 S. 66; Komm.Ber. von 1872 S. 846; Ges. von 1873 § 42.

Zu Abs. 1.

I. Der Thatbestand des § 44 liegt vor:

a) wenn jemand wissentlich zu einem steuerpflichtigen Anfalle gehörige Gegenstände, zu deren Angabe er verpflichtet ist, verschweigt.

Die strafbare Handlung ist in dieser Form ein echtes Unterlassungsdelikt (von Liszt S. 112); auf den Erfolg des Verschweigens kommt es nicht an; insbesondere ist unerheblich, ob durch dasselbe eine Täuschung der Steuerbehörde bewirkt oder eine Beschädigung des Staatsvermögens herbeigeführt worden ist.

Thäter kann nur sein, wer zur Angabe der fraglichen Gegenstände verpflichtet ist; siehe hierüber §§ 35, 36, 37 des Ges.

Ein Verschweigen liegt bereits in der Nichtaufnahme eines Gegenstandes in das Verzeichnis.

Nur das wissentliche Verschweigen ist strafbar; die Strafbarkeit entfällt, wenn der Deklarationspflichtige lediglich aus Fahrlässigkeit es unterließ, einen Gegenstand in das Verzeichnis aufzunehmen, sei es daß er sein Vorhandensein überhaupt nicht kannte, sei es, daß er ihm im Augenblicke der Aufstellung des Verzeichnisses nicht gegenwärtig war;

b) wenn jemand über die Thatsachen, welche die Steuerpflichtigkeit, die Höhe des Ansatzes oder des Steuerbetrages bestimmen, wissentlich unrichtige Angaben macht. Es werden z. B. beeinflußt: die Steuerpflichtigkeit durch den Wohnsitz des Erblassers oder des Erben; die Höhe des Ansatzes durch das verwandtschaftliche Verhältnis des Erblassers zum Erwerber des Anfalls; die Höhe des Steuerbetrages durch den Betrag der Nachlaßschulden, das Alter des Nutzungsberechtigten, das Verhältnis, nach welchem die Schulden auf dem steuerpflichtigen und dem steuerfreien Vermögen haften (Hollerith S. 91).

Daß eine Schädigung des Staatsvermögens versucht oder thatsächlich eingetreten ist, gehört nicht zum Thatbestande des § 44.

Thäter des Delikts aus § 44 in dieser Form kann auch eine Person sein, welcher die in §§ 35—37 des Ges. normierten Verpflichtungen nicht obliegen; z. B. derjenige, welcher freiwillig oder auf Ersuchen der Steuerbehörde über einen Anfall Mitteilungen macht.

Auch in diesem Falle sind nur wissentlich unrichtige Angaben mit Strafe bedroht. Der besonderen Feststellung, daß demjenigen, welcher die unrichtige Auskunft erteilt hat, außerdem auch die Erheblichkeit der Thatsachen für die Berechnung der Erbschaftssteuer bekannt gewesen sei, bedarf es jedoch nicht. Ob.Tr. vom 13. Septbr. 1876 (Centr.Bl. S. 77; Oppenhoff, Rechtsprechung, Bd. 17 S. 555). Es genügt, daß die Thatsachen objektiv erheblich sind.

II. Auf den Thatbestand des § 44 finden die Bestimmungen des § 43 Anwendung; dies gilt insbesondere für die Vorschriften über die Strafmilderung im Falle des Fehlens der Defraudationsabsicht, die Strafbarkeit von Versuch, Anstiftung und Beihülfe, die Zuständigkeit und das Verfahren. Über alle diese Punkte sind die Bemerkungen zu § 43 zu vergleichen.

Zu Abs. 2.

III. Eine Bestrafung aus § 44 findet in zwei Fällen nicht statt:

a) wenn der Pflichtige auf erforderte eidesstattliche Versicherung seine Angaben berichtigt. Hier liegt ein der thätigen Reue (St.G.B. § 46) verwandtes Verhalten vor. Die Strafe wird nur ausgeschlossen, wenn die Berichtigung zum Zwecke einer legalen Steuerermittelung, also im Laufe des Steuerermittelungsverfahrens im steuerlichen Interesse erfolgt. Daher genügt z. B. nicht eine Berichtigung, die nur bewirkt wird, um eine Ermäßigung der Steuer herbeizuführen. So das zu Anm. I b erwähnte Erkenntnis des Ob.Tr.

b) wenn die Täuschung mittels zweier nach dem R.St.G.B. strafbaren Handlungen, nämlich entweder mittels Urkundenfälschung oder mittels falscher Versicherung an Eidesstatt begangen ist und wegen dieser Strafthaten Bestrafung eintritt. (Die auf das letztere Delikt bezüglichen §§ 156 und 163 des St.G.B. sind zu § 39 des Gesetzes abgedruckt. Von der Urkundenfälschung handeln die §§ 267 bis 280 St.G.B.).

Darnach ist zwischen Urkundenfälschung und falscher Versicherung an Eidesstatt einerseits und einem Vergehen gegen § 44 des Ges. andererseits Idealkonkurrenz nicht möglich. Dagegen hat das Gesetz die Frage nach dem Verhältnis des Delikts des § 44 Abs. 1 und dem Betruge (St.G.B. § 263) offen gelassen. Bei ihrer Beantwortung ist von dem Grundsatze auszugehen, daß Beeinträchtigungen des Staatsvermögens, welche dadurch begangen werden, daß der zu einer Leistung gesetzlich Verpflichtete sich ihr entzieht oder zu entziehen versucht, dann, wenn sie unter die Strafbestimmungen des betreffenden Spezialgesetzes fallen, ausschließlich nach diesen besonderen strafgesetzlichen Bestimmungen zu beurteilen sind. Dagegen kann das allgemeine Strafgesetz nur angewendet werden, wenn und soweit seine Anwendung ausdrücklich vorbehalten ist. R.G. III. Urt. vom 26. Juni 1880, Rechtsprechung Bd. 2 S. 113; Löbe, S. 152.

Die Anwendung des St.G.B. ist daher dort ausgeschlossen, wo die Landesspezialgesetzgebung erkennen läßt, daß sie eine ihrer Ordnung nicht entzogene Deliktsform anderweit geregelt habe (vgl. die oben S. 128, 129 zitierten Entsch. des R.G.). Letzteres ist aber der Fall bezüglich der Abgabe wissentlich unwahrer Erklärungen, welche nach dem Erbschaftssteuergesetze die Steuerpflichtigkeit, die Höhe des Steuersatzes oder des Steuerbetrages bestimmen, sowie bezüglich des wissentlichen Verschweigens von zu einem steuerpflichtigen Anfalle gehörigen Gegenständen. Trägt eine That alle Merkmale dieser Bestimmungen an sich, so ist für die Anwendung der Vorschriften des allgemeinen Strafgesetzes kein Raum; es kann daher auch von einer Idealkonkurrenz keine Rede sein. Hierfür spricht namentlich der Umstand, daß in Abs. 2 des § 44 der Betrug nicht erwähnt ist, obwohl es für den Gesetzgeber sehr nahe gelegen hätte, auch die Täuschung durch Vorspiegelung unwahrer oder Unterdrückung wahrer Thatsachen zu erwähnen, wenn es seine Absicht gewesen wäre, eine Bestrafung wegen Betruges eintreten zu lassen. „Er hat dieses ohne Zweifel unterlassen, weil er die Täuschung letzterer Art schon durch den allgemeinen Thatbestand der Steuerdefraude für umfaßt hielt, und nur die durch besondere Mittel bewirkte Täuschung dem allgemeinen Strafgesetze unterstellen wollte. Daß diese Schlußfolgerung wirklich der Absicht des Gesetzgebers entspricht, erhellt auch aus den Motiven des Gesetzes, in welchen vorbehaltlos gesagt ist: „„Werden die gesetzlichen Verpflichtungen (über die Deklaration u. s. w.) in defraudatorischer Absicht nicht erfüllt, so tritt die bei anderen Steuern regelmäßige Strafe des (jetzt ermäßigten) vierfachen Betrages der Steuer ein““. Von der Möglichkeit einer Bestrafung wegen Betruges findet sich hier keine Andeutung.“ So R.G. I. Urt vom 2. Juli 1894, St.S. Bd. 26 S. 48 und die dort angeführten Urteile: Hugo Meyer, S. 587; Rüdorff-Stenglein, Anm. 36 zu § 263 R.St.G.B.; Honemann, S. 34, 38; Berner, S. 570; von Liszt S. 489 und 661. A.M., nämlich dahingehend, daß die Steuerhinterziehung einen besonderen Fall des Betruges bilde: von Schwarze, S. 758 Anm. 2 zu § 263 St.G.B.; Ricker S. 10 (für den Fall, daß die landesgesetzlich geforderte Deklaration wissentlich zu Ungunsten des Staates abgegeben werde).

c) Wir gelangen daher zu folgenden Sätzen:

1. eine unter § 44 des Ges. fallende Handlung bildet ein delictum sui generis und kann nie als Betrug bestraft werden; § 73 St.G.B. findet keine Anwendung, es liegt lediglich sogen. Gesetzeskonkurrenz vor; die Verurteilung aus § 44 des Ges.

kann nicht zur Feststellung des Betruges im wiederholten Rückfalle verwendet werden.

2) Beschädigungen des Staatsvermögens, welche durch andere, als die im § 44 des Ges. erwähnten Handlungen begangen werden, sind, wenn diese Handlungen den Thatbestand des § 263 St.G.B. erfüllen, als Betrug nach diesem zu bestrafen. Vgl. R.G. Ver.Strafsen., Urt. vom 4. April 1881, St.S. Bd. 4 S. 50 bezüglich des Brausteuergesetzes vom 31. Mai 1872. — A.M. Honemann, S. 40, welcher für diesen Fall eine Lücke im Gesetze annimmt und völlige Straflosigkeit eintreten lassen will: er beruft sich dabei zu Unrecht auf Löbe S. 151.

3) wird gelegentlich eines Vergehens gegen das Erbschaftssteuergesetz ein Betrug begangen, so finden die Vorschriften des St.G.B. über Betrug und über Realkonkurrenz Anwendung.

§ 45.

Wer der Verpflichtung zur Abgabe der eidesstattlichen Versicherung auf wiederholte Aufforderung (§ 39) innerhalb der zu bestimmenden Frist nicht genügt, wird mit einer Geldstrafe von fünfundsiebenzig bis dreitausend Mark bestraft.

Entw. von 1872 § 42; Mot. von 1872 S. 65; Komm.Bericht von 1872 S. 845; Stenogr. Berichte über die Verhandlungen des Hauses der Abgeordneten Bd. 2 S. 1159—63; Gesetz von 1873 § 43.

I. Der im § 45 angedrohten Strafe verfällt nur derjenige, welcher zur Abgabe einer eidesstattlichen Versicherung verpflichtet und dazu wiederholt, d. h. mindestens zwei Mal ohne Erfolg vom Erbschaftssteueramte aufgefordert worden ist. Ob und in welchem Umfange jemand verpflichtet ist, eine derartige Versicherung abzugeben, ist in den Anmerkungen zu § 39 erörtert, welche zu vergleichen sind.

II. Der Thatbestand des § 45 ist erfüllt, sobald der Verpflichtete die ihm vom Erbschaftssteueramte bestimmte Frist schuldhaft hat verstreichen lassen, ohne die Versicherung in der geforderten Form abzugeben. Die nachträgliche Abgabe befreit nicht von der einmal verwirkten Strafe. Die angedrohte Strafe ist wirkliche Kriminalstrafe, nicht Zwangsmittel zur Erwirkung einer Handlung; sie kann daher nur einmal erkannt werden. Andere Mittel zur Erzwingung der eidesstattlichen Versicherung, als die Herbeiführung der Bestrafung nach § 45 stehen der Steuerbehörde nicht zu Gebote.

III. Das Delikt des § 45 ist Vergehen; die niedrigste zulässige Geldstrafe beträgt 75 M.; Beihülfe und Versuch des Delikts sind begrifflich nicht denkbar. — Zuständig ist die Strafkammer des Landgerichts (G.V.G. § 73 Nr. 1 in Verbindung mit § 27 Nr. 2); Überweisung an das Schöffengericht ist nicht zulässig, weil G.V.G. § 75 Nr. 14 nicht zutrifft. — Vgl. wegen der Unzulässigkeit der Umwandlung einer nach § 45 verhängten Geldstrafe in eine Freiheitsstrafe und der Versteigerung von Grundstücken § 47, wegen der Verjährung § 50 des Ges.

§ 46.*)

Wer es unterlässt, Schenkungsurkunden, deren Versteuerung über die für die Verwendung des Urkundenstempels sonst vorgeschriebene Frist hinaus ausgesetzt bleiben soll (§ 4 dritter Absatz), vor Ablauf dieser Frist der Steuerbehörde vorzulegen oder die von der Steuerbehörde getroffenen Anordnungen wegen nachträglicher Versteuerung der vorgelegten Urkunden

---

*) In den Hohenzollernschen Landen und im Kreise Herzogthum Lauenburg kommt der § 46 nicht zur Anwendung.
Für die genannten Gebietstheile treten an dessen Stelle folgende Worte:

unbefolgt lässt, verfällt in die Strafe des Vierfachen des später zu verwendenden Stempels, oder, falls dieser noch nicht feststeht, in eine Geldstrafe bis zu dreitausend Mark. An die Stelle dieser Strafe tritt eine Ordnungsstrafe bis zu einhundertundfünfzig Mark, wenn aus den Umständen hervorgeht, dass eine Hinterziehung der Abgabe nicht erfolgen konnte oder nicht beabsichtigt war.

Entw. von 1890 § 43a; Mot. von 1890 S. 250; Komm.Ber. von 1890 S. 1616.

Nach Art. 2 des Ges. vom 19. Mai 1891 ist der § 46 in den Hohenzollernschen Landen und im Kreise Herzogtum Lauenburg nicht zur Anwendung gelangt, vielmehr gilt dort die in Anmerk. * zu diesem Paragraphen abgedruckte Bestimmung. Durch § 35 des Stempelsteuergesetzes vom 31. Juli 1895 ist der § 46, soweit er nicht für die Hohenzollernschen Lande Geltung hat, vom 1. April 1896 ab aufgehoben. Die Aufhebung erstreckt sich also auch auf den Kreis Herzogtum Lauenburg. Übrigens ist § 46 materiell in das Stempelsteuergesetz (§ 17) aufgenommen.

Von einer Erläuterung des § 46, welcher mit der Erbschaftssteuer nichts zu thun hat, ist abgesehen worden.

§ 47.

Die Umwandlung der in den §§ 43, 44, 45 und 46 bestimmten Geldstrafen, zu deren Zahlung der Verurtheilte unvermögend ist, in eine Freiheitsstrafe findet nicht statt. Auch darf zur Beitreibung von Geldstrafen ohne Zustimmung des Verurtheilten, insofern dieser ein Inländer ist, kein Grundstück subhastirt werden.

Entw. von 1872 § 43; Mot. von 1872 S. 65, 66; Komm.Ber. von 1872 S. 846; Ges. von 1873 § 44.

I. **Umwandlung der Geldstrafen in Freiheitsstrafe.** Der Paragraph schließt die Anwendbarkeit des § 28 St.G.B. und des § 463 St.P.O. für die wegen eines Erbschaftssteuerdelikts erkannten Strafen aus. Auch die Umwandlung der auf Grund des § 38 Abs. 3 des Ges. verhängten Strafen in Freiheitsstrafen ist unzulässig, wenn auch dieser Paragraph in § 47 nicht erwähnt ist; vgl. Anm. X zu § 38.

II. **Die zwangsweise Versteigerung eines Grundstücks** zur Beitreibung von Geldstrafen ist, wenn der Verurteilte ein Ausländer ist, unbeschränkt, wenn er ein Inländer ist, nur mit seiner Genehmigung zulässig. Die Genehmigung kann auch stillschweigend erteilt werden. Die Beschränkung der Zwangsvollstreckung bezieht sich nicht auf die Beitreibung rückständiger Steuerbeträge. Ausländer im Sinne dieses Gesetzes ist jeder, der nicht die preußische Staatsangehörigkeit besitzt; die Frage, ob dieses der Fall ist, ist nach dem Bundesgesetze über die Erwerbung und den Verlust der Bundes- und Staatsangehörigkeit vom 1. Juni 1870 (R.G.Bl. S. 355) zu beantworten.

Jeder Aussteller einer steuerpflichtigen Schenkungsurkunde, welcher die von dem Finanzminister in Bezug auf die Entrichtung der Steuer erlassenen und gehörig bekannt gemachten Bestimmungen oder die von der zuständigen Steuerbehörde in dieser Hinsicht getroffenen und ihm besonders mitgetheilten Anordnungen unbefolgt lässt, verfällt wegen Hinterziehung der Abgabe in die Strafe des Vierfachen derselben, oder, falls ihr Betrag noch nicht feststeht, in eine Geldstrafe bis zu dreitausend Mark. An die Stelle dieser Strafe tritt eine Ordnungsstrafe bis zu einhundertundfünfzig Mark, wenn aus den Umständen hervorgeht, dass eine Hinterziehung der Abgabe nicht erfolgen konnte oder nicht beabsichtigt war.

Die Strafe kann gegen jeden Inhaber der Urkunde verfolgt werden, auf welcher sich kein Vermerk über die Entrichtung der Steuer findet, vorbehaltlich seines Rückgriffs gegen den Aussteller. Kann er indess nachweisen, dass er erst nach dem Tode des Ausstellers in den Besitz der Urkunde gelangt ist, so kann die Strafe von ihm nicht eingezogen werden.

§ 48.

In Betreff des administrativen und gerichtlichen Strafverfahrens kommen — vorbehaltlich der Bestimmung im dritten Absatze des § 43 — dieselben Vorschriften zur Anwendung, nach welchen sich das Verfahren wegen Zollvergehen bestimmt.

Entw. von 1872 § 45; Mot. von 1872 S. 66; Komm.Ber. von 1872 S. 846; Gesetz von 1873 § 45.

Das Strafverfahren wegen Zollvergehen ist in erster Linie durch die §§ 459 ff. der St.P.O. geregelt. Daneben gelten aber nach § 6 Nr. 3 des E.G. St.P.O. für die alten Landesteile das Gesetz wegen Untersuchung und Bestrafung von Zollvergehen vom 23. Januar 1838 (Ges.S. S. 78) und für die neuen Landesteile die Ordnung für das Verfahren bei Entdeckung und Untersuchung von Zuwiderhandlungen gegen die Zollgesetze in den Regierungsbezirken Wiesbaden und Kassel, dem vormaligen Königreich Hannover und den Herzogtümern Holstein und Schleswig vom 29. Juli 1867 (Ges.S. S. 1270). Diese gesetzlichen Bestimmungen sind, soweit sie für das Erbschaftssteuerrecht von Bedeutung sind, nebst den sie ergänzenden Gesetzesvorschriften und Erlassen der Verwaltungsbehörden im Anhange abgedruckt. Außerdem ist das Strafverfahren in Erbschaftssteuersachen in der Einleitung systematisch dargestellt. Es wird daher auf jene Teile des Werkes verwiesen.

§ 49.

Kosten.

Die Verhandlungen in Erbschaftssteuerangelegenheiten — mit Ausnahme derjenigen in Strafprozessen, hinsichtlich deren es bei den bestehenden Vorschriften bewendet — sind kosten- und stempelfrei.

Die Steuerpflichtigen und die in den §§ 37 und 38 bezeichneten sonstigen Verpflichteten sind zur Tragung des durch die Verhandlungen mit ihnen erwachsenden Porto verbunden.

Entw. von 1872 § 47; Mot. von 1872 S. 66; Komm.Ber. von 1872 S. 846; Ges. von 1873 § 46.

I. **Kosten des Steuerermittelungsverfahrens.**

a) Bare Auslagen, welche der Staatskasse durch die Verhandlungen in Erbschaftssteuerangelegenheiten, z. B. an Gebühren der Zeugen, Sachverständigen, Taxatoren, Dolmetscher entstehen, müssen in allen Fällen von dem ersetzt werden, der sie veranlaßt hat. Wegen des Portos vgl. Anm. b.

b) Portokosten. Das Porto für die nach § 6 der F.M.Anweisung für die Erbschaftssteuerämter vom 14. November 1873 den Erben frankiert mitzuteilende Belehrung über die Pflichten der Erben und Vermächtnisnehmer ist nicht von den Adressaten wieder einzuziehen. Denn bei Absendung der Belehrung ist die für die Anmeldepflicht in § 32 des Ges. vorgeschriebene dreimonatige Frist in den meisten Fällen noch nicht verstrichen, die Steuerpflichtigen befinden sich noch nicht im Verzuge und haben mithin zu einer amtlichen Belehrung noch keinen Anlaß gegeben. Der § 49 des Ges. kann auf diese Belehrungen, welche bereits zu einer Zeit, zu der Verhandlungen mit den Erben noch nicht geführt zu werden pflegen, zur Absendung gelangen, keine Anwendung finden. Die betreffenden Sendungen erfolgen ausschließlich im Staatsinteresse und deshalb fallen die entstehenden Portokosten nach § 1a des Regulativs über die geschäftliche Behandlung der Postsendungen in Staatsdienstangelegenheiten vom 28. November 1869 der Staatskasse zur Last. F.M.R. vom 30. November 1893 III

14784 an den P.St.D. zu Köln, mitgeteilt zur Kenntnisnahme und Nachachtung dem P.St.D. zu Berlin, bei H.G., S. 1247 Anm. 83.

Die örtlichen, nicht von Königlichen Behörden geführten Polizeiverwaltungen sind nach dem vom F.M. im Einverständnis mit dem Minister des Inneren am 29. Juli 1895, I 13 276/III 9019, erlassenen (bei Rhm. 1896 S. 91 abgedruckten) Reskripte berechtigt, ihre an die Erbschaftssteuerämter gerichtete Korrespondenz in Fällen, in denen es sich um die Feststellung der Persönlichkeit unbekannter Erben, der Höhe eines Nachlasses, des Wohnorts, des Lebens oder anderer persönlichen Verhältnisse einzelner Personen handelt, unfrankiert abzusenden.

II. **Kosten und Stempel im Strafverfahren.** Im allgemeinen ist hierzu die Darstellung des Strafverfahrens in der systematischen Einleitung und Bonnenberg, S. 259 ff., zu vergleichen. Hier sei nur auf folgende Vorschriften hingewiesen:

a) Wegen der Kosten des gerichtlichen Strafverfahrens sind zu vergleichen St.P.O. §§ 496 ff.; Deutsches G.K.G. §§ 59 ff.

b) Bei der Untersuchung im Verwaltungswege kommen außer den baren Auslagen an Porto, Stempel, Zeugengebühren u. s. w. keine Kosten zum Ansatze; Ges. wegen Untersuchung und Bestrafung von Zollvergehen vom 23. Januar 1838 § 49; Zolluntersuchungsordnung für die neuen Landesteile vom 29. Juli 1867 § 19.

Strafbescheide der Finanzbehörden unterliegen, sofern die Strafe 15 Mark übersteigt, einem festen Stempel von 1 M. 50 Pf.; Tarif Pos. 62 zum Stempelsteuergesetze vom 31. Juli 1895. Dies gilt auch für den Bescheid, welcher auf erhobene Beschwerde den von der unteren Instanz erlassenen Bescheid bestätigt. Bonnenberg, S. 171. Der Stempel wird nicht für das Original, sondern für die Ausfertigung erhoben. Bonnenberg, S. 152.

§ 50.

Verjährung.

Die Erbschaftssteuer — mit Ausnahme der bereits zur Hebung gestellten Steuerbeträge — verjährt in zehn Jahren nach Ablauf des Kalenderjahres, in welchem der steuerpflichtige Anfall erworben, oder, wenn schon amtliche, auf die Ermittelung der Steuer gerichtete Handlungen vorgenommen sind, nach Ablauf des Kalenderjahres, in welchem die letzte derartige Handlung vorgenommen ist.

Zur Hebung gestellte Steuerbeträge verjähren in vier Jahren nach Ablauf desjenigen Kalenderjahres, in welches der letzte Tag der Zahlungs- oder Stundungsfrist fällt, beziehungsweise in welchem die letzte auf die Beitreibung des Rückstandes gerichtete amtliche Handlung vorgenommen ist.

Die Verjährung sichergestellter Steuerforderungen kann nicht vor Ablauf desjenigen Jahres, in welchem die Sicherheit erloschen ist, beginnen.

Die Strafverfolgung von Zuwiderhandlungen gegen die Vorschriften dieses Gesetzes verjährt in drei Jahren, die Vollstreckung der rechtskräftig dieserhalb erkannten Strafen verjährt in fünf Jahren.

Entw. von 1872 § 48; Mot. von 1872 S. 66; Komm.Ber. von 1872 S. 846; stenogr. Berichte über die Verhandlungen des Hauses der Abgeordneten 1872/73 S. 1166, 1167.

I. **Der § 50 behandelt die Verjährung** der auf dem Erbschaftssteuergesetze beruhenden vermögens- und strafrechtlichen Ansprüche. Er findet auch auf diejenigen Erbfälle Anwendung, welche noch nach der älteren Erbschaftsstempelgesetzgebung zu erledigen sind, weil die Erbschaftssteuer des Gesetzes vom 30. Mai 1873 ihrer rechtlichen Natur nach von der

Erbschaftsstempelabgabe des Stempelgesetzes vom 7. März 1822 nicht wesentlich verschieden ist und positive Bestimmungen des neuen Gesetzes der Anwendung seiner Verjährungsvorschrift nicht im Wege stehen, nach allgemeinen Rechtsgrundsätzen aber das neue Gesetz den Schwebezustand einer laufenden Verjährung alsbald ergreift. R.G. IV. Urt. vom 1. Juli 1889, C.S. Bd. 24 S. 266; Jur. Woch. S. 330; F.M.R. vom 28. Januar 1890 III 16990/89 an den P.St.D. zu B., bei H.G., S. 1106 Anm. 119c.

Zu Abs. 1, 2 und 3.

II. **Die Verjährung der vermögensrechtlichen Ansprüche** wird in Abs. 1, 2 und 3 geregelt. Diese Bestimmungen beziehen sich nur auf den Fall einer dem Fiskus zustehenden Steuerforderung, nicht auf den umgekehrten, daß jemand gegen die Steuerbehörde einen auf dem Erbschaftssteuerrechte beruhenden Anspruch, z. B. auf Rückzahlung eines zu viel erhobenen Steuerbetrages oder auf Rückgabe einer zu Unrecht geforderten Sicherheit hat. Die Verjährung dieser Ansprüche ist für den Fall, daß die Rückgewährung auf Grund eines nach der Festsetzung der Steuer eingetretenen Ereignisses verlangt werden kann, durch Abs. 2 des § 42 generell geregelt; vgl. Anm. V zu § 42. Für die hiervon nicht betroffenen Fälle richtet sich die Verjährung nach dem maßgebenden bürgerlichen Rechte; z. B. wenn die Steuer seiner Zeit infolge eines Irrtums zu hoch festgesetzt und bezahlt worden ist. Die Frist beträgt hier für das preuß., gem. und französische Recht 30 Jahre. Vgl. § 546 A.L.R. I 9 in Verbindung mit § 2 Nr. 8 d. Ges. vom 31. März 1838; Dernburg, Pand. I § 147; Windscheid, I § 110; Zachariä-Crome, I § 145. Im übrigen siehe § 15 der Anweisung des F.M. zur Ausführung des Erbschaftssteuergesetzes vom 14. November 1873.

a) Die noch nicht zur Hebung gestellte Steuer verjährt in 10 Jahren. Die Frist beginnt: 1. wenn amtliche, auf die Ermittelung der Steuer gerichtete Handlungen noch nicht vorgenommen sind, nach Ablauf des Kalenderjahres, in welchem der Anfall erworben ist. Wegen des Unterschieds von Anfall und thatsächlichem Erwerb vgl. Anm. IV auf S. 56 und wegen des Begriffes des letzteren Anm. I zu § 29, oben S. 92, 93. — 2. wenn derartige Handlungen bereits vorgenommen sind, nach Ablauf des Kalenderjahres, in welchem die letzte derartige Handlung erfolgt ist. Für den Beginn der Verjährung kommen nur solche Handlungen in Betracht, welche von einer zur Ermittelung der Steuer befugten Behörde (vgl. hierüber Anm. zu § 31) vorgenommen sind; jedoch kommt es auf die örtliche Zuständigkeit nicht an. Der Ermittelung der Steuer dient auch die nach § 6 der F.M.Anweisung für die Erbschaftssteuerämter von 14. November 1873 den Erben mitzuteilende Belehrung über die Pflichten der Erben und Legatare. — Wegen des Falles der Sicherstellung siehe unten c.

b) Zur Hebung gestellte Beträge verjähren in 4 Jahren. Die Frist beginnt 1. im allgemeinen nach Ablauf desjenigen Kalenderjahres, in welches der letzte Tag der Zahlungs- oder Stundungsfrist fällt. Es handelt sich hierbei nur um Fristen, welche vom der Steuerbehörde bewilligt sind, da das Gesetz derartige Fristen nicht enthält. (S. hierzu § 11 der Anweisung des F.M. zur Ausführung des Erbschaftssteuergesetzes vom 14. November 1873). Ob die Behörde nach den Dienstvorschriften zur Gewährung der Frist befugt war, ist unerheblich. 2. Ist nach Ablauf der Zahlungs- oder Stundungsfrist noch eine auf Beitreibung des Rückstandes gerichtete amtliche Handlung vorgenommen, so beginnt die Frist erst nach Ablauf des Kalenderjahres, in welches die Vornahme dieser Handlung fällt.

c) Gemeinsames für die Fälle unter a und b.

1. Die Hinausschiebung des Anfangs der Verjährung auf das nächste Kalenderjahr entspricht dem § 5 des Ges. vom 31. März 1838 (G.S. S. 249) und beruht wohl auf der Erwägung, daß die genaue Feststellung des Zeitpunktes, wann ein steuerpflichtiger Anfall erworben, eine aufschiebende Bedingung eingetreten, eine gestellte Sicherheit erloschen ist u. s. w., häufig mit Schwierigkeiten verbunden ist. Winterlin, S. 62.

2. Bei sichergestellten Steuerforderungen erleiden die in Abs. 1 und 2 des Paragraphen festgesetzten Fristen insofern eine Verlängerung, als sie nicht vor Ablauf desjenigen

Jahres beginnen, in welchem die Sicherheit erloschen ist. Wann eine Sicherheit erlischt, ist nach dem für die Sicherheitsleistung maßgebenden bürgerlichen Rechte zu beurteilen und hängt außerdem von der Form der Sicherheitsleistung ab; nur beispielshalber seien folgende Fälle erwähnt: eine nur für einen bestimmten Zeitraum übernommene Bürgschaft erlischt mit Beendigung dieses Zeitraumes; eine durch Verpfändung beweglicher Sachen bewirkte Sicherheitsleistung erlischt durch den Untergang des Pfandes. — Ist eine sichergestellte Steuerforderung nicht fällig, so kann die Verjährung selbst dann nicht beginnen, wenn die Sicherheit aus irgend einem Grunde erloschen ist. Wintterlin, S. 64.

3. Die im § 50 normierten Fristen sind echte Verjährungs-, keine Präklusivfristen; vgl. hierzu Anm. 1 auf S. 125.
4. Vorgenommen ist eine amtliche Handlung nicht schon dann, wenn sie angeordnet, sondern erst dann, wenn sie ausgeführt ist.
5. Die Abs. 1, 2 und 3 des Gesetzes finden keine Anwendung auf die Verjährung des für die Errichtung einer Familienstiftung oder einer Fideikommißstiftung zu bezahlenden Stempels (Stempelsteuergesetz vom 31. Juli 1895 Tarif Pos. 23 und 24); K.G.Beschl. vom 29. Februar 1892, Johow, Bd. 12 S. 145; die Verjährungsfrist für diesen beträgt nach § 27 des erwähnten Gesetzes 10 Jahre.
6. Die Vorschrift des § 512 A.L.R. I 9, daß die Verjährung gegen den nicht anfangen kann, der von seinem Rechte nicht hat unterrichtet sein können, findet auf die durch § 50 des Ges. begründete Verjährung keine Anwendung; R.G. IV. Urt. vom 27. März 1893, Jur. Woch. S. 279.

II. **Die Verjährung der strafrechtlichen Ansprüche** bildet den Gegenstand des Abs. 4.

a) Dieser bezieht sich nicht auf die nach § 38 Abs. 3 des Ges. zulässige „Ordnungsstrafe", weil ihre Verhängung nicht Strafverfolgung, sondern Anwendung eines Exekutivmittels zur Erzwingung einer Handlung ist; vgl. Anm. a auf S. 111. Dagegen findet § 50 Abs. 4 auf alle anderen Zuwiderhandlungen gegen das Erbschaftssteuergesetz Anwendung, ohne Unterschied zwischen Vergehen und Übertretungen und ohne Rücksicht darauf, ob das Delikt in defraudatorischer Absicht begangen wurde oder nicht; Bonnenberg S. 485.

b) Wegen der Befugnis der Landesgesetzgebung, die Verjährung in einer vom St.G.B. abweichenden Weise zu regeln, vgl. Vorbemerkung II zu §§ 43—47 und Olshausen I S. 316 Anm. 3 zu § 16. Die Zulässigkeit abweichender landesgesetzlicher Vorschriften wird von der gemeinen Meinung anerkannt und nur von Binding, Handbuch, I S. 313 und Grundriß, S. 198, geleugnet.

Von dieser Befugnis ist nur bezüglich der Fristen Gebrauch gemacht; im übrigen finden daher die Bestimmungen des St.G.B. und der St.P.O. Anwendung (vgl. R.G. I. Urt. vom 24. März 1881, St.S. Bd. 4 S. 216), soweit dieses nach dem Strafensystem des Erbschaftssteuergesetzes überhaupt möglich ist.

c) Es sind daher maßgebend:

1. für die Verjährung der Strafverfolgung:

St.G.B. § 67 Abs. 4: Die Verjährung beginnt mit dem Tage, an welchem die Handlung begangen ist, ohne Rücksicht auf den Zeitpunkt des eingetretenen Erfolges.

§ 68. Jede Handlung des Richters, welche wegen der begangenen That gegen den Thäter gerichtet ist, unterbricht die Verjährung.

Die Unterbrechung findet nur rücksichtlich desjenigen statt, auf welchen die Handlung sich bezieht.

Nach der Unterbrechung beginnt eine neue Verjährung.

§ 69 (in der Fassung des Ges. vom 26. März 1893, R.G.Bl. S. 133). Die Verjährung ruht während der Zeit, in welcher auf Grund gesetzlicher Vorschrift die Strafverfolgung nicht begonnen oder nicht fortgesetzt werden kann.

Ist der Beginn oder die Fortsetzung eines Strafverfahrens von einer Vorfrage abhängig, deren Entscheidung in einem anderen Verfahren erfolgen muß, so ruht die Verjährung bis zu dessen Beendigung.

Ist zur Strafverfolgung ein Antrag oder eine Ermächtigung nach dem Strafgesetz erforderlich, so wird der Lauf der Verjährung durch den Mangel des Antrages oder der Ermächtigung nicht gehindert.

St.P.O. § 453 Abs. 4. Die Strafverfügung (der Polizeibehörde) wirkt in betreff der Unterbrechung der Verjährung wie eine richterliche Handlung.

§ 459 Abs. 3. Der Strafbescheid (der Verwaltungsbehörde) wirkt in betreff der Unterbrechung der Verjährung wie eine richterliche Handlung.

2. für die Verjährung der Strafvollstreckung:

St.G.B. § 70 Abs. 2. Die Verjährung beginnt mit dem Tage, an welchem das Urteil rechtskräftig geworden ist.

§ 72. Jede auf Vollstreckung der Strafe gerichtete Handlung derjenigen Behörde, welcher die Vollstreckung obliegt, ... unterbricht die Verjährung.

Nach der Unterbrechung der Vollstreckung der Strafe beginnt eine neue Verjährung.

d) Wegen der Erläuterung der vorstehend abgedruckten Bestimmungen muß im allgemeinen auf die Kommentare zum St.G.B. und zur St.P.O. verwiesen werden. Hier sei nur Folgendes bemerkt:

1. Zu St.G.B. § 67 Abs. 4. Liegt Idealkonkurrenz zwischen einem Vergehen gegen das Erbschaftssteuergesetz und einem andern Delikte vor, so verjähren beide Arten von strafbaren Handlungen unabhängig von einander, und zwar ist die Verjährungsfrist nur für das erstere nach dem Erbschaftssteuergesetz, für das andere dagegen nach den Vorschriften des St.G.B. zu berechnen. Bonnenberg S. 489. Im Falle der Gesetzeskonkurrenz findet ausschließlich das Erbschaftssteuergesetz Anwendung.

Die Verjährung beginnt:

α) in den Fällen der §§ 43 und 45 d. Ges. mit dem fruchtlosen Ablaufe der Fristen, welche dem Steuerpflichtigen zur Vornahme der dort unter Strafe gestellten Handlungen gewährt sind. Vgl. Anm. IV b auf S. 132 und Anm. II auf S. 139; Olshausen, Anm. 14 a und Oppenhoff, Anm. 8 u. 9 zu § 67 St.G.B.;

β) im Falle des § 44 d. Ges. mit dem Augenblicke, wo die die unvollständigen oder unrichtigen Angaben enthaltende Erklärung dem zuständigen Erbschaftssteueramte gegenüber abgegeben d. h. zur Kenntnis des dieses vertretenden Beamten gelangt ist. Vgl. Olshausen, Anm. 6 und Oppenhoff, Anm. 5 u. 9 zu § 156 St.G.B.

2. Zu St.G.B. § 68. Unter Richter ist nur der Strafrichter zu verstehen; Olshausen, I S. 328, wo weitere Litteratur angegeben ist.

3. Zu St.G.B. § 69. Der zweite Satz des Paragraphen bezieht sich nur auf die Fälle, in denen die Entscheidung einer Vorfrage „in einem anderen Verfahren erfolgen muß", d. h. falls nach Vorschrift der Gesetze eine solche Entscheidung zuvor stattzufinden hat. So (gegen Rubo, Anm. 1 zu § 69 St.G.B.) die gemeine Meinung. Vgl. Olshausen, Anm. 3 zu § 69. Die Verjährung ruht daher nicht, wenn die Aussetzung des Strafverfahrens nicht geboten, sondern nur zulässig ist. Zu beachten ist, daß der § 14 des Ges., betreffend die Erweiterung des Rechtsweges vom 24. Mai 1861 (Ges.S. S. 241), wonach das Strafverfahren in Stempeldefraudationssachen bis zur civilgerichtlichen Entscheidung über die vom Beschuldigten behauptete Steuerfreiheit ausgesetzt werden muß, durch § 6 Einf.Ges. zur St.P.O. aufgehoben und durch § 261 St.P.O. ersetzt ist. R.G. II. Urt. vom 24. April 1883, St.S. Bd. 8 S. 224; C.Bl. 1884 S. 4. Darnach ruht die Verjährung nicht, wenn das Strafverfahren bis zur Entscheidung einer der Beurteilung des Civilrichters unterliegenden Vorfrage ausgesetzt ist.

4. Zu St.P.O. § 459. Erst durch den Strafbescheid, nicht schon durch die Eröffnung der Untersuchung im Verwaltungswege wird die Verjährung der Strafverfolgung unter-

brochen; Böhm, S. 148 Anm. 3 zu § 50; Löbe, S. 179; Bonnenberg, S. 93, 153, 154; Löwe, Anm. zu § 459; Olshausen, S. 329 Anm. 5 zu § 68; auch wohl das (im C.B. 1883 S. 2 abgedruckte) F.M.R. vom 3. Dezember 1882 III 16806. A.M. Binding, Handbuch I S. 850 (soweit eine Verwaltungsbehörde Strafgerichtsbarkeit besitze, unterbreche jeder innerhalb dieser Thätigkeit von ihr vorgenommene richterliche Akt die Verjährung; die Bestimmungen in St.P.O. § 453 Abs. 4 und § 459 Abs. 3 seien lediglich Anwendungen dieses allgemeinen Prinzips). Der Strafbescheid unterbricht die Verjährung nur, wenn er demjenigen, gegen den er gerichtet ist, bekannt gemacht, d. h. verkündet, behändigt oder zugestellt ist; so das vorerwähnte F.M.R.; Bonnenberg, S. 153; Löbe, S. 179; A.M. Meves, S. 427; Arndt, S. 305 (die Unterbrechung erfolge bereits mit der Erlassung des Strafbefehls).

Zusatz zu § 50.

III. Die §§ 48 und 49 des Ges. vom 30. Mai 1873 enthielten Übergangsbestimmungen, welche jetzt keinerlei praktische Bedeutung mehr haben und bereits in der vom Finanzminister am 24. Mai 1891 bekannt gemachten Fassung des Gesetzes fortgelassen waren.

Vorbemerkung zum Tarif.

Der Tarif ist materiell Teil des Gesetzes. Die äußerliche Trennung beruht lediglich auf praktischen Rücksichten. In anderen Erbschaftssteuergesetzen (s. z. B. Bayern, Art. 2—4; Elsaß-Lothringen, § 2; Hessen, Art. 6 u. 7; Sachsen, Art. 2 u. 3; Württemberg, Art. 4) sind die dem preußischen Tarif entsprechenden Bestimmungen ganz oder teilweise in das Gesetz aufgenommen.

Für die Erhebung der Erbschaftssteuer ist es gleichgiltig, ob der Anfall auf gesetzlicher Erbfolge, auf letztwilliger Verfügung, auf Vertrag oder auf einem anderen Grunde beruht.

Tarif,

nach welchem die Erbschaftssteuer zu erheben ist.

Mot. von 1872 S. 66—68; Komm.Ber. von 1872 S. 846—848; Stenogr. Berichte über die Verhandlungen des Hauses der Abgeordneten 1872/73 Bd. 2 S. 1167—1171; Novelle von 1895, Entwurf und Gesetz, Art. 1 Nr. 3; Motive dazu S. 1562.

A. Allgemeine Vorschriften.

1. Die Steuer beträgt mindestens fünfzig Pfennig und steigt von fünfzig Pfennig zu fünfzig Pfennig.
2. Bei Bestimmung des Steuersatzes kann nicht auf ein Verhältniß zurückgegangen werden, welches durch richterliches Erkenntniß oder Vertrag schon vor dem Eintritt des Anfalles zu bestehen aufgehört hat, namentlich werden Anfälle, die nach erfolgter Trennung einer Ehe oder nach aufgehobener Einkindschaft eintreten, lediglich nach demjenigen Steuersatze versteuert, welcher ohne Rücksicht auf das aufgehobene Verhältniß anwendbar ist.
3. Der Steuersatz von Lehns- und Fideikommißanfällen, ingleichen von

Hebungen aus Familienstiftungen (§ 1 Nr. 2 und 3 des Gesetzes) wird nach dem Verwandtschaftsverhältniß zwischen dem letzten Inhaber des Lehns- oder Fideikommisses, beziehungsweise der Hebungen aus der Familienstiftung und dem Steuerpflichtigen bestimmt.

4. Zu den Deszendenten einer Frau werden auch uneheliche Kinder derselben und deren Deszendenten gerechnet.
5. Vor der Ehe geborene uneheliche Kinder einer Frau werden — außer im Falle der Legitimation durch nachfolgende Ehe — zu den Stiefkindern des Ehemannes derselben gerechnet.
6. Den legitimirten Kindern eines Mannes werden diejenigen außer der Ehe erzeugten Kinder gleichgeachtet, welche erweislich gegen denselben die Rechte ehelicher Kinder in anderer Art als durch nachfolgende Ehe erworben haben.
7. Eheliche und uneheliche Kinder derselben Mutter, ingleichen eheliche und legitimirte Kinder desselben Vaters werden als halbbürtige Geschwister angesehen.

Der Anfall wird versteuert:

A. mit Einem vom Hundert des Betrages, wenn er gelangt an Personen, welche dem Hausstande des Erblassers angehört und in demselben in einem Dienstverhältniß gestanden haben, sofern der Anfall in Pensionen, Renten oder anderen auf die Lebenszeit der Bedachten beschränkten Nutzungen besteht, die ihnen mit Rücksicht auf dem Erblasser geleistete Dienste zugewendet werden;

B. mit Zwei vom Hundert des Betrages, wenn er gelangt an:
   a) adoptirte oder in Folge der Einkindschaft zur Erbschaft berufene Kinder und deren Deszendenten,
   b) voll- oder halbbürtige Geschwister und deren Deszendenten;

C. mit Vier vom Hundert des Betrages, wenn er gelangt an:
   a) vorstehend nicht benannte Verwandte bis einschließlich zum sechsten Grade der Verwandtschaft,
   b) Stiefkinder und deren Deszendenten und Stiefeltern,
   c) Schwiegerkinder und Schwiegereltern,
   d) natürliche, aber von dem Erzeuger erweislich anerkannte Kinder,
   e) außerdem sind mit Vier vom Hundert des Betrages zu versteuern alle Anfälle und Zuwendungen, welche ausschließlich zu wohlthätigen, gemeinnützigen oder Unterrichtszwecken bestimmt sind, insofern solche nicht einzelne Familien oder bestimmte Personen betreffen und die wirkliche Verwendung zu dem bestimmten Zwecke gesichert ist;

D. mit Acht vom Hundert des Betrages:
   in allen anderen Fällen.

I. **Zu Nr. 1.** Der Mindestbetrag von 50 Pf. kann nur vorkommen, wenn infolge des Abzuges des Wertes der einem Dritten zustehenden Nutzung der Wert der Substanz sich auf den Betrag von 150 M. oder weniger vermindert, da, abgesehen von diesem Falle, Anfälle, welche den Betrag von 150 M. nicht übersteigen, steuerfrei sind (vgl. „Befreiungen" Nr. 1) und der niedrigste, nämlich einprozentige Steuersatz für einen Anfall von mehr als 150 M. schon 2 M. beträgt.

Die Steuer steigt hiernach um je 50 Pf.:

a) bei einem Steuersatze von 1% für jede angefangenen 50 M.
b) „ „ „ „ 2% „ „ „ 25 „
c) „ „ „ „ 4% „ „ „ 12 „ 50 Pf.
d) „ „ „ „ 8% „ „ „ 6 „ 25 „

Zur Erleichterung der Berechnung dienen die Tabellen, die hinter der zu § 18 d. Ges. gehörigen Tabelle abgedruckt sind.

II. **Zu Nr. 2.** Zur Anwendung der Vorschrift ist erforderlich, daß das Verhältnis vor dem Eintritte des Anfalls zu bestehen aufgehört hat. Und zwar ist nur die durch richterliches Erkenntnis oder (sei es ausdrücklichen, sei es stillschweigenden) Vertrag erfolgende Lösung eines Verhältnisses von Einfluß auf die Steuer. Daher wird durch den Tod eines Ehegatten das durch die Ehe begründete Schwägerschaftsverhältnis (auch die Stiefverwandtschaft) nicht gelöst. Dernburg, Pand. III § 4; Dernburg, Preuß. Privr., III § 1; Förster-Eccius, IV § 201; Zachariä-Crome, I § 79. S. auch R.G. I. Urt. vom 1. Dezember 1881, St.S. Bd. 5 S. 200; Rev.Prot. des F.M. vom 17. Juli 1873, betr. die Erbschaftsstempeltabellen im Bezirke des App.Ger. zu Frankfurt a. O. für das 3. Tertial 1871 Mon. 47, bei H.G. S. 1106 Anm. 122. Ein richterliches Erkenntnis kommt nur in Betracht, wenn es rechtskräftig, d. h. durch die ordentlichen Rechtsmittel der Berufung und der Revision sowie durch Einspruch nicht mehr anfechtbar ist (vgl. hierüber die Kommentare zur C.P.O. § 645). Die zeitweise Trennung der Ehegatten durch richterliche Entscheidung hat auf die Erbschaftssteuer keinen Einfluß. Dagegen steht die früher zulässig gewesene beständige Trennung von Tisch und Bett (§§ 77, 78 des Personenstandsgesetzes vom 6. Februar 1875 — R.G.Bl. S. 23) für das Erbschaftssteuerrecht der Trennung der Ehe dem Bunde nach gleich. Ebenso Pfaff, Hessen, S. 10; Wintterlin, S. 17. — Die Ehe kann durch Vertrag der Ehegatten nicht gelöst werden. — Über die Erfordernisse einer wirksamen Aufhebung der Einkindschaft vgl. unten Anm. XII. b. — Die Vorschrift kann außer für die ausdrücklich erwähnten Fälle der Trennung einer Ehe oder der Aufhebung einer Einkindschaft (über den Begriff vgl. Anm. XII. b) auch für den Fall der vertragsmäßigen Beendigung eines Adoptionsverhältnisses von Bedeutung sein.

III. **Zu Nr. 3.** „Inhaber" im Sinne der Bestimmung ist derjenige, welchem rechtlich die Nutzung des Lehns- oder Fideikommisses, bezw. der Bezug der Einkünfte aus der Familienstiftung zustand, auch wenn dieser die thatsächliche Ausübung seines Rechtes einem anderen überlassen hatte. Vgl. oben S. 10 Anm. 3, S. 12 Anm. 8. Die Bestimmung ist nur anwendbar, wenn es sich um Anfälle von Fideikommissen und Hebungen aus Familienstiftungen im eigentlichen Sinne handelt. Ist dagegen das Vermögen z. B. einer milden Stiftung mit der Maßgabe hinterlassen worden, daß die Nutzungen dieses der Stiftung zugewendeten Vermögens bis zu einem gewissen Zeitraume den Verwandten des Erblassers zufließen sollen, so handelt es sich um Rentenvermächtnisse, welche die milde Stiftung zu leisten hat. In solchen Fällen richtet sich die Steuer beim Eintritt in die Rentenvermächtnisse nicht nach dem Verwandtschaftsverhältnis zum letzten Inhaber, sondern nach dem Verwandtschaftsverhältnis zum Testator. So: Beschl. des sächs. F.M. vom 25. Juni 1890, Nr. 306 St.R.C., bei Wahl, Anm. 8 zu Art. 3.

IV. **Zu Nr. 4—7.** Wie die Motive von 1872 (S. 66, 67) bemerken, hat die große Verschiedenheit der in den einzelnen Rechtsgebieten geltenden Grundsätze über die Stellung der unehelichen Kinder und deren Deszendenten in familienrechtlicher und erbrechtlicher Beziehung im Interesse der Gleichmäßigkeit der Besteuerung zur Aufstellung gewisser allgemeiner Vorschriften über diesen Gegenstand genötigt. „Eine völlige Beseitigung des Einflusses der Verschiedenheit in den civilrechtlichen Grundsätzen der einzelnen Landesteile läßt sich namentlich bei Nr. 5 nicht erreichen. . . . Es würde dazu nicht genügen, etwa die Brautkinder oder die unter dem Versprechen der Ehe erzeugten Kinder zu benennen: denn mit diesen Bezeichnungen würden sich nach der eigentümlichen Entwickelung der Materie in den einzelnen Partikularrechten wiederum verschiedene Begriffe verbinden. Eine umfassende Regelung des Gegenstandes möchte aber über das Bedürfnis an dieser Stelle hinausgehen."

V. Zu Nr. 4. Die Bestimmung entspricht dem im gem. und im A.L.R. anerkannten Grundsatze, daß durch uneheliche Geburt zwischen der unehelichen Mutter einerseits und dem Kinde und seiner Deszendenz andererseits Verwandtschaft begründet wird. (Vgl. für das französ. Recht Zachariä=Crome, III § 537.) Sie beseitigt für das Erbschaftssteuerrecht die gemeinrechtliche Streitfrage, ob für die in blutschänderischer Verbindung oder im Ehebruche oder in Bigamie erzeugten Kinder eine Ausnahme zu machen und somit auch nicht einmal Verwandtschaft mit der Mutter anzunehmen ist. S. Windscheid, § 571 Anm. 14. A. M. anscheinend Pfaff, Hessen, S. 9.

VI. Zu Nr. 5. Zu den Stiefkindern des Ehemanns müssen wohl auch diejenigen unehelichen Kinder gerechnet werden, welche, soweit gemeines Recht in Betracht kommt, vor dem 182. Tage nach dem Eheschlusse geboren sind oder welche zufolge einer Illegitimitätsklage rechtskräftig für unehelich erklärt sind. — Über die Legitimation durch nachfolgende Ehe, welche dem außerehelich geborenen Kinde die rechtliche Stellung eines ehelichen verleiht, vergl. Anm. zu § 11 des Ges., oben S. 47 a. E. und die folgende Anmerkung.

VII. Zu Nr. 6. Durch diese Bestimmung wird bewirkt, daß alle unehelichen Kinder, welche aus irgend einem Grunde nach dem für sie maßgebenden bürgerlichen Rechte die Stellung ehelicher Kinder erlangt haben, diesen, soweit ihr Verhältnis zum Vater in Betracht kommt, auch in Beziehung auf das Erbschaftssteuerrecht gleichstehen. Welche Kinder hierzu gehören, ergiebt sich aus der Anm. zu § 11 des Ges. auf S. 47. Ob und inwieweit durch die dort erwähnten Rechtsakte eine Verwandtschaft zwischen dem Kinde einerseits und den Verwandten des Erzeugers, bezw. des Adoptierenden, bezw. (bei der Einkindschaft) des Einkindschaftsparens andererseits begründet wird, ist lediglich nach dem maßgebenden bürgerlichen Rechte zu beurteilen. Was insbesondere die Legitimation anlangt, so wird nach gem. Rechte ein derartiges Verwandtschaftsverhältnis begründet sowohl durch legitimatio per subsequens matrimonium, als durch legitimatio per rescriptum principis (Dernburg, Pand. III § 29; Windscheid, II § 522), während nach §§ 596, 601—611 A.L.R. II 2 nur die durch nachfolgende Ehe Legitimierten den ehelichen Kindern gleichstehen, hingegen die durch Reskript Legitimierten gegenüber der Mutter ihre Stellung als uneheliche Kinder behalten, im Verhältnis zum Vater (nicht zu seinen Verwandten) als eheliche gelten und Halbgeschwister der anderen Deszendenz des Vaters sind; sollen sie in die Familie der Mutter oder des Vaters als eheliche eintreten, so müssen die Verwandten der ersteren oder des letzteren durch einen Vertrag einwilligen, §§ 604, 605 A.L.R. II 2 (Dernburg, Preuß. Privr., III §§ 59, 60; Förster=Eccius, IV § 219). Das französ. Recht kennt nur die Legitimation durch nachfolgende Heirat der unehelichen Eltern, welche den Kindern die Rechte ehelicher Kinder verschafft (Zachariä=Crome, III § 518). Natürliche, aber vom Erzeuger anerkannte Kinder stehen den ehelichen nicht gleich, sind jedoch vor den unehelichen nicht anerkannten Kindern insofern bevorzugt, als sie die von dem Vater herrührenden Anfälle nur mit 4% zu versteuern haben; Tarif C d.

VIII. Zu Nr. 7. Uneheliche Kinder eines Vaters von verschiedenen Müttern sind untereinander nicht verwandt; dagegen macht es bei mehreren unehelichen Kindern einer Mutter für das Erbschaftssteuerrecht keinen Unterschied, ob sie von einem oder von mehreren Vätern erzeugt sind.

IX. Zu A bis D. Die Verpflichtung zur Entrichtung der Erbschaftssteuer wird in vielen Fällen beeinflußt durch das persönliche Verhältnis des Erblassers zum Erwerber des Anfalls. Maßgebend ist das persönliche Verhältnis zwischen dem ersteren und demjenigen, welcher im Rechtssinne als Erwerber anzusehen ist; das auf S. 92 zu § 29 des Ges. Gesagte findet auch hier Anwendung. Erhält daher ein steuerfreier Erbe die Erbschaft zufolge der Ausschlagung eines steuerpflichtigen, so zahlt er keine Steuer; hingegen muß ein steuerpflichtiger Erbe, dem die Erbschaft zufolge der Ausschlagung eines steuer=

freien zufällt, die Steuer nach dem Grade seiner Verwandtschaft mit dem Erblasser entrichten.

Im Falle der Transmission tritt der Erwerber zwar nicht aus eigenem Rechte in die Erbschaft, aber er erwirbt auf eigene Rechnung. Das letztere muß, wie die Motive S. 15 zu dem württembergischen Gesetze — bei Wintterlin, S. 25 Anm. 9 — zutreffend hervorheben, den Ausschlag geben. Denn nach dem in § 5 aufgestellten Prinzip beruht der Rechtsgrund der Steuerpflicht auf dem Akte des Erwerbs, der Erwerber wird ohne Rücksicht auf den Grund und die Art seines Erwerbs selbständig und aus eigener Person verpflichtet. A. M. Mot. z. bayr. Ges., bei Pfaff, Bayern, S. 5.

Maßgebend ist das wirklich bestehende, nicht etwa das in der letztwilligen Verfügung angegebene Verhältnis (z. B. jemand bezeichnet seinen Erben als seinen Adoptivsohn, während in Wirklichkeit eine gültige Adoption nicht vorliegt). R.G. IV. Urt. vom 7. Februar 1887, J.M.Bl. 1887 S. 351; IV. Urt. vom 28. März 1889, Jur. Woch. S. 182 Nr. 49.

Besteht ein doppeltes Verwandtschaftsverhältnis zu dem Erblasser oder treffen Blutsverwandtschaft und Schwägerschaft zusammen, so wird die Steuer nach dem Verhältnisse berechnet, das dem Pflichtigen günstiger ist.

Wenn mehrere in einer Urkunde testieren, sowie in Fällen des Universalfideikommisses ergeben sich nicht selten Zweifel darüber, von wem ein Anfall stammt; die Entscheidung beeinflußt vielfach die Höhe des Steuersatzes. Vergl. hierzu § 28 des Ges. und das dort Gesagte.

X. Zu A. Nach den vor Erlaß des Erbschaftssteuergesetzes geltenden Vorschriften (A.K.O. vom 1. Dezember 1822, Ges. S. 1823 S. 1 und Tarif vom 5. Juli 1867, Ges.S. S. 1126) waren Zuwendungen an „Hausoffizianten und Dienstboten" des Erblassers nur mit 1 Prozent steuerpflichtig, jedoch nur, soweit sie in Pensionen und Renten bestanden, die ihnen mit Rücksicht auf dem Erblasser geleistete Dienste zugewendet waren. Im Ges. ist die Ermäßigung auf alle derart zugewendeten, durch die Lebenszeit des Bedachten beschränkten Nutzungen ausgedehnt und außerdem der dem A.L.R. entnommene, aber in den übrigen Rechtsgebieten mit keinem bestimmten Sinne verbundene Ausdruck „Hausoffizianten" durch Angabe der sachlichen Kriterien. — Zugehörigkeit zum Hausstande und dienendes Verhältnis — ersetzt (Mot. von 1872 S. 67).

Die Anwendbarkeit des niedrigeren Prozentsatzes, sowie der Steuerfreiheit bis zum Betrage von 900 Mark (vergl. Befreiungen 2 d) für die genannten remuneratorischen Zuwendungen hängt zunächst von der doppelten Voraussetzung ab, daß der Erwerber des Anfalls sowohl dem Hausstande des Erblassers angehört, als auch in demselben in einem Dienstverhältnis gestanden hat. Fraglich könnte scheinen, ob beide Voraussetzungen noch im Augenblicke des Todes des Erblassers vorhanden sein müssen. Nach dem vor dem Erlasse des Erbschaftssteuergesetzes geltenden Rechte war das Fortbestehen der häuslichen Gemeinschaft und des Dienstverhältnisses bis zu diesem Zeitpunkte nicht erforderlich; F.M.R. vom 17. Juni 1852, C.Bl. S. 162. Dasselbe ist auch für das geltende Recht anzunehmen: dafür spricht der Wortlaut des Gesetzes („ . . . angehört und . . . gestanden haben"). Nr. 2 der allgemeinen Vorschriften findet daher bei dieser, auf Billigkeitsrücksichten beruhenden Steuerermäßigung keine Anwendung. Die entgegengesetzte Auslegung würde zu dem höchst ungerechten Ergebnisse führen, daß z. B. ein wegen Altersschwäche nicht mehr im Dienste befindlicher ehemaliger Dienstbote ein ihm vom ehemaligen Dienstherrn zugewendetes Vermächtnis zu dem höheren Satze zu versteuern hätte. S. auch Beschl. des sächs. F.M. vom 9. November 1888, Nr. 556 St.R.C., bei Wahl, S. 7 Anm. 8. Ebenso ist es gleichgiltig, ob das Dienstverhältnis kurz oder lange gedauert hat.

Zum Hausstande des Erblassers gehören diejenigen Personen, welche seine häusliche Gemeinschaft teilen, weil das Band dieser als ein besonders enges, eine Begünstigung der so verbundenen Personen rechtfertigendes aufzufassen ist. In einer derartigen Gemeinschaft stehen die Bediensteten nicht, welche in abgesonderten Wohnungen einen eigenen und selbständigen Haushalt führen, selbst wenn ihnen hierzu neben dem Geldlohn

Naturalien vom Dienstherrn verabfolgt werden. So schon R.G. III. Urt. vom 19. Juni 1888 Jur. Woch. S. 315; Bolze Bd. 6 Nr. 804; F.M.R. vom 5. Februar 1889 III 780 an den P.St.D. zu B., bei H.G., S. 1107 Anm. 124 a (die Gewährung der Kost durch den Hausherrn und einer bestimmten Belohnung sei die notwendige Voraussetzung für das Vorhandensein eines Dienstverhältnisses als Gesinde); endlich R.G. IV. Urt. vom 22. September 1890, Jur. Woch. S. 365; Bolze Bd. 11 Nr. 586; J.M.Bl. 1891 S. 24. Im übrigen kommt es auf die Art der Dienste nicht an. Ebensowenig ist der landrechtliche Begriff der Hausoffizianten (vergl. Rehbein-Reincke zu § 177 A.L.R. II 5) für die Erläuterung des Erbschaftssteuergesetzes zu verwerten, weil dieser Begriff mit Rücksicht auf den erweiterten Geltungsbereich des Erbschaftssteuergesetzes aufgegeben und durch die Angabe der sachlichen Kriterien ersetzt ist. So: R.G. IV. Urt. vom 22. September 1890, a. a. O. Die in Bezug auf die Hausoffizianten früher ergangenen F.M.R. sind daher jetzt nicht mehr ohne weiteres anwendbar.

Ob jemand zum Hausstande des Erblassers gehört hat, ist wesentlich Thatfrage. Daran festzuhalten ist, daß dazu nicht notwendig ein unter die Gesindeordnung fallendes Dienstverhältnis zu verlangen ist — Beschl. des sächs. F.M. vom 24. Juli 1893, Nr. 307 St.R.C., bei Wahl S. 8 Anm. 10 —, wohl aber die wirtschaftliche Unterordnung unter den Vorstand des fremden Hausstandes — Beschl. des sächs. F.M. vom 11. November 1890, Nr. 519 St.R.C., bei Wahl, S. 8 Anm. 11. — Es sind daher, was den ersten Punkt anlangt, neben den eigentlichen Dienstboten auf solche Personen darunter begriffen, welche zur Führung des Haushalts oder zur dauernden Pflege in Krankheiten vertraglich in die häusliche Gemeinschaft des Erlassers aufgenommen waren; hingegen nicht solche, welche, wie Aufwärterinnen (F.M.R. vom 20. Januar 1868 und vom 8. Januar 1869, bei H.G., S. 1111 Anm. 134 f.), bloß vorübergehend zur Krankenpflege angenommene Personen oder andere nur zeitweilig, wenn auch regelmäßig, im Hause verkehrende Lohnarbeiter außerhalb der häuslichen Gemeinschaft bleiben. Was das letztere Erfordernis betrifft, so wird ihm nicht dadurch genügt, daß eine Person mit einer anderen gemeinschaftlich wirtschaftet.

In der Praxis ist die Zugehörigkeit bejaht: für den Gärtner und den Kutscher eines Gutsbesitzers (R.G. IV. Urt. vom 22. September 1890, a. a. O.); eine Gesellschafterin, wenn diese vertragsmäßig ihre Dienste gegen Entgelt zu leisten hatte (R.G. III, Urt. vom 19. Juni 1888, Jur. Woch. S. 315, Bolze VI Nr. 804; F.M.R. vom 14. Januar 1890 III 517 an den P.St.D. zu A., C.Bl. S. 18); außerdem für das frühere Recht aus Gründen, welche auch für das geltende Recht zutreffen: für die Wirtschafterin (F.M.R. vom 8. April 1854 III 7666 an den P.St.D. in D. bei H.G., S. 1110 Anm. 134 c). — Dagegen wurde die Zugehörigkeit zum Hausstande verneint: für den Inspektor und den Förster eines Gutsbesitzers, auch wenn diese auf dem Gutshofe wohnen und ihre Wirtschaft mit den ihnen vom Gutsherrn gelieferten Lebensmitteln geführt haben (R.G. IV. Urt. vom 22. September 1890, a. a. O.); Offiziersburschen, da sie entweder Naturalverpflegung oder den Verpflegungszuschuß von ihrem Truppenteile empfangen, auch nur zur persönlichen Dienstleistung bei dem Offizier selbst abkommandiert sind (Rev.-Protokoll des F.M. vom 10. Mai 1894 betr. die Erbschaftssteuertabellen des Erbschaftssteueramts zu B. für das II. Halbjahr 1892/93 Mon. 21, bei H.G. S. 1112 Anm. 135 b; ferner für das frühere Recht aus Gründen, welche auch heute noch zutreffen, nämlich weil sie ihre Dienste nicht dem Hausstande, sondern dem Geschäfte des Erblassers gewidmet haben: für Handlungsdiener, Handwerksgesellen und Lehrlinge (F.M.R. vom 15. August 1844, III 17379 an den P.St.D. in D. und vom 4. Juli 1846, III 13258, beide bei H.G. S. 1111 Anm. 134 h); für Buchhalter und Werkführer (Rev.Prot. des F.M. vom 16. Mai 1869, betr. die Erbsch.-Stempel-Tabellen im Bezirke des App.-Ger. zu Frankfurt a. O. für das 2. Tertial 1868, Mon. 65, bei H.G., S. 1111 Anm. 134 i). — Auch der Portier (Hausmann) wird in den meisten Fällen nicht zum Hausstande gehören, wenn er auch im Hause wohnt; Böhm S. 156.

Ein Dienstverhältnis setzt den (ausdrücklich oder stillschweigend erfolgten) Abschluß eines Dienstvertrages voraus — und liegt z. B. nicht vor, wenn eine Verwandte des Erblassers diesem lediglich aus verwandtschaftlicher Gefälligkeit und ohne Entgelt zu erhalten den Haushalt geführt hat. — Ob ein Dienstverhältnis als Gesinde besteht, ist nach den Vorschriften der betreffenden Gesindeordnung zu beurteilen; nach § 1 der in den alten Provinzen geltenden preußischen Gesindeordnung vom 8. November 1810 (Ges. S. S. 101) ist die Gewährung einer bestimmten Belohnung wesentliches Erfordernis eines solchen Verhältnisses; F.M.R. vom 5. Februar 1889 an den P.St.D. in B., bei H.G. S. 1107 Anm. 124 a. — Ein Offiziersbursche steht zu dem Offizier, welchem er zugewiesen ist, nicht in einem Dienstverhältnisse im Sinne des Tarifs; vergl. das obenerwähnte Rev. Prot. vom 10. Mai 1894.

Der Steuersatz von einem Prozent findet nur Anwendung auf Anfälle, die in Pensionen, Renten oder anderen auf die Lebenszeit der Bedachten beschränkten Nutzungen (nicht also z. B. in Kapitalien oder auf bestimmte Dauer) bestehen, und auch auf diese nur dann, wenn sie dem Bedachten mit Rücksicht auf dem Erblasser geleistete Dienste zugewendet werden. Letzteres braucht nicht in der letztwilligen Verfügung besonders zum Ausdrucke gebracht zu sein, wenn sich das der Zuwendung zu Grunde liegende Motiv nur anderweit nachweisen läßt. Die Fassung: „meinem langjährigen treuen Diener A. vermache ich . . .“ dürfte jedenfalls genügen.

Wegen der Steuerfreiheit aller den Betrag von 900 M. nicht übersteigenden Zuwendungen an eine der unter A genannten Personen gelangen, s. Anm. IV auf S. 161.

XI. Zu B. a.

a) Adoptierte Kinder. Vorauszusetzen ist eine nach dem maßgebenden Civilrecht giltige Adoption.

1. Das gemeine Recht (vgl. Dernburg, Pand. III § 30; Windscheid, II §§ 523, 524, 579) unterscheidet Adoption im engeren Sinne (Kindesannahme eines bisherigen Hauskindes) und Arrogation (Kindesannahme eines bisher gewaltfreien Menschen) und gestattet sie auch Frauen (Stölzel, das Recht der väterlichen Gewalt, S. 14), sowie dem Vater bezüglich des von ihm außer der Ehe gezeugten Kindes (Stölzel, a. a. O., S. 15; R.G. III. Urt. vom 15. November 1881, C.S. Bd. 6 S. 171). Der Adoptierende muß, von Ausnahmefällen (wenn morbus aut alia iusta causa adrogandi sit) abgesehen, 60 Jahre alt und 18 Jahr älter sein, als das Adoptivkind; Dispensation von diesem Erfordernis kann der Justizminister erteilen. Die Adoption muß unbedingt und unbefristet sein; l. 34 D. de adoptionibus 1. 7. Beide Arten der Adoption erfolgen durch Vertrag, der an keine Formvorschriften gebunden ist, aber zu seiner Giltigkeit der Prüfung und Genehmigung des Amtsgerichts (A.G. zum G.B.G. § 26 Abs. 2 Nr. 2) unterliegt.

   Eine Verwandtschaft zwischen dem Adoptierten und den Blutsverwandten des Adoptierenden wird durch die Adoption nicht begründet (vgl. das erwähnte R.G.Urt.).

2. Nach A.L.R. (II 2 §§ 666—716; vgl. Dernburg, Preuß. Privr. III §§ 61—63; Förster-Eccius, IV § 220), welches den römischrechtlichen Unterschied von Arrogation und Adoption nicht kennt, erfolgt die Annahme an Kindesstatt durch schriftlichen Vertrag, welcher im allgemeinen der Genehmigung des Amtsgerichts (A.G. zum G.B.G. § 26 Abs. 2 Nr. 2), wenn aber mit der Adoption eines Bürgerlichen durch einen Adligen zugleich die Annahme und Führung eines adligen Namens und Wappens verbunden sein soll, der landesherrlichen Genehmigung bedarf (A.E. vom 25. April 1870, J.M.Bl. S. 126). — Der Adoptierende muß 50 Jahre alt und älter sein (wenn auch nicht gerade um wenigstens 18 Jahre), als der an Kindesstatt anzunehmende. Jüngeren Personen kann der Justizminister Dispensation erteilen (A.K.O. vom 16. Juli 1805; N.C.C. Bd. 11 S. 2965; J.M.Bl. 1843 S. 10). Wer noch eheliche Abkömmlinge am Leben hat, kann nicht an Kindesstatt annehmen. Frauen ist die Adoption gestattet, verheirateten jedoch nur mit Genehmigung des Ehemannes. Derjenige, welcher angenommen werden soll, muß, wenn er bereits mündig (d. h. 14 Jahre alt; vgl. Förster-Eccius a. a. O. Anm. 7) ist, einwilligen, ebenso sein Vater, wenn er noch

am Leben ist. Steht der erstere unter Vormundschaft, so ist Genehmigung des Vormundschaftsgerichts erforderlich; B.C. § 42 Nr. 2. — Der Adoptierte tritt nicht in die Familie des Adoptierenden; er erhält lediglich zu dem Adoptierenden die Stellung eines leiblichen Kindes.

3. Nach französischem Rechte setzt die gewöhnliche Adoption (wegen der privilegierten Adoption — remuneratoria et testamentaria — s. Zachariä-Crome, III § 531), die sowohl verheirateten wie unverheirateten Personen männlichen und weiblichen Geschlechts und sowohl hinsichtlich verheirateter wie unverheirateter Personen beiderlei Geschlechts gestattet ist, voraus, daß der Adoptierende über 50 Jahre alt und wenigstens 15 Jahre älter, als der Adoptand ist, zur Zeit keine ehelichen oder legitimierten Nachkommen am Leben hat, als Ehegatte die Einwilligung des anderen Ehegatten beibringt und endlich sich eines guten Rufes erfreut. Der Adoptand muß 21 Jahre alt sein und, wenn noch nicht 25jährig, die Einwilligung seiner Eltern oder des überlebenden Elternteils beibringen; auch darf er nicht bereits von einem anderen als von dem Ehegatten des Adoptierenden, an Kindesstatt angenommen sein. Hingegen kann er ein natürliches Kind des Adoptierenden sein und bedarf nicht, falls er verheiratet ist, der Einwilligung seines Ehegatten. Die Adoption erfordert die Mitwirkung des Gerichts, erlangt ihre Vollendung erst durch die Eintragung in die Civilstandesregister und erzeugt nur zwischen dem Adoptierenden und dem Adoptivkinde Rechte und Pflichten nach Art der zwischen ehelichen Eltern und Kindern bestehenden. Vgl. Zachariä-Crome, III §§ 525—530.

4. Für alle drei Rechtsgebiete ist zu beachten:

α) Soll infolge der Adoption eines Ausländers durch einen Inländer für jenen die Staats- und Reichsangehörigkeit begründet werden, so bedarf es einer besonderen Verleihung; Reichsges. vom 1. Juni 1870 (R.G.Bl. S. 355) § 2 Abs. 2. Zuständig für diese ist der Regierungspräsident, § 155 des Zuständigkeitsgesetzes vom 1. August 1883 (G.S. S. 237).

β) Der Adoptierte verliert durch die Annahme an Kindesstatt nicht die Eigenschaft als Deszendent seines natürlichen Vaters und als Verwandter seiner Blutsverwandten; dieses ist für die Berechnung des Steuersatzes von Wichtigkeit.

b) Einkindschaft (vgl. A.L.R. II 2 §§ 717—752; Dernburg, Preuß. Privr. III §§ 65 bis 67; Förster-Eccius, IV § 221) ist der Vertrag, durch den bei Eingehung einer späteren Ehe zwischen den Kindern erster Ehe des einen Ehegatten und dem eintretenden Ehegatten eine Familienverbindung und ein wechselseitiges Erbrecht begründet wird. Der Vertrag muß gerichtlich vollzogen und bestätigt werden. Der Stiefvater oder die Stiefmutter erlangen elterliche Rechte und Pflichten an den Stiefkindern, und umgekehrt. Im übrigen entsteht zwischen den zusammengebrachten Kindern selbst oder zwischen diesen und den Verwandten des anderen Ehegatten kein Verwandtschaftsverhältnis. Die Aufhebung der Einkindschaft erfolgt im Falle der Scheidung der Ehe von Rechtswegen, kann aber auch durch gerichtlichen Vertrag sämtlicher Interessenten gelöst werden. — Wegen der Einkindschaft nach gemeinem deutschen Privatrechte s. R.G. III, Urt. v. 7. Januar 1882, C.S. Bd. 6 S. 163. — Nach französischem Rechte ist Einkindschaft nicht gestattet. Zachariä-Crome, III § 474 Anm. 8.

XII. Zu B b. Vollbürtige Geschwister sind solche, welche beide Eltern, halbbürtige solche, welche nur den Vater (consanguinei) oder nur die Mutter (uterini) gemeinsam haben. (Dernburg, Pand. III § 3; Windscheid, I § 56a). Als halbbürtige Geschwister gelten auch eheliche und uneheliche Kinder derselben Mutter, sowie eheliche und legitimierte Kinder desselben Vaters; siehe Allgem. Vorschr. Nr. 7 und 6, sowie Anm. VI. — Wegen des Begriffes der Deszendenten sind zu vergleichen: Allgem. Vorschr. Nr. 4 und Anm. VI, sowie Anm. XI 4 β.

XIII. Zu C a. Der Normalsteuersatz für Verwandte bis einschließlich zum sechsten Grade der Verwandtschaft beträgt 4 Prozent. Ausgenommen sind hiervon einerseits die unter B genannten, welche nur 2 Prozent zu entrichten haben, andererseits die bei den Befreiungen unter 2 a, b, c aufgeführten, welche von der Entrichtung der Erbschaftssteuer befreit sind.

Verwandt im Rechtssinne sind nur Blutsverwandte, d. h. Personen, die von einem gemeinsamen Stammvater abstammen. (Wegen des Einflusses der sog. juristischen, d. h. durch Adoption oder Einkindschaft begründeten Verwandtschaft auf das Erbschaftssteuerrecht siehe Allgem. Vorschr. Nr. 5 und 6, sowie Anm. V, VI und XI). — Uneheliche Kinder sind nach A.L.R. II 2 §§ 656, 658, 659, 639 nur mit ihrer Mutter, nicht mit deren Verwandten verwandt, während sie nach gemeinem Rechte — l. 2. l. 8. D. unde cognati auch mit den Verwandten der Mutter verwandt sind und nach französischem Rechte (Zachariä-Crome, III § 537) auch die Verwandtschaft mit den natürlichen Eltern voraussetzt, daß sie von diesen anerkannt sind. Hieraus ergiebt sich für die verschiedenen Rechtsgebiete ein Unterschied in der Besteuerung. Wenn z. B. der Bruder der unehelichen Mutter deren Sohne ein Legat aussetzt, so hat dieser im Gebiete des gemeinen Rechts 4 Prozent, in den anderen Gebieten 8 Prozent zu versteuern. — Als unehelich werden ferner nach gemeinem (auch in der Mark Brandenburg geltendem) Rechte die Kinder aus nichtigen oder für ungiltig erklärten Ehen angesehen. Sie haben jedoch, wenn sich wenigstens einer der Ehegatten beim Abschluß der Ehe in gutem Glauben befand (Putativehe), die Rechte ehelicher Kinder. (Dernburg, Pand. III § 28; Windscheid, I § 56 b.) Ebenso das französische Recht (Zachariä-Crome, III § 435). Anders nach A.L.R. II 2 §§ 50—57, welches vom guten Glauben der Ehegatten absieht, den Kindern aber nur im Verhältnis zu ihren Eltern und Geschwistern nebst deren Deszendenz die Stellung ehelicher Kinder verleiht, sie aber weder mit der Familie des Vaters, noch mit der der Mutter in ein Verwandtschafts-Verhältnis treten läßt (Dernburg, Preuß. Privr., III § 72; Förster-Eccius, IV § 258). — Die von zwei Ehegatten zusammengebrachten Kinder stehen untereinander nicht in einem verwandtschaftlichen Verhältnis, zahlen daher, sofern nicht aus anderen Gründen ein niedrigerer Prozentsatz gerechtfertigt ist, 8 Prozent Erbschaftssteuer.

Der Grad der Verwandtschaft wird in den drei Rechtsgebieten (Dernburg, Pand. III § 3; Windscheid I § 56 a; A.L.R. I. § 45; Zachariä-Crome, I § 79) übereinstimmend durch die Zahl der Geburten bestimmt, mittels welcher zwei Personen auf einen gemeinschaftlichen Ursprung sich beziehen: quot generationes, tot gradus. (Gegensatz: die auf germanischen Auffassungen beruhende kanonische Berechnung, bei welcher nur bis zum gemeinsamen Stammvater hinauf gezählt wird.) Es sind daher mit dem Erblasser verwandt

im ersten Grade: Kinder und Eltern;

im zweiten Grade: Enkel, Großeltern und Geschwister;

im dritten Grade: Urenkel, Urgroßeltern, Kinder des Bruders und der Schwester (Neffen und Nichten) und Geschwister des Vaters und der Mutter (Onkel und Tanten);

im vierten Grade: Geschwister des Großvaters und der Großmutter (Großonkel und Großtanten), Geschwisterkinder (Vettern und Basen), und Enkel des Bruders und der Schwester (Großneffen und Großnichten);

im fünften Grade: Geschwister der Urgroßeltern, Kinder der Geschwister der Großeltern; Enkel der Geschwister der Eltern;

im sechsten Grade: Kinder der Geschwister der Urgroßeltern, Enkel der Geschwister der Großeltern, Urenkel der Geschwister der Eltern.

Personen, welche in einem entfernteren als dem sechsten Grade mit dem Erblasser verwandt sind, werden bezüglich der Erbschaftssteuer als Nichtverwandte behandelt.

Diese Beschränkung entspricht den thatsächlichen Verhältnissen und steht im Einklange mit der germanischen Rechtsauffassung, welche die Verwandtschaft mit dem sechsten Grade endigen läßt.

XIV. **Zu C b.** Stiefkinder im Sinne dieser Bestimmung (abw. A.L.R. I 1 § 44) sind die vorehelich (sei es unehelich oder in einer früheren Ehe) erzeugten Kinder eines Ehegatten im Verhältnis zu dem späteren Ehegatten (Dernburg, Pand. III § 4; Förster-Eccius,

IV § 200). Stiefverwandtschaft erfordert also Blutsverwandtschaft mit dem anderen Ehegatten. Sie besteht auch nach Auflösung der sie begründenden Ehe durch Tod fort. Die nach der Ehescheidung von einem der Ehegatten mit einer anderen Person erzeugten oder geborenen Kinder sind nicht Stiefkinder des früheren Ehegatten. S. ferner VI.

XV. Zu C. c. Eine Schwiegerverwandtschaft (Dernburg, Pand. III § 4; Windscheid, I § 56a; Dernburg, Preuß. Privr., III § 1; Förster-Eccius, IV § 201; Zachariä-Crome I § 79) besteht nur zwischen den leiblichen Eltern des einen Ehegatten und dem anderen Ehegatten. — Zwischen dem Ehegatten eines Adoptivkindes und den Adoptiveltern des letzteren besteht eine Schwiegerverwandtschaft im Rechtssinne nicht. Doch ist durch F.M.R. vom 9. März 1875 III 3029 an den P.St.D. zu Mg., bei H.G., S. 1107 Anm. 125, ausgesprochen, daß der milderen Auffassung der Vorzug gegeben und die Ermäßigung der Steuer auch auf dieses Verhältnis für anwendbar erachtet werde. — Aus dem bloßen Verlöbnis entsteht noch keine Schwiegerverwandtschaft. — Sie endigt nicht mit der durch den Tod eines Ehegatten erfolgenden Auflösung der sie begründenden Ehe (vgl. oben Anm. II und das dort erwähnte Rev.Prot. des F.M., sowie R.G. I, Urt. vom 1. Dezember 1881, St.S. Bd. 5 S. 200).

XVI. Zu C. d. Die Anerkennung eines unehelichen Kindes durch den außerehelichen Erzeuger verschafft jenem nicht die rechtliche Stellung eines ehelichen Kindes, bewirkt aber eine Ermäßigung der Erbschaftssteuer von 8 auf 4 Prozent. — Zur Begründung der Ermäßigung genügt jedes nachweisbare Anerkenntnis. Zur Erläuterung des Begriffes darf das Gesetz, betr. die Abänderungen u. s. w. des A.L.R. vom 24. April 1854 (Ges.S. S. 193), nicht herangezogen werden. Ob.Tr. I. Urt. vom 8. Februar 1878, Entsch. Bd. 82 S. 222. — Das Anerkenntnis ist nur wirksam, wenn es von einem verfügungsfähigen außerehelichen Vater ausgeht. Daß es vom gesetzlichen Vertreter des Kindes acceptiert ist, wird nicht zu erfordern sein, da der gesetzgeberische Grund für die Steuerermäßigung lediglich in der — genügend nachgewiesenen — Blutverwandtschaft liegt. Dem freiwilligen Anerkenntnisse steht es gleich, wenn der Vater zur Erklärung desselben rechtskräftig verurteilt ist (C.P.O. § 779; F.M.R. vom 16. Mai 1885 III 3585 an den P.St.D. in B., bei H.G., S. 1108 Anm. 126b). — Nach Böhm, S. 154 ist in der Erbeseinsetzung in der Regel ein Anerkenntnis der Vaterschaft zu finden; es erscheint fraglich, ob nicht diese Ansicht in ihrer Allgemeinheit zu weit geht. — Bezüglich des von den Erbschaftssteuerämtern zu beobachtenden Verfahrens hat der F.M. in einem Spezialfalle (R. vom 18. November 1892 III 12561 an den P.St.D. zu B., bei H.G., S. 1108 Anm. 128) sich dahin ausgesprochen, daß in den Fällen, wo die Anerkennung der Vaterschaft eines Erblassers zu einem Erb- oder Vermächtnisnehmer nicht anders als durch Zeugen nachgewiesen werden kann, eine bloße schriftliche Erklärung des Inhalts, der Erblasser habe die Vaterschaft anerkannt, nicht genüge, sondern eine eingehende Vernehmung der Zeugen über die Art und Weise, wie diese Anerkennung erfolgt ist, und zwar möglichst zu gerichtlichem Protokolle stattzufinden habe.

Auf Anfälle, welche an das mit dem Erblasser nicht verwandte uneheliche Kind seines Sohnes gelangen, findet die Steuermäßigung keine Anwendung, vielmehr sind diese mit 8 Prozent zu versteuern. F.M.R. vom 17. Oktober 1891 III 11661 an den P.St.D. zu B., bei H.G., S. 1108 Anm. 127.

XVII. Zu C. e.

a) Wohlthätige, gemeinnützige oder Unterrichtszwecke.

1. Der Begriff der „wohlthätigen" Zwecke deckt sich mit dem in § 8 des Gesetzes vorkommenden der „milden Zwecke"; siehe Anm. IIb 1 auf S. 36 und wegen der Persönlichkeit des Bedachten IIa daselbst. — Der Begriff verlangt keine Einschränkung auf die Fälle unmittelbarer äußerer, körperlicher Not oder sittlichen Elends; ein wohlthätiger Zweck ist es daher z. B., wenn ein Hülfsverein statutenmäßig Studierenden, denen die Mittel zur Fortsetzung ihres Studiums oder zur Ablegung der bis zum Eintritt in die praktische Laufbahn nötigen Prüfungen fehlen, auf unbestimmte Zeit zinslose Darlehen gewährt, weil es sich hier um die Unterstützung Hülfsbedürftiger

handelt. R.G. IV. Urt. vom 8. November 1886, Jur. Woch. S. 455; Bolze, III S. 291 Nr. 968. — Das Vorliegen eines wohlthätigen Zweckes wurde hingegen mit Recht verneint bei einer Zuwendung an die Witwen- und Waisenpensionskasse der französisch-reformierten Prediger zu B., weil diese nicht unmittelbar dem allgemeinen Besten, sondern lediglich den Interessen ihrer, zur Zahlung regelmäßiger Beiträge verpflichteten Mitglieder dient, ohne Rücksicht darauf, in welcher Vermögenslage sie sich befinden, der Begriff der Wohlthätigkeit aber voraussetzt, daß die Zuwendung unentgeltlich und an einen Hilfsbedürftigen erfolgt. R.G. IV, Urt. vom 21. Februar 1895, Jur. Woch. S. 212 Nr. 50.

Der wohlthätige Zweck ist nicht nur bei Zuwendungen an milde Stiftungen, sondern auch bei Vermächtnissen zur Austeilung des Kapitals oder der Zinsen unter die Armen vorhanden, gleichviel durch wen die Verteilung zu erfolgen hat; z. B. A. wendet dem Magistrate in X. 5000 M. zur Verteilung an würdige christliche Arme zu. In dem letzteren Falle bedarf es übrigens nicht der Allerhöchsten Genehmigung, weil weder der Stadtgemeinde ein Vermächtnis zugewendet, noch eine selbständige Stiftung errichtet ist, sondern nur die Mitwirkung der städtischen Armenverwaltung zur Ausführung der wohlthätigen Absicht des Erblassers in Anspruch genommen wird. Verf. des Oberpräsidenten der Provinz Brandenburg an den Magistrat zu Berlin vom 8. Juli 1881, bei H.G., S. 1055 Anm 45 b.

2. Wegen des Begriffes der „gemeinnützigen“ Zwecke vergl. Anm. II b 2 zu § 8 des Ges. auf S. 36. Es ist nicht das Erfordernis eines gemeinnützigen Zweckes, daß dadurch der Staatskasse oder einer sonstigen öffentlichen Kasse unmittelbar ein Nutzen erwächst. Wintterlin, S. 20.

3. Unterrichtszwecke: verfolgen solche Bestimmungen, welche auf Förderung des Unterrichts im weitesten Sinne, also „des Inbegriffs der auf Aneignung von nützlichen Kenntnissen und Fertigkeiten abzielenden Thätigkeiten“ gerichtet sind. Ob der Unterricht ein formeller oder materieller, idealer oder realer ist, ist gleichgiltig. Es kommen demnach nicht nur die Zwecke in Betracht, welchen die öffentlichen Schulen, Universitäten und Kunstinstitute gewidmet sind, sondern alles, was Lehre, Wissenschaft und Kunst zu fördern bestimmt ist, fällt unter den Begriff des „Unterrichtszweckes“. Vielfach wird er sich mit den gemeinnützigen Zwecken decken.

b) Voraussetzungen der Steuerermäßigung.

1. Der Anfall muß ausschließlich zu einem der vorgenannten Zwecke bestimmt sein. Verfolgt er auch andere Zwecke, so ist die Steuer von dem ganzen Anfalle zu erheben. Knobling, S. 55; R.G. IV. Urt. vom 28. September 1891, Jur. Woch. S. 491; Gruchot Bd. 36 S. 1097.

2. Die Bestimmung muß zudem von dem Erblasser selbst getroffen, die Verwendung des Betrages zu den gedachten Zwecken dem Erben oder Vermächtnisnehmer auferlegt sein. Ist der Nachlaß dem Erben zur freien Verfügung zugefallen und diesem mit der letzten Willenserklärung lediglich eine fakultative Auflage in der Art gemacht, daß ihm anheimgestellt bleibt, wie er der Intention des Erblassers nachkommen will, so muß die Steuer mit 8% auch dann entrichtet werden, wenn in der That die Nachlaßmasse zu einem derartigen Zwecke verwendet worden ist. Beruht die Verwendung des Erben oder des Vermächtnisnehmers zu einem Teile auf Anordnungen des Erblassers, so unterliegt nur der überschießende Betrag der höheren Besteuerung. Knobling, S. 53. S. auch oben S. 33 Anm. III.

3. Die Ermäßigung tritt nicht ein bei Zuwendungen, welche einzelne Familien oder bestimmte Personen betreffen. Vergl. einen besonderen Fall in R.G. IV. Urt. vom 28. September 1891, Jur. Woch. S. 491; Gruchot Bd. 36 S. 1097.

4. Die Ermäßigung tritt nur dann ein, wenn die wirkliche Verwendung zu dem bestimmten Zwecke gesichert ist. Dies wird insbesondere dann anzunehmen sein, wenn die Verwendung einer Staats- oder Kommunalbehörde übertragen ist oder doch unter der Aufsicht einer solchen erfolgt. Im übrigen ist es in jedem einzelnen

Falle Sache der Steuerbehörde, sich die Überzeugung zu verschaffen, daß der Zweck gesichert ist; auch wird sie das aktenmäßig festzustellen haben. Vergl. die Fälle in der oben a 1 a. E. angegebenen Verfügung und in dem F.M.R. vom 13. Nov. 1888 III 21044 an den P.St.D. in B., bei H.G., S. 1056 Anm. 45 c.

c) Liegt keiner der unter a genannten Zwecke vor und fehlt es an einer der unter b gedachten Voraussetzungen, so tritt die aus objektiven Gründen zugelassene Steuerermäßigung (vergl. R.G. IV. Urt. vom 29. Oktober 1888, Jur. Woch. S. 448 Nr. 23) nicht ein, es muß vielmehr der ganze Anfall mit 8% versteuert werden.

d) Über das Verhältnis dieser Tarifposition zu § 8 des Ges. vergl. die Anmerkungen zu dem letzteren. Der § 8 schafft die juristische Konstruktion, welche es ermöglicht Zuwendungen zu milden, gemeinnützigen oder öffentlichen Zwecken, die ohne Begründung einer Stiftung angeordnet werden, mit einem gleichmäßigen, von der Person des mit der Zuwendung Beauftragten unabhängigen Steuersatze zu belegen. Die Bestimmung dieses Satzes erfolgt in der Tarifposition C e oder D.

Alle unter § 8 des Gesetzes fallenden Zuwendungen unterliegen auch der vier- oder achtprozentigen Steuer auf Grund der zuletzt erwähnten Vorschriften. Eine derartige Zuwendung ist niemals steuerfrei. Denn nach Pos. 2 g der Befreiungen ist nur der Anfall steuerfrei, welcher an eine „ausdrücklich als milde anerkannte Stiftung“ fällt. Zu einem solchen Anerkenntnis kann es im Falle des § 8 nicht kommen, da eine Stiftung nicht begründet wird und von dem Anerkenntnis einer nur fingierten Stiftung nicht die Rede sein kann. S. auch oben S. 36.

XVIII. Zu D. Den Steuersatz von 8 Prozent haben, soweit nicht der Anfall nach den „Befreiungen“ steuerfrei ist, alle diejenigen zu entrichten, welche zum Erblasser nicht in einem unter die allgemeinen Vorschriften A, B und C fallenden Verhältnisse stehen. Hierzu gehören, außer allen Nichtverwandten, insbesondere auch diejenigen, welche mit dem Erblasser weiter als im sechsten Grade gemeinrechtlicher Komputation (vergl. oben Anm. **XIII**) verwandt sind, und alle physischen und juristischen Personen, welche nicht nach Maßgabe der „Befreiungen“ von der Entrichtung der Erbschaftssteuer befreit sind.

B. Befreiungen.

Von der Erbschaftssteuer befreit ist:

1) jeder Anfall, welcher den Betrag von einhundertfünfzig Mark nicht *übersteigt*, mit Ausnahme des Falles, daß lediglich in Folge des Abzuges des Werthes der einem Dritten zustehenden Nutzung (§ 27 des Gesetzes) der Werth der Substanz sich *auf* den Betrag von einhundertfünfzig Mark vermindert,

2) jeder Anfall, welcher gelangt an:

a) Aszendenten,

b) Deszendenten, sofern dieselben aus gültigen Ehen abstammen oder legitimirt sind. Auch uneheliche Kinder haben von dem Nachlasse ihrer Mutter oder deren Aszendenten keine Erbschaftssteuer zu entrichten,

c) Ehegatten,

d) Personen, welche dem Hausstande des Erblassers angehört und in demselben in einem Dienstverhältniß gestanden haben, sofern der Anfall den Betrag von neunhundert Mark nicht übersteigt. Bei einem höheren Betrage ist die von dem ganzen Betrage zu berechnende Steuer nur soweit zu entrichten, als dieselbe aus dem die Summe von neunhundert Mark übersteigenden Betrage entnommen werden kann,

e) den Fiskus und alle öffentlichen Anstalten und Kassen, welche für Rechnung des Staates verwaltet werden oder diesen gleichgestellt sind,

f) Orts- oder Landarmenverbände zur Verwendung für Hülfsbedürftige,

g) öffentliche Armen-, Kranken-, Arbeits-, Straf- und Besserungsanstalten; ferner *öffentliche* Waisenhäuser, vom Staate genehmigte Hospitäler und andere Versorgungsanstalten, *ferner vom Staate genehmigte Vereine für die Kleinkinderbewahranstalten, sowie* Stiftungen, welche als *milde* ausdrücklich anerkannt sind,

h) öffentliche Schulen und Universitäten, öffentliche Sammlungen für Kunst oder Wissenschaft,

i) Deutsche Kirchen und andere Deutsche Religionsgesellschaften, denen die Rechte juristischer Personen zustehen,

k) *Kassen oder Anstalten, welche die Unterstützung der Arbeitnehmer oder Bediensteten des Erblassers, sowie der Angehörigen derselben bezwecken.*

l) Insoweit noch außerdem nach den bestehenden Bestimmungen subjektive Befreiungen vom Erbschaftsstempel, beziehungsweise von der Erbschaftsabgabe bestehen, welche nach den Landesgesetzen nur gegen Entschädigung aufgehoben werden können, oder auf besonderem landesherrlich verliehenen Privilegium beruhen, finden dieselben gleichmäßig auch auf die fernerhin zu entrichtende Erbschaftssteuer Anwendung.

In den Fällen zu f, g, und h erstreckt sich die Befreiung nur auf inländische Anstalten, Stiftungen, Vereine u. s. w., kann jedoch auch ausländischen Anstalten, Stiftungen, Vereinen u. s. w. gewährt werden, wenn der auswärtige Staat Preussen gegenüber die gleiche Rücksicht übt.

I. **Vorbemerkung.** In dieser Tarifposition sind die Fälle angegeben, in denen ein an sich unter das Erbschaftssteuergesetz fallender Erwerb aus besonderen Gründen von der Entrichtung der Steuer befreit ist. Die Gründe können liegen entweder in der Beschaffenheit des Anfalls (objektive Steuerfreiheit, Nr. 1) oder in den persönlichen Eigenschaften des Empfängers (subjektive Steuerfreiheit, Nr. 2 a—l).

Der Einfluß der Tarifposition erstreckt sich auf das gesamte Geltungsgebiet des Gesetzes; insbesondere sind auch die nach § 7 des Gesetzes zu beurteilenden letztwilligen Zuwendungen dann steuerfrei, wenn die als bereits bestehend anzusehende Stiftung unter eine der Befreiungen (es können wohl nur die Pos. g—k in Frage kommen) fallen würde; vergl. im übrigen S. 34 ff. Soweit hierbei zur Begründung der Stiftung im Einzelfalle eine staatliche oder landesherrliche Genehmigung oder die ausdrückliche Anerkennung der Stiftung als einer milden erforderlich ist, hat die zu begründende Stiftung, wenn sie der Steuerbefreiung teilhaftig werden will, die Genehmigung oder Anerkennung nachzusuchen. Bis zur Erlangung dieser bleibt die Steuerfrage ausgesetzt. Gelangt die Stiftung nicht oder nicht in der angeordneten Weise zur Ausführung, so wird die Steuer, falls die Anfallsberechtigten überhaupt steuerpflichtig sind, nachträglich festgestellt und eingefordert. Die Steuerbehörde hat daher bei neu begründeten Stiftungen die Vermögensverwendung geeignet zu überwachen und unter Umständen die Vorlegung entsprechender Nachweise anzuordnen. Ebenso Knobling, S. 50, 51. Vergl. auch R.G. IV Urt. vom 25. April 1881, J.M.Bl. 1882 S. 11; Mot. von 1872 S. 68.

Die Aufzählung der Befreiungen ist eine vollständige; Anfälle, auf welche keine der

Bestimmungen Anwendung findet, unterliegen der Steuer. Die Steuerbehörden sind zu Steuererlässen aus Billigkeitsrücksichten nicht befugt: Befreiungen von der Zahlung von Erbschaftssteuern, welche nach den Vorschriften dieses Gesetzes geschuldet werden, können nur im Wege der landesherrlichen Gnade gewährt werden; vergl. das Nähere in der system. Einleitung.

Wegen der rückwirkenden Kraft der Befreiungen des Tarifs vergl. oben S. 2.

II. **Zu Nr. 1.** Die bis zum 1. April 1896 geltende Fassung wich von der jetzigen insofern ab, als anstatt „nicht übersteigt" die Worte „nicht erreicht", und anstatt „auf den Betrag" die Worte „unter den Betrag" standen.

Ein Anfall, dessen Wert genau 150 M. beträgt, ist daher jetzt steuerfrei, während er früher der Steuer unterlag. Die Ermittelung des Wertes erfolgt nach § 14 des Ges. Bei Forderungen, Wertpapieren u. s. w. sind deshalb der Regel nach die Zinsen bis zum Todestage des Erblassers mit in Rechnung zu ziehen. Erhält die nämliche Person aus demselben Nachlasse mehrere Zuwendungen (z. B. Erbteil und Legat), deren gesamter Wert den Betrag von 150 M. übersteigt, so ist die ganze Summe, ohne Abzug von 150 M., zu versteuern. Ebenso Wintterlin, S. 22; Pfaff, Hessen, S. 8.

Die Substanz eines Anfalles, dessen Nutzung einem Dritten zusteht, ist in allen Fällen steuerpflichtig, selbst wenn ihr nach § 27 des Gesetzes zu berechnender Wert weniger als 150 M. beträgt. Hierbei kann es zu dem geringsten Steuersatze von 50 Pfennigen kommen (Tarif; Allgemeine Vorschriften Nr. 1). Die Nutzung unterliegt dagegen der Besteuerung nur, wenn ihr nach §§ 15 ff. zu berechnender Wert den Betrag von 150 M. übersteigt. — Ist in einer Verfügung für mehrere Personen eine ungeteilte Summe ausgesetzt, deren Verteilung an die Bedachten zu gleichen Teilen erfolgen soll (dieses ist auch anzunehmen, wenn ein anderer Teilungsmaßstab nicht angegeben ist), so ist die Steuerpflicht nur begründet, wenn jede einzelne Zuwendung den Betrag von 150 M. übersteigt. Das gleiche gilt, wenn für eine Klasse von (der Zahl nach nicht angegebenen) Personen eine Summe ausgesetzt ist, deren Verteilung ein Dritter nach bestem Ermessen zu besorgen hat, ohne daß den von ihm nicht Bedachten ein Anspruch auf das Vermächtnis zustehen soll; so das oben S. 37 erwähnte Urteil des R.G. IV vom 9. Januar 1893, C.S. Bd. 30 S. 287; C.Bl. S. 181; Bolze, Bd. 16 Nr. 601.

Bei Todesfällen, wo die Beerdigung aus Armenmitteln erfolgt oder wo der Nachlaß unzweifelhaft unter (jetzt: nicht über) 150 M. beträgt, ist dieses in den Totenlisten anzugeben. Nr. 2 der „Allgemeinen Vorschriften zur Benutzung der Totenlisten" in der Bekanntmachung des F.M., des Ministers des Inneren und der geistlichen u. s. w. Angelegenheiten vom 3. Dezember 1873, C.Bl. 1874 S. 38, abgedruckt im Anhange.

III. **Zu Nr. 2a.** Aszendenten sind leibliche eheliche Verwandte aufsteigender Linie ohne Beschränkung der Grade, außerdem die uneheliche Mutter bezüglich ihrer außerehelich geborenen Kinder und deren Deszendenten (allgemeine Vorschriften Nr. 4; vgl. Anm. V auf S. 150) und der außereheliche Erzeuger und dessen leibliche eheliche Eltern, wenn der Erblasser (sc. das uneheliche Kind) durch Legitimation oder in anderer Art (vgl. Allgemeine Vorschriften Nr. 5 und 6) die Rechte eines ehelichen Kindes erhalten hatte. Abgesehen von diesem Falle ist der uneheliche Vater nicht Aszendent des unehelichen Kindes im Sinne dieser Tarifbestimmung; insbesondere begründet die Anerkennung der Vaterschaft für den Erzeuger weder die Befreiung von der Steuer noch die Ermäßigung des Satzes auf 4 Prozent (nach Allgemeinen Vorschriften C. d.). — Der Adoptivvater und die Adoptivmutter genießen Steuerfreiheit, soweit sie rechtlich den leiblichen Eltern gleichgestellt sind. Das ist der Fall mit alleiniger Ausnahme der adoptio minus plena des gemeinen Rechts; hier muß der Adoptivvater, falls er nicht aus einem anderen Grunde auf Ermäßigung Anspruch hat, den ihm von dem Adoptivkinde zukommenden Anfall mit 8 Prozent versteuern.

Sind Geschwister gleichzeitig mit den Aszendenten zur Erbschaft berufen, so können sie der Steuer dadurch entgehen, daß sie zu Gunsten der Aszendenten der Erbschaft entsagen. Das hessische Gesetz, Art. 6 B Nr. 2, hat, um einer solchen Steuerumgehung vorzubeugen, die Steuerfreiheit der Aszendenten auf den Betrag ihrer gesetzlichen Intestatportion beschränkt.

IV. Zu Nr. 2 b. Deszendenten sind leibliche Verwandte absteigender Linie, nicht auch Adoptivkinder, welche 2 Prozent Steuer zu entrichten haben (Allgemeine Vorschriften B a). Gültig im Sinne des Gesetzes ist die Ehe, welche nach den Vorschriften des Personenstandsgesetzes vom 6. Februar 1875 (R.G.Bl. S. 23) vor dem Standesbeamten geschlossen worden ist, selbst wenn irgend ein Anfechtungsgrund vorliegt.

Den unehelichen Kindern, welche legitimiert sind, stehen (nach den Allgemeinen Vorschriften Nr. 6) diejenigen außer der Ehe gezeugten gleich, welche erweislich gegen den Erzeuger die Rechte ehelicher Kinder in anderer Art, als durch nachfolgende Ehe erworben haben (vgl. Anm. VII auf S. 150). Wegen der anerkannten unehelichen Kinder vgl. Tarif. Pos. C d. Das uneheliche Kind des Sohnes des Erblassers hat den vom letzteren stammenden Anfall mit 8 Prozent zu versteuern; so das oben S. 156 erwähnte F.M.R. vom 17. Oktober 1891.

V. Zu Nr. 2 c. Ehegatten sind nur befreit, wenn die Ehe giltig war (siehe vorige Anm.) und bis zum Tode des verstorbenen Ehegatten bestanden hat.

Über den Einfluß der Trennung von Tisch und Bett und der Ehescheidung siehe Allgemeine Vorschriften Nr. 2 und dazu Anm. II auf S. 149.

VI. Zu Nr. 2 d. Vgl. hierzu Tarif Pos. A und Anm. X auf S. 151. — Vor dem Erlaß des Erbschaftssteuergesetzes waren die Zuwendungen von Renten und Pensionen an Hausoffizianten und Dienstboten mit 1 Prozent zu versteuern und nur vermachte Kapitalbeträge bis zu 300 Thalern steuerfrei. (Position „Erbschaften" lit. A d im Tarif zum Stempelgesetze vom 7. März 1822 und Nr. 2 d der Befreiungen des Tarifs vom 5. Juli 1867.) — Wenn mehreren Dienstboten u. s. w. Vermächtnisse u. s. w. hinterlassen sind, so dürfen die einzelnen Summen nicht zusammengerechnet werden, sondern jede Summe ist für den einzelnen besonders zu berechnen. Sind dagegen einem und demselben Dienstboten von dem nämlichen Erblasser mehrfache Vermächtnisse zugewendet, so findet eine Zusammenrechnung statt, und Steuerfreiheit tritt nur dann ein, wenn ihr Gesamtbetrag sich auf nicht mehr als 900 M. beläuft. — Die Befreiung bezieht sich gleichfalls auf die in den Allgemeinen Vorschriften des Tarifs unter A erwähnten lebenslänglichen Pensionen u. s. w., falls deren nach §§ 16, 17 und 19 des Ges. zu berechnender Wert den Betrag von 900 M. nicht übersteigt. — Befreit sind auch solche Zuwendungen, welche nicht gerade mit Rücksicht auf dem Erblasser geleistete Dienste erfolgen, weil das Gesetz, abweichend von der Bestimmung in A der Allgemeinen Vorschriften hier dieses Erfordernis nicht aufstellt.

Demnach sind bei einer Zuwendung an einen Dienstboten, der nicht wegen seines Verwandtschaftsverhältnisses zu dem Erblasser überhaupt steuerfrei ist, folgende Fälle denkbar:

a) die Zuwendung beträgt 900 M. oder weniger. Sie ist steuerfrei, gleichviel worin sie besteht und ob sie mit Rücksicht auf dem Erblasser geleistete Dienste gemacht ist oder nicht.

b) die Zuwendung beträgt mehr als 900 M. Hier ist zu unterscheiden:

1) Sie besteht in einer lebenslänglichen Pension u. s. w. und erfolgt mit Rücksicht auf dem Erblasser geleistete Dienste; sie wird mit 1 % versteuert (Allg. Vorschr. A);

2) Sie besteht entweder in einem Kapitale oder in einer Pension u. s. w. auf bestimmte Zeit — oder sie besteht zwar in einer lebenslänglichen Pension u. s. w., wird aber nicht mit Rücksicht auf dem Erblasser geleistete Dienste zugewendet; hier richtet sich der Steuersatz nach dem persönlichen Verhältnisse des Erwerbers des Anfalls zum Erblasser und kann demnach 2,4 oder 8 % betragen.

In den Fällen zu b ist die Steuer von dem vollen Werte, nicht etwa nur von dem 900 M. übersteigenden Betrage zu berechnen. Zur Hebung gelangt indes die Steuer nur insoweit, als sie aus dem 900 M. übersteigenden Betrage entnommen werden kann. Beläuft sich z. B. der Wert des Anfalls auf 910 M., so beträgt die nach den Allgemeinen Vorschriften A zu berechnende Steuer 9 M. 50 Pf.; erhoben werden jedoch nur 5 M.; vgl. F.M.R. vom 7. Oktober 1890, III 12878, mitgeteilt dem P.St.D. zu B., bei H.G., S. 1112 Anm. 135 c.

VII. Zu Nr. 2 e.

a) Fiskus ist der Staat als Träger vermögensrechtlicher Befugnisse (Windscheid, I. § 57; Förster-Eccius IV. § 283; Zachariä-Crome, I. § 38; Rehbein-Reincke, Anm. 1 zu A.L.R. II. 14 § 1).

Die verschiedenen Behörden und Kassen, mittels deren die Staatsgeschäfte geführt werden (stationes fisci), sind nicht selbständige Rechtssubjekte, sondern lediglich Organe der einheitlichen Staatsverwaltung einer und derselben juristischen Person. Es macht daher auch für das Gebiet der Erbschaftssteuer keinen Unterschied, ob z. B. ein Legat „dem preußischen Staate" oder „der Regierungshauptkasse zu N." vermacht wird.

Die Steuerfreiheit steht nur den preußischen und den für die Rechnung des preußischen Staates verwalteten oder diesen gleichgestellten Kassen zu, nicht also dem Fiskus usw. des Reiches und der einzelnen Bundesstaaten oder der außerdeutschen Staaten (anders nach § 5 des Stempelsteuergesetzes vom 31. Juli 1895 und nach § 8 des preußischen Gerichtskostengesetzes vom 29. Juni 1895). Da der Absatz 2 e im Schlußsatze der Befreiungen nicht erwähnt ist, so ist anzunehmen, daß der Finanzminister nicht befugt ist, einem außerpreußischen Fiskus Steuerfreiheit zu gewähren; vgl. unten Anm. XIV auf S. 170.

b) Unter den öffentlichen Anstalten sind hier nur solche zu verstehen, welche unter unmittelbarer Aufsicht des Staates und der von ihm zu diesem Zwecke bestellten Behörden verwaltet werden. F.M.R. vom 11. Oktober 1854, bei Dembeck S. 5. Zu den unter e genannten Kassen zählen diejenigen, welche von einer der Centralkassen (General-Staats-Kasse, General-Lotterie-, General-Militär-, Staatsschulden-Tilgungs-Kasse) ressortieren. Im allgemeinen entscheidet, daß sie mit ihren gesamten Einnahmen und Ausgaben in den Staatshaushalts-Etat aufgenommen sind und daß der Staat nicht bloß gewisse fest normierte Zuschüsse leistet, sondern für alle etwa erforderlichen Zuschüsse aufkommt. —

Eine erschöpfende Aufzählung der für Rechnung des preußischen Staates verwalteten Kassen ist hier weder erforderlich noch möglich. Erwähnt sei nur, daß zum Staatseigentume außer den Domänen, Staatsforsten, Staatseisenbahnen, Staatsbergwerken u. s. w., auch die gewerblichen Anlagen des Staates (Porzellanmanufaktur, Musterbleichen u. s. w.), sowie die Seehandlung — nicht aber die Reichsbank, die Zentralanstalt zur Förderung des genossenschaftlichen Personalkredits und die Landeskulturrentenbanken — gehören. Heinitz, S. 28; Pfafferoth, S. 35. Als Staatsgut gilt auch das Fürstliche Kammergut (Pfafferoth S. 35), nicht dagegen die zum Privatgute des Königs und der Königlichen Familie gehörigen Bestandteile, wie der Krontresor, der Königliche Kronfideikommißfonds, das Königliche Familienfideikommiß, die Königlichen Hausfideikommißgüter und das Prinzliche Familienfideikommiß; vgl. Rönne, Staatsrecht, 4. Aufl., IV S. 747 ff.

c) Zu den öffentlichen Anstalten und Kassen, welche den für Rechnung des Staates verwalteten gleichgestellt sind, gehören (vgl. Mügel, S. 38; Noelle, S. 26, 27; Pfafferoth, S. 35):

1. die Allgemeine Witwenverpflegungsanstalt;
2. die Offizierswitwenkasse;
3. die Predigerwitwenkasse in Berlin;
4. die Witwenkasse des Königlichen Orchesters zu Berlin.

Mügel, S. 38, zählt hierzu auch die Verwaltungen des Krontresors und des Hausfideikommisses.

VIII. Zu Nr. 2 f.

a) Durch diese Befreiungsvorschrift ist lediglich die den Armenangelegenheiten der Gutsherrschaften, Stadt- und Landgemeinden der preuß. Monarchie bis dahin auf Grund der A.K.O. vom 18. August 1841 (G.S. S. 288) zustehende Stempelfreiheit auch bezüglich der Erbschaftssteuer aufrecht erhalten worden (vgl. Mot. von 1872 S. 67). An Stelle der Gutsherrschaften u. s. w., die früher, insbesondere zur Zeit des Erlasses der A.K.O. die gesetzlichen Träger der Armenpflege waren, sind die Orts- und Landarmenverbände getreten. F.M.R. v. 17. Juli 1894 III 9546 an den P.St.D. in B, bei H.G. S. 1114 Anm. 139g.

Der Begriff der Orts- und Landarmenverbände ist aus dem Reichsgesetz über den Unterstützungswohnsitz vom 6. Juni 1870 (B.G.Bl. S. 360) in der Fassung der Novelle vom 12. März 1894 (R.G.Bl. S. 259) und des preußischen Ausführungsgesetzes zu demselben vom 8. März 1871 (G.S. S. 130) zu ergänzen. Maßgebend sind die §§ 3, 5 und 6 des ersteren, sowie der § 2 des letzteren Gesetzes:

§ 3. Ortsarmenverbände können aus einer oder mehreren Gemeinden und, wo die Gutsbezirke außerhalb der Gemeinden stehen, aus einem oder mehreren Gutsbezirken, beziehungsweise aus Gemeinden und Gutsbezirken zusammengesetzt sein. Alle zu einem Ortsarmenverbande vereinigten Gemeinden und Gutsbezirke gelten in Ansehung der durch dieses Gesetz geregelten Verhältnisse als eine Einheit.

§ 5. Die öffentliche Unterstützung hilfsbedürftiger Norddeutscher, welche endgiltig zu tragen kein Ortsarmenverband verpflichtet ist (der Landarmen), liegt den Landarmenverbänden ob. Zur Erfüllung dieser Obliegenheit hat jeder Bundesstaat bis zum 1. Juli 1871 entweder unmittelbar die Funktionen des Landarmenverbandes zu übernehmen, oder besondere, räumlich abgegrenzte Landarmenverbände, wo solche noch nicht bestehen, einzurichten.

Dieselben umfassen der Regel nach eine Mehrheit von Ortsarmenverbänden, können sich aber ausnahmsweise auf den Bezirk eines einzigen Ortsarmenverbandes beschränken.

§ 6. Armenverbände, deren Mitgliedschaft an ein bestimmtes Glaubensbekenntnis geknüpft ist, gelten nicht als Armenverbände im Sinne des Gesetzes.

§ 2. Jede Gemeinde bildet für sich einen Ortsarmenverband, sofern sie nicht einem mehrere Gemeinden oder Gutsbezirke umfassenden einheitlichen Ortsarmenverbande (Gesamt-Armenverbande) schon angehört oder nach den folgenden Bestimmungen einzuverleiben ist. Die Verwaltung der öffentlichen Armenpflege steht in den Gemeindebezirken überall den für die Verwaltung der Gemeinde-Angelegenheiten durch die Gemeinde-Verfassungsgesetze angeordneten Gemeindebehörden zu. Die Bestimmung der Gemeinde-Verfassungsgesetze über die Verwaltung der Gemeinde-Angelegenheiten, insbesondere die Bestimmungen über die Zuständigkeit des Gemeindevorstandes und der Gemeindevertretung sind überall auch für die Verwaltung der öffentlichen Armenpflege maßgebend.

Die in diesem Gesetze der Gemeindevertretung zugewiesenen Verrichtungen werden da, wo eine gewählte Gemeindevertretung nicht besteht, von der Gemeindeversammlung wahrgenommen.

b) Bei der Zuwendung an eine Gemeinde oder einen selbständigen Gutsbezirk, welche gleichzeitig einen eigenen Ortsarmenverband bilden (vgl. F.M.R. vom 7. Oktober 1890 III 12878 nachrichtlich an den P.St.D. in. B., bei H.G. S. 112 Anm. 135c.), ist die Steuerfreiheit nicht dadurch bedingt, daß die Bedachten ausdrücklich als Armenverbände bezeichnet sind und daß die Zuwendung lediglich oder gerade für die Hilfsbedürftigen bestimmt ist; es genügt, wenn sie den Armen („den bedürftigen ehrbaren Einwohnern") zugedacht ist, weil nicht anzunehmen ist, daß das Gesetz bei der den Armenverbänden oft über die Grenzen des Unterstützungswohnsitzgesetzes hinaus obliegenden öffentlichen Armenfürsorge zwischen den Verwendungen für Arme überhaupt und denjenigen für Wohnsitzberechtigte insbesondere habe unterscheiden und bloß den erbschaftlichen Anfall habe privilegieren wollen, der nach dem Willen des Testators ausschließlich zu Verwendungen der letztgenannten Art bestimmt sein sollte. R.G. III. Urt. vom 24. September 1889, C.S. Bd. 24 S. 293, Jur. Woch. S. 427, C.Bl. 1890 S. 23; M.Bl.

f. d. i. B. 1890 S. 37; F.M.R. vom 30. Januar 1893 III 1187 an den P.St.D. z. B., bei H.G., S. 1114 Anm. 139f. Geht aber in einem solchen Falle die Bestimmung des Erblassers so weit (z. B. „zu Wohlthätigkeitszwecken"), daß es der zugleich den Ortsarmenverband bildenden Gemeinde unbenommen bleibt, den vermachten Betrag zu Zwecken zu verwenden, welche zwar wohlthätig sind, aber zu dem Aufgabenkreise des Ortsarmenverbandes nicht gehören, so ist nur die Bestimmung zu Ce. des Tarifes anwendbar. R.G. IV. Urt. vom 4. Dezember 1893, E.S. Bd. 32 S. 326, Jur. Woch. 1894 S. 72.

Die Steuerfreiheit tritt auf Grund dieser Tarifbestimmung nur ein, wenn die Zuwendung direkt an den Armenverband erfolgt; nicht z. B. wenn einer Gemeinde etwas mit der Bestimmung vermacht wird, daß die Zuwendung zu wohlthätigen, gemeinnützigen Zwecken verwendet werden solle, und nun die Gemeinde die Zuwendung, einer milden Stiftung, an welche direkte Zuwendungen steuerfrei sind, überweist — R.G. IV, Urt. vom 13. Oktober 1881, R.Anz. vom 11. November 1881 Nr. 259 S. 2; — oder wenn einem Erben, Vermächtnisnehmer u. s. w. eine Leistung zum Besten Hilfsbedürftiger aufgetragen ist, und dieser die Verteilung einem Armenverbande überläßt. — Hier finden § 8 des Gesetzes und Tarif Pos. Ce Anwendung. F.M.R. vom 17. Juli 1894 III 9546, nachrichtlich an den P.St.D. zu B., bei H.G., S. 1114 Anm. 139g.

Wegen der Beschränkung der Befreiung auf inländische Armenverbände siehe das vorerwähnte F.M.R., den letzten Absatz der „Befreiungen" und die Anm. dazu.

c) Der Begriff der „Hilfsbedürftigen" im Sinne dieser Bestimmung ist nicht auf diejenigen Armen beschränkt, welche auf Grund des Reichsgesetzes vom 6. Juni 1870 einen Anspruch auf öffentliche Armenunterstützung haben. Wie aus den in (dem unter b erwähnten Urteile d. R.G. III vom 24. September 1889 richtig verwerteten) Motiven (S. 67) erhellt, kommt die Steuerfreiheit allen Vermächtnissen zu, welche den staatlichen Orts- und Landarmenverbänden für die Armen zufallen. Es ist deshalb die einem solchen Verbande (oder einer Gemeinde, die für sich allein einen solchen Verband bildet), „zur Gründung eines Bürgerrettungsinstituts", „zur Verteilung an arme Lehrerwitwen", „zur Christbescherung für arme Kinder" — F.M.R. vom 25. April 1879 III 3325, an den P.St.D. in B.; vom 23. Dezember 1882 III 16215, an den P.St.D. in B.; vom 9. Mai 1888 III 7618, nachrichtlich an den P.St.D. in B., bei H.G., S. 1113 Anm. 139 a, b, c — gemachte Zuwendung steuerfrei. Dasselbe gilt von einer Zuwendung für „verschämte Arme". A. M. F.M.R. vom 18. November 1892 III 12561, an den P.St.D. in B., bei H.G., S. 1114 Anm. 138e, weil die Unterstützung verschämter Armer nicht zu den Aufgaben der Ortsarmenverbände gehöre. Das ist unzutreffend, weil auch sie hilfsbedürftig sind. — Geht nach dem Willen des Erblassers eine Zuwendung in das Vermögen einer Gemeinde in ihrer Eigenschaft als Armenverband über, so bleibt sie steuerfrei, auch wenn sie von dem übrigen Gemeindevermögen getrennt verwaltet werden soll, vorausgesetzt daß die Errichtung einer Stiftung mit selbständiger Rechtspersönlichkeit nicht beabsichtigt gewesen ist. F.M.R. vom 30. Januar 1893 III 1187, an den P.St.D. in B., bei H.G., S. 1114 Anm. 139.

IX. Zu Nr. 2 g.

a) Die Bestimmung lautete in dem Gesetze von 1873/91:

> Öffentliche Armen-, Kranken-, Arbeits-, Straf- und Besserungsanstalten; ferner Waisenhäuser, vom Staate genehmigte Hospitäler und andere Versorgungsanstalten oder andere milde Stiftungen, welche vom Staate als solche ausdrücklich oder durch Verleihung der Rechte juristischer Personen anerkannt sind.

Sie entsprach im wesentlichen den bis dahin bestehenden Vorschriften. Durch die A.K.O. vom 16. Januar 1827 wurde zur Erledigung vorhandener Zweifel anerkannt, daß die in der Deklaration vom 27. Juni 1811 (G.S. S. 313) „den Angelegenheiten der Kirchen, Armenanstalten, Waisenhäuser, milden Stiftungen, Schulen, Universitäten, desgleichen den Straf- und Besserungsanstalten gewährte Stempelfreiheit auch auf die Zuwendungen, welche solchen Instituten durch Schenkung oder letztwillige Verordnungen anfallen", fortdauernd Anwendung finde. Bei Ausführung dieser Bestimmung gab die Befreiung der milden Stiftungen zu vielen Zweifeln und großer Unsicherheit der Entscheidungen Anlaß. Um einer unstatthaften Ausdehnung des Begriffs vorzubeugen und auch hier eine Gleichmäßigkeit der Besteuerung herzustellen, schlug der Entwurf von 1873 vor, die subjektive Befreiung der milden Stiftung davon abhängig zu machen, daß sie als solche ausdrücklich oder durch Verleihung unbeschränkter Korporationsrechte vom Staate anerkannt sei.

Die Novelle von 1895 billigt einschränkend nur derjenigen Stiftung Steuerfreiheit zu, welche als milde ausdrücklich anerkannt ist, ferner nur den öffentlichen Waisenhäusern, benennt aber außerdem als steuerfrei die vom Staate genehmigten Vereine für die Kleinkinderbewahranstalten.

b) Öffentliche Anstalten im Sinne dieser Bestimmung sind solche, die im Eigentume oder unter der Verwaltung des Staates oder einer Kommune stehen und bei denen die Zulassung von Jedermann beansprucht oder doch unter gewissen Voraussetzungen beansprucht werden kann. R.G. III, Urt. vom 22. November 1881, J.M.Bl. 1882 S. 315: Zustimmend F.M.R. vom 18. Mai 1894 III 6721, nachrichtlich an den P.St.D. in Berlin, bei H.G., S. 1122 Anm. 147. Vgl. auch § 32 A.L.R. II 19. — Das Erfordernis der Öffentlichkeit bezieht sich nur auf die Armen-, Kranken- Arbeits-, Straf- und Besserungsanstalten, sowie auf die Waisenhäuser, hingegen nicht auf die außerdem in der Tarifbestimmung genannten Hospitäler, Anstalten, Vereine und Stiftungen. Vgl. R.G. IV, Urt. vom 8. Mai 1893, Jur. Woch. S. 372 Nr. 92; Bolze, Bd. 16 Nr. 602; Gruchot, Bd. 37S. 1120.

Voraussetzung der Steuerfreiheit ist (für das Gebiet des A.L.R.) nicht, daß die im Tarife erwähnten Anstalten u. s. w. juristische Persönlichkeit haben (a. M. Mügel, S. 38 für § 8 des Gerichtskostengesetzes).

c) Das öffentliche Waisenhaus ist seinem gesetzlichen Begriffe nach (§ 32 A.L.R. II 19) eine Armenanstalt und auf das Gebiet der Armenpflege, von der die Waisenpflege nur einen Zweig bildet, eingeschränkt. Seine Aufgabe ist, die darin aufgenommenen armen Kinder so zu erziehen und zu befähigen, daß sie durch Verwendung ihrer Kräfte in einem Dienstverhältnis, im Handwerk oder bei ähnlicher Arbeit ihren Beruf und Unterhalt finden und so zu einer Lebensstellung gelangen, wie sie solche, wenn ihre Eltern gelebt hätten, nach deren Verhältnissen erreicht haben würden.

Daher genießen keine Steuerfreiheit: Anstalten, die von vornherein Ziele verfolgen, welche über den Rahmen der Armenpflege hinausgehen (z. B. die Baruch Auerbachschen Erziehungsanstalten in Berlin, welche statutenmäßig nach der Entlassung der Zöglinge aus den Anstalten — wenn auch aus besonderen Stiftungen — bei der Heirat weiblicher Zöglinge regelmäßig eine Mitgift von 1800 Mk. gewähren und bei männlichen Zöglingen im Falle besonderer Begabung für eine höhere wissenschaftliche, künstlerische oder technische Ausbildung sorgen, R.G. IV. Urt. vom 23. September 1895, Jur. Woch. S. 513 Nr. 35, C.Bl. Nr. 26) und Zuwendungen an öffentliche Waisenhäuser zur Erreichung solcher Ziele (z. B. um besonders veranlagte Zöglinge in den Fächern, für welche sie Talent zeigen, auszubilden und in den ersten Jahren nach vollendetem Studium zu unterstützen, R.G. II. Urt. vom 27. Mai 1892, Jur. Woch. S. 324 Nr. 51).

d) Eine Versorgungsanstalt ist auch ein zur Aufnahme schwachsinniger und blödsinniger Personen bestimmtes Erziehungshaus, sofern die ihm obliegende Aufgabe, die Krankheit soweit wie möglich zu beseitigen und das Seelenleben des Zöglings bis zu einem bestimmten Grade zu wecken, erfordert, daß die Zöglinge oft viele Jahre in der Anstalt bleiben, und somit seine Thätigkeit, obschon wesentlich auf die Heilung, so doch zugleich auf die Versorgung der Zöglinge gerichtet ist. R.G. IV. Urt. vom 8. Mai 1893, J.M.Bl. S. 311.

e) Milde Stiftungen sind nach der feststehenden Praxis des Reichsgerichts und der Verwaltungsbehörden solche, deren Hauptzweck auf die vollständige oder teilweise Unterstützung hilfsbedürftiger Personen durch unentgeltliche Zuwendungen gerichtet ist. Die Tarifposition C e, welche von der objektiven Besteuerung mildthätiger Verwendungen handelt, schränkt den Begriff der milden Stiftung als solcher, welche subjektiv hinsichtlich der ihr gemachten Zuwendungen befreit ist, nicht ein. Vgl. R.G. IV. Urt. vom 29. Oktober 1888, Jur. Woch. S. 448 Nr. 23.

Nach dem bisherigen Rechte konnte eine Stiftung als milde auch stillschweigend dadurch anerkannt werden, daß ihr auf Grund des vorgelegten und genehmigten Statuts die Rechte einer juristischen Person verliehen waren. Es war Sache der Behörden, im Einzelfalle festzustellen, ob die nicht ausdrücklich als milde anerkannte Stiftung mit Recht Steuerfreiheit für sich in Anspruch nahm. Maßgebend waren die Statuten. Nicht erforderlich war, daß die unterstützten Personen im Sinne des Reichsgesetzes vom 6. Juni 1870 hilfsbedürftig gewesen sind. R.G. III. Urt. vom 22. Nov. 1884, J.M.Bl. 1882 S. 315; IV. Urt. vom 29. Oktober 1888, Jur. Woch. S. 448 Nr. 23; IV. Urt. vom 22. September 1890, J.M.Bl. 1891 S. 24, Bolze Bd. 11 Nr. 586. So sind von der Rechtsprechung als milde Stiftungen angesehen worden: 1) eine Stiftung, welche die Unterstützung unverschuldet in Not gerathener Handwerker und Gewerbetreibender durch Gewährung zinsenfreier Darlehen (also nur der Nutzung von Kapitalien) bezweckte, wobei der Umstand, daß die Darlehnsempfänger zur Deckung der Verwaltungskosten einen bestimmten, die Höhe des üblichen Zinsfußes bei weitem nicht erreichenden Beitrag zu zahlen hatten, als den Charakter der Mildthätigkeit nicht ausschließend angesehen und der fernere Umstand, daß die Fonds, soweit zeitweise ihre Verwendung zu dem eigentlichen Zwecke nicht zu ermöglichen war, nach der Anordnung des Stifters einstweilen anderweit nutzbar angelegt werden sollten, als mit dem Begriffe der milden Stiftung nicht unverträglich bezeichnet wurde. R.G. IV. Urt. vom 22. Septbr. 1890, a. a. O.; 2) eine Stiftung, welche statutenmäßig die Heilung und Pflege der Epileptischen der Mark Brandenburg bezweckte („Heil- und Pflegeanstalt für Epileptische zu Potsdam"), weil zur Erreichung des Zweckes eine im wesentlichen durch unentgeltliche Zuwendungen beschafftes und zu beschaffendes Vermögen dient und die von den Kranken selbst statutenmäßig zu erhebenden Beiträge als ein vollständiges Entgelt dessen, was ihnen gewährt wird, nicht anzusehen ist; R.G. IV, Urt. vom 16. Dezember 1891, Gruchot Bd. 36 S. 1102, Jur. Woch. 1892 S. 49; 3) eine zur Aufnahme schwachsinniger und blödsinniger Personen bestimmte Anstalt, weil die Kranken hilfsbedürftig sind und der Umstand, daß die Aufnahme gegen ein von dem Vorstande in jedem einzelnen Falle je nach den Umständen zu bestimmendes Pflegegeld stattfindet und nur ausnahmsweise die ganz unentgeltliche Aufnahme beschlossen werden kann, den Begriff der unentgeltlichen Zuwendung nicht ausschließt; R.G. IV, Urt. vom 8. Mai 1893, J.M.Bl. S. 311. — S. ferner R.G. IV. Urt. vom 7. Mai 1894 und vom 23. September 1895, Jur. Woch. S. 329 und 513.

Der Finanzminister hat u. A. als milde Stiftungen angesehen: 1) die Suppenanstalt einer Stadt, weil ihr vom Magistrat ein Teil der öffentlichen Armenpflege übertragen war, F.M.R. vom 20. November 1884 III 13800 an den P.St.D. in B., bei H.G., S. 1119 Anm. 142d; 2) den Vaterländischen Frauenverein zu Kassel, weil zu seinen Zwecken die Beschaffung von Notstands- und Kriegsmaterial, die Unterstützung armer verheirateter Wöchnerinnen und verschämter Armen, endlich die Personalhilfe der städtischen öffentlichen Armenpflege gehörten, F.M.R. vom 21. Juli 1892 III 9842, nachrichtlich an den P.St.D. in Kassel; s. auch F.M.R. vom 26. Novbr. 1891 III 15041, nachrichtlich an den P.St.D. in Berlin, betreffend die Zweigvereine des Vaterländischen Frauenvereins, bei H.G., S. 1120 Anm. 142 f.; 3) einige Zweigvereine der Gustav Adolf-Stiftung, F.M.R. vom 6. Februar 1877, C.Bl. S. 53, M.Bl. f. d. i. Verwaltung S. 78. — Hingegen hat der Finanzminister die Anerkennung als milde Stiftung u. A. versagt: dem Berliner Kinderschutzverein, weil nach dem Statute im Falle der Auflösung des Vereins die Generalversammlung über die Verwendung des vorhandenen Vermögens beschließt, mithin eine genügende Gewähr für die dauernde

Verwendung des Vereinsvermögens zu den Zwecken einer milden Stiftung nicht gegeben ist, F.M.R. vom 9. Juni 1880 III 8393, mitgeteilt dem P.St.D. in B., bei H.G., S. 1119 Anm. 142 b.

Nach dem jetzt geltenden Rechte kommt die Steuerfreiheit nur den ausdrücklich als milde anerkannten Stiftungen zu. Es hat daher im Einzelfalle die mit einem Anfalle bedachte Stiftung ihre ausdrückliche Anerkennung als milde Stiftung darzuthun. Die Anerkennung geht vom Staate aus. Sie liegt nicht schon darin, daß das Statut einer Stiftung Allerhöchst genehmigt und dieser die Eigenschaft einer juristischen Person verliehen ist. Es muß vielmehr in der Anerkennungsurkunde zum Ausdruck gebracht sein, daß die Stiftung als eine milde angesehen werde. Das braucht nicht gerade mit bestimmten, eine Anerkennung aussprechenden Worten zu geschehen, es genügt vielmehr, wenn der Anerkennungswille aus dem gesamten Inhalte der Erklärung deutlich und zuverlässig erhellt. Vgl. R.G. IV. Urt. vom 7. Mai 1894 und vom 23. September 1895, Jur. Woch. S. 329 und 513. Wie schon in dem R.G.Urt. vom 25. April 1881, J.M.Bl. 1882 S. 11 ausgeführt ist und die Mot. zum Gesetze von 1873 (S. 68) besagen, ist es ausreichend, daß sich die Stiftung nach dem Anfalle um die staatliche Anerkennung bewirbt, um, wenn ihr diese gewährt ist, Steuerfreiheit zu genießen. Bis zur Entscheidung durch die zuständige Stelle wird die Steuerbehörde zweckmäßig die Versteuerung aussetzen, jedoch berechtigt sein, Sicherheit zu verlangen. — Die von Noelle S. 28 für den gleichliegenden Fall des Stempelsteuergesetzes (§ 5 d) aufgestellte Ansicht, daß bestehende milde Stiftungen, die bisher auch nur mittelbar als solche durch Verleihung des Rechts der juristischen Person anerkannt waren, steuerfrei bleiben sollen, kann gegenüber dem Wortlaute der Bestimmungen beider Gesetze nicht für zutreffend erachtet werden.

X. Zu Nr. 2 h.

a) Das A.L.R. II 12 § 1 nennt Schulen und Universitäten „Veranstaltungen des Staats, welche den Unterricht der Jugend in nützlichen Kenntnissen und Wissenschaften zur Absicht haben“. Es stellt ihnen in § 3 die „Privaterziehungsanstalten“ gegenüber. Ebenso unterscheidet Art. 23 der preuß. Verfassung „öffentliche und private Unterrichts- und Erziehungsanstalten“. Mit Rücksicht wohl auf die verschiedenartige Entwickelung des Schulwesens in den verschiedenen Provinzen der Monarchie wurde schon in dem Berichte der Kommission des Abgeordnetenhauses S. 848 allseitige Einigkeit darüber konstatiert, daß unter „öffentlichen“ Schulen auch Kommunalschulen begriffen seien. Zutreffend sagt daher das R.G. III in seinem Urteile vom 22. November 1881, J.M.Bl. 1882 S. 315 und im Anschlusse daran der Finanzminister in den Reskripten vom 10. und 18. Mai 1894 III 2776 und III 6721 an den P.St.D. in B., bei H.G., S. 1122 Anm. 146 b und 147: Für die Anerkennung einer Schule als öffentliche Anstalt genügt nicht schon ihre Ausstattung mit den Rechten einer juristischen Person; sondern es ist dazu erforderlich, daß die Anstalt im Eigentum oder unter der Verwaltung des Staates oder einer Kommune steht und die Zulassung zu dem darin erteilten Unterricht von jedermann, wenn auch nur unter gewissen Voraussetzungen, beansprucht werden kann. Ähnlich das Schreiben des F.M. an den Kultusminister vom 17. Mai 1880 III 6857, bei Khm. 1896 S. 11: „Unter den öffentlichen Schulen, denen die Stempelgesetze Befreiung von der Stempelsteuer gewähren, ist das gesamte zu Schulzwecken dienende Vermögen zu verstehen, ohne Unterschied, ob und inwieweit dasselbe eine pia causa darstellt oder ob die politischen Gemeinden oder die Schulgemeinden seine Träger sind.“ — Der Finanzminister hat deshalb in dem Reskripte vom 18. Mai 1894 nicht als öffentliche Schule erklärt eine Zeichenschule, deren Kuratorium selbständig die Einrichtung der Unterrichtskurse und die Bedingungen der Teilnahme daran bestimmte, während der Kurator allein die Lehrer, den Bibliothekar und die sonstigen Hilfskräfte annahm, dem Magistrate nur ein Widerspruchsrecht hinsichtlich des ersten Zeichenlehrers zustand, und die als eine selbständige Anstalt von einem besonderen Kuratorium, dem nur der jeweilige Oberbürgermeister als Stellvertreter des Kurators anzugehören hatte, geleitet und verwaltet wurde.

b) Zuwendungen an öffentliche Schulen u. s. w. mit Auflagen, welche über den Rahmen und Zweck dieser hinausgehen (s. oben S. 36) — z. B. ein Vermächtnis mit der Auflage, die Zinsen des Kapitals zu Prämien für die Schüler oder zu ganzen und halben Freistellen für Alumnen aus gewissen Ständen, unabhängig von der Bedürftigkeit der Bewerber, zu verwenden, Reskr. des Min. der geistlichen u. s. w. Angelegenheiten im Einverständnis mit dem Finanzminister vom 13. April 1882, U. II 5488, bei Böhm, E.St., S. 171; F.M.R. vom 13. Februar 1892 an den P.St.D. zu B., bei H.G., S. 1122 Anm. 146a — sind nicht steuerfrei.

c) Wem die Aufbringung der Mittel für die öffentlichen Schulen obliegt, ist für die Steuerfreiheit gleichgiltig. Auch das ist ohne Belang, ob die Schule bereits besteht oder erst in der Gründung begriffen ist (vgl. F.M.R. vom 2. August 1865, M.Bl. f. d. i. Verwaltung S. 247). Es ist endlich gleichgiltig, ob die Schule eine Korporation ist oder nicht (vgl. hierzu Förster-Eccius, IV § 285).

d) Sammlungen für Kunst oder Wissenschaft sind öffentlich, wenn sie für den gemeinen Gebrauch bestimmt und jedermann, obschon unter gewissen Voraussetzungen, frei zugängig sind. Nicht erforderlich ist, daß die Sammlung juristische Persönlichkeit besitzt. Es ist daher auch das Vermächtnis an eine Gemeinde für ihre öffentliche Kunstsammlung, wobei diese nur als ein Institut der ersteren erscheint, steuerfrei. R.G. IV. Urt. vom 4. Dezember 1893, C.S. Bd. 32 S. 326, Jur. Woch. 1894 S. 72.

e) Zuwendungen zur Verbesserung des Einkommens des jedesmaligen Schullehrers sind nicht als einer bestimmten Person, sondern als der Schule zugedacht anzusehen und deshalb steuerfrei. F.M.R. vom 6. Februar 1851 III 1587 an die Reg. in F., bei H.G., S. 86 Anm. 44c.

f) Die Befreiung steht an sich nur preußischen Schulen u. s. w. zu (vgl. den Schlußsatz der Befreiungen).

XI. Zu Nr. 21. Deutsche Kirchen und andere deutsche Religionsgesellschaften

a) Vor dem Gesetze von 1873 war die nach § 4 Nr. 2 der Deklaration vom 27. Juni 1811 (G.S. S. 314) und nach der A.K.O. vom 16. Januar 1827 den Kirchen verliehene Befreiung von dem Erbschaftsstempel im Hinblick auf § 18 A.L.R. II 11 nur den öffentlich aufgenommenen Kirchen, nämlich der evangelischen Landeskirche und der römisch-katholischen Kirche (vgl. Beschl. des K.G. vom 30. Septbr. 1889, Johow, Bd. 9 S. 139) gewährt. Andere Religionsgesellschaften hatten die ihnen angefallenen Vermächtnisse mit 8% zu versteuern. Um den vielfachen Beschwerden dieser, insbesondere der jüdischen Synagogen, abzuhelfen, wurde in der Erwägung, „daß jede Bevorzugung der einen und Zurücksetzung der anderen Religionsgesellschaft soweit als thunlich von den Steuergesetzen fern zu halten sei“, das Privilegium auch auf die übrigen, mit juristischer Persönlichkeit ausgestatteten Religionsgesellschaften ausgedehnt (vgl. Mot. S. 68).

b) Unter Kirche im Sinne des Erbschaftssteuergesetzes ist das gesamte zu Kirchen- und Kultuszwecken dienende Vermögen zu verstehen, ohne Unterschied, ob und inwieweit es eine pia causa darstellt oder ob die politischen Gemeinden oder die Kirchengesellschaften seine Träger sind. Vgl. das Reskript des J.M. im Einverständnisse des F.M. vom 13. Januar 1879 III 2848, bei Khm. 1896 S. 9, H.G., S. 85 Anm. 40c., welches von den Vorschriften der Stempelgesetze spricht. Der Begriff der Religionsgesellschaft ergiebt sich aus A.L.R. II 11 §§ 10ff. in Verbindung mit Art. 12, 13 der preuß. Verfassung. Eine solche ist darnach die erlaubte Vereinigung mehrerer Einwohner des Staates zu gemeinsamen, sei es häuslichen, sei es öffentlichen Religionsübungen, also die einzelne Gemeindeverbindung, nicht die Gesamtkorporation; Arndt, Die Verfassungsurkunde für den preuß. Staat, 1894, S. 66. Sie muß, um Steuerfreiheit zu genießen, die Rechte einer juristischen Person haben. Den Religionsgesellschaften stehen gegenüber die geistlichen Gesellschaften (A.L.R. II 11 § 12, §§ 939 ff.; Art. 13 der preuß. Verf.), „deren Mitglieder sich mit anderen Religionsübungen als der Seelsorge hauptsächlich beschäftigen"; es sind dies die vom Staate aufgenommenen Stifte, Klöster und Orden: die protestantischen Stifte, Klöster und Ritterorden, die katholischen Domstifte und Kapitel, die Kollegialstifte, die Klostergesellschaften und die geistlichen Ritterorden.

c) In Preußen sind Kirchen nur die aus der lutherischen und reformierten vereinigte evangelische Landeskirche (A.K.O. vom 27. September 1817, Kamptz, Ann. I S. 64; s. auch A.K.O. vom 30. April 1830, G.S. S. 80) und die katholische Kirche (Religionsedikt vom 9. Juli 1788, in Rabe, Sammlung preuß. Gesetze, I Abteil. 7 S. 726). S. das Patent vom 30. März 1847 (G.S. S. 121). Dabei sind zur katholischen Kirche nach dem Gesetz vom 4. Juli 1875, betreffend die Rechte der altkatholischen Kirchengemeinschaften an dem kirchlichen Vermögen (G.S. S. 333), die altkatholischen Kirchengemeinden zu rechnen.

Religionsgesellschaften mit Korporationsrechten sind:

1. die von der Gemeinschaft der evangelischen Landeskirche sich getrennt haltenden Lutheraner (Generalkonzession v. 23. Juni 1845; G.S. S. 516 Nr. 3), sofern die einzelne Gemeinde von den Ministern der geistlichen Angelegenheiten, des Innern und der Justiz genehmigt ist. Die Separatisten haben die Rechte nicht: Koch's A.L.R. IV, Anm. 19 zu Zusatz 4 hinter § 10 ALR. II 11;
2. die Herrenhuter und Böhmischen Brüder, Generalkonz. vom 7. Mai 1746 und 18. Juli 1763; Konfirmation vom 10. April 1789. Gedickes Annalen I 3 Seite 44—53, Berlin 1800. Rönne, Staatsr.. 4. Aufl. II S. 160 f. Anm. 3. Förster-Eccius, IV. § 283;
3. die Synagogengemeinden: Gesetz vom 23. Juli 1847. (G.S. S. 263 § 37);
4. die Niederländisch-Reformierten (Kohlbrüggianer) haben Korporationsrechte nur behufs Erwerbung von Grundstücken: K.O. vom 24. November 1849. Koch's A.L.R. IV Anm. 23 zu Zusatz 6 a. a. O.; Rönne, Staatsr., a. a. O.
5. die Mennonitengemeinden: Gesetz vom 12. Juni 1874 (G.S. S. 238) §§ 1, 2. Vgl. hierzu Reskript des F.M. im Einverständnisse des J.M. vom 22. September 1879 III 12205, betr. die in Ost-Friesland bestehenden Mennonitengemeinden, bei Khm. 1896 S. 9;
6. die Baptistengemeinden: Gesetz vom 7. Juli 1875 (G.S. S. 374) §§ 1, 2;
7. die durch Austritt aus einer bestehenden Synagogengemeinde neu entstandene Religionsgesellschaft, wenn ihr durch Königl. Verordnung die Rechte verliehen werden. Gesetz vom 28. Juli 1876 (G.S. S. 353); vgl. Verordnung vom 9. September 1885 (G.S. S. 337).

d) Die Steuerfreiheit steht nach dem Gesetze den deutschen Kirchen u. s. w. zu. Darunter sind die von den einzelnen Bundesstaaten und Elsaß-Lothringen in ihrem Gebiete anerkannten Kirchen und die mit Korporationsrechten ausgestatteten Religionsgesellschaften zu verstehen, welche sich innerhalb des Deutschen Reiches befinden.

e) Zuwendungen „zur Verbesserung des Einkommens des jedesmaligen Pfarrers" sind nicht als einer bestimmten Person, sondern als der Pfarre oder Kirche zugedacht anzusehen und deshalb steuerfrei. F.M.R. vom 6. Febr. 1851 III 1537 an d. Reg. in F., und vom 31. Oktober 1886 III 11817, mitgeteilt dem P.St.D. zu Br., bei H.G., S. 86 Anm. 44c und d. Desgleichen ist steuerfrei ein Vermächtniß an eine Kirche mit der Auflage, daß die Zinsen davon znr Abbürdung von Kirchensteuern verwendet sollen. Denn es stellt einen Anfall an die Kirche insofern dar, als die Zinsen zur Bestreitung etatisierter kirchlicher Aufgaben, also zur Erfüllung kirchlicher Zwecke zu dienen bestimmt sind; daß die Gemeindemitglieder mittelbar um den Betrag der Zinsen in ihren Beiträgen entlastet werden, ist unerheblich. F.M.R. vom 19. November 1893, III 12468, bei Labus S. 26.

f) Dem Bischöflichen Stuhle als solchem, im Gegensatze zu den unter seiner Verwaltung und Aufsicht stehenden kirchlichen Anstalten, steht Steuerfreiheit nicht zu. Vgl. Cirk.-Reskript des J.M. vom 14. August 1876; Reskript des J.M. im Einverständnisse des

F.M. vom 11. Oktober 1893 III 13908, letzteres bei Khm. 1896 S. 9, welche sich auf die Stempelsteuer beziehen.

XII. Zu Nr. 2 k. Diese Befreiung ist durch die Novelle von 1895 eingeführt und entspricht den sozialen Forderungen der Gegenwart. Sie kommt aber nur den inländischen Kassen und Anstalten zu Gute (vgl. den Schlußsatz).

XIII. Zu Nr. 21.

a) Zur Erläuterung dieser Position sei auf die Motive von 1872 S. 68 verwiesen. Sie besagen: „Unter Nr. 2 k (jetzt l) werden die bisherigen Exemptionen von dem Erbschaftsstempel, bezw. von der in den neueren Landesteilen nach der Verordnung vom 5. Juli 1867 zu erhebenden Erbschaftsabgabe aufrecht erhalten und auf die neu geordnete Erbschaftssteuer ausgedehnt, insoweit sie entweder nur gegen Entschädigung würden aufgehoben werden können, oder doch auf besonderem landesherrlichen Privilegium beruhen. Bewilligungen letzterer Art sind in früherer Zeit, namentlich für Privatunternehmungen, zu religiösen oder gemeinnützigen und ähnlichen Zwecken öfters vorgekommen. Von geringerer finanzieller Erheblichkeit ist die den Mitgliedern des Königlichen Hauses landesherrlich bewilligte Befreiung für diejenigen Erbschaften und Legate, welche ein Mitglied von einem anderen Mitgliede des Königlichen Hauses erwirbt. Übrigens waltet kein Zweifel darüber ob, daß neue Exemtionen der fraglichen Art nur im Wege der Gesetzgebung angeordnet werden können und bedarf es dieserhalb keiner ausdrücklichen Bestimmung."

Sie finden ihre Ergänzung in dem Berichte der Kommission des Hauses der Abgeordneten S. 848, welcher lautet: „Zu den Pos. i und k (jetzt l) wurde gänzliche Streichung beantragt. Die Pos. k (jetzt l) umfaßt, außer verschiedenen, teils auf Gesetz, teils auf Allerhöchsten Kabinetsordres, teils auf bloßen Finanz=Ministerial=Reskripten beruhenden Befreiungen, welche schon durch die Nr. g betroffen sind, folgende Privilegien: der Rheinischen Pastoralgehilfenanstalt, beruhend auf der Allerh. Kab.=Ordre vom 9. September 1846; des Rheinisch=Westfälischen Vereins für Bildung von Diakonissen, beruhend auf der Allerh. Kab.=Ordre vom 20. (nicht 28.) Nov. 1846; der Hauptbibelgesellschaft und der Töchtergesellschaften, beruhend auf der Allerh. Kab.=Ordre vom 29. Sept. 1831; der Missionsanstalt der Brüdergemeinde zu Berthelsdorf, beruhend auf der Allerh. Kab.=Ordre vom 29. Okt. 1827; der Berliner Missionsgesellschaften, beruhend auf den Allerh. Kab.=Ordres vom 29. Sept. 1840 und 28. Febr. 1846; des Königsbergers Missionsvereins, beruhend auf der Allerh. Kab.=Ordre vom 20. Dezbr. (nicht Sept.) 1830; der Mitglieder des Königlichen Hauses, beruhend auf der Allerh. Kab.=Ordre vom 7. März 1845; der Mitglieder der Hohenzollernschen Familie, beruhend auf der Allerh. Kab.=Ordre vom 14. (nicht 24.) August 1852 (nicht 1842) — G.S. S. 771 — derjenigen Reichsunmittelbaren, denen dieselbe durch besondere Rezesse und Verträge bewilligt ist. Was die letzteren anbetrifft, so kann im allgemeinen auf die Motive zum Gesetzentwurfe, betreffend die Regulierung der staatsrechtlichen Stellung des fürstlichen Hauses zu Sayn=Wittgenstein=Berleburg — Nr. 50 der Drucksachen — und des Gesetzentwurfs, der Rechtszustand des Herzogs von Arenberg — Nr. 72 der Drucksachen — und den auch in diesen Motiven erwähnten ausführlichen Bericht der Kommission des Abgeordnetenhauses vom 16. Jan. 1864 — Drucksachen der Legislaturperiode 1863/64 Nr. 101 — verwiesen werden. Der Referent, unterstützt von mehreren Mitgliedern, befürwortete die Streichung der Positionen i und k teils aus dem allgemeinen Grunde, daß die Verfassung die Aufhebung aller Steuerprivilegien ausdrücklich in Aussicht stelle, teils, weil die Vorlage einen höchst zweifelhaften und teilweise ungerechten Rechtszustand schaffe. Dabei könne die Frage, ob etwa einzelnen bisher Privilegierten eine Entschädigung gebühre, dem Rechtswege vorbehalten bleiben. Die Kommission in ihrer Mehrheit glaubte jedoch annehmen zu können, daß die Aufrechterhaltung bestehender Privilegien nicht direkt gegen die Verfassung verstoße, und nahm die Regierungsvorlage unverändert an."

b) Der König ist, da von der Abgabenpflicht des Landesherrn überhaupt nicht die Rede sein kann (vgl. Rönne, Staatsrecht, 4. Aufl., II S. 253), von der Erbschaftssteuer be=

freit. Sollte indes Seine Majestät zum Erben u. s. w. eingesetzt werden unter der Zweckbestimmung, eine Stiftung zu gründen oder ohne Begründung einer Stiftung die Erbschaft u. s. w. zu milden, gemeinnützigen oder öffentlichen Zwecken zu verwenden, so würde die Frage der Steuerpflicht nach den §§ 7, 8 d. Ges. in Verbindung mit den „Befreiungen" des Tarifs zu beantworten sein. Vgl. Ausschußbericht zu Art. 6 Nr. C des hessischen Gesetzes vom 30. August 1884.

c) Gemäß § 5 Abs. 2 des Stempelsteuergesetzes kann den Chefs der bei dem deutschen Reiche oder bei Preußen beglaubigten Missionen die Stempelsteuerbefreiung gewährt werden (und zwar nach Nr. 1 der Bekanntmachung betreffend die Ausführung des Stempelsteuergesetzes vom 13. Febr. 1896 durch den Finanzminister), wenn der betreffende Staat Preußen gegenüber die gleiche Rücksicht übt. Nach der Fassung des Schlußsatzes der „Befreiungen" des Erbschaftssteuergesetzes erscheint der Finanzminister nicht befugt, diesen Personen gegenüber eine Befreiung von der Erbschaftssteuer eintreten zu lassen. Die Frage, ob der Chef einer solchen Mission von einem erbschaftlichen Anfalle die preußische Erbschaftssteuer zu entrichten hat, ist daher lediglich nach den §§ 9, 10 und 11 d. Ges. zu beantworten. Die bei H.G. S. 1124 Anm. 152 abgedruckten F.M.R. vom 29. April und vom 4. August 1824, III 7776 und 14976, beziehen sich auf den Nachlaß der in Preußen verstorbenen fremden Gesandten und der Personen ihres Gefolges. Sie enthalten eine objektive Steuerbefreiung und sind dadurch, daß sie in das Erbschaftssteuergesetz nicht aufgenommen sind, als beseitigt anzusehen.

d) Eine Aufzählung der bestehen gebliebenen Privilegien erübrigt sich, da es im Einzelfalle Sache des in Anspruch genommenen ist, seine Steuerfreiheit nachzuweisen.

XIV. Der Schlußsatz beruht wohl auf der Erwägung, daß dadurch die Bereitwilligkeit der außerpreußischen Regierungen, Preußen in derartigen Fällen entgegenzukommen, gesteigert werden möchte. Die Bewilligung ruht beim Finanzminister. Soweit der auswärtige Staat, wie z. B. Sachsen in Art. 2 A Nr. 6 und B des Ges. vom 13. November 1876, gesetzlich die preußischen in f, g und h genannten Anstalten u. s. w. von der Erbschaftssteuer befreit, erscheint Preußen zu der gleichen Rücksichtnahme nach anerkannten Grundsätzen des Völkerrechts verpflichtet.

Anderen als den hier aufgeführten juristischen Personen oder physischen Personen Steuerfreiheit zu gewähren ist der Finanzminister nicht befugt. Im Wege der Gnade kann auch ihnen Steuermäßigung oder Befreiung zu teil werden.

Tabelle

über

den gegenwärtigen Kapitalwerth einer Rente oder Nutzung im Werthe von 1 Mark auf eine bestimmte Anzahl von Jahren behufs Berechnung der davon zu entrichtenden Erbschaftssteuer. (Zu § 18 des Gesetzes.)

Anzahl der Jahre	Kapitalwerth		Anzahl der Jahre	Kapitalwerth		Anzahl der Jahre	Kapitalwerth	
	M.	Pf.		M.	Pf.		M.	Pf.
1	1	0,0	30	17	98,4	59	23	43,0
2	1	96,2	31	18	29,0	60	23	52,8
3	2	88,6	32	18	58,9	61	23	62,4
4	3	77,5	33	18	87,4	62	23	71,5
5	4	63,0	34	19	14,8	63	23	80,3
6	5	45,1	35	19	41,1	64	23	88,7
7	6	24,2	36	19	66,5	65	23	96,9
8	7	00,2	37	19	90,8	66	24	04,7
9	7	73,3	38	20	14,3	67	24	12,2
10	8	43,5	39	20	36,8	68	24	19,4
11	9	11,1	40	20	58,5	69	24	26,4
12	9	76,0	41	20	79,3	70	24	33,0
13	10	38,5	42	20	99,3	71	24	39,5
14	10	98,6	43	21	18,6	72	24	45,6
15	11	56,3	44	21	37,1	73	24	51,6
16	12	11,8	45	21	54,9	74	24	57,3
17	12	65,2	46	21	72,0	75	24	62,8
18	13	16,6	47	21	88,5	76	24	68,0
19	13	65,0	48	22	04,3	77	24	73,1
20	14	13,4	49	22	19,5	78	24	78,0
21	14	59,0	50	22	34,2	79	24	82,7
22	15	02,0	51	22	48,2	80	24	87,2
23	15	45,1	52	22	61,8	81	24	91,5
24	15	85,7	53	22	74,8	82	24	95,7
25	16	24,7	54	22	87,8	83	24	99,7
26	16	62,2	55	22	99,3	84 und mehr	25	00,0
27	16	98,3	56	23	10,9			
28	17	33,0	57	23	22,0			
29	17	66,3	58	23	32,7			

Tabelle I.

Die Erbschaftssteuer beträgt, wenn der Anfall mit Einem vom Hundert versteuert wird:

bei einem Gegenstande von mehr als ℳ	bei einem Gegenstande bis einschließlich ℳ	ℳ	₰
150	200	2	—
200	250	2	50
250	300	3	—
300	350	3	50
350	400	4	—
400	450	4	50
450	500	5	—
500	550	5	50
550	600	6	—
600	650	6	50
650	700	7	—
700	750	7	50
750	800	8	—
800	850	8	50
850	900	9	—
900	950	9	50
950	1000	10	—
	u. s. w. von jed. angefangenen 50 Mark mehr	—	50
	folglich bei:		
	2000	20	—
	3000	30	—
	4000	40	—
	5000	50	—
	6000	60	—
	7000	70	—
	8000	80	—
	9000	90	—
	10 000	100	—
	100 000	1000	—
	1 000 000	10 000	—

Tabelle II.

die Erbschaftssteuer beträgt, wenn der Anfall mit Zwei vom Hundert versteuert wird:

bei einem Gegenstande von mehr als ℳ	bei einem Gegenstande bis einschließlich ℳ	ℳ	₰
150	175	3	50
175	200	4	—
200	225	4	50
225	250	5	—
250	275	5	50
275	300	6	—
300	325	6	50
325	350	7	—
350	375	7	50
375	400	8	—
400	425	8	50
425	450	9	—
450	475	9	50
475	500	10	—
500	525	10	50
525	550	11	—
550	575	11	50
	u. s. w. von jed. angefangenen 25 Mark mehr	—	50
	folglich bei:		
	2000	40	—
	3000	60	—
	4000	80	—
	5000	100	—
	6000	120	—
	7000	140	—
	8000	160	—
	9000	180	—
	10 000	200	—
	100 000	2000	—
	1 000 000	20 000	—

Tabelle III.

Die Erbschaftssteuer beträgt, wenn der Anfall mit Vier vom Hundert versteuert wird:

bei einem Gegenstande von mehr als ℳ	bis einschließlich ℳ	ℳ	₰
150	162½	6	50
162½	175	7	—
175	187½	7	50
187½	200	8	—
200	212½	8	50
212½	225	9	—
225	237½	9	50
237½	250	10	—
250	262½	10	50
262½	275	11	—
275	287½	11	50
287½	300	12	—
300	312½	12	50
312½	325	13	—
325	337½	13	50
337½	350	14	—
350	362½	14	50
	u. s. w. von jeden angefangenen 12½ Mk. mehr	—	50
	folglich bei:		
	2000	80	—
	3000	120	—
	4000	160	—
	5000	200	—
	6000	240	—
	7000	280	—
	8000	320	—
	9000	360	—
	10 000	400	—
	100 000	4000	—
	1 000 000	40 000	—

Tabelle IV.

Die Erbschaftssteuer beträgt, wenn der Anfall mit Acht vom Hundert versteuert wird:

bei einem Gegenstande von mehr als ℳ	bis einschließlich ℳ	ℳ	₰
150	156¼	12	50
156¼	162½	13	—
162½	168¾	13	50
168¾	175	14	—
175	181¼	14	50
181¼	187½	15	—
187½	193¾	15	50
193¾	200	16	—
200	206¼	16	50
206¼	212½	17	—
212½	218¾	17	50
218¾	225	18	—
225	231¼	18	50
231¼	237½	19	—
237½	243¾	19	50
243¾	250	20	—
250	256¼	20	50
	u. s. w. von jeden angefangenen 6¼ Mk. mehr	—	50
	folglich bei:		
	2000	160	—
	3000	240	—
	4000	320	—
	5000	400	—
	6000	480	—
	7000	560	—
	8000	640	—
	9000	720	—
	10 000	800	—
	100 000	8000	—
	1 000 000	80 000	—

Anhang.

Vorbemerkung.

Der Anhang enthält

I. die zur Ergänzung des Erbschaftssteuergesetzes dienenden Gesetze und Königlichen Verordnungen:

II. die seine Anwendung und Ausführung betreffenden von den Verwaltungsbehörden erlassenen Verordnungen;

zu I. und II. in chronologischer Folge.

III. die Gesetzesbestimmungen der übrigen deutschen und der nicht deutschen Staaten über die Erbschaftssteuer im Verhältnis zum Auslande, sowie die hierauf bezüglichen Staatsverträge Preußens und des Deutschen Reiches, soweit das Material zugänglich war.

I.

1) Gesetz wegen Untersuchung und Bestrafung der Zollvergehen vom 23. Januar 1838. (G.S. S. 78.)*)

---

*) An die Stelle der §§ 1—27 dieses Gesetzes sind die §§ 134—164 des Vereins-Zollgesetzes vom 1. Juli 1869 (R.G.Bl. S. 317) getreten. Zufolge des § 165 daselbst und des § 48 (früher 45) des Erbschaftssteuergesetzes ist es aber hinsichtlich des Zoll-Strafverfahrens bei den Bestimmungen der Landesgesetze verblieben. In gleicher Weise bestimmt § 6 Abs. 2 Nr. 3 des Einf.Ges. z. St.P.O. vom 1. Februar 1877 (R.G.Bl. S. 346):

> Unberührt bleiben die landesgesetzlichen Bestimmungen: Nr. 3 über das Verfahren .... bei Zuwiderhandlungen gegen die Vorschriften über die Erhebung öffentlicher Abgaben und Gefälle, insoweit nicht die §§ 453, 454, 455 und 459—463 der Strafprozeßordnung abändernde Bestimmungen treffen.

Das Gesetz von 1838 hat nur für die damals zur Monarchie gehörigen Gebietsteile Geltung. In den anderen Landesteilen ist das Verfahren durch die unter Nr. 2 abgedruckte Ordnung vom 29. Juli 1867 (G.S. S. 1270) geregelt.

B) Von dem Strafverfahren.*)

Kompetenz.

§ 33. Die Untersuchung und Entscheidung steht in den Fällen, wo eine Freiheitsstrafe unmittelbar stattfindet, oder beim Zusammentreffen mit anderen Verbrechen (§ 23) den Gerichten, und in den Fällen, wo es nur auf eine Ordnungsstrafe ankommt, der Zoll- oder Steuerbehörde ausschließlich zu. In den übrigen Fällen wird die Untersuchung von den Hauptzoll- und Steuerämtern geführt und darauf im Verwaltungswege, wenn die gesetzliche Geldstrafe und der Werth des der Konfiskation unterliegenden Gegenstandes zusammengenommen funfzig Thaler[1]) nicht übersteigt, von den genannten Aemtern, sonst aber von der Provinzial-Zollbehörde entschieden. Letztere kann jedoch, so lange noch kein Strafbescheid erlassen worden ist, die Verweisung der Sache zum gerichtlichen Verfahren verfügen,[2]) und ebenso der Angeschuldigte während der Untersuchung bei der Zoll- oder Steuerbehörde und binnen zehn Tagen präklusivischer Frist[3]) nach Eröffnung des von letzterer abgefaßten Strafbescheides auf rechtliches Gehör antragen.[4]) Der Strafbescheid wird alsdann als nicht ergangen angesehen.

Verfahren bei gerichtlichen Untersuchungen.

§ 34. Die Berufung auf rechtliches Gehör ist bei dem Hauptzoll- und Steueramte anzumelden, bei welchem die Sache anhängig ist.[4]) Dasselbe veranlaßt hierauf die Einleitung der gerichtlichen Untersuchung,[5]) zu deren Führung bei einem jeden Hauptzoll- und Steueramte ein Untersuchungsrichter anzustellen ist.

§ 36. Die Führung und Entscheidung der gerichtlichen Untersuchungen erfolgt

*) Die §§ 28—32 betreffen Zollgesetzübertretungen; die §§ 35, 37, 41, 51—63 sind teils durch das Erbschaftssteuergesetz, teils durch die Strafprozeßordnung beseitigt. Diese nicht interessierenden Bestimmungen sind oben weggelassen.

Da das Verfahren ausführlich in der systematischen Einleitung dargestellt ist, wird hier zu den einzelnen Paragraphen im wesentlichen nur auf die durch die spätere Gesetzgebung abgeänderten Punkte aufmerksam gemacht.

[1]) = 150 M. Art. 1, 14 §§ 2 und 4 des Münzgesetzes vom 9. Juli 1873 (R.G.Bl. S. 233).

[2]) S. auch §§ 40 u. 44; St.P.O. § 464. Die Verweisung ist zulässig, so lange der Bescheid dem Angeschuldigten noch nicht bekannt gemacht ist. Ob.Tr. I, Erk. vom 4. Oktober 1861, Oppenhoff, Rechtsprechung, I S. 573.

[3]) Die Frist beträgt jetzt eine Woche nach der Bekanntmachung. Der Antrag auf gerichtliche Entscheidung ist bei der Behörde zu stellen, welche den Strafbescheid erlassen oder bei derjenigen, welche ihn bekannt gemacht hat. St.P.O. § 459.

[4]) Vgl. hierzu St.P.O. §§ 462, 460. In dem F.M.R. vom 21. Juni 1862, C.Bl. S. 194, ist bestimmt, daß ein Gesuchsteller, der in seinem Gesuche nur seine Unzufriedenheit mit dem Strafresolute zu erkennen gegeben, aber nicht bestimmt erklärt hat, ob er den Rekurs an die Verwaltungsbehörde oder die Provokation auf gerichtliches Verfahren beabsichtige, zu einer bestimmten, binnen einer festzusetzenden Frist abzugebenden Erklärung aufgefordert werden solle mit dem Eröffnen, daß bei dem Ausbleiben einer Erklärung nach Ablauf der Frist die Provokation auf gerichtliches Gehör als gewählt betrachtet werden würde.

[5]) Durch Übersendung der Akten an die zuständige Staatsanwaltschaft (St.P.O. § 460; s. auch §§ 464, 467). Untersuchungsrichter (Hauptamts-Justitiare) bei den Hauptzoll- und Steuerämtern giebt es nicht mehr.

in der Form und in dem Instanzenzuge,[6]) welche für diejenige Gattung von Vergehen, zu welcher die Zollgesetz-Uebertretung gehört, in den Prozeßgesetzen vorgeschrieben sind.

Verfahren bei Untersuchungen im Verwaltungswege.

§ 38. Die Hauptzoll- und Steuerämter untersuchen die Uebertretungen summarisch und können sich hierbei der ihnen untergeordneten Aemter und Beamten bedienen;[7]) die Betheiligten und Zeugen werden mündlich verhört und ihre Aussagen zu Protokoll genommen.

§ 39. Die Vorladungen[8]) geschehen durch die Steueraufseher oder Unterbedienten der Zoll- oder Steuerämter, oder auf deren Requisition durch die Ortsbehörden nach den für die gerichtlichen Insinuationen bestehenden Vorschriften.[9])

§ 40. Erscheint der Angeschuldigte auf die Vorladung nicht oder verweigert er die Auslassung vor der Zoll- oder Steuerbehörde, so wird die Sache nach Vorschrift des § 33 zur gerichtlichen Untersuchung und Entscheidung abgegeben.

§ 42. Die Zeugen[10]) sind verbunden, den an sie von den Zoll- oder Steuerstellen ergehenden Vorladungen Folge zu leisten.

Wer sich dessen weigert, wird dazu auf Requisition des Zoll- oder Steueramtes durch das Gericht[11]) in gleicher Art, wie bei gerichtlichen Vorladungen, angehalten. Bei Vereidung[12]) von Zeugen, welche nur in solchen Fällen stattfindet, in denen der Antrag auf gerichtliche Untersuchung und Entscheidung ausgeschlossen bleibt, ist ein mit richterlicher Qualität versehener Justizbeamter zuzuziehen oder die Zeugen sind zur Vereidung vor einen solchen Justizbeamten zu stellen.

§ 43. In Sachen, wo die Geldbuße und der Konfiskationswerth[13]) zusammen den Betrag von 50 Thalern[1]) übersteigen, muß dem Angeschuldigten auf Verlangen eine Frist von acht Tagen bis vier Wochen zur Einreichung einer schriftlichen Vertheidigung gestattet werden.

---

[6]) Wegen der Zuständigkeit der Gerichte s. St.P.O. §§ 7—9; wegen der Zulässigkeit eines richterlichen Strafbefehls s. St.P.O. § 477 und wegen des Verfahrens dabei St.P.O. §§ 447 bis 452.

[7]) Vgl. hierzu Anweisung des F.M. vom 14. November 1873: a) zur Ausführung des Ges. betr. die Erbschaftssteuer § 13; b) für die Hauptzoll- und Hauptsteuerämter § 10.

[8]) Die Vorladungen der Beschuldigten in administrativen Steueruntersuchungssachen sind in allen Fällen, in welchen die Berufung auf rechtliches Gehör zulässig ist, unter der Verwarnung zu erlassen, daß, wenn der Beschuldigte im Termine nicht erscheint, die Sache zur gerichtlichen Untersuchung und Entscheidung abgegeben werde. F.M.R. vom 27. April 1885 III 5398, bei Bonnenberg S. 113, 115.

[9]) Vgl. hierzu St.P.O §§ 37—39; Allg. Verf. des J.M. vom 16. Juli 1879, betr. vereinfachte Zustellungen in Strafsachen (J.M.Bl. S. 294). C.P.O. §§ 152—190.

[10]) Auf sie finden die §§ 48—71 St.P.O. Anwendung.

[11]) Das Ersuchen ist an das Amtsgericht, in dessen Bezirke der Zeuge seinen Wohnsitz, falls es daran mangelt, seinen Aufenthalt hat, zu richten. Vgl. St.P.O. § 183.

[12]) Mit Rücksicht auf die veränderte Gerichtsverfassung ist anzunehmen, daß eine Vereidung nur noch durch ein darum ersuchtes Gericht bewirkt werden kann. Denn es besteht keine Vorschrift, wonach ein richterlicher Beamter dem Ersuchen des Zoll- oder Steueramts, der Vereidigung eines Zeugen beizuwohnen, Folge zu leisten hätte. Dagegen sind nach § 38 der Verordnung vom 2. Januar 1849 (G.S. S. 1) und § 36 der Verordnung vom 26. Juni 1867 (G.S. S. 1073), § 28 der Verordnung vom 26. Juni 1867 (G.S. S. 1094) die preußischen Gerichte verpflichtet, dem von einer Steuerbehörde an sie gerichteten Ersuchen um eidliche Vernehmung eines Zeugen Folge zu leisten.

[13]) Einziehungen von Nachlaßsachen finden in Erbschaftssteuerstrafsachen nicht statt.

§ 44. Findet die Zollbehörde die Anwendung einer Strafe nicht begründet, so verfügt sie die Zurücklegung der Akten.[7])

§ 45. Der Strafbescheid, welchem die Entscheidungsgründe beigefügt sein müssen, wird durch das Zoll- oder Steueramt dem Angeschuldigten nach Befinden der Umstände zu Protokoll publizirt oder in der für die Vorladung vorgeschriebenen Form insinuirt. Bei Eröffnung[14]) des Strafbescheides sind dem Angeschuldigten zugleich die ihm dagegen zustehenden Rechtsmittel bekannt, auch ist derselbe auf die Erhöhung[15]) der Strafe aufmerksam zu machen, welche er im Fall der Wiederholung seines Vergehens zu erwarten hat, und daß dieses geschehen, in der Publikations-Verhandlung zu erwähnen.[16]) Wird solches bei den administrativen oder auch den gerichtlichen Untersuchungen unterlassen, so hat die mit der Publikation beauftragte Behörde eine Ordnungsstrafe von fünf bis zehn Thalern[17]) verwirkt, den Kontravenienten trifft jedoch dessenungeachtet bei der Wiederholung des Vergehens die auf letztere gesetzte Strafe.

Rekurs-Instanz.

§ 46. Der Angeschuldigte[18])[19]) kann, wenn er von der Befugniß zur Berufung auf richterliche Entscheidung keinen Gebrauch machen will, gegen den Strafbescheid den Rekurs[14]) an die zunächst vorgesetzte Finanzbehörde ergreifen. Dies muß jedoch binnen zehn Tagen[20]) präklusivischer Frist nach der Eröffnung des Strafbescheides geschehen und schließt fernerhin jedes gerichtliche Verfahren aus. Der Rekurs ist bei dem Zoll- oder Steueramte, welches die Untersuchung geführt hat, anzumelden.

Wenn mit der Anmeldung des Rekurses nicht zugleich dessen Rechtfertigung verbunden ist, so wird der Angeschuldigte durch das Zoll- oder Steueramt aufgefordert, die Ausführung seiner weiteren Vertheidigung in einem nicht über vier Wochen hinaus anzusetzenden Termin zu Protokoll zu geben oder bis dahin schriftlich einzureichen.

§ 47. Die Verhandlungen werden hiernächst zur Abfassung des Rekurs-Resoluts an die kompetente Behörde eingesandt. Hat jedoch der Angeschuldigte zur Rechtfertigung des Rekurses neue Thatsachen oder Beweismittel, deren Aufnahme erheblich befunden wird, angeführt, so wird mit der Instruktion nach den für die erste Instanz gegebenen Bestimmungen verfahren.

---

[14]) Abgeändert durch St.P.O. § 459. Die Belehrung über die Staathaftigkeit der Rechtsmittel muß im Strafbescheide selbst enthalten sein. F.M.R. vom 8. August 1888 III 15335, Severin 1890 S. 618.

[15]) Eine Straferhöhung für den Wiederholungsfall kennt das Erbschaftssteuergesetz nicht.

[16]) Die Verpflichtung zur Zahlung der Steuer darf, weil sie nicht Gegenstand des Strafverfahrens ist, im Strafbescheide nicht ausgesprochen werden. Bonnenberg, S. 150 und die dort angeführten F.M.R. Vgl. auch oben S. 131.

[17]) = 15 bis 30 M. Vgl. Anm. 1.

[18]) Vgl. hierzu St.P.O. § 340.

[19]) Die Steuerbehörde kann nicht auf rechtliches Gehör antragen. Ob.Tr. II. Erk. vom 17. September 1863, J.M.Bl. S. 278; Oppenhoff, Rechtsprechung, Bd. 4 S. 53.

[20]) Auf die zehntägige Rekursfrist findet der § 43 Abs. 2 St.P.O. keine Anwendung, § 6 Nr. 3 Einf.Ges. z. St.P.O. Der Tag der Eröffnung des Strafbescheids wird nicht mitgezählt. Vgl. F.M.R. vom 11. Juli 1881, III 9583 und vom 17. Juli 1881, III 2158, bei H.G. S. 437 Anm. 1 b.

§ 48. Das Rekurs-Resolut, welchem die Entscheidungsgründe beizufügen sind, wird an das betreffende Zoll- oder Steueramt befördert und nach erfolgter Publikation oder Insinuation vollstreckt.

Kosten.

§ 49. Bei der Untersuchung im Verwaltungswege kommen außer den baaren Auslagen an Porto, Stempel, Zeugengebühren u. s. w. keine Kosten zum Ansatze.

Strafvollstreckung.

§ 50. Die Veräußerung der Konfiskate[13]) wird ohne Unterschied, ob die Entscheidung im gerichtlichen oder im Verwaltungswege erfolgt ist, durch die Zoll- oder Steuerbehörde bewirkt. Die Vollstreckung der rechtskräftigen Erkenntnisse geschieht von den Gerichten, die der Resolute aber von der Zoll- oder Steuerbehörde, welche dabei nach den für Exekutionen im Verwaltungswege ertheilten Vorschriften zu verfahren hat. Die Zoll- oder Steuerbehörde kann nach Umständen der Vollstreckung Einhalt thun, und die Gerichte haben ihren desfallsigen Anträgen Folge zu geben.

2. Ordnung für das Verfahren bei Entdeckung und Untersuchung von Zuwiderhandlungen gegen die Zollgesetze in den Regierungsbezirken Wiesbaden und Kassel, dem vormaligen Königreich Hannover, und den Herzogthümern Holstein und Schleswig, v. 29. Juli 1867 (G.S. S. 1270).*)

Wir Wilhelm ꝛc. verordnen für die durch die Verordnung vom 22. Februar 1867 (GS. S. 273) gebildeten Regierungsbezirke Kassel und Wiesbaden, ferner für das Gebiet des vormaligen Königreichs Hannover und für das Gebiet der Herzogthümer Holstein und Schleswig was folgt:

Kompetenz.

§ 6. Die Untersuchung und Entscheidung steht in den Fällen, wo eine Freiheitsstrafe unmittelbar stattfindet, oder beim Zusammentreffen mit anderen strafbaren Handlungen, oder wenn der Angeschuldigte verhaftet ist, den Gerichten zu.

---

*) Die Ordnung gilt in sämtlichen neuen Landesteilen, da sie: a) durch die Verordnung vom 1. Oktober 1868 (G.S. S. 956) auf den Elbinseln Oberhacken und Finkenwärder-Blumenhand, sowie in dem preuß. Anteile der Landschaft Kirchenwärder und in den Holsteinschen Dörfern Hohenfelde, Hamfelde und Käthel und b) durch die Verordnung vom 26. April 1869 (G.S. S. 793) auf dem in die Zollgrenze gezogenen Teil der Elbinsel Wilhelmsburg eingeführt ist. Wegen der vormals bayr. Enklave Kaulsdorf s. die Verordnung vom 22. Mai 1867 (G.S. S. 729) und wegen des vormals Hessen-Homburgischen Oberamtes Meisenheim s. die Verordnung vom 3. Juni 1867. (G.S. S. 776).

An die Stelle der im § 9 genannten Strafprozeßordnung vom 25. Juni 1867 ist die Reichsstrafprozeßordnung vom 1. Februar 1877 getreten. Im übrigen wird auf die Erläuterungen zu dem unter Nr. 1 abgedruckten Gesetze verwiesen.

In allen übrigen Fällen wird die Untersuchung von den Haupt-Zoll- und Steuerämtern geführt und darauf im Verwaltungswege entschieden.

§ 7. Jedoch hat in allen Fällen der Angeschuldigte das Recht, während der Untersuchung oder während einer zehntägigen präklusivischen Frist auf rechtliches Gehör anzutragen. Die Frist beginnt mit dem Ablaufe des Tages, an dem die Bekanntmachung des in erster Verwaltungs-Instanz ergangenen Strafbescheides erfolgt ist. Die Anmeldung der Berufung auf rechtliches Gehör erfolgt bei dem Haupt-Zoll- oder Steueramte, bei welchem die Sache anhängig ist. Einer ausdrücklichen Anmeldung wird es gleich geachtet, wenn der Angeschuldigte auf die Vorladung dieser Behörde nicht erscheint, oder die Auslassung vor derselben verweigert. Die Einleitung der gerichtlichen Untersuchung wird von dem betreffenden Haupt-Zoll- oder Steueramt durch Abgabe der Verhandlung an die Staatsanwaltschaft veranlaßt.

§ 8. So lange ein Strafbescheid noch nicht erlassen, oder noch nicht verkündet ist, kann die Zoll- oder Steuerbehörde in allen Fällen sich der Entscheidung enthalten und wegen Einleitung des gerichtlichen Verfahrens das Erforderliche veranlassen (§ 7).

Verfahren bei gerichtlichen Untersuchungen.

§ 9. Die Führung und Entscheidung der gerichtlichen Untersuchungen erfolgt in Gemäßheit der Bestimmungen der Strafprozeßordnung vom 25. Juni 1867 (GS. S. 933). Wenn jedoch der Angeschuldigte bei einer im Verwaltungswege gegen ihn geführten Untersuchung während der zehntägigen Frist nach der Bekanntmachung des Strafbescheides (§§ 7 und 15) auf rechtliches Gehör angetragen hat, so wird in diesem Falle das Hauptverfahren eingeleitet, ohne daß über die Eröffnung der Untersuchung von dem Gerichte Beschluß gefaßt wird.

Bis zum Beginne der Hauptverhandlung kann der Angeschuldigte, indem er sich bei dem ergangenen Bescheide beruhigt, den Antrag auf rechtliches Gehör zurücknehmen. Es fallen ihm jedoch alsdann auch die bis dahin erwachsenen Kosten der gerichtlichen Untersuchung zur Last.

Der Angeschuldigte, welcher zu einer Strafe gerichtlich verurtheilt wird, hat auch die durch das Verfahren im Verwaltungswege entstandenen Kosten zu tragen.

Verfahren bei Untersuchungen im Verwaltungswege.

§ 10. Die Haupt-Zoll- und Steuerämter untersuchen die Zuwiderhandlungen und können sich hierbei der ihnen untergeordneten Aemter und Beamten bedienen; die Betheiligten und Zeugen werden mündlich verhört und ihre Aussagen zu Protoll genommen.

§ 11. Die Vorladungen geschehen durch die Steueraufseher oder Unterbedienten der Zoll- oder Steuerämter, oder auf deren Requisition nach den für gerichtliche Insinuationen bestehenden Vorschriften.

§ 12. Die Zeugen sind verbunden, den an sie von den Zoll- oder Steuerstellen ergehenden Vorladungen Folge zu leisten.

Wer sich dessen weigert, wird dazu auf Requisition des Zoll- oder Steueramtes durch das Gericht in gleicher Art, wie bei gerichtlichen Vorladungen, angehalten.

§ 13. In Sachen, wo die Geldbuße und Konfiskationswerth zusammen den Betrag von fünfzig Thalern übersteigen, muß dem Angeschuldigten auf Verlangen eine Frist von acht Tagen bis vier Wochen zur Einreichung einer schriftlichen Vertheidigung gestattet werden.

§ 14. Findet die Zollbehörde die Anwendung einer Strafe nicht begründet, so verfügt sie die Zurücklegung der Akten.

§ 15. Der Strafbescheid wird, wenn die gesetzliche Strafe und der Werth des der Konfiskation unterliegenden Gegenstandes zusammen genommen funfzig Thaler nicht übersteigt, von den Haupt-Zoll- oder Haupt-Steuerämtern, sonst aber von der Provinzial-Steuerbehörde erlassen. Dem Strafbescheide müssen die Entscheidungsgründe beigefügt sein. Derselbe wird durch das Zoll- oder Steueramt dem Angeschuldigten nach Befinden der Umstände zu Protokoll publizirt oder in der für die Vorladung vorgeschriebenen Form insinuirt. Bei Eröffnung des Strafbescheides sind dem Angeschuldigten zugleich die ihm dagegen zustehenden Rechtsmittel bekannt, auch ist derselbe auf die Erhöhung der Strafe aufmerksam zu machen, welche er im Falle der Wiederholung seines Vergehens zu erwarten hat, und daß dieses geschehen, in der Publikationsverhandlung zu erwähnen. Wird solches unterlassen, so hat die mit der Publikation beauftragte Behörde eine Ordnungsstrafe von fünf bis zehn Thalern verwirkt; den Kontravenienten trifft jedoch dessen ungeachtet bei der Wiederholung des Vergehens die auf letztere gesetzte Strafe.

Rekurs-Instanz.

§ 16. Der Angeschuldigte kann, wenn er von der Befugniß zur Berufung auf richterliche Entscheidung keinen Gebrauch machen will, gegen den Strafbescheid den Rekurs an die zunächst vorgesetzte Finanzbehörde ergreifen. Dies muß jedoch binnen zehn Tagen präklusivischer Frist nach der Eröffnung des Strafbescheides geschehen und schließt fernerhin jedes gerichtliche Verfahren aus. Der Rekurs ist bei dem Zoll- oder Steueramte, welches die Untersuchung geführt hat, anzumelden.

Wenn mit der Anmeldung des Rekurses nicht zugleich dessen Rechtfertigung verbunden ist, so wird der Angeschuldigte durch das Zoll- oder Steueramt aufgefordert, die Ausführung seiner weiteren Vertheidigung in einem nicht über vier Wochen hinaus anzusetzenden Termine zu Protokoll zu geben, oder bis dahin schriftlich einzureichen.

§ 17. Die Verhandlungen werden hiernächst zur Abfassung des Rekursresoluts an die kompetente Behörde eingesandt. Hat jedoch der Angeschuldigte zur Rechtfertigung des Rekurses neue Thatsachen oder Beweismittel, deren Aufnahme erheblich befunden wird, angeführt, so wird mit der Instruktion nach den für die erste Instanz gegebenen Bestimmungen verfahren.

§ 18. Das Rekursresolut, welchem die Entscheidungsgründe beizufügen sind, wird an das betreffende Zoll- oder Steueramt befördert und nach erfolgter Publikation oder Insinuation vollstreckt.

Kosten.

§ 19. Bei der Untersuchung im Verwaltungswege kommen außer den baaren Auslagen an Porto, Stempel, Zeugengebühren u. s. w. keine Kosten zum Ansatze.

Strafvollstreckung.

§ 20. Die Veräußerung der Konfiskate wird, ohne Unterschied, ob die Entscheidung im gerichtlichen oder im Verwaltungswege erfolgt ist, durch die Zoll- oder Steuerbehörde bewirkt. Die Vollstreckung der rechtskräftigen Erkenntnisse geschieht nach den für die Vollstreckung strafgerichtlicher Erkenntnisse im Allgemeinen bestehenden Vorschriften, die Vollstreckung der Resolute aber von der Zoll- oder Steuerbehörde, welche dabei nach den für Exekutionen im Verwaltungswege ertheilten Vorschriften zu verfahren hat. Die Zoll- oder Steuerbehörde kann nach Umständen der Vollstreckung Einhalt thun, und die Gerichtsbehörden haben ihren desfallsigen Anträgen Folge zu geben.

3. Gesetz, betr. die Genehmigungen zu Schenkungen und letztwilligen Zuwendungen, sowie zur Übertragung von unbeweglichen Gegenständen an Korporationen und andere juristische Personen. Vom 23. Februar 1870. (G.S. S. 118.)

Wir, ꝛc. verordnen, mit Zustimmung beider Häuser des Landtages, für den gesammten Umfang der Monarchie, was folgt:

§ 1. Schenkungen und letztwillige Zuwendungen bedürfen zu ihrer Gültigkeit der Genehmigung des Königs:

1. insoweit dadurch im Inlande eine neue juristische Person ins Leben gerufen werden soll,
2. insoweit sie einer im Inlande bereits bestehenden Korporation oder anderen juristischen Person zu anderen als ihren bisher genehmigten Zwecken gewidmet werden sollen.

§ 2. Schenkungen und letztwillige Zuwendungen an inländische oder ausländische Korporationen und andere juristische Personen bedürfen zu ihrer Gültigkeit ihrem vollen Betrage nach der Genehmigung des Königs oder der durch Königliche Verordnung ein für alle mal zu bestimmenden Behörde, wenn ihr Werth die Summe von Eintausend Thalern übersteigt. Fortlaufende Leistungen werden hierbei mit fünf vom Hundert zu Kapital berechnet.

§ 3. Die Genehmigung einer Schenkung oder letztwilligen Zuwendung in den Fällen der §§ 1 und 2 erfolgt stets unbeschadet aller Rechte dritter Personen.

Mit dieser Maaßgabe ist, wenn die Genehmigung ertheilt wird, die Schenkung oder letztwillige Zuwendung als von Anfang an gültig zu betrachten, dergestalt, daß mit der geschenkten oder letztwillig zugewendeten Sache auch die in die Zwischenzeit fallenden Zinsen und Früchte zu verabfolgen sind.

Die Genehmigung kann auf einen Theil der Schenkung oder letztwilligen Zuwendung beschränkt werden.

§ 4. Die besonderen gesetzlichen Vorschriften, wonach es zur Erwerbung von unbeweglichen Gegenständen durch inländische oder ausländische Korporationen und andere juristische Personen überhaupt der Genehmigung des Staats bedarf, werden durch die vorstehenden Bestimmungen nicht berührt. Soweit es jedoch zu einer solchen Erwerbung nach gegenwärtig geltenden Vorschriften der Genehmigung des Königs oder der Ministerien bedarf, können statt dessen durch Königliche Verordnung die Behörden, denen die Genehmigung fortan zustehen soll, anderweitig bestimmt werden.

§ 5. Einer Geldstrafe bis zu 300 Thalern, im Unvermögensfalle entsprechender Gefängnißstrafe unterliegen:

1. Vorsteher von inländischen Korporationen und anderen juristischen Personen, welche für dieselben Schenkungen oder letztwillige Zuwendungen in Empfang nehmen, ohne die dazu erforderliche Genehmigung innerhalb vier Wochen nachzusuchen;
2. diejenigen, welche einer ausländischen Korporation oder anderen juristischen Person Schenkungen oder letztwillige Zuwendungen verabfolgen, bevor die dazu erforderliche Genehmigung ertheilt ist.

§ 6. Die Bestimmungen des gegenwärtigen Gesetzes finden auf Familien-Stiftungen und Familien-Fideikommisse keine Anwendung.

§ 7. Alle mit dem gegenwärtigen Gesetze nicht im Einklange stehenden Bestimmungen, insbesondere das Gesetz vom 13. Mai 1833 (Gesetz-Samml. S. 49), die allerhöchste Order vom 22. Mai 1836 (Gesetz-Samml. S. 185), die Verordnung vom 21. Juli 1843 (Gesetz-Samml. S. 322), die in einem Theile der Provinz Hannover noch in Geltung stehenden §§ 197 bis 216 Theil II Titel 11 des Allgemeinen Landrechts nebst dem § 125 des Anhangs zum Allgemeinen Landrecht werden aufgehoben.

4. Strafprozeßordnung vom 1. Februar 1877 (RGBl. S. 253):

Sechstes Buch. Dritter Abschnitt.

Verfahren bei Zuwiderhandlungen gegen die Vorschriften über die Erhebung öffentlicher Abgaben und Gefälle.

§ 459. Strafbescheide der Verwaltungsbehörden wegen Zuwiderhandlungen gegen die Vorschriften über die Erhebung öffentlicher Abgaben und Gefälle dürfen nur Geldstrafen, sowie eine etwa verwirkte Einziehung festsetzen.

Der Strafbescheid muß außerdem die strafbare Handlung, das angewendete

Strafgesetz und die Beweismittel bezeichnen[1]), auch die Eröffnung[2]) enthalten, daß der Beschuldigte, sofern er nicht eine nach den Gesetzen zugelassene Beschwerde an die höhere Verwaltungsbehörde ergreife, gegen den Strafbescheid binnen einer Woche nach der Bekanntmachung bei der Verwaltungsbehörde, welche denselben erlassen, oder bei derjenigen, welche ihn bekannt gemacht hat, auf gerichtliche Entscheidung antragen könne.

Der Strafbescheid wirkt in Betreff der Unterbrechung der Verjährung wie eine richterliche Handlung.

§ 460. Wird auf gerichtliche Entscheidung angetragen, so übersendet die Verwaltungsbehörde, falls sie nicht den Strafbescheid zurücknimmt, die Akten an die zuständige Staatsanwaltschaft,[3]) welche sie dem Gerichte vorlegt.

§ 461. In Betreff der Wiedereinsetzung in den vorigen Stand finden die Bestimmungen des § 455 entsprechende Anwendung.

§ 462. Ist der Antrag rechtzeitig eingebracht, so wird zur Hauptverhandlung vor dem zuständigen Gerichte geschritten, ohne daß es der Einreichung einer Anklageschrift oder einer Entscheidung über die Eröffnung des Hauptverfahrens bedarf.

Bis zum Beginn der Hauptverhandlung kann der Antrag zurückgenommen werden.

§ 463. (Betrifft die Umwandlung von Geldstrafen in Freiheitsstrafe.)

§ 464. Hat die Verwaltungsbehörde einen Strafbescheid nicht erlassen und lehnt die Staatsanwaltschaft den an sie gerichteten Antrag auf Verfolgung ab, so ist die Verwaltungsbehörde befugt, selbst die Anklage zu erheben.

In einem solchen Falle hat sie einen Beamten ihres Verwaltungszweiges

---

[1]) Es genügt nicht, „sonstige Ermittelungen“ als Grundlage der thatsächlichen Feststellungen des Strafbescheides aufzuführen, vielmehr ist die Angabe der einzelnen Beweismittel erforderlich. F.M.R. vom 18. September 1890 III 10685. bei Bonnenberg S. 149.

[2]) Die Eröffnung muß in dem Bescheide selbst enthalten sein. Es reicht nicht aus, daß dem Beschuldigten die Statthaftigkeit des Rechmittels erst bei der Bekanntmachung des Strafbescheids mitgeteilt wird. F.M.R. vom 8. August 1888 III 15335, bei Severin 1890 S. 618.

[3]) Durch eine bei H.G. S. 442 Note 3 abgedruckte Cirk.-Verf. des P.St.D. zu B. vom 4. Dezember 1891 Nr. 4791 St. II werden die Haupt-Steuer-Aemter seines Verwaltungsbezirks angewiesen:

1. dem Ersuchen um Herbeiführung der gerichtlichen Untersuchung eine kurze Darstellung der Sach- und Rechtslage voranzuschicken;
2. die Staats- oder Amtsanwaltschaften für den Fall, daß seitens der Gerichte abweichend von der Auffassung der Steuerverwaltung entschieden werden sollte, zu ersuchen, daß sie sofort das zulässige Rechtsmittel einlegen und hiervon unverzüglich dem P.St.D. unter Beifügung einer Abschrift der Urteilsformel, Nachricht geben, daß sie aber, sofern sie das Rechtsmittel zu rechtfertigen nicht beabsichtigen sollten, die Gerichts- und Steuerakten zur weiteren Veranlassung mit thunlichster Beschleunigung dem P.St.D. zustellen.;
3. am Schluß des Antrages das Ersuchen hinzuzufügen, nach Beendigung des gerichtlichen Strafverfahrens die Steuer-Akten nebst einer mit der Rechtskrafts-Bescheinigung versehenen beglaubigten Abschrift der definitiven Urteilsformel dem P.St.D. zu übersenden.

oder einen Rechtsanwalt als ihren Vertreter zu bestellen und in der Anklage namhaft zu machen.

§ 465. Die Staatsanwaltschaft ist zu einer Mitwirkung in jeder Lage des Verfahrens berechtigt.

Bei der Hauptverhandlung muß sie vertreten sein; auch hat sie die gerichtlich angeordneten Ladungen zu derselben zu bewirken.

Alle im Laufe des Verfahrens ergehenden Entscheidungen sind ihr bekannt zu machen.[4])

§ 466. Im Uebrigen regelt sich das Verfahren auf die von der Verwaltungsbehörde erhobene Anklage nach den für die Privatklage gegebenen Bestimmungen.

§ 467. Hat der Beschuldigte gegen einen Strafbescheid auf gerichtliche Untersuchung angetragen, oder hat die Staatsanwaltschaft die Anklage erhoben, so kann die Verwaltungsbehörde sich der Verfolgung anschließen und sie hat alsdann gleichwie bei einer von ihr erhobenen Anklage einen Vertreter zu bestellen.

In diesem Falle kommen die für den Anschluß des Verletzten als Nebenkläger gegebenen Bestimmungen zur Anwendung.

§ 468. Wenn die Verwaltungsbehörde die Anklage erhoben oder sich der Verfolgung angeschlossen hat, so sind ihr das Urtheil und alle sonstigen Entscheidungen zuzustellen, auch wenn sie bei deren Verkündung vertreten gewesen ist.

§ 469. Die Fristen zur Einlegung von Rechtsmitteln beginnen für die Verwaltungsbehörde erst mit der Zustellung.

Zur Anbringung von Revisionsanträgen und zur Gegenerklärung auf solche steht der Verwaltungsbehörde eine Frist von einem Monate zu.

5. Verordnung, betreffend das Verwaltungszwangsverfahren wegen Beitreibung von Geldbeträgen, vom 7. September 1879 (G.-S. S. 591).[1])

Wir Wilhelm ꝛc. verordnen in Gemäßheit des § 14 des Ausführungsgesetzes zur Deutschen Civilprozeßordnung vom 24. März 1879 (Gesetz-Sammlung S. 281), was folgt:

I. Allgemeine Bestimmungen.

§ 1. Die Zwangsvollstreckung wegen aller derjenigen Geldbeträge, welche nach den bestehenden Vorschriften auf Grund einer Entscheidung oder Anordnung der zuständigen Verwaltungsbehörde, eines Verwaltungsgerichts, einer Auseinander-

---

[4]) S. hierzu die Allgem. Verf. des J.M. vom 25. August 1879 (J.M.Bl. S. 251, C.B. 1880 S. 124), betr. die von den Beamten der Staatsanwaltschaft (Amtsanwälten, Staatsanwälten bei den Landgerichten, Oberstaatsanwälten) an andere Behörden zu machenden Mittheilungen unter Art. I lit. B. Nr. 19. 21. 22.

[1]) Vgl. hierzu die Anweisung zur Ausführung der obigen Verordnung vom 15. September 1879 und II—VII der Allg. Verf. des F.M., die Zwangsvollstreckung wegen Beitreibung von Geldbeträgen im Bereich der Verwaltung der indirekten Steuern betreffend, vom 7. Juni 1886 III 6536, C.Bl. S. 125.

setzungsbehörde oder eines solchen Instituts einzuziehen sind, dem die Befugniß zur Zwangsvollstreckung zusteht, erfolgt ausschließlich nach den Vorschriften dieser Verordnung.

Die bestehenden Bestimmungen darüber, welche Abgaben, Gefälle und sonstigen Geldbeträge der Beitreibung im Verwaltungszwangsverfahren unterliegen, werden durch die gegenwärtige Verordnung nicht berührt.

§ 2. Ueber die Verbindlichkeit zur Entrichtung der geforderten Geldbeträge findet der Rechtsweg, sofern derselbe nach den in den einzelnen Landestheilen hierüber bestehenden Bestimmungen bisher zulässig war, auch ferner statt.

Wegen vermeintlicher Mängel des Zwangsverfahrens, dieselben mögen die Form der Anordnung oder die der Ausführung oder die Frage betreffen, ob die gepfändeten Sachen zu den pfändbaren gehören, ist dagegen, unbeschadet der besonderen Vorschriften über die Rechtsmittel im Falle der zwangsweisen Ausführung polizeilicher Verfügungen, nur die Beschwerde bei der vorgesetzten Dienstbehörde des Beamten zulässig, dessen Verfahren angefochten wird.

§ 3. Diejenigen Behörden oder Beamten, welchen die Einziehung der der Beitreibung im Verwaltungszwangsverfahren unterliegenden Geldbeträge zusteht, bilden die zur Anordnung und Leitung des Zwangsverfahrens zuständigen Vollstreckungsbehörden. Auf die Beamten der Korporationen, welche nach den bisherigen Vorschriften zur eigenen Zwangsvollstreckung nicht berechtigt sind, findet diese Bestimmung nicht Anwendung.

Die Strafvollstreckungsbehörde, welcher die Einziehung einer gerichtlich erkannten Geldstrafe obliegt, ist zugleich Vollstreckungsbehörde für die mit der Einziehung der Strafe verbundene Beitreibung der Kosten. Diese Beitreibung erfolgt nach den Vorschriften der Deutschen Civilprozeßordnung.

Fehlt es an einer nach den vorstehenden Vorschriften zuständigen Vollstreckungsbehörde, so hat die Bezirksregierung (Landdrostei, Polizeipräsidium in Berlin) eine solche zu bestimmen.

Den zuständigen höheren Verwaltungs- und den Aufsichtsbehörden ist es gestattet, die Funktionen der Vollstreckungsbehörde selbst zu übernehmen.

§ 4. Muß eine Vollstreckungsmaßregel außerhalb des Geschäftsbezirks der Vollstreckungsbehörde zur Ausführung gebracht werden, so hat die entsprechende Behörde desjenigen Bezirks, in welchem die Ausführung erfolgen soll, auf Ersuchen der Vollstreckungsbehörde das Zwangsverfahren auszuführen. Insoweit von der ersuchten Behörde die Pfändung körperlicher Sachen und deren Versteigerung ausgeführt wird, tritt diese an die Stelle der Vollstreckungsbehörde.

§ 5. Die Vollstreckungsbehörde hat das Zwangsverfahren durch die ihr beigegebenen Vollziehungsbeamten oder durch diejenigen Beamten, deren sie sich als solcher zu bedienen hat, auszuführen.

Fehlt es derselben an solchen Beamten, so kann die Bezirksregierung (Landdrostei, Polizeipräsidium in Berlin) eine andere Vollstreckungsbehörde bestimmen.

Die Vollziehungsbeamten müssen eidlich verpflichtet werden.

Die Ausführung einer Zwangsvollstreckung kann einem Gerichtsvollzieher übertragen werden. Dieser hat nach den für gerichtlichtliche Zwangsvollstreckungen bestehenden Vorschriften zu verfahren.

§ 6. Der Zwangsvollstreckung soll in der Regel eine Mahnung des Schuldners mit dreitägiger Zahlungsfrist vorhergehen. In Betreff der Gerichtskosten vertritt die Mittheilung der Kostenrechnung die Stelle der Mahnung. Bei der Ausführung der Mahnung finden die Vorschriften der §§ 8, 12 bis 18 keine Anwendung.

§ 7. Gegen eine dem aktiven Heere oder der aktiven Marine angehörende Militärperson darf die Zwangsvollstreckung erst beginnen, nachdem von derselben die vorgesetzte Militärbehörde Anzeige erhalten hat. Der Vollstreckungsbehörde ist auf Verlangen der Empfang der Anzeige zu bescheinigen.

Soll die Zwangsvollstreckung gegen eine dem aktiven Heere oder der aktiven Marine angehörende Person des Soldatenstandes in Kasernen und anderen militärischen Dienstgebäuden oder auf Kriegsfahrzeugen erfolgen, so hat die Vollstreckungsbehörde die zuständige Militärbehörde um die Zwangsvollstreckung zu ersuchen. Die gepfändeten Gegenstände sind dem von der Vollstreckungsbehörde bezeichneten Beamten zu übergeben.

§ 8. Die in dem Zwangsverfahren erforderlichen Zustellungen erfolgen durch die Vollziehungsbeamten oder durch die Post.

§ 9. Die Zustellungen für nicht prozeßfähige Personen erfolgen für dieselben an deren gesetzliche Vertreter.

Bei Behörden, Gemeinden und Korporationen, sowie bei Personenvereinen, welche als solche klagen und verklagt werden können, genügt die Zustellung an die Vorsteher.

Bei mehreren gesetzlichen Vertretern, sowie bei mehreren Vorstehern genügt die Zustellung an einen derselben.

§ 10. Die Zustellung für einen Unteroffizier oder einen Gemeinen des aktiven Heeres oder der aktiven Marine erfolgt an den Chef der zunächst vorgesetzten Kommandobehörde (Chef der Kompagnie, Eskadron, Batterie u. s. w.)

§ 11. Die Zustellung kann an den Bevollmächtigten und, wenn dieselbe durch den Betrieb eines Handelsgewerbes veranlaßt ist, an den Prokuristen erfolgen.

§ 12. Für die Ausführung der Zustellungen gelten die in den §§ 165 bis 170 der Deutschen Civilprozeßordnung gegebenen Vorschriften. Im Falle des § 167 findet jedoch die Niederlegung des zu übergebenden Schriftstückes nur bei der Ortsbehörde oder bei der Postanstalt des Zustellungsortes statt.

§ 13. An Sonntagen und allgemeinen Feiertagen darf eine Zustellung nur mit Erlaubniß der Vollstreckungsbehörde erfolgen; die Verfügung, durch welche die Erlaubniß ertheilt wird, ist bei der Zustellung auf Erfordern vorzuzeigen. Eine Zustellung, bei welcher diese Bestimmungen nicht beobachtet sind, ist gültig, wenn die Annahme nicht verweigert ist.

§ 14. Ueber die Zustellung ist eine Urkunde aufzunehmen; dieselbe muß enthalten:

1) Ort und Zeit der Zustellung;
2) die Bezeichnung des zuzustellenden Schriftstücks;

3) die Bezeichnung der Person, an welche zugestellt werden soll;
4) die Bezeichnung der Person, welcher zugestellt ist; in den Fällen der §§ 166, 168, 179 der Deutschen Civilprozeßordnung die Angabe des Grundes, durch welchen die Zustellung an die bezeichnete Person gerechtfertigt wird; wenn nach § 167 a. a. O. verfahren ist, die Bemerkung, wie die darin enthaltenen Vorschriften nach Maßgabe des § 12 dieser Verordnung befolgt sind;
5) im Falle der Verweigerung der Annahme die Erwähnung, daß die Annahme verweigert und das zu übergebende Schriftstück am Orte der Zustellung zurückgelassen ist;
6) die Bemerkung, daß das zuzustellende Schriftstück übergeben ist;
7) die Unterschrift des die Zustellung vollziehenden Beamten.

§ 15. Wird durch die Post zugestellt, so hat die Vollstreckungsbehörde einen durch ihr Dienstsiegel verschlossenen, mit der Adresse der Person, an welche zugestellt werden soll, versehenen und mit einer Geschäftsnummer bezeichneten Briefumschlag, in welchem das zuzustellende Schriftstück enthalten ist, der Post mit dem Ersuchen zu übergeben, die Zustellung einem Postboten des Bestimmungsortes aufzutragen. Daß die Uebergabe in der bezeichneten Art geschehen, ist von der Vollstreckungsbehörde oder dem Vollziehungsbeamten zu bescheinigen.

§ 16. Die Zustellung durch den Postboten erfolgt in Gemäßheit der Bestimmungen des § 12. Ueber die Zustellung ist von dem Postboten eine Urkunde aufzunehmen, welche den Bestimmungen des § 14 Nr. 1, 3 bis 5, 7 entsprechen und die Uebergabe des seinem Verschlusse, seiner Adresse und seiner Geschäftsnummer nach bezeichneten Briefumschlages bezeugen muß.

Die Urkunde ist von dem Postboten der Postanstalt und von dieser der Vollstreckungsbehörde zu überliefern.

§ 17. In den Fällen der §§ 182 bis 184 der Deutschen Civilprozeßordnung erfolgt die Zustellung in der dort vorgeschriebenen Weise.

Eine in einem anderen Deutschen Staate zu bewirkende Zustellung erfolgt mittelst Ersuchens der zuständigen Behörde desselben.

Die Zustellung wird durch das schriftliche Zeugniß der ersuchten Behörden oder Beamten, daß die Zustellung erfolgt sei, nachgewiesen.

§ 18. Ist der Aufenthalt des Schuldners unbekannt, so kann die Zustellung an denselben durch Anheftung des zuzustellenden Schriftstückes an der zu Aushängen der Vollstreckungsbehörde bestimmten Stelle erfolgen. Die Zustellung gilt als bewirkt, wenn seit der Anheftung zwei Wochen verstrichen sind. Auf die Gültigkeit der Zustellung hat es keinen Einfluß, wenn das Schriftstück von dem Ort der Anheftung zu früh entfernt wird.

Diese Art der Zustellung ist auch dann zulässig, wenn bei einer in einem anderen Staate oder im Auslande zu bewirkenden Zustellung die Befolgung der für diese bestehenden Vorschriften unausführbar ist, oder keinen Erfolg verspricht.

§ 19. Dem Schuldner und Dritten gegenüber wird der Vollziehungsbeamte zur Vornahme der Zwangsvollstreckung durch den ihm ertheilten und auf Verlangen einer betheiligten Person vorzuzeigenden schriftlichen Auftrag der Vollstreckungsbehörde ermächtigt.

§ 20. Der Vollziehungsbeamte hat die im § 678 mit Ausnahme des Schlußsatzes, sowie in den §§ 679, 682 der Deutschen Civilprozeßordnung dem Gerichtsvollzieher beigelegten Rechte und Pflichten.

Die Bestimmungen des § 681 a. a. O. finden mit der Maßgabe Anwendung, daß die Ortspolizeibehörde für die Ertheilung der Erlaubniß zur Vornahme einer Vollstreckungshandlung zuständig ist.

§ 21. Die Aufforderungen und sonstigen Mittheilungen, welche zu den Vollstreckungshandlungen gehören, sind von dem Vollziehungsbeamten mündlich zu erlassen und vollständig in das Protokoll aufzunehmen.

Kann die mündliche Ausführung nicht erfolgen, so hat die Vollstreckungsbehörde Demjenigen, an welchen die Aufforderung oder Mittheilung zu richten ist, eine Abschrift des Protokolls zustellen zu lassen.

§ 22. Eine Zwangsvollstreckung, welche zur Zeit des Todes des Schuldners gegen diesen bereits begonnen hatte, wird in den Nachlaß desselben fortgesetzt.

Ist in diesem Falle die Zuziehung des Schuldners bei einer Vollstreckungshandlung nöthig oder ist der Schnldner vor Beginn der Zwangsvollstreckung gestorben, so hat bei ruhender Erbschaft, oder wenn der Erbe oder dessen Aufenthalt unbekannt ist, das zuständige Nachlaßgericht auf Antrag der Vollstreckungsbehörde dem Nachlasse oder dem Erben einen Pfleger zu bestellen.

§ 23. Die Kosten der Mahnung und der Zwangsvollstreckung fallen dem Schuldner zur Last; sie sind zugleich mit dem zur Zwangsvollstreckung stehenden Anspruche beizutreiben.

6. Gesetz, betreffend die Erbschaftssteuer. Vom 31. Juli 1895.

Wir Wilhelm, von Gottes Gnaden König von Preußen rc. verordnen, unter Zustimmung beider Häuser des Landtages, für den Umfang der Monarchie mit Ausschluß der Insel Helgoland, was folgt:

Artikel 1.

In dem durch die Bekanntmachung Unseres Finanzministers vom 24. Mai 1891 veröffentlichten Text des Gesetzes, betreffend die Erbschaftssteuer (Gesetz-Samml. 1891 S. 78), treten folgende Aenderungen ein:

1) Dem § 10 treten als zweiter Absatz die Worte hinzu:
Hatte der Erblasser bei seinem Ableben keinen Wohnsitz, so unterliegt das Vermögen der diesseitigen Erbschaftssteuer, insoweit es bei seinem Ableben in Preußen sich befindet.

2) Im § 15 tritt an die Stelle des Wortes „Zwanzigfache" das Wort „Fünfundzwanzigfache".

3) Im Tarif erhalten:

a) die Vorschrift unter 1 der „Befreiungen" folgende Fassung:
jeder Anfall, welcher den Betrag von einhundertfünfzig Mark nicht übersteigt, mit Ausnahme des Falles, daß lediglich in Folge

des Abzuges des Werthes der einem Dritten zustehenden Nutzung (§ 27 des Gesetzes) der Werth der Substanz sich auf den Betrag von einhundertfünfzig Mark vermindert,

b) die Vorschrift unter 2g der „Befreiungen" in ihrem zweiten Satze folgende Fassung:

ferner öffentliche Waisenhäuser, vom Staate genehmigte Hospitäler und andere Versorgungsanstalten, ferner vom Staate genehmigte Vereine für die Kleinkinderbewahranstalten, sowie Stiftungen, welche als milde ausdrücklich anerkannt sind,

c) hinter 2k der „Befreiungen" treten in einem weiteren Absatz folgende Worte hinzu:

In den Fällen zu f, g und h erstreckt sich die Befreiung nur auf inländische Anstalten, Stiftungen, Vereine u. s. w., kann jedoch auch ausländischen Anstalten, Stiftungen, Vereinen u. s. w. gewährt werden, wenn der auswärtige Staat Preußen gegenüber die gleiche Rücksicht übt,

d) in dem Absatze „Befreiungen zu 2" wird zwischen die Buchstaben i und k folgender Absatz unter einem besonderen Buchstaben eingeschoben:

Kassen oder Anstalten, welche die Unterstützung der Arbeitnehmer oder Bediensteten des Erblassers, sowie der Angehörigen derselben bezwecken.

Artikel 2.

Dieses Gesetz tritt mit dem 1. April 1896 in Kraft.

Artikel 3.

Der Finanzminister ist mit der Ausführung dieses Gesetzes beauftragt.

Urkundlich unter Unserer Höchsteigenhändigen Unterschrift und beigedrucktem Königlichen Insiegel.

Gegeben Neues Palais, den 31. Juli 1895.

II.

Verordnungen der Verwaltungsbehörden.

Obsolete Vorschriften sind durch kleinen Druck kenntlich gemacht.

1.*) a) Cirk.-Reskr. des F.M. vom 21. Juni 1861 III 13333.

Von jeder Klage, welche auf Grund der Bestimmungen der §§ 11 bis 14 des Gesetzes vom 24. Mai 1861 in Beziehung auf die Stempelsteuer angestellt wird, sowie von den Urkunden, auf welche es ankommt, haben die Provinzial-Steuerbehörden, unter Beifügung ihres Gutachtens, Abschrift an das Finanz-Ministerium einzureichen, demnächst auch von jedem Erkenntnisse des Ober-Tribunals oder sonstigem in die Rechtskraft übergegangenen gerichtlichen Erkenntnisse Abschrift vorzulegen.

b) Cirk.-Reskr. des F.M. vom 7. November 1865 III 24077.

Bei Einreichung der (zu a erwähnten) Erkenntnisse ist in den Berichten jedesmal der Grundsatz oder die Ansicht näher anzugeben, worauf der Gerichtshof seine Entscheidung stützt.

c) Cirk.-Reskr. des F.M. vom 29. November 1879 III 15194.

Nach dem Erlasse des Gesetzes vom 24. Mai 1861, betreffend die Erweiterung des Rechtsweges (GS. S. 241) ist durch die diesseitige Cirkular-Verfügung vom 21. Juni dess. Js. — III 13333 — angeordnet worden, daß von jeder auf Grund des angezogenen Gesetzes in Stempelsachen gegen den Fiskus angestellten Klage sowie von den Urkunden, auf welche es ankommt, unter Beifügung eines Gutachtens, Abschrift hierher einzureichen sei. Indem ich die Erwartung hege, daß Ew. ꝛc. (PStD.) einerseits auf die Wahrung des fiskalischen Interesses bedacht, andererseits bestrebt sein werden, unnütze Prozesse zu vermeiden, überlasse ich, unter Aufhebung der gedachten Verfügung es fortan Ihrem eigenen verantwortlichen Ermessen, ob in einem gegebenen Falle die Einlassung auf den Prozeß rathsam erscheint oder nicht. Dadurch ist nicht ausgeschlossen, daß in den selteneren Fällen auch ferner hierher berichtet werde, in denen ein für die Staatskasse wichtiger, noch nicht entschiedener Grundsatz in Frage kommt. — Zur diesseitigen Beurtheilung der Einheitlichkeit des Verfahrens in der Monarchie wird das Material im Allgemeinen ausreichen, welches die am Schlusse des Geschäftsjahres hierher gelangende Nachweisung der schwebenden Civilprozesse darbietet und welches sich aus den nach wie vor hierher abschriftlich mitzutheilenden rechtskräftigen richterlichen Entscheidungen ergiebt.

d) Cirk.-Verf. des F.M. vom 28. April 1890 III 4796 II.

Ew. ꝛc. (PStD.) veranlasse ich, künftig alljährlich im März eine nach dem beifolgenden Muster [hier nicht mit abgedruckt] aufzustellende Nachweisung über die im vorhergegangenen Kalenderjahre in Ihrem Verwaltungsbezirke anhängig gewesenen Civilprozesse, bei welchen in Vertretung des Fiskus die Verwaltung der indirekten Steuern als Partei betheiligt war, hierher vorzulegen. Eventuell sind Vakatanzeigen einzureichen.

e) F.M.R. vom 21. März 1892 an die P.St.Direktoren III 230.

Ew. ꝛc. veranlasse ich, künftig alle in Untersuchungssachen wegen Zuwiderhandlungen gegen die Gesetze über die indirekten Steuern in der Revisionsinstanz ergehenden gerichtlichen Urtheile unter Darstellung des Sachverhältnisses und der Streitpunkte, welche dadurch entschieden sind, abschriftlich hierher einzureichen.

---

*) Die unter a—e abgedruckten, bei H.G. S. 53, 54 und 446 mitgeteilten Reskripte beziehen sich auf die in Steuerprozessen von den P.St.Direktoren an den Finanzminister zu erstattenden Berichte und ergänzen einander.

2. a) Anweisung des F.M. zur Ausführung des Gesetzes vom 30. Mai 1873, betreffend die Erbschaftssteuer vom 14. November 1873 (C.Bl. 1874 S. 19).

§ 1. Todtenlisten.[1])

Die nach § 29 (jetzt § 31) des Gesetzes den Erbschaftssteuer-Aemtern einzureichenden Auszüge aus den Todtenlisten werden ihnen in vierteljährlichen Abschnitten in den ersten zehn Tagen der Monate Januar, April, Juli und Oktober zugehen, sofern nicht für einzelne Bezirke oder Theile derselben wegen Einreichung monatlicher Todtenlisten besondere Anordnung getroffen ist.

Bei unterlassener rechtzeitiger Einsendung der Todtenliste ist der betreffende Geistliche[2]) oder Beamte einmal mit kurzer Frist anzumahnen. Nach fruchtlosem Ablauf der letzteren ist Beschwerde bei der vorgesetzten Disciplinarbehörde des Säumigen, nöthigenfalls mit dem Antrage auf Festsetzung einer Ordnungsstrafe, zu führen.

Zu den Todtenlisten dient das unter A. anliegende Formular nach Maßgabe der auf der Vorderseite desselben gegebenen Vorschriften. Die zur Einreichung von Todtenlisten verpflichteten Geistlichen[2]), Beamten ꝛc. haben zugleich dem Erbschaftssteuer-Amte Mittheilung zu machen, wenn im Ausland erfolgte Sterbefälle von Personen, welche im Inlande Vermögen hinterlassen, in glaubhafter Weise zu ihrer Kenntniß gelangt sind.

Rücksichtlich der Verlassenschaften verschollener, durch richterliches Erkenntniß für todt erklärter Personen vertreten die Erkenntnisse, von denen die Gerichte sofort nach eingetretener Rechtskraft dem zuständigen Erbschaftssteuer-Amte eine kosten- und stempelfreie beglaubigte Abschrift zu übersenden haben, die Stelle der Todtenliste.

Von den Gerichten erhalten die Erbschaftssteuer-Aemter beglaubigte Abschriften der eröffneten letztwilligen Verfügungen (§ 29 — jetzt § 31 — des Gesetzes).

§ 2. Vervollständigung und weitere Behandlung der Todtenlisten ꝛc.

Die Todtenlisten sind sofort nach dem Eingange einer sorgfältigen Prüfung zu unterwerfen und nach Erforderniß durch Einziehung fernerer Auskunft des Ausstellers oder durch Requisition der Amts- oder Bezirksbehörden u. s. w. zu vervollständigen.

Demnächst werden sie vierteljahrsweise in einer ein für alle Mal festzuhaltenden Reihenfolge (nach Kreisen oder Gemeinden oder Gerichtsbezirken ꝛc.) geordnet, mit fortlaufenden Nummern versehen, zusammengeheftet und aufbewahrt.

§ 3. Uebertragung der Todesfälle in die Erbschaftssteuertabelle.

Das Erbschaftssteueramt trägt die in den Todtenlisten und die in rechtskräftigen Erkenntnissen über verschollene, für todt erklärte Personen enthaltenen Sterbefälle in die nach den unten folgenden Formularen zu führende Erbschaftssteuertabelle (§ 8) unter laufender Nummer ein, soweit sie nicht nach dem Ergebniß der Prüfung der Todtenlisten steuerfrei sind. Ausgeschlossen bleiben hiernach nicht blos solche Fälle, in welchen nur erbschaftssteuerfreie Erben und Legatare konkurriren, sondern auch diejenigen, in welchen nach Nr. 1 der Befreiungen im Tarif die Erhebung einer Erbschaftssteuer ausgeschlossen ist.

Gleichzeitig ist die vorletzte Spalte der Todtenliste durch Vermerk der Nummer auszufüllen, welche der Fall in der Erbschaftssteuer-Haupttabelle erhalten hat. Bei den nicht in die Tabelle aufgenommenen Fällen wird jene Rubrik durchstrichen.

Behufs leichter Ermittelung ist ein fortlaufendes alphabetisches Repertorium der in die Tabelle aufgenommenen Erbfälle zu führen, dessen Einrichtung den Erbschaftssteuerämtern überlassen bleibt.

§ 4. Mittheilung von Sterbefällen an andere Erbschaftssteuerämter.[3])

Von den Erbfällen, die nicht zur Kompetenz des Erbschaftssteueramtes gehören, macht dasselbe dem zuständigen Erbschaftssteueramte durch Uebersendung einer Abschrift aus der Todtenliste, welche auch die Ausfüllung der vorletzten Spalte enthalten muß, Mittheilung und trägt die ihm von dem kompetenten Amte mitzutheilende Nummer, welche der Erbfall in dessen Tabelle erhalten hat, unter Durchstreichung der übrigen Spalten in die letzte Spalte seiner Erbschaftssteuertabelle ein.

---

[1]) Vgl. hierzu die unten abgedruckten Verfügungen und Bekanntmachungen vom 2., 3., 30. und 31. Dezember 1873 und vom 17. Juni 1885.

[2]) Jetzt Standesbeamte.

[3]) Ersetzt durch die unten abgedruckte Cirk.-Verf. v. 15. Oktober 1891.

§ 5. Verfahren bei Todesfällen von Personen, die ihren Gerichtsstand im Bezirke mehrerer Erbschaftssteuerämter gehabt haben.

Bei Todesfällen von Personen, welche ihren Gerichtsstand in den Bezirken mehrerer Erbschaftssteuerämter gehabt haben, hat dasjenige, in dessen Bezirk der Erblasser zuletzt gewohnt hat, für die Steuerberichtigung von der ganzen Verlassenschaft zu sorgen.

§ 6. Weiteres Verfahren bei Ermittelung der Erben und des Nachlasses.

Sobald dem Erbschaftssteueramte ein seiner Kompetenz unterliegender Erbfall bekannt wird, dessen Steuerfreiheit nicht erhellt, übersendet es ohne Rücksicht auf die gesetzlichen Fristen den Erben (unter Kreuzband) eine nach Anleitung des Musters D.¹) zu entwerfende und durch den Druck vervielfältigte Belehrung über die Pflichten der Erben und Legatare.

Wir die Frist zur Anmeldung des Erbfalles (§ 30 — jetzt § 32 — des Gesetzes) versäumt, so ist nach § 41 — jetzt § 43 — des Gesetzes zu verfahren. Eine besondere Aufforderung zur Einreichung des Inventariums, und der Deklaration (§ 33 — jetzt § 35 — des Gesetzes) findet nicht Statt.²)

Gegen Säumige ist nöthigenfalls nach §§ 36, 41 — jetzt §§ 38, 43 — des Gesetzes zu verfahren.

Mit Rücksicht auf die Bestimmungen im § 37 — jetzt § 39 — des Gesetzes hat das Erbschaftssteueramt sorgfältig zu prüfen, ob Veranlassung gegeben sei, über die Richtigkeit und Vollständigkeit des vorgelegten Verzeichnisses und der Deklaration, oder einzelner Theile desselben, eine eidesstaatliche Versicherung zu erfordern und bejahendenfalls zu bestimmen, ob dieselbe mündlich oder schriftlich und unmittelbar vor dem Erbschaftssteueramt selbst oder vor einer deshalb requirirten Behörde abgegeben werden soll; auch nöthigenfalls die Frist, innerhalb deren dies geschehen soll, festzusetzen. (§ 43 — jetzt § 45 — des Gesetzes.)

Bei Aufstellung des Inventariums ist den Steuerpflichtigen gestattet, anstatt spezieller Aufführung der zu den Titeln V.³) bis XX. des im Muster D. gegebenen Schemas zum Inventarium gehörigen Gegenstände titelweise den Gesammtwerth anzugeben, sofern sie durch Vorlegung der Feuerversicherungspolizen oder sonst die Richtigkeit ihrer Angaben glaubhaft nachweisen.

Bei den etwa durch das Erbschaftssteueramt zu bewirkenden Werthsermittelungen (§§ 19, 36 — jetzt §§ 21, 38 — des Gesetzes) ist ohne prozessualische Weitläufigkeiten zu verfahren.

§ 7. Erbschaftssteuertabellen.

Die Erbschaftssteuerämter haben Erbschaftssteuertabellen, nach den unter B und C anliegenden Mustern⁴) zu führen. Dieselben zerfallen in Haupt- und Nachtragstabellen.

§ 8. Erbschaftssteuer-Haupttabelle.⁵)

Die Haupttabelle umfaßt einen halbjährigen Zeitraum und wird nach ihm benannt (cfr. Formular C). In dieselbe sind alle in dieser Periode vorgekommenen Erbfälle aufzunehmen, deren Steuerfreiheit nicht aus den Todtenlisten erhellt.

---

¹) Abgedruckt hinter dieser Anweisung.

²) Vgl. hierzu F.M.R. v. 2. Dezember 1873, II Nr. 2.

³) Muß IV heißen. Siehe das Muster D. unter 2.

⁴) Vgl. hierzu die unten abgedruckte Cirk.-Verf. des F.M. vom 29. August 1889 unter I.

⁵) a) In Ausführung des Gesetzes vom 29. Juni 1876 (G.S. S. 177), betreffend die Verlegung des Etatsjahres ꝛc., sind Seitens der mit der Erbschaftssteuererhebung betrauten Hauptzoll- und Hauptsteuerämter die Anmelderegister und Einnahmejournale über Erbschaftssteuer vom 1. April 1877 ab so einzurichten, daß diese Bücher den Zeitraum des ganzen Etatsjahres — also nicht mehr das Kalenderjahr — umfassen. **Cirk.-Erl. des F.M. vom 22. Dezember 1876** (C.B. 1877 S. 34).

b) Ebenso haben die Erbschaftssteuerämter vom 1. April 1877 ab die Erbschaftssteuer-Tabellen, dem neuen Etatsjahre entsprechend, halbjährlich anzulegen. Die Einreichung der Tabellen zur Revision hat neun Monate nach Ablauf des die betreffende Haupttabelle umfassenden Zeitraumes zu erfolgen. **Cirk.-Erl. des F.M. vom 12. Januar 1877** (C.B. S. 34).

c) Durch **F.M.R. vom 10. Mai 1894** III 2776, bei H.G. S. 990, ist genehmigt, daß die Erbschaftssteuer-Tabellen erst ein Jahr nach Ablauf des die betreffende Haupttabelle umfassenden Zeitraumes zur Revision einzureichen sind.

In der fünften Spalte wird das, was jeder einzelne Erbe (2c.) erhält, in einer Summe angegeben.

Die sechste Spalte macht den Prozentsatz ersichtlich, nach welchem die Steuer von jedem einzelnen Erbtheile 2c. zu entrichten ist.

In der siebenten wird der Betrag der von jedem einzelnen Erbnehmer 2c. wirklich entrichteten Steuer ausgeworfen, jedoch erst dann, wenn die Versteuerung bei dem betreffenden Erbfalle vollständig geschehen oder als nicht zu erzwingen dargethan, also wenn kein einzelner fälliger Steuerbetrag bei dem betreffenden Erbfall mehr rückständig ist.

In der achten Spalte sind die im Vordruck gestellten Fragen, so weit nöthig, zu beantworten.

Bei Aversionalversteuerungen unterbleibt die Ausfüllung der Spalten 3 bis 5 betreffs derjenigen Erbtheile 2c., für welche die Aversionalversteuerung zugelassen ist. In der Spalte 8 wird in diesen Fällen der entsprechende Vermerk unter Bezeichnung des Ministerialerlasses gemacht, durch welchen die Aversionalversteuerung genehmigt ist.

Auf dem Titelblatte sind die zur nächsten Nachtragstabelle übergehenden Erbfälle nach den Nummern und nach dem Zunamen des Erblassers zu verzeichnen.

§ 9. Erbschaftssteuer-Nachtragstabelle.

In die Nachtragstabelle sind aufzunehmen:

a) alle Erbfälle, welche den Erbschaftssteuerämtern zu spät bekannt geworden sind, um in die Haupttabelle des Halbjahres, in welchem der Erblasser verstorben ist, mit aufgenommen werden zu können;

b) alle Erbfälle, welche bis zum Abschlusse der vorhergehenden Haupt- resp. Nachtragstabelle durch Einzahlung der Steuer- beziehungsweise durch erwiesene Unbeitreiblichkeit einzelner oder sämmtlicher Steuerbeträge, nicht vollständig erledigt sind (cfr. § 8);

c) Erbfälle, welche von der höheren Behörde bei der Revision einer früheren Tabelle zur Nachtragstabelle verwiesen sind;

d) Erbfälle, in welchen die Berechnung oder Einziehung eines Steuerbetrages suspendirt geblieben ist (§§ 6, 7, 20, 21, 22, 25, 38 — jetzt §§ 6, 7, 22, 23, 24, 27, 40 — des Gesetzes), nach Fortfall des Grundes der Suspension.

Die Nachtragstabelle ist nach dem Zeitraum, den sie umfaßt, zu rubriziren, so daß als Anfangstag der erste Tag desjenigen Halbjahres, aus welchem der älteste aufzunehmende Erbfall herstammt, und als Endtermin der letzte Tag desjenigen Halbjahres anzugeben ist, welches demjenigen Halbjahre unmittelbar vorhergeht, worüber die neueste Haupttabelle lautet.

In der zweiten Rubrik ist die Nummer einzutragen, unter welcher der betreffende Erbfall in der zu bezeichnenden Haupttabelle vorgetragen war.

Im Uebrigen gilt wegen sämmtlicher Rubriken das für die Aufstellung der Haupttabelle Angeordnete.

In der letzten Rubrik sind auch die bei Revision früherer Tabellen gezogenen genau zu bezeichnenden Erinnerungen kurz und vollständig zu beantworten.

§ 10. Zeitpunkt der Aufstellung und Einsendung der Erbschaftssteuertabellen.

Die Haupttabelle wird in den Spalten 1 und 2 gleich nach Prüfung event. Vervollständigung der Todtenlisten, die Nachtragstabelle gleich nach Abschluß der vorgängigen Haupt- und Nachtragstabelle aufgestellt. Die weitere Ausfüllung der Tabellen schreitet mit der Erledigung der einzelnen Erbtheile fort. Der Abschluß sowie die Einsendung der Tabellen und der nach den Ordnungsnummern der Tabellen gehefteten Akten über die erledigten Fälle an die vorgesetzte Provinzial-Steuerbehörde zur Revision erfolgt für die Haupttabelle des ersten Halbjahres und die zugehörige Nachtragstabelle zum 1. April des folgenden Jahres, für die entsprechenden Tabellen des zweiten Halbjahres zum 1. Oktober des folgenden Jahres.[1])

§ 11. Stundungsregister.

Um die Entrichtung der in den Fällen der §§ 6, 7, 20, 21, 22, 25, 38 — jetzt §§ 6, 7, 22, 23, 23, 27, 40 — des Gesetzes suspendirten Steuerbeträge zu kontroliren, führt das Erbschaftssteueramt ein Stundungsregister nach dem Muster E.

In demselben sind die einzelnen Fälle nach Anleitung des Formulars einzutragen. In der siebenten Spalte sind die Nummern zu vermerken, unter welchen die zur Sicherstellung hinterlegten Werthpapiere oder ausgestellten Kautionsinstrumente 2c. oder die baar bestellten Kautionen

---

[1]) Vgl. hierzu die in der Anm. zu § 8 abgedruckten Verfügungen.

in das Dokumentenjournal und das Dokumentenmanual resp. das Depositenmanual des betreffenden namhaft zu machenden Hauptamtes eingetragen sind.

Ist die Steuer nach Ablauf einer bestimmten Zeit fällig, so ist nur der Eintritt dieses Zeitpunktes abzuwarten und alsdann die Entrichtung der Steuer zu veranlassen.

Wenn dagegen der Zeitpunkt der Fälligkeit ungewiß ist, so sind nach angemessen erscheinenden Fristen von den Betheiligten glaubwürdige Nachweise darüber zu fordern, daß der Grund zur Stundung noch fortdauert.

Nach dem Erlöschen des Nießbrauches, beziehungsweise nach dem Eintritte resp. Fortfalle der Bedingung ist der Fall in die nächste Nachtragstabelle aufzunehmen und event. bis zur vollständigen Erledigung fortzuführen.

Die betreffende Nachtragstabelle und die Nummer, unter welcher der Fall dort vorgetragen ist, sind im Stundungsregister zu vermerken.

Inwieweit daß Bedürfniß vorliegt, zur Kontrole der Versicherung unsicherer Forderungen (§ 23 — jetzt § 25 — des Ges.) den betreffenden Erbfall in das Stundungsregister einzutragen, bleibt der Beurtheilung des Erbschaftssteueramtes überlassen.

§ 12. Feststellung, Einziehung und Sicherstellung der Steuerbeträge.

Die nach erfolgter Berechnung der Erbschaftssteuer nach § 39 — jetzt 41 — des Gesetzes zu ertheilende Bescheinigung wird nach dem anliegenden Muster F. ausgefertigt. Im Falle der Aversionalversteuerung (§ 38 — jetzt § 40 — des Gesetzes) ist in der Bescheinung die genehmigende Verfügung zu bezeichnen, wobei für diejenigen Erbantheile, betreffs deren die Aversionalversteuerung zugelassen ist, die Ausfüllung der Spalten 3, 4 und 5 unterbleibt. Zur Empfangnahme der Zahlung ist ein Hauptamt im Bezirke des Erbschaftssteueramtes, und zwar in der Regel dasjenige, in dessen Bezirk der Erbfall sich ereignet hat (§ 5), zu bestimmen. Wohnen die zahlungspflichtigen Personen nicht in der Nähe des Hauptamtes, so kann das ihnen zunächst gelegene Zoll- oder Steueramt mit der Empfangnahme der Zahlung für Rechnung des Hauptamtes nach den hierüber besonders getroffenen Bestimmungen beauftragt werden.[1])

Gleichzeitig überweist das Erbschaftssteueramt, unter Zufertigung einer beglaubigten Abschrift oder eines beglaubigten Auszuges aus der Bescheinigung, die Steuer dem betreffenden Hauptamte zur Einziehung und Verrechnung und trägt den Posten als Solleinnahme in das nach dem anliegenden Muster G. zu führende Einnahmeregister ein.

Die Hauptämter haben dem Erbschaftssteueramte monatlich, oder nach Bedürfniß in kürzeren Fristen, periodische Extrakte über die vereinnahmte Erbschaftssteuer zuzusenden, auf Grund deren das Einnahmeregister berichtigt und die noch offene Spalte 7 resp. 8 der Erbschaftssteuertabelle ausgefüllt wird. Bleibt die rechtzeitige Zahlung aus, so hat das Hauptamt hiervon das Erbschaftssteueramt alsbald zu benachrichtigen und dessen etwaigen Requisitionen um Vollstreckung der Exekution Folge zu geben.

Betreffs der auf Grund der §§ 6, 7, 20—22, 25 — jetzt §§ 6, 7, 22—24, 27 — des Gesetzes sicher zu stellenden Steuerbeträge hat das Erbschaftssteueramt die Berechnung der Beträge vorzunehmen und die Verpflichteten zur Erklärung aufzuforden, in welcher Weise sie die Sicherstellung leisten wollen.

Die Annehmbarkeit der angebotenen Sicherheit ist von dem Erbschaftssteueramte zu prüfen.

Von dem Ergebniß der Prüfung sind die Verpflichteten mit der Aufforderung zur Ablieferung der Werthpapiere, Dokumente ꝛc. an das namhaft zu machende Hauptamt binnen einer bestimmten Frist zu benachrichtigen. Das betreffende Hauptamt erhält von dieser Verfügung beglaubigte Abschrift.

Wird der Aufforderung zur Sicherheitsbestellung nicht entsprochen, so hat das betreffende Hauptamt auf Requisition des Erbschaftssteueramtes die exekutivische Beitreibung des sicher zu stellenden Betrages herbeizuführen.

Die Nummern, unter welchen die bestellte Kaution im Dokumentenjournal und im Dokumentenmanual resp. im Depositenmanual gebucht ist, hat das Hauptamt dem Erbschaftssteueramte behufs Vermerkung im Stundungsregister (§ 11) mitzutheilen.

Im Uebrigen finden betreffs der kassen- und rechnungsmäßigen Behandlung derartiger Deposita die sonst geltenden Vorschriften Anwendung.

§ 13. Strafverfahren.

Strafen, welche das Erbschaftssteueramt auf Grund der §§ 36 und 41 — jetzt §§ 38 und 43 — Absatz 3 des Gesetzes festgesetzt hat, werden unter Uebersendung einer beglaubigten, bei Strafen aus § 41 — jetzt § 43 — Absatz 3 des Gesetzes außerdem mit dem Atteste der Rechtskraft versehenen Abschrift der Strafverfügung, sowie unter Beifügung einer spezifizirten Kostenrechnung, dem zuständigen Hauptamte überwiesen, welches dieselben mit den entstandenen Kosten

---

[1]) Vgl. hierzu die unten abgedruckten Reskr. vom 4. Dezbr. 1877 und vom 6. Febr. 1879.

beizutreiben, durch das Prozeßregister in einer besonderen Abtheilung nachzuweisen und in seinem Strafgelderextrakt und zwar gesondert am Schlusse zu verrechnen hat.

Von dem Resultate des Beitreibungsverfahrens ist dem Erbschaftssteueramte am Schlusse jedes Vierteljahres eine Uebersicht mitzutheilen, welche für jeden einzelnen Straffall die eingezogenen und die niedergeschlagenen Beträge ersichtlich macht.

Prozesse, welche aus Anlaß einer von dem Erbschaftssteueramte erlassenen Benachrichtigung durch das Hauptamt eingeleitet werden, sind nach den Vorschriften über das Verfahren wegen Zollvergehen zu instruiren und zu verrechnen.

Die für Zollstrafsachen den Hauptamtsdirigenten gewährte Befugniß zur Abstandsnahme von der Einleitung des Strafverfahrens findet keine Anwendung.

Glaubt das Hauptamt, daß nach dem Ergebniß der angestellten Ermittelungen eine strafbare Handlung oder Unterlassung überhaupt nicht vorliegt, so kann, wenn das betreffende Erbschaftssteueramt hiermit einverstanden ist, die Reposition der Akten von ihm verfügt werden.

Das Submissions- und das Bagatell-Verfahren ist zulässig.

Von dem Ergebniß der eingeleiteten Untersuchungen ist dem Erbschaftssteueramte vierteljährlich durch Mittheilung von Auszügen aus dem Strafgelderextrakte Kenntniß zu geben.

Ueber die von ihm selbst entschiedenen Strafsachen hat das Erbschaftssteueramt nach dem Muster H. ein Strafregister zu führen.

§ 14. Revision der Erbschaftssteuertabellen.

Die eingereichten Tabellen (§ 10) werden revidirt und mit den Revisionsprotokollen dem Erbschaftssteueramte zur Beantwortung und Erledigung der Erinnerungen zurückgesendet.

Die Einforderung und die zeitweise Revision der Todtenlisten und der Akten über die erbschaftssteuerfreien Erbfälle bleibt den revidirenden Behörden überlassen.[1])

§ 15. Restitutionen.

In Betreff der Erstattung zuviel gezahlter Erbschaftssteuern ist zu unterscheiden:

1) ob das desfallsige Gesuch um Rückzahlung außer dem Verfahren behufs der Revision der Erbschaftssteuertabellen vorkommt. In diesem Falle wird von dem Erbschaftssteueramte, nachdem die nothwendigen Erörterungen vorgenommen sind, gutachtlich unter Beifügung der Akten und event. einer Restitutionsliquidation an die Provinzial-Steuerbehörde berichtet; oder
2) ob die Nothwendigkeit der Erstattung bei Gelegenheit der Revision der betreffenden Erbschaftssteuertabelle entdeckt wird. Für diesen Fall wird der zu erstattende Betrag in dem Revisionsprotokolle vermerkt, der richtige Betrag mit Abänderung der ausgeworfenen Steuer in der Erbschaftssteuertabelle eingetragen und der fragliche Erbfall, wenn außerdem dabei nichts zu erinnern gewesen ist, in der Tabelle für erledigt angenommen.

Aus dem Revisionsprotokolle ist eine beglaubigte Nachweisung der zu erstattenden Steuerbeträge zu fertigen und darin die zur Empfangnahme des Erstattungsbetrages berechtigte Person anzugeben. Unter Mittheilung eines Auszuges hieraus wird die Anweisung zur Zurückzahlung des zuviel erhobenen Betrages in allen Fällen von der Provinzial-Steuerbehörde an die betreffenden Hauptämter ertheilt. An Personen, welche nicht in der Nähe des Hauptamtes wohnen, kann die Erstattung durch das ihnen zunächst belegene Zoll- oder Steueramt für Rechnung des Hauptamtes geleistet werden.

Im Uebrigen kommen hierbei dieselben Vorschriften zur analogen Anwendung, welche für die Restitution der Stempelsteuer maßgebend sind.

b) Zu § 6 der vorstehenden Anweisung:

Muster D.

Erbschaftssteuer-Amt Halle a. S.

Erbschaftssteuer.

1. Anmeldung.

Nach näherer Vorschrift der §§ 30 bis 32 des Gesetzes, betreffend die Erbschaftssteuer vom 30. Mai 1873 [jetzt §§ 32 bis 34], ist jeder, dem ein erbschaftssteuerpflichtiger Anfall (§ 1 des

---

[1]) Vgl. hierzu die unten abgedruckten F.M.R. vom 29. Juli und vom 3. Oktober 1890.

Gesetzes) zukommt, verpflichtet, binnen drei Monaten, nachdem er Kenntniß davon erlangt hat, denselben dem zuständigen Erbschafts-Steueramte anzumelden.

Beim Vorhandensein mehrerer Theilnehmer an der Erbschaft kann die Anmeldung von einem derselben für die übrigen mitbewirkt werden.

Auf Verlangen des Anmeldenden bescheinigt das Erbschafts-Steueramt den Empfang der Anmeldung auf einem beigefügten Duplikate derselben kosten- und stempelfrei.

Unterlassung der Anmeldung wird nach § 41 [jetzt § 43] des Gesetzes v. 30. Mai 1873 mit Geldbußen geahndet.

Beispiel I der Anmeldung: Die am 6. Janaur 1874 zu Halle a. S. verstorbene unverehelichte Antonie Wolter hat in ihrem am 2. Februar d. Js. zu Halle publizirten Testamente dem Unterzeichneten ein Legat von 500 Thlr. vermacht.

Nordhausen, den 25. März 1874.

Friedrich Baumann,
Stellmachermeister.

Beispiel II der Anmeldung: Die am 6. Januar 1874 zu Halle a. S. verstorbene unverehelichte Antonie Wolter hat in ihrem am 2. Februar d. Js. zu Halle a. S. publizirten Testamente der Unterzeichneten den lebenslänglichen Nießbrauch an einem Kapitale von 500 Thlr. vermacht.

Cröllwitz, den 6. März 1874.

Auguste Seebald.

Beispiel III der Anmeldung: Der am 1. März 1874 zu Naumburg a. S. ohne letztwillige Verfügung verstorbene Rentier August Emil Müllner hat zu seinen Erben hinterlassen:

1. den Unterzeichneten,
2. die verwittwete Steuer-Einnehmer Lehmann, Anna geb. Müllner zu Brandenburg,
3. die unverehelichte Auguste Menzel, Tochter des Kaufmanns Wilhelm Menzel zu Torgaau.

Indem ich diesen Erbanfall zugleich Namens meiner Miterben anmelde, bitte ich den Empfang der Anmeldung auf dem anliegenden Duplikate derselben zu bescheinigen.

2. Verzeichniß und Deklaration.

Innerhalb zweier Monate nach Ablauf der Anmeldungsfrist ist von den Erben und Vermächtnißnehmern nach näherer Vorschrift der §§ 33 bis 35 [jetzt §§ 35 bis 37] des Gesetzes vom 30. Mai 1873 ein vollständiges Verzeichniß (Inventarium) über die gesammte steuerpflichtige Nachlaßmasse vorzulegen. Ist ein Testamentsvollstrecker oder Nachlaßverwalter bestellt, so liegt zunächst diesem die Pflicht zur Einreichung des Verzeichnisses ob.

Das Nachlaß-Verzeichniß wird zweckmäßig nach folgenden Titeln aufgestellt:

I. Grundstücke und Grundgerechtigkeiten. II. Ausstehende Forderungen. III. Baares Geld. IV. Goldene, silberne und andere Medaillen und seltene Münzen. V. Juwelen und Kleinodien. VI. Uhren, Tabatieren und kleine kostbare oder künstliche Stücke. VII. Gold und Silbergeschirr. VIII. Porzellan. IX. Gläser. X. Zinn, Kupfer, Messing, Blech und Eisen. XI. Leinenzeug und Betten. XII. Möbel und Hausgeräth. XIII. Kleidungsstücke. XIV. Wagen und Geschirr. XV. Vieh. XVI. Vorrath zum Gebrauch, insbesondere geerntete Früchte, und Früchte auf dem Felde. XVII. Vorrath und Waaren zum Handel. XVIII. Gemälde, Zeichnungen, Kupferstiche, mathematische Instrumente und Gewehre. XX. Briefschaften und Dokumente. XXI. Passiva und Schulden. (Alle diese Titel entsprechen denjenigen des im § 53 Tit. 5 Th. 1 AGO. für gerichtliche Inventarien vorgeschriebenen Formulars; nur der dort vorhandene „Titel XIX Bücher und Manuskripte“ fehlt hier.)

In demselben sind die einzelnen Nachlaßgegenstände unter Angabe ihres Werths aufzuführen. Bei Grundstücken ist außer dem Werthe, welchen sie beim Tode des Erblassers hatten, der letzte Erwerbspreis und das Jahr, in welchem er verabredet ist, die Feuerversicherungssumme und der jährliche Pacht- und Miethsertrag anzugeben. Auch ist der Jahresbetrag der Grund- und Gebäudesteuer zu vermerken. Bei ausstehenden Forderungen bedarf es der Angabe, zu welchem Prozentsatz sie ausgeliehen und bis zu welchem Tage die Zinsen bei Lebzeiten des Erblassers gezahlt, wie viel Zinsen also rückständig sind. Werthpapiere sind unter Angabe des Nennwerthes zum Kurswerthe, welchen sie am Todestage des Erblassers hatten, zur Berechnung zu bringen. Das baare Geld ist ohne Abzug der nach dem Tode des Erblassers daraus etwa geleisteten Zahlungen anzugeben. Im Interesse der Steuerpflichtigen wird es gestattet, den Werth der Nachlaßgegenstände, welche in die Titel IV bis XX gehören, titelweise summarisch aufzuführen, wenn dem Erbschaftssteueramte die Richtigkeit dieser Angaben durch Vorlegung der Feuerversicherungspolizen, oder sonst glaubwürdig nachgewiesen wird. Die Schulden sind unter Titel XXI einzeln unter Namhaftmachung der Gläubiger aufzuführen und die Angaben durch Beifügung der Rechnungen und Quittungen zu belegen. Bei zinspflichtigen Schuldposten ist der Zinsfuß und der Zeitpunkt anzugeben, bis zu welchem die Zinsen bei Lebzeiten des Erblassers bezahlt sind.

Das Verzeichniß ist zu unterschreiben.

Gleichzeitig mit demselben ist eine schriftliche Deklaration der Verhältnisse, welche die Festsetzung der Erbschaftssteuer bedingen, dem Erbschaftssteueramte einzureichen. In derselben müssen daher die einzelnen Erben und Legatarien nach Name, Stand, Wohnort, unter Angabe ihres Verwandschaftsverhältnisses zum Erblasser, verzeichnet, der Betrag des jedem Einzelnen zufallenden Erbtheils angegeben, auch das Alter der Betreffenden aufgeführt werden, wenn es auf die Berechnung der Steuer von Einfluß ist. Wenn lediglich steuerfreie Erben berufen und nur einzelne steuerpflichtige Legate ausgesetzt sind, können sowohl das Nachlaßverzeichniß als auch die Deklaration auf diejenigen Angaben beschränkt werden, welche diese steuerpflichtigen Vermächtnisse betreffen. In jedem Falle ist anzugeben, ob eine letztwillige Verfügung (Testament, Kodizill 2c.) vorhanden ist.

Beispiel der Deklaration: Der Nachlaß des am 5. Januar 1874 zu Trotha verstorbenen Rentiers Ludwig Salmer beträgt nach dem anliegenden Verzeichniß 32,540 Thlr. 5 Sgr. Hiervon erben nach dem am 2. Februar d. Js. publizirten Testamente:

1. der Förster Friedrich Proemmel zu Hütten, ehelicher Sohn einer Schwester des Erblassers, ein Viertel;
2. die unverehelichte Minna Salmer zu Corbetha, Halbschwester des Erblassers ein Viertel;
3. der minorenne, am 2. Febr. 1860 geborene Ludwig Alscher zu Gräfenhainichen, Schwestersohn des Vaters des Erblassers, ein Legat von 500 Thlr.;
4. die unverehelichte Marie Büttner zu Trotha, Dienstmagd des Erblassers, nicht verwandt, Mobilien und Kapitalien, im Gesammtbetrage von 2770 Thlr. 2 Sgr. 6 Pf.;
5. die Stadtkirche zu Halle a. S. 500 Thlr.;
6. der unterzeichnete Testamentsvollstrecker als Vergeltung für seine Mühewaltungen als solcher 500 Thlr.;
7. der Alfred Müllner, Sohn des Architekten Hugo Müllner zu Halle a. S., nicht verwandt, den Rest des Nachlasses;
8. die Ehefrau des Architekten Hugo Müllner zu Halle a. S. Agathe geb. Senk, nicht verwandt, den Nießbrauch an dem Erbtheile ihres zu 7 genannten, am 3. April 1861 geborenen Sohnes Alfred bis zu dessen Großjährigkeit.
9. Sollte der zu drei genannte Ludwig Alscher vor erreichter Großjährigkeit versterben, so fällt das für ihn bestimmte Legat an den zu 7 genannten Alfred Müllner.

Halle a. S., den 6. Mai 1874.

Max Hirschfeld
Waarenmakler als Testamentsexekutor.

Wegen der in den §§ 27 und 28 des Gesetzes v. 30. Mai 1873 (jetzt 29 und 30) ausgesprochenen Haftbarkeit der Erben und Testamentsvollstrecker für die gesammten aus der Nachlaßmasse zu entrichtenden Erbschafts-Steuer-Beträge empfiehlt es sich im Interesse der Betheiligten, die Einrichtung des Inventariums und der Deklaration thunlichst bald und jedenfalls vor der Vertheilung des Nachlasses zu bewirken. Die Betheiligten sind berechtigt, ohne Rücksicht auf die in den §§ 30 und 33 (jetzt 32 und 35) des Gesetzes v. 30. Mai 1873 gestatteten Fristen sofort nach dem Erbanfall die Anmeldung, das Nachlaßverzeichniß (Inventarium) und die Deklaration einzureichen.

3. Anweisung des F.M. für die Haupt-Zoll- und Haupt-Steuerämter zur Behandlung des Erbschaftssteuerwesens nach dem Gesetz vom 30. Mai 1873, vom 14. Novbr. 1873 (CBl. 1874 S. 25).

§ 1. Zufolge des § 39 [jetzt § 41] des Gesetzes v. 30. Mai d. J. (G.S. S. 329) soll nach Berechnung der Erbschaftssteuer den Erben eine Bescheinigung ertheilt werden, in welcher unter Anderem die Beträge der von den einzelnen Erbnehmern zu entrichtenden Steuern auszuwerfen sind, auch die Steuerstelle zu bezeichnen ist, bei der die Einzahlung zu geschehen hat.

Diese Bescheinigung wird nach dem anliegenden Muster IV ausgefertigt. Im Falle der Aversionalversteuerung (§ 38 [jetzt § 40] des Gesetzes) wird in der Bescheinigung die genehmigende Verfügung bezeichnet, wobei für die derjenigen Erbantheile, betreffs deren die Aversionalversteuerung zugelassen ist, die Ausfüllung der Spalten 3, 4 und 5 unterbleibt. Zur Empfangnahme der Zahlung wird ein Hauptamt im Bezirke des Erbschaftssteueramts, und zwar in der

Regel dasjenige, in dessen Bezirk der Erbfall sich ereignet hat (§ 5), bestimmt. Wohnen die zahlungspflichtigen Personen nicht in der Nähe des Hauptamtes, so kann das ihnen zunächst gelegene Zoll- oder Steueramt mit der Empfangnahme der Zahlung für Rechnung des Hauptamtes beauftragt werden.[1])

Gleichzeitig überweist das Erbschaftssteueramt unter Zufertigung einer beglaubigten Abschrift oder eines beglaubigten Auszuges aus der Bescheinigung, die Steuer dem betreffenden Hauptamte zur Einziehung und Verrechnung und trägt den Posten als Solleinnahme in das zu führende Einnahmeregister ein.

Die Hauptämter haben dem Erbschaftssteueramte monatlich, oder nach Bedürfniß in kürzeren Fristen, periodische Extrakte über die vereinnahmte Erbschaftssteuer zuzusenden, auf Grund deren das Einnahmerregister berichtigt wird. Bleibt die rechtzeitige Zahlung aus, so hat das Hauptamt hiervon das Erbschaftssteueramt alsbald zu benachrichtigen und dessen etwaigen Requisitionen um Vollstreckung der Exekution Folge zu geben.

§ 2. Bei den Haupt-Zoll- und Haupt-Steuerämtern werden über die Erbschaftssteuer zwei Register geführt, nämlich: 1. ein Anmelderegister von dem Hauptamtskontroleur (§ 3) und 2. ein Einnahmejournal von dem Hauptamtsrendanten (§ 4).

§ 3. In dem Anmelderegister (§ 2), welches nach dem Muster I anzulegen ist, werden die von den Erbschaftssteuerämtern in Abschrift oder im Auszuge übersandten Bescheinigungen nach der Reihenfolge ihres Eingangs dem Vordruck der Spalten 1 bis 10 entsprechend gebucht; die Spalten 11 bis 13 werden erst ausgefüllt, sobald die Steuerzahlung erfolgt.

Soll nach der getroffenen Bestimmung die Einzahlung der Erbschaftssteuer bei einer dem Hauptamte untergeordneten Hebestelle für dessen Rechnung erfolgen, so wird der zur Einziehung überwiesene Betrag ebenfalls in dem Anmelderegister des Hauptamts angeschrieben, demnächst aber die von dem Erbschaftssteueramte übersandte Bescheinigung dem Unteramte Behufs Einziehung der Abgabe zugefertigt. Die eingehende Erbschaftssteuer wird von dem Unteramte im Depositenmanual gebucht und mittelst Lieferzettel unter Wiederbeifügung der Bescheinigung an das Hauptamt abgeführt.

Die von dem Erbschaftssteueramte dem Hauptamte übersandten Beglaubigungsabschriften oder Auszüge bilden die Beläge des Anmelderegisters. Wird das Soll einer Steuerpost durch eine weitere Benachrichtigung des Erbschaftssteueramts geändert, so ist die erste Eintragung des Solls einfach und zwar so, daß sie noch leserlich bleibt, zu durchstreichen, der neue Sollbetrag darüber zu notiren und demnächst die bezügliche Benachrichtigung des Erbschaftssteueramts mit zu den Registerbelägen zu nehmen.

Das Anmelderegister umfaßt den Zeitraum des Kalenderjahres[2]) und wird jedesmal am 31. Dezember abgeschlossen. Insoweit bei diesem Abschluß die im Soll angeschriebenen Erbschaftssteuerbeträge noch nicht oder noch nicht vollständig zur Erhebung gekommen sind, werden die Rückstände nunmehr in den Spalten 14 und 15 des Registers vermerkt und demnächst die betreffenden Posten in das Anmelderegister des folgenden Jahres übernommen, und zwar, wenn auf das Soll eines steuerpflichtigen Erbfalls bereits Theilzahlungen erfolgt sind, nur die noch zu erledigenden Theilposten.

Das abgeschlossene Anmelderegister und das Anmelderegister des neuen Jahres werden von dem Hauptamtsdirigenten, nach genauer Vergleichung der Uebertragungen, folgendermaßen bescheinigt, und zwar das abgeschlossene Anmelderegister dahin:

„daß sämmtliche im vorliegenden Register angeschriebenen Sollbeträge, insoweit dieselben unerledigt geblieben, in das Anmelderegister des neuen Jahres übertragen sind";

das Anmelderegister des neuen Jahres dahin:

„daß sämmtliche im Anmelderegister des letzten Vorjahrs gebuchten Sollbeträge, insoweit dieselben unerledigt geblieben, in dem vorliegenden Register vorgetragen sind."

Die so bescheinigten Uebertragungen bedürfen alsdann keines weiteren Belages.

Im Laufe des Jahres muß das Anmelderegister stets soweit als möglich aufgerechnet sein, auch zu jeder Zeit in Betreff der Ist-Einnahmen mit den Anschreibungen im Einnahmejournal übereinstimmen.

Der Hauptamtskontroleur hat bei der Führung des Anmelderegisters darüber zu wachen, daß die zum Soll gestellten Erbschaftssteuerbeträge rechtzeitig zur Einzahlung gelangen. Werden die in den Attesten festgestellten Zahlungsfristen überschritten, so hat derselbe alsbald zu veranlassen, daß das Erbschaftssteueramt durch das Hauptamt von der Fristüberschreitung Behufs der weiteren Veranlassung benachrichtigt wird.

§ 4. Das Einnahmejournal (§ 2 zu 2), welches ebenfalls den Zeitraum des Kalenderjahres umfaßt, wird nach dem anliegenden Muster II geführt. Die eingehenden Steuerzahlungen werden darin der Reihe nach, wie sie erfolgen, unter bis zum Jahresabschluß fortlaufender, von Eins angefangender Nummer angeschrieben. Die Einnahmen am Schluß jeden Tages werden mit den übrigen Einnahmen des Hauptamts an indirekten Abgaben in die Hauptkassenbücher übernommen,

---

[1]) Vgl. hierzu die unten abgedruckten Reskr. vom 4. Dezbr. 1877 und vom 6. Febr. 1879.

[2]) S. das in der Anm. auf S. 193 abgedruckte F.M.R. vom 22. Dezbr. 1876, wonach jetzt das Etatsjahr maßgebend ist.

und es wird demnächst das Einnahmejournal über die Erbschaftssteuer ebenso wie das Haupteinnahmejournal des Hauptamts monatlich abgeschlossen, aber fortlaufend bis zum Quartalsschluß summirt.

Die Summen aller vier Quartale werden am Jahresschluß wiederholt und aufgerechnet. Die in dieser Weise dargestellte Jahreseinnahme muß mit dem Betrage in Spalte 13 des abgeschlossenen Anmelderegisters übereinstimmen.

§ 5. Insoweit die Erbschaftssteuer bei dem Hauptamte selbst eingezahlt wird, ist das auf den Originalen der Feststellungsbescheinigungen befindliche Quittungsformular nach erfolgter Ausfüllung von beiden Kassenbeamten zu vollziehen und unter jeder Namensschrift Seite und Nummer der von dem betreffenden Beamten bewirkten Buchung zu vermerken. Die so quittirten Atteste sind alsdann dem Einzahler wieder auszuhändigen. Bei Erhebung der Steuer durch Unterstellen ist in ähnlicher Weise zu verfahren.

§ 6.[1]) Der monatlich, oder nach Bedürfniß in kürzerer Frist, dem Erbschaftssteueramte einzusendende Auszug aus dem hauptamtlichen Einnahmejournal über Erbschaftssteuer wird nach dem angeschlossenen Muster III angefertigt und von dem Hauptamtsdirigenten auf Grund zuvoriger Prüfung dahin bescheinigt:

„daß alle (in der Zeit vom . . . . bis . . . .) (im Monat . . . .) im Einnahmejournal angeschriebenen Erbschaftssteuerbeträge richtig in den Auszug übernommen sind".

§ 7. Das Einnahmejournal und das Anmelderegister mit seinen Belägen werden nach dem Jahresschluß, und zwar spätestens bis zum 10. Januar des neuen Jahres (s. die in der Anm. auf S. 193 abgedruckten Reskripte), an die Provinzial-Steuerbehörde behufs der Registerrevision eingereicht.

Die aus dieser Revision entspringenden Defekte und Restitutionen sind nach den in der Anweisung zur hauptamtlichen Kassen- und Buchführung allgemein ertheilen Vorschriften zu behandeln.

§ 8. Die Erbschaftssteuer wird von dem Hauptamte zusammen mit den übrigen indirekten Steuern an die Kasse, bei welcher das Hauptamt mit seinen Einnahmen und Ausgaben einrechnet, abgeführt, jedoch in dem Haupt-Einnahmemanual, dem Verwaltungsabschluß und der Jahresrechnung in der bisher mit „Erbschaftsabgabe" bezeichneten und dementsprechend zu ändernden Einnahmespalte nachgewiesen. Die durch spezielle Verfügungen der Provinzial-Steuerbehörde angewiesenen Rückzahlungen eingehobener Beträge an Erbschaftssteuer sind nicht im Anmelderegister und Einnahmejournal abzusetzen, sondern bei den Restitutionen in der Jahresrechnung von den indirekten Steuern aufzuführen und zu justifiziren.

§ 9. Betreffs der auf Grund der §§ 6, 7, 20—22, 25 [jetzt §§ 6, 7, 22—24, 27] des Gesetzes sicher zu stellenden Steuerbeträge hat das Erbschaftssteueramt die Berechnung der Beträge vorzunehmen und die Verpflichteten zur Erklärung aufzufordern, in welcher Weise sie die Sicherstellung leisten wollen. Die Annehmbarkeit der angebotenen Sicherheit ist von dem Erbschaftssteueramte zu prüfen. Von dem Ergebniß dieser Prüfung sind die Verpflichteten mit der Aufforderung zur Ablieferung der Werthpapiere, Dokumente ꝛc. an das namhaft zu machende Hauptamt binnen einer bestimmten Frist zu benachrichtigen. Das betreffende Hauptamt erhält von dieser Verfügung beglaubigte Abschrift.

Wird der Aufforderung zur Sicherheitsbestellung nicht entsprochen, so hat das betreffende Hauptamt auf Requisition des Erbschaftssteueramtes die exekutivische Beitreibung des sicher zu stellenden Betrages herbeizuführen.

Die Nummern, unter welchen die bestellte Kaution im Dokumentenjournal und im Dokumentenmanual resp. im Depositenmanual gebucht ist, hat das Hauptamt dem Erbschaftssteueramte Behufs Vermerkung im Stundungsregister mitzutheilen. Im Uebrigen finden betreffs der kassen- und rechnungsmäßigen Behandlung derartiger Depositа die sonst geltenden Vorschriften Anwendung.

§ 10. Strafen, welche das Erbschaftssteueramt auf Grund des § 36 und § 41 Abs. 3 [jetzt §§ 38 u. 43] des Gesetzes festgesetzt hat, werden unter Uebersendung einer beglaubigten, bei Strafen aus § 41 [jetzt § 43] Abs. 3 des Gesetzes, außerdem mit dem Atteste der Rechtskraft versehenen Abschrift der Strafverfügung, sowie unter Beifügung einer spezifizirten Kostenrechnung dem zuständigen Hauptamte überwiesen, welches dieselben mit den entstehenden Kosten beizutreiben, durch das Prozeßregister in einer besonderen Abtheilung nachzuweisen und in seinem Strafgelderextrakt, und zwar gesondert am Schlusse, zu verrechnen hat.

Von dem Resultate des Beitreibungsverfahrens ist dem Erbschaftssteueramte am Schlusse jedes Vierteljahres eine Uebersicht mitzutheilen, welche für jeden einzelnen Straffall die eingegangenen und die niedergeschlagenen Beträge ersichtlich macht. Prozesse, welche aus Anlaß einer von dem Erbschaftssteueramte erlassenen Benachrichtigung durch das Hauptamt eingeleitet werden, sind nach den Vorschriften über das Verfahren wegen Zollvergehen zu instruiren und wie gewöhnlich zu verrechnen.

Die für Zollstrafsachen dem Hauptamtsdirigenten gewährte Befugniß zur Abstandnahme von der Einleitung des Strafverfahrens findet keine Anwendung.

Glaubt das Hauptamt, daß dach dem Ergebniß der angestellten Ermittelungen eine strafbare

---

[1]) Ersetzt durch F.M.R. vom 29. August 1889. Vgl. dazu F.M.R. vom 14. April 1891.

Handlung oder Unterlassung überhaupt nicht vorliegt, so kann, wenn das betreffende Erbschaftssteueramt hiermit einverstanden ist, die Reposition der Akten von ihm verfügt werden.

Das Submissions- und das Bagatell-Verfahren ist zulässig.

Von dem Ergebniß der eingeleiteten Untersuchungen ist dem Erbschaftssteueramte vierteljährlich durch Mittheilung von Auszügen aus dem Strafgelderextrakte Kenntniß zu geben.

Die bei der Erbschaftssteuerverwaltung festgesetzten Strafbeträge sind nach Vorschrift der Anweisung zur Prozeßbuchführung zu verrechnen.

4. a) Cirk.-Verf. des F.M., die Ausführung des Gesetzes vom 30. Mai 1873, die Erbschaftssteuer betreffend, vom 2. Dezbr. 1873, III 17607 (C.Bl. 1874 S. 17).

Ew. ꝛc. (PStD.) erhalten hierbei x Exemplare der Anweisung für die Erbschaftssteuerämter zur Ausführung des Gesetzes vom 30. Mai d. J., betreffend die Erbschaftssteuer, nebst Anlagen A bis H und y Exemplare einer entsprechenden Anweisung für die Haupt-Zoll- und Haupt-Steuer-Aemter nebst Anlagen I—VI zur weiteren Veranlassung.

Im Allgemeinen bemerke ich hierbei Folgendes:

I. Betreffs der Organisation der Erbschaftssteuerämter. Die Leitung des Geschäftsbetriebes bei dem Erbschaftssteueramte liegt ausschließlich dem als Vorstand desselben fungirenden Stempelfiskal ob, welchem gegenüber den Subalternbeamten des Erbschaftssteueramtes, insbesondere auch Betreffs der Handhabung der Disziplin und der Beurlaubung, gleiche Befugnisse zustehen, wie den Dirigenten der Hauptämter bezüglich der diesen untergebenen Beamten.

Die Provinzialbehörden haben Vorsorge zu treffen, daß die Geschäftsführung des Erbschaftssteueramtes nicht durch die dem Vorstande obliegenden Dienstreisen oder in Fällen anderweitiger dauernder Behinderung desselben unterbrochen wird, und die dieserhalb erforderlichen Anordnungen zu erlassen.

Wo zwei Erbschaftssteuerämter an einem Orte sind, oder wo ein Erbschaftssteueramt am Sitze der Provinzial-Steuerbehörde sich befindet, ist in der Regel die Vertretung des einen Stempelfiskals durch den anderen, beziehungsweise durch den Justitiarius, oder ein anderes Mitglied der Provinzial-Steuerbehörde, anzuordnen.

Insoweit dies nicht ausführbar sein sollte und bei denjenigen Erbschaftssteuerämtern, bei denen die vorgedachten Voraussetzungen überhaupt nicht zutreffen, ist die Vertretung des Vorstandes in dem ihm bei dem Erbschaftssteueramte obliegenden Geschäften einem der Subalternbeamten und zwar, wenn nicht besondere Umstände zu einer anderen Auswahl nöthigen, dem im Dienste ältesten zu übertragen, wobei demselben zugleich bezüglich des Umfanges der von ihm wahrzunehmenden Geschäfte des Vorstandes die erforderliche Instruktion zu ertheilen, beziehungsweise auf die speziellen Bestimmungen des Vorstandes zu verweisen sein wird.

Zur Vermeidung von Störungen im Geschäftsgange der Erbschaftssteuerämter ist darauf hinzuwirken, daß die Stempelfiskale behufs auswärtiger Stempelrevisionen nicht mehrwöchige Reisen unternehmen, sondern zu diesem Zwecke, wenn auch öfter, jedesmal nur auf kürzere Zeit ihren Wohnsitz verlassen. Vor dem Antritt jeder Reise ist über Ziel und voraussichtliche Dauer derselben der Provinzial-Steuerbehörde Anzeige zum machen.

Bei den Stempelrevisionen haben die Fiskale sich möglichst der Hülfe eines Subalternbeamten des Erbschaftssteueramtes zu bedienen. Bei denjenigen Erbschaftssteuerämtern, bei welchen mehr als zwei Subalternbeamte beschäftigt sind, empfiehlt es sich, die jüngeren Beamten an den Stempelrevisionen abwechselnd Theil nehmen zu lassen, um so eine möglichst gleichmäßige und vielseitige Ausbildung derselben zu erwirken. Betreffs der Stellung der Stempelfiskale zu den Provinzial-Steuerbehörden wird aus Veranlassung einzelner vorgetragener Zweifel bemerkt, daß die Fiskale allerdings zum Etat dieser Behörde gehören und mit den übrigen Mitgliedern derselben, abgesehen von den Ober-Regierungsräthen, nach Maßgabe des Dienstalters rangiren, daß ihnen aber, auch wenn sie am Sitze der Provinzial-Steuerbehörde wohnen, die regelmäßige Betheiligung an den laufenden Arbeiten und an den Sitzungen nicht zur Pflicht gemacht werden kann. Hierdurch wird indeß nicht ausgeschlossen, daß in dringenden Fällen ihnen einzelne Arbeiten von den Provinzial-Steuerbehörden übertragen werden, sofern hieraus nicht eine Benachtheiligung der ihnen hauptsächlich obliegenden Dienstpflichten zu besorgen stehen. Im Uebrigen bleibt der Erlaß einer besonderen Anweisung über die Geschäftsführung der Stempelfiskale vorbehalten.

II. Zu den Anweisungen für die Erbschaftssteuerämter und für die Haupt-Zoll- und Haupt-Steuer-Aemter.

1. Von den vorgeschriebenen Formularen werden folgende vom hiesigen Hauptstempelmagazin beschafft werden: a. das Stundungsregister (Muster E), b. das Einnahmeregister (Muster G), c. das Strafregister (Muster H), d. das Anmelderegister (Muster I), e. das Einnahme-Journal (Muster II), f. Auszug aus dem Einnahme-Journal (Muster III). Die übrigen Formulare, mit Ausnahme der Todtenlisten, welche von den Regierungsbehörden beziehungsweise den Gerichtsbehörden beschafft werden, sind auf Kosten der Fonds für Büreaubedürfnisse beziehungsweise für Amtsunkosten drucken zu lassen.

2. Zu § 1 der Anweisung für die Erbschaftssteuerämter. Die Einreichung monatlicher Todtenlisten ist für jetzt nur angeordnet für die Städte Berlin, Breslau, Köln und Frankfurt a. M. Die betreffenden Regierungs- und Gerichtsbehörden werden in dieser Beziehung mit besonderer Anweisung versehen werden. Sollte sich das Bedürfniß einer gleichen Anordnung für andere größere Städte herausstellen, so ist darüber zu berichten.

3. Zu § 6 derselben Anweisung. Die Anweisung nimmt betreffs des Verfahrens bei verspäteter Anmeldung des Erbanfalls nur Bezug auf die im Gesetze v. 30. Mai d. J. gegebenen Strafbestimmungen. Wenn die Erbschaftssteuerämter sich angelegen sein lassen, in der durch die Anweisung vorgeschriebenen Weise die Interessenten bei steuerpflichtigen Erbfällen über ihre gesetzlichen Verpflichtungen zu belehren, so darf erwartet werden, daß Zuwiderhandlungen nicht in zu großer Anzahl vorkommen werden. Im Allgemeinen entspricht es der diesseitigen Intention, daß in denjenigen Fällen, wo nicht eine vorsätzliche Zuwiderhandlung aus fraudulöser Absicht vorliegt, die Strafbefugniß nur mit Milde gehandhabt wird, und daß insbesondere im Anfang nicht jede Versäumniß der Anmeldung, namentlich gegen geschäftsunkundige und der Gesetzeskenntniß entbehrende Personen, geahndet wird. Hierauf nöthigenfalls in geeigneter Weise hinzuwirken, bleibt den Provinzial-Steuerbehörden überlassen.

4.[1] Die §§ 10 und 14 der Anweisung für die Erbschaftssteuerämter ordnen die Einsendung der Erbschaftssteuertabellen an die vorgesetzte Provinzial-Steuerbehörde an, ohne Bestimmung über den Gang des Revisionsgeschäftes zu treffen. Bis auf Weiteres hat es bei dem bisherigen Verfahren zu bewenden, wonach die Tabellen bei der Provinzial-Steuerbehörde vorrevidirt und mit dem Entwurf zum Revisionsprotokoll hierher zur Superrevision eingereicht werden. Der späteren Entschließung ist vorbehalten, die endgiltige Revision den Provinzial-Steuerbehörden zu überlassen und die bisherige Superrevision auf die Einforderung einzelner Revisionsprotokolle mit den zugehörigen Tabellen und Akten zur Erhaltung der nothwendigen Gleichförmigkeit in der Auslegung und Anwendung der gesetzlichen Vorschriften zu beschränken.

5. Wegen Ueberweisung derjenigen Erbfälle an das Erbschaftssteueramt, in welchen durch eine nach dem 1. Januar k. J. publizirte gerichtliche Todeserklärung der Todestag des Erblassers auf einen vor dem 1. September 1867 fallenden Termin festgesetzt wird, ergeht besondere Bestimmung.

b) Die Bekanntmachung des F.M. vom 2. Dezember 1873, betreffend die Geschäftsbezirke der Erbschaftssteuerämter, welche im Laufe der Jahre mannigfache Aenderungen erfahren hatte, ist ersetzt durch die unten abgedruckte Beilage I zur Bekanntmachung des F.M. vom 13. Februar 1896.

5. a) Cirk.-Verf. der Kön. Minist. des Innern, der Finanzen und der geistlichen ꝛc. Angelegenheiten, die Einsendung von Todtenlisten an die Erbschaftssteuerämter betreffend, vom 3. Dezbr. 1873 (C.Bl. 1874 S. 37).

Die Königl. Regierung erhält hierbei eine von uns unter dem heutigen Tage erlassene Bekanntmachung, betreffend die Verpflichtung der Geistlichen und Civilstands-Beamten zur Einsendung von Todtenlisten an die mit dem 1. Januar k. J. in Wirksamkeit tretenden Erbschaftssteuerämter, mit dem Auftrage, dieselbe durch das Amtsblatt schleunigst zu veröffentlichen.

Von dem zu den Todtenlisten zu gebrauchenden Formular[2]) fügen wir ein Exemplar mit der Anweisung bei, die erforderlichen Exemplare hiernach drucken zu lassen und sie an die zur Einreichung der Todtenlisten verpflichteten Kultus- und Civilstandsbeamten, einschließlich der Militair- und Marine-Geistlichen zu vertheilen. Nach Maßgabe der örtlichen Verhältnisse kann, nöthigenfalls nach vorheriger Verständigung mit der zuständigen Provinzial-Steuerbehörde, der zur Bezeichnung des Bezirks gewählte Vordruck auf der ersten Seite des Musters (Gemeinde, Bürger-

---

1) S. jetzt die unten abgedruckte Cirk.-Verf. des F.M. v. 3. Oktbr. 1890.

2) Vgl. hierzu F.M.R. v. 15. August 1874.

meisterei, Gerichtsbezirk) durch Fortlassung der einen oder der andern Bezeichnung geändert werden.

Berlin, den 3. Dezember 1873.

Der Minister des Innern. Der Finanzminister.
Der Minister der geistlichen, Unterrichts- und Medizinal-Angelegenheiten.

An
sämmtliche Regierungen und Landdrosteien.

Abschrift zur Nachricht mit dem Bemerken, daß der Herr Justizminister, der Herr Kriegs- und der Herr Marineminister ersucht sind, die mit der Führung von Sterberegistern betrauten Gerichtsbehörden und die Standesbuchführer in Frankfurt a. M., beziehungsweise die Militair- und Marine-Geistlichen mit gleichmäßiger Anweisung zu versehen.

Berlin, den 3. Dezember 1873.

Der Finanzminister.

An
sämmtliche Herren Provinzial-Steuer-Direktoren und die Königl. Regierungen in Potsdam und Frankfurt a. O.

Zusatz für die Provinzen Preußen, Posen, Schlesien, Brandenburg, Pommern, Sachsen, Westfalen: Ein Verzeichniß der zur Einsendung von Todtenlisten verpflichteten Geistlichen ist für jeden Bezirk festzustellen und der zuständigen Provinzial-Steuer-Behörde mitzutheilen.

Zusatz für Kassel und Wiesbaden: Die im Vordruck des Musters zur Todtenliste gegebene Anweisung, wonach die Todtenlisten von den Geistlichen 2c. direkt dem zuständigen Erbschaftssteuer-Amte zuzusenden sind, weicht von der nach der Anzeige des Provinzial-Steuer-Direktors in Kassel im dortigen Bezirke, mit Ausnahme der größeren Städte, bisher geübten Praxis ab, wonach die Todtenlisten Behufs der Vervollständigung der Eintragungen zunächst den Ortsbehörden übermittelt und von diesen dem Erbschaftssteuer-Fiskalate zugesendet werden. Da nach der Anzeige des Provinzial-Steuer-Direktors dieses Verfahren sich als zweckmäßig bewährt und nicht zu Unzuträglichkeiten geführt hat, so mag es auch in Zukunft hierbei verbleiben, was den betreffenden Geistlichen und Ortsbehörden zu eröffnen ist. Auch kann in diesem Sinne der auf der ersten Seite des Musters zur Todtenliste befindliche Vordruck ergänzt bezw. modifizirt werden. —

b) Bekanntmachung der Kön. Minist. u. s. w., den nämlichen Gegenstand betreffend, vom 3. Dezember 1873, (C.Bl. 1874 S. 38).

Bekanntmachung.

Nach § 29 (jetzt § 31) des mit dem 1. Januar 1874 in Wirksamkeit tretenden Gesetzes vom 30. Mai d. J., betreffend die Erbschaftssteuer, sollen die zur Feststellung und Einziehung der Erbschaftssteuerbeträge bestimmten Erbschaftssteuerämter nach Vorschrift der zuständigen Ministerien von denjenigen, welchen die Führung der Todtenlisten obliegt, periodische Auszüge aus letzteren nach Maßgabe der für diesen Zweck anzuordnenden Formulare erhalten.

Demgemäß wird angeordnet, daß alle diejenigen Geistlichen [1]) und Civilstands-Beamten, denen nach den bestehenden Vorschriften die rechtsgültige Beglaubigung von Sterbefällen durch Eintragung in das von ihnen zu führende Register (Kirchenbuch) obliegt, in den ersten zehn Tagen der Monate Januar, April, Juli und Oktober eine vollständige, durch ihre Unterschrift zu beglaubigende Liste derjenigen Personen dem zuständigen Erbschaftssteueramte einzusenden haben, welche in den letztverflossenen drei Kalendermonaten als gestorben in das von ihnen geführte Register eingetragen sind.

Für die Stadtbezirke von Berlin, Breslau, Köln sind die Todtenlisten nicht in vierteljährlichen, sondern in einmonatlichen Abschnitten aufzustellen und binnen zehn Tagen nach dem Schlusse jedes Monats einzusenden. Kommt im Laufe des betreffenden Zeitabschnitts kein Todes-

[1]) Jetzt die Standesbeamten.

fall vor, so ist dieses dem Erbschaftssteueramte binnen gleicher Frist schriftlich anzuzeigen (Vakat-Anzeige).

Da das Gesetz vom 30. Mai d. J. und diese Anweisung sich nur auf die nach dem Schlusse des laufenden Jahres eintretenden Sterbefälle beziehen, so sind die hier angeordneten Todtenlisten bezw. Vakatanzeigen zuerst für das erste Vierteljahr 1874 bis zum 10. April 1874, in Berlin, Breslau und Köln für den Januar 1874 bis zum 10. Februar 1874 einzureichen.

Für diejenigen Todesfälle, welche bis zum 31. Dezember d. J. eintreten, verbleibt es bei den bisherigen Vorschriften. In den Bezirken, in welchen gegenwärtig die Erbschaftsstempelverwaltung den Gerichtsbehörden obliegt, bewendet es mithin bei der Einsendung der Todtenlisten für das dritte Tertial 1873 an die Gerichtsbehörden.

Zu den Todtenlisten ist das vorgeschriebene Formular, welches die Regierungsbehörde des Bezirks den betreffenden Geistlichen und Civilstandsbeamten, einschließlich der Militär- und Marine-Geistlichen, zustellen wird, unter genauer Beachtung der im Vordruck der ersten Seite gegebenen Anleitung zu benutzen.

Die Sendungen der Todtenlisten und Vakatanzeigen an die Erbschaftssteuerämter erfolgen Seitens derjenigen Geistlichen und Civilstandsbeamten, welchen nicht aus fiskalischen Fonds eine Vergütung für Frankirung von Postsendungen gezahlt wird, unfrankirt, mit dem auf die Adresse zu setzenden Vermerk „Portopflichtige Dienstsache" und unter Anwendung des Kirchen- bezw. des Dienstsiegels.

Die Bekanntmachung über die Abgrenzung der den einzelnen Erbschaftssteuerämtern zuzuweisenden Geschäftsbezirke, aus welcher zu ersehen ist, an welches Erbschaftssteueramt die Todtenlisten einzusenden sind, wird durch den Finanzminister besonders erlassen und durch die Amtsblätter veröffentlicht werden.

Berlin, den 3. Dezember 1873.

Der Minister des Innern. Der Finanzminister.
Der Minister der geistlichen, Unterrichts- und Medizinal-Angelegenheiten.

c) Formular zu den Todtenlisten.

(CB. 1874 S. 39, 40, JMB. 1874 S. 7, 8 — in letzterem mitgeteilt durch das unten abgedruckte JMR. v. 31. Dez. 1873.)

Die erste Seite des Formulars lautet:[1])

Todten-Liste.

. . . tes Vierteljahr 187 .

Regierungs-(Landdrostei-)Bezirk	Bürgermeisterei . . . .
von	Amtsbezirk . . . .
	. . . . Gerichtsbezirk . . . .
Erbschaftssteueramts-Bezirk von	Gemeinde (Parochie) . . . .

Allgemeine Vorschriften zur Benutzung der Todtenlisten.

1. Die Todtenlisten, welche nach der Zeitfolge alle Todesfälle oder, wenn keine vorgekommen sind, eine Vakatbescheinigung enthalten müssen, und die mit Datum und Unterschrift des Ausstellers zu versehen sind, werden, bei Vermeidung gesetzlicher Ordnungsstrafe, in den ersten zehn Tagen der Monate April, Juli, Oktober und Januar dem Erbschaftssteuer-Amte unter der Rubrik „Portopflichtige Dienstsache" eingesendet. Insoweit durch besondere Anordnung für einzelne Bezirke die Einreichung monatlicher Todtenlisten vorgeschrieben ist, hat dieselbe binnen zehn Tagen nach dem Monatsschlusse zu erfolgen.
2. Bei Todesfällen, wo die Beerdigung aus Armenmitteln erfolgt, oder wo der Nachlaßwerth unzweifelhaft unter 50 Thl beträgt, ist dies in der Kolonne 13 mit den Worten: „arm" oder „Nachlaß unter 50 Thl" anzugeben und eine anderweitige Ausfüllung der Kolonnen 8 bis 13 unnöthig.
3. Bei Todesfällen ohne Testament, wo der Nachlaß ausschließlich an eheliche Nachkommen (Descendenten) oder an den überlebenden Ehegatten des Erblassers oder an Verwandte in aufsteigender Linie (Ascendenten) fällt und deshalb Befreiung von der Erbschaftssteuer eintritt, bedarf es, sofern das eine oder andere dieser Verhältnisse aus den Eintragungen in den Kolonnen 8 bis 12 deutlich erhellet, der Ausfüllung der Kolonne 13 nicht, ebenso beim Tode unbeerbter und vermögensloser Kinder, deren beide Eltern noch leben. Wo jedoch neben Ascendenten andere Verwandte zur Erbschaft gelangen, da ist bei solchen Kindern, die durch Vorverstorbene von Vater oder Mutter, oder auf sonstige Weise,

[1]) Vgl. hierzu das Reskript v. 15. August 1874 Absatz 5.

schon zu eigenem, obschon in elterlicher oder anderweiter Gemeinschaft befangenem Vermögen gelangt waren, wie bei allen übrigen Todesfällen, die genaueste Ausfüllung der Kolonnen 8 bis 13 unerläßlich.

4. In die Todtenlisten sind auch diejenigen Fälle aufzunehmen, wo ein Inländer im Auslande mit Hinterlassung von Vermögen, welches im Inlande liegt, oder wo ein Ausländer mit Hinterlassung von diesseits gelegenem Grundvermögen gestorben ist. Sind solche Todesfälle nicht bekannt geworden, so ist dieses hierunter zu bescheinigen.[1])

Die zweite und dritte Seite des Formulars hat die nachstehenden, neben einander laufenden 15 Kolonnen.

Laufende Nr.	Nr. des Sterbe-Registers	a. Vorname. b. Zuname (bei Ehefrauen und Wittwen außer dem Namen des Mannes auch der Geburtsname) c. Stand oder Gewerbe (bei Ehefrauen und Wittwen Stand oder Gewerbe des Mannes)	Geburtsort	Wohnort (In den größeren Städten Straße und Hausnummer. Falls nicht in der Gemeinde heimisch, Angabe des Wohnortes und des Regierungsbezirks)	Alter Jahr	Sterbetag	Bei Kindern unter 14 Jahren: Ob beide Eltern noch leben oder welcher Theil. Auch Namen und Wohnort der etwa vorhandenen Geschwister.
		der Verstorbenen					
1.	2.	3.	4.	5.	6.	7.	8.

Bei Verstorbenen eines höheren Alters: Ob sie ledig oder verheirathet oder verwittwet waren und event. seit wann.	Ob Testament oder Ehevertrag, Ehestiftung, Einkindschafts- oder Erbvertrag vorhanden ist.	Angabe der nächsten Verwandten nach Namen und Wohnort und: ob Descendenten aus der letzten oder aus früheren Ehen.	ob Ascendenten oder welche andere Verwandte oder deren Vormünder.	Summarische Angabe des bekannten Immobiliar- und Mobiliar-Nachlasses.	Nummer der Erbschaftssteuer-Tabelle des Erbschaftssteueramts.	Bemerkungen.
9.	10.	11.	12.	13.	14.	15.

[1]) Durch den im Einverständniß mit dem F.M. ergangenen Cirk.-Erlaß des M. d. J. vom 26. Septbr. 1887 I A. 7739, mitgeteilt durch F.M.R. vom 5. Oktbr. 1887 III 13193, bei H.G. S. 996, ist der Vordruck auf dem Formular zu den Todtenlisten unter 4 dahin abgeändert:

6. [1]) Allgemeine Verfügung des J.M. an sämmtliche Gerichtsbehörden vom 30. Dezember 1873, die Einrichtung der Erbschaftssteuerämter betreffend (J.M.Bl. 1874 S. 3; C.Bl. S. 41).

Zur Ausführung des Gesetzes, betreffend die Erbschaftssteuer, vom 30. Mai d. J., hat der Herr Finanzminister die Errichtung der Erbschaftssteuerämter nach Maßgabe der nachstehend abgedruckten Bekanntmachung vom 2. d. M. angeordnet.

An die errichteten Erbschaftssteuerämter sind die nach § 29 (jetzt § 31) des Gesetzes von den Gerichten mitzutheilenden beglaubigten Abschriften der eröffneten letztwilligen Verfügungen sogleich nach der Eröffnung, die der Todeserklärungen sogleich nach dem Eintritt der Rechtskraft derselben zu übersenden.

Sämmtliche Gerichte werden angewiesen, den Erbschaftssteuerämtern jede statthafte und thunliche Auskunft über Thatsachen, welche für die Berechnung der Erbschaftssteuer erheblich sind, auf Ersuchen zu ertheilen.

7. [1]) Allgemeine Verfügung des J.M. vom 31. Dezember 1873, betr. die Einreichung der Todtenlisten an die Erbschaftssteuerämter (J.M.Bl. 1874 S. 6; C.Bl. S. 41, 42).

Zur Ausführung des Gesetzes, betreffend die Erbschaftssteuer, vom 30. Mai d. J., ist bestimmt worden, daß den Erbschaftssteuerämtern die nach § 29 (jetzt § 31) des Gesetzes periodisch mitzutheilenden Auszüge aus den Todtenlisten für die Städte Berlin, Breslau, Köln und Frankfurt a. M. monatlich, im Uebrigen aber vierteljährlich übersandt werden.

Die im Geltungsbereich der Verordnung vom 30. März 1847 (Gesetzsamml. S. 125) und des Gesetzes vom 23. Juli 1847 (Gesetzsamml. S. 263) mit der Führung der Civilstandsregister für Dissidenten und für Juden befaßten Gerichte (jetzt die Standesbeamten) und die Standesbuchführer in dem ehemaligen Gebiete der freien Stadt Frankfurt haben demgemäß die erforderlichen Auszüge aus den Todtenlisten für die Städte Berlin, Breslau und Frankfurt a. M. in den ersten zehn Tagen jedes Monats, im Uebrigen in den ersten zehn Tagen der Monate April, Juli, Oktober und Januar an das zuständige Erbschaftssteueramt zu übersenden.

Die Auszüge sind unter Benutzung des (anliegenden) Formulars und unter Beobachtung der demselben vorgedruckten allgemeinen Vorschriften aufzustellen.

Der Bedarf an Formularen wird von der Königlichen Regierung des Bezirks auf Ersuchen geliefert.

An

die Gerichtsbehörden in den Provinzen Brandenburg, Pommern, Preußen, Schlesien, Posen, Sachsen, Westfalen und in der Rheinprovinz mit Ausschluß des Bezirks des Appellationsgerichtshofes in Köln, sowie an die Standesbuchführer und die denselben vorgesetzten Gerichte im Bezirk des Appellationsgerichts zu Frankfurt a. M.

8. Reskript des F.M. und des M. d. J. vom 15. August 1874, an sämmtliche Ober-Präsidenten (C.Bl. S. 209 M.B. S. 243).

Nach § 29 (jetzt § 31) des Gesetzes vom 30. Mai 1873, betreffend die Erbschaftssteuer (G.S. S. 329) haben alle diejenigen, welche Todtenlisten führen, also vom 1. Oktober d. J. [1874]

In die Todtenlisten sind auch diejenigen Fälle aufzunehmen, in denen ein Inländer im Auslande mit Hinterlassung von Vermögen überhaupt im mutmaßlichen Betrage von 150 M. oder mehr, oder in denen ein Ausländer im Inlande oder im Auslande, mit Hinterlassung von im Inlande befindlichen Vermögen gestorben ist. Sind solche Fälle nicht bekannt geworden, so ist dies am Schlusse der Tabelle, wie folgt, zu bescheinigen. „Fälle der unter Nr. 4 der Allgemeinen Vorschriften bezeichneten Art sind dem unterzeichneten Standesbeamten nicht bekannt geworden."

[1]) Diese Verfügung ist durch Cirk.Verf. d. F.M. v. 8. Januar 1874, III 122 den P.St.D. und den Regierungen in Potsdam und Frankfurt a. O. zur Kenntnisnahme und Mitteilung an die Erbschaftssteuerämter übersandt worden.

an auch die in Folge des Gesetzes vom 9. März d. J. [G.S. 1874 S. 95] in Wirksamkeit tretenden Standesbeamten, die Verpflichtung, nach Maßgabe der ministeriellen Anweisung dem zuständigen Erbschaftssteuer=Amte Auszüge aus den Todtenlisten einzureichen.

Die näheren Bestimmungen über die Aufstellung und Einsendung dieser Auszüge, bezw. der Vakat=Anzeigen, sind in der von uns in Gemeinschaft mit dem Herrn Minister für geistliche, Unterrichts= und Medizinal=Angelegenheiten erlassenen, den einzelnen Regierungen und Landdrosteien mittelst Verfügung vom 3. Dezember v. J. zur Publikation durch die Amtsblätter zugegangenen Bekanntmachung getroffen [s. oben Nr. 5 b], und die Geschäftsbezirke der einzelnen Erbschaftssteuer=Aemter sind in der gleichfalls durch die Amtsblätter veröffentlichen Bekanntmachung des unterzeichneten Finanz=Ministers vom 2. Dez. v. J. bestimmt [s. oben Nr. 4 b].

Ew. ꝛc. ersuchen wir ergebenst, die in Ihrem Verwaltungsbezirke auf Grund des Gesetzes vom 9. März d. J. zu bestellenden Standesbeamten rechtzeitig auf die ihnen hiernach obliegenden Verpflichtungen aufmerksam zu machen, auch ihnen dabei die sorgfältige Ausfüllung des vorgeschriebenen Todtenlistenformulars noch besonders anzuempfehlen, damit hierdurch zeitraubende Erörterungen und Rückfragen vermieden werden.

Die erforderlichen Formulare zu den Todtenlisten sind den Standesbeamten von den Bezirksregierungen in gleicher Weise, wie bisher den Geistlichen u. s. w., fortdauernd nach Bedarf zuzustellen.

Bei künftigem Neudruck des Todtenlistenformulars [s. oben Nr. 5 c] ist der Vordruck auf der Titelseite dahin zu ändern, daß an Stelle der Bürgermeisterei, des Amtsbezirks, des Gerichtsbezirks, der Gemeinde (Parochie), nur der Standesamtsbezirk namhaft gemacht wird.

Wegen der Verrechnung der Kosten für die Beschaffung dieser Formulare verbleibt es bei den bisherigen Bestimmungen.

Die zuständigen Provinzial=Steuerbehörden müssen mit einem Verzeichniß sämmtlicher in der Provinz zu bestellenden Standesämter versehen werden, in welchem nach Anleitung der finanzministeriellen Bekanntmachung vom 2. Dezember v. J. anzugeben ist, zu welchem Erbschaftssteuer=Amts=Bezirk die einzelnen Standesämter gehören. Auch ist es erforderlich, daß von eintretender Veränderung in der Zahl der Standesämter und in der Person der Standesbeamten diesen Behörden ungesäumt Mittheilung gemacht wird. Für Berlin würde dieses Verzeichniß, bezw. die Benachrichtigung Seitens des Magistrats, dem hiesigen Erbschaftssteuer=Amte zuzustellen sein.

9. Reskript des M. d. J. vom 12. September 1874 (C.Bl. 1875 S. 20).

In dem mir von dem Herrn Finanzminister mitgetheilten, mit sämmtlichen Anlagen hier beigefügten Berichte vom 16. Juni d. J. hat der Königl. Provinzial=Steuer=Direktor daselbst vorgetragen, daß die dortige Polizei=Direktion in verschiedenen Fällen es prinzipiell abgelehnt hat, den für erforderlich erachteten Requisitionen des Königlichen Erbschaftssteuer=Amtes daselbst um Feststellung der Erben und Vermögensverhältnisse gewisser verstorbener Personen nachzukommen, und daß die ꝛc. (Königl. Regierung) diese Weigerung für im Allgemeinen gerechtfertigt erachtet. Mit seinem weiteren, ebenfalls hier angeschlossenen Berichte an den Herrn Finanzminister vom 5. v. M. hat der genannte Königl. Provinzial=Steuer=Direktor die betreffenden Requisitionen vorgelegt. In Uebereinstimmung mit dem Herrn Finanz=Minister kann ich die prinzipielle Ablehnung der in Rede stehenden Requisitionen der Königlichen Erbschaftssteuerbehörde Seitens der dortigen Polizei=Direktion nicht für gerechtfertigt erachten. Wenn auch nach § 29 (jetzt § 31) des Gesetzes vom 30. Mai 1873 und nach dem Cirkular=Reskript der Minister der Finanzen, des Innern und der geistlichen, Unterrichts= und Medizinal=Angelegenheiten vom 3. Dezember dess. J. (MB. 1874 S. 24) [s. oben Nr. 5 a] in erster Linie die nach dem vorgeschriebenen Formular zu führenden Todtenlisten der Ermittelung der steuerpflichtigen Erbschaftsfälle zu Grunde zu legen sind, und wenn ferner auch die Deklaration der steuerpflichtigen Anfälle und etwaige Vervollständigung der betreffenden Angaben nach §§ 33 (jetzt 35) ff. des Gesetzes vom 30. Mai 1873 von den dort bezeichneten Erbes=Interessenten zu fordern sind, so muß doch anerkannt werden, daß Fälle vorkommen, in welchen die Königlichen Erbschaftssteuer=Aemter auf keinem der vorbezeichneten Wege sich in den Besitz der erforderlichen, das weitere selbstständige Vorgehen der Steuerbehörde ermöglichenden Notizen setzen können. Insbesondere stehen den mit der Anfertigung der Todtenlisten beauftragten Geistlichen zum Zwecke der Ausfüllung der zur Ermittelung der steuerpflichtigen Erbschaftsfälle dienlichen Kolonnen 8 bis 13 keine geeignete Mittel zu Gebote, wenn die Hinterbliebenen Verstorbener ihnen unbekannt oder nicht erreichbar sind, oder wenn dieselben die nöthige Auskunftsertheilung verweigern. In solchen Fällen bleibt den Königlichen Erbschaftssteuer=Aemtern nichts Anderes übrig, als auf die Polizeibehörden als diejenigen Behörden zurückzugehen, welche zu solcher Ermittelung an sich geeignet und zur Unterstützung der Behörden in der Wahrung staatlicher In=

teressen mit den ihnen zu Gebote stehenden Mitteln auch kompetent sind. Indem ich mich hiernach im Prinzip mit der Entscheidung der Königlichen Regierung vom 11. Juni d. J., durch welche dieselbe der Auffassung der dortigen Polizei-Direktion beigetreten ist, nicht einverstanden erklären kann, bemerke ich doch andererseits, daß die Königlichen Erbschaftssteuer-Aemter eine Mitwirkung der Polizeibehörden nur da zu beanspruchen haben werden, wo ihre eigenen Mittel zur Feststellung der Steueranfälle erschöpft sind, oder ihnen von vornherein keine solche Mittel offen stehen. Was ferner die Ausführung der Seitens der Königlichen Erbschaftssteuer-Aemter an die Polizeibehörden zu fraglichem Zwecke zu richtenden Requisitionen betrifft, so werden die Polizeibehörden, soweit es auf die Ermittelung von Erben (Kolonne 8 bis 12 der Todtenliste) ankommt, sich auf die Erkundigung im Polizeibezirke zu beschränken, weitere Ermittelungen aber, sowie die Verfolgung der nach auswärts führenden Spuren der Erben der Steuerbehörde zu überlassen haben. Soweit es sich ferner um die summarische Angabe des bekannten Immobiliar- und Mobiliar-Nachlasses (Kolonne 13 der Todtenliste) handelt, wird eben nur eine summarische Angabe und eine Angabe bekannter Thatsachen verlangt. Die requirirten Polizeibehörden werden daher für den vorliegenden Zweck eines näheren Eingehens auf die Vermögensverhältnisse des Verstorbenen sich zu enthalten haben, und es ist demgemäß nicht zu befürchten, daß dieselben sich Beschwerden über Einmischung in die Vermögensverhältnisse der einzelnen Familien aussetzen werden.

Wird in dieser Weise die Erledigung der Requisitionen der Königlichen Erbschaftssteuer-Aemter auf das Nothwendige beschränkt, so läßt sich auch nicht annehmen, daß die Polizeibehörden durch die diesfälligen Geschäfte übermäßig werden belastet werden.

Die Königliche Regierung wird veranlaßt, die dortige Polizei-Direktion zur Erledigung der Requisitionen des dortigen Königlichen Erbschaftssteuer-Amts nach Maßgabe der vorstehenden Bemerkungen anzuweisen und wie dies geschehen, bei Wiedereinreichung der Anlagen anzuzeigen.

10. Reskript des Kammergerichts v. 16. Oktbr. 1874 Nr. 134 C. 10 an das Stadtgericht in B., (bei H.G. S. 998, Anm. 3 d).

(Das Stadtgericht hatte dem Berliner Erbschaftssteuer-Amt gegenüber die Ansicht vertreten, daß die Gerichte nicht mehr verpflichtet seien, den Erbschaftssteuer-Aemtern vor Ausschüttung der Massen von den betreffenden Erbfällen Mittheilung zu machen, da die Gerichte als Nachlaß-Verwalter im Sinne der §§ 28. 35 des Gesetzes vom 30. Mai 1873 [jetzt §§ 30. 37] nicht zu betrachten seien.): Das ꝛc. wird unter Rücksendung der D.'schen Nachlaßakten D. 9. 1874 hierdurch angewiesen, in allen Fällen einer gerichtlichen Nachlaßverwaltung vor Ausschüttung der Masse dem Erbschaftssteuer-Amte Mittheilung von denjenigen zu den Akten bekannt gewordenen Thatsachen zu machen, welche für die Einziehung der Steuer erheblich sind.

Das in der Beschwerde vom 16. v. Mts. von dem Erbschaftssteuer-Amt zu Berlin, I. Abtheilung, dieserhalb gestellte Verlangen entspricht, wie in dem Bericht des Stadtgerichts vom 2. d. M. anerkannt wird, dem Zweck des Gesetzes vom 30. Mai 1873, Hinterziehungen der Erbschaftssteuer vorzubeugen. Die Frage, inwieweit aus einer einzelnen Bestimmung des Gesetzes eine Verpflichtung zu der oben angeordneten Mittheilung herzuleiten sei, bedarf ebensowenig einer Erörterung wie die Frage nach der Bedeutung des Ausdrucks „Nachlaßverwalter" in dem Gesetz im Hinblick auf das Gericht als Leiter von Nachlaßverwaltungen. Es genügt vielmehr das von einem Erbschaftssteuer-Amt dargelegte Bedürfniß jener Mittheilung zur Durchführung einer sicheren Feststellung und Einziehung der Steuerbeträge, um zu einer entsprechenden allgemeinen Anordnung zu führen, welche die Steuer-Aemter der Gefahr überhebt, zu spät von den Einzelfällen Kenntniß zu erhalten. Die Verpflichtung der Gerichte, dem gestellten Ersuchen um Auskunft über steuerpflichtige Fälle nachzukommen, folgt nicht nur aus der Verbindlichkeit der Königl. Behörden zur Gewährung jeder statthaften amtlichen Unterstützung, sondern auch aus der Allgemeinen Verfügung des Herrn Justiz-Ministers vom 30. Dezember 1873 — Just.-Min.-Bl. 1874 S. 3 — [s. oben Nr. 6], deren Schlußsatz sich nicht auf solche Ersuchungsschreiben beschränkt, welche zu einzelnen Nachlaßsachen gestellt werden.

11. Cirk.-R. des F.M. vom 7. Juli 1875 III 9002, (bei H.G. S. 999, Anm. 4 b).

Die ꝛc. (Prov.-Steuerbehörde) erhält hierneben [folgt hierunter] Abschrift einer von dem Herrn Minister des Innern unterm 22. v. M. an die sämmtlichen Königlichen Regierungen und Landdrosteien, excl. der Regierung zu Sigmaringen, erlassenen Verfügung, betreffend die Verpflichtung der Standesbeamten zur Ausfüllung der den Erbschaftssteuerämtern einzureichenden Todtenlisten, zur Nachricht. Wenn die Standesbeamten amtlich erklären, daß ihnen die fragliche Feststellung oder Recherchen in diesem oder jenem Falle nicht möglich gewesen, so werden die Erbschaftssteuerämter nachsichtig zu verfahren und das Erforderliche anderweit zu ermitteln haben.

Cirk.-R. des M. d. J. v. 22. Juni 1875 (MB. S. 143): Das Gesetz, betreffend die Erbschaftssteuer vom 30. Mai 1873 (G.S. S. 329), verweist im § 29 [jetzt § 31] die mit der Erhebung der gedachten Steuer betrauten Erbschaftssteuerämter auf die Mitwirkung derjenigen, „welchen die Führung der Todtenlisten obliegt". Es kann einem Zweifel nicht unterworfen sein und ist bereits durch die Cirkular-Verfügung vom 15. August pr. ausgesprochen, daß zu dieser Mitwirkung gegenwärtig, an Stelle der in § 29 cit. nur beispielsweise genannten „Pfarrer, Bürgermeister u. s. w.", die Standesbeamten berufen sind. Während die große Mehrzahl der Standesbeamten sich der in Rede stehenden Verpflichtung bisher unweigerlich unterzogen hat, ist in neuerer Zeit hier und da eine zur Benachtheiligung des öffentlichen Dienstes gereichende Unwillfährigkeit hervorgetreten. Es giebt mir dies Veranlassung, der Königlichen Regierung im Einverständnisse mit dem Herrn Finanz-Minister Nachstehendes zu bemerken:

Gemäß dem Cirkular-Erlasse vom 3. Dezember 1873 [s. oben Nr. 5a] haben die Standesbeamten in den, auf Grund des allegirten § 29 (jetzt § 31) vorgeschriebenen Todtenlisten-Formularen nach Anleitung des Vordruckes auf der ersten Seite und der Ueberschriften der betreffenden Spalten, gewisse Fragen zu beantworten. Die möglichst vollständige Beantwortung der letzteren ist nothwendig im Interesse der Erbschaftsämter und zugleich, wie anscheinend nicht überall genügend erwogen wird, des Publikums selbst. Die Standesbeamten werden sich zu vergegenwärtigen haben, daß die zu beantwortenden Fragen zumeist einen mehr negativen Zweck verfolgen, nämlich den, zu konstatiren, daß nach den im einzelnen Falle vorliegenden verwandtschaftlichen Verhältnissen der Hinterbliebenen ein Erbfall nicht steuerpflichtig sein mag. Es handelt sich dabei um eine Sichtung und Aussonderung gerade der steuerfreien Erbfälle. Die Erbschaftssteuerämter müßten, wenn ihnen die hier in Betracht kommenden Unterlagen durch die Führer der Todtenlisten nicht gewährt werden, sich solche auf anderem Wege verschaffen, und es liegt auf der Hand, daß die erforderlichen anderweiten Recherchen dem Publikum zu viel größerer Belästigung gereichen würden, als die Beantwortung einiger Fragen, welche der Standesbeamte den Betheiligten vorlegt, wenn ihm die Verhältnisse aus seinen amtlichen und persönlichen Beziehungen nicht etwa sonst schon genügend bekannt sind. Dazu kommt, daß beim Mangel dazu bestimmter anderer Organe der Steuerverwaltung die bezüglichen Recherchen in den alljährlich vorkommenden vielen Tausenden von Todesfällen kaum möglich sein, oder bei den zahlreichen Befreiungen des Erbschaftssteuer-Gesetzes doch einen unverhältnißmäßigen Kostenaufwand verursachen würden. Die Bezirke der Standesbeamten sind allerdings vielfach größer, als diejenigen der früheren Führer von Todtenlisten, namentlich der Geistlichen, und es ist deshalb anzuerkennen, daß jene Beamten mit den Personen und Verhältnissen meist weniger bekannt sein werden, als dies bei den Geistlichen der Fall war. Nichtsdestoweniger werden, insbesondere auf dem Lande, also gerade da, wo die Möglichkeit von eigenen Recherchen der Erbschaftssteuerämter ganz besonders erschwert ist, die Standesbeamten die erforderlichen Angaben in vielen Fällen aus eigener Kenntniß sehr wohl selbst machen können; in anderen Fällen kann eine bei der Anmeldung zu stellende Frage ihnen nicht eben lästig sein. Die hier und da in Zweifel gezogene Berechtigung zu bezüglichen Fragen ergiebt sich aus dem § 29 (jetzt § 31) des Erbschaftssteuergesetzes, in Verbindung mit den dazu ergangenen Anweisungen, und es läßt sich erwarten, daß das Publikum sich den Standesbeamten willfährig zeigen wird, wenn letztere, wo es erforderlich sein möchte, dasselbe mit dem Zwecke ihrer betreffenden Fragen bekannt machen. Ist den Standesbeamten die erforderliche Feststellung ohne besondere Recherchen in diesem oder jenem besonderen Falle nicht möglich, so haben sie dies amtlich zu erklären; die Erbschaftssteuerämter werden besonders angewiesen werden, sich in Fällen solcher Art mit der gedachten Erklärung zu begnügen und die Feststellung auf anderem Wege zu bewirken.

Die Königliche Regierung wolle den Standesbeamten Ihres Bezirkes von dem Vorstehenden Mittheilung machen und vertraue ich, daß hiermit die hervorgetretenen Weiterungen ihre Erledigung finden werden.

12. Cirk.-Erl. des F.M. vom 22. Dezbr. 1876, (C.Bl. 1877 S. 34).

S. oben in der Anm. 5a. auf S. 193.

13. Cirk.-Erl. des F.M. vom 12. Januar 1877, (C.Bl. S. 34).

S. oben in der Anm. 5b. auf S. 193.

14. Cirk.-Verf. des F.M. vom 4. Dezember 1877 an die P.St.-Direktoren (C.Bl. S. 18).

Die Bestimmungen der diesseitigen Anweisung v. 14. Nov. 1873 (CB. 1874 S. 19) und der § 1 der Anweisung an die Hauptämter von demselben Tage (CB. 1874 S. 25) verfolgen den Zweck, den zahlungspflichtigen Personen die Berichtigung der Erbschaftssteuern möglichst zu erleichtern. Zur Herbeiführung eines gleichmäßigen Verfahrens in diesem Sinne wird angeordnet, daß zur Empfangnahme und Verrechnung der Erbschaftssteuer dasjenige Hauptamt zu bestimmen ist, in dessen Bezirk die zahlungspflichtigen Personen wohnen und daß, wenn Letztere ihren Wohnsitz nicht am Orte des Hauptamts oder in der Nähe desselben haben, das ihnen zunächst gelegene, oder auch das von ihnen speziell bezeichnete Zoll- oder Steueramt mit der Empfangnahme der Zahlung für Rechnung jenes Hauptamtes zu beauftragen ist. Ew. ꝛc. wollen die Erbschaftssteuer-Aemter und die Hauptämter Ihres Bezirks mit entsprechender Anweisung versehen.

15. F.M.R. vom 6. Februar 1879 III 963 (C.Bl. S. 86).

Ew. ꝛc. wird auf die Anfrage in dem Berichte v. 21. v. M. erwidert, daß nach der Cirk.-Verf. v. 4. Dez. 1877 (s. Nr. 14) jedes Haupt- bezw. Untersteueramt im ganzen Geltungsbereich des Erbschaftssteuerges. v. 30. Mai 1873 mit der Empfangnahme und Verrechnung der Erbschaftssteuer beauftragt werden kann, ohne Rücksicht darauf, in welchem Direktionsbezirke sich das requirirende Erbschafts-Steueramt befindet.

16. Cirk.-Reskr. des F.M. vom 29. November 1879, III 15194.

S. oben Nr. 1c auf S. 191.

17. Erlaß des F.M. vom 8. März 1880 III 2894, II 626, bei H.G. S. 60 Anm. 70.

Wenngleich die Vorschriften der früheren Exekutions-Ordnungen, welche die Zulässigkeit der Subhastation zur Beitreibung von Geldbeträgen im Verwaltungszwangsverfahren von der Genehmigung der Aufsichtsbehörde abhängig machen, in die Verordnung über das Verwaltungszwangsverfahren vom 7. September 1879 nicht aufgenommen worden sind, so ist doch hierdurch an den besonderen Bestimmungen, welche in dieser Hinsicht für die einzelnen Ressorts bestehen, nichts geändert worden (Art. 69 der Ausführungs-Anweisung vom 15. September 1879). Insbesondere gilt dies von der, eine ältere Bestimmung hinsichtlich der Grundsteuer generalisirenden Verfügung vom 20. März 1851 (MB. S. 48, — CB. S. 74), wonach wegen der Rückstände von direkten oder indirekten Steuern die Subhastation nur mit diesseitiger Genehmigung in Antrag gebracht werden soll.

Da indessen ein Bedürfniß, die ministerielle Genehmigung für jeden einzelnen Fall vorzubehalten, nicht mehr besteht, so bestimme ich hiermit in Abänderung dieser Verfügung, daß fortan vor Stellung des Subhastationsantrages wegen Beitreibung von direkten oder indirekten Staatssteuern die Vollstreckungsbehörden in jedem einzelnen Falle die Genehmigung der vorgesetzten Provinzial-Aufsichtsbehörde einzuholen haben.

Die Letztere hat sorgfältig zu prüfen, ob die Voraussetzungen für die Stellung des Subhastationsantrages vorliegen, namentlich ob es feststeht, daß durch Pfändung die Beitreibung nicht erfolgen kann. (§ 54 Abs. 1 der Verordnung über das Verwaltungszwangsverfahren vom 7. September 1879). Außerdem ist die Genehmigung der Regel nach zu versagen, wenn die Sequestration mit Aussicht auf Erfolg zulässig ist oder wenn es sich um ganz geringfügige Rückstände handelt; in solchen Fällen ist die Stellung des Subhastationsantrages nur ausnahmsweise zu genehmigen, wenn nämlich anzunehmen ist, daß der Schuldner sich böswilliger Weise der Zahlung zu entziehen sucht. Falls auch bei größeren Rückständen die Abstandnahme von der Subhastation sich zur Vermeidung besonderer Härten empfehlen sollte, so ist dieserhalb an mich zu berichten.

Um etwaigen Mißverständnissen vorzubeugen, bemerke ich, daß an den gesetzlichen Bestimmungen über die Unzulässigkeit der Subhastation in besonderen Fällen, wie z. B. wegen der Geldstrafe für Zoll- und Steuer-Defraudationen (§. 51 des Gesetzes wegen Untersuchung und Bestrafung der Zollvergehen vom 23. Januar 1838 — GS. S. 78, — Bekanntmachung betreffend die Unzulässigkeit der Anträge auf Subhastation zur Deckung der in Steuer-Defraudationen erkannten Geldbußen, vom 8. Oktober 1826 — GS. S. 106 — und vom 14. Oktober 1829 — GS. S. 27) weder durch die Vorschriften des § 54 der Verordnung über das Verwaltungszwangsverfahren vom 7. September 1879, noch durch die Bestimmung dieser Verfügung etwas geändert worden ist.

18. Cirk.-Verf. des F.M., betr. die in bürgerlichen Rechtsstreitigkeiten von den Behörden der Verwaltung der indirekten Steuern an obsiegende Gegner zu erstattenden Prozeßkosten, vom 23. März 1883 III 1859. I 3630.

Auf den in Folge Cirkular-Erlasses vom 6. Juli 1882, III 6074, erstatteten Bericht bestimme ich im Einverständniß mit der Königlichen Ober-Rechnungskammer, daß es zur Verifikation der in bürgerlichen Rechtsstreitigkeiten auf Grund eines zur Zwangsvollstreckung geeigneten Titels von den Behörden der Verwaltung der indirekten Steuern ihren obsiegenden Gegnern zu erstattenden Prozeßkosten der gerichtlichen Festsetzung der letzteren gemäß § 99 der Civil-Prozeßordnung in der Regel nicht bedarf. Dagegen muß durch die betheiligten Steuerbehörden eine sorgfältige Prüfung dieser Kosten stattfinden. Dieselbe ist durch die Hauptämter und, soweit die Zahlungsanweisung von den Provinzialbehörden zu erlassen ist, durch diese zu bewirken. Erstattungsanträge, welche bei einer anderen als der hiernach zur Prüfung zuständigen Behörde eingehen, sind der letzteren mit den etwa vorhandenen, zur Prüfung erforderlichen Unterlagen ohne Zeitverlust vorzulegen.

Die Prüfung ist darauf zu richten, ob die einzelnen Sätze nach den bestehenden Vorschriften nicht zu hoch berechnet worden, ob die Auslagen gehörig nachgewiesen sind und ob die Gesammtsumme mit den Einzelbeträgen übereinstimmt.

Im Besonderen sind folgende Punkte zu beachten:

1. Die unterliegende Partei hat die dem Gegner erwachsenden Kosten nur insoweit zu erstatten, als dieselben zur zweckentsprechenden Rechtsverfolgung oder Rechtsvertheidigung notwendig waren (§ 87 Abs. 1 der Civil-Prozeßordnung). Ob solche sachgemäß nothwendigen Kosten in voller Höhe oder nur zu einem Theile zu erstatten sind, richtet sich nach den im Urtheile getroffenen Festsetzungen.

   Besteht die unterliegende Partei aus mehreren Streitgenossen, so haften dieselben für die Kostenerstattung nach Kopftheilen, sofern im Urtheile nicht ein Anderes bestimmt ist (§ 95 der Civil-Prozeßordnung).

2. Die Gebühren und Auslagen des Rechtsanwalts der obsiegenden Partei sind sowohl in amtsgerichtlichen wie in Anwaltsprozessen zu erstatten, Reisekosten eines auswärtigen Rechtsanwalts jedoch nur dann, wenn die Zuziehung zur zweckentsprechenden Rechtsverfolgung oder Rechtsvertheidigung nothwendig war. Die Kosten mehrerer Rechtsanwälte sind nur insoweit zu erstatten, als sie die Kosten eines Rechtsanwalts nicht übersteigen oder als in der Person des Rechtsanwalts ein Wechsel eintreten mußte (§ 87 Abs. 2 der Civil-Prozeßordnung). Die Gebühren und Auslagen der Rechtsanwälte sind in der Gebührenordnung vom 7. Juli 1879 (RGBl. S. 176) festgesetzt. Die Höhe der Gebührensätze richtet sich nach dem Werthe des Streitgegenstandes. Auf die Berechnung desselben finden die Vorschriften der §§ 9 bis 13 des Deutschen Gerichtskostengesetzes, der §§. 3 bis 9 der Civil-Prozeßordnung und des § 136 der Konkursordnung Anwendung. Unter Anderem wird in Interventionsprozessen der Werth des Streitgegenstandes durch den Betrag der Forderung oder, wenn der Gegenstand des Pfandrechts einen geringeren Werth hat, durch diesen bestimmt.

   Ist zum Zwecke der Gerichtskostenberechnung eine Festsetzung des Streitobjekts erfolgt, so ist dieselbe für die Berechnung der Gebühren der Rechtsanwälte ebenfalls maßgebend. (§ 11 der Gebührenordnung vom 7. Juli 1879.)

3. In Betreff sogenannter Rechtskonsulenten verbleibt es auch ferner bei der Verfügung vom 29. Oktober 1880, III 15700, wonach die denselben zu bewilligenden Gebühren in der Regel hinter den Gebühren der Rechtsanwälte für gleiche Akte wesentlich zurückbleiben müssen.

4. Parteien, welche den vor einem Amtsgerichte anhängigen Rechtsstreit persönlich geführt haben, und Privatpersonen, welche den Ersteren als Prozeßbevollmächtigte oder Beistände bedient gewesen sind und nicht zu der unter Nr. 3 aufgeführten Kategorie gehören, können neben der Erstattung nothwendiger baarer Auslagen (z. B. Portokosten, Zustellungsgebühren) Entschädigungen nach denselben Sätzen gewährt werden, welche sie nach der Gebührenordnung für Zeugen und Sachverständige vom 30. Juni 1878 (RGBl. S. 173) zu beanspruchen gehabt haben würden, wenn sie die gerichtlichen Termine als Zeugen wahrgenommen hätten. Die Entschädigung ist nach billigem

Ermessen zu bestimmen, wobei in jedem einzelnen Falle die Erwerbsverhältnisse des Liquidanten sowie die örtlichen Verhältnisse gebührend in Berücksichtigung zu ziehen sind. Die Entschädigung der Parteien und Bevollmächtigten sowie die Entschädigung der Parteien und Beistände zusammen einschließlich der baaren Auslagen darf in keinem Falle die Gebühren und Auslagen übersteigen, welche ein Rechtsanwalt für den Prozeßbetrieb zu fordern gehabt haben würde.

5. Neben den Gebühren und Auslagen des Rechtsanwalts oder sonstigen Bevollmächtigten hat die Partei nur Anspruch auf Erstattung nothwendiger baarer Auslagen für Ertheilung der Information zur Vorbereitung der Klage und auf Entschädigung für die Wahrnehmung von Terminen zur Ableistung eines ihr zu- oder zurückgeschobenen oder auferlegten Eides nach den unter Nr. 4 aufgeführten Grundsätzen.

6. Ob die Kosten für Zustellungen richtig berechnet sind, ist auf Grund der Gebührenordnung für Gerichtsvollzieher vom 24. Juni 1878 (RGBl. S. 166) und der Novelle vom 29. Juni 1881 (RGBl. S. 178) zu prüfen.

7. Wird von der obsiegenden Partei die Erstattung bezahlter Kostenvorschüsse oder sonstiger Gerichtskosten gefordert, welche die unterliegende Partei nach den unter Nr. 1 aufgeführten Grundsätzen zu erstatten haben würde, so ist deren Zurückzahlung bei der zuständigen Gerichtsschreiberei auf Grund des § 98 Abs. 4 des Gerichtskostengesetzes in Antrag zu bringen.

Ergeben sich Erinnerungen gegen die liquidirten Beträge und lassen sich dieselben nicht durch Benehmen mit den Forderungsberechtigten beheben, so muß die Liquidation berichtigt, und wenn bereits ein gerichtlicher Kostenfestsetzungsbeschluß ergangen ist, nach Maßgabe der Bestimmungen in den §§ 530 ff. der Civil-Prozeßordnung die nach § 99 Abs. 3 ebendaselbst zulässige sofortige Beschwerde binnen der Nothfrist von zwei Wochen, von Zustellung des Festsetzungsbeschlusses ab gerechnet, erhoben werden.

Bei der Prüfung der von Bevollmächtigten der Steuerverwaltung liquidirten Beträge, oder solcher Kosten, zu deren Erstattung die Behörden auch ohne das Vorhandensein eines zur Zwangsvollstreckung geeigneten Titels rechtlich verpflichtet sind, findet Vorstehendes sinngemäße Anwendung.

Behufs Vermeidung von Weiterungen bei der späteren Kostenerstattung ist schon im Laufe des Prozesses die gerichtliche Festsetzung des Streitobjekts zu beantragen, sofern dasselbe aus den Verhandlungen nicht hervorgehen oder in den Anträgen des Gegners (§ 230 Abs. 2 Nr. 2 der Civil-Prozeßordnung und § 14 des Gerichtskostengesetzes) unrichtig angegeben sein sollte.

19. Allgem. Verf. des J.M. v. 16. April 1884 I 1330 (J.M.Bl. S. 78) mitgeteilt durch F.M.R. v. 24. Mai 1884 III 5754. I 6477. II 5592.

Bei der Ausführung des § 98 Absatz 4 des Deutschen Gerichtskostengesetzes sind die nachstehenden Bemerkungen und Anordnungen zu beachten:

1. Der § 98 Absatz 4 DGKG. bezieht sich nur auf Gebühren, nicht auf Auslagen; seine Anwendung setzt eine unbedingte richterliche Entscheidung über die Kosten voraus. Das Verfahren ist insoweit als ein gebührenfreies zu behandeln, als demjenigen, welchem die Gebührenfreiheit zusteht, die Kosten des Verfahrens auferlegt worden sind.
2. Unmittelbar nach der Entscheidung sind die von dem Gegner der gebührenfreien Partei erforderten Gebühren und Gebührenvorschüsse (§ 81 und § 85 Abs. 1 und 3 DGKG.), wenn deren Zahlung noch nicht erfolgt ist, niederzuschlagen, und wenn sie erfolgt ist, zurückzuzahlen,
3. Hat jedoch auch der Gegner der gebührenfreien Partei Gerichtskosten zu zahlen, so sind zunächst diese Kosten auf die Gebühren oder Gebührenvorschüsse (Nr. 2) in Anrechnung zu bringen und insoweit deren Niederschlagungen und Zurückzahlungen zu unterlassen.
4. Auf die Behandlung des von dem Gegner der gebührenfreien Partei erforderten Auslagenvorschusses (§ 344 CPO. § 84 Absatz 1 und § 97 DGKG.) ist die Bestimmung des §. 98 Absatz 4 DGKG. ohne Einfluß. Derselbe wird zunächst auf die baaren Auslagen verrechnet, zu deren Deckung er bestellt war. Auf den nach deren Abzug verbleibenden Betrag kommen die dem Gegner der gebührenfreien Partei etwa sonst noch zur Last fallenden Kosten in Anrechnung. Nur der dann noch verbleibende Ueberrest darf niedergeschlagen bezw. zurückgezahlt werden.
5. In jedem Falle sind unmittelbar nach der Entscheidung beiden Parteien vollständige Kostenrechnungen mitzutheilen.

20. Cirk.-Verf. des F.M. v. 27. Juni 1885 an die P.St.Direktoren, (C.Bl. S. 198).

Ew. rc. wird beifolgend Abschrift einer vom Herrn Minister des Innern unterm 17. d. Mts., im diesseitigen Einverständnisse an die Regierungs-Präsidenten rc. erlassenen allgemeinen Verfügung, betreffend diejenigen Nachlaßgelder, welche aus Hinterlassenschaften im Auslande verstorbener Personen an deutsche Reichsangehörige auszuzahlen sind [s. folgenden Absatz], zur Kenntnißnahme mitgetheilt.

Allgem. Verf. des M. d. J. v. 17. Juni 1885 an die Regierungs-Präsidenten in den Kreisordnungs-Provinzen und zu Sigmaringen, den Polizei-Präsidenten zu Berlin, sowie an die Regierungen und Landdrosteien in den übrigen Provinzen (CB. 1885 S. 198, MB. 1885 S. 106, 107): Nach einem von dem Herrn Finanzminister mir mitgetheilten Schreiben des Herrn Staatssecretärs des Auswärtigen Amts vom 1. d. Mts sind die Kaiserlichen Consuln angewiesen, Nachlaßgelder, die aus Hinterlassenschaften im Auslande verstorbener Personen an deutsche Reichsangehörigen auszuzahlen sind, dem Auswärtigen Amt zu übermitteln, worauf letzteres die Vertheilung, soweit Preußen in Betracht kommt, durch die Provinzial-Regierungen bewirken läßt.

Behufs Sicherung des Fiskus gegen Verluste ersuche ich Ew. rc. ergebenst, in solchen Fällen, sofern der Erblasser ein Preußischer Staatsangehöriger gewesen ist, den Königlichen Provinzial-Steuer-Direktor von dem Erbanfalle und der Höhe der an die einzelnen Erben oder Vermächtnißnehmer zur Auszahlung kommenden Beträge zu benachrichtigen, damit wegen Berechnung der Erbschaftssteuer das Erforderliche veranlaßt werde.[1]) Nach den bestehenden gesetzlichen Vorschriften (Erbschaftssteuergesetz vom 30. Mai 1873 §§ 9, 10) [jetzt §§ 9 bis 12] ist die Erbschaftssteuer von den Nachlassen aller Preußischen Staatsangehörigen — mit Ausnahme von etwa dazu gehörigen, außerhalb Preußens belegenen Grundstücken und Grundgerechtigkeiten — zu erheben, gleichviel ob die Erblasser im Preußischen Staate ihren Wohnsitz hatten oder nicht.

21. F.M.R. v. 6. Februar 1888 III 495 an den P.St.D. zu Berlin.[2])

Der Ansicht, daß es nothwendig oder auch nur nützlich sei, bei der Feststellung des Werths hiesiger städtischer Grundstücke für die Berechnung der Erbschaftssteuer, ein für allemal nur diejenigen Grundsätze bestimmend sein zu lassen, welche bei gerichtlichen Abschätzungen zur Anwendung kommen, kann, wie Ew. rc. auf die Berichte vom 26. Juli v. J. Nr. 11857 und vom 15. Dezember v. J. R. 1534 erwidert wird, in diesem Umfange nicht beigetreten werden. Nach wiederholten Wahrnehmungen bei bald nach einem Erbanfalle eingetretenen Veräußerungen von Nachlaßgrundstücken werden die solchergestalt ausgemittelten Werthe durch die erzielten Kaufpreise häufig nicht unerheblich überschritten; es läßt sich hieraus schließen, daß diese Ermittelungsart nicht überall den wirklichen gemeinen Werth trifft, auf welchen nach § 12 (jetzt 14) des Erbschaftssteuergesetzes die Ermittelungen zu richten sind. Es kann aber, im Hinblick auf § 19 (jetzt 21) a. a. O. und dessen Motive nicht schon um deshalb, weil für den ohnehin seltenen Fall eines Rechtsstreits die Aufnahme einer Taxe nach obigen Grundsätzen nicht zu umgehen und hierbei für den Fiskus die Gefahr zu unterliegen bestehen würde, das Recht der Steuerverwaltung aufgegeben werden, jenen Werth, mit allen ihr zu Gebote stehenden Mitteln und nach allen ihr zugänglichen Unterlagen selbstständig auszumitteln und wenigstens für die Mehrzahl der Fälle zur Versteuerung zu bringen.

Hierzu liegt umsoweniger ein Anlaß vor, als die Ansätze auch der gerichtlichen

---

[1]) Nach einem bei H.G. S. 1002 Note 17 mitgeteilten F.M.R. v. 21. Februar 1891 III 117 an den P St.D. in P., läßt es sich wegen der den deutschen Consulaten im Auslande nur beschränkt zustehenden standesamtlichen Befugnisse „leider nicht erreichen, daß die Erbfälle, in welchen die Vermittelung der Regierungen bei Auszahlung der Nachlaßgelder nicht in Anspruch genommen wird, sämtlich in den Totenlisten Aufnahme finden. Es werden daher die Erbschaftssteuerämter und Stempelfiskalate auch ferner ihr besonderes Augenmerk auf diese Erbfälle richten müssen, damit Schädigungen der Staatskasse thunlichst vermieden werden."

[2]) Wie H.G. S. 1074 Anm. 1 bemerkt, bezieht sich dieses F.M.R. zwar unmittelbar nur auf die Wertsfestsetzung Berliner Grundstücke dürfte aber auch in Betreff der Grundstücke anderer großer Städte von Interesse sein.

Taxatoren für Materialien- und Grund- und Boden-Werth in gewissem Maße ebenfalls nur willkürlich und, wie bekannt je nach dem Zwecke der Taxe, oft recht verschiedene sind. Ueberdies würde der Steuerverwaltung, wenn es ihr nicht gelingen sollte, im Falle eines Prozesses ihren eigenen Ermittelungen vor Gericht Anerkennung zu verschaffen, was anzustreben ist, das Recht zustehen, auch ihrerseits Sachverständige vorzuschlagen, zu denen sie das Vertrauen haben darf, daß dieselben unbefangen, und unbeeinflußt durch den besonderen Zweck, ein ihr günstiges Urtheil abgeben.

Zu den wichtigsten Unterlagen für die Beurtheilung des Werths von städtischen Grundstücken zählen die Einschätzungen zur Gebäudesteuer. In dieser Beziehung werden namentlich die Erfahrungen, welche durch die Prüfung der Tagebücher der Grundbuchführer aus den erzielten Kaufpreisen und den Werthfeststellungen bei Auflassungen gewonnen werden, einen werthvollen Anhalt gewähren.

Diese Erfahrungen sind deshalb in größerem Umfange, als es bisher geschehen sein mag, für das Erbschaftssteuer-Interesse nutzbar zu machen. Aus ihnen wird sich mit Leichtigkeit und mit einer gewissen Zuverlässigkeit feststellen lassen, in welchem Verhältnisse die Gebäudesteuer-Nutzungswerthe zum gemeinen Werthe stehen. Allerdings wird dieses Verhältniß in den einzelnen Stadttheilen ein verschiedenes sein; aber auch die hieraus sich ergebenden Schwierigkeiten dürften nicht unüberwindlich sein, zumal eine solche Verschiedenheit auch bei der jetzigen Ermittelungsweise, z. B. in Bezug auf die in den einzelnen Stadttheilen verschieden wirkende Reparaturlast sich geltend macht. Hiernach bedarf es künftig in allen Fällen der Ausmittelung des Gebäudesteuer-Nutzungswerths und der Angabe seines Verhältnisses zum gemeinen Werthe. Da aber die Prüfung der Werthangaben der Erben auf Grund jenes Nutzungswerths zunächst ebenfalls nur einen informatorischen Zweck haben kann, so bleibt daneben auch der Werth zu berechnen auf der Grundlage, welche Ew. rc. für zweckmäßig erachten, und welche der Regel nach, wenn auch nicht immer in übereinstimmender Weise, bisher zur Anwendung gekommen ist: aus dem Mittel des Materialien- und Grund und Boden-Werths einerseits und des Ertragswerths andrerseits. Es wird sich indessen empfehlen, diesen letztern nicht nur nach dem Ertrage eines Jahrs, sondern nach einem etwa dreijährigen Durchschnitt, und unter angemessener Berücksichtigung auch des Werths etwa zeitweise unvermietheter Räume anzunehmen.

Was den Abzug der in Betracht kommenden Lasten anlangt, so kann Ew. rc. darin nicht beigepflichtet werden, daß ein solcher in Höhe von $16\frac{2}{3}\%$ des der städtischen Haussteuer unterliegenden Miethertrages begründet sei. Die von Ihnen zur Rechtfertigung dieses Satzes angeführten Beispiele betreffen sämmtlich Grundstücke im äußersten Norden von Berlin. Derartige Grundstücke können aber selbstredend nicht als Richtschnur für alle andern Grundstücke dienen; denn während beispielsweise, im Verhältniß zum Materialwerth, die Reparaturlast bei jenen Grundstücken wenn nicht eine höhere, mindestens eine gleiche ist, als bei Grundstücken in der innern Stadt, sind die Miethen viel geringere und es bilden demzufolge dort die Lasten einen höheren Procentsatz des Ertrages als hier. Nach den sonstigen Erfahrungen wird der Satz von 5% des letztern als Aufwand für Reparaturen nur ausnahmsweise überschritten. Es wird deshalb, wenn man ferner berücksichtigt, daß die Gebäudesteuer mit 4% vom Gebäudesteuer-Nutzungswerthe, nicht von dem auch jetzt noch in der Regel nicht unerheblich höhern wirklichen Miethertrage, zu berechnen ist und daß die Sublevationssteuer nicht regelmäßig erhoben wird, von dem oben erwähnten Netto-Miethertrage nur noch ein Abzug von höchstens 12% gestattet werden können. Für den Fall, daß der in dieser Weise ausgemittelte Werth hinter demjenigen nach dem Gebäudesteuer-Nutzungswerth wesentlich zurückbleibt, oder daß die Betheiligten der so erfolgten Feststellung widersprechen, wird auf nähere Erörterungen durch das hiesige Hauptsteueramt¹) für inländische Gegenstände zurückzugreifen sein, welchem zu diesem Zwecke

¹) Hierzu teilt H.G. S. 1075 Note 1 folgende Verf. des P.St.D. zu B. v. 30. August 1893 St. 2600 an das Erbschaftssteuer-Amt daselbst mit: Bei der Revision der Erbschaftssteuerfälle ist wiederholt bemerkt worden, daß die Haupt-Steuer-Ämter bei der Ermittelung des Werts von Nachlaßgrundstücken sich auf eine bloße Zahlenangabe des ausgemittelten Werts beschränken, und daß das Erbschafssteuer-Amt lediglich auf Grund dieser Angabe den Wert feststellt.

Dies Verfahren hat bereits wiederholt zu Unzuträglichkeiten und Weiterungen geführt.

Da das Erbschaftssteuer-Amt die Wertfeststellungen unter eigener Verantwortung zu bewirken hat, außerdem aber auch der Revisionsinstanz Gelegenheit gegeben sein muß, die Feststellung einer Nachprüfung zu unterziehen, so ist es notwendig, daß die den hauptamtlichen Ermittelungen zu Grunde liegenden Verhandlungen, Gutachten und speciellen Feststellungen in jedem Falle eingefordert und zu den Erbschaftssteuerakten gebracht werden. Sollten solche Unterlagen in dem einen oder anderen Falle beim Hauptamt nicht vorhanden sein, so ist jedenfalls eine bloße Zahlenangabe dem betreffenden Hauptamte zur Abgabe einer motivirten Äußerung über den Wert zurückzugeben.

das für die Beurtheilung der Frage vorhandene Material, sowie die bestehenden Bedenken mitzutheilen sind. Jedenfalls ist es, weil nach obigen Ausführungen den etwa seitens der Erbinteressenten beigebrachten Taxen eine maßgebende Bedeutung nicht zugestanden werden kann, in Zukunft zu vermeiden, die Betheiligten, wie zuweilen geschehen ist, direkt oder indirekt, zur Einreichung solcher Taxen zu veranlassen. Ew. ꝛc. wollen hiernach das Erforderliche anordnen ꝛc.

22. Cirk.-Verf. des F.M. v. 29. August 1889 an die P.St.-Direktoren (C.Bl. S. 323, 324).

Zur Vereinfachung der Geschäftsführung bei den Erbschaftssteuerämtern estimme ich hierdurch Folgendes:

I. Die Erbschaftssteuer- (Haupt- und Nachtrags-) Tabellen sind künftig nach dem beifolgenden Muster (s. C.Bl. a. a. O. hinter S. 324) zu führen.

Die Ausfüllung der Spalte 9 unterbleibt, wenn der ganze Betrag des Nachlasses nicht zur Ausmittelung gekommen ist. Der Aufrechnung der in den Tabellen nachgewiesenen Steuereingänge, sowie der Angabe über erfolgte Festsetzung und Verrechnung von Strafen bedarf es nicht mehr.

Ich überlasse es dem Ermessen Ew. ꝛc. zu bestimmen, daß und in welchen Fällen etwa von den Beamten des Erbschaftssteueramts eine besondere Berechnung über die Feststellung des Nachlasses aufzumachen ist und daß auf dem Aktendeckel vermerkt wird, wo sich in den Akten die Erbschaftssteuer-Feststellung befindet.

II. An Stelle der nach § 6 der Anweisung vom 14. November 1873 [s. oben Nr. 3] seitens der Hauptämter den Erbschaftssteuerämtern mitzutheilenden Auszüge aus dem Einnahmejournal sind künftig über jede einzelne Zahlung Bescheinigungen nach dem anliegenden Muster auszufertigen. Dieselben sind den Erbschaftssteuerämtern in der Regel monatlich zu übersenden und von diesen, nach Vervollständigung des Einnahmeregisters, als Zahlungsbelag zu den Akten über den betreffenden Erbfall zu nehmen. Kürzere Fristen für größere Aemter, insbesondere für dasjenige am Sitze des Erbschaftssteueramts, zu bestimmen, will ich Ihrem Ermessen überlassen [1])

III. Soweit die Erbschaftssteuerämter nach den bestehenden Einrichtungen bisher Ausfertigungen der Revisionsverhandlungen im Ganzen erhalten haben, sind ihnen künftig an Stelle derselben die einzelnen Erinnerungen in beglaubigten Auszügen mitzutheilen. Diese Auszüge sind von ihnen unmittelbar zu den Akten über den betreffenden Erbfall zu bringen.

Die Einrichtung, von Erinnerungen von allgemeiner Bedeutung Abschrift zu den Generalakten zu nehmen, wird hierdurch nicht berührt.

Das Haupt-Stempel-Magazin läßt den Hauptämtern auf Bestellung berichtigte Formulare nach dem Muster C zugehen.

23. Cirk.-Verf. des F.M. vom 28. April 1890, III 4796 II.

S. oben unter Nr. 1 d auf S. 191.

24. Cirk.-Erlaß des F.M. vom 29. Juli 1890, III 10177.

Es ist bei der Revision nicht außer Acht zu lassen, daß es nicht darauf ankommt, jede unerhebliche Ordnungswidrigkeit zur Sprache zu bringen und jeden geringfügigen Fehlbetrag der Staatskasse nachträglich zuführen zu lassen, sondern daß der Zweck der Revision darin besteht, die Staatskasse vor erheblicheren Steuerverkürzungen zu schützen und im Uebrigen eine gleichmäßige und richtige Anwendung der Vorschriften und Grundsätze über die Berechnung und Erhebung der Erbschaftssteuer zu sichern.

25. Cirk.-Verf. des F.M. vom 3. Oktober 1890, III 11342 (C.Bl. S. 190).

Die berechtigten Klagen der Steuerpflichtigen über verspätete, aus Anlaß von Revisionserinnerungen geltend gemachte Erbschaftssteuernachforderungen und die Unzuträglichkeiten, wie sie des Näheren in der Cirkular-Verfügung vom 29. Juli 1890 III 10177 (vgl. Nr. 24) erörtert worden

[1]) Vgl. hierzu die unter Nr. 27 abgedr. Cirk.-Verf. vom 14. April 1891. S. auch Cirk.-Verf. des F.M. vom 3. Oktober 1890 unter Nr. 25.

sind, haben zum Theil in dem gegenwärtigen Revisionsverfahren und in der Bestimmung ihren Grund, daß die erledigten Erbfälle semesterweise gesammelt und erst neun Monate nach Ablauf des Semesters zur Revision vorgelegt werden. Zur künftigen Vermeidung der sich hieraus ergebenden Mißstände bestimme ich deshalb, daß vom II. Halbjahre 1890/91 ab die Erbschaftssteuer-Tabellen nicht mehr die Grundlage für die Revision zu bilden haben, sondern die Verhandlungen über jeden einzelnen in der Tabelle eingetragenen Erbfall, sobald er durch Feststellung, Einziehung oder Sicherstellung des Steuerbetrages oder auf irgend eine andere Weise erledigt ist, unverzüglich und kurzer Hand der Provinzial-Instanz zum Zwecke der Revision vorzulegen sind. Nach erfolgter, binnen 14 Tagen zu bewirkender Revision gehen die Verhandlungen entweder mit dem Vermerk, daß sich Nichts zu erinnern gefunden habe, oder mit den Revisionserinnerungen in Urschrift an das Erbschaftssteueramt zurück, welches im letzteren Falle die Erinnerungen ungesäumt zu erledigen und nach geschehener Erledigung die Akten behufs erneuter Revision der revidirenden Behörde nochmals einzureichen hat.

Revisions-Entscheidungen, denen eine grundsätzliche Bedeutung beigelegt wird, sind sofort in Abschrift hierher mitzutheilen.

Die Erbschaftssteuer- (Haupt- und Nachtrags-) Tabellen sind nach dem in der Cirkular-Verfügung vom 29. August 1889 III 11513 [s. Nr. 22] angegebenen Muster und nach den bisherigen Bestimmungen weiter zu führen und neun Monate nach Ablauf des die betreffende Haupttabelle umfassenden Zeitraumes ohne Belagsakten der Provinzialinstanz einzureichen.

Die Tabelle des vorhergegangenen Halbjahres ist zur Prüfung, ob die unerledigt gebliebenen Fälle in der Nachtrags-Tabelle Aufnahme gefunden haben, wieder beizufügen. Die Aufstellung und Vorlegung der Erbschaftssteuertabellen dient künftighin nur noch dem Zwecke, festzustellen, ob der Revisionsinstanz die der Revision unterliegenden Erbfälle sämmtlich unterbreitet worden sind. Zur Handhabung einer Kontrole hierüber haben die Revisionsbeamten für jedes Erbschaftssteueramt bezw. für jede Abtheilung des Erbschaftssteueramts nach dem beiliegenden Formular [hier nicht mit abgedruckt] ein Verzeichniß zu führen, in welches die einzelnen zur Revision eingehenden Erbfälle unter Bezeichnung der Tabelle und Angabe des Namens des Erblassers sowie des Tages des Eingangs und der Rückgabe der Erbschaftssteuerakten unter fortlaufender Nummer einzutragen sind. Diese Nummer ist auf der Urschrift der Verfügung, mit welcher die Erbschaftssteuerakten an das Erbschaftssteueramt zurückgelangen, anzugeben; in der Spalte 13 der Tabelle unter sonstigen Bemerkungen vermerkt sodann das Erbschaftssteueramt die erfolgte Revision durch die Eintragung der Nummer des Revisionsverzeichnisses.

Die Revisionsbehörde prüft die Tabelle nach der angegebenen Richtung hin innerhalb 4 Wochen und reicht sie hierher behufs Auswahl derjenigen Erbfälle, welche zur Superrevision geeignet erscheinen, weiter. Die Revisionsbehörde hat die Tabelle nach Wiedereingang an das Erbschaftssteueramt zur Aufbewahrung und eventuellen Erledigung der bei der Prüfung gezogenen Erinnerungen zurückzugeben.

Hinsichtlich der seitens der Hauptämter dem Erbschaftssteuer-Amt mitzutheilenden Bescheinigung über die vereinnahmten Erbschaftssteuerbeträge bewendet es bei der Vorschrift ad II des vorerwähnten Cirkular-Erlasses vom 29. August 1889.

Die Erstattung zu viel gezahlter Erbschaftssteuern, deren Nothwendigkeit bei der Revision der Erbfälle entdeckt wird, erfolgt durch die Provinzial-Steuerbehörde, welche in jedem einzelnen Erbfalle die Anweisung zur Zurückzahlung des überhobenen Betrages an das betreffende Hauptamt ertheilt. An Personen, welche nicht in der Nähe des Hauptamts wohnen, kann die Erstattung durch das ihnen zunächst belegene Zoll- oder Steueramt für Rechnung des Hauptamts geleistet werden. Die Restitution zuviel gezahlter Erbschaftssteuer ist in allen Fällen, sei es, daß sie im Verwaltungswege oder sei es, daß sie im Prozeßwege erfolgt, zu den betreffenden Erbschaftssteueracten zu vermerken.

Die vorstehenden Anordnungen gewähren die Möglichkeit, die Revision der Erbschaftssteuersachen abgesehen von den vereinzelten Fällen, in denen in Folge der nur noch probeweise vorzunehmenden Superrevision die Nacherhebung von Erbschaftssteuer zuweilen eintreten wird, in Zukunft in verhältnißmäßig kurzer Zeit — zum Theil schon in wenigen Wochen — zu bewirken. Zu diesem Ergebniß wird die Verwaltung aber nur dann gelangen können, wenn von den Erbschaftssteuerämtern und den mit der Revision der Erbschaftssteuersachen betrauten Beamten die vorgeschriebenen Fristen auf das Pünktlichste inne gehalten werden.

Euer ꝛc. wollen daher unausgesetzt dahin wirken, daß die Bearbeitung und Revision sowohl der einzelnen Erbfälle als auch der Tabellen mit thunlichster Beschleunigung erfolgt und jeder zu Ihrer Kenntniß gelangenden Verzögerung des Nachdrücklichsten entgegentreten.

26. F.M.R. vom 21. Februar 1891, III 117.

S. oben Anm. 1 auf S. 213.

27. Cirk.-Verf. des F.M. vom 14. April 1891, III 4860 (C.Bl. S. 94).

Das durch die diesseitige Verfügung v. 29. Aug. 1889 III 11513 (oben Nr. 22) eingeführte Formular zu Bescheinigungen, welche die Haupt-Zoll- und Steuer-Aemter den Erbschaftssteuer-Aemtern über erfolgte Einzahlung von Erbschaftssteuer gegenwärtig zu ertheilen haben, hat bei der Drucklegung eine Abänderung dahin erfahren, daß die Worte „bei uns", welche in dem jener Verfügung unter B beigefügten Muster mitenthalten waren, weggelassen wurden. Dies ist geschehen, um die Zweifel darüber zu beseitigen, daß in Fällen, in welchen die Einzahlung der Steuer zunächst bei einem Unteramte des die Bescheinigung ertheilenden Hauptamts bewirkt ist, bei der Ausfüllung nicht der Tag einzurücken sei, an welchem die Steuer bei dem letztern vereinnahmt bezw. gebucht worden ist, sondern derjenige der wirklichen Zahlung an die in der Feststellungsbescheinigung bezeichnete Hebestelle.

Es ist zu meiner Kenntniß gekommen, daß gleichwohl die Ausfüllung nicht immer dieser Absicht entsprechend erfolgt ist. Da dies namentlich für die Feststellung der Verjährungsfrist im Falle eines Prozesses zu Unzuträglichkeiten führen kann, so wollen Ew. 2c. die Ihnen untergebenen Hauptämter mit Anweisung dahin versehen, daß in die in Rede stehenden Bescheinigungen stets derjenige Tag als Zahlungstag einzurücken ist, an welchem die Zahlung an die mit deren Empfangnahme beauftragt gewesene Hebestelle geschehen ist.

III. Soweit die Erbschaftssteuerämter nach den bestehenden Einrichtungen bisher Ausfertigungen der Revisionsverhandlungen im Ganzen erhalten haben, sind ihnen künftig an Stelle derselben die einzelnen Erinnerungen in beglaubigten Auszügen mitzutheilen. Diese Auszüge sind von ihnen unmittelbar zu den Akten über den betreffenden Erbfall zu bringen. Die Einrichtung, von Erinnerungen von allgemeiner Bedeutung Abschrift zu den Generalakten zu nehmen, wird hierdurch nicht berührt.

Das Haupt-Stempelmagazin wird die Anfertigung der neuen Formulare derart beschleunigen, daß sie spätestens am 1. Oktober d. J. werden in Gebrauch genommen werden können. Im Einnahmejournal sind für das laufende Rechnungsjahr diejenigen Angaben, welche in die unter II eingeführten Bescheinigungen neu aufzunehmen sind, event. einstweilen mit der Feder nachzutragen. In Zukunft werden den Hauptämtern auf Bestellung beim Haupt-Stempelmagazin berichtigte Formulare nach dem Muster C zugehen.

Ew. 2c. werden veranlaßt, die ihnen unterstellten Behörden hiernach mit Anweisung zu versehen. Zugleich wollen Sie, wenn es nicht etwa schon geschehen ist, geeignete Vorkehrungen treffen, welche den mit der Tabellenrevision betrauten Beamten die Kontrole darüber ermöglichen, daß die durch Revisionserinnerungen zur Nachtragstabelle verwiesenen Erbfälle zu einer solchen auch wirklich übernommen werden.

28. Cirk.-Verf. des F.M. vom 15. Oktober 1891, III 10727 (C.Bl. S. 293).

An Stelle der Vorschrift im § 4 der Anweisung v. 14. Nov. 1873 zur Ausführung des Erbschaftssteuergesetzes v. 30. Mai 1873 wird Folgendes bestimmt:

„Von den Erbfällen, die nicht zur Zuständigkeit des Erbschaftssteueramts gehören, macht dieses dem zuständigen Amte durch ein Schreiben nach dem beifolgenden Muster A (hier nicht mit abgedruckt) unter Uebersendung einer Abschrift aus der Todtenliste Mittheilung und erhält dafür von dem letzteren Amte sogleich nach dem Eingange des Ueberweisungsschreibens eine Empfangsbestätigung nach dem anliegenden Muster B, deren Eingang in der betreffenden Todtenliste zu vermerken ist.

Bei dem zuständigen Amte werden die eingegangenen Auszüge aus Todtenlisten anderer Erbschaftssteuerämter den eigenen Todtenlisten gleich behandelt. Bei solchen Erbfällen jedoch, welche nach dem Inhalte der Todtenliste als steuerfrei zu behandeln sein würden, ist vor der Ablöschung im einzelnen Falle sorgfältig zu prüfen, ob es nicht erforderlich ist, über diejenigen Verhältnisse, welche die steuerfreie Behandlung begründen würden, zunächst noch eine Auskunft der Polizeibehörde des Heimath- oder Wohnortes des Erblassers einzuholen."

Euer 2c. wollen die Erbschaftssteuerämter Ihres Verwaltungsbezirks hiernach mit Anweisung versehen. Formulare nach den vorbezeichneten Mustern sind beim hiesigen Hauptstempelmagazin zu verschreiben.

Zugleich ermächtige ich Sie, die gegenseitige Ueberweisung von Erbfällen der dortigen Aemter in der Weise zu regeln, daß die Todtenlisten von einem Amte an das andere kurzer Hand in Urschrift zur Kenntnißnahme von den zu bezeichnenden Erbfällen hingegeben und nach Veranlassung des Erforderlichen ebenso zurückgeben werden, falls eine solche Regelung nach den dortigen Einrichtungen ohne Störung des Geschäftsbetriebes und ohne Benachtheiligung der Staatskasse angängig erscheint.

Ich benutze diesen Anlaß, auf die Nothwendigkeit einer von Zeit zu Zeit vorzunehmenden probeweisen Prüfung der Todtenlisten und der Akten über die erbschaftssteuerfreien Erbfälle (§ 14 der oben erwähnten Anweisung) wiederholt aufmerksam zu machen und veranlasse Sie, bei künftiger Vorlegung von Erbschaftssteuertabellen hierher jedesmal anzuzeigen, in welchem Umfange zugleich eine solche probeweise Prüfung stattgefunden hat.

29. F.M.R. v. 21. März 1892 an die P.St.Direktoren, III 230.

S. oben unter Nr. 1 e auf S. 191.

30. Verf. des P.St.D. zu K. vom 30. August 1893, St. 2600.

S. oben Anm. 1 auf S. 214.

31. F.M.R. vom 30. Novbr. 1893, III 14784 an den P.St.D. zu Köln, mitgeteilt zur Kenntnisnahme und Nachachtung dem P.St.D. zu Berlin.

Ew. rc. erwidere ich auf den Bericht vom 11. d. M., daß sich Ihre Cirkular-Verfügung vom 26. Mai d. J., Nr. 10390, wonach von den Erben das Porto für die Absendung der Druckexemplare der Belehrung über die Pflichten der Erben und Vermächtnißnehmer hinsichtlich der Erbschaftssteuer durch die zur Empfangnahme der Erbschaftssteuerzahlung bestimmten Hauptämter wieder eingezogen werden soll, nicht aufrecht erhalten läßt.

Die nach § 6 der Anweisung vom 14. November 1873 zur Ausführung des Gesetzes vom 30. Mai 1873, betreffend die Erbschaftssteuer [s. oben Nr. 2 a], den Erben unter Kreuzband mitzutheilenden Belehrungen sind allerdings frankirt abzusenden, da sie dem Frankirungszwange unterliegen (cfr. § 15 VIII und IX der Postordnung für das Deutsche Reich vom 11. Juni 1892 Centralblatt f. d. Deutsche Reich S. 436). Eine Wiedereinziehung des Portos von den Erben ist jedoch nicht gerechtfertigt, weil bei Ablassung der Belehrungen die für die Anmeldepflicht im § 32 des Erbschaftssteuergesetzes n. F. vorgeschriebene dreimonatliche Frist in den meisten Fällen noch nicht verstrichen ist, die Steuerpflichtigen sich noch nicht im Verzuge befinden und mithin zu einer amtlichen Belehrung keinen Anlaß gegeben haben. Der § 49 des Erbschaftssteuergesetzes, wonach die Steuerpflichtigen und sonstigen Verpflichteten zur Tragung des durch die Verhandlungen mit ihnen erwachsenden Portos verbunden sind, kann auf die mehr erwähnten Belehrungen, welche bereits zu einer Zeit, zu der Verhandlungen mit den Erben noch nicht geführt zu werden pflegen, zur Absendung gelangen, keine Anwendung finden. Die betreffenden Sendungen erfolgen ausschließlich im Staatsinteresse und deshalb fallen die entstehenden Portokosten nach § 1 a des Regulativs über die geschäftliche Behandlung der Postsendungen in Staatsdienst-Angelegenheiten vom 28. November 1869 der Staatskasse zur Last.

32. F.M.R. vom 10. Mai 1894 III 2776.

S. oben Anm. 5 e. auf S. 193.

33. Bekanntmachung des F.M. betreffend die Ausführung des Stempelsteuergesetzes vom 13. Februar 1896 (C.Bl. S. 53).

a) **Zu § 31 des Gesetzes.**

Die Geschäftsbezirke der Vorstände der Stempel- und Erbschaftssteuerämter sind im Einzelnen in der Beilage 1 aufgeführt.

b) **Beilage 1.**

Geschäftsbezirke der Stempel- und Erbschaftssteuerämter.

Für die Stempel- und Erbschaftssteuerämter bestehen die nachstehend angegebenen Geschäftsbezirke.

I. Provinz Ostpreußen:

1. das Stempel- und Erbschaftssteueramt I in Königsberg
für den Regierungsbezirk Königsberg mit Ausnahme der Kreise Memel, Labiau, Wehlau und Gerdauen;

2. das Stempel- und Erbschaftssteueramt II in Königsberg
für den Regierungsbezirk Gumbinnen und die zu 1 genannten 4 Kreise des Regierungsbezirks Königsberg.

II. Provinz Westpreußen:

1. das Stempel- und Erbschaftssteueramt I in Danzig
für den rechts der Weichsel gelegenen Theil der Provinz, soweit er nicht zum Bezirke des Königlichen Landgerichts zu Danzig gehört, mit Einschluß des auf dem linken Weichselufer gelegenen Theiles des Kreises Thorn;

2. das Stempel- und Erbschaftssteueramt II in Danzig für den übrigen Theil der Provinz.

III. Provinz Brandenburg:

das Stempel- und Erbschaftssteueramt Abtheilung I, II, III, IV und V in Berlin
für den Stadtkreis Berlin und die Provinz Brandenburg.

IV. Provinz Pommern:

1. das Stempel- und Erbschaftssteueramt I in Stettin
für den rechts der Oder gelegenen Theil der Provinz mit Einschluß der Inseln Usedom und Wollin;

2. das Stempel- und Erbschaftssteueramt II in Stettin
für den übrigen Theil der Provinz mit Einschluß von Stettin und Alt-Damm.

V. Provinz Posen:

1. das Stempel- und Erbschaftssteueramt I in Posen
für den Regierungsbezirk Posen mit Ausnahme der Kreise Obornik, Samter, Birnbaum, Meseritz und Schwerin a./W.;

2. das Stempel- und Erbschaftssteueramt II in Posen
für den übrigen Theil der Provinz.

VI. Provinz Schlesien:

das Stempel- und Erbschaftssteueramt Abtheilung I, II, III in Breslau
für die Provinz Schlesien.

VII. Provinz Sachsen:

1. das Stempel- und Erbschaftssteueramt I in Magdeburg
für den Regierungsbezirk Magdeburg mit Ausschluß der Kreise Wanzleben, Aschersleben, Calbe a./S., Jerichow I und Jerichow II, ferner den Bezirk des bisherigen Amts Elbingerode im Kreise Ilfeld in der Provinz Hannover und die Revisionsstellen in Braunschweig;

2. das Stempel- und Erbschaftssteueramt II in Magdeburg
für den Regierungsbezirk Merseburg mit Ausschluß der Kreise Sangerhausen, Mansfelder Gebirgs- und Seekreis und für die Revisionsstellen in Anhalt, Altenburg und Gera;

3. das Stempel- und Erbschaftssteueramt III in Magdeburg
für den Regierungsbezirk Erfurt, ferner für die Kreise Wanzleben, Aschersleben, Calbe a./S., Jerichow I und Jerichow II des Regierungsbezirks Magdeburg, den Kreis Sangerhausen und den Mansfelder Gebirgs- und Seekreis des Regierungsbezirks Merseburg, sowie für die zu den Provinzen Hessen-Nassau bezw. Hannover gehörigen Kreise Schmalkalden und Ilfeld mit Ausschluß des Bezirks des bisherigen Amts Elbingerode, außerdem für die Revisionsstellen in Coburg, Gotha, Hildburghausen, Meiningen, Rudolstadt, Sondershausen und Weimar.

VIII. Provinz Schleswig-Holstein:

das Stempel- und Erbschaftssteueramt in Altona
für die Provinz Schleswig-Holstein.

IX. Provinz Hannover:

1. das Stempel- und Erbschaftssteueramt I in Hannover
für die Regierungsbezirke Hannover, Osnabrück und die Kreise Osterode a. H., Duderstadt, Göttingen (Stadt- und Landkreis), Münden, Uslar, Einbeck, Northeim Zellerfeld des Regierungsbezirks Hildesheim;

2. Das Stempel- und Erbschaftssteueramt II in Hannover
für die Regierungsbezirke Lüneburg, Stade, Aurich und die Kreise Peine, Hildesheim (Stadt- und Landkreis), Marienburg, Gronau, Alfeld und Goslar des Regierungsbezirks Hildesheim.

X. Provinz Westfalen:

1. das Stempel- und Erbschaftssteueramt I in Münster
für die Regierungsbezirke Münster und Minden und den zur Provinz Hessen-Nassau gehörigen Kreis Rinteln;

2. das Stempel- und Erbschaftssteueramt II in Münster
für den Regierungsbezirk Arnsberg.

XI. Provinz Hessen-Nassau:

1. das Stempel- und Erbschaftssteueramt in Cassel
für den Regierungsbezirk Cassel mit Ausschluß der dem Stempel- und Erbschaftssteuerамte III in Magdeburg bezw. I in Münster unterstellten Kreise Schmalkalden und Rinteln;

2. das Stempel- und Erbschaftssteueramt in Frankfurt a. M.
für den Regierungsbezirk Wiesbaden und den zur Rheinprovinz gehörigen Kreis Wetzlar.

XII. Rheinprovinz:

1. das Stempel- und Erbschaftssteueramt in Aachen
für den Regierungsbezirk Aachen und die Kreise München-Gladbach (Stadt- und Landkreis), Grevenbroich und Kempen des Regierungsbezirks Düsseldorf;

2. das Stempel- und Erbschaftssteueramt in Coblenz
für den Regierungsbezirk Coblenz mit Ausschluß des dem Stempel- und Erbschaftssteueramte in Frankfurt a./M. unterstellten Kreises Wetzlar;

3. das Stempel- und Erbschaftssteueramt in Cöln
für die Kreise Cöln (Stadt- und Landkreis), Bergheim, Bonn, Euskirchen, Mülheim a./Rhein, Rheinbach und Sieg-Kreis;

4. das Stempel- und Erbschaftssteueramt in Düsseldorf
für die Stadtkreise Crefeld, Düsseldorf und Duisburg, die Landkreise Crefeld und Düsseldorf, die Kreise Cleve, Geldern, Mörs, Neuß, Rees und Ruhrort, sowie für den preußischen Gerichtsbezirk der ehemaligen Bundesfestung Mainz;

5. das Stempel- und Erbschaftssteueramt in Elberfeld
für die Stadtkreise Barmen, Elberfeld, Essen und Remscheid, den Landkreis Essen und die Kreise Lennep, Mettmann, Mülheim a. d. Ruhr und Solingen des Regierungsbezirks Düsseldorf, sowie die Kreise Gummersbach, Waldbröl und Wipperfürth des Regierungsbezirks Cöln;

6. das Stempel- und Erbschaftssteueramt in Trier
für den Regierungsbezirk Trier.

III.

Beiträge zum internationalen Erbschaftssteuerrechte.

Vorbemerkung.

Der Abdruck des ganzen Textes der außerpreußischen und der außerdeutschen Gesetze würde den Umfang des Buches in einer Weise ausdehnen, die zu dem praktischen Zwecke einer derartigen Zusammenstellung in keinem Verhältnis stehen dürfte. Es sind deshalb — außer den einschlägigen Reskripten des preußischen Finanzministers — von den deutschen Gesetzen nur diejenigen Vorschriften abgedruckt, welche die Beziehungen des betreffenden Staates zum Auslande in Erbschaftssteuersachen regeln. Hinsichtlich der außerdeutschen Gesetze sind nur die Stellen angegeben, wo Material über sie zu finden ist. Vorweg sei überall auf das rüstig fortschreitende, große Werk von Leske und Löwenfeld „Die Rechtsverfolgung im internationalen Verkehr" Berlin 1895 (bisher 1. Bd. und 2. Bd. 1. u. 2. Lieferung) hingewiesen.

Die Erwähnung, der in den Konsular- Handels- und Freundschaftsverträgen enthaltenen Bestimmungen rechtfertigt sich insofern, als durch sie der ausländische Staat behindert ist, die preußischen Staatsangehörigen mit einer besonderen Erbschaftssteuer zu belasten.

Zur Orientierung sei bemerkt, daß deutsche Konsulargerichtsbarkeit ausgeübt wird in:

China (Schanghai, Amoy, Kanton, Swatau, Tientsin);
Japan[1]) (Yokohama, Hiogo-Osaka, Nagasaki);
Korea (Söul);
Samoa (Apia);
Siam (auf Herkommen beruhend und Art. 23 des Zollvereinsvertrags vom 7. Februar 1862, vgl. Niemeyer, das in Deutschland geltende internationale Privatrecht, Leipzig 1894 S. 62).
Türkei, einschließlich Bulgarien und Egypten, (Beirut, Konstantinopel, Jerusalem, Smyrna, Sofia, Saloniki, Rustschuck, Varna, Alexandrien, Kairo);
Zanzibar (Zanzibar). —

In Persien ist die Konsulargerichtsbarkeit vertragsmäßig zugelassen, aber nicht eingerichtet.

A. Deutsche Staaten.

1. Anhalt.

a) **Gesetz betreffend die Abänderung des Gesetzes Nr. 341, vom 4. Februar 1874, die Erbschaftssteuer betreffend, vom 29. März 1892.** (G.S. für das Herzogtum Anhalt Nr. 867.) (In Kraft getreten am 1. Juli 1892.)

Art. I.

In den Gesetzen Nr. 341 vom 4. Februar 1874, die Erbschaftssteuer betreffend, treten folgende Aenderungen ein:

2. An Stelle der §§ 7 und 8 treten folgende Paragraphen:

---

[1]) In dem Entwurfe des neuen Handelsvertrages ist die Aufhebung der Konsulargerichtsbarkeit in Aussicht genommen.

§ 7. Unbewegliches Vermögen.

Grundstücke und Grundgerechtigkeiten, welche außerhalb Landes liegen, gehören nicht zur steuerpflichtigen Masse. Von dem Anfall inländischer Grundstücke oder Grundgerechtigkeiten oder deren Nutzungen ist die Erbschaftssteuer zu erheben, ohne Unterschied, ob der Erblasser Inländer oder Ausländer war, und ob derselbe seinen Wohnsitz im Inlande hatte oder nicht.

§ 8. Bewegliches Vermögen.

Anderes als das im § 7 bezeichnete Vermögen ist der Erbschaftssteuer unterworfen, wenn der Erblasser bei seinem Ableben seinen Wohnsitz in Anhalt hatte, oder die Todeserklärung eines verschollenen Erblassers von einem Anhaltischen Gericht verfügt worden ist.

Insoweit sich jedoch dieses Vermögen außerhalb Anhalts befindet und aus diesem Grunde von dem betreffenden ausländischen Staate zur Erbschaftssteuer herangezogen worden ist, wird die von dem Steuerpflichtigen für diese Nachlaßtheile an den ausländischen Staat entrichtete Steuer auf diejenige inländische Steuer angerechnet, welche bei der inländischen Besteuerung auf diese Nachlaßtheile entfällt.

Hatte der Erblasser bei seinem Ableben neben seinem Wohnsitze in Anhalt einen Wohnsitz außerhalb Anhalts, so ist das nicht in Grundstücken und Grundgerechtigkeiten bestehende Vermögen desselben nur dann der inländischen Erschaftssteuer unterworfen, wenn der Erblasser Anhaltischer Staatsangehöriger war.

§ 8a.

In Bezug auf den Nachlaß von Personen, welche in solchen Staaten ihren Wohnsitz gehabt haben, oder Angehörige solcher Staaten gewesen sind, in welchen die Erbschaftssteuer nach anderen, als den im § 8 angegebenen Grundsätzen erhoben wird, kann das Staatsministerium zum Zwecke der Ausgleichung und thunlichster Vermeidung von Doppelbesteuerungen Abweichungen von der Vorschrift des § 8 in der Art anordnen, daß die Erhebung der Anhaltischen Erbschaftssteuer für das nicht in Grundstücken oder Grundgerechtigkeiten bestehende Vermögen:

1. unabhängig von dem Wohnsitz des Erblassers zu erfolgen hat, sofern derselbe Anhaltischer Staatsangehöriger war;
2. unabhängig von dem Wohnsitze und der Staatsangehörigkeit des Erblassers zu erfolgen hat, falls das Vermögen in Anhalt sich befindet;
3. nicht zu erfolgen hat, sofern der in Anhalt wohnhafte Erblasser nicht Anhaltischer Staatsangehöriger war, und in demjenigen Staate, welchem der Erblasser angehörte, das nicht in Grundstücken und Grundgerechtigkeiten bestehende Vermögen eines dort wohnhaften Anhaltischen Staatsangehörigen der Erbschaftssteuer ebenfalls nicht unterliegt.

b) **Cirk.=Verf. des Preuß. F.M. v. 27. April** 1892 III 5482, C.Bl. S. 203.

Die durch das Ges. v. 19. Mai 1891 erfolgte Abänderung des Gesetzes, betreffend die Erbschaftssteuer v. 30. Mai 1873, hat der Herzoglich Anhaltischen Regierung Anlaß gegeben, auch eine Revision des Anhaltischen Erbschaftssteuergesetzes v. 4. Febr. 1874 herbeizuführen, welche durch das mit dem 1. Juli d. Js. in Kraft tretende Gesetz v. 29. März 1892 (GS. f. d. Herzogthum Anhalt Nr. 867 S. 71) zum Abschluß gelangt ist. Der von dem außerhalb Landes liegenden unbeweglichen Vermögen handelnde § 7 dieses Gesetzes entspricht dem § 9 des diesseitigen Gesetzes neuer Fassung, während der über das bewegliche Vermögen bestimmende § 8 mit § 10 des neu redigirten preußischen Gesetzes in Uebereinstimmung steht und wörtlich lautet (siehe vorstehend).

Da fortan für die Erhebung der Erbschaftssteuer von dem Nachlasse der beiderseitigen Staatsangehörigen nicht mehr die Staatsangehörigkeit des Erblassers, sondern dessen letzter Wohnsitz entscheidend ist, so tritt das seiner Zeit zwischen der diesseitigen und der Herzoglich Anhaltischen Regierung getroffene, durch den Cirkular=Erlaß v. 7. April 1883 III 4225 bekannt gegebene Uebereinkommen zum 1. Juli d. J. außer Kraft und erfährt die diesseitige Cirk.=Verf. v. 29. Juni v. J. III 9001 in Ansehung des Herzogthums Anhalt eine entsprechende Abänderung.

2. Baden.

a) **Zusammenstellung der jetzt noch gültigen Gesetze und Verordnungen über die Liegenschafts- Erbschafts- und Schenkungsaccise im Großherzogtum Baden. Vom 18. Mai 1855.** — Kommentar von Reutti-Grosch.

§ 79.

Liegenschaften einer Erbschaft, welche sich im Auslande befinden, sind der Erbschaftsaccise nicht unterworfen.

Von Liegenschaften einer Erbschaft, die sich im Lande befinden, ist ohne Rücksicht darauf, ob der Erblasser ein In- oder Ausländer war, die Erbschaftsaccise zu entrichten.

Vom Mobiliarvermögen eines inländischen Erblassers ist — gleichgültig, ob sich dasselbe im In- oder Auslande befindet — Erbschaftsaccise zu zahlen.

Das im Lande befindliche Mobiliarvermögen eines ausländischen Erblassers bleibt accisfrei.

b) **Anmerkungen** (aus Reutti-Grosch).

1. Die rücksichtlich der Beiziehung der Mobiliarverlassenschaft eines Ausländers zur Erbschaftsaccise ergangenen höchsten Entschließungen vom 5. Mai 1836, 19. Oktober 1843 und 12. Mai 1853 sind mit höchster Entschließung zurückgenommen, und es hat ferner die Bestimmung der höchsten Entschließung vom 7. Mai 1818 Nr. 349 (Sammlung V Nr. 73) in Anwendung zu kommen.

   Hiernach sind künftig von den Verlassenschaften der Ausländer, gleichviel, ob dieselben im Inland ihren Wohnsitz hatten oder nicht, und gleichviel, ob sie im In- oder Ausland starben, nur noch die im Land befindlichen Liegenschaften der Erbschaftsaccise unterworfen, alle übrigen Teile der Verlassenschaften von Ausländern aber unbedingt von der Accise frei.

   Auch hat folgeweise für die Zukunft der Großherzogliche Staatsangehörige, welcher vom Ausland zur Entrichtung einer Erbschaftssteuer herangezogen werden sollte und überdies von demselben Mobiliarvermögen des verstorbenen Inländers auch im Großherzogtum eine solche Steuer zu bezahlen hat, keinen rechtlichen Anspruch darauf, daß der an das Ausland entrichtete Accisbetrag ihm auf die inländische Steuer angerechnet wird (V.Bl. 1861 S. 37).
2. Von den Liegenschaften eines Ausländers wird die Erbschaftsaccise als eine Art Hoheitsabgabe für den ungehinderten Uebergang erhoben. Dabei kommen nicht die Vermögensverhältnisse in ihrer Gesamtheit, sondern lediglich die im Inlande befindlichen einzelnen Objekte in Betracht, von deren Wert etwaige Pfandschulden in Abzug gebracht werden dürfen.
3. Von dem Wert der inländischen Liegenschaften eines ausländischen Erblassers sind abzuziehen:
   a) die auf den betr. inländischen Liegenschaften kraft Vorzugs- und Unterpfandsrecht haftenden Schulden im vollen Betrag;
   b) bezüglich der sonstigen Schulden des Nachlasses ist zu unterscheiden:
      α) Solche, welche kraft Vorzugs- oder Unterpfandsrecht auf ausländischen Liegenschaften haften, werden zunächst nur am Wert dieser Liegenschaften in Abzug gebracht und berühren den inländischen Nachlaß nur dann, wenn sie etwa aus dem Wert bezw. aus dem Erlös der betr. ausländischen Liegenschaften nicht gedeckt werden können.
      β) Alle übrigen Schulden, sowie der etwaige aus den betr. ausländischen Liegenschaften nicht gedeckte Teil der auf diesen haftenden Pfandschulden (lit. α) sind verhältnismäßig auf den Wert des inländischen und des ausländischen Nachlasses, soweit der eine und andere nicht durch die auf ihm haftenden Pfandschulden aufgezehrt ist, zu verteilen.
4. Der Nachlaß unterliegt der Erbschaftsaccise in Baden, obgleich der Erblasser im Auslande wohnt und die Erben selbst dem badischen Staate nicht angehören.

c) **Preuß. F.M.R. vom 4. Dezember 1890** III 13948 an den P.St.D. zu B., mitgeteilt den P.St.-Direktoren.

Mit dem Großherzoglich Badischen Ministerium der Finanzen ist von mir vereinbart worden, daß die nach Artikel 3 und Artikel 4 Ziffer 4 des Badischen Gesetzes vom 28. Mai

1828 den öffentlichen Anstalten für Wohlthätigkeit und Unterricht eingeräumte Befreiung von der Erbschafts- und Schenkungsaccise auch den Preußischen Anstalten dieser Art zu statten kommt. Dagegen sollen die Bestimmungen in dem Tarif zum Preußischen Erbschaftssteuergesetze vom 30. Mai 1873, nach welchem alle Anfälle an öffentliche Armen-, Kranken-, Arbeits-, Straf- und Besserungsanstalten, an Waisenhäuser, vom Staate genehmigte Hospitäler und andere Versorgungsanstalten oder andere milde Stiftungen, welche vom Staate als solche ausdrücklich oder durch Verleihung der Rechte juristischer Personen anerkannt sind, steuerfrei bleiben, Anfälle und Zuwendungen aber, welche ausschließlich zu wohlthätigen, gemeinnützigen oder Unterrichts-Zwecken bestimmt sind, insofern solche nicht einzelne Familien oder bestimmte Personen betreffen und die wirkliche Verwendung zu dem bestimmten Zwecke gesichert ist, mit 4% zu versteuern sind, auch Anwendung finden, wenn die Anfälle an derartige Anstalten im Großherzogthum Baden gelangen, bezw. im Gebiete desselben zur Verwendung in der bezeichneten Art bestimmt sind.

3. Bayern.

a) **Gesetz über Erbschaftssteuer, vom 18. August 1879.** (Gesetz- und Verwaltungsblatt für das Königreich Bayern 1879 Nr 51). — Kommentare von Knobling, Pfaff und von Stengel.

Art. 7.

Auf Immobilien und denselben gleichgeachtete Rechte, welche sich außerhalb Bayerns befinden, erstreckt sich die Steuerpflicht nicht.

Anderes außerhalb Bayerns befindliches Vermögen eines Erblassers, welcher bei seinem Ableben Bayer war oder in Bayern seinen Wohnsitz hatte, unterliegt der Versteuerung, wenn dasselbe einer in Bayern wohnhaften Person zufällt, und wenn davon in dem betreffenden Staate keine oder eine geringere Erbschaftsabgabe als nach Vorschrift dieses Gesetzes zu entrichten ist. Im letzteren Falle wird die erweislich gezahlte Erbschaftsabgabe auf die inländische Steuer angerechnet.

Art. 8.

Innerhalb Bayerns befindliche Immobilien und denselben gleichgeachtete Rechte unterliegen der Erbschaftssteuer ohne Unterschied, ob der Erblasser Bayer oder nicht Bayer war, und ob derselbe seinen Wohnsitz in Bayern hatte oder nicht.

Auf anderes in Bayern befindliches Vermögen eines Erblassers, welcher bei seinem Ableben weder Bayer war, noch in Bayern seinen Wohnsitz hatte, erstreckt sich die Steuerpflicht nicht, soferne auch diejenigen, welchen der Anfall zukommt, nicht in Bayern wohnen und die Gegenseitigkeit verbürgt ist.

Art. 9.

Bei Anwendung der Bestimmungen in Art. 7, 8 gelten die in Bayern angestellten Beamten eines anderen Staates nicht als in Bayern wohnhaft.

Die Staatsregierung ist befugt, auch außerdem bei Anwendung der erwähnten Bestimmungen Angehörige anderer Staaten, welche des Dienstes halber ihren Wohnsitz in Bayern haben, als nicht in Bayern wohnhaft zu behandeln.

b) **Anmerkungen.**

Pfaff, Bayern, S. 14 ff. bemerkt hierzu:

1. Die beiden Artikel 7 und 8 begrenzen die Steuerpflicht mit Rücksicht auf die Belegenheit der Nachlaßobjekte und zwar in folgender Weise:
   α) Außerhalb Bayerns gelegene Immobilien und denselben gleich geachtete Rechte:
   Diese unterliegen der Erbschaftssteuer in keinem Fall, auch nicht, wenn der Erblasser Bayer war oder in Bayern seinen Wohnsitz hatte, oder wenn der Anfall an eine in Bayern wohnhafte Person kam. Art. 7 Abs. 1.
   β) Innerhalb Bayerns gelegene Immobilien und denselben gleichgeachtete Rechte:
   Diese unterliegen der Erbschaftssteuer immer, ohne Rücksicht, welchem Staate Erblasser und Erbe angehören und wo sie ihren Wohnsitz haben. Art. 8 Abs. 1.
   γ) Außerhalb Bayerns gelegenes bewegliches Vermögen: War der Erblasser nicht Bayer und hatte er auch seinen Wohnsitz nicht in Bayern, so ist dasselbe steuerfrei, ohne Rücksicht, wem es zufällt. War jedoch der Erblasser Bayer oder hatte er in Bayern seinen Wohnsitz, so ist zu unterscheiden, an wen das außerhalb Bayerns

gelegene bewegliche Vermögen fällt. Fällt es an eine nicht in Bayern wohnhafte Person, so ist es gleichfalls steuerfrei; fällt es dagegen an eine in Bayern wohnhafte Person, so unterliegt es der Erbschaftssteuer, jedoch nur dann und insoweit, als davon in dem betreffenden Staate keine oder eine geringere Erbschaftsabgabe, als nach dem bayrischen Gesetze zu entrichten ist.

δ) Innerhalb Bayerns gelegenes bewegliches Vermögen:

War der Erblasser Bayer oder hatte er seinen Wohnsitz in Bayern, so ist dasselbe immer steuerpflichtig, ohne Rücksicht, wem es zufällt. War jedoch der Erblasser nicht Bayer und hatte er auch seinen Wohnsitz nicht in Bayern, so ist zu unterscheiden, an wen das innerhalb Bayerns gelegene bewegliche Vermögen fällt. Fällt es an eine in Bayern wohnhafte Person, so ist es steuerpflichtig; fällt es dagegen an eine nicht in Bayern wohnhafte Person, so ist es steuerfrei, soferne die Gegenseitigkeit verbürgt ist. Vgl. auch Entsch. des bayr. Verwaltungsgerichtshofes. 1. Juli 1884, Sammlg. Bd. 5. S. 252.

4. Braunschweig.

a) **Gesetz, die Abänderung des Erbschaftssteuergesetzes vom 18. April 1876 Nr. 38 betreffend. Camenz, den 10. Juni 1892.** (Gesetz und Verordnungs-Sammlung Nr. 26).

Art. 1.

An die Stelle des § 6 des Gesetzes Nr. 38 vom 18. April 1876 tritt folgender Paragraph:

§ 6. Unbewegliches Vermögen.

Grundstücke und Grundgerechtigkeiten, welche außerhalb des Landes liegen, gehören nicht zur steuerpflichtigen Masse. Von dem Anfalle inländischer Grundstücke oder Gerechtigkeiten oder deren Nutzungen ist die Erbschaftssteuer zu erheben ohne Unterschied, ob der Erblasser Inländer oder Ausländer war und ob derselbe seinen Wohnsitz im Inlande hatte oder nicht.

Art. 2.

An die Stelle des § 7 des Erbschaftssteuer-Gesetzes tritt folgender Paragraph:

§ 7. Bewegliches Vermögen.

Anderes als das im § 6 bezeichnete Vermögen ist der Erbschaftssteuer unterworfen, wenn der Erblasser bei seinem Ableben seinen Wohnsitz im Herzogthum Braunschweig hatte, das außerhalb des Herzogthums befindliche Vermögen aber nur dann, wenn davon in dem auswärtigen Staate keine oder eine geringere Abgabe, als nach den Vorschriften dieses Gesetzes, zu entrichten ist. Im letzteren Falle wird die in dem auswärtigen Staate erweislich gezahlte Abgabe auf die diesseitige Steuer angerechnet.

Art. 3.

Hinter dem § 7 des Erbschaftssteuergesetzes wird folgender Paragraph als § 7a eingeschaltet:

§ 7a.

In Bezug auf den Nachlaß von Personen, welche in solchen Staaten ihren Wohnsitz gehabt haben oder Angehörige solcher Staaten gewesen sind, in welchen die Erbschaftssteuer nach anderen als den in § 7 angegebenen Grundsätzen erhoben wird, ist Unser Herzogl. Staatsministerium ermächtigt, zum Zwecke der Ausgleichung und thunlichsten Vermeidung von Doppelbesteuerungen Abweichungen von der Vorschrift des § 7 in der Art anzuordnen, daß:

1) die Erhebung der Braunschweigischen Erbschaftssteuer für das nicht in Grundstücken oder Grundgerechtigkeiten bestehende Vermögen, unabhängig von dem Wohnsitze des Erblassers zu erfolgen hat, sofern dieser Braunschweigischer Staatsangehöriger war;
2) die Erhebung der Braunschweigischen Erbschaftssteuer für das nicht in Grundstücken oder Grundgerechtigkeiten bestehende Vermögen unabhängig von dem Wohnsitze und der Staatsangehörigkeit des Erblassers zu erfolgen hat, falls das Vermögen im Herzogthum Braunschweig sich befindet.

b) **Cirk.-Verf. des Preuß. F.M. v. 15. Juli 1892** III 9361.

Nach einer Mittheilung des Herzoglich-Braunschweig-Lüneburgischen Staatsministeriums v. 7. d. Mts. ist das dortige Erbschaftssteuergesetz v. 18. Apil 1876 durch Gesetz v. 10. Juni d. Js. (Gesetz- und Verordnungsblatt Nr. 26 S. 241) in ähnlicher Weise abgeändert worden, wie das Preußische Erbschaftssteuergesetz vom 30. Mai 1873 durch das Preußische Gesetz vom 19. Mai 1891.

Der das unbewegliche Vermögen behandelnde § 6 des Braunschweigischen Gesetzes stimmt jetzt wörtlich überein mit § 9 des Preußischen Gesetzes in der durch meine Bekanntmachung vom 24. Mai 1891 veröffentlichten Fassung, während die das bewegliche Vermögen betreffenden §§ 7 und 7a des Braunschweigischen Gesetzes jetzt den §§ 10 und 11 des Preußischen Gesetzes in dessen neuer Fassung entsprechen. Der § 7 des Braunschweigischen Gesetzes enthält nur insofern eine Abweichung, als in ihm eine den Worten im ersten Satze des § 10 des Preußischen Gesetzes

„oder die vorläufige Ausfolgung des Nachlasses (§ 1 Ziffer 4) von einem Preußischen Gericht verfügt ist".

entsprechende Anordnung fehlt.

Da fortan für die Erhebung der Erbschaftssteuer in beiden Ländern nicht mehr die Staatsangehörigkeit des Erblassers, sondern dessen letzter Wohnsitz entscheidend ist, so tritt das seiner Zeit zwischen der Preußischen und der Herzoglich Braunschweigischen Regierung getroffene durch die Cirk.-Verf. v. 17. April 1884 III 4499 mitgetheilte und durch die Cirk.-Verf. v. 29. Juni v. Js. III 9001 aufrecht erhaltene Uebereinkommen außer Kraft.

5. Bremen.

Gesetz, betreffend die Erbschafts- und Schenkungsabgabe. Vom 13. Dezember 1895. (Gesetzblatt der freien Hansestadt Bremen 1895 Nr. 36. In Kraft getreten am 1. April 1896).

§ 1.

Erbschaften, Vermächtnisse und Schenkungen von Todeswegen unterliegen einer Abgabe:

1) wenn der Erblasser zur Zeit seines Todes seinen Wohnsitz im bremischen Staat gehabt hat;
2) wenn der Erblasser als bremischer Staatsangehöriger verstorben ist, ohne zur Zeit seines Todes einen nachweislichen Wohnsitz außerhalb des bremischen Staates gehabt zu haben;
3) wenn der Erblasser von einem bremischen Gerichte rechtskräftig für tot erklärt ist;
4) insoweit es sich um innerhalb des bremischen Staats befindliches unbewegliches Vermögen handelt, ohne Rücksicht auf den Wohnsitz oder die Staatsangehörigkeit des Erblassers.

Die Abgabe beträgt für voll- und halbbürtige Geschwister und deren leibliche Kinder vier vom Hundert, in allen übrigen abgabepflichtigen Fällen acht vom Hundert.

Abgabepflichtig ist, vorbehältlich der Bestimmung des § 4 Absatz 2, derjenige, welchem die Erbschaft oder das Vermächtnis oder die Schenkung von Todeswegen anfällt.

§ 2.

Von der Abgabe befreit sind Erbschaften, Vermächtnisse und Schenkungen von Todeswegen, welche gelangen:

1) an Ehegatten;
2) an Blutsverwandte in auf- und absteigender Linie oder in Einkindschaft aufgenommene Abkömmlinge oder deren Nachkommen;
3) an Kirchen, Schulen, fromme Stiftungen oder die Armen, oder welche
4) zur Förderung von Kunst und Wissenschaft oder zu sonstigen gemeinnützigen Zwecken dienen sollen.

§ 3.

Die Abgabe muß von dem vollen Werte der Substanz des ihr unterworfenen Nachlasses entrichtet werden.

Ausgenommen ist jedoch das außerhalb des bremischen Staats befindliche unbewegliche Vermögen, sofern es an dem Ort, wo es belegen ist, einer Nachlaßsteuer unterliegt. Die auf diesem Vermögen haftenden Lasten und die durch dessen Realisirung entstandenen Kosten können von dem steuerpflichtigen Teile des Nachlasses nicht in Abzug gebracht werden, solche Verbindlichkeiten aber, für welche ein besonderes Pfandrecht an dem auswärts befindlichen unbeweglichen Vermögen besteht, nur insoweit, als diese Verbindlichkeiten den Wert des letzteren übersteigen.

Von dem Werte des nach § 1 Nr. 4 der Abgabe unterliegenden unbeweglichen Vermögens sind die durch dessen Realisirung entstandenen Kosten, die darauf ruhenden Lasten und solche Verbindlichkeiten, für die ein besonderes Pfandrecht daran besteht, abzusetzen.

§ 35.

Dieses Gesetz tritt am 1. April 1896 in Kraft.

Ist jedoch die, die Steuerpflicht begründende Thatsache vor diesem Tage eingetreten, so finden ohne Rücksicht auf die Zeit der Fälligkeit der Abgabe nur die §§ 14 bis 19, 28, 29 und 31 bis 34 dieses Gesetzes, im übrigen aber das für das Rechnungsjahr des Eintritts der betreffenden Thatsache erlassene Steuergesetz Anwendung.

6. Elsaß-Lothringen.

a) **Gesetz, betreffend die Erbschaftssteuer. Vom 12. Juni 1889.** (GBl. für Elsaß-Lothringen S. 57.) — Kommentare von Jacob und Hollerith.

§ 5.

Innerhalb Elsaß-Lothringens befindliche Liegenschaften und denselben gleich geachtete Rechte unterliegen der Erbschaftssteuer ohne Rücksicht auf den Wohnsitz oder die Staatsangehörigkeit des Erblassers.

Auf Liegenschaften und denselben gleich geachtete Rechte außerhalb Elsaß-Lothringens erstreckt sich die Steuerpflicht nicht.

§ 6.

Das unkörperliche, bewegliche Vermögen eines Erblassers, welcher zur Zeit des Erbganges in Elsaß-Lothringen seinen Wohnsitz hatte, unterliegt der Erbschaftssteuer.

Das unkörperliche, bewegliche Vermögen eines Erblassers, welcher zur Zeit des Erbgangs seinen Wohnsitz nicht in Elsaß-Lothringen hatte, ist von der Erbschaftssteuer befreit. Jedoch sind die zum Nachlasse eines solchen Erblassers gehörigen elsaß-lothringischen Staatsrenten, Aktien und Schuldverschreibungen, sowie Forderungen, für welche elsaß-lothringische Grundstücke hypothekarisch belastet sind, steuerpflichtig, soweit in dem Heimatstaate des Erblassers die zu einem elsaß-lothringischen Nachlasse gehörigen Staatsrenten, Aktien, Schuldverschreibungen und Hypothekenforderungen dieses Landes besteuert werden und der Erbe nicht eine deutsche Staatsangehörigkeit besitzt.

§ 7.

Das körperliche, bewegliche Vermögen eines Erblassers, welcher zur Zeit des Erbgangs in Elsaß-Lothringen seinen Wohnsitz hatte, unterliegt der Erbschaftssteuer. Insoweit sich dasselbe jedoch zur Zeit des Erbgangs außerhalb Elsaß-Lothringens befand, ist auf Verlangen die nach den Gesetzen des Landes, woselbst es sich befand, etwa zu entrichtende und erweislich gezahlte Erbschaftsabgabe in Abzug zu bringen.

Das körperliche, bewegliche Vermögen eines Erblassers, welcher zur Zeit des Erbgangs seinen Wohnsitz nicht in Elsaß-Lothringen hatte, ist steuerfrei; das in Elsaß-Lothringen befindliche Vermögen jedoch nur, soweit in dem Heimatstaate des Erblassers gleiche Grundsätze bei der Besteuerung maßgebend sind. Auch in letzterem Falle tritt, wenn derjenige, welchem der Anfall zukommt, seinen Wohnsitz in Elsaß-Lothringen hat, die Steuerpflicht des in Elsaß-Lothrigen befindlichen Vermögens mit der Maßgabe ein, daß derselbe berechtigt ist, eine etwa im Lande des Wohnorts oder der Staatsangehörigkeit des Erblassers auferlegte und erweislich gezahlte Erbschaftsabgabe in Abzug zu bringen.

b) **Anmerkungen.**

Hollerith, S. 21 bemerkt hierzu:

Für die Liegenschaften wird . . . das Territorialitätssystem befolgt.

Bezüglich der beweglichen Sachen . . . sieht das Gesetz in den §§ 6 u. 7 zunächst, was die Person des Erblassers angeht, von der Unterscheidung nach der Staatsangehörigkeit ab und erklärt lediglich den Wohnsitz als maßgebend, wie dies auch nach der bisherigen Gesetzgebung der Fall war. (§ 2 des Gesetzes, betreffend die Enregistrements- und Stempelgebühren vom 27. Mai 1888.)

Im Uebrigen unterscheidet das Gesetz, gleichfalls in Uebereinstimmung mit dem bisherigen Rechte, hinsichtlich unkörperlicher und körperlicher beweglicher Sachen.

Für die unkörperlichen beweglichen Sachen wendet § 6 entsprechend dem bisherigen Rechte (§§ 1 u. 2, Gesetz vom 27. Mai 1888) als Grundsatz das Personalitätssystem an, läßt aber für die in dessen Schlußsatz bezeichneten Werte unter den dort angegebenen Voraussetzungen eine Ausnahme von diesem Grundsatze zu.

Bezüglich der körperlichen beweglichen Sachen giebt das Gesetz den bisher in Geltung gewesenen Grundsatz des reinen Territorialitätssystems (Art. 27 Ges. vom 22. Frim. VII) auf und befolgt in § 7 als Prinzip des Personalitätssystem. Dieses System ist aber einerseits behufs Vermeidung einer Doppelbesteuerung gemildert durch Zulassung des Abzugs einer auf ausländischen Sachen lastenden Erbschaftssteuer; andererseits ist in den in den Schlußbestimmungen des § 7 hervorgehobenen Fällen auf das Territorialitätssystem zurückgegriffen. Nach der Begründung S. 16 ff.)

7. Hamburg.

Abgeänderte Verordnung wegen Abgabe von Erbschaften und Vermächtnissen (für die Stadt, die Vorstädte und das Hamburgische Landgebiet, einschließlich des Amtes Ritzebüttel) vom 9. Mai 1894. (Gesetzsammlung der freien und Hansestadt Hamburg 1894 Nr. 22).

Es haben alle hiesigen Bürger, Angehörigen und Einwohner, sowie die Fremden, welche in denjenigen Ländern wohnen, hinsichtlich welcher die Erhebung der Abzugssteuer aufgehoben ist[1]) — von allen Erb- und wohlgewonnenen Gütern, sie bestehen in Capitalien, liegenden Gründen oder in anderen, mittelst Taxation zu einem Werthe zu bestimmenden Gegenständen, als Pretiosen, Bibliotheken, Gemälden u. s. w., welche ihnen selbst durch Intestat-Erbfolge, oder vermittelst eines Testaments, oder einer anderen letzten Willens-Verordnung als Erbschaft oder Vermächtniß anfallen, von dem reinen Ertrage der Erbschaft oder des Vermächtnisses zu entrichten:

1. 1 % bei Erbschaften oder Vermächtnissen, welche Kindern von ihren Eltern zukommen.
2. 3 % bei Erbschaften oder Vermächtnissen, welche andern Descendenten von ihren Ascendenten zukommen.

   Die Steuerpflicht der Descendenten bei Verbleib in ungetheilten Gütern tritt ein, wann und insoweit ihnen Vermögen durch Tod oder Abtheilung des überlebenden Ehegatten zukommt.

   2a. (Zusatz): 4% bei Erbschaften und Vermächtnissen, welche Stiefkindern, Schwiegerkindern, Stiefeltern, Schwiegereltern des Erblassers zufallen.
3. 3 % bei Erbschaften oder Vermächtnissen, welche Ascendenten von ihren Descendenten zukommen.
4. 6 % a) bei einer Verwandtschaft des 2. Seiten-Grades zwischen dem Erblasser und Erbnehmer oder Legatar, die Verwandtschaft mag eine vollbürtige oder halbbürtige sein; b) bei Adoptivkindern und bei legitimirten Kindern und deren Descendenten, jedoch mit Ausnahme der durch nachfolgende Ehe legitimirten Kinder, welche, sowie eingekindschaftete Kinder, außereheliche Kinder, insofern sie ihre Eltern ab intestato beerben, und deren Descendenten, der unter 1 beziehungsweise 2 festgesetzten Besteuerung der Kinder beziehungsweise anderen Descendenten unterliegen.
5. 8 % bei einer Verwandtschaft des 3. Seitengrades zwischem dem Erblasser und Erbnehmer oder Legatar, die Verwandtschaft mag eine vollbürtige oder halbbürtige sein.
6. 10 % bei einer Seitenverwandtschaft über den 3. Grad hinaus oder bei garnicht vorhandener Verwandschaft.

II. enthält die Ausnahmen von der vorstehenden Abgabe.

XII. Die Abgabe von Erbschaften, Vermächtnissen und was nach dieser Verordnung dem gleichsteht, wird vom 1. Januar 1894 ab nach den Bestimmungen dieser Verordnung erhoben.

8. Hessen.

a) **Gesetz, die Erbschafts- und Schenkungssteuer betreffend. Vom 30. August 1884.** (Großherzogliches Regierungsblatt Nr. 29 S. 271). — Kommentare von Krug und Friedrich Pfaff.

Art. 2.

Unbewegliches Vermögen (Liegenschaften und denselben gleichgeachtete Rechte), welches sich außerhalb des Großherzogthums befindet, wird mit der Erbschaftssteuer nicht belegt.

---

[1]) Die Abzugssteuer ist durch § 33 des Ges. betr. die Behandlung von Verlassenschaften vom 21. Dezember 1868 gänzlich aufgehoben.

Art. 3.

Innerhalb des Großherzogthums befindliches unbewegliches Vermögen unterliegt der Erbschaftssteuer ohne Unterschied, ob der Erblasser oder Vorgänger hessischer Staatsangehöriger war, oder nicht.

Art. 4.

Anderes im Inlande befindliches Vermögen eines Erblassers oder Vorgängers, welcher bei seinem Ableben oder Hinwegfall kein hessischer Staatsangehöriger war, unterliegt der Besteuerung nicht, soweit dasselbe an Nichthessen fällt und wenn in demjenigen Staate, wohin dasselbe verabfolgt werden soll, oder welchem der Anfallsberechtigte angehört, die gleiche Rücksicht hinsichtlich des Nachlasses diesseitiger Staatsangehöriger beobachtet wird. Wenn solches Vermögen an einen Hessen fällt und davon in einem anderen Staate die Erbschaftssteuer zu entrichten ist, so kann die im auswärtigen Staate von dem anfallsberechtigten Hessen zu zahlende Erbschaftssteuer auf die diesseitige Steuer angerechnet werden.

Art. 5.

Anderes, als das im Artikel 2 bezeichnete, außerhalb Hessens befindliches Vermögen eines Erblassers, oder Vorgängers, welcher bei seinem Ableben oder Hinwegfall Staatsangehöriger des Großherzogthums war, unterliegt der Besteuerung, falls oder soweit davon im betreffenden auswärtigen Staate keine, oder eine geringere Erbschaftssteuer, als nach den Vorschriften dieses Gesetzes zu entrichten ist. Im letzteren Falle (geringere Steuer) wird die im auswärtigen Staate zu zahlende Erbschaftssteuer auf die diesseitige Steuer angerechnet.

b) **Anmerkungen.**

Pfaff, Hessen, S. 4ff. bemerkt hierzu:

Um das Verhältniß zu anderen Staaten in Erbschafts-Steuer-Angelegenheiten zu regeln, unterscheidet das Gesetz zunächst:

I. Zwischen unbeweglichem und beweglichem Vermögen. Von ersterem ist in Art. 4 und 5 die Rede und werden die im Ausland gelegenen Immobilien allgemein für steuerfrei erklärt, auch wenn sie zu einem inländischen Nachlaß gehören (Art. 2), die im Inlande dagegen allgemein für steuerpflichtig, auch wenn sie zu einem ausländischen Nachlaß gehören (Art. 3). Die Mot. S. 12 bemerken hierzu: „Immobilien werden überall in demjenigen Staat, in welchem sie liegen, zu den öffentlichen Lasten herangezogen (vgl. § 3 des Reichsgesetzes vom 13. Mai 1870 (über Doppelbesteuerung), auch zur Erbschaftssteuer (Territorialitätsprinzip); daher Art. 2 und 3."

Was dagegen

II. das bewegliche Vermögen betrifft, so erwähnt das Gesetz zunächst

A. das im Inland gelegene und unterscheidet hier zwischen dem Nachlaß hessischer Staatsangehörigen (Inländer) und demjenigen nichthessischer Staatsangehörigen (Ausländer).

1. Das von einem hessischen Staatsangehörigen oder Inländer hinterlassene bewegliche Vermögen unterliegt der Besteuerung, mag dasselbe an einen Hessen oder an einen Nichthessen fallen. (Dieser Fall wird zwar von dem Gesetz nicht ausdrücklich erwähnt; das von ihm Gesagte, insbesondere, daß derartiges Vermögen, auch wenn es an einen Nichthessen fällt, zur Steuer heranzuziehen ist, dürfte sich aber aus der Erwägung ergeben, daß das Gesetz das an einen Hessen fallende Vermögen jedenfalls besteuern will, und daß es, wenn es das an einen Nichthessen fallende Vermögen anders behandelt haben wollte, diesen seinen Willen ausdrücklich hätte kundgeben müssen, weshalb, da dieses nicht geschehen ist, angenommen werden muß, das Gesetz wolle sowohl in dem einen, wie in dem anderen Fall die Steuer erhoben haben.)

2. Das von einem Ausländer hinterlassene, im Inlande befindliche bewegliche Vermögen, wenn es

a) an einen Nichthessen fällt, ist der Regel nach steuerfrei. Dasselbe wird erst dann steuerpflichtig, wenn der Staat, welchem der Anfallberechtigte angehört, in dem gleichen Fall keine Reziprozität übt. (Art. 4 Satz 1);

b) fällt es an einen Hessen, so wird es besteuert, jedoch kann die von demselben an den auswärtigen Staat zu entrichtende Steuer auf die hessische Steuer aufgerechnet werden (Art. 4 Satz 2).

Handelt es sich dagegen

B. um im Auslande befindliches Vermögen, und wird dasselbe

1. von einem hessischen Staatsangehörigen hinterlassen, so ist dasselbe zu versteuern, es mag an einen Hessen oder an einen Nichthessen fallen, jedoch nur dann und nur so weit, als in dem betreffenden auswärtigen Staat keine oder eine geringere als die diesseitige Erbschaftssteuer erhoben wird. (Art. 5);

2. wird es von einem Nichthessen hinterlassen, so ist es stets steuerfrei, auch wenn es an einen Hessen fällt. (Auch dieser Fall wird in dem Gesetz nicht ausdrücklich erwähnt, dürfte aber entsprechend seinen übrigen Bestimmungen also zu entscheiden sein.)

c) **Cirk.-Verf. des Preuß. F.M. vom 23. Dezember 1894**, III 10835.

Mit der Großherzoglich Hessischen Staatsregierung war im Jahre 1883 vereinbart worden, daß der nicht in Grundstücken und Grundgerechtigkeiten bestehende Nachlaß der beiderseitigen Staatsangehörigen nur vom Heimathstaate des betreffenden Erblassers besteuert werden sollte. (Runderlaß v. 30. Juni 1883 III 8643.) Mit Bezug hierauf hat sodann die Verf. v. 29. Juni 1891 III 9001 bestimmt, daß die Erhebung der Erbschaftssteuer auch ferner nach den Grundsätzen dieses Abkommens erfolgen soll. Nach Art. 4 des hessischen Erbschaftssteuerges. v. 30. Aug. 1884 ist indessen das in Hessen befindliche bewegliche Vermögen nichthessischer Erblasser, soweit es an Nichthessen gelangt, von der dortigen Besteuerung nur dann ausgeschlossen, wenn in dem Staate, wohin das Vermögen verabfolgt werden soll, oder dem der Anfallsberechtigte angehört, die gleiche Rücksicht hinsichtlich des beweglichen Nachlasses hessischer Staatsangehöriger beobachtet wird.

Die Verschiedenheit dieser gesetzlichen Bestimmungen und der Bestimmung des vorerwähnten Abkommens hat nach einer Mittheilung des Großherzoglich Hessischen Ministeriums der Finanzen wiederholt zu Doppelbesteuerungen in solchen Fällen geführt, in denen Theile eines in Hessen befindlichen beweglichen Nachlasses eines Preußen an Angehörige von Staaten gelangt sind, die zu Hessen nicht im Gegenseitigkeitsverhältnisse stehen. Zur Beseitigung dieses Uebelstandes bestimme ich auf Grund des § 11 des Erbschaftssteuergesetz vom 30. Mai 1873/19. Mai 1891, daß fortan in allen Fällen, in denen ein Preuße in Hessen bewegliches Vermögen hinterläßt, dieses Vermögen gegenüber solchen Theilnehmern an der Erbschaft, die einem Staate angehören, zu dem Hessen nicht im Gegenseitigkeitsverhältnisse steht, zur preußischen Erbschaftssteuer nur insoweit herangezogen wird, als sie die davon in Hessen zu erhebende Steuer übersteigt. Dagegen ist in allen Fällen, in denen ein Hesse in Preußen bewegliches Vermögen hinterläßt, die preußische Erbschaftssteuer solchen Theilnehmern an der Erbschaft gegenüber zu erheben, die einem Staate angehören, mit dem Preußen nicht im Gegenseitigkeitsverhältnisse steht.

9. Lippe-Detmold.

Gesetz, die Erhebung einer Abgabe von Erbschaften, Vermächtnissen und Schenkungen auf den Todesfall betr., vom 29. Dezember 1869 (Gesetz-Sammlung für das Fürstenthum Lippe. 1870 Nr. 1.) — unter Berücksichtigung des Gesetzes, die Abänderung einiger Bestimmungen des Gesetzes über die Erhebung einer Abgabe von Erbschaften, Vermächtnissen und Schenkungen auf den Todesfall betreffend, vom 12. September 1877 (a. a. L. 1877 Nr. 27).

Art. 1.

§ 1. Der Zahlung einer Abgabe an die Landkasse unterliegen vom 1. Januar 1870 ab, mit Beachtung der nachstehenden Bestimmungen, Erbschaften, Vermächtnisse, Anfälle von Lehen und Fideicommißgütern, Schenkungen auf den Todesfall und das durch sonstige letztwillige Verfügungen zugefallene Vermögen.

Art. 2.

§ 1. Die Pflicht zur Zahlung der Abgabe tritt nur ein, wenn

a) entweder der Erblasser zur Zeit seines Todes, beziehungsweise bei Verfügungen unter Lebenden, der Geschenkgeber zur Zeit solcher Verfügung sein rechtliches Domicil (Wohnsitz) im Fürstenthum hatte, ohne Unterschied, ob er dem Lippischen Staatsverbande angehörte oder nicht;

b) oder falls die Voraussetzung ad a nicht zutrifft, der Gegenstand in Immobilien oder Grundgerechtigkeiten besteht, welche innerhalb des Fürstenthums belegen sind.

§ 2. Staatsangehörigkeit, Wohnsitz oder Aufenthalt des Empfängers sind ohne Einfluß auf die Abgabenpflicht.

Art. 3.

§ 2. Ferner ist die Abgabe nicht zu entrichten, wenn die Erbschaften 2c.

c) in Immobilien oder Grundgerechtigkeiten bestehen, welche außerhalb des Fürstenthums belegen sind.

Art. 6.

Bei der Berechnung der Erbschafts-Abgabe sind folgende Vorschriften maßgebend:

2. a) Die Schulden, welche auf dem einem Ausländer zugehörigen, im hiesigen Lande belegenen, nach Art. 2b abgabenpflichtigen Vermögen ruhen, kommen nur dann in Abzug, wenn sie von dem Erblasser lediglich zu dem Zwecke contrahirt sind oder haben übernommen werden müssen, um das in Frage stehende Besitzthum überhaupt zu erwerben oder zu erhalten oder zu dem jetzigen Werthe zu bringen;

b) die Schulden, welche auf dem nach Art. 3 § 2 unter c abgabenfreien Grundbesitze ruhen, sind von der hier steuerpflichtigen Vermögensmasse nicht in Abzug zu bringen.

10. Lübeck.

a) **Verordnung, die Erbschaftssteuer betreffend vom 18. September 1862.** (Sammlung der Verordnungen Nr. 20) — in der durch Nachtrag vom 10. Oktober 1868 abgeänderten Fassung. Abgedruckt in: Lübeckische Verordnungen und Bekanntmachungen 1814 bis 1875, Lübeck 1881, S. 159).

1.

Von allem Vermögen, welches im Lübeckischen Freistaate aus dem Nachlasse Lübeckischer Staatsangehöriger durch Intestaterbfolge, Testament oder sonstige letztwillige Verfügungen, Schenkungen auf den Todesfall, oder Erbverträge Anderen, als den Ehegatten, Descendenten, Adoptivkindern oder Ascendenten des Erblassers zufällt, ist eine Erbschaftssteuer zu entrichten.

Der Erbschaftssteuer unterliegen in gleicher Weise die aus dem Nachlasse fremder entfallenden Erbschaften, Vermächtnisse und Schenkungen, wenn solche Fremde im Lübeckischen Freistaate domicilirt gewesen sind oder soweit solcher Nachlaß im Lübeckischen Freistaate geordnet wird.

b) Vgl. hierzu das in Böhm's Zeitschrift, Bd. 4 Jahrgang 1894 S. 587 abgedruckte Urt. des Hanseatischen O.L.Gs. vom 9. Juni 1892.

11. Mecklenburg-Schwerin.

Revidirte Collateral-Erbsteuer-Ordnung. Vom 11. September 1858. (Beilage zu Nr. 30 des Regierungsblatts für das Großherzogthum Mecklenburg-Schwerin von 1858.)[1])

1. Allgemeine Vorschrift.

§ 1.

Alle Erbschaften, welche in den hiesigen Landen eröffnet werden, sie mögen aus letztwilligen Verfügungen, nach gesetzlichen Bestimmungen oder aus Erbverträgen, überhaupt auf irgend welche Weise anfallen, Vermächtnisse oder Legate, Lehns- oder Fideicommiß-Anfälle, Schenkungen von Todeswegen u. s. w. sein, sind mit alleiniger Ausnahme der in dem § 2 bezeichneten Fälle, ohne Unterschied, ob der Anfall Inländern oder Ausländern zukommt, nach dem Betrage des Anfalles der Collateral-Erbsteuer unterworfen.

Als hier im Lande eröffnet ist die Erbschaft auch anzusehen:

a) hinsichtlich aller zu derselben gehörigen, hier im Lande belegenen Immobilien, wenn auch der Erblasser außerhalb Landes wohnte und außerhalb Landes starb;

b) rücksichtlich des im hiesigen Lande belegten und befindlichen Capital- und Mobiliarnachlasses eines Ausländers, welcher, ohne einen festen und bestimmten Wohnsitz in einem anderen Lande erworben zu haben, hier verstorben ist;

c) wegen des Nachlasses eines Inländers, der im Auslande verstorben ist, ohne dort einen festen Wohnsitz erworben zu haben, sobald derselbe nach hiesigen Gesetzen zur Zeit seines Todes noch ein selbstständiges oder von seinen Eltern abgeleitetes Domicil in Mecklenburg-Schwerin hatte.

Dagegen ist die Erbschaft als nicht hier im Lande eröffnet zu betrachten:

d) über alle außerhalb Landes belegenen Immobilien, mag der Erblasser auch hier im Lande gewohnt haben und gestorben sein;

---

[1]) Die Verordnung zur Abänderung obiger Ordnung, vom 24. Juni 1879, Reg Bl. Nr. 34 interessiert hier nicht.

e) wenn sie durch den hier im Lande erfolgten Tod einer Person eröffnet wird, welche zur Zeit ihres Todes ihren bestimmten Wohnsitz im Auslande hatte, mögen auch ihre Capitalien hier im Lande belegt sein; mit Ausnahme jedoch der bezüglichen, in § 12 für hier im Lande errichtete und bestätigte, aus beweglichen Gegenständen, Capitalien u. s. w. bestehende Fideicommiß-Anfälle vorgesehene Fälle.

§ 12.

2) Nicht nur jeder fideicommissarische Anfall von hier im Lande belegenen Immobilien, sondern auch ein aus beweglichen Gegenständen, Capitalien u. s. w. bestehendes Fideicommiß, wenn es hier im Lande errichtet und bestätigt ist, unterliegt allemal der Versteuerung, es mögen die Capitalien im Inlande oder Auslande bestätigt sein, das Fideicommiß mag durch den Tod eines Inländers oder Ausländers eröffnet werden und einem Inländer oder Ausländer anfallen.

Besteht das Fideicommiß aus im Auslande befindlichen beweglichen Sachen, auswärts belegten Capitalien u. s. w., so normiren auch hier die in diesem Abschnitte für die Werthberechnung gegebenen allgemeinen Vorschriften; von einem im Inlande belegenen Fideicommiß aber, mag dasselbe aus Capitalien, beweglichen oder unbeweglichen Gegenständen bestehen, wird . . . von dem Nutzungswerthe jährlich . . . gesteuert. . . .

§ 13.

C. Was bei der Berechnung des Werthes in Abzug kommt.

1) Alle Schulden und Lasten, welche mit und wegen der Erbschaft übernommen werden, nicht aber Landesschulden und öffentliche Abgaben . . . . .

Schulden und Lasten, für welche ein im Auslande belegenes Immobile specialiter verpfändet ist, dürfen jedoch — da nach § 1 sub d von dem Werthe eines außerhalb Landes gelegenen Grundstückes keine Erbsteuer entrichtet wird — auch nur dann und insoweit von dem im Inlande sich befindenden steuerpflichtigen Theile des Nachlasses abgezogen werden, als die Erben nachweisen, daß die auf das auswärtige Grundstück besonders contrahirten Schulden den Werth desselben übersteigen, mithin aus selbigem nicht völlig würden abgetragen werden können. Ist dies der Fall, so ziehen die Erben ebenfalls soviel von der Erbschaft ab, und was sie in dieser Hinsicht zuviel gezahlt hatten, das sind sie ebenso zurückzufordern berechtigt, wie dies im § 5 bei streitigen Gegenständen festgestellt ist.

12. Mecklenburg-Strelitz.

Im Großherzogthum Mecklenburg-Strelitz und im Fürstenthum Ratzeburg wird nach einer Mittheilung des Herrn Amtsrichters Giehrke in Strelitz vom 20. April 1896 Erbschaftssteuer nicht erhoben.

13. Oldenburg.

a) **Gesetz, betr. die Erhebung einer Abgabe von Erbschaften, Vermächtnissen und Schenkungen. Vom 16. Juli 1868.** (Gesetzblatt für das Herzogthum Oldenburg. 20. Bd. 74. Stück.)

Art. 2.

§ 1. Die Abgabepflicht tritt nur ein, wenn

a) entweder der Erblasser zur Zeit seines Todes, beziehungsweise bei Verfügungen unter Lebenden der Geschenkgeber zur Zeit solcher Verfügung sein rechtliches Domizil (Wohnsitz) im Herzogthum Oldenburg hatte, ohne Unterschied, ob er dem Oldenburg'schen Staatsverband angehörte oder nicht;

oder, falls diese Voraussetzung unter a nicht zutrifft, der zugefallene Gegenstand in innerhalb des Herzogthums Oldenburg belegenen Immobilien oder Grundgerechtigkeiten besteht.

§ 2. Staatsangehörigkeit, Wohnsitz oder Aufenthalt des Empfängers sind ohne Einfluß auf die Abgabepflicht.

Art. 3.

§ 2. Ferner ist die Abgabe nicht zu entrichten, wenn die Erbschaften, Vermächtnisse
1. für milde oder gemeinnützige Zwecke bestimmt sind;
2. der Werth derselben weniger als 50 Thlr. beträgt;
3. dieselben in außerhalb des Herzogthums Oldenburg belegenen Immobilien oder Grundgerechtigkeiten bestehen;
4. Staatsverträge der Belegung derselben mit der Abgabe entgegenstehen.

Art. 6.

2. Hatte der Erblasser bezw. Geschenkgeber seinen Wohnsitz nicht im Herzogthum Oldenburg, ist vielmehr die Abgabepflicht nur auf Grund des Art. 2 § 1 b. deshalb eingetreten, weil innerhalb des Herzogthums Oldenburg belegene Immobilien oder Grundgerechtigkeiten vererbt oder verschenkt worden, dann können von der abgabepflichtigen Gütermasse stets nur diejenigen Schulden des Erblassers ꝛc. abgezogen werden, welche gewissermaßen als Theil gerade dieses hiesigen Besitzthums erscheinen, nämlich diejenigen auf dem hiesigen Besitzthum haftenden hypothekarischen Schulden, welche von dem Erblasser ꝛc. lediglich zu dem Zwecke contrahirt sind oder haben übernommen werden müssen, um das hier fragliche Besitzthum überhaupt zu erwerben oder zu erhalten, oder doch zu dem jetzt vorhandenen Werthe zu bringen.

Umgekehrt können, wenn in einer nach Art. 2 § 1 a. abgabepflichtigen Vermögensmasse im Auslande belegene, nach Art. 3 § 2 Z. 3 abgabefreie Immobilien oder Grundgerechtigkeiten vorhanden sind, von der hier pflichtigen Gütermasse diejenigen Schulden nicht abgezogen werden, welche gewissermaßen als Theil gerade dieses auswärtigen Besitzthums erscheinen.

b) **Gesetz für das Fürstenthum Birkenfeld, betreffend die Erhebung einer Abgabe von Erbschaften, Vermächtnissen und Schenkungen. Vom 20. Juli 1868.** (Gesetzblatt für das Fürstenthum Birkenfeld. 5. Bd. 63 Stück).

Art. 2.

§ 1. Die Abgabe-Pflicht tritt nur ein, wenn
a) entweder der Erblasser zur Zeit seines Todes, beziehungsweise bei Verfügungen unter Lebenden der Geschenkgeber zur Zeit solcher Verfügung, sein rechtliches Domizil (Wohnsitz) im Fürstenthum Birkenfeld hatte, ohne Unterschied, ob er dem Oldenburgischen Staatsverbande angehörte, oder nicht;
b) oder, falls diese Voraussetzung unter a) nicht zutrifft, der zugefallene Gegenstand in innerhalb des Fürstenthums Birkenfeld belegenen Immobilien oder Grundgerechtigkeiten besteht.

§ 2. Staatsangehörigkeit, Wohnsitz oder Aufenthalt des Empfängers sind ohne Einfluß auf die Abgabepflicht.

Art. 3.

§ 2. Ferner ist die Abgabe nicht zu entrichten, wenn die Erbschaften, Vermächtnisse ꝛc.
1. für milde oder gemeinnützige Zwecke bestimmt sind;
2. der Werth derselben weniger als 50 Thaler beträgt;
3. dieselben in außerhalb des Fürstenthums Birkenfeld belegenen Immobilien oder Grundgerechtigkeiten bestehen;
4. Staatsverträge der Belegung derselben mit der Abgabe entgegenstehen.

Art. 6.

Bei Berechnung der Erbschafts-Abgabe ist nach folgenden Grundsätzen zu verfahren:

2. Hatte der Erblasser, bezw. Geschenkgeber, seinen Wohnsitz nicht im Fürstenthum Birkenfeld, ist vielmehr die Abgabepflicht nur auf Grund des Art. 2, § 1 b., deshalb eingetreten, weil innerhalb des Fürstenthums Birkenfeld belegene Immobilien oder Grundgerechtigkeiten vererbt oder verschenkt worden, dann können von der abgabepflichtigen Gütermasse stets nur diejenigen Schulden des Erblassers ꝛc. abgezogen werden, welche gewissermaßen als Theil gerade dieses hiesigen Besitzthums erscheinen, nämlich diejenigen auf dem hiesigen Besitzthum haftenden hypothekarischen Schulden, welche von dem Erblasser ꝛc. lediglich zu dem Zwecke contrahirt sind oder haben übernommen werden müssen, um das hier fragliche Besitzthum überhaupt zu erwerben oder zu erhalten, oder doch zu dem jetzt vorhandenen Werthe zu bringen.

Umgekehrt können, wenn in einer nach Art. 2 § 1 a., abgabepflichtigen Vermögensmasse im Auslande belegene, nach Art. 3, § 2, Z. 3, abgabefreien Immobilien oder Grundgerechtigkeiten vorhanden sind, von der hier pflichtigen Gütermasse diejenigen Schulden nicht abgezogen werden, welche gewissermaßen als Theil gerade dieses auswärtigen Besitzthums erscheinen.

c) **Gesetz für das Fürstenthum Lübeck, betreffend die Erhebung einer Abgabe von Erbschaften, Vermächtnissen und Schenkungen. Vom 20. Juli 1868.** (Verordnungs-Sammlung für das Fürstenthum Lübeck. 13. Bd. 13. Stück).

Art. 2, 3 und 6

wörtlich übereinstimmend mit den zu b abgedruckten Artikeln des Birkenfeld'schen Gesetzes, nur daß es hier durchweg „Lübeck" statt „Birkenfeld" heißt.

14. Reuß, ä. L.

Gesetz, vom 3. März 1875, die Erbschaftssteuer betreffend. (Gesetz-Sammlung für das Fürstenthum Reuß Aelterer Linie. 1875 Nr. 4. In Kraft getreten am 6 März 1875.)

§ 1. Gegenstand der Erbschaftssteuer.

Von jeder Übertragung beweglichen oder unbeweglichen Vermögens, welche in Veranlassung des Todes eines Staatsangehörigen auf Seitenverwandte oder nicht verwandte — physische oder juristische — Personen, sei es im Wege der Intestaterbfolge, letztwilliger Verfügung oder Erbvertrags durch Erbschaft, Legat, Fideikommiß, Schenkung auf den Todesfall, Begründung einer Stiftung oder durch Succession in ein Lehn oder Fideikommißgut erfolgt, wird eine in die Staatskasse fließende Erbschaftssteuer erhoben. Inwieweit diese Steuer von dem im Fürstenthume befindlichen beweglichen und unbeweglichen Vermögen eines dem hiesigen Staatsverbande nicht angehörigen Erblassers zu erheben ist, richtet sich nach den Vorschriften dieses Gesetzes (§§ 8. 9).

§ 8. Im Auslande befindliches Vermögen.

Grundstücke und Grundgerechtigkeiten, welche außerhalb Landes liegen, gehören nicht zur steuerpflichtigen Masse. Anderes im Auslande befindliches Vermögen eines Erblassers, welcher bei seinem Ableben Inländer war, unterliegt der Versteuerung, falls davon im Auslande keine, oder eine geringere Erbschaftssteuer, als nach Vorschrift dieses Gesetzes zu entrichten ist. Im letzteren Falle findet die Anrechnung der im Auslande erweislich gezahlten Erbschaftssteuer auf die diesseitige Steuer statt.

§ 9. Im Inlande befindliches Vermögen.

Von dem Anfall inländischer Grundstücke, Grundgerechtigkeiten oder deren Nutzungen ist die Erbschaftssteuer zu erheben, ohne Unterschied, ob der Erblasser Inländer oder Ausländer war, und ob derselbe seinen Wohnsitz im Inlande hatte oder nicht.

Anderes im Inlande befindliches Vermögen eines Erblassers, welcher bei seinem Ableben Ausländer war, unterliegt der Versteuerung nicht, wenn in dem Staate, wohin dasselbe verabfolgt werden soll, die gleiche Rücksicht hinsichtlich des Nachlasses diesseitiger Angehöriger beobachtet wird.

§ 10. Vertheilung der Schulden und Lasten.

Schulden und Lasten, welche nur auf einem nach §§ 8 und 9 steuerfreien oder steuerpflichtigen Theile der Masse haften, kommen bei Berechnung der Steuer nur bei demjenigen Theile in Abzug, auf welchem sie haften.

Schulden und Lasten, welche sowohl auf dem steuerfreien, als auf dem steuerpflichtigen Theile der Masse haften, kommen von letzterem nur nach dem Verhältniß dieses Theiles zur gesammten Masse in Abzug.

Hypothekarische Schulden, für welche der Eigenthümer zugleich persönlich haftet, gelten als zunächst das Grundstück belastend, und kommen nur rücksichtlich des durch das Grundstück nicht gedeckten Betrages bei der übrigen Masse in Anrechnung.

15. Reuß j. L.

a) **Gesetz, vom 13. Oktober 1849, die Abgabe von Kollateral-Erbschaftsfällen betreffend.**
(Gesetz-Sammlung für die Fürstlich Reußischen Lande Jüngerer Linie, Bd. 8 Nr. 98 S. 21).

§ 1.

Der Kollateral-Erbschafts-Abgabe unterliegen alle in dem Fürstenthum Reuß j. L. zum Anfalle kommende Erbschaften und Vermächtnisse eines Verstorbenen, welche auf Seitenverwandte oder Fremde übergehen ohne Unterschied, ob sie in Lehn oder in Allodium bestehen.

§ 4.

Befreit von dieser Abgabe bleiben:

1) inländische Kirchen und milde Stiftungen in Ansehung der ihnen anfallenden Erbschaften und Vermächtnisse mit Einschluß der zu frommen und gemeinnützigen Zwecken oder Behufs der Studien ausgesetzten Vermächtnisse und Pensionen.

§ 5.

Die unter Ziffer 1 des vorigen § geordnete Befreiung findet volle Anwendung auch auf diejenigen Erbschaften, Vermächtnisse und Pensionen der bezeichneten Art, welche ihrer Bestimmung gemäß aus dem Fürstenthum j. L. in solche Staaten zu entrichten sind, oder von Angehörigen solcher Staaten bezogen werden, mit welchen über die gegenseitige Abgabefreiheit solcher Zuwendungen Uebereinkünfte bestehen.

§ 6.

Im Auslande gelegene Immobilien kommen bei Entrichtung der Abgabe nie in Anschlag. Dagegen unterliegt derselben der ganze übrige Nachlaß, ohne Unterschied, wo sich derselbe befindet, mit Ausschluß jedoch des Inventariums ausländischer Grundbesitzungen.

§ 7.

Hat der Erblasser im Auslande gewohnt, in dem Fürstenthume Reuß j. L. aber Immobilien hinterlassen, so sind diese mit dem dazu gehörigen Inventar der Abgabe unterworfen.

§ 8.

Hat aber ein Erblasser neben seinem Wohnsitze im Auslande auch in dem Fürstenthume Reuß j. L. einen solchen gehabt, so unterliegen auch die übrigen Gegenstände des Nachlasses mit Ausnahme ausländischer Immobilien (§ 6) der Abgabe, jedoch unter den in den §§ 9 und 10 enthaltenen Einschränkungen.

§ 9.

Sofern am Wohnsitze des Erblassers im Auslande gleichfalls eine Abgabe von dem Nachlasse erhoben wird, so sollen diejenigen beweglichen Vermögensgegenstände, welche sich zur Zeit des Ablebens in dem fremden Staate befinden, ingleichen die in letzterem ausstehenden Forderungen von der diesseitigen Abgabe in soweit befreit bleiben, als dieselben dort verrechtet worden, dergestalt, daß nur dann, wenn die jenseitige Abgabe weniger als vier bezüglich zwei Procent beträgt, der Unterschied diesseits erhoben wird.

§ 10.

Von solchen Mobilien und Forderungen, welche zur Zeit des Ablebens in einem dritten Staate, wo der Erblasser keinen Wohnsitz gehabt hat, sich befinden oder ausstehen, soll die Abgabe in dem Falle des § 8 im gleichen Maaße, jedoch mindestens zur Hälfte — zwei Procent bezüglich ein Procent — erhoben werden.

b) Die Verordnung vom 14. Juni 1852, sowie die Gesetze vom 21. Dezember 1868 und vom 20. Dezember 1880 berühren nicht die oben wiedergegebenen Vorschriften.

16. Sachsen.

a) **Gesetz über die Erbschaftssteuer, vom 13. November 1867.** (Gesetz- und Verordnungsblatt für das Königreich Sachsen, 17. Stück S. 449). — Kommentar von Wahl. — Die Gesetze v. 3. Juni 1879 und v. 9. März 1880 berühren nicht die nachfolgenden Vorschriften. —

Art. 7.

Außerhalb Sachsens befindliches Vermögen.

Grundstücke und Gerechtigkeiten, welche sich außerhalb Sachsens befinden, gehören nicht zu der steuerpflichtigen Masse.

Anderes außerhalb Sachsens befindliches Vermögen eines Erblassers, welcher bei seinem Ableben Sachse war, unterliegt der Steuer, wenn davon in dem Lande, in welchem es sich befindet, keine oder eine geringere Erbschaftsabgabe als nach Vorschrift dieses Gesetzes zu entrichten ist. Im letzteren Falle findet die Anrechnung der dort erweislich gezahlten Erbschaftsabgabe auf die Sächsische Erbschaftssteuer statt.

Art. 8.

Einfluß der Staatsangehörigkeit.

Von dem Anfalle Sächsischer Grundstücke und Gerechtigkeiten ist die Erbschaftssteuer zu erheben, ohne Unterschied, ob der Erblasser Sachse war oder nicht.

Anderes in Sachsen befindliches Vermögen eines Erblassers, welcher bei seinem Ableben nicht Sachse war, unterliegt der Steuer nicht, soweit dasselbe an Nichtsachsen fällt und in deren Heimatsstaate die gleiche Rücksicht Sächsischen Staatsangehörigen gegenüber befolgt wird.

b) **Anmerkungen.**

Wahl, S. 24 ff. bemerkt hierzu:

Nach den Bestimmungen der Art. 7 und 8 in Verbindung mit Art. 1 unterliegen der Erbschaftssteuer:

1. Die von einem Sachsen herrührenden Anfälle und zwar gleichviel ob sie an Sachsen oder Nichtsachsen kommen.

   Nur bleiben solchenfalls bei Feststellung der Steuer außerhalb Sachsens liegende Grundstücke und Gerechtigkeiten unberücksichtigt; während der außerhalb Sachsens befindliche Mobiliarnachlaß zu der steuerpflichtigen Masse gehört und nur die im Auslande deshalb nachweislich gezahlte Erbschaftsabgabe auf die Sächsische Erbschaftssteuer angerechnet werden soll.
2. Die Verlassenschaft eines Nichtsachsen anlangend, so sind in Sachsen gelegene Grundstücke und Gerechtigkeiten desselben jedenfalls der Erbschaftssteuer unterworfen, ebenfalls ohne Rücksicht darauf, ob die Grundstücke u. s. w. Sächsischen Staatsangehörigen anfallen oder nicht.

   Anderes Vermögen eines Nichtsachsen unterliegt dagegen der Besteuerung lediglich dann, wenn das Vermögen in Sachsen sich befindet, aber auch in diesem Falle unbedingt nur, wenn es einem Sachsen zufällt; während, wenn der Anfall an einen Nichtsachsen erfolgt, in der Regel keine Steuer und solche nur unter der Voraussetzung zu erheben ist, daß der Heimatsstaat des Erben nicht die gleiche Rücksicht Sächsischen Staatsangehörigen gegenüber nimmt, also das innerhalb seiner Grenzen befindliche Vermögen fremder Staatsangehöriger auch insoweit es an Sächsische Unterthanen fällt, besteuert.

c) **Bekanntmachung des Sächs. Finanzministeriums vom 17. März 1892.** F.M.Bl. 1892, S. 16.

. . . . Gleichzeitig wird zur Nachachtung bekannt gegeben, daß die zu einer Erbschaft gehörigen Forderungen (hypothekarische sowohl als Buchforderungen) als an demjenigen Orte befindlich zu erachten sind, wo der Schuldner wohnt, während für Inhaberpapiere lediglich der Ort entscheidet, wo sie sich zur Zeit des Ablebens des Erblassers thatsächlich befunden haben.

d) **Generalverordnung des Sächs. Finanzministeriums vom 6. Oktober 1892.** F.M.Bl. 1892 S. 51.

I.

Die Erbschaftssteuerverwaltungen haben die (sc. durch die Bekanntmachung vom 5. April 1892) vorgeschriebene Anzeige an das Königl. Preußische Finanzministerium zu erstatten, sofern ihnen bekannt geworden ist, daß entweder

1. der in Sachsen befindliche Mobiliar-Nachlaß eines Preußen an Nicht-Sachsen gelangt, oder
2. der in Preußen befindliche Mobiliar-Nachlaß eines in Sachsen verstorbenen Sachsen an Preußische Staatsangehörige gelangt, oder
3. der in Sachsen unter Hinterlassung beweglichen Vermögens verstorbene Erblasser weder Sachse noch Preuße gewesen ist, jedoch bei seinem Ableben seinen Wohnsitz in Preußen gehabt hat.

II.

Das Königl. Preuß. Finanzministerium ist ferner zu benachrichtigen, wenn der in Sachsen befindliche Mobiliarnachlaß eines Preußen an Sächsische Staatsangehörige gelangt und nach sächsisch rechtlichen Bestimmungen keine oder eine geringere Erbschaftssteuer als in Preußen erhoben wird.

Dieser Fall tritt nach dem gegenwärtigen Stande der beiderseitigen Gesetzgebungen nur ein, wenn der Erbe (Anwärter, Vermächtnißnehmer) Stiefkind oder Schwiegerkind oder Adoptivkind des Erblassers oder Abkömmling eines solchen Adoptivkindes gewesen ist.

e) **Cirk.-Verf. des Preuß. FM. v. 12. April 1892** III 4359.

Die bisherigen Bestimmungen der §§ 9 und 10 des Gesetzes, betreffend die Erbschaftssteuer v. 30. Mai 1873 über die Versteuerung des im Auslande befindlichen beweglichen Vermögens inländischer Erblasser und des im Inlande befindlichen beweglichen Vermögens ausländischer Erblasser standen in wesentlicher Uebereinstimmung mit den Vorschriften der Artikel 7 und 8 des Königlich Sächsischen Gesetzes über die Erbschaftssteuer vom 13. November 1876, welche lauten (s. oben).

Hiernach besteht zwischen beiden Gesetzen nur der Unterschied, daß nach dem vorallegirten Art. 8 das in Sachsen befindliche Vermögen eines Erblassers, welcher bei seinem Ableben Nichtsachse war, der sächsischen Erbschaftssteuer unterliegt, soweit dasselbe an Sächsische Erben fällt. Dies hatte zur Folge, einerseits, daß das in Preußen befindliche bewegliche Vermögen eines Sächsischen Erblassers, insoweit dasselbe an Preußische Erben fiel, der Preußischen Erbschaftssteuer unterworfen und damit nach Art. 7 des Sächsischen Erbschaftssteuergesetzes der Besteuerung Sachsens entzogen werden konnte und andererseits, daß von dem in Sachsen befindlichen beweglichen Vermögen eines Preußischen Erblassers, insoweit dasselbe an Sächsische Erben gelangte, die im § 9 des Preußischen Gesetzes verordnete diesseitige Erbschaftssteuer nur insoweit erhoben werden konnte, als die Preußische Erbschaftssteuer die Sächsische überstieg. Letztere wird nach dem Königlich Sächsischen Gesetze v. 9. März 1880 entrichtet:

a) mit Einem vom Hundert des Betrages beim Anfalle an Personen, welche dem Hausstande des Erblassers angehört und in demselben in einem Dienstverhältnisse gestanden haben, sofern der Anfall in Pensionen, Renten oder anderen, auf die Lebenszeit der Bedachten beschränkten Nutzungen besteht, die ihnen mit Rücksicht auf dem Erblasser geleistete Dienste zugewendet werden;
b) mit Zwei vom Hundert beim Anfalle an Geschwister;
c) mit Drei vom Hundert beim Anfalle an Geschwisterabkömmlinge 1. Grades, Schwiegerkinder oder Stiefkinder;
d) mit Vier vom Hundert beim Anfalle an Geschwisterabkömmlinge 2. Grades, an Geschwister des Vaters oder der Mutter, an Abkömmlinge 1. Grades von Stiefkindern, an Schwiegereltern oder Stiefeltern;
e) mit Sechs vom Hundert beim Anfalle an Abkömmlinge 1. Grades von Geschwistern des Vaters oder der Mutter;
f) mit Acht vom Hundert in allen anderen Fällen.

Nachdem die §§ 9 und 10 des Ges. v. 30. Mai 1873 durch die §§ 9, 10 und 11 des Ges., betreffend die Erbschaftssteuer in der durch das Gesetz v. 19. Mai v. Js. gegebenen Fassung ersetzt worden sind, ist zwischen der diesseitigen und der Königlich Sächsischen Regierung auf Grund des § 11 des zuletzt angeführten Gesetzes in Bezug auf die Versteuerung des Nachlasses der beiderseitigen Staatsangehörigen eine Verständigung dahin getroffen worden, daß die Erhebung der Erbschaftssteuer für das nicht in Grundstücken oder Grundgerechtigkeiten bestehende Vermögen auch ferner nach dem bisherigen Verfahren zu erfolgen hat. Für die Versteuerung ist demnach die Staatsangehörigkeit des Erblassers ohne Rücksicht auf dessen Wohnsitz maßgebend, so daß also von dem in Sachsen befindlichen Nachlaß eines Preußischen Erblassers, abgesehen von dem vorerwähnten Ausnahmefalle, in welchem der Nachlaß Sächsischen Erben zufällt, die Preußische Erbschaftssteuer und umgekehrt von dem in Preußen befindlichen Vermögen eines Sächsischen Erblassers, insoweit es nicht an Preußische Erben gelangt, die Sächsische Erbschaftssteuer erhoben wird.

f) **Cirk.-Verf. des Preuß. F.M. vom 17. September 1892 III 11777.**

Nach einer zwischen der Königlich Preußischen und der Königlich Sächsischen Regierung getroffenen Vereinbarung haben sich die beiderseitigen Steuer-Verwaltungen von den in ihren Bezirken erfolgten, von dem anderen Staat ganz oder zum Theil zu besteuernden Erbfällen in Zukunft behufs Sicherung des Eingangs der Erbschaftssteuer Mittheilung zu machen.

Demzufolge werden die Sächsischen Erbschaftssteuer-Verwaltungen vom Königlich Sächsischen Finanz-Ministerium zu Dresden nach Maßgabe der in Abschrift beigefügten Generalverordnung angewiesen werden, die der Preußischen Erbschaftssteuer unterliegenden Erbfälle hierher anzuzeigen. In gleicher Weise haben fortan die Preußischen Erbschaftssteuerämter das Königlich Sächsische Finanz-Ministerium von allen in Preußen eintretenden Todesfällen zu benachrichtigen, in denen die Erhebung einer Sächsischen Erbschaftssteuer in Frage kommt. Der Sächsischen Erbschaftssteuer unterliegen:

1. der in Preußen befindliche Mobiliarnachlaß eines Sachsen, wenn er an Nichtpreußen gelangt;
2. der in Preußen befindliche Mobiliarnachlaß eines Sachsen, wenn er an Preußen gelangt, jedoch nur insoweit, als die Sächsische Erbschaftssteuer die Preußische übersteigt.
   In dieser Hinsicht ist zu beachten, daß die in Preußen mit 2 vom Hundert steuerpflichtigen Adoptivkinder und deren Descendenten in Sachsen steuerfrei sind, Schwieger- oder Stiefkinder, die in Preußen 4 vom Hundert zahlen, in Sachsen nur 3 vom Hundert entrichten, zum Hausstand gehörige Personen, Geschwister, Geschwister des Vaters oder der Mutter, Schwiegereltern oder Stiefeltern, Abkömmlinge ersten Grades von Stiefkindern, die gleichen Steuersätze von 1 bezw. 2 bezw. 4 vom Hundert zahlen, und im Uebrigen, insoweit nicht nach beiden Gesetzgebungen der höchste Steuersatz von 8 vom Hundert zur Anwendung kommt, die Sächsische Erbschaftssteuer höher ist, als die Preußische, wie sich aus den in der vorerwähnten Cirk.-Verf. v. 12. April cr. mitgetheilten Prozentsätzen ergiebt;
3. der in Sachsen befindliche Mobiliarnachlaß eines in Preußen verstorbenen Preußen, insoweit als er an Sachsen gelangt;
4. der außerhalb Preußens — sei es in Sachsen oder einem dritten Staat — befindliche Mobiliarnachlaß eines in Preußen verstorbenen Sachsen.

In dem Falle zu 3 wird noch außerdem eventuell eine Preußische Steuer zu erheben sein, insoweit, als die Preußische Erbschaftssteuer die Sächsische übersteigt.

17. Sachsen-Altenburg.

a) **Gesetz, die Entrichtung der Erbschaftssteuer (des sogenannten Kollateralgeldes) und der Groschenabgabe betreffend, vom 29. Mai 1879.** (Gesetz-Sammlung für das Herzogthum Sachsen-Altenburg 1879 Stück 9 Nr. 33 S. 161.)

§ 1.

a) Wenn und insoweit der Nachlaß Jemandes oder einzelne Bestandtheile davon durch gesetzlichen Erbgang, letztwillige Verfügungen, Verträge unter Lebenden oder auf den Todesfall unter lukrativem Titel an andere als die im § 2 bezeichneten befreiten Personen übergehen, oder wenn und insoweit mit Rücksicht auf einen solchen Vermögensübergang Jemandem, der nicht zu jenen befreiten Personen gehört, vermöge letztwilliger oder vertragsmäßiger Bestimmung des Erblassers Vermögensvortheile unter lukrativem Titel zugewendet werden, so ist von dem Erwerbenden, ohne Unterschied der Staatsangehörigkeit, die den Namen der Erbschaftssteuer führende Abgabe an den Staat zu entrichten.

§ 2.

Befreit von der Abgabe sind:

II. Kirchen, Schulen und fromme Stiftungen des Inlandes.

§ 3.

(Siehe die unter b abgedruckte Novelle.)

b) **Novelle zum Gesetze vom 29. Mai 1879, die Entrichtung der Erbschaftssteuer u. s. w. betreffend, vom 18. Dezember 1885.** (Gesetz-Sammlung für das Herzogthum Sachsen-Altenburg 1885 Stück 12 Nr. 37 S. 76. In Kraft getreten am 31. Dezember 1885.)

§ 1.

Zu der Bestimmung in § 2, Nr. II, Absatz 1 „Kirchen, Schulen und fromme Stiftungen des Inlands" treten folgende Worte zu:

„und der Staaten des Deutschen Reichs unter Voraussetzung der Gegenseitigkeit."

§ 2.

§ 3 wird somit aufgehoben und treten an dessen Stelle folgende Bestimmungen:

Grundstücke und Grundgerechtigkeiten, welche außerhalb Landes liegen, gehören nicht zur steuerpflichtigen Erbschaftsmasse. Anderes im Auslande befindliches Vermögen eines Erblassers, welcher bei seinem Ableben Inländer war, unterliegt der gleichen Versteuerung, wie das im Inlande befindliche, falls davon im Auslande keine oder eine geringere Erbschaftssteuer, als nach Vorschrift dieses Gesetzes, zu entrichten ist. Im letzteren Falle findet die Anrechnung der im Auslande erweislich gezahlten Erbschaftssteuer auf die diesseitige Steuer statt.

Von dem Anfalle inländischer Grundstücke, Grundgerechtigkeiten oder deren Nutzungen ist die Erbschaftssteuer zu erheben, ohne Unterschied, ob der Erblasser Inländer oder Ausländer und ob derselbe seinen Wohnsitz im Inlande hatte oder nicht.

Anderes im Inlande befindliches Vermögen eines Ausländers, welcher bei seinem Ableben Ausländer war, unterliegt der Versteuerung nicht, wenn in dem Staate, wohin dasselbe verabfolgt werden soll, die gleiche Rücksicht hinsichtlich des Nachlasses diesseitiger Angehöriger beobachtet wird.

Schulden und Lasten, welche sowohl auf dem steuerfreien, als auf dem steuerpflichtigen Theile der Masse haften, kommen von letzterem nur nach dem Verhältnisse dieses Theils zur gesammten Masse in Abzug.

Hypothekarische Schulden, für welche der Eigenthümer zugleich persönlich haftet, gelten als zunächst das Grundstück belastend und kommen nur rücksichtlich des durch das Grundstück nicht gedeckten Betrages bei der übrigen Masse in Anrechnung.

18. Sachsen-Coburg-Gotha.

a) Coburg.

α) **Gesetz, die Entrichtung einer Nachlaßsteuer betreffend. Vom 15. Juni 1858.** (Gesetz-Sammlung für das Herzogthum Coburg 1857/58 Nr. 302.)

Art. 1.

(Aufgehoben durch das unter β abgedruckte Gesetz.)

Art. 5.

Unter dem nachlaßsteuerpflichtigen Mobiliarvermögen (vgl. Art. 1 Nr. 1) ist nicht nur das im Herzogthum Coburg, sondern auch das in einem andern Land befindliche Mobiliarvermögen jeder Art mit Einschluß aller Kapital- und sonstigen Forderungen begriffen, und nur dann ist das in einem andern Land befindliche Mobiliarvermögen der Nachlaßsteuer nicht unterworfen, wenn nach dortigen Gesetzen eine gleiche Abgabe von ihm zu entrichten ist.

Vom Immobiliarvermögen ist die Nachlaßsteuer nur insoweit zu entrichten, als dasselbe sich im Herzogthum Coburg befindet.

β) **Gesetz, eine Abänderung des Gesetzes vom 15. Juni 1858 über Entrichtung einer Nachlaßsteuer betreffend. Vom 12. Mai 1880** (a. a. O., 1880 Nr. 939).

§ 1.

Der Art. 1 des Gesetzes vom 15. Juni 1858, die Einrichtung einer Nachlaßsteuer betreffend, ist aufgehoben.

An seine Stelle treten folgende Bestimmungen:

Art. 1a.

Von dem Vermögen, welches durch gesetzliche, statutarische oder fideikommissarische Erbfolge, letztwillige Verfügung oder Vertrag als Erbschaft, Vermächtniß oder Schenkung auf den Todesfall, sowie von dem, welches mittelst Güterübergabe, Erb- und Alimentationsvertrag von einer Person, welche zur Zeit ihres Ablebens ihren dauernden Wohnsitz im Sinne des Reichsgesetzes vom 13. Mai 1870 wegen Beseitigung der Doppelsteuer im Herzogthum Coburg gehabt hat, auf einen andern übergeht, ist eine Nachlaßsteuer an die Staatskasse zu entrichten und zwar im Betrag des zwanzigsten Theils des Werths.

Art. 1b.

Der in Art. 1a bezeichneten Abgabe ist in den daselbst bezeichneten Fällen auch das auswärts wohnhaften Personen gehörige Vermögen unterworfen, soweit es in Grundstücken und Gewerbsanlagen besteht, welche im Herzogthum Coburg liegen.

Art. 1c.

Ausgenommen von der Steuerpflichtigkeit sind:

1. in den Fällen des Art. 1a die Vermögen solcher dem Deutschen Reiche angehörigen Personen, welche ihren dauernden Wohnsitz im Sinne des Reichsgesetzes vom 13. Mai 1870 zur Zeit ihres Ablebens außer im Herzogthum Coburg noch in einem anderen zum Deutschen Reiche gehörigen Staate gehabt haben, wenn sie nicht zugleich Staatsangehörige des Herzogthums Coburg gewesen sind,
2. in allen Fällen die Vermögensmassen oder einzelne Bestandtheile derselben, welche auf Ehegatten, weibliche Verwandte in auf- oder absteigender Linie oder auf milde Stiftungen übergehen,
3. in Fällen ehe- und erbvertragsmäßiger Succession die Vermögensmassen, welche auf Stiefkinder übergehen.

   Zu den leiblichen Verwandten eines Mannes im Sinne der Nr. 2 sind die nicht legitimirten außerehelichen Kinder nicht zu rechnen.

§ 3.

Im Art. 5 Abs. 1 des Gesetzes vom 15. Juni 1858 ist die Parenthese „(vergl. Art. 1 Nr. 1)" zu streichen.

b) Gotha.

Gesetz, die Einführung einer Stempelsteuer betreffend. Vom 1. Juli 1868. (Gesetz-Sammlung für das Herzogthum Gotha 1868. St. DCCCCXXXVIII).

Art. 1.

Vom 15. Juli 1868 an sind die in dem anliegenden Tarif bestimmten Stempelabgaben nach Maßgabe dieses Gesetzes zu entrichten und zu erheben.

Art. 21.

In Bezug auf die Entrichtung der Stempelabgabe von Erbschaften, Vermächtnissen, Lehns- und Fideikommißanfällen gelten folgende Vorschriften:

(hier ohne Interesse).

Stempel-Tarif.

Erbschaften, Vermächtnisse, Schenkungen von Todeswegen, jedoch mit Ausschluß der Lehns- und Fideicommißanfälle (siehe diese), unterliegen ohne Unterschied, ob der Anfall Inländern oder Ausländern zukommt, der Stempelabgabe in nachersichtlicher Weise:

(Es folgen die Steueransätze. — Zwischen Mobilien und Immobilien wird nicht unterschieden, ebensowenig wo sie belegen sind. — Das gilt auch von den Lehns- und Fideicommißfällen).

19. Sachsen-Meiningen.

Gesetz, vom 20. Mai 1885, die Erbschaftssteuer betreffend. (Sammlung der landesherrlichen Verordnungen im Herzogthum Sachsen-Meiningen. Bd. 22. Nr. 12.)

Art. 1.

Der Erbschaftssteuer sind, ohne Unterschied, ob der Anfall an Angehörige oder Nichtangehörige des Herzogthums kommt, unterworfen:

1. Anfälle von Erbschaften, Vermächtnissen und Schenkungen auf den Todesfall (mit Einschluß der zur Vergeltung von Dienstleistungen gemachten und der mit einer Auflage belasteten Schenkungen),
2. Lehns- und Fideikommißanfälle,
3. Anfälle von Hebungen aus Familienstiftungen, welche auf den vermöge stiftungsmäßiger oder gesetzlicher Erbfolgeordnung Berufenen übergehen.

Den Schenkungen auf den Todesfall werden Schenkungen unter Lebenden gleichgeachtet, deren Vollzug, wenn auch nur theilweise, bis zum Ableben des Schenkgebers aufgeschoben ist.

Einen Wohnsitz hat der Erblasser oder Schenkgeber im Sinne des Gesetzes an dem Orte, an welchem er eine Wohnung unter Umständen innehatte, welche auf die Absicht der dauernden Beibehaltung einer solchen schließen lassen.

Art. 2.

Von der Erbschaftssteuer bleiben frei:

A. Anfälle, welche gelangen an

6. Deutsche Orts- und Landarmenverbände zur Verwendung für Hülfsbedürftige, Deutsche öffentliche Lehr-, Wohlthätigkeits-, Zucht- und Arbeits-Anstalten, sowie an Deutsche Kirchen und staatlich anerkannte Religionsgesellschaften, nicht minder an milde Stiftungen im Deutschen Reiche, sofern solche vom Staate ausdrücklich oder durch Verleihung der Rechte juristischer Personen anerkannt und nicht zum Besten einzelner Familien bestimmt sind.

B. Anfälle, welche ausschließlich für kirchliche, wohlthätige, gemeinnützige oder Unterrichtszwecke oder zur Förderung von Kunst und Wissenschaft innerhalb des Deutschen Reiches bestimmt sind, dafern sie nicht einzelne Familien oder bestimmte Personen betreffen, und die wirkliche Verwendung zu dem bestimmten Zwecke gesichert ist.

Art. 7.

Auf Immobilien und denselben gleichgeachtete Rechte, welche sich außerhalb des Herzogthums befinden, erstreckt sich die Steuerpflicht nicht.

Anderes außerhalb des Herzogthums befindliches Vermögen eines Erblassers, welcher bei seinem Ableben Angehöriger des Herzogthums war oder daselbst seinen Wohnsitz hatte, unterliegt der Versteuerung, wenn dasselbe einer im Herzogthum wohnhaften Person zufällt, und wenn davon in dem betreffenden Staate keine oder eine geringere Erbschaftsabgabe, als nach Vorschrift dieses Gesetzes, zu entrichten ist. Im letzteren Falle wird die erweislich gezahlte Erbschaftsabgabe auf die inländische Steuer angerechnet.

Art. 8.

Innerhalb des Herzogthums befindliche Immobilien und denselben gleichgeachtete Rechte unterliegen der Erbschaftssteuer ohne Unterschied, ob der Erblasser Angehöriger desselben war, oder nicht und ob derselbe seinen Wohnsitz im Herzogthum hatte, oder nicht.

Auf anderes im Herzogthum befindliches Vermögen eines Erblassers, welcher bei seinem Ableben weder Angehöriger desselben war, noch daselbst seinen Wohnsitz hatte, erstreckt sich die Steuerpflicht nicht, soferne auch Diejenigen, welchen der Anfall zukommt, nicht im Herzogthum wohnen und die Gegenseitigkeit verbürgt ist.

Art. 9.

Schulden und Lasten, welche nur auf einem nach Artikel 7 und 8 steuerfreien oder steuerpflichtigen Theile der Masse haften, kommen nur bei diesem Theile, Schulden und Lasten, welche vorzugsweise auf einem steuerfreien oder vorzugsweise auf einem steuerpflichtigen Theile der Masse haften, zunächst bei diesem Theile, und erst, soweit sie hierdurch nicht gedeckt werden, bei der übrigen Masse in Abzug.

Sonstige Schulden und Lasten, welche sowohl auf dem steuerfreien, als auf dem steuerpflichtigen Theile der Masse haften, kommen von letzterem nur nach dem Verhältnisse dieses Theiles zur ganzen Masse in Abzug.

20. Sachsen-Weimar.

a) **Gesetz über die Abgabe von Erbschaften und Vermächtnissen an die Waisenanstalt, vom 3. September 1844.** (Regierungsblatt für das Großherzogthum Sachsen-Weimar-Eisenach auf das Jahr 1844, 27. Jahrgang S. 136 ff.)

§ 1.

Von allen Erbschaften und Vermächtnissen haben die Erben und Vermächtnißnehmer, wegen welcher in den nachfolgenden Bestimmungen nicht etwas Anderes festgesetzt worden ist, eine Abgabe von vier Prozent an die Kasse der allgemeinen Waisenanstalt zu entrichten, wenn der Erblasser in dem Großherzogthume seinen Wohnsitz gehabt oder Immobilien in demselben hinterlassen hat.

§ 3.

Befreit von diesen Abgaben bleiben nur:

3. inländische Kirchen und milde Stiftungen, in Ansehung der ihnen anfallenden Erbschaften und Vermächtnisse, mit Einschluß der zu frommen oder gemeinnützigen Zwecken oder behufs der Studien ausgesetzten Vermächtnisse und Pensionen.

§ 4.

Die unter Ziffer 3 des vorigen § geordnete Befreiung findet volle Anwendung auch auf diejenigen Erbschaften, Vermächtnisse und Pensionen der bezeichneten Art, welche ihrer Bestimmung gemäß aus dem Großherzogthume in solche Staaten zu entrichten sind oder von Unterthanen solcher Staaten bezogen worden, mit welchen über die gegenseitige Abgabenfreiheit solcher Zuwendungen Uebereinkünfte bestehen.

§ 5.

Im Auslande gelegene Immobilien kommen bei Entrichtung der Abgabe nie in Anschlag. Dagegen unterliegt derselben der ganze übrige Nachlaß, ohne Unterschied, wo sich derselbe befindet, mit Ausschluß jedoch des Inventariums ausländischer Grundbesitzungen.

§ 6.

Hat der Erblasser im Auslande gewohnt, im Großherzogthume aber Immobilien hinterlassen, so sind diese mit dem dazu gehörigen Inventar der Waisenanstalt des Großherzogthums zu verrechten.

§ 7.

Hat aber ein Erblasser, neben seinem Wohnsitze im Auslande, auch im Großherzogthume einen solchen gehabt, so unterliegen auch die übrigen Gegenstände des Nachlasses mit Ausnahme ausländischer Immobilien (§ 4) der Verrechtung, jedoch unter den in §§ 8 und 9 enthaltenen Einschränkungen.

§ 8.

Dafern am Wohnsitze des Erblassers im Auslande gleichfalls eine Abgabe von dem Nachlasse erhoben wird, so sollen diejenigen beweglichen Vermögensgegenstände, welche sich zur Zeit des Ablebens in dem fremden Staate befinden, ingleichen die in letzterem ausstehenden Forderungen von der diesseitigen Abgabe insoweit befreit bleiben, als dieselben dort verrechtet werden, dergestalt, daß nur dann, wenn die jenseitige Abgabe weniger als vier Prozent beträgt, der Unterschied diesseits erhoben wird.

§ 9.

Von solchen Mobilien und Forderungen, welche zur Zeit des Ablebens in einem dritten Staate, wo der Erblasser keinen Wohnsitz gehabt hat, sich befinden oder ausstehen, soll die Abgabe in dem Falle des § 7 in gleicher Weise, jedoch mindestens zur Hälfte — zwei Prozent — erhoben werden.

b) **Gesetz, betreffend die Erbschaftssteuer, vom 10. April 1895.** (Regierungsblatt für das Großherzogthum Sachsen=Weimar=Eisenach 1895 S. 220 ff. In Kraft getreten am 1. Januar 1896.)

Es interessirt hier nur:

§ 6.

Die Vorschriften dieses Gesetzes treten mit dem 1. Januar 1896 in Kraft.

Die zur Ausführung und folgerichtigen Durchführung des Gesetzes erforderlichen Bestimmungen hat das Staatsministerium zu treffen. Auch soll dasselbe ermächtigt sein, in den Fällen der §§ 7—9 des Gesetzes vom 3. September 1844 Abweichungen von den dort gegebenen Vorschriften zu gestatten, wenn dies zum Zwecke der Ausgleichung und Vermeidung von Doppelbesteuerungen erforderlich erscheint.

§ 11.

Bei Bestimmung des zu verrechtenden Betrages werden 1. die von dem Abgabepflichtigen zu vertretenden Nachlaßschulden und Begräbnißkosten, 2. der ganze auf die Uebernahme der Erbschaft oder des Vermächtnisses zu machende Aufwand abgezogen, und es soll nur von dem sich alsdann ergebenden Ueberschusse die Abgabe entrichtet werden.

Bei dieser Veranschlagung der zu verrechtenden Summe finden die Grundsätze Anwendung, welche im gemeinen Rechte für Berechnung des Nachlaßstandes im Verhältnisse zwischen Erben und Vermächtnißnehmern, zum Behufe des den Ersteren in gewissem Falle zustehenden Abzugs (s. Z. falcidische Quart) gelten.

Hinsichtlich der Vermächtnisse, mit denen ein Erbe oder Vermächtnißnehmer beschwert ist, treten die Bestimmungen in den §§ 13—16 ein.

§ 12.

Ist ein Theil des Nachlasses der Verrechtung im Großherzogthume ganz oder theilweise entzogen (§§ 5—9), so sind auch die im vorigen § erwähnten Abzüge verhältnißmäßig zu vertheilen, soweit sie sich nicht auf den einen oder den andern Bestandtheil des Nachlasses ausschließlich beziehen.

21. Schaumburg-Lippe.

Gesetz, betreffend die Erbschaftssteuer, vom 26. April 1880. (Schaumburg=Lippische Landesverordnungen. Bd. 13 Nr. 84.)

§ 1. Gegenstand der Erbschaftssteuer.

Der Erbschaftssteuer sind nach Vorschrift dieses Gesetzes und des anliegenden Tarifes unterworfen, ohne Unterschied, ob der Anfall Inländern oder Ausländern zukommt.

1. Erbschaften, Vermächtnisse und Schenkungen von Todeswegen (mit Einschluß der remuneratorischen und der mit einer Auflage belasteten Schenkungen);
2. Fideikommißanfälle;
3. die Anfälle von Hebungen aus Familienstiftungen, welche in Folge Todesfalles auf den vermöge stiftungsmäßiger Successionsordnung Berufenen übergehen.

§ 6. Im Auslande befindliches Vermögen.

Grundstücke und Grundgerechtigkeiten, welche außerhalb Landes liegen, gehören nicht zur steuerpflichtigen Masse. Anderes im Auslande befindliches Vermögen eines Erblassers, welcher bei seinem Ableben Inländer war, unterliegt der Versteuerung, Falls davon im Auslande keine oder eine geringere Erbschaftssteuer, als nach Vorschrift dieses Gesetzes, zu entrichten ist. Im letzteren Falle findet die Anrechnung der im Auslande erweislich gezahlten Erbschaftssteuer auf die diesseitige Steuer statt.

§ 7. Im Inlande befindliches Vermögen.

Von dem Anfall inländischer Grundstücke, Grundgerechtigkeiten oder deren Nutzungen ist die Erbschaftssteuer zu erheben ohne Unterschied, ob der Erblasser Inländer oder Ausländer war, und ob derselbe seinen Wohnsitz im Inlande hatte oder nicht.

Anderes im Inlande befindliches Vermögen eines Erblassers, welcher bei seinem Ableben Ausländer war, unterliegt der Versteuerung nicht, wenn in dem Staate, wohin dasselbe verabfolgt werden soll, die gleiche Rücksicht hinsichtlich des Nachlasses diesseitiger Angehöriger beobachtet wird.

§ 8. Vertheilung der Schulden und Lasten.

Schulden und Lasten, welche nur auf einem nach §§ 9 und 10[1]) steuerfreien oder steuerpflichtigen Theile der Masse haften, kommen bei Berechnung der Steuer nur bei demjenigen Theile in Abzug, auf welchem sie haften.

Schulden und Lasten, welche sowohl auf dem steuerfreien, als auf dem steuerpflichtigen Theile der Masse haften, kommen von letzterem nur nach dem Verhältniß dieses Theiles zur gesammten Masse in Abzug.

Hypothekarische Schulden, für welche der Eigenthümer zugleich persönlich haftet, gelten als zunächst das Grundstück belastend, und kommen nur rücksichtlich des durch das Grundstück nicht gedeckten Betrages bei der übrigen Masse in Anrechnung.

Tarif.

Befreiungen.

Von der Erbschaftssteuer befreit ist:

3. jeder Anfall, welcher gelangt an:

c) Deutsche Kirchen und andere Deutsche Religionsgesellschaften, denen die Rechte juristischer Personen zustehen.

22. Schwarzburg-Rudolstadt.

a) **Gesetz, die Entrichtung einer Abgabe von Erbschaften betreffend, vom 12. Februar 1840.** (Gesetzsammlung für das Fürstenthum Schwarzburg-Rudolstadt 1. Jahrgang. Nr. XV.)

§ 5.

Abs. 1. Die Collateralgelderabgabe ist von dem ganzen Betrage der Erbschaften zu entrichten . . . .

Abs. 3. Nicht weniger ist das im Auslande befindliche Mobiliarvermögen, wohin insbesondere auch Capitalforderungen und sonstige Außenstände zu rechnen sind, der Collateralabgabe unterworfen. Rücksichtlich der im Auslande gelegenen Immobilien aber, die zum Nachlasse eines Verstorbenen gehören, welcher sein forum domicilii im hiesigen Fürstenthume hatte, sind die Erben von Entrichtung der Abgabe frei. Dagegen tritt dieselbe in Ansehung der in den hiesigen Landen belegenen Immobilien sammt dazu gehörigem Inventarium auch dann ein, wenn dieselben einen Bestandtheil des Nachlasses eines für seine Person dem Auslande angehörig gewesenen Verstorbenen bilden. Da jedoch die Verbindlichkeit zur Entrichtung der Erbschaftsabgaben sich nur auf den Betrag des Anfalls erstreckt, um welchen der Erbe u. s. w. wirklich reicher wird, so sind bei dessen Bestimmung die vorhandenen Schulden, Begräbnißkosten und die wegen Uebernahme der Erbschaft aufgewendeten Gerichtskosten, nicht minder das etwa zu entrichtende Sterbelehngeld von der Erbschaft in Abzug zu bringen.

b) Das Gesetz, vom 8. August 1879, a. a. O., 40. Jahrgang. Nr. 39 und vom 6. April 1894, a. a. O., 55. Jahrgang 6. Stück, berühren den § 5 nicht. Das Gesetz vom 2. Dezember 1886, a. a. O., 47. Jahrgang Nr. 29, betrifft nur die Zuständigkeit der Behörden bei Ermittelung der Erbschaftsabgabe.

---

[1]) Muß heißen: §§ 6 und 7.

23. Schwarzburg-Sondershausen.

Gesetz, betreffend die Erbschafts- und Schenkungssteuer. Vom 9. Februar 1892. (Gesetz-Sammlung für das Fürstenthum Schwarzburg-Sondershausen. 7. Stück, vom Jahre 1892.) In Kraft getreten am 23. Februar 1892.

§ 1.

Der in diesem Gesetze verordneten Steuer ist alles Vermögen unterworfen, welches
1. in Folge von Todesfall oder Todeserklärung,
2. durch Vermögens-Uebergabe oder Alimentations-Vertrag,
3. durch Schenkung

zu Eigenthum, Nutznießung oder Genuß erworben wird.

§ 2.

Die Steuer ist nicht zu entrichten:

I von Zuwendungen und Anfällen an

e. die deutschen Orts- und Landarmenverbände zur Unterstützung Hülfsbedürftiger, die deutschen öffentlichen Lehr-, Wohlthätigkeits-, Erziehungs- und Arbeits-Anstalten, die deutschen Kirchen- und staatlich anerkannten Religions-Gesellschaften, endlich die deutschen wohlthätigen Stiftungen, sofern sie nicht lediglich die Unterstützung einzelner Familien zum Zwecke haben.

II Von Zuwendungen, welche ausschließlich für kirchliche, wohlthätige, gemeinnützige oder Unterrichtszwecke oder zur Förderung von Kunst und Wissenschaft innerhalb des Deutschen Reichs bestimmt sind.

§ 6.

Grundstücke und Gerechtigkeiten, welche außerhalb des Fürstenthums liegen, gehören nicht zur steuerpflichtigen Masse. Von dem Anfalle inländischer Grundstücke oder Grundgerechtigkeiten oder deren Nutzungen ist die Steuer zu erheben, ohne Unterschied, ob der Erblasser bzw. Schenkgeber Inländer oder Ausländer war, und ob derselbe seinen Wohnsitz im Fürstenthume hatte oder nicht.

§ 7.

Anderes, als das im § 6 bezeichnete Vermögen ist der Steuer unterworfen, wenn derjenige, von welchem der Erwerb herrührt, seinen Wohnsitz im Fürstenthum hatte, das außerhalb des Fürstenthums belegene Vermögen indessen nur dann, wenn davon in dem auswärtigen Staate keine oder eine geringere Abgabe, als nach den Vorschriften dieses Gesetzes, zu entrichten ist. Im letzteren Falle wird die in dem auswärtigen Staate erweislich gezahlte Abgabe auf die diesseitige Steuer abgerechnet.

§ 8.

In Bezug auf den Nachlaß von Personen, welche in solchen Staaten ihren Wohnsitz gehabt haben, oder Angehörige solcher Staaten gewesen sind, in welchen die Erbschaftssteuer nach andern, als den in § 7 angegebenen Grundsätzen erhoben wird, kann das fürstliche Ministerium zum Zwecke der Ausgleichung und thunlichsten Vermeidung von Doppelbesteuerungen Abweichungen von der Vorschrift des § 7 in der Art anordnen:

1. daß die Erhebung der diesseitigen Erbschaftssteuer für das nicht in Grundstücken oder Grundgerechtigkeiten bestehende Vermögen unabhängig von dem Wohnsitz des Erblassers zu erfolgen hat, sofern derselbe Schwarzburg-Sondershausenscher Staatsangehöriger war;
2. daß die Erhebung der diesseitigen Erbschaftssteuer für das nicht in Grundstücken oder Grundgerechtigkeiten bestehende Vermögen, unabhängig von dem Wohnsitz und der Staatsangehörigkeit des Erblassers, zu erfolgen hat, falls das Vermögen im Fürstenthum sich befindet.

§ 9.

Schulden und Lasten, welche nur auf einem nach §§ 6—8 steuerfreien oder steuerpflichtigen Theile der Masse haften, kommen nur bei diesem Theile, Schulden und Lasten, welche vorzugsweise auf einem steuerfreien oder vorzugsweise auf einem steuerpflichtigen Theile der Masse haften, kommen von letzterem nur nach dem Verhältniß dieses Theils zur gesammten Masse in Abzug.

24. Waldeck.

In den Fürstenthümern Waldeck und Pyrmont wird nach einer Mittheilung des Herrn Amtsgerichtsraths Klapp in Nieder-Wildungen v. 20. April 1896 Erbschaftssteuer nicht erhoben.

25. Württemberg.

a) **Gesetz betreffend die Erbschafts- und Schenkungssteuer, vom 24. März 1881.** (Regierungsblatt für das Königreich Württemberg Nr. 8 S. 113.) — Kommentar von Wintterlin.

Art. 2.

Ausgenommen von der Erbschaftssteuer sind die Erwerbungen von Liegenschaften und denselben gleich geachteten Rechten, welche sich außerhalb Württembergs befinden.

Der Erbschaftssteuer ausnahmslos unterworfen sind die Erwerbungen von Liegenschaften und denselben gleichgeachteten Rechten, welche sich innerhalb Württembergs befinden.

Auf das bewegliche Vermögen, auch wenn es außer Landes befindlich ist, leidet die Erbschaftssteuer in allen Fällen Anwendung, wo nach den Regeln der theilungsrichterlichen Zuständigkeit die Verlassenschaftsabhandlung in Württemberg stattfindet und sich auf jenes Vermögen erstreckt. Im Falle auf das im Auslande befindliche Vermögen eine ausländische Erbschaftssteuer gelegt wird, ist der Steuerpflichtige berechtigt, solche auf die württembergische Steuer in Abrechnung zu bringen.

Das im Inland befindliche, zu einem auswärtigen Nachlaß gehörige bewegliche Vermögen ist nicht zu besteuern, es wäre denn, daß der Erwerber ein in Württemberg wohnender Württemberger ist, in welchem Falle, vorbehältlich auch hier des Abzugs einer auswärts auferlegten Steuer, die Bestimmungen des gegenwärtigen Gesetzes Anwendung finden.

Sollten in einem außerdeutschen Staate württembergische Staatsangehörige bei Vermögenserwerbungen auf den Todesfall gegenüber den Angehörigen des betreffenden Staats abweichend behandelt und insbesondere mit höhrer Steuer als diese belegt werden, so kann gegen die Angehörigen jenes Staates ein Vergeltungsrecht zur Anwendung gebracht werden.

b) **Anmerkungen.**

Wintterlin, S. 7ff. bemerkt hierzu:

1. Der Grundsatz, daß die Liegenschaften (Grundstücken, Gebäude und liegenschaftlichen Rechte) ohne Rücksicht auf Wohnort und Staatsangehörigkeit des Eigenthümers an die Gesetze und die Erbschaftssteuer des Orts gebunden sind, wo sie sich befinden, ist ein allgemeiner . . . . (Anm. 1).
2. Indem das Gesetz bezüglich der Herbeiziehung des beweglichen Vermögens an die theilungsrichterliche Zuständigkeit anknüpft und demgemäß zunächst von dem Principe des Domizils (des Erblassers) und nicht der Staatsgehörigkeit ausgeht, folgt es auch anderen Staatsgesetzen . . . .

   Nach diesem Principe wird:

   α) das außerhalb Württembergs befindliche bewegliche Vermögen der württ. Erbschaftssteuer unterworfen, wenn der Erblasser, er mochte Württemberger gewesen sein oder nicht, zur Zeit seines Todes in Württemberg seinen Wohnsitz hatte,

   β) das in Württemberg befindliche bewegliche Vermögen von der Steuer ausgenommen, wenn der Erblasser zur Zeit des Todes seinen Wohnsitz in Württemberg nicht hatte, mochte er Württemberger gewesen sein oder nicht.

   Jedoch tritt

   γ) im Fall 2 die Steuerpflicht ein, wenn der Erwerber ein in Württemberg wohnender Württemberger ist. Dies wird namentlich dann vorkommen, wenn fortgezogene oder ausgewanderte Württemberger im Lande verwaltetes Vermögen zurückgelassen haben, welches nach ihrem Tode ihren im Lande wohnenden Verwandten zufällt. (Anm. 5.)

B. Außerdeutsche Staaten.

1. Argentinien.

a) Freundschafts-, Handels- und Schiffahrtsvertrag zwischen Preußen und den übrigen Staaten des Zollvereines einerseits und der Argentinischen Konföderation andererseits, vom 19. September 1857.
Preuß. G.S. 1859 S. 405.
b) Litteratur: Böhm, Handbuch, S. 523.

2. Belgien.

a) Gesetze vom 27. Dezember 1817, 17. Dezember 1851 und 28. Juli 1879.
b) Litteratur: 1. Böhm, Handbuch S. 247; 2. Leske und Löwenfeld, Bd. 1 S. 216 ff.; 3. Krüger S. 13—16; 4. Schanz, Finanzarchiv 10. Jahrgang 1893, Bd. 2 S. 277 ff.; 5. von Scheel, S. 93; 6. Pfaff, Hessen, S. 117.

3. Bosnien.

Notizen bei Leske und Löwenfeld, Bd. 1 S. 112 ff.

4. Brasilien.

Konsularvertrag zwischen dem Deutschen Reich und Brasilien. Vom 10. Januar 1882. R.G.Bl. 1882 S. 383.[1]) (Ratifizirt am 6. Juli 1882.)

5. Bulgarien.

a) Gesetz vom 14./26. Dezember 1890.
b) Vertrag vom 26. August 1890, s. Türkei unter b.
c) Litteratur: 1. Böhm, Handbuch, S. 572; 2. Leske und Löwenfeld, Bd. 2 S. 313 ff.

6. Chili.

a) Freundschafts-, Handels- und Schiffahrtsvertrag zwischen Preußen und den übrigen Staaten des Deutschen Zollvereins einerseits und der Republik Chili andererseits. Vom 1. Februar 1862. Art. 10.
Preuß. G.S. 1863 S. 761.
b) Litteratur: Böhm, Handbuch, S. 527.

7. Columbien.

a) Freundschafts-, Handels- und Schiffahrtsvertrag zwischen dem Deutschen Reiche und dem Freistaate Columbien. Vom 23. Juli 1892. R.G.Bl. 1894 S. 471. (Ratifizirt am 12. April 1894.) Art. 9 und 25.
b) Litteratur: Böhm, Handbuch, S. 532.

8. Costa Rica.

a) Freundschafts-, Handels- und Schiffahrtsvertrag zwischen dem Deutschen Reich und dem Freistaate Costa Rica. Vom 18. Mai 1875. R.G.Bl. 1877 S. 13. (Ratifizirt am 21. November 1876.) Art. X und XXX.
b) Litteratur: Böhm, Handbuch, S. 519 ff.

---

[1]) Nach Böhm, Handbuch, S. 529, soll er zufolge Kündigung der brasilianischen Regierung vom 22. September 1886 schon seit dem 22. September 1887 außer Kraft sein.

9. Dänemark.

a) Gesetz vom 19. Februar 1861 nebst Kanzleischreiben vom 1. Dezember 1827 und den J.M.Schreiben vom 13. November 1849, 28. Oktober 1853, 31. Mai 1856 und 2. Dezember 1857.
b) Übereinkommen zwischen dem Deutschen Reich und Dänemark über die Aufhebung des Abschosses und Abfahrtsgeldes. Vom 5. Februar 1891. R.G.Bl. 1891 S. 346. (Ratifizirt am 1. Juni 1891.) Art. 1, 2 und 3.
c) Litteratur: 1. Böhm, Handbuch, S. 255; 2. Pfaff, Hessen, S. 125 ff.

10. Dominikanische Republik (San Domingo).

a) Handels- Schiffahrts- und Konsularvertrag zwischen dem Deutschen Reich und der Dominikanischen Republik. Vom 30. Januar 1885. R.G.Bl. 1886 S. 3. (Ratifizirt am 26. Januar 1886.) Art. X und XXIV.
b) Böhm, Handbuch, S. 523.

11. Egypten.

a) Vertrag vom 26. August 1890, s. Türkei unter b.
b) Böhm, Handbuch, S. 482 und 539.

12. England.

a) Finance Act vom 31. Juli 1894, abgedruckt in The Public General Acts passed in the 57. and 58. years of the reign of Her Majesty Queen Victoria, London, S. 53 ff.
b) Litteratur: 1. Dr. Inhülsen, die neue Estate Duty der Finance Act 1894, in Schanz, Finanzarchiv 12. Jahrgang 1895 2. Bd. S. 147 ff., woselbst auch das Gesetz übersetzt ist; 2. Derselbe, Die englischen Nachlaßsteuern, in Böhm, Zeitschrift, Jahrgang 1895. 5. Bd. S. 256 ff.; 3. Leske und Löwenfeld, Bd. 1 S. 1003 ff.: das frühere Recht S. 314 ff.: 4. Dr. Schuster, Die englische Erbschaftssteuerreform, im Archiv für öffentliches Recht, 1894, 10. Bd. S. 141 ff.; 5. Wagner, Ergänzungsheft, S. 26 ff.

13. Finnland.

Im Großfürstenthum Finnland wird nach Krug, S. 87 keine Erbschaftssteuer erhoben. Dasselbe besagt die Cirk.-Verf. des Preuß. F.M. vom 11. Juni 1883, III 5703, bei H.G. S. 1062 Anm. 50 g. — S. indeß die unter Rußland abgedruckten Verfügungen.

14. Frankreich.

a) Gesetz vom 18. Mai 1850 Art. 7, vom 13. Mai 1863 Art. 11 und vom 23. August 1871 Art. 1.
b) Friedensvertrag zwischen dem Deutschen Reich und Frankreich vom 10. Mai 1871. R.G.Bl. S. 223.
c) Litteratur: 1. Böhm, Handbuch, S. 264; 2. Leske und Löwenfeld, Bd. 1 S. 215 ff.; 3. Knobling, S. 96; 4. Krug, S. 85; 5. Krüger, S. 27—29; 6. Pfaff, Hessen, S. 117; 7. von Scheel, S. 91—93; 8. Wagner, Ergänzungsheft S. 89.

15. Griechenland.

a) Gesetz vom 30. Dezember 1887, in den Jahren 1890 und 1892 mehrfach abgeändert.
b) 1. Konsularvertrag zwischen dem Deutschen Reich und Griechenland. Vom 26. Novbr. 1881. R.G.Bl. 1882 S. 101. (Ratifizirt am 6. Juli 1882.) Art. XIII und XXV.
   2. Handels- und Schiffahrtsvertrag zwischen dem Deutschen Reich und Griechenland. Vom 9. Juli 1884. R.G.Bl. 1885 S. 23. (Ratifizirt am 20. Februar 1885.) Art. 2.
c) Litteratur: 1. Böhm, Handbuch, S. 280 ff.; 2. Knobling, S. 96; 3. Leske und Löwenfeld, Bd. 2 S. 111 ff.; 4. Pfaff, Hessen, S. 124.

16. Guatemala.

a) Freundschafts-, Handels-, Schiffahrts- und Konsularvertrag zwischen dem Deutschen Reich und der Republik Guatemala. Vom 20. September 1887. R.G.Bl. 1888 S. 238. (Ratifizirt am 22. Juni 1888.) Art. 9.
b) Litteratur: Böhm, Handbuch, S. 520 ff.

17. Hawaii.

a) Freundschafts-, Handels-, Schiffahrts- und Konsularvertrag zwischen dem Deutschen Reich und Hawaii. Vom 25. März/19. September 1879. R.G.Bl. 1880 S. 121. Art. II Abs. 2, XIX Abs. 2 und XX.
b) Litteratur: Böhm, Handbuch, S. 544.

18. Herzegowina.

Notizen bei Leske und Löwenfeld, Bd. 1 S. 112 ff.

19. Holland.

S. Niederlande.

20. Honduras.

a) Freundschafts-, Handels-, Schiffahrts- und Konsularvertrag zwischen dem Deutschen Reich und der Republik Honduras. Vom 12. Dezember 1887. R.G.Bl. 1888 S. 262. (Ratifizirt am 2. Juli 1888.) Art. 9.
b) Böhm, Handbuch, S. 522.

21. Italien.

a) Gesetz (legge sulle tasse di registro) vom 13. September 1874, G.S., 42. Bd. S. 2167 ff. Art. 49—57.
b) Handels-, Zoll- und Schiffahrtsvertrag zwischen dem Deutschen Reich und Italien. Vom 6. Dezember 1891. R.G.Bl. 1892 S. 97. (Ratifizirt.) Art. 2.
c) Cirk.-Verf. des Preuß. F.M. vom 11. Juni 1883, III 5703, bei H.G. S. 1062 Anm. 50 g.

Nach dem italien. Stempelsteuergesetze v. 13. September 1874 wird auch von dem beweglichen in Italien befindlichen Vermögen eines preußischen Erblassers, gleichviel ob er in Italien niedergelassen war oder nicht, die Erbschaftssteuer erhoben, während der gesammte außerhalb Italiens befindliche Nachlaß eines in Italien verstorbenen Preußen von der italienischen Erbschaftssteuer frei ist. Demnach ist von dem in Preußen befindlichen beweglichen Vermögen eines italienischen Erblassers die preußische Erbschaftssteuer zu erheben.

d) Litteratur: 1. Böhm, Handbuch, S. 310 und Zeitschrift, Bd. 5 S. 215; 2. Brusa, das Staatsrecht des Königreichs Italien. Veröffentlicht als 4. Bd. von Marquardsen's Handbuch des öffentlichen Rechts. Freiburg i. B. 1892 S. 322; 3. Krüger, S. 29, 30; 4. Leske und Löwenfeld, Bd. 1 S. 244; 5. Pfaff, Hessen, S. 122; 5. von Scheel, S. 93.

22. Luxemburg.

Notizen bei Leske und Löwenfeld, Bd. 1 S. 181 ff.

23. Madagascar.

a) Konvention zwischen dem Deutschen Reich und dem Königreich Madagascar. Vom 15. Mai 1883. R.G.Bl. 1885 S. 166. (Ratifizirt.) Art. II.
b) Litteratur: Böhm, Handbuch, S. 543.

24. Marocco.

a) Handelsvertrag zwischen dem Deutschen Reich und Marocco. Vom 1. Juni 1890. R.G.Bl. 1891 S. 378. (Ratifizirt am 10. Juli 1891.) Art. 1.
b) Litteratur: Böhm, Handbuch, S. 540.

25. Mexiko.

a) Freundschafts-, Handels- und Schiffahrtsvertrag zwischen dem Deutschen Reich und den Vereinigten Staaten von Mexiko. Vom 5. Dezember 1882. R.G.Bl. 1883 S. 247. (Ratifizirt am 26. Juli 1883.) Art. 14 und 15.
b) Litteratur: Böhm, Handbuch, S. 516.

26. Monaco.

Notizen bei Leske und Löwenfeld, Bd. 1 S. 246.

27. Montenegro.

Ausländer zahlen keine Erbschaftssteuer. Leske und Löwenfeld, Bd. 2 S. 343.

28. Niederlande.

a) Gesetz vom 13. Mai 1859, 28. Mai 1869, 9. Juni 1878 und 31. Dezember 1888 (Staatsblad van het kouinkrijk der Nederlanden. 1859 Nr. 36, 1869 Nr. 95, 1878 Nr. 95 und 1888 Nr. 263).
b) Erklärung wegen gegenseitiger Aufhebung des Abschosses und Abfahrtsgeldes zwischen der Kön. Preußischen und der Kön. Niederländischen Regierung vom 3. Juni 1817 (G.S. S. 149).
c) Litteratur: 1. Böhm, Handbuch, S. 326; 2. Krüger, S. 31, 32; 3. Pfaff, Hessen, S. 121; 4. Laske und Löwenfeld, Bd. 1 S. 161 ff.; 5. Schanz, Finanzarchiv 5. Jahrgang 1888. Bd. 2 S. 1071 und 10. Jahrgang 1893. Bd. 2 S. 279 ff.

29. Norwegen.

a) Norwegen hat kein Erbschaftssteuergesetz, sondern nur einige im Administrativwege ergangene Verordnungen. Nach ihnen ist der gesammte Nachlaß von Ausländern stets frei von Erbschaftssteuer. Im übrigen s. 1. Böhm, Handbuch, S. 335; 2. Knobling, S. 97; 3. Pfaff, Hessen, S. 127.
b) Bekanntmachung wegen Aufhebung des Abschosses mit den Königreichen Schweden und Norwegen. Vom 31. Juli 1826 (G.S. S. 78).

30. Oesterreich.

a) Gesetz vom 9. Februar 1850, über die Gebühren von Rechtsgeschäften, und Gesetz vom 31. März 1890.
b) Fin.Min.Vdg. vom 25. Jänner 1851 und 8. April 1854, R.G.Bl. für das Kaiserthum Oesterreich, 1851 Nr. 29 und 1854 Nr. 84.
c) Erklärung wegen gegenseitiger Aufhebung des Abschosses und des Abfahrtsgeldes zwischen sämmtlichen Königlich Preußischen Staaten einerseits und den Kaiserlich-Oesterreichischen Staaten andererseits. Vom 24. Juli 1835. Preuß. G.S. 1835 S. 193.
d) Erlaß des Kais. Oesterr. J.Min., die Befreiung der beweglichen Hinterlassenschaft der in Oesterreich verstorbenen Preußen von der Erbschaftssteuer betreffend, v. 17. Septbr. 1875, C.Bl. 1875 S. 195.
e) Cirk.-Verf. des Preuß. F.M. vom 29. Juni 1891, III 9001, bei H.G. S. 1064, Anm. 51a.
f) Litteratur: 1. Böhm, Handbuch, S. 351; 2. Krug S. 85; 3. Krüger S. 25—27; 4. Leske und Löwenfeld, Bd. 1 S. 75 ff.; 5. Pfaff, Hessen, S. 116; 6. Oesterreichisches Rechtslexikon, Prag 1895 s. u. „Erbgebühren"; 7. von Scheel, S. 84; 8. Dr. Schuster Edler von Bonnot, Kommentar zum Gesetze über das Verfahren außer Streitsachen, 4. Aufl., Wien 1894 S. 405 ff. u. 417 ff.

31. Paraguay.

a) Meistbegünstigungsvertrag zwischen dem Deutschen Reich und dem Freistaate Paraguay. Vom 21. Juli 1887. R.G.Bl. 1888 S. 178. (Ratifizirt am 18. Mai 1888.) Art. 2.
b) Litteratur: Böhm, Handbuch, S. 531.

32. Persien.

a) Freundschafts-, Handels- und Schiffahrtsvertrag zwischen dem Deutschen Reich und Persien. Vom 11. Juni 1873. R.G.Bl. 1873 S. 351. (Ratifizirt.) Art. 15.
b) Litteratur. Böhm, Handbuch, S. 534.

33. Portugal.

a) Gesetz vom 31. Mai 1887.
b) Litteratur. 1. Böhm, Handbuch, S. 373; 2. Leske und Löwenfeld Bd. 1 S. 265.

34. Rumänien.

a) Gesetz vom 19/31. März 1886.
b) Handels-, Zoll- und Schiffahrtsvertrag zwischen dem Deutschen Reich und Rumänien. Vom 21. Oktober 1893. R.G.Bl. 1894 S. 1. (Ratifizirt.) Art. 2.
c) Litteratur. 1. Böhm, Handbuch, S. 376; 2. Leske und Löwenfeld Bd. 2 S. 188 ff.

35. Rußland.

a) Reichsrathsgutachten vom 18. April 1888 (Ruß. G.S. 1888 Nr. 36), vom Czaren am 6. März 1889 bestätigt.
b) Cirk.-Verf. des Preuß. F.M. vom 24. Mai 1889, III 8091 und 18. Dezember 1894, III 16757, bei H.G. S. 1063 n. 1. „Das in Preußen befindliche bewegliche Vermögen russischer Unterthanen unterliegt der preußischen Erbschaftssteuer."
c) Konvention über die Regulirung von Hinterlassenschaften zwischen dem Deutschen Reich und Rußland. Vom 12. November/31. Oktober 1874. R.G.Bl. 1875 S. 136. (Ratifizirt am 8. Februar 1875.) Art. 5. 8. 10 und 12.
d) Handels- und Schiffahrtsvertrag zwischen Deutschland und Rußland. Vom 10. Febr./29. Januar 1894. R.G.Bl. 1894 S. 153. (Ratifizirt.) Art 2.
e) Litteratur: Böhm, Handbuch, S. 397 und Zeitschrift, Bd. 1 S. 108.

36. Salvador.

a) Freundschafts-, Handels- und Schiffahrtsvertrag zwischen dem Norddeutschen Bunde und den zu diesem Bunde nicht gehörigen Mitgliedern des deutschen Zoll- und Handelsvereins (Bayern, Württemberg, Baden, Südhessen, Luxemburg) einerseits und dem Freistaate Salvador andererseits, vom 13. Juni 1870 (R.G.Bl. 1872 S. 377), verlängert für das Deutsche Reich durch die Konvention vom 12. Januar 1888. R.G.Bl. 1889 S. 191. (Ratifizirt am 22. August 1889.) Art. VIII.
b) Litteratur: Böhm, Handbuch, S. 518.

37. Schweden.

a) Alljährlich erneuerte Stempelabgabe-Verordnung.
b) Bekanntmachung wegen Aufhebung des Abschosses mit den Königreichen Schweden und Norwegen. Vom 31. Juli 1826 (G.S. S. 78).
c) Litteratur. 1. Böhm, Handbuch, S. 409; 2. Pfaff, Hessen S. 126.

38. Schweiz.

a) Böhm, Zeitschrift, 1891. Bd. 1 S. 422:

Gemäß den beim schweizerischen Bundesrath im Jahre 1883 gemachten Erhebungen wird in folgenden Kantonen Erbschaftssteuer bezogen: Zürich, Luzern, Uri, Zug, Freiburg, Solothurn, Baselstadt, Baselland, Schaffhausen, Aargau, Thurgau, Neuenburg und Genf.

Keine Erbschaftssteuer wird erhoben in: Schwyz, Obwalden, Nidwalden, Glarus, Appenzell-Außer-Rhoden, Appenzell-Inner-Rhoden, St. Gallen, Graubünden und Wallis.

b) Litteratur: Böhm, Handbuch, S. 427 und 462; 2. Krüger, S. 13—16; 3. Leske und Löwenfeld, Bd. 1 S. 144 ff., 500; 4. Pfaff, Hessen, S. 122—124; 4. von Scheel, S. 85—91.

39. Serbien.

a) Konsularvertrag zwischen dem Deutschen Reich und Serbien. Vom 6. Januar 1883.[1] R.G.Bl. 1883 S. 62. (Ratifizirt am 25. Mai 1883.) Art. XIX und XXII.

---

[1]) Der Vertrag ist noch in Kraft. Denn die serbische Regierung hat die am 16. Mai 1892 ausgesprochene Kündigung, wonach der Vertrag am 25. Juni 1893 hätte außer Kraft treten müssen, wieder zurückgenommen. Die beiderseitigen Regierungen haben demzufolge erklärt, daß sie die Kündigung als nicht geschehen betrachten. Vgl. Reichsanzeiger vom 7. Juli 1892 Nr. 158 und vom 26. Mai 1893 Nr. 124. — Ebenso: Böhm, Handbuch, S. 468 und Zeitschrift, Bd. 3 S. 580. Unrichtig: Niemeyer, das in Deutschland geltende internationale Privatrecht. Leipzig 1894, § 74.

b) Handels- und Zollvertrag zwischen dem Deutschen Reich und Serbien. Vom 21. 9. Aug. 1892. R.G.Bl. 1893 S. 269. (Ratifizirt und in Kraft seit dem 1. Januar 1894.) Art. 2.
c) Litteratur. 1. Böhm, Handbuch, S. 468; 2. Leske und Löwenfeld, Bd. 2 S. 235.

40. Siam.

a) Freundschafts-, Handels- und Schiffahrtsvertrag zwischen den Staaten des Zoll-Vereins und den Großherzogthümern Mecklenburg-Schwerin und Mecklenburg-Strelitz einerseits und dem Königreich Siam andererseits. Vom 7. Februar 1862. Preuß. G.S. 1864 S. 717. Art. 15.
b) Litteratur. Böhm, Handbuch, S. 538.

41. Spanien.

a) Kön. Verordnung nebst Tarif vom 23. August 1893, die Erbschaftssteuer betreffend.
b) Litteratur. Böhm, Handbuch, S. 477 und Zeitschrift, Bd. 4 S. 98; Leske und Löwenfeld, Bd. 1 S. 254.

42. Südafrikanische Republik (Transvaal).

a) Freundschafts- und Handelsvertrag zwischen dem Deutschen Reich und der Südafrikanischen Republik. Vom 22. Januar 1885. R.G.Bl. 1886 S. 209. Art. 5 Abs. 2, 25 und 28.
b) Litteratur. Böhm, Handbuch, S. 542.

43. Tonga.

Freundschaftsvertrag zwischen dem Deutschen Reich und Tonga. Vom 1. Novbr. 1876. R.G.Bl. 1877 S. 517. (Ratifizirt.) Art. II.

44. Transvaal.

S. Südafrikanische Republik.

45. Türkei.

a) Freundschafts- und Handelsvertrag zwischen Preußen und der Hohen Pforte vom 22. März 1761 (alten Stils). Art. VI.
b) Freundschafts-, Handels- und Schiffahrtsvertrag zwischen dem Deutschen Reich und der Türkei. Vom 26. August 1890.[1]) R.G.Bl. 1891 S. 117. (Ratifizirt.) Art. III und XXII.
c) Litteratur. 1. Böhm, Handbuch, S. 479 ff.; 2. Leske und Löwenfeld, Bd. 2. S. 435 ff.

46. Ungarn.

a) Gesetz über die Gebühren von Rechtsgeschäften. Vom 2. August 1850.
b) Ministerial-Erklärung, betreffend die Ausdehnung der zwischen Preußen und Oesterreich abgeschlossenen Uebereinkunft vom 24./30. Juli 1835 wegen Aufhebung des Abschosses und Abfahrtsgeldes auf Ungarn, Kroatien, Siebenbürgen, Woiwodschaft und das Banat. Vom 29. Juli 1852 (Pr.G.S. S. 491).
c) Litteratur. 1. Böhm, Handbuch, S. 354; 2. Leske und Löwenfeld, Bd. 1 S. 99 ff. 3. von Scheel, S. 84.

47. Uruguay.

a) Handels- und Schiffahrtsvertrag zwischen dem Deutschen Reich und der Orientalischen Republik Uruguay. Vom 20. Juni 1892. R.G.Bl. 1894 S. 505. (Ratifizirt am 1. Juni 1894.) Art. 1.

---

[1]) Dieser Vertrag ist an Stelle des Handelsvertrags vom 20. März 1862 (Pr.G.S. S. 169) getreten.

48. Vereinigte Staaten von Nord-Amerika.

a) Wegen der nur in einigen Staaten (namentlich in New-York und Pennsylvania) geltenden Erbschaftssteuergesetze s. 1. Böhm, Handbuch, S. 506 ff.; 2. Seligmann, Das Finanzwesen der V. St. von Amerika im Jahre 1891, in Schanz, Finanzarchiv, 9. Jahrgang 1892 Bd. 2 S. 204 ff.

b) Konsular-Konvention zwischen Deutschland und den Vereinigten Staaten von Amerika. Vom 11. Dezember 1871. R.G.Bl. 1872 S. 95. Art. 10.

49. Zanzibar.

a) Freundschafts-, Handels- und Schiffahrtsvertrag zwischen dem Deutschen Reich und dem Sultan von Zanzibar. Vom 20. Dezember 1885. R.G.Bl. 1886 S. 261. (Ratifizirt am 5. Juli 1886.) Art. II, V und XX.

b) Litteratur. Böhm, Handbuch, S. 543.

II. Teil.

Systematische Darstellung des preußischen Erbschaftssteuerrechts.

Erste Abteilung.

Einleitung.

I. Geschichtliche Entwickelung.

§ 1.

a) Die Zeit von 1682—1810.

Die brandenburgisch-preußische Finanzpolitik weist nach Schmoller's [1]) Forschungen vier Epochen auf. Die erste ist die der Zins- und Lehnsverfassung. Sie schließt in Brandenburg mit dem Ende der luxemburgischen Herrschaft, in Preußen mit dem Niedergange des Ordens. Die zweite ist die des Territorialfürstentums. Ihre vorzüglichsten Kennzeichen sind eine ausgedehnte, fürstliche Domänenwirtschaft und die Versuche, zu einem territorialen Steuersysteme zu gelangen. Sie endigt mit dem dreißigjährigen Kriege und macht nun der Epoche Platz, die von 1640 bis 1806 dauert und ein festgefügtes staatliches, vor allem durch die merkantilistische Färbung gekennzeichnetes Finanzwesen geschaffen hat. Die letzte Epoche beginnt 1808 und hat die Richtung, die ihr 1810—1820 gegeben wurde, bis heute bewahrt, die Richtung auf eine starke Ausbildung der direkten Steuern, eine Anlage der indirekten, die möglichst wenig den freien Verkehr hemmen soll, ein sehr maßvolles Außenzollsystem, eine vollendete Durchbildung der formalen Seite der staatlichen Wirtschaft.

Diese Charakteristik der vier Epochen läßt erkennen, daß für eine Erbschaftssteuer in den ersten beiden von ihnen kein Raum war. Damals waltete noch in Deutschland der Gedanke ob, daß es schimpflich sei, Steuern zu zahlen. [2])

Mit dem Beginne der Steuern in Städten und Territorien ertönte die bittere Klage, man müsse für alles zahlen und zinsen, wenn es ginge, auch für Sonnenschein, Wind und Regen. [3]) Der Gedanke, daß es eine gemeinsame und unbeschränkte Pflicht aller sei, das zur Erhaltung des Gemeinwesens Erforderliche beizutragen, hatte sich noch nicht Bahn gebrochen. Es bedurfte der genialen Herrschergestalt

---

[1]) a. a. O. S. 33 ff.

[2]) Schmoller, a. a. O. S. 40 ff.

[3]) Grimm, Deutsche Rechtsaltertümer, 2. Ausg., Göttingen 1854, S. 248: Bald nach dem Anfang des 13. Jahrhunderts lassen sich klagende Stimmen vernehmen: die fürsten twingent mit gewalt — velt, stein, wazzer und walt, — darzuo beide wilt u. zam; — sie taeten luft gern alsam, — der muoz uns doch gemeine, sîn. — möhten sie uns den sunnen schîn — verbieten, ouch wint u. regen, — man müest in zins mit golde wegen.

des großen Kurfürsten, um hier Wandel zu schaffen. Ihm gelang es, das Bewußtsein des Volkes wachzurufen, daß die Staatsgewalt das Recht habe Steuern zu fordern. Und wie er der Schöpfer des preußischen Staates ist, so ist ihm auch der Grundstein zu einem einheitlichen Finanzwesen zu danken. Die von ihm nach holländischem Vorbilde geschaffene Accise [1]) umfaßte neben einer mäßigen Grund-, Gewerbe- und Kopfsteuer wesentlich indirekte Steuern auf Getränke, Getreide, Fleisch, Viktualien und Kaufmannswaren. Er reformierte die sog. Kontribution — worunter man alles verstand, was an Geld oder Naturalien für die Unterhaltung der Truppen vom Lande gezahlt werden mußte. [2]) Und schließlich sah er sich „zur Erleichterung der Kontributionslast gleich anderen benachbarten Potentaten" bewogen, das gestempelte Papier einzuführen. Dies geschah durch das Patent vom 15. Juli 1682. [3]) Es ist der bescheidene und, wenn man will, noch ziemlich versteckte Anfang der heutigen Erbschaftssteuer. [4]) Denn es bestimmte nur, daß „das mit einem Adler [5]) bedruckte Papier" verwendet werden soll für „Erb(verträge und) Teilungen, Inventaria, auch alle übrigen Kontrakte und was sonsten mehr von jedes Ortes Obrigkeit und in denen Gerichten, auch außerhalb Gerichts von denen Notarien und andern verfasset, „und ausgefertiget wird, es habe Namen, wie es wolle." Der Stempelbogen kostete 3 Groschen. Bei weitläufigen Schriften wurde bloß der erste Bogen gesiegelt und bezahlt. Ein jeder mußte sich des Papiers bei Vermeidung der Ungiltigkeit des Geschäfts und „einer ansehnlichen Strafe" bedienen. Die Beamten wurden angewiesen, das Patent genau zu beachten.

Hiernach waren freilich nur die in Schriftform gebrachten Erbauseinandersetzungen stempelpflichtig. Aber der auf sie gelegte Stempel hatte, da er bestimmt war die Kontribution zum Teil zu ersetzen und da es nicht notwendig darauf ankam, daß das Gericht oder eine sonstige Behörde eine gebührenpflichtige Thätigkeit entfaltete, von Anfang an den Charakter einer Steuer [6]), und zwar einer solchen, die

[1]) Accise und Steuer-Einrichtung vom 30. Juli 1641. — Neue Accise-Ordnung vom 27. Mai 1680. — Revidirte General-Steuer und Konsumtionsordnung und Tarif vom 2. Januar 1684.

[2]) Näheres darüber s. bei Schmoller, a. a. O. S. 54 ff.

[3]) „Patent, daß zur Erleichterung der Contributions-Last das Stempelpapier eingeführt werden soll, und wie es damit zu halten," bei Mylius, 4. T. 5. Abt. 3. Kap. S. 231 ff. Es ist am 1. August 1682 in Kraft getreten. — Der eigentümliche Ausgangspunkt der brandenburgisch-preußischen Erbschaftssteuer läßt deutlich erkennen, daß sie weder mit der im J. 6 n. Chr. vom Kaiser Augustus in Rom eingeführten vigesima heriditatum, noch mit dem im älteren deutschen Rechte vorkommenden laudemium, der bei Erbgängen vom Lehnsnehmer an den Lehnsherrn zu entrichtenden und auf dem privatrechtlichen Lehnsverhältnis fußenden Abgabe in irgend welchem Zusammenhange steht. (S. auch Geffcken, a. a. O., S. 198.) Eher darf aus der Erwähnung der „benachbarten Potentaten" geschlossen werden, daß Frankreich und Holland vorbildlich gewesen sind, in denen nach von Scheel, a. a. O. S. 11 ff., bereits Ausgang des 16. Jahrhunderts eine Erbschaftsabgabe als Enregistrementsgebühr erhoben wurde.

[4]) Vgl. hierzu Eschenbach, a. a. O., S. 32. „Was speziell nun Preußen angeht, so hat die Erbschaftssteuer hier folgende besondere Geschichte: Den, wie erwähnt, zu Anfang des Jahrhunderts erwachenden sozialpolitisch angehauchten Staats- und Finanztheorieen konnte sich auch das nach den Befreiungskriegen wieder verschlafene Preußen nicht ganz entziehen. So kam es denn, daß bereits im Jahre 1822, in dem Stempelgesetz vom 7. März, eine entsprechende Abgabe eingeführt wurde, die sich jedoch zunächst noch nicht „Erbschaftssteuer", sondern nur als der damaligen staatsrechtlichen Auffassung des Steuerwesens entsprechend, „Erbschaftsstempel" nannte. Im Jahre 1872 schritt man alsdann zu einer Neuregelung der betreffenden Vorschriften, deren Ergebnisse als Gesetz, betr. die Erbschaftssteuer vom 30. Mai 1873 (G.S. S. 367) promulgirt wurde."

[5]) Es wurden 3 Sorten von Stempelpapier ausgegeben; die beiden andren hatten den Kurhut und das Zepter als Stempelzeichen. Unter Friedrich III. (I.) wurde „zur Vermeidung von Unterschleif" jedem Stempel ein weiteres Zeichen hinzugefügt (Patent vom 2. April 1699, Mylius, a. a. O., S. 237), der Kurhut wurde durch die Krone ersetzt (Patent vom 1. Mai 1701, Mylius, a. a. O., S. 237).

[6]) So schon der Generaladvokat beim Rhein. Revisionshof Ruppenthal in seinem Berichte über Stempel und Enregistrement, (der dem „Pro Memoria des Finanzministeriums, den Entwurf zu einem neuen allgemeinen Stempelgesetz für die Preußische Monarchie betreffend" de dato Berlin, den 28. Dezember 1820 — Akten des Kön. Geh. Staatsarchivs in Berlin, R. 74 M.

mit der Beerbung einer Person zusammenhing und von deren Rechtsnachfolger zu entrichten war. Er wies also, abgesehen davon, daß der Wert des Anfalls nicht in Betracht kam, alle Erfordernisse der Erbschaftssteuer auf. Bei diesem sehr mäßigen Stempel blieb es auch in den Edikten vom 10. Mai 1695, 1. Mai 1701, 6. Januar 1714, 22. April 1722 [1]) und 16. Mai 1765; [2]) nur war in dem zuletzt erwähnten Edikte die Strafe auf ein Rthlr. festgesetzt.

Die großen Aufgaben, welche dem Staate nach der Beendigung des siebenjährigen Krieges erwachsen waren, erheischten eine Vergrößerung seiner Einnahmen. [3]) An der allgemeinen Erhöhung der Steuern nahm auch der Erbschaftsstempel teil. Das Stempel- und Kartenedikt vom 13. Mai 1766 (N. C. C. IV S. 401) verordnete demach unter II. „Erbtheilungen und Recesse, so über Erbschaften in auf- und absteigender Linie gerichtlich und außergerichtlich errichtet werden, müssen mit einem 4 Gr. Bogen versehen sein, wenn sie über 100 Rthlr. bis 1000 Rthlr. betragen. Beträgt die Erbschaftsmasse mehr als 1000 Rthlr., wird ohne Unterschied ein Stempel von 1 Rthlr. erfordert. Für Erbrezesse hingegen, so unter Kollateral- und anderen Erben, in- und außer Gerichten, errichtet werden, und mehr als 100 Rthlr. betragen, muß zu dergleichen Dokument ein dreifacher Stempel der Kauf- und Pacht-Kontrakte genommen; wenn aber über die Art und Prinzipien der Teilung gestritten, und dieser Streit verglichen wird, so wird außer demjenigen Quanto, welches bei andern gerichtlichen Vergleichen festgesetzet ist, nur soviel an Stempel-Juribus bezahlet, als für Kauf- und Pacht-Kontrakte entrichtet wird. Hätte der Testator verboten ein Inventarium zu konskribieren und die majorenne Collateral- oder fremde Erbinteressenten wollten sich allein unter einander setzen, auch die Erb-Rezesse unter sich allein errichten; so können zwar solche Erb-Verträge auf einen 4 Gr. Bogen geschrieben, es muß aber solchenfalls noch außerdem solchen Dokumenten ein Attest von Unserer Stempelcammer, sup poena quadrupli, beigefügt werden, daß für den Stempel 50 Rthlr. für dieselben erlegt worden." Hiermit ist ein großer Fortschritt in der Besteuerung der Erbschaften gemacht. Denn einmal wird der Wert des Nachlasses in gewisser Weise berücksichtigt, und sodann wird bei den Erwerbern des Anfalls ihr Verwandtschaftsverhältnis zum Erblasser in Betracht gezogen. Es wird endlich für den Fall, daß eine gerichtliche Kontrolle

---

Tit. 50. vol. II — beigefügt ist): „Die Einregestrirung war ursprünglich keine Steuer, sie hatte . . einen privatrechtlichen sehr wohlthätigen Zweck, sie wurde erst lange nach ihrem Entstehen zu andern finanziellen Zwecken nebenbei mitbenutzt, behielt aber ihre Form. Der Stempel dagegen war nie etwas anderes als eine Steuer. Auch heute ist er noch nichts anderes . . . . Nach Preußischem Recht soll das Geschäft auf einen Stempelbogen geschrieben werden, der einen der zu entrichtenden Gebühr ganz gleichen Wert hat. Läßt sich dies mit einem Bogen nicht machen, so nimmt man deren mehrere, wenn auch der Vertrag selbst auf ein Quartblatt geschrieben werden kann. Ist der Vertrag auf ungestempeltes Papier geschrieben, so muß der Wertstempel dem Vertrage beigeheftet werden. Der Stempel ist also die symbolische Quittung der bezahlten Gebühr von einem Vertrage, den die Fiskalbehörde aber nie zu Gesicht bekommt." — Ähnlich das auf S. 262 Anm. 2 näher bezeichnete Gutachten vom 7. Januar 1822: „Der Stempel ist eine bloße Hebungsform, mittelst welcher Abgaben sehr verschiedener Art eingezogen werden."

[1]) Mylius, a. a. O. S. 233 ff.

[2]) Erneuertes und erweitertes Edikt wegen Gebrauchs des Stempel-Papiers und Pergaments. De dato Berlin, den 16. Mai 1765. In Kraft getreten am 1. August 1765. N. C. C. III S. 731.

[3]) Der Geheime Oberfinanzrat von Ladenberg bemerkt darüber in einem Berichte an den Staatskanzler Fürsten von Hardenberg vom 23. Oktober 1817 — Acta der Geh. Registratur des Staatskanzlers betr. die Einführung des neuen Steuersystems. R. 92. Hardenberg. H. 14. Im Kön. Geh. Staatsarchiv in Berlin — folgendes: Der zwar ohne Länderverlust beendigte, die Nation und die Staatskasse schwer erschöpfte (sic!) siebenjährige Krieg forderte auch in seinen Folgen noch Opfer, da die dauerhafte Begründung der durch Schlesien vergrößerten Monarchie es durchaus notwendig machte, eine bedeutende Accise zu unterhalten. Friedrich der Große verlangte im Jahre 1765, schriftstellerischen Nachrichten zu Folge, eine Vermehrung seiner Revenuen um 2000000 Thlr."

der Verlassenschaft nicht stattfindet, ein fester Stempel von 50 Thalern auferlegt. Die äußere Gestalt der Erbschaftssteuer ist indes nicht verändert. Sie bleibt ein reiner Urkundenstempel. Es ist daher nicht zu verwundern daß einige Gerichte bedenklich wurden, „ob bei Kollateralerbschaften, wenn nur ein Kollateralerbe vorhanden, mithin es weder der Errichtung eines Inventarii noch eines Erbrezesses bedarf, die in dem Stempel-Edikto vom 13. Mai 1766 Art. II verordnete Adhibierung des dreifachen Stempels der Kauf- und Pacht-Kontrakte oder des 50 Thaler Stempels statthaben müsse oder nicht.“ Die Antwort erteilte das Reskript vom 31. Dezember 1771,[1]) wie folgt: „Da bei Bestimmung dieser Stempelabgabe überhaupt auf die Art der Erbschaft selbst und nicht anf die Anzahl der vorhandenen Erben Rücksicht genommen worden: So ist es auch um so notwendiger und billiger, daß, wenn einer einzigen Person eine Kollateralerbschaft anheimfällt, solche eben diejenige Obliegenheit erfülle, welche alsdann nach dem wirklichen Inhalte des Stempel-Edikti beobachtet werden müssen, wenn dergleichen zweien oder mehreren Personen zu Theil wird.“ Eine königliche Verordnung vom 16. Dezember 1783[2]) bestimmte sodann, daß ein jeder von mehreren Erben „von dem ihm zufallenden Erbschaftsantheil besonders den Erbschaftsstempel zu erlegen schuldig ist oder wenn der Betrag der Erbschaft nicht konstieret, noch solchen anzugeben eine gesetzliche Verbindlichkeit vorhanden ist, jedem Erben obliegt den Aversional-Stempel mit 50 Rthlr. zu lösen.“ Sie gab jedoch zu „vielen Klagen und Beschwerden“ Anlaß; ein Reskript vom 27. August 1799[3]) ließ deshalb nach „daß sämtliche Kollateral- oder Testamentserben, welchen eine Erbschaft von mehr als 100 Thlr. zufällt, nur von dem ganzen Betrage der Verlassenschaft den im Stempel-Edikte vom 13. Mai 1766 bestimmten Stempel zu lösen schuldig oder insgesammt 50 Thlr. erlegen sollen.“

Von den übrigen auf den Erbschaftsstempel bezüglichen Verordnungen des vorigen Jahrhunderts interessiert noch ein Reskript an die Mindensche Regierung vom 27. Nov. 1769,[4]) welches vorschrieb, daß es den Kollateralerben freistehen solle, binnen drei Monaten nach dem Tode des Erblassers bei Vermeidung des quadruplums entweder einen Erbvertrag zu errichten und solchen zur ediktsmäßigen Stempelung einzureichen oder 50 Thlr. zur Stempelkasse zu erlegen. Es traf zugleich Bestimmungen darüber, wie es mit dem Stempel zu halten sei, wenn eines Unterthanen Nachlaß außerhalb Landes getheilt und der Erb-Rezeß außerhalb Landes errichtet wird, auch was für Gebühren bei einem Nachlasse zu entrichten, der zum Teil, namentlich als unbeweglicher, außerhalb Landes belegen war. Zu erwähnen sind endlich: die Reskripte vom 25. Juli und vom 30. September 1771[5]) — sie entschieden insbesondere Zweifel über den Stempel bei der Auseinandersetzung zwischen Eltern und Kindern und über die Berechnung der Frist für die Entrichtung des Stempels — und die Reskripte vom 2. Februar und 3. November 1773,[6]) von denen das erstere die den Armenhäusern, Hospitälern und Waisenhäusern zufallenden Erbschaften vom Stempel befreite und das letztere die Untergerichte anwies, die Unterthanen über die zu erlegende Stempelgebühr zu belehren, damit sie nicht in Strafe fielen.

Den Abschluß dieser ersten Periode bildete die am 1. Januar 1803 in Kraft getretene Verordnung vom 17. September 1802,[7]) deren § 20—24 den Erbschaften,

---

[1]) N. C. C. V a. S. 373, 374.
[2]) N. C. C. VII, S. 2564, 2565.
[3]) N. C. C. X, S. 2605.
[4]) Akten des Kön. Geh. Staatsarchivs in Berlin, R. 97 II.
[5]) N. C. C. V a. S. 299, 300 und S. 373, 374.
[6]) Akten des Kön. Geh. Staatsarchivs in Berlin. R. 97. II. Auch N. C. C. V a. S. 51—54 und S. 2469—2472.
[7]) N. C. C. XI, S. 1031—1040.

Vermächtnissen und Schenkungen, sowie den Grundsätzen gewidmet waren, nach welchen der Kollateralstempel bestimmt werden sollte. Darnach war von allen Erbschaften, Vermächtnissen und Schenkungen von Todes wegen, welche Jemandem aus dem Vermögen eines preußischen Unterhanen zufielen, bei Strafe des vierfachen Betrages der Stempel nach folgenden Grundsätzen zu entrichten: Betrug der Anfall über 50 bis 100 Thlr., so wurde ein Stempel von 6 Gr. genommen. Betrug der Anfall mehr als 100 Thlr. und gelangte er an einen Blutsverwandten des Erblassers in auf- oder absteigender Linie, so wurde dem Sechsgroschenstempel von jedem vollen Hundert ein Stempel von 1 Gr. zugesetzt. Fiel er aber einem Seitenverwandten oder dem überlebenden Ehegatten oder einer Person zu, die mit dem Erblasser nicht verwandt war, so mußte der bei Kaufkontrakten (§ 6) vorgeschriebene Stempel dreifach entrichtet werden. — Wirkliche Armen-, Waisen- und Arbeitshäuser, ebenso die etwa angeordneten Austeilungen an Arme waren ausgenommen, „nicht aber Wittwen- oder Schulanstalten, noch weniger Stifter, Klöster oder andere pia corpora." — Bloße Auseinandersetzungen zwischen Eltern und Kindern, die sich nicht auf ein Erbrecht bezogen, erforderten nur einen Sechsgroschenstempel. —

Der Stempel wurde von allen Erbschaften, Lehns- oder Fideikommißanfällen und Vermächtnissen entrichtet, welche aus dem Vermögen eines preußischen Unterthanen herrührten, gleichgültig, ob der Erblasser außer Landes gestorben war oder die Erbschaft ganz oder teilweise auswärtigen Unterthanen zufiel. Von Erbschaften, die außer Landes gingen, mußten die Kollateralerben den gesetzlichen Stempel gleich preußischen Unterhanen erlegen, selbst wenn der Abschoß davon bezahlt worden. Doch wurden von Erbschaften, die nach den vereinigten Niederlanden gingen, retorsionsweise eben dieselben Kollateralstempelgebühren erlegt, welche von preußischen Unterthanen, denen aus Holland Erbschaften zufielen, erfordert wurden. Dagegen waren Erbschaften, welche preußische Unterthanen aus anderen fremden Ländern erwarben, von diesem Stempel frei; ebenso die Erbschaften der fremden Reisenden, die in Preußen starben. Hatte der Erblasser außerhalb des Landes gewohnt, war aber in Preußen mit Grundstücken angesessen gewesen, so wurde nur von dem Werte dieser Grundstücke nach Abzug der Schulden und von den darauf befindlichen Mobilien der Stempel genommen. — Bei Bestimmung des Stempels kam es nicht darauf an, ob die zum Nachlasse gehörigen Stücke sich in Preußen oder außerhalb befanden, mit alleiniger Ausnahme auswärtiger Grundstücke, welche nicht in Rechnung gebracht wurden. Schulden wurden abgezogen. Grundstücke und Gerechtigkeiten wurden nach dem letzten Erwerbspreise oder nach der ritterschaftlichen oder der Feuertaxe veranschlagt. Beim Mobiliarvermögen wurde entweder das aufgenommene Inventarium oder in dessen Ermangelung ein von den Erben einzureichendes und auf Erfordern eidlich zu bekräftigendes Verzeichnis zu Grunde gelegt. Wollte der Erbe von der Anfertigung eines solchen Verzeichnisses befreit sein, so konnte er sich erbieten (bezw. mehrere Erben gemeinsam), 75 Thlr. zur Stempelkasse zu bezahlen. Die Stempelkammer mußte sie annehmen, sofern nicht sichere Nachrichten vorhanden waren, daß der vorgeschriebene Stempel mehr betragen würde. Jährliche Nutzungen wurden mit 10% zu Kapital gerechnet und darnach dem Stempelsatze unterworfen. Die Verordnung enthielt sodann nähere Bestimmungen bezüglich der Erbschaft des überlebenden Ehegatten und verpflichtete schließlich den Besitzer des Nachlasses und den Testamentsexekutor bei Strafe des vierfachen Betrages binnen 3 Monaten nach erlangter Kenntniß von dem Anfalle für die Berichtigung des Stempels zu sorgen. Der Stempelfiskal hatte an die Entrichtung des Stempels zu erinnern.

Eine unter demselben Datum ergangene „Anweisung für die Landeskollegia, Ober- und Untergerichte, Magistrate und alle übrigen Staatsdiener über den Gebrauch des Stempelpapiers" machte es den Gerichten zur Pflicht, die zu ihrer Kenntnis kommenden Testamente und anderen letztwilligen Verfügungen, Ehestiftungen und Erbrezesse rücksichtlich des Stempels genau zu prüfen und, wenn sich dabei ein

Mangel finden sollte, für seine Ergänzung zu sorgen, auch den Stempelfiskalen des Ortes von den entdeckten Contraventionen Nachricht zu geben, und ermahnte sie „diejenigen, welche keine Kenntnis und Uebung in Geschäften haben, bei vorkommenden Fällen wegen des zu gebrauchenden Stempels zu belehren."

§ 2.

b) Die Zeit von 1810 bis 1873.

Während der Stein-Hardenberg'schen Periode stand neben den großen inneren Reformen die Sorge für die Abzahlung der französischen Kontribution, die Sorge für die finanziellen Mittel, welche man von Tag zu Tag brauchte, in erster Reihe.[1]) Die großen Finanzarbeiten zeitigten auch ein neues „Stempelgesetz für die ganze Monarchie" (in ihren damaligen verringerten Umfange)[2]) vom 20. November 1810, welches am 1. Januar 1811 in Kraft trat. (G. S. Seite 121 ff.) Seine Nothwendigkeit war durch den Hinweis auf die Bedürfnisse des Staates und die Weitläufigkeit der bisherigen Stempelgesetze begründet worden. Es unterschied fünf Arten von Stempel: 1. den gewöhnlichen Stempel, welcher unabhängig von dem Werte des Gegenstandes war, 2. den besonderen oder Wertstempel, welcher im Verhältnis des Wertes des Gegenstandes stieg und gestempeltes Papier erforderte, 3. den Gnaden-, 4. den Karten- und 5. den Zeitungsstempel. Der Wertstempel wurde nach Artikel 7 B. Nr. 4 von dem Werte einer Erbschaft, eines Vermächtnisses, einer Schenkung von Todes wegen, desgleichen einer Schenkung unter Lebenden, bei Lehns- und Fideikommisanfällen, gleichviel ob der Erwerber Inländer oder Ausländer war, erhoben. Er betrug 1. für Deszendenten und adoptierte Kinder ein Viertel Thaler vom Hundert. 2. für Aszendenten ein Halb vom Hundert. 3. für vollbürtige Brüder, Schwestern und deren Kinder, sowie für den überlebenden Ehegatten eins vom Hundert. 4. für Halbgeschwister und deren Kinder zwei vom Hundert. 5. für alle übrigen Verwandten, wozu auch Stiefkinder und Stiefeltern gerechnet wurden, drei vom Hundert. 6. für alle Nichtverwandten, zu welchen auch Schwäger und Schwägerinnen gehörten, acht vom Hundert. — Im Übrigen regelte das Gesetz vornehmlich das Verhältnis zum Auslande, die Schätzung der unbeweglichen und der beweglichen Güter, der Nutzungen und des lebenslänglichen Nießbrauches, die Berechnung des Vermögens der Ehegatten und die Frage, von wem und wann der Stempel zu entrichten ist. Neu war die Vorschrift, daß Kaufleute und solche Individuen, die kaufmännische Geschäfte treiben, im Hinblick auf die dem kaufmännischen Kredit oft nachteilige Darlegung des Vermögens auf Entrichtung eines Aversionalquantums antragen durften.

Sieht man von der Erhebungsform ab, so läßt sich wohl kaum bestreiten, daß der Stempel mit dem 1. Januar 1811 vollständig zur Erbschaftssteuer geworden ist.[3]) Dieser Charakter spricht sich im Vergleiche mit der geringen Abgabe vom

[1]) Vgl. Schmoller, a. a. O. S. 84.

[2]) In den Provinzen zwischen Weser und Rhein trat es am 1. Januar 1814 und in den Provinzen zwischen Elbe und Weser am 1. Januar 1815 in Kraft. Acta Generalia betr. das Erbschafts-Stempelwesen R. 84, 12. Bl. 1 ff, im Kön. Geh. Staatsarchiv in Berlin. Das Gesetz hatte aber nicht gegolten in dem Regierungsbezirke Stralsund und in den Kreisen Siegen, Rees, Dinslaken und Essen. Gutachten der durch die A.K.O. vom 1. November 1821 angeordneten Kommission des Staatsrats über den Entwurf zu einem neuen Stempelgesetze. Berlin, den 7. Januar 1822. R. 74. M. Tit. 50. vol. II.

[3]) So sagt das in der vorigen Anmerkung erwähnte Gutachten vom 7. Januar 1822: „Die neueste wesentliche Umbildung hat die preußische Stempelverfassung durch das Gesetz vom 20. November 1810 erlitten."

Jahre 1802, deutlich in der schärferen Gliederung und in der beträchtlichen Erhöhung des Stempels aus.

Dem Gesetze war keine lange Dauer bestimmt. Es erfuhr alsbald mannigfache Änderungen, von denen hier nur die Deklaration vom 27. Juni 1811 (G. S. Seite 313 ff.[1]) und die A. K. O. vom 19. Mai 1813 (G. S. Seite 72 ff.[2]) sowie die Einführung der wichtigen und für die Verwaltung der Stempeleinkünfte ersprießlichen Institution der Provinzialstempelfiskale im Jahre 1814 erwähnt sein mögen.[3])

Zu seiner vollständigen Beseitigung waren nach einer Denkschrift des Finanzministeriums vom 28. Dezember 1820[4]) die dringendsten Motive vorhanden. „Denn: — so heißt es daselbst — 1) hat das altpreußische Stempelgesetz vom 20. November 1810 so viele Abänderungen, Erläuterungen und Auslegungen seit seiner Erscheinung erfahren, daß eine neue Redaktion desselben notwendig wird: auch ist nicht zu verkennen, daß dasselbe in mehreren Punkten auf richtigere und billigere Grundsätze zurückgeführt, nnd besonders mit Hinsicht auf die Unzulänglichkeit der Kontrole für einige Gattungen des bisherigen Stempels, und in der Verwaltung vereinfacht werden kann. 2) Ist die Verschiedenheit der Stempelverfassung in der Preußischen Monarchie, nach ihrem dermaligen Umfange, durch die neu hinzugekommenen Provinzen sehr groß geworden und das Bedürfnis einer gleichförmigen Stempelgesetzgebung gestattet es nicht, ein so buntscheckiges Wesen . . . länger bestehen zu lassen. Es herrschen nämlich gegenwärtig in der Monarchie nicht weniger als 7 verschiedene Stempelverfassungen.[5])“

Der Einführung eines einheitlichen Gesetzes für die ganze Monarchie stand jedoch nach dem Berichte des Generaladvokaten Ruppenthal[6]) „besonders der Umstand entgegen daß nach der Vorschrift der bisherigen Preußischen Stempelgesetze die Gerichte eine amtliche und fiskalische Mitwirkung hatten, die von den nach ganz andern Grundsätzen organisierten rheinischen Gerichten schlechterdings nicht gefordert werden kann. Man fand aber zugleich, daß selbst bei den Preußischen, ganz verschieden gebildeten Justizhöfen die bisher von ihnen geforderte amtliche Mitwirkung zur Bestimmung und Erhebung der Stempelgebühren mit dem richterlichen Charakter und der Würde des hohen Berufes nicht wohl vereinbar sei. Es wurde daher der Vorschlag gemacht, in dem zu entwerfenden neuen Gesetze die Gerichte zu verschonen und ihr Einwirken nur dann zu fordern, wenn zwischen der Steuerbehörde und dem Steuerpflichtigen ein Streit entsteht, der von einer dritten Behörde geschlichtet werden muß.[7])“

---

[1]) Sie bestimmte in § 2: „Ein Erbe, Donatar oder Legatar ist erst dann verpflichtet die Stempelgefälle zu erlegen, wenn ihm die Nutzung anheimfällt (Art. 7 Nr. 4). — Der Descendenten-Stempel tritt erst bei Erbschaften über 500 Rthlr. ein.“

[2]) Sie setzte zu 3 und 4 von Art. 7 Nr. 4 fest, „daß die vorgedachten Gesetzstellen, insofern sie sich auf die erbnehmenden Kinder vollbürtiger Brüder und Schwestern, sowie der Halbgeschwister beziehen, nur auf die Descendenten im ersten Grade ausschließlich anzuwenden, die Abkömmlinge in entfernterem Grade aber der Erbschafts Stempelabgabe von drei vom Hundert zu unterwerfen sind“.

[3]) Näheres s. bei Mamroth, S. 580 ff.

[4]) S. oben S. 258 Anm. 6.

[5]) Sie sind mitgeteilt bei Mamroth, a. a. O., S. 589 ff.

[6]) S. oben S. 258 Anm. 6.

[7]) Interessant ist noch die folgende Stelle des Berichtes: „Es ist hier von einer indirekten Steuer die Frage. Die ganze Kontrolle, überhaupt das Mechanische des ganzen Geschäfts muß also durch Steuerbeamte besorgt werden. Diese sind die gesetzlichen Gegner und Beobachter des steuerpflichtigen Publikums; sie sind berufen, in dieser Eigenschaft öffentlich und amtlich zu handeln; ein selbst übertriebener Amtseifer verdient bei ihnen eher Lob als Tadel. Das Richteramt kann also hier als Werkzeug des Fiskus nicht gebraucht werden, sondern es darf nur als dritte unparteiische Behörde dann zu wirken anfangen, wenn die beiden Interessenten sich nicht einigen

Der preußische Justizminister hatte sich durch die mannigfach ihm vorgetragenen Beschwerden der Gerichte [1]) dazu bewegen lassen, energisch dafür einzutreten, daß ihnen die überaus lästige Mitwirkung bei der Stempelerhebung abgenommen würde. [2]) Der Finanzminister entschied sich indes „für die Provinzen, wo den Gerichten die Verwaltung der freiwilligen Gerichtsbarkeit obliegt und sie dadurch schon überall zur Feststellung und Regulierung der erbschaftlichen Verhältnisse und zu einem großen Teile der Vorarbeiten, welche die Bestimmung und Einziehung des Erbschaftsstempels erfordert, von Amtswegen berufen sind," für die Beibehaltung der bisherigen Verwaltung. Nur für die Rheinprovinz wollte er mit Rücksicht auf die abweichende Gerichtsverfassung eine Ausnahme zugelassen wissen. Das Staatsministerium schloß sich dem Finanzminister mit der Begründung an, daß die Entbindung der Gerichtsbehörden von ihrer Konkurrenz bei der Verwaltung des Erbschafts-Stempelwesens zu große Schwierigkeiten und Nachteile hätte, als daß dem Wunsche des Justizministers in dieser Hinsicht entsprochen werden könnte.

Nachdem eine Kommission des Staatsrates unter dem Vorsitze des Staatsministers Grafen von Bülow in den Sitzungen vom 22. und 29. Januar und 5. Februar 1822 den Entwurf durchberaten hatte, vollzog der König am 7. März 1822 das Gesetz und den Tarif, den letzteren um deswillen, weil er, wie der damalige Finanzminister Freiher von Altenstein in dem Berichte [3]) an Seine Majestät hervorhob, „zugleich auch materielle, im Gesetz nicht enthaltene Festsetzungen enthielt."

Nunmehr unterlagen „Erbschaften, wie auch Vermächtnisse oder Legate, Schenkungen von Todeswegen und unter Lebendigen, sofern letztere durch schriftliche Willenserklärungen erfolgen, mit Einschluß der remuneratorischen Schenkungen, Lehns- und Fideikommißanfälle, ohne Unterschied, ob der Anfall Inländern oder Ausländern zukommt, nach dem Betrage des Anfalls" einer Stempelabgabe. Der höchste Stempelsatz betrug 8, der niedrigste 1 Prozent des Wertes, um den der Erwerber wirklich reicher wurde. Für die Abstufung war das Verwandtschaftsverhältnis des Erwerbers zum Erblasser maßgebend. Stempelfrei waren jedoch Anfälle, welche gelangten: „a) an Aszendenten, ohne Unterschied; b) an Deszendenten, sofern dieselben aus gültigen Ehen abstammen, oder nachfolgend durch solche

können. Beide Teile nahen sich alsdann dem Richterstuhle mit gleichem Vertrauen, und der Richter erhält die ganze Reinheit seines amtlichen Charakters."

[1]) Schreiben des Oberlandesgerichtspräsidenten Sethe an den J.M. von Kircheisen, datiert Düsseldorf, den 24. April 1816. Sethe überreicht die Berichte der Land- und Stadtgerichte zu Bochum, Dortmund, Unna und Iserlohn mit der Bitte daraus zu ersehen, „wie sehr viele Zeit ihnen die Bearbeitung des Erbschaftsstempelwesens raubt und sie dadurch in ihren eigentlichen gerichtlichen Geschäften zurückgesetzt werden, weshalb selbige darauf antragen, den Gerichten diese Geschäfte abzunehmen und selbige den Verwaltungsbehörden zu übertragen". Damals freilich antwortete der J.M. (am 11. Mai 1816): er habe sich nicht bewogen finden können, auf Abänderung anzutragen, „ob sich gleich die Schwierigkeiten, sowie die Mühewaltung, so für die gerichtlichen Behörden daraus entstehen, nicht verkennen lassen". Acta Gen. R. 84. 12. vol. I, im Kön. Gej. Staatsarchiv in Berlin.

[2]) Die oben S. 258 Anm. 6 erwähnte Denkschrift enthält folgende bemerkenswerte Stelle: „Es kommt hier noch in Frage, wie es künftig in Ansehung des Erbschaftsstempels gehalten werden soll? Schon früher hat der Geh. Oberjustizrat von Goßler gegen die bisher hauptsächlich von den Gerichten ausgegangene Kontrolle desselben bemerkt, daß der Erbschaftsstempel unverkennbar der Steuerpartie angehört und es der Bestimmung und Würde des Richters ganz entgegen sei, ihn damit zu befassen. Ohnehin mache man der preußischen Justizverfassung den verdienten Vorwurf, daß sie die Gerichte zu sehr mit administrativen Gegenständen belaste, und sie dadurch von den theoretischen Fortschritten, welche das so wichtige und einflußreiche Richteramt erfordert, so sehr abziehe. Diesen Vorwurf solle der Staat abzuwenden ernstlich bemüht sein und dem immer mehr sinkenden Ansehen der Justizbehörden dadurch begegnen. Hinsichtlich der Erbschaftsstempelverwaltung werde dies um so ausführbarer sein, da in der Person der angeordneten Stempelfiskale die bisher konkurrierenden richterlichen Angelegenheiten recht füglich vereinigt werden könnten."

[3]) Vom 16. Februar 1822. R. 74. M. Tit. 50. vol. II, im Kön. Gej. Staatsarchiv in Berlin.

Ehen legitimiert sind; c) an überlebende Ehefrauen, insofern sie zugleich mit hinterlassenen ehelichen Kindern ihres verstorbenen Ehemannes zur Erbschaft gelangen; d) an Personen, welche in Diensten und Lohn des Erblassers gestanden haben, jedoch nur für eine Summe von dreihundert Thaler Kapital einschließlich." Entscheidend für die unter a—c aufgeführten Befreiungen war die Erwägung,[1] daß bei ihnen das Erben in der Regel keinen Gewinn, vielmehr wegen der auf die Zurückbleibenden übergehenden Sorge der eigenen Unterhaltung und wegen des ausfallenden persönlichen Erwerbs des Erblassers häufig ein Verlust ist; es kam dazu, daß in der Rheinprovinz der Stempel für Deszendenten und zum Teil auch für die Ehegatten schon unter dem provisorischen Gouvernement aufgehoben war. Dafür war der Stempel für Geschwister und deren Kinder, Stiefeltern und Stiefkinder erhöht worden. Die übrigen materiellen Vorschriften stimmten mit den jetzt geltenden im Wesentlichen überein, abgesehen von den Verschiedenheiten, welche die Verbindung des Erbschaftsstempels mit dem Urkundenstempel naturgemäß zur Folge hatte.[2])

Die Entrichtung des Erbschaftsstempels erfolgte nach wie vor durch Verwendung von Stempelpapier. Die Verwaltung des gesamten Erbschaftsstempelwesens war gemäß dem oben erwähnten Beschlusse des Staatsministeriums mit Ausnahme der Rheinprovinz und der Stadt Berlin — letztere hatte eine besondere Organisation — den Gerichten verblieben (§§ 17, 18 des Gesetzes). Sie waren in dieser Beziehung der Aufsicht der Provinzialsteuerdirektoren und des Finanzministers unterstellt und bezogen für ihre Thätigkeit bestimmte Prozentsätze der von ihnen eingezogenen Stempel als Tantième.

§ 3.

c) Die Zeit von 1874 bis heute.

Die am Schlusse des vorigen Abschnittes geschilderte Regelung des Stempelwesens bewährte sich nicht in allen Punkten[3]). Die enge Verbindung zwischen Urkundenstempel und Erbschaftssteuer erwies sich nicht als praktisch; die letztere setzt das Vorhandensein einer stempelpflichtigen Urkunde nicht voraus und ist deshalb nach anderen Grundsätzen zu behandeln. Außerdem hatte sich die Übertragung der Erbschaftsstempelverwaltung an die Gerichte immer mehr als nicht zweckmäßig erwiesen. Die Tabellen gingen nicht zur rechten Zeit ein. Sie wurden nicht mit der gehörigen Aufmerksamkeit und Sachkunde revidiert.[4]) Es entsprach eben die Beschäftigung mit Steuersachen weder dem Wollen und Können der meisten, oft überlasteten Richter noch der im Laufe der Zeit sich schärfer herausbildenden Auffassung vom richterlichen Berufe. Die Bearbeitung der Erbschaftssteuersachen galt vielfach als eine unbequeme Last und geschah nicht mit dem ihrer finanziellen Wichtigkeit entsprechenden Verständnis und der nötigen Liebe zur Sache.

Mit Rücksicht hierauf und auf den Umstand, daß inzwischen die Materie durch zahlreiche Abänderungs- und Ergänzungsvorschriften eine recht unübersichtliche geworden war, wurden in den im Jahre 1866 neu erworbenen Landesteilen

[1]) S. die auf S. 258 Anm. 6 erwähnte Denkschrift vom 28. Dezember 1820.

[2]) Eine gute Übersicht über das Erbschaftsstempelwesen nach dem Gesetze v. 7. März 1822 giebt die „Zusammenstellung der wegen Behandlung des Erbschaftsstempelwesens gegebenen Gesetze und Verordnungen" in der Beilage zum 42. Stück des J.M.Bl. für 1842 (außerdem abgedruckt in von Kamptz, Jahrb. Bd. 60 S. 362 und in Schmidts Kommentar I. S. 81).

[3]) Vgl. zum folgenden insbesondere den Eingang der Mot. zum Erbschaftssteuergesetze vom 30. Mai 1873.

[4]) Akten des Kön. Geh. Staatsarchivs in Berlin, R. 84. XII vol. II, wo die Beschwerden darüber sofort mit dem Jahre 1822 beginnen.

nicht ohne weiteres die in der Monarchie geltenden Bestimmungen eingeführt, sondern es wurde durch königliche Verordnung vom 5. Juli 1867 (G.S. S. 1121) ein besonderes Erbschaftssteuergesetz geschaffen. In der Hauptsache enthielt es eine übersichtliche Zusammenstellung der Vorschriften des Gesetzes von 1822 und seiner Novellen; doch brachte es zwei wesentliche Neuerungen: die Abschaffung des Verbrauchs von Stempelmaterialien bei der Erbschaftsabgabe, die hiermit auch äußerlich dem ihr von jeher innewohnenden steuerlichen Charakter gerecht wurde, und die Übertragung der Verwaltung von den Gerichten auf besondere Fiskalatsbehörden.

Die guten Erfahrungen, welche man mit diesem Gesetze gemacht hatte, ließen es angezeigt erscheinen, bei der nunmehr für die ganze Monarchie geplanten Kodifikation beide Neuerungen beizubehalten. Außerdem hatte sich aber auch eine wichtige materielle, auf die Besteuerung des Erwerbes des überlebenden Ehegatten bezügliche Änderung als wünschenswert herausgestellt, zumal die Bestimmungen des Gesetzes von 1822 je nach dem maßgebenden ehelichen Güterrechte bei wirtschaftlich gleichen Verhältnissen eine verschiedenartige steuerliche Belastung zur Folge hatten. Es sollten Ehegatten überhaupt von der Steuer befreit werden. Um den hierdurch entstehenden Ausfall zu decken, wollte man die Deszendenten voll- und halbbürtiger Geschwister mit drei Prozent zur Steuer heranziehen. Im übrigen hatte sich ein Bedürfnis, das materielle Recht in wesentlichen Punkten abzuändern, nicht gezeigt.

Dem entsprach der 50 Paragraphen enthaltende Entwurf, welcher nebst einer Denkschrift (im folgenden kurz als Mot. zitiert) dem Hause der Abgeordneten mittels Schreibens des Finanzministers Camphausen vom 14. November 1872 übersandt wurde [1]). Die erste kurze Beratung fand in der 11. Sitzung vom 29. Nov. 1872 [2]) statt und endigte mit der Verweisung an die VIII. Kommission von vierzehn Mitgliedern. [3]) In ihr saßen außer einem Landwirte nur Juristen und Verwaltungsbeamte. Zum Vorsitzenden wurde der damalige Ober-Appellationsgerichtsrat Dr. Baehr gewählt, zum Berichterstatter wurde der Abgeordnete Gottschewski (damals Kreisgerichtsdirektor in Posen) bestellt; als Regierungskommissar fungierte der verdienstvolle Verfasser des Entwurfs, Geheimer Oberfinanzrat Burghart (jetzt Wirklicher Geheimer Rat und Generaldirektor der direkten Steuern).

Die Kommission, welche über ihre Beratungen schriftlichen Bericht [4]) erstattete, gab dem Entwurfe im wesentlichen die Form, in welcher er demnächst zum Gesetz erhoben wurde. Sie verwarf in sehr ausführlicher Begründung die vom Regierungskommissar mit großer Lebhaftigkeit verteidigte stärkere Belastung der Geschwisterkinder und stellte sie den Geschwistern gleich, lehnte den (im Kommentare S. 98 abgedruckten) § 46 des Entwurfs ab, welcher gewissen Beamten die Pflicht zur Anzeige der ihnen bekannt gewordenen Zuwiderhandlungen gegen das Gesetz auferlegte, und nahm bei einer Reihe von Paragraphen teils nur redaktionelle teils unbedeutende sachliche Änderungen vor. [5])

Ueber die weiteren parlamentarischen Schicksale des Entwurfs sei nur soviel gesagt, daß die zweite Beratung im Plenum des Abgeordnetenhauses in der 48.

[1]) Nr. 12 der Anlagen zu den stenographischen Berichten über die Verhandlungen des Hauses der Abgeordneten während der dritten Session der elften Legislaturperiode 1872/73 Bd. 1 S. 45 bis 55, S. 56—74.

[2]) Stenographische Berichte Bd. 1 S. 223—226.

[3]) Es waren dies die Abgeordneten Dr. Baehr, Gottschewski, von Zieten, de Syo, Herrlein, Warburg, Hubert, Courth, Hoene, Jakobi, von Saint-Paul, Larz, Wachler und von Bismarck.

[4]) Anlagen zu den stenogr. Berichten Nr. 148 Bd. 2 S. 837—848.

[5]) Vgl. die Zusammenstellung der Regierungsvorlage mit den Beschlüssen der Kommission in den Anlagen zu den Stenogr. Ber. Nr. 178 Bd. 2 S. 850—866.

und 49. Sitzung vom 22. und 24. Februar 1873[1]), die dritte in der 54. Sitzung vom 1. März 1873[2]) vorgenommen wurde.

Im Herrenhause erfolgte die erste Beratung im Plenum zugleich mit dem Berichte der Finanzkommission (Berichterstatter: Wirklicher Geheimer Rat von Rabe) über den Entwurf in der 22. Sitzung vom 5. April 1873[3]); hierbei erlitt der Entwurf in den § 25, 28 und 42, sowie in lit. c. des Tarifs Abänderungen. Im Abgeordnetenhause wurde sodann über die vom Herrenhaus hergestellte Fassung[4]) in der 72. Sitzung vom 6. Mai 1873[5]) beraten[6]), und hierauf wurde das Gesetz mit unwesentlichen Modifikationen[7]) in der 73. Sitzung vom 9. Mai 1873[8]) im ganzen angenommen.[9])

Das Herrenhaus erteilte in der 32. Sitzung vom 14. Mai 1873[10]), in welcher Graf von Rittberg Bericht erstattete, dem Entwurfe seine Zustimmung. Dieser erhielt alsdann am 30. Mai 1873 die königliche Sanktion, wurde in der am 27. Juni 1873 ausgegebenen Nr. 24 der Gesetzsammlung (Seite 329) verkündet und trat (nach § 48) mit dem 1. Januar 1874 in Kraft.

Gleichzeitig waren durch § 49 des Gesetzes alle bisherigen Vorschriften über den Erbschaftsstempel und die Erbschaftsabgabe vorbehaltlich der Anwendung auf frühere Fälle vom 1. Januar 1874 ab außer Kraft gesetzt, sodaß von diesem Tage an für den damaligen Umfang der Monarchie mit Einschluß des Jadegebietes jedoch mit Ausschluß der Hohenzollernschen Lande (§ 1 des Gesetzes) ein einheitliches Erbschaftssteuerrecht galt.

Das Gesetz erfuhr durch zwei Novellen Abänderungen.

1. Durch das Gesetz betreffend Abänderung des Erbschaftssteuergesetzes vom 19. Mai 1891 (G.S. S. 72),[11]) in Kraft getreten am 1. Juli

[1]) Stenogr. Ber. Bd. 2 S. 1139—1157, S. 1159—1175; Zusammenstellung des ersten Entwurfs mit den in der zweiten Plenarberatung gefaßten Beschlüssen: Anlagen zu den Stenogr. Ber. Bd. 2 Nr. 219 S. 1005—1021: Abänderungsanträge von Mitgliedern des Abgeordnetenhauses daselbst Nr. 218 S. 1004, Nr. 226 S. 1029, Nr. 228 S. 1031, Nr. 252 S. 1133, Nr. 253 S. 1134.

[2]) Stenogr. Ber. Bd. 2 S. 1334—1344; Entwurf in der vom Abgeordnetenhause am 1. März 1873 beschlossenen Fassung: Nr. 87 der Anlagen zu den Verhandlungen des Herrenhauses, Session 1872/73 S. 339—347.

[3]) Stenogr. Ber. über die Verhandlungen des Herrenhauses in der Session 1872/73 S. 356—364; Zusammenstellung des Entwurfes nach den Beschlüssen des Abgeordnetenhauses und denen der Kommission des Herrenhauses: Nr. 121 der Anlagen zu den vorstehend bezeichneten stenogr. Ber. S. 622—623; Abänderungsanträge der Mitglieder des Herrenhauses daselbst Nr. 131, 132, 133, S. 637 und 638.

[4]) Entwurf nach den Beschlüssen des Herrenhauses in der Sitzung vom 5. April 1873: Nr. 348 der Anlagen zu den stenogr. Ber. über die Verhandlungen des Abgeordnetenhauses für 1872/73 Bd. 2 S. 1493—1507.

[5]) Stenogr. Ber. Bd. 3 S. 1833—1843.

[6]) Abänderungsanträge von Mitgliedern des Abgeordnetenhauses: Anlagen zu den stenogr. Ber. Bd. 2 Nr. 358, S. 1533, Nr. 363 S. 1564.

[7]) Zusammenstellung des Entwurfes nach den Beschlüssen des Herrenhauses mit den im Plenum des Abgeordnetenhauses über denselben gefaßten Beschlüssen: Nr. 362 der Anlagen zu den stenogr. Ber. über die Verhandlungen des Abgeordnetenhauses, Bd. 2 S. 1535—1569.

[8]) Stenogr. Ber., Bd. 3 S. 1846.

[9]) Entwurf nach den Beschlüssen des Abgeordnetenhauses vom 9. Mai 1873. Nr. 155 der Anlagen zu den stenogr. Ber. des Herrenhauses, S. 677—681.

[10]) Stenogr. Ber. S. 588—590.

[11]) Materialien zur Novelle von 1891: Entwurf nebst Begründung: Anlagen zu den stenogr. Ber über die Verhandlungen des Hauses der Abgeordneten während der dritten Session der 17. Legislaturperiode 1890/91. Bd. 1 Nr. 6 S. 244—252. — Zusammenstellung des Gesetzes von 1873 mit dem Regierungsentwurf von 1890, a. a. O. Nr. 20 S. 609—628. — Bericht der X. Kommission des Hauses der Abgeordneten über den Entwurf und Zusammenstellung des Entwurfs mit den Beschlüssen der Kommission, a. a. O. Bd. 2. Nr. 156 S. 1615—1624: (die Kommission bestand aus 28 Mitgliedern, Vorsitzender war Freiherr von Hüne, Berichterstatter Sperlich). — Zusammenstellung des Entwurfs mit den in der zweiten Beratung im Plenum des

1891. Abgesehen von einigen lediglich redaktionellen Neuerungen und von den über den Schenkungsstempel handelnden und deshalb hier nicht interessirenden §§ 4 und 46 (der jetzigen Fassung) wurden von der Abänderung folgende (ebenfalls nach der jetzigen Fassung zitierte) Paragraphen betroffen: § 1. (wo den steuerpflichtigen Anfällen das Vermögen Verschollener bei vorläufiger Ausfolgung an die mutmaßlichen Erbberechtigten hinzugefügt wurde); §§ 9 — 11 (internationales Erbschaftssteuerrecht); § 12 (welcher zur Ausfüllung einer Lücke neu eingeschaltet wurde) §§ 16, 18 (nebst der dazu gehörigen Tabelle) und 19 (wo bei der Berechnung von Nutzungsrechten dem Sinken des Zinsfußes Rechnung getragen wurde). Die von der Regierung beantragte Ausdehnung der Steuerpflicht auf Deszendenten und Ehegatten (ein halb Prozent) und Aszendenten (ein Prozent) wurde sowohl vom Abgeordnetenhause wie vom Herrenhause abgelehnt. Von den vorgenommenen Neuerungen war weitaus die wichtigste die anderweitige Regelung der Besteuerung des beweglichen Vermögens im § 10 (vergl. hierüber den Kommentar zu den §§ 9 — 11). Außerdem wurde das Geltungsgebiet des Gesetzes (welches bereits mit Ausnahme der §§ 2 und 4 durch Gesetz vom 22. Juni 1875 für die Hohenzollernschen Lande Wirksamkeit erlangt hatte) dadurch erweitert, daß es auch in dem inzwischen (durch Gesetz vom 23. Juni 1876) mit der Monarchie vereinigten Kreise Herzogtum Lauenburg mit gewissen für die Erbschaftssteuer indes belanglosen Abweichungen (vergl. die §§ 4 und 46 der jetzigen Fassung) eingeführt wurde.

Durch Art. 4 der Novelle wurde der Finanzminister ermächtigt, den Text des Gesetzes vom 30. Mai 1873 mit den aus der Novelle sich ergebenden Aenderungen, unter Weglassung der Uebergangsbestimmungen (§§ 48 und 49 des Gesetzes von 1873) und unter Veränderung der Thalerwährung in Reichswährung, mit einer fortlaufenden Nummerfolge der Paragraphen durch die Gesetzsammlung bekannt zu machen. Diese Bekanntmachung erfolgte unter dem 24. Mai 1891 (G.S. S. 78.); die in ihr enthaltene Paragraphenfolge ist auch jetzt noch zutreffend.

2. Durch das G e s e t z, b e t r e f f e n d d i e E r b s c h a f t s s t e u e r v o m 31. J u l i 1895 (G.S. S. 412),[1] in Kraft getreten am 1. April 1896. Die Aenderungen dieser Novelle beziehen sich auf § 10 (Regelung des bislang nicht erwähnten Falles, daß der Erblasser bei seinem Ableben überhaupt keinen Wohnsitz hatte), § 15 (Aenderung des Multiplikators für die Ermittelung des Wertes immerwährender Nutzungen und Leistungen von 20 in 25) und einige Vorschriften des Tarifes.

Hauses der Abgeordneten gefaßten Beschlüssen, a. a. O. Bd. 3 S. 1744—1750. — Erste Beratung im Plenum des Hauses der Abgeordneten in der 7. Sitzung vom 25. November 1890. Stenogr. Ber. Bd. 1 S. 149—165. Zweite Beratung im Plenum in der 50. Sitzung vom 6. März 1891 Stenogr. Ber. Bd. 3 S. 1315—1322. — Dritte Beratung im Plenum in der 55. Sitzung vom 12. März 1891. Stenogr. Ber. Bd. 3 S. 1442. — Entwurf in der vom Abgeordnetenhause in der Sitzung vom 12. März 1891 beschlossenen Fassung: Nr. 55 der Anlagen zu den Beratungen des Herrenhauses 1890/91, S. 143, 144. — Erste Beratung im Plenum in der 9. Sitzung vom 19. März 1891. Stenogr. Ber. S. 98. Mündlicher Bericht der Kommission (Berichterstatter: von Pfuel), Anlagen S. 229 und Stenogr. Ber. über die 15. Sitzung vom 27. April 1891, S. 189—192.

[1] Materialien: Entwurf: Nr. 64 der Anlagen zu den stenogr. Ber. über die Verhandlungen 1895 Bd. 3 S. 1561, erste Beratung im Plenum des Abgeordnetenhauses in der 44. Sitzung vom 15. März 1895, stenogr. Ber. über die Verhandlungen des Abgeordnetenhauses 1895, Bd. 2 S. 1460, mündlicher Bericht der Kommission. (Berichterstatter: Landrichter Noelle) Nr. 199 der Anlagen Bd. 5 S. 2603. Zusammenstellung der Regierungsvorlage mit den Beschlüssen der Kommission a. a. O. Bd. 5 S. 2604, 2605. Zweite Beratung im Plenum in der 78. Sitzung vom 24. Juni 1895, stenogr. Ber. Bd 4 S. 2437, 2438, dritte Beratung in der 82. Sitzung vom 28. Juni 1895, a. a. O. Bd. 4 S. 2552—2554; Anträge des Abg. Kirsch zur dritten Beratung, Nr. 284 der Anlagen Bd. 5 S. 3337. — Erste Beratung im Herrenhause in der 17. Sitzung vom 20. Mai 1895, stenogr. Ber. Bd. 1 S. 272; mündlicher Bericht der Kommission (Berichterstatter: Wirklicher Geheimer Oberpostrat Dr. Tambach) und unveränderte Annahme des Entwurfs in der 20. Sitzung vom 8. Juli 1895, a. a. O. S. 357, 358.

II. Die Erbschaftssteuer vom Standpunkte der Finanzwissenschaft.[1])

§ 4.

In seiner grundlegenden Arbeit über Erbschaftssteuern und Erbrechtsreform bezeichnet es von Scheel als ein nicht undankbares Unternehmen, die Erbschaftssteuer als finanzwissenschaftliches, wie als sozialwissenschaftliches Problem zugleich zu behandeln; sie also als Steuer und als Beschränkung des privaten Erbrechts zu untersuchen. Die Lösung dieses Problems darf in einer Abhandlung, welche, wie die vorliegende, dem historisch gewordenen, positiven Erbschaftssteuerrechte Preußens gewidmet ist, nicht erwartet werden. Sie liegt außerhalb des Rahmens und der Grenzen einer Arbeit, die nicht eine Theorie der Erbschaftssteuer im Zusammenhange mit dem Erbrechte, womöglich mit einem erst zukünftig zu gestaltenden, begründen will. Hier bleibt allein die Stellung zu erörtern, welche der heutigen Erbschaftssteuer in dem geltenden Finanzsysteme zukommt.

---

1) **Litteratur:**

Bacher, Die deutschen Erbschafts- und Schenkungssteuern. Leipzig. 1886.
Baron, Zur Erbschaftssteuer, in Hildebrandts Jahrbüchern, Bd. 26. 1875.
Berg, Der wirtschaftliche Notstand und ein Weg zum besseren. Berlin. 1891.
Berghoff-Ising, Das staatliche Erbrecht und die Erbschaftssteuer. Leipzig. 1885.
Bergius, Grundsätze der Finanzwissenschaft. Berlin. 1865.
Bluntschli, Das Erbrecht und die Reform des Erbrechts, gesammelte kleine Schriften, Bd. 1. S. 233—259. Nördlingen. 1879.
Eisenhart, Kunst der Besteuerung. 1868.
Eschenbach, Erbrechtsreform und Erbschaftssteuer. Berlin. 1891.
Eschenbach, Erbschaftssteuer in Conrads Handwörterbuch der Staatswissenschaften, Bd. 3. Jena. 1892.
Frantz, Soziale Steuerreform. Mainz. 1881.
Geffcken, Erbrecht und Erbschaftssteuer, in Schmollers Jahrbuch für Gesetzgebung, Verwaltung und Volkswirtschaft. Leipzig. 1881.
Greiff, Les droits de l'état en matière de succession. Paris. 1888.
Hoffmann, Steuerlehre. Berlin. 1840.
Krüger, Die Erbschaftssteuer nach ihrer Ausübung in den außerdeutschen Staaten. Tübingen. 1889.
Mayer, Prinzipien der gerechten Besteuerung. Berlin. 1884.
Mayer, Wesen des Einkommens. Berlin. 1887.
Neumann, Grundbegriffe der Volkswirtschaftslehre, in Schönbergs Handbuch der politischen Ökonomie, Bd. 1. Tübingen.
Neumann, Die Steuer und das öffentliche Interesse. 1887.
Pfeiffer, Staatseinnahmen. Bd. 2. Stuttgart. 1866.
Reuling, Vom armen und vom reichen Staat. Finanz- und sozialpolitische Rückblicke und Ausblicke. Berlin. 1894.
Roscher, Grundlagen der Nationalökonomie. 20. Aufl. Stuttgart. 1892.
Roscher, System der Finanzwissenschaft, 3. Aufl. Leipzig. 1890.
Schäffle, Die Grundsätze der Steuerpolitik. Tübingen. 1880.
Schall, Verkehrs- und Erbschaftssteuern, in Schönbergs Handbuch der politischen Ökonomie, 2. Aufl. Bd. 3. Tübingen. 1885.
von Scheel, Erbschaftssteuern und Erbrechtsreform. 2. Aufl.. Jena. 1877.
von Scheel, Kritik von Eschenbachs Erbrechtsreform und Erbschaftssteuer, in Konrads Jahrbüchern für Nationalökonomie und Statistik, Bd. 56 S. 781 ff.
Strauß, Die preußische Steuer-Reform und ihre geschichtliche Entwickelung. 1893.
Umpfenbach, Des Volkes Erbe. Berlin. 1874.
Vocke, Abgaben, Auflagen, Steuern vom Standpunkte der Sittlichkeit. Stuttgart. 1887.
Wagner, Grundlegung der politischen Ökonomie. 3. Aufl. 1. Teil. 1. Halbbd. Leipzig. 1892.
Wagner, Lehrbuch der Finanzwissenschaft. 2. u. 3. Teil, ersterer in 2. Aufl., sowie Ergänzungsheft zum 3. Teil. Leipzig. 1886, 1889, 1896.
Wagner, Spezielle Steuerlehre, in Schönbergs Handbuch der politischen Ökonomie. Bd. 3. 2. Aufl. Tübingen. 1885.

Ihre Kennzeichen sind folgende: Sie ist eine auf die Hinterlassenschaften Verstorbener gelegte Abgabe, die von den Rechtsnachfolgern von Todeswegen nach dem Werte des ihnen zukommenden Anfalls zu entrichten ist. Sie ist keine reine Steuer, da der Staat mit seinen Einrichtungen dem Einzelnen die Sicherheit der Erbfolge und des Anfalls gewährleistet, mithin die Steuer von dem Abgabepflichtigen nicht als eine bürgerliche Beitragspflicht einzieht, ohne daß er ihm etwas besonderes dafür erwiese. Sie ist vielmehr eine Gebührensteuer; über die Vergütung der etwaigen Verwaltungskosten hinaus geht sie auf einen gelegentlichen Spezialbeitrag zum allgemeinen Staatsunterhalt aus.[1]) Ihr Objekt ist der nach Abzug der Schulden verbleibende wahre Wert des Nachlasses. Subjekt sind diejenigen, denen der Anfall zukommt, und zwar unter Abstufung der Steuerpflicht nach der Nähe der Verwandtschaft derart, daß die ferner Stehenden und die Nichtverwandten die höheren und die höchsten Sätze zahlen.

Die Verwaltung der Erbschaftssteuer gehört zu dem Geschäftskreise der indirekten Steuern.[2]) Dessenungeachtet ist sie nach der herkömmlichen Terminologie[3]) keine indirekte Steuer, weil sie, wie von Scheel[4]) zutreffend hervorhebt, nicht einen Aufschlag auf eine Waare bildet, der von einem anderen, als dem Zahlenden wieder eingezogen werden soll, oder vielleicht korrekter ausgedrückt, weil sie nicht vorschußweise von dem Zahlenden erhoben wird, damit dieser sie seinerseits von dem eigentlichen Steuerträger wieder einziehe. Sie ist aber auch keine direkte Steuer,[5]) obschon sie von dem Pflichtigen unmittelbar erfordert wird, weil nicht die Steuerkraft des Pflichtigen nach bestimmten Grundsätzen ermittelt und er nicht im Verhältnis zu ihr besteuert wird. Sie muß demgemäß als eine besondere Steuerart bezeichnet werden, am richtigsten etwa als eine Vermögens-Bereicherungssteuer,[6]) die auf den Erwerb durch Anfall oder ohne eigene wirtschaftliche Leistung des Erwerbers gelegt ist[7]) und von der Erbschaft als Vermögenskomplex und aus ihrer Wertsubstanz getragen wird, mit der besonderen Eigentümlichkeit der Abstufung nach Verwandtschaftsgraden. Die letztere beruht auf der steuerpolitischen Erwägung, daß die Erbschaft dem Erben, je ferner er dem Erblasser gestanden hat, desto mehr als ein Glücksfall erscheint, dessen höhere Besteuerung er leicht erträgt. Es geht nicht an, wie Schäffle[8]) und nach ihm Berghoff-Ising[9]) es thun, sie als eine Einkommensteuer, als eine Steuer auf einmaliges Einkommen aus Erbschaften auszugeben. Denn Einkommen ist begrifflich nur die Einnahme, deren Fortdauer oder

---

[1]) Schäffle, S. 51 ff. — von Scheel, S. 17 ff. stellt sie unter die Besitzveränderungssteuern und bezeichnet sie ihrem inneren Wesen nach als eine eigentliche und wirkliche Vermögenssteuer.

[2]) S. Wagner, Spezielle Steuerlehre, S. 176 ff.

[3]) S. freilich Wagner, a. a. O. S. 175.

[4]) a. a. O. S. 20; Bacher, S. 14 u. 36, bezeichnet sie als eine indirekte oder den indirekten Steuern doch wenigstens nahe stehenden Abgabe. Neumann, die Steuer und das öffentliche Interesse, rechnet sie zu den „indirekten Verkehrs-Steuern resp. indirekten Erwerbssteuern."

[5]) Strauß, S. 39 ff., nennt sie eine direkte Steuer. Dahin zählt sie auch Wagner, Spezielle Steuerlehre, S. 179, indem er wie folgt unterscheidet: „Direkte Steuern sind solche, wo nach der Voraussicht, bezw. nach der Absicht des Gesetzgebers der Steuerzahler auch der Steuerträger ist, wo also eine Überwälzung auf andere nicht vorausgesetzt oder gar gewünscht, mitunter selbst gesetzlich verboten oder mit Strafen bedroht wird: indirekte sind umgekehrt solche, wo der Steuerzahler voraussetzungsweise nicht der Steuerträger ist oder selbst absichtlich es nicht sein soll, sondern wo eine Überwälzung auf andere vorausgesetzt und gewünscht, ja ebenfalls wohl selbst durch Gebot zu erreichen gesucht wird."

[6]) Sie ist keine bloße Handänderungsabgabe, daher ist bei ihr Abzug der Schulden zulässig; insbesondere wird bei getrenntem Erwerb von Eigentum und Nutznießung von ersterem der Wert des Nießbrauchs abgezogen.

[7]) Wagner, Finanzwissenschaft, 1886, 2. Teil. S. 568 ff., v. Scheel, S. 22 ff., Roscher, System der Finanzwissenschaft, § 76.

[8]) a. a. O., S. 73.

[9]) a. a. O., S. 22.

periodische Wiederkehr wahrscheinlich ist,[1] oder wenn man so weit nicht gehen will, doch nur die Einnahme, die aus einer wirtschaftlichen Thätigkeit herrührt.[2] Unter diesen Begriff kann die Einnahme durch Erbschaft nicht gebracht werden. Und ebensowenig ist sie eine „Ergänzungssteuer zur Beitragspflicht des verstorbenen Erblassers, zu welcher ihn während seiner Lebzeiten heranzuziehen nicht in vollem Maße gelungen ist."[3] Mit Recht macht dagegen von Scheel[4] geltend, daß man schon vollständig Fiskus geworden sein müsse, um die Berechtigung einer solchen Steuer zu begreifen; wer sich der wissenschaftlichen Auffassung des Themas nicht ganz entschlagen könne, werde diesen Standpunkt — dem Erben das abzunehmen, was man dem Erblasser richtig abzunehmen nicht verstanden habe — nicht zu erreichen vermögen.

Fragen wir nach der Begründung, welche die Erbschaftssteuer in Preußen erfahren hat, so lehrt ein Blick auf ihre in der Einleitung mitgeteilte geschichtliche Entwickelung, daß bei ihrer Einführung sowohl im Jahre 1682 als bei ihrer durchgreifenden Reform im Jahre 1810 und selbst bei ihrer Neugestaltung im Jahre 1873 nichts ferner gelegen hat, als der Gedanke, ihren Grund in einem Miterbrechte des Staates zu suchen. Alles, was nach dieser Richtung hin seit etwa 100 Jahren von zahlreichen und angesehenen Schriftstellern[5] vorgebracht wird, ist und bleibt Theorie, solange nicht das Erbrecht in entsprechender Weise geändert wird. Damit dürfte es aber noch gute Weile haben. Kennt doch der Entwurf eines bürgerlichen Gesetzbuchs eine gesetzliche Erbfolge der fünften Ordnung,[6] und läßt er den Fiskus als Erben erst eintreten, wenn auch von diesen entferntesten Verwandten keiner mehr vorhanden ist.[7] Wir dürfen deshalb auf sich beruhen lassen, ob und inwieweit die Beteiligung des Staates an der privaten Erbfolge innerhalb gewisser Schranken begründet, wie sie auszugestalten und wie die Verwaltung der dem öffentlichen Erben zufallenden Mittel, dem Erwerbsgrunde entsprechend, volkswirtschaftlich einzurichten ist.[8] All' das gehört nicht hierher. Es eignet sich, wenn überhaupt, für eine ferne Zukunft. Denn, ist es wahr, daß der letzte Grund alles natürlichen Erbrechts in der Gemeinschaft zu suchen ist, welche das Leben des Erblassers mit dem seiner Erben verbindet, in dem Zusammenhange des Blutes und der Sitte, der Kultur und der Interessen, wesentlich in der Gemeinschaft der Rasse,[9]

---

[1]) So Neumann, Grundbegriffe, S. 186.

[2]) So Roscher, Grundlagen der Nationalökonomie, § 144.

[3]) So Eschenbach, a. a. O. S. 42. — Ähnlich Eugen Richter in der 11. Sitzung des Abgeordnetenhauses vom 29. November 1872, Berichte S. 225: „ich bin der Ansicht, daß der Erbschaftsstempel gewissermaßen die höhere Belastung des fundierten Einkommens ersetzt, welche in der Einkommensteuer fehlt."

[4]) In der Eingangs angegeben Kritik, S. 783.

[5]) Hier seien nur genannt: Bentham, Supply without burden or Escheat vice taxation, 1795, in Bentham Works, Edinburgh 1843 vol. 2. Bazard, Exposition complète de la foi St. Simonienne, 1830. Enfantin, Economie politique et politique Saint Simonienne, 1831. J. S. Mill, Principles of polit. economy, 1848. Ferner: Bluntschli (1877), Munzinger (1874), von Scheel (1877), Wagner (Finanzwissenschaft, 1880). Endlich der englische Schatzkanzler Harcourt in seiner im Finanzarchiv 1895, 12. Jahrgang, Bd. 2 S. 149 wiedergegebenen Rede, die auch Wagner, Ergänzungsheft, S. 28 erwähnt. — Ihnen steht Baron (1876) sehr nahe, der in der Erbschaftssteuer „die Durchgangsstufe für die allmähliche Abschaffung des Erbrechts in der Seitenlinie" sieht.

[6]) § 1904 (in der Fassung der dem Reichstag gemachten Vorlage): Gesetzliche Erben der vierten Ordnung sind die Urgroßeltern und deren Abkömmlinge. § 1905: Gesetzliche Erben der fünften Ordnung sind die entfernteren Voreltern des Erblassers.

[7]) § 1912: Ist zur Zeit des Erbfalls weder ein Verwandter der ersten bis fünften Ordnung noch ein Ehegatte vorhanden, so ist der Fiskus des Bundesstaates, dem der Erblasser zur Zeit des Todes angehört hat, gesetzlicher Erbe.

[8]) S. darüber von Scheel, S. 55 ff.

[9]) So Bluntschli, S. 254.

so ist für ein mehr oder minder umfangreiches, die Familie verdrängendes Erbrecht des Staates erst Raum, wenn der Begriff der Familie geschwunden ist.

Die preußische Erbschaftssteuer ist ihrem Ursprunge und Grunde nach eine bloße Finanzmaßregel. Sie trägt ihre Rechtfertigung in sich, in den Pflichten des Staates und in der Notwendigkeit, ihm zu ihrer sachgemäßen Erfüllung bereite Mittel zur Verfügung zu stellen. Es ist nicht erforderlich,[1] Erbrecht und Erbschaftssteuern in Zusammenhang zu bringen. Das Beispiel Fankreichs, Italiens, Belgiens, Hollands und Englands lehrt, daß rein fiskalische Gesichtspunkte ausreichen, die Erbschaftssteuer zu einer sehr ergiebigen Einnahmequelle zu gestalten. Ihre großen Vorzüge vor vielen anderen Steuern sind bekannt.[2] Sie liegen in der Bestimmtheit des Betrages, der Bequemlichkeit der Entrichtuug, der Unüberwälzbarkeit der Abgabe und nicht zum mindesten in der Billigkeit ihrer Erhebung. Trefflich sagt, was den letzten Punkt anlangt, schon die Einführungsbestimmung des österreichischen Erbschaftssteuergesetzes aus dem Jahre 1759: „es ist eine Steuer, durch welche die Armen niemals, die Vermöglichen aber nur dermalen zu einer Abgabe verhalten werden, wenn ihnen sozusagen ein unvermutetes Glück zustößt und sie zu einer fremden erträglichen Erbschaft gelangen." Zur Begründung der gegenwärtigen Steuer genügt die schon von Wagner[3] hervorgehobene Erwägung, daß der Anfall dem Erwerber ohne Gegenleistung zufällt und seine wirtschaftliche Leistungsfähigkeit steigert.

Es bedarf noch des Hinweises, daß die Erbschaftssteuer, wenn sie gehörig wirken soll, durch eine entsprechende Steuer auf die Schenkungen unter Lebenden ergänzt werden muß. Sie würde sonst umgangen werden.[4] Dagegen war früher im § 4 des Gesetzes, und ist jetzt in dem Stempelsteuergesetze vom 31. Juli 1895 (Tarif Nr. 56) geeignete Vorsorge getroffen.

Der gegenwärtige Ertrag der Erbschaftssteuer beläuft sich in Preußen auf jährlich nahezu 9 Millionen Mark.[5] Er ließe sich leicht auf das Fünffache vermehren, wollte man dem einen oder dem andern der in der Litteratur zu Tage getretenen Reformvorschläge folgen.[6] Es mag genügen, auf sie zu verweisen. Die Zeit wird kommen, wo der Staat auch diese Quelle wird stärker fließen lassen müssen, und dann wird es angebracht sein, über eine Reform zu sinnen. Sie bringt vielleicht die bisher vergeblich angestrebte Reichserbschaftssteuer.[7]

---

[1] v. Scheel, in der angeführten Kritik, S. 781.

[2] S. Eschenbach, Erbrechtsreform, S. 57 ff. und in dem Konrad'schen Handwörterbuch S. 297.

[3] Finanzwissenschaft, 2 Teil. S. 568 ff.

[4] S. darüber namentlich Schäffle, S. 512.

[5] Im Staatshaushalts-Etat für das Jahr 1896/97 ist die Einnahme daraus auf 8800000 M. veranschlagt; für das Jahr 1895/96 ist sie auf 8400000 M. veranschlagt gewesen. — In der im Jahre 1896 veröffentlichten allgemeinen Rechnung über den Staatshaushalt des Jahres 1892/93 ist die Einnahme aus der Erbschaftssteuer auf 8983087 M. 92 Pf. angegeben.

[6] S. z. B. Bacher, S. 37 ff.; Eschenbach, S. 63 ff.; Geffcken, S. 203 ff.; von Scheel, S. 70 ff.; Krüger, S. 55 ff.

[7] Siehe dieserhalb den Bericht der Kommission zur Erörterung der Einführung einer Reichsstempel- und Erbschaftssteuer. Bundesratspapiere Nr. 98, Session 1877/78. Reichstagsakten, Beilagen, Session 1878. Vgl. u. a. Krüger, S. 76 ff., der für sie eintritt, während Geffcken, S. 205, sich gegen sie ausspricht.

Zweite Abteilung.

Das Preußische Erbschaftssteuerrecht

nach dem Gesetze vom 30. Mai 1873/19. Mai 1891 und der Novelle vom 31. Juli 1895.

Erster Abschnitt.

Inhalt, Anordnung und Grundzüge des Gesetzes.

§ 5.

a) Inhalt und Anordnung des Gesetzes.

Das Gesetz in der vom 1. April 1896 ab geltenden Fassung enthält 50 Paragraphen. Von diesen sind jedoch die auf den Urkundenstempel bezüglichen Bestimmungen, nämlich die §§ 2 — 4 und 46, soweit sie nicht für die Hohenzollernschen Lande Geltung haben, durch § 35 des Stempelsteuergesetzes vom 31. Juli 1895 formell aufgehoben; materiell gelten sie als Pos. 23, 24, 56 des Tarifes und §§ 17, 18 Abs. 1 und 3 des letztgenannten Gesetzes noch fort. Sie standen mit dem eigentlichen Erbschaftssteuerrecht in keinem organischen Zusammenhange, sondern sind ein Teil des Urkundenstempelrechts. Nachdem ihnen nunmehr der ihnen zukommende Platz im Stempelsteuergesetze angewiesen ist, bezieht sich das Erbschaftssteuergesetz nur noch auf die Erbschaftssteuer. Es trifft Bestimmungen über das materielle Steuerrecht §§ 1 — 19, 22 — 30), das Steuerermittelungs- und Festsetzungsverfahren (§§ 20, 21, 31 — 41), die Zulässigkeit des Rechtsweges (§ 42), das Erbschaftssteuer-Straf- und Strafprozeßrecht (§§ 43 — 48), die Kosten (§ 49) und die Verjährung (§ 50).

Außerdem werden ergänzt: der § 1 des Gesetzes durch den (wichtige materiellrechtliche Vorschriften enthaltenden) „Tarif, nach welchem die Erbschaftssteuer zu erheben ist," und § 18 durch die „Tabelle über den gegenwärtigen Kapitalwert einer Rente oder Nutzung im Werte von 1 Mark auf eine bestimmte Anzahl von Jahren behufs Berechnung der davon zu entrichtenden Erbschaftssteuer." Beide sind in den erwähnten Paragraphen in Bezug genommen und haben Gesetzeskraft.

§ 6.

b) Grundzüge des Gesetzes.

Die preußische Erbschaftssteuer ist eine in die Kasse des Staates zur Verwendung für seine allgemeinen Zwecke fließende Abgabe. Sie wird erhoben von den realen Bestandteilen solcher unentgeltlichen Vermögensübertragungen, welche infolge eines Todesfalles ohne Unterschied, ob kraft Gesetzes oder auf Grund letztwilliger Verfügung, eintreten (§ 1). Steuerobjekt ist die in das Eigentum des neuen Erwerbers übergehende, ihn bereichernde Vermögensmasse. Außerhalb Preußens liegende Grundstücke und Grundgerechtigkeiten sind nie, in Preußen liegende stets der Steuer unterworfen; bewegliches Vermögen ist zu versteuern, wenn der Erblasser bei seinem Ableben seinen Wohnsitz in Preußen hatte, und zwar das innerhalb Preußens belegene unbedingt, das außerhalb Preußens belegene nur, wenn und soweit in dem auswärtigen Staate keine oder eine geringere Abgabe, als in Preußen erhoben wird. Zur Ausgleichung und zur Vermeidung von Doppelbesteuerungen kann der Finanzminister bezüglich des beweglichen Nachlasses von Personen, welche in solchen Staaten ihren Wohnsitz gehabt haben oder Angehörige solcher Staaten gewesen sind, in denen die Steuer nach anderen Grundsätzen erhoben wird, Abweichungen anordnen (§§ 9 — 11). Die Steuer ist Bereicherungs-, nicht Handänderungs- (Mutations-) Steuer: ihre Höhe richtet sich nach dem Betrage, um welchen der Erwerber des Anfalles thatsächlich bereichert wird; es findet daher Schuldenabzug statt. Maßgebend ist der gemeine Wert der übergegangenen Vermögensmasse zur Zeit des Anfalles (§ 14). Für die Berechnung des Wertes von Nutzungen und Leistungen (Leibrenten, Nießbrauchsrechten u. s. w.) sind positive Vorschriften erlassen (§§ 15 — 19); der Wert aller anderen Gegenstände ist vom Steuerpflichtigen anzugeben (§ 20). Die Steuer wird nach dem ganzen Anteile jedes einzelnen Erwerbers eines Anfalles für diesen besonders berechnet (§ 21).

Die Höhe des Steuersatzes bestimmt sich nach dem Tarife. Völlig steuerfrei sind Anfälle, die gelangen an: Aszendenten, Deszendenten, Ehegatten, Dienstboten des Erblassers, (diese jedoch nur bis zum Betrage von 900 M.), sowie eine Reihe von öffentlichen Anstalten und Stiftungen; endlich sind früher bewilligte subjektive Befreiungen, soweit sie nach den Landesgesetzen nur gegen Entschädigung aufgehoben werden können oder auf landesherrlichem Privileg beruhen, aufrecht erhalten. Die zur Verwendung gelangenden Steuersätze sind: 1, 2, 4 und 8 Prozent; die Abstufung erfolgt bei Verwandten des Erblassers unter Berücksichtigung des Grades der Verwandtschaft.

Schuldner der Steuer ist der Erwerber des steuerpflichtigen Anfalles; für die Steuer haftet die ganze steuerpflichtige Masse; außerdem haften gewisse zu dem Anfalle in rechtlicher oder thatsächlicher Beziehung stehende Personen neben dem Erwerber.

Die Verwaltung des Erbschaftssteuerwesens erfolgt unter Leitung des Finanzministers durch die Provinzialsteuerdirektionen vermittelst besonderer Behörden: der Erbschaftssteuerämter. Ihnen liegt die Berechnung, Festsetzung und Einziehung der Steuer ob. Sie werden hierbei durch die unteren Steuerorgane und andere Behörden und Beamte, insbesondere die Standesbeamten und die Amtsgerichte unterstützt. Auch ist im Interesse der ordnungsgemäßen Steuerberechnung eine weitgehende Thätigkeit der Steuerpflichtigen selbst angeordnet. Sie haben den Anfall anzumelden, ein gehöriges Inventar der angefallenen Vermögensgegenstände sowie eine schriftliche Deklaration der die Festsetzung der Steuer bedingenden Verhältnisse einzureichen und die Richtigkeit und Vollständigkeit ihrer Angaben auf Verlangen der Steuerbehörde durch Versicherung an Eidesstatt zu erklären. Die Einziehung der Steuer erfolgt auf Grund einer vom Erbschaftssteuerbeamten aufgestellten Bescheinigung im Wege des Verwaltungszwangsverfahrens.

Der Rechtsweg ist nach Maßgabe der §§ 11 und 12 des Gesetzes vom 24. Mai 1861 zulässig, ohne daß es jedoch eines Vorbehaltes bei der Zahlung der Steuer bedarf.

Die Befolgung des Erbschaftssteuergesetzes ist durch Androhung von Geldstrafen, denen aber im Unvermögensfalle Freiheitsstrafen nicht substituiert werden dürfen, gesichert. Den Erbschaftssteuerämtern ist ein Recht zur Strafverhängung in beschränktem Umfange verliehen; im übrigen kommen auf das Strafverfahren in Erbschaftssteuersachen die für das Verfahren wegen Zollvergehen geltenden Vorschriften zur Anwendung.

Für die Verjährung der dem Staate auf Grund des Gesetzes erwachsenden vermögens- und strafrechtlichen Ansprüche sind besondere Fristen bestimmt.

Das Gesetz verwendet eine Reihe von Begriffen, welche teils dem Privatrecht, teils dem öffentlichen Recht entnommen sind und im Gesetze nicht definiert, sondern als bekannt vorausgesetzt werden. Zu ihrer Erläuterung ist auf das im Einzelfalle maßgebende Rechtssystem zurückzugehen. Maßgebend ist aber: für die zu einem Nachlasse gehörenden Grundstücke und Grundgerechtigkeiten (unbewegliches Vermögen im Sinne des Erbschaftssteuergesetzes) die Lex rei sitae, für alle anderen zu einem Nachlasse gehörenden Vermögensstücke (bewegliches Vermögen im Sinne des Gesetzes) der letzte Wohnsitz des Erblassers.

Die Verschiedenheit der in Preußen geltenden Rechtssysteme hat zur Folge, daß in einigen Fällen wirtschaftlich gleichartige Verhältnisse in Beziehung auf die Erbschaftssteuer verschieden behandelt werden. Diese bedauerliche Folge ist beim Erlaß des Gesetzes vorausgesehen worden; es ist daher nicht zulässig, sie durch künstliche Interpretation zu beseitigen. Ein Beispiel bietet § 27 des Ges.; vgl. Komm. S. 88 Anm. VIII.

Das Gesetz hat — mit zwei Ausnahmen, vgl. Komm. S. 2 Anm. II und S. 142 Anm. I unten — keine rückwirkende Kraft. Es gilt in der gesamten Monarchie mit Ausschluß der Insel Helgoland; in den deutschen Schutzgebieten hat es keine Geltung. Komm. S. 2 Anm. III.

Zweiter Abschnitt.

Das materielle Erbschaftssteuerrecht.

I. Gegenstand der Besteuerung.

§ 7.

a) Einleitung.

Der Erbschaftssteuer unterliegen die nachstehend bezeichneten, in § 1 (Nr. 1—4) und § 12 des Gesetzes (Nr. 5) aufgeführten Anfälle:

1. Erbschaften, Vermächtnisse und Schenkungen von Todeswegen (mit Einschluß der remuneratorischen und der mit einer Auflage belasteten Schenkungen);
2. Lehn- und Fideikommißanfälle;
3. die Anfälle von Hebungen aus Familienstiftungen, welche infolge Todesfalles auf den vermöge stiftungsmäßiger oder gesetzlicher Successionsordnung Berufenen übergehen;
4. Vermögen Verschollener bei vorläufiger Ausfolgung an die mutmaßlichen Erbberechtigten;
5. dasjenige, was von einer Korporation oder einer anderen juristischen Person an Angehörige des Erblassers infolge einer von der Aufsichtsbehörde bei der Genehmigung der letztwilligen Zuwendung gemachten Auflage herausgegeben wird.

Die Aufzählung ist eine erschöpfende; andere als die genannten Anfälle unterliegen der Erbschaftssteuer nicht, möglicherweise aber dem Schenkungsstempel. Die Erläuterung der einzelnen Begriffe erfolgt in den §§ 8—12.

Die Höhe des Steuersatzes ergiebt sich aus dem dem Gesetze beigefügten Tarife, in welchem auch die Befreiungen aufgeführt sind. Die Staatsangehörigkeit des Erwerbers des Anfalls begründet keinen Unterschied in der Steuerpflicht (Ausnahmen siehe § 17).

Voraussetzung der Entstehung der Steuerpflicht ist, daß die dem Anfalle etwa zu Grunde liegende Verfügung (Testament, Kodizill, Stiftungsakt u. s. w.) rechtsgiltig, d. h. nicht nichtig ist. Bloße Anfechtbarkeit schließt die Steuerpflicht nicht aus, weil die nur anfechtbare Verfügung solange Rechtswirkungen äußert, als sie unangefochten bleibt. Dagegen gilt eine nichtige Verfügung als nicht vorhanden; Erwerber des Anfalles im Rechtssinne und daher steuerpflichtig sind die kraft Gesetzes dazu Berufenen; ihr persönliches Verhältnis zum Erblasser entscheidet über die Höhe der Steuer.

§ 8.

b) Erbschaften, Vermächtnisse und Schenkungen von Todeswegen.

Der Steuer unterliegen im einzelnen zunächst Erbschaften, Vermächtnisse und Schenkungen von Todeswegen; ob ein Anfall unter einen dieser Begriffe fällt, ist nach dem am letzten Wohnsitze des Erblassers geltenden Rechte zu beurteilen.

1. Erbschaft ist der Inbegriff derjenigen Vermögensbestandteile, welche jemand bei seinem Tode auf seinen Rechtsnachfolger überträgt. Für das französische Recht ist jedoch die Einschränkung zu machen, daß „Erbfolge" im technischen Sinne nur die gesetzliche Berufung zur Erbschaft ist, während jede auf einer testamentarischen Anordnung des Erblassers beruhende „Vermächtnis" genannt wird. Abgesehen von diesem Rechtsgebiete ist es ohne Einfluß, ob die Erbschaft auf Gesetz, Vertrag (Erbvertrag, Erbverzicht, Einkindschaftsvertrag, Ehestiftung) oder letztwilliger Verfügung beruht.

Als Erbschaft kann ein Vermögenskomplex erst angesehen werden, wenn sein bisheriger Inhaber verstorben ist. Ein erbschaftssteuerpflichtiger Erwerb liegt daher nicht vor, wenn ein Lebender sein gesamtes Vermögen derart verschenkt, daß das Eigentum auf der Stelle übergeht. Eine scheinbare Ausnahme gilt für den Fall, daß ein Fiduziarerbe zu seinen Lebzeiten dem fideikommissarisch substituierten Erben die Erbschaft zuwendet; hier ist die Erbschaftssteuer zu zahlen, weil nicht eine Schenkung der Erbmasse unter Lebenden, sondern die vorzeitige Auszahlung eines bedingten und betagten erbschaftlichen Anfalls vorliegt.

Dem Tode steht die gerichtliche Todeserklärung und — nach Allgemeinem Landrecht — die Ablegung des Klostergelübdes (§ 1199 A.L.R. II. 11) gleich.

Erbschaften sind auch die dem Fiskus (oder gewissen anderen Rechtssubjekten: Gemeinden, Universitäten, Kirchen, Regimentern) zufallenden erblosen Verlassenschaften; sie unterliegen daher der Steuer, soweit nicht ein besonderer Befreiungsgrund vorhanden ist. Dagegen ist derjenige, welcher Nachlaßgegenstände als herrenlose Güter okkupiert, nicht steuerpflichtig, weil sein Erwerb kein erbschaftlicher ist.

Die dem französischen Rechte eigentümliche, auf dem Rückfallsrechte beruhende Nachfolge (Code civil Art. 351, 352, 747, 766) ist Erbfolge, successio universalis; der auf Grund vertragsmäßigen Rückfallsrechtes eintretende Eigentumserwerb ist es nicht.

Eine Vermögensmasse hört auf, eine Erbschaft zu bilden, sobald die Nachlaßgegenstände in das Vermögen des Erben übergegangen sind. Ein steuerpflichtiger Erwerb liegt daher für den Käufer nicht vor, wenn der Erbe den „Nachlaß" oder die „Erbschaft" oder das „Erbrecht" als Einheit weiter veräußert; oder wenn der in einem anfechtbaren, aber nicht angefochtenen Testamente eingesetzte Erbe die bereits erworbene Erbschaft dem gesetzlichen Erben ausantwortet; oder endlich wenn eine dem Fiskus angefallene erblose Verlassenschaft einer Person, welche dem Erblasser nahe gestanden hat, im Wege der Gnade überwiesen wird.

2. Vermächtnis ist eine auf Kosten des Nachlasses durch letztwillige Verfügung zugewendete Freigebigkeit, nach französischem Recht überhaupt jede testamentarische Verfügung, auch wenn sie den ganzen Nachlaß zum Gegenstande hat. Für den Begriff ist lediglich das zur Anwendung kommende bürgerliche Recht maßgebend; es ist nicht zulässig, als Vermächtnis etwa jeden in Geld schätzbaren Vorteil zu begreifen, welcher jemandem durch Auflage an die Erben oder andere letztwillig Bedachte zugewendet wird. Sofern nach Landesrecht der Erblasser in der Lage ist, durch einfache mündliche Anordnung dem Erben Vermächtnisse rechtswirksam aufzuerlegen (Oralfideikommisse), ist der auf Grund einer solchen Anordnung jemandem zukommende Anfall steuerpflichtig.

Nach römischem Rechte fällt das condicionis implendae causa zu Leistende (z. B. A. soll mein Erbe sein, wenn er dem B. 1000 Mk. auszahlt) nicht unter den Begriff der Vermächtnisse, nach preußischem Recht (A.L.R. I. 12 § 6) gilt es als Vermächtnis.

Ein Allerhöchstes Gnadengeschenk aus einem dem Fiskus angefallenen erblosen Nachlaß ist kein Vermächtnis.

Nur was jemand nach dem Tode des Erblassers auf Grund der letztwilligen Anordnung aus dem Nachlaß erwirbt, kann als Vermächtnis bezeichnet werden. Ein der Erbschaftssteuer unterliegender Anfall ist daher (abgesehen von dem Falle der fideikommissarischen Substitution, siehe S. 276) nicht vorhanden, wenn der Erblasser schon zu seinen Lebzeiten den vermachten Gegenstand dem Legatar übereignet.

Jedes Vermächtnis ist steuerpflichtig. Ausnahmen für besondere Gattungen von ihnen kennt das Gesetz nicht. Auch die sogenannten remuneratorischen Vermächtnisse (Zuwendungen für geleistete Dienste in Vermächtnisform) und das Befreiungsvermächtnis (legatum liberationis: der Erblasser erläßt letztwillig seinem Schuldner die Forderung, die er an ihn hat) unterliegen der Steuer; desgleichen das Schuldvermächtnis (legatum debiti: der Erblasser vermacht seinem Gläubiger die Summe, die er ihm schuldet), jedoch nach § 5 des Gesetzes nur insoweit, als eine Bereicherung des Legatars erfolgt.

3. Schenkungen von Todeswegen (donationes mortis causa) oder auf den Todesfall sind Schenkungen, d. h. durch Vertrag erfolgende freigebige Zuwendungen von Vermögen an den Beschenkten auf Kosten des Schenkers, und zwar solche, deren Rechtsbeständigkeit davon abhängt, daß der Geschenkgeber vor dem Geschenknehmer (oder — nach gemeinem Recht — wenigstens gleichzeitig mit ihm) verstirbt. Diese Abhängigmachung kann zwischen den Kontrahenten ausdrücklich verabredet sein oder aus den Umständen des Vertragsabschlusses oder dem sonstigen Inhalt des Vertrages hervorgehen. Die Praxis pflegt eine Schenkung von Todeswegen insbesondere dann anzunehmen, wenn sich der Schenkgeber das freie Widerrufsrecht vorbehalten hatte.

Da die Schenkung von Todeswegen erst mit dem Tode des Schenkers perfekt wird, so entsteht auch die Steuerforderung des Fiskus erst in diesem Augenblicke.

Alle Schenkungen von Todeswegen unterliegen der Steuer, insbesondere auch die remuneratorischen oder belohnenden, d. h. zur Vergeltung irgendwelcher Verdienste des Beschenkten um den Geber, um Dritte oder um die Allgemeinheit gemachten, sowie die mit einer Auflage belasteten Schenkungen von Todeswegen.

Wegen der Besonderheiten des französischen Rechts vgl. Kommentar S. 9. Anm. γ.

§ 9.

c) Lehns- und Fideikommißanfälle.

Während die Errichtung eines Lehens oder Fideikommisses der Stempelsteuer nach Nr. 24 des Tarifs zum Stempelsteuergesetze vom 31. Juli 1895 unterliegt, sind die einzelnen Anfälle von solchen erbschaftssteuerpflichtig.

Lehen ist das ausgedehnteste, auf Verleihung durch den Eigentümer beruhende erbliche Nutzungs- und Gebrauchsrecht an einer fremden Sache, das zugleich eine Verpflichtung des Verleihers und des Beliehenen zu wechselseitiger Treue hervorruft.

Der Begriff der Fideikommißstiftungen ist durch (den insoweit noch gültigen; vgl. Komm. S. 9 Anm. a. 2) § 3 des Gesetzes festgelegt. Danach sind als Fideikommißstiftungen im Sinne des Erbschaftssteuergesetzes anzusehen: alle von Todeswegen oder unter Lebenden getroffenen Anordnungen, kraft deren gewisse Vermögensgegenstände der Familie für immer oder für mehr als zwei Generationen erhalten bleiben sollen.

Steuerpflichtig ist nur die dem Lehns- bezw. Fideikommißfolger zu teil werdende Bereicherung, nicht auch ein etwa auf Grund der Stiftungsurkunde oder der Statuten unter dem Namen von Apanage oder Witwengeld zu zahlender Betrag.

Gegenstand des Anfalls bildet nicht das Eigentum an der Substanz des Lehns oder Fideikommisses, sondern nur das Nutzungsrecht daran. Der Wert dieses Rechts bestimmt daher die Höhe der Steuer.

Die Steuerpflichtigkeit ist nicht dadurch bedingt, daß der Eintritt eines neuen Nutznießers in dem Versterben des früheren seinen Grund hat, sondern sie ist auch dann gegeben, wenn die Nachfolge auf anderen Ursachen — z. B. Verzicht, gesetzliche Unfähigkeit des Inhabers, bei Lehen auch Felonie — beruht. Im Falle des Verzichts konvalesziert die Lehns- bezw. Fideikommißfolge erst, wenn sich bei dem Tode des Verzichtenden herausstellt, daß derjenige, zu dessen Gunsten verzichtet wurde, auch in dem konkreten Falle folgeberechtigt war. Bis zu diesem Augenblicke ist der Erwerb ein bedingter.

Ein steuerpflichtiger Anfall liegt zum erstenmale vor: 1) wenn die Errichtung des Lehns oder Fideikommisses durch Verfügung unter Lebenden erfolgte: mit dem Übergange von dem ersten Inhaber auf den zweiten; 2) wenn sie durch Verfügung von Todeswegen geschah: mit dem Tode des Stifters und der infolgedessen eintretenden Wirksamkeit der letztwilligen Verfügung.

§ 10.

d) Anfälle von Hebungen aus Familienstiftungen.

Familienstiftung ist ein durch Bestimmung des Eigentümers den Zwecken einer Familie dauernd oder auf bestimmte Zeit ausschließlich gewidmetes, mit selbständiger juristischer Persönlichkeit ausgestattetes Vermögen. Sie ist begrifflich von dem Familienfideikommiß streng zu scheiden. Bei diesem sind die Berufenen selbst die successiven, wenn auch beschränkten Eigentümer, also dinglich Berechtigte, während bei der Stiftung diese das Rechtssubjekt ist, dem die Bezugsberechtigten lediglich als Gläubiger gegenüber treten. Thatsächlich ist es oft schwer zu sagen, ob die eine oder die andere Rechtsbildung vorliegt. Es entsprach daher nur der Billigkeit, wenn die schon vor dem Jahre 1873 bestehende Besteuerung der Anfälle von Familienfideikommissen im Erbschaftssteuergesetze auch auf die Hebungen aus Familienstiftungen ausgedehnt wurde.

Auch bei den Familienstiftungen unterliegen der Erbschaftssteuer bloß die einzelnen Anfälle, nicht der Errichtungsakt, und zwar ist nur der Wert der Hebungen, nicht der der Substanz zu versteuern. Durch ausdrückliche gesetzliche Anordnung ist die Steuerpflichtigkeit auf diejenigen Anfälle beschränkt, welche infolge Todesfalles auf den vermöge stiftungsmäßiger oder gesetzlicher Successionsordnung Berufenen übergehen. Damit scheiden für die Erbschaftssteuer alle Stiftungen aus, bei denen der Genuß für ein bestimmtes Familienmitglied nicht infolge eines Todesfalls eintritt, auch nicht nach einer bestimmten Successionsordnung erworben wird, sondern entweder von einem anderen im Voraus bestimmten Ereignisse (z. B. Verheiratung, Eintritt in ein Kloster oder in das Heer, Erreichung eines bestimmten Alters) oder (wie es bei Stipendienstiftungen die Regel ist) von der Entschließung der zur Verwaltunng der Stiftung Berufenen abhängt. Ebensowenig kann die Steuer gefordert werden, wenn der Erwerb wegen eingetretener Unfähigkeit des Bezugsberechtigten oder wegen Ablaufs der stiftungsmäßigen Genußzeit erfolgt. Der Verzicht des Berechtigten zu Gunsten eines anderen ist für die Erbschaftssteuer ohne Einfluß; derjenige, auf den nach dem Tode des Verzichtenden das Recht auf die Hebungen übergeht, muß diesen Anfall versteuern, selbst wenn der Verzicht zu seinen Gunsten erklärt war.

§ 11.

e) Vermögen Verschollener.

Von dem Falle, daß jemand gerichtlich für tot erklärt und sein Nachlaß demgemäß seinen Erben ausgeantwortet wird, ist der andere Fall zu unterscheiden, in welchem das Vermögen eines Verschollenen schon *vor der Todeserklärung* den mutmaßlichen Erben ausgeantwortet wird. Das ist z. B. im Gebiete des rheinischen und des gemeinen Rechts zulässig. In diesem Falle haben die Empfänger Steuer zu zahlen, wenn eine „Ausfolgung“, d. h. eine von der zuständigen Behörde ausgehende Einweisung in den Besitz des Nachlasses stattgefunden hat. Eine formlose, lediglich von den Beteiligten bewirkte Besitzergreifung begründet die Steuerpflicht nicht.

Trotz des provisorischen Charakters des Erwerbes tritt die Steuerpflicht mit der thatsächlichen Ausfolgung des Nachlasses ein. Eine nochmalige Besteuerung oder Änderung des Steuerbetrages findet bei der späteren Todeserklärung des Verschollenen nicht statt. Dagegen wird die Steuer bis auf den der Bereicherung der Eingewiesenen entsprechenden Betrag zurückgezahlt, wenn die Empfänger das Vermögen herausgeben müssen, weil der Verschollene zurückkehrt oder ein näherer Erbe ermittelt ist.

§ 12.

f) Herauszahlungen an Angehörige des Erblassers von Seiten einer Korporation oder einer anderen juristischen Person.

Nach §§ 1 und 2 des Gesetzes, betr. die Genehmigung zu Schenkungen und letztwilligen Zuwendungen, sowie zur Übertragung von unbeweglichen Gegenständen an Korporationen und andere juristische Personen vom 23. Februar 1870 (abgedruckt im Anhange S. 182) bedürfen letztwillige Zuwendungen, durch welche im Inlande eine neue juristische Person ins Leben gerufen werden soll, oder welche einer im Inlande bereits bestehenden Korporation oder anderen juristischen Person zu anderen als ihren bisher genehmigten Zwecken gewidmet werden sollen, oder deren Wert 3000 Mark übersteigt, der Genehmigung des Königs oder der durch

Königliche Verordnung ein für allemal zu bestimmenden Behörde. Vor Erteilung der Genehmigung wird (auf Grund der Verfügung der Minister des Inneren und der geistlichen u. s. w. Angelegenheiten vom 10. Februar 1872, Min.Bl. f. die innere Verwaltung S. 75) geprüft, ob der Erblasser etwa durch übertriebene Freigebigkeit sittliche Pflichten gegen hülfsbedürftige Angehörige verletzt hat. Ergiebt sich, daß ein solcher Fall vorliegt, so wird entweder (was nach § 3 Abs. 3 des Gesetzes vom 23. Februar 1870 zulässig ist) die Genehmigung auf einen Teil der Zuwendung beschränkt; dann bleibt der nicht genehmigte Teil den mit der Zuwendung an die Korporation Belasteten (Erben, Vermächtnisnehmern u. s. w.), die dafür, wenn ihnen nicht ein spezieller Befreiungsgrund zur Seite steht, Steuer zu entrichten haben. Oder es wird die ganze Zuwendung genehmigt unter der Bedingung, daß die Korporation oder sonstige juristische Person sich verpflichtet, bestimmten hülfsbedürftigen Angehörigen einen Teil des Empfangenen oder seines Wertes zukommen zu lassen. Hierbei ist zweifellos, daß die juristische Person diese Beträge bei der Versteuerung abziehen darf; andrerseits könnte ohne besondere gesetzliche Vorschrift von den Empfängern eine Steuer nicht gefordert werden, da für sie die Zuwendung nicht unmittelbar ein erbschaftlicher Erwerb (Erbschaft, Vermächtnis oder Schenkung von Todeswegen) ist. Zur Ausfüllung dieser Lücke bestimmt das Gesetz (§ 12), daß die Empfänger das auf diese Weise ihnen zufließende ebenso zu versteuern haben, als ob es ihnen von dem Erblasser selbst zugewandt worden wäre.

II. Steuerpflichtige Masse.

§ 13.

a) Im allgemeinen.

Die preußische Erbschaftssteuer ist Bereicherungs- nicht Handänderungs- (Mutations-) Steuer. Sie wird daher nicht von dem Bruttowerte der angefallenen Gegenstände, sondern von dem Betrage erhoben, um welchen der Erwerber (d. i. derjenige, dem durch die Zuwendung des Erblassers ein materieller Vorteil erwächst) durch den Anfall reicher geworden ist (§ 5 Abs. 1 des Ges.) Dieser Betrag wird dadurch gefunden, daß man zu jedem Anfalle die etwa zu ihm gehörigen Forderungen hinzurechnet und die ihn belastenden Schulden absetzt. Der so ermittelte Wert bildet die Grenze, welche für die Berechnung der Steuer nicht überschritten werden darf; andrerseits giebt es Fälle, in denen mit Rücksicht auf die steuerlichen Verhältnisse des Auslandes nicht alle Bestandteile eines an sich der preußischen Steuer unterworfenen Anfalles zur Versteuerung herangezogen werden. Diese Ausnahmen beruhen auf den Grundsätzen des internationalen Erbschaftssteuerrechts (siehe unten § 17).

Abgesehen von dieser Ausnahme geht das Gesetz im allgemeinen von dem Grundsatze aus, daß der gesamte Nachlaß eines Erblassers — soweit nicht für einzelne oder alle Beteiligten ein Fall der persönlichen oder sachlichen Steuerfreiheit vorliegt — von der Steuer erfaßt werden soll. Sind daher an einem Nachlasse nur steuerpflichtige Personen mit durchweg steuerpflichtigen Beträgen beteiligt, so muß die Summe der von ihnen versteuerten Werte gleich dem Werte des gesamten Nachlasses sein. Was von dem Erben als Vermächtnis abgesetzt wird, ist vom Legatar zu versteuern; umgekehrt darf, was bereits von einem Beteiligten versteuert ist, nicht bei einem anderen Erwerber nochmals mit der Steuer belegt werden.

Nur wenn und soweit für einen Erwerber eine Bereicherung stattgefunden hat, ist er steuerpflichtig. Eine überschuldete Erbschaft kann also niemals zur Steuer herangezogen werden. Reicher wird aber jemand durch einen Anfall nur dann, wenn seinem Vermögen ein in Geld schätzbarer (siehe hierüber Komm. S. 23 Anm. e) Zuwachs zu teil wird, den er vorher nicht hatte und den er auch ohne den Anfall nicht erlangt haben würde. Eine Bereicherung liegt mithin nicht vor, wenn der Erwerber durch den Anfall nur erhält, was er schon thatsächlich besaß, oder worauf er einen fälligen Rechtsanspruch hatte (legatum debiti), selbst wenn die Verbindlichkeit des Schuldners nur eine natürliche oder eine durch eine Einrede entkräftbare war (wegen des Vermächtnisses einer betagten und bedingten Forderung siehe Komm. S. 16). Ebenso entfällt die Steuerpflicht, wenn der Erwerber an Stelle einer ihm geschuldeten Sache oder Leistung etwas anderes — z. B. an Stelle der geschuldeten Sache deren Wert — erhält, oder wenn er von mehreren seitens des Erblassers ihm alternativ geschuldeten Gegenständen den einen davon bekommt, mögen auch die Gegenstände an Wert ungleich gewesen sein und mag der ihm angefallene den höheren Wert gehabt haben. Endlich, wenn der Berechtigte auf das ihm zugewendete Recht schon wirksam verzichtet hatte.

Nur der nach der letztwilligen Verfügung oder den gesetzlichen Bestimmungen sich ergebende Betrag der Bereicherung ist der Berechnung der Steuer zu Grunde zu legen. Vergleiche der Erben über die Höhe der Erbteile, Verzichte eines Erben zu Gunsten eines anderen, freiwillige Erhöhung der Beträge von Vermächtnissen u. s. w. lassen deshalb die Höhe der Steuer unberührt. Wird dagegen durch rechtskräftiges Urteil ein Testament aufgehoben oder ein Zweifel über die Auslegung einer Bestimmung entschieden, so wird auch die Steuerbehörde den Inhalt des Urteils anzuerkennen haben, falls nicht etwa Kollusion der Beteiligten vorliegt.

Zu großen Zweifeln kann das Vermächtnis an einem Nießbrauche Veranlassung geben, insbesondere, wenn der Erblasser einem Minderjährigen die Substanz eines Vermögens und dem Vater (dem nach gemeinem und preußischem Rechte ohnehin an dem Erbteile des Kindes, solange es in seiner Gewalt ist, kraft Gesetzes der Nießbrauch zusteht) den Nießbrauch daran zuwendet. Richtiger, aber bestrittener Ansicht nach ist auch der Wert eines derartig letztwillig zugewendeten Nießbrauchs einerseits auf Seiten des Bedachten steuerpflichtig, andrerseits auf Seiten des Belasteten abzugsfähig nur insoweit, als er den Wert des gesetzlichen Nießbrauchs übersteigt, da das Gesetz nur die durch den Anfall an den Steuerpflichtigen für diesen bewirkte Bereicherung von der Steuer getroffen wissen will und von einer solchen nur insofern die Rede sein kann, als nicht der Erwerber auch ohne den Anfall, wennschon aus einem anderen Rechtsgrunde, reicher geworden wäre. Wegen der ausführlicheren Begründung dieses Satzes vgl. Komm. S. 18—21.

Nicht unbestritten ist ferner die Frage, ob eine Bereicherung und mithin eine Steuerpflicht des Erben vorliegt, wenn dieser das einem Dritten vermachte Legat erst nach längerer Zeit auszuzahlen hat (Komm. S. 22 Anm. 4). Die Frage wird in der Regel zu bejahen sein, wenn das Vermächtnis in Geld besteht, der Erbe es in der Zwischenzeit nicht zu verzinsen braucht und selber in der Lage ist, es zinsbar anzulegen (was allerdings bis zum Beweise des Gegenteils angenommen werden muß). In der Anordnung des Erblassers liegt alsdann die Zuwendung der Nutzung des Kapitals für die Zwischenzeit; den Wert dieser Nutzung hat der Erbe zu versteuern. Bei anderen nicht in Geld bestehenden Vermächtnissen wird eine Bereicherung nur dann vorhanden sein, wenn der Gegenstand nicht nur überhaupt, sondern auch gerade für den Erben einen Gebrauchswert hat.

Der Legatar, dem das Vermächtnis „frei von Steuer", d. h. mit der Bestimmung, daß die davon zu entrichtende Steuer aus der Masse genommen werden soll, zugewendet ist, ist auch um den Betrag der Steuer bereichert, da ihr Abzug absolut verboten ist (§ 5 Abs. 3 des Ges.).

§ 14.

b) Masseforderungen.

Die zur Masse gehörigen ausstehenden Forderungen erhöhen ihren Wert und sind bei der Berechnung der Steuer zu berücksichtigen (§ 5 Abs. 2 des Ges.). Sie sind bei demjenigen Beteiligten in Ansatz zu bringen, auf den das Gläubigerrecht übergegangen ist, in der Regel also bei dem oder den Erben, wenn aber der Erblasser die Forderung einem bestimmten Beteiligten, z. B. einem Vermächtnisnehmer zugeteilt hat, bei diesem.

Nur Forderungen im Rechtssinne sind hinzuzurechnen; also auch natürliche Verbindlichkeiten, nicht aber solche Ansprüche, deren Erfüllung nicht Tilgung einer Schuld, sondern nur Erledigung einer Anstandspflicht ist.

Da die Steuer von dem Werte des Nachlasses im Augenblicke des Anfalls, welcher in den meisten Fällen mit dem Tode des Erblassers zusammenfällt, erhoben wird, so kommen für die Berechnung der Erbschaftssteuer nur solche Forderungen in Betracht, welche im Augenblicke des Anfalls schon vorhanden waren oder noch bestehen. Ein Gewinn, der auf ein dem Erblasser gehörig gewesenes Lotterieloos gefallen ist, unterliegt hiernach nur dann der Erbschaftssteuer, wenn das Loos noch vor dem Augenblicke des Anfalles gezogen war. Bei verzinslichen Forderungen gehören die bis zum Erwerbe des Anfalls aufgelaufenen Zinsen mit zur Masse. Bei dividendenberechtigten Wertpapieren gehört, vorausgesetzt daß der Dividendenschein sich im Nachlasse befindet, die Dividende nur dann zur Masse, wenn sie vor dem Erwerbe des Anfalls festgestellt worden ist.

Ist eine Forderung durch ein vom Erblasser vollzogenes Geschäft unter Lebenden (z. B. Schenkung) einmal rechtsgiltig aus seinem Vermögen ausgeschieden, so gehört sie nicht mehr zur Masse. Wegen einer Forderung, welcher eine Gegenforderung gegenübersteht, siehe Komm. S. 24 Anm. b. a. E.).

Nur die der Masse, nicht auch die einem Dritten zustehenden Forderungen, sind ihr hinzuzurechnen. Außer Ansatz bleiben daher zunächst Forderungen, welche zwar dem Erblasser zugestanden haben, aber nicht in die Masse übergegangen sind, weil sie rein persönlich und aktiv unvererblich sind: der Nießbrauch, persönliche Wohnrechte, Ansprüche aus einem Delikt, soweit sie nicht auf Schadensersatz gehen, die querela inofficiosi testamenti, wenn sie nicht mindestens vorbereitet ist (dagegen ist die querela inofficiosae donationis vel dotis aktiv vererblich). Ferner sind nicht zu berücksichtigen solche Forderungen, welche nicht der Masse, sondern den einzelnen Erben zustehen. Zu diesen gehört nach gemeinem, preußischem und französischem Rechte der Anspruch auf Kollation, franz. rapport). Der Anspruch aus einem vom Erblasser abgeschlossenen Lebensversicherungsvertrage gehört zur Masse, wenn die Versicherung nicht zu Gunsten bestimmter Personen genommen, sondern lediglich im Vertrag bestimmt ist, daß die Auszahlung beim Tode des Versicherten erfolgen solle, ebenso, wenn der Vertrag generell „zu Gunsten der Erben“ oder „der Rechtsnachfolger“ lautet. Dagegen gehört der Anspruch aus der zu Gunsten einer bestimmten Person abgeschlossenen Versicherung dann nicht zur Masse, wenn die letztere nach dem maßgebenden bürgerlichen Rechte schon mit Abschluß des Vertrages einen unmittelbaren persönlichen Anspruch gegen den Versicherer erworben hat. Darüber, ob und in welchem Umfange dies in den verschiedenen Rechtsgebieten der Fall ist, vgl. Komm. S. 25.

Steht eine Forderung der Masse als solcher zu, so ist sie ohne Rücksicht auf die Person des Schuldners anzusetzen. Diesem Gedanken giebt das Gesetz Ausdruck, indem es in § 5 Abs. 2 bestimmt, daß der steuerpflichtigen Masse auch diejenigen Forderungen hinzuzurechnen sind, die der Erwerber selbst zur Masse schuldet oder die ihm erst mit dem Anfall erlassen werden. Auch sie vermehren den Wert der Masse. Der Erlaß kann entweder nach den Grundsätzen über Konfusion oder durch besondere Anordnung des Erblassers erfolgen. Die positive Regelung der steuerlichen Behandlung dieser Fälle war erforderlich, weil die Wirkungen des Schulderlasses in den einzelnen Rechtsgebieten verschieden sind. Während nach gemeinem Rechte bei dem Vermächtnis einer Schuld an den Schuldner dieser erst mit dem Erbschaftsantritte befreit wird, erlischt die Schuld nach preußischem und französischem Rechte durch Konfusion schon mit dem Tode des Erblassers, also mit dem Augenblicke, in dem die Steuerpflicht frühestens beginnt.

§ 15.

c) Masseschulden.

Alle Schulden und Lasten, welche mit und wegen der steuerpflichtigen Masse übernommen werden, kommen bei der Berechnung der Steuer von der Masse in Abzug (§ 5 Abs. 3 des Ges.). Es macht also keinen Unterschied, ob die Schuld oder Last schon zu Lebzeiten des Erblassers auf dem Nachlaß geruht oder ob der Erblasser sie dem Erwerber erst auferlegt hat.

Abzugsfähig sind nur die Schulden, zu deren Bezahlung der Erwerber als Rechtsnachfolger des Erblassers verpflichtet ist (naturalis obligatio genügt), und zwar nur in der Höhe, in welcher die Verpflichtung besteht. Giebt der Erwerber aus dem Anfall Vermögensstücke weg, ohne hierzu verpflichtet zu sein (z. B. indem er die ausgesetzten Legate freiwillig erhöht, oder in Erfüllung einer bloßen Anstandspflicht oder einer rein moralischen Verbindlichkeit gewisse Personen mit Geschenken aus dem Nachlasse bedenkt), so kann er dieserhalb keinen Abzug von der steuerpflichtigen Masse machen; freilich unterliegt auch die Zuwendung nicht der Erbschaftssteuer. Der Abzug erfolgt von der Teilungsmasse, nicht von dem Anfalle desjenigen, der die Schuld oder die Leistung bei der Erbauseinandersetzung vertragsmäßig übernommen hat.

Zu den Nachlaßschulden gehören auch Geldstrafen und Kosten des Strafverfahrens, wenn das darauf erkennende Urteil zu Lebzeiten des Erblassers rechtskräftig geworden ist. — Der Testamentsvollstrecker hat einen Anspruch auf Honorar für seine Bemühungen nach gemeinem und französischem Rechte nur, wenn der Erblasser ein solches ausdrücklich ausgesetzt hat, nach preußischem Recht auch dann, wenn die Ausrichtung derartiger Geschäfte zu seinem ordentlichen Gewerbe gehört. —

Für Erbschaften (nicht auch die anderen steuerpflichtigen Anfälle) hat der Gesetzgeber gewisse Aufwendungen ausdrücklich als abzugsfähig bezeichnet, nämlich:

1. die Kosten der letzten Krankheit des Erblassers;
2. die Kosten des Begräbnisses des Erblassers;
3. die Kosten der Nachlaßregulierung;
4. die Kosten der im Interesse der Masse geführten Prozesse.

Wegen Erläuterung dieser Begriffe vergl. Komm. S. 28 und 29.

Zu den Kosten der Nachlaßregulierung könnte man auch den für die Erbschaftssteuer aufzuwendenden Betrag rechnen. Sein Abzug ist jedoch vom Gesetz (§ 5 Abs. 3) ausdrücklich verboten. Das Verbot ist ein absolutes und gilt auch für den Fall, daß der Erblasser über die Entrichtung der Steuer besondere Bestimmungen getroffen hat. Siehe hierüber sowie über den gesetzgeberischen Grund des Verbotes Komm. S. 29.

Nicht abzugsfähig sind u. a. solche Aufwendungen, welche der Erwerber lediglich im Hinblicke auf den ihm zugedachten Anfall gemacht hat, weil sie nicht mit dem Anfalle oder seinetwegen übernommen sind. Ferner nicht Forderungen für Dienste, welche dem Erblasser von nahen Angehörigen geleistet sind, wenn nach den Umständen, unter denen die Leistung geschah, oder nach dem zwischen dem Erblasser und dem Leistenden bestehenden persönlichen Verhältnisse es als ausgeschlossen zu betrachten ist, daß die Leistung in der Absicht dafür später Entschädigung zu verlangen erfolgte. Endlich nach §§ 23 und 24 des Ges. nicht solche den Wert der steuerpflichtigen Masse vermindernde Lasten und Leistungen, welche vom Eintritt einer aufschiebenden Bedingung oder eines hinsichtlich des Zeitpunktes ungewissen Ereignisses abhängen. In diesem Falle wird beim Eintritt der Bedingung das zuviel Gezahlte von der Steuerbehörde erstattet. Lasten, deren Fortdauer von einer auflösenden Bedingung abhängt, werden wie unbedingte in Abzug gebracht — wegen der für wiederkehrende Nutzungen und Leistungen geltenden Ausnahme vgl. unten § 19. Beim Eintritte der Bedingung ist derjenige Steuersatz nachzuerheben, welcher mehr hätte entrichtet werden müssen, wenn der Zeitpunkt des Eintritts der Bedingung bei der Berechnung der Steuer bekannt gewesen wäre. Die Steuerbehörde kann Sicherstellung dieses Anspruchs verlangen.

§ 16.

d) Zuwendungen zur Vergeltung übernommener Leistungen.

Es kommt vor, daß eine letztwillige Zuwendung nicht eine reine Liberalität ist, sondern dem Erwerber eine Gegenleistung auferlegt; z. B. wenn der Erblasser jemandem ein Kapital vermacht mit der Auflage, aus den Zinsen das Grab des Erblassers zu unterhalten. Es ist nur eine Konsequenz des in § 5 des Gesetzes aufgestellten Grundsatzes, daß eine Steuerpflicht bloß insoweit eintritt, als der Erwerber durch den Anfall bereichert ist, wenn das Gesetz (in § 6) weiter bestimmt: „Insoweit eine Zuwendung zur Vergeltung für Leistungen bestimmt ist, welche mit dem Anfall übernommen werden und welche im Geldwert zu veranschlagen sind, kommt der Wert dieser Leistungen von der Zuwendung in Abzug.“

Abzugsfähig ist nur der Wert von Leistungen, welche mit dem Anfalle übernommen werden, nicht z. B. von Diensten, die dem Erblasser bereits zu dessen Lebzeiten geleistet waren. Jedoch liegt im letzteren Falle möglicherweise (wenn nämlich der Leistende einen Rechtsanspruch auf Entschädigung für die Leistung hatte) ein Schuldvermächtnis vor, das nur insoweit steuerpflichtig ist, als es eine Bereicherung des Bedachten bewirkt.

Nur in Geldwert zu veranschlagende Leistungen sind abzugsfähig. Dazu gehört jede Leistung, welche für den Bedachten auf eine Geldleistung hinauskommt (wie z. B. das Lesenlassen von Seelenmessen); nicht aber fallen darunter Leistungen, welche vom Standpunkte des zu ihnen verpflichteten Legatars u. s. w. lediglich ein Affektionsinteresse haben (z. B. die Verpflichtung, den Namen des Erblassers anzunehmen), selbst dann nicht, wenn sie mittelbar dem Erwerber des Anfalls Kosten verursachen. Voraussetzung des Abzuges ist, daß der Erwerber zur Leistung auch rechtlich, nicht nur moralisch, verpflichtet ist. Deshalb können z. B. die Erben, an welche im Testamente nur die Bitte gerichtet ist, für einen Dritten zu sorgen, den Wert der für diesen zu machenden Aufwendungen nicht absetzen.

Liegen die Voraussetzungen des Abzuges vor, so ist der Wert der Leistung von dem Werte der Zuwendung abzusetzen; soweit beide sich decken, findet eine Besteuerung des zu der Leistung Verpflichteten nicht statt; der Mehrwert ist dagegen der Steuer unterworfen. Bildet die von dem Erwerber des Anfalles übernommene Leistung ein Vermächtnis zu Gunsten eines Dritten, so ist dieser gemäß seinen persönlichen Beziehungen zum Erblasser steuerpflichtig.

Fälle, auf welche die erörterte Bestimmung Anwendung findet, sind u. a. Zuwendungen, mit denen die Verpflichtung verbunden ist, das Grab des Erblassers zu unterhalten oder einen seiner Angehörigen zu alimentieren; letztwillige Zuwendungen an den Testamentsvollstrecker (siehe über diesen Fall Komm. S. 31 Anm. III b.); Vermächtnisse an eine Kirche mit der Auflage, Messe lesen zu lassen oder an eine Synagoge zum Zwecke der Verrichtung des üblichen Trauergebetes am Todestage.

§ 17.

e) Internationales Erbschaftssteuerrecht.

Die preußische Erbschaftssteuer ist nicht, wie bereits oben (S. 271, 274) angedeutet wurde, eine von dem Übergange einer Vermögensmasse auf einen neuen Eigentümer, als einem abstrakten Rechtsakte erhobene Mutationsabgabe. Sie lastet vielmehr auf den einzelnen zu einem erbschaftlichen Erwerbe gehörigen realen Bestandteilen, die sowohl innerhalb wie außerhalb der preußischen Staatsgebietes liegen können. Nun ist zwar grundsätzlich davon auszugehen, daß sämtliche Bestandteile eines an sich der Steuer unterworfenen Anfalls bei der zum Zwecke der Steuerberechnung erfolgenden Wertsermittlung zu berücksichtigen sind. Von diesem Prinzip müssen indes gewisse Ausnahmen gemacht werden, die in den Grenzen der thatsächlichen Macht des Staates und in der Rücksichtnahme auf auswärtige, d. h. außerpreußische Staaten ihren Grund haben. Denn wenn auch jeder Staat, theoretisch betrachtet, das Recht zu völlig autonomer Regelung seiner Steuerverhältnisse hat, so würde doch ein unbeschränkter und maßloser Gebrauch dieser Befugnis zu den größten Unzuträglichkeiten führen. Es würden häufig Fälle von Kollisionen der verschiedenen Gesetzgebungen und von doppelter Besteuerung der Pflichtigen eintreten; außerdem möchten sich solche Gesetze nicht durchführen lassen, welche die Steuerpflicht auf außerhalb des Machtbereichs des betreffenden Staates befindliche Gegenstände erstrecken.

Die Erwägung dieser Umstände hat die meisten Staaten veranlaßt, von der inländischen Steuerpflicht diejenigen Teile eines an sich steuerpflichtigen Anfalls auszunehmen, von denen man voraussetzen darf, daß ein anderer Staat sie mit größerem Rechte zur Besteuerung heranziehen werde. Die Grundsätze über derartige Aussonderungen aus der steuerpflichtigen Masse kann man unter der Bezeichnung „internationales Erbschaftssteuerrecht“ zusammenfassen.

Die gesetzliche Regelung dieser Materie [1]) bietet keine erheblichen Schwierigkeiten bezüglich des unbeweglichen Vermögens. Für dieses ist, einem auch von der deutschen Reichsgesetzgebung [2]) vertretenen Grundsatze entsprechend, lediglich das Recht der belegenen Sache maßgebend; es findet mithin eine Besteuerung nur in dem Lande statt, in welchem es liegt. Demzufolge gehören nach § 9 des Gesetzes Grundstücke und Grundgerechtigkeiten (unbewegliches Vermögen im Sinne des Erbschaftssteuergesetzes), welche im Auslande liegen, nicht zur steuerpflichtigen Masse. Von dem Anfall inländischer Grundstücke oder Grundgerechtigkeiten oder deren Nutzungen ist dagegen die Steuer zu erheben, ohne Unterschied, ob der Erblasser Inländer oder Ausländer war und ob er seinen Wohnsitz im Inlande hatte oder nicht. Was unter Grundstücken und Grundgerechtigkeiten zu verstehen ist, muß

---

[1]) Die Wandlung, welche die preußische Erbschaftssteuergesetzgebung in dieser Beziehung durchgemacht hat, ist auf S. 38—40 des Kommentars eingehend dargestellt.

[2]) Gesetz wegen Beseitigung der Doppelbesteuerung vom 13. Mai 1870 (B.G.Bl. S. 119) § 3: Der Grundbesitz . . . sowie das aus diesen Quellen herrührende Einkommen darf nur von demjenigen Bundesstaat besteuert werden, in welchem der Grundbesitz liegt.

aus dem maßgebenden bürgerlichen Recht entnommen werden; daraus, daß gewisse an sich bewegliche Vermögensteile in einer einzelnen Beziehung (z. B. in Bezug auf die Zwangsvollstreckung oder die Erfordernisse der Verpfändung) kraft besonderer gesetzlicher Bestimmung als unbewegliche gelten, folgt nicht ohne weiteres, daß sie auch als unbewegliches Vermögen im Sinne des Erbschaftssteuergesetzes anzusehen sind.[1] Der preußischen Steuer unterliegen Grundstücke und Grundgerechtigkeiten nur, wenn sie inländische sind. Ein Grundstück ist aber ein inländisches, wenn es — abgesehen von Helgoland — innerhalb der preußischen Landesgrenze liegt. Ein zusammenhängendes Grundstück, das teils in Preußen, teils im Auslande liegt, ist für die steuerliche Behandlung in zwei Teile aufzulösen, deren Grenze mit der Landesgrenze zusammenfällt. Dasselbe gilt, wenn die Grenze, wie es thatsächlich vorkommt, mitten durch ein Gebäude geht. Eine Grundgerechtigkeit ist eine inländische, wenn das Grundstück, dessen Besitz die Voraussetzung ihrer Ausübung bildet, im Inlande liegt. Eine Servitut insbesondere ist eine inländische, wenn das herrschende Grundstück im Inlande liegt, weil sie als dessen Zubehör zu betrachten ist.

Ungleich schwieriger, als die Aufstellung der Grundsätze über die Besteuerung des unbeweglichen Vermögens, ist die steuerliche Behandlung der beweglichen Vermögensbestandteile. Hier fehlt es an einem allgemein anerkannten Grundsatze des internationalen Rechts, welchen der Gesetzgeber zu Grunde legen könnte. Nur soviel dürfte feststehen, daß die persönlichen, insbesondere die staatsrechtlichen Verhältnisse des **Erwerbers** des Anfalls unerheblich sind und daß lediglich von den Verhältnissen des **Erblassers** auszugehen ist. Die außerpreußischen Staaten machen teils von dem letzten Wohnsitze, teils von der Staatsangehörigkeit des Erblassers die Besteuerung der beweglichen Masse im Prinzip abhängig. Die preußische Gesetzgebung hat geschwankt.[2] Nach dem Gesetze von 1873 in seiner ursprünglichen Gestalt war die Staatsangehörigkeit entscheidend; grundsätzlich unterlag das bewegliche Vermögen eines Preußen der Steuer, und zwar selbst dann, wenn es sich im Auslande befand, vorausgesetzt, daß davon im Auslande keine oder eine geringere Erbschaftssteuer erhoben wurde, während das bewegliche Vermögen eines Ausländers steuerfrei war, und zwar soweit es sich im Auslande befand, unbedingt, soweit es sich im Inlande befand, unter der Voraussetzung, daß der Staat, wohin es verabfolgt werden sollte, die gleiche Rücksicht hinsichtlich des Nachlasses preußischer Staatsangehöriger übte. Praktische Übelstände und Interpretationszweifel, die sich an diese Bestimmungen geknüpft hatten[3], ließen eine Änderung wünschenswert erscheinen. Seit der Novelle von 1891 entscheidet nunmehr in Übereinstimmung mit der Reichsgesetzgebung[4] der letzte Wohnsitz des Erblassers. Es ist nämlich nach § 10 des Gesetzes das bewegliche Vermögen, d. h. alle nicht in Grundstücken oder Grundgerechtigkeiten bestehenden Vermögensstücke, ohne Rücksicht auf die Staatsangehörigkeit des Erblassers:

1. der preußischen Erbschaftssteuer nicht unterworfen, wenn der Erblasser bei seinem Ableben seinen Wohnsitz im Auslande hatte;

2. der preußischen Erbschaftssteuer unterworfen,

a) wenn der Erblasser bei seinem Ableben seinen Wohnsitz in Preußen hatte, und zwar das in Preußen belegene Vermögen unbeschränkt, das außerhalb Preußens belegene nur dann, wenn davon in dem auswärtigen Staate keine oder eine geringere

[1] Welche Vermögensbestandteile unter die beiden Begriffe fallen, ist auf S. 41 des Kommentars erörtert.

[2] Wegen des älteren Rechts s. die oben S. 261 ff. angegebenen Gesetze.

[3] Siehe Kommentar S. 40.

[4] Gesetz wegen Beseitigung der Doppelbesteuerung vom 13. Mai 1870 (B.G.Bl. S. 119) § 1: Ein Norddeutscher darf ... zu den direkten Staatssteuern nur in demjenigen Bundesstaate herangezogen werden, in welchem er seinen Wohnsitz hat.

Abgabe als in Preußen zu entrichten ist; im letzteren Falle wird die im Auslande erweislich gezahlte Abgabe auf die preußische Steuer angerechnet;

b) wenn die vorläufige Ausfolgung des Nachlasses (§ 1 Nr. 4 des Gesetzes) von einem preußischen Gerichte verfügt ist, und zwar das in Preußen belegene unbeschränkt, das außerhalb Preußens belegene mit der zu a angegebenen Beschränkung;

c) wenn der Erblasser bei seinem Ableben überhaupt keinen Wohnsitz hatte, soweit sich das Vermögen bei seinem Ableben in Preußen befindet.

Danach hängt (von dem singulären Falle unter 2 b abgesehen) die Beantwortung der Frage wegen der Steuerpflicht des beweglichen Vermögens eines Erblassers von der Entscheidung der doppelten Vorfrage ab: 1) wo hatte der Erblasser im Augenblicke seines Todes seinen Wohnsitz? 2) wo ist der bewegliche Nachlaß belegen?

Unter Wohnsitz (Domizil, Wohnort, domicile) einer Person versteht man nach der auf römisch-rechtlicher Grundlage beruhenden und für alle Rechtsgebiete in allen wesentlichen Punkten übereinstimmenden Lehre den Ort, den sie zum bleibenden Aufenthalte und damit zum Mittelpunkte ihrer Lebensverhältnisse gemacht hat. Wegen der Einzelheiten wird auf S. 45—50 des Kommentars verwiesen, wo die Bestimmungen über den Wohnsitz eingehend dargestellt sind. Hier sei nur bemerkt: die Steuerpflicht wird nicht dadurch aufgehoben, daß der Erblasser neben seinem Wohnsitz in Preußen etwa noch einen solchen im Auslande hatte.

Wo ein Vermögensbestandteil belegen ist, kann für das bewegliche Vermögen sehr zweifelhaft sein. Körperliche bewegliche Sachen (zu denen auch Geld mit Einschluß des Papiergeldes und Wertpapiere, insbesondere Inhaberpapiere, nicht aber die sogenannten hinkenden Inhaberpapiere wie z. B. die Versicherungspolizen auf den Inhaber und die bloßen Legitimationsurkunden, wie Sparkassenbücher, Theaterbillets usw. gehören) befinden sich auch im Rechtssinne da, wo sie sich im natürlichen Sinne befinden; dingliche Rechte da, wo der Gegenstand ist, an dem sie auszuüben sind; selbständige Gerechtigkeiten, die nicht mit dem Besitze eines Grundstücks verbunden sind, an dem Orte, wo sie ausgeübt werden. Forderungen haben ihren Sitz am Erfüllungsorte, (also im Zweifel am Wohnsitze des Schuldners); die sogen. immateriellen Rechte (Urheber-, Patent-, Musterschutz-Rechte, Warenzeichenrechte usw.) am Wohnsitze des Ausübungsberechtigten.

Die Entscheidung über die Steuerpflicht eines im Auslande belegenen Bestandteiles des beweglichen Vermögens hat die Kenntnis der Erbschaftssteuergesetzgebung des betreffenden Landes zur Voraussetzung. Es wird daher auf die im Anhange (S. 221 ff.) abgedruckte Zusammenstellung der Vorschriften mehrerer ausländischer Gesetze verwiesen.

Nach den vorstehend wiedergegebenen Bestimmungen des preußischen Erbschaftssteuergesetzes würden Kollisionen zwischen den Steueransprüchen Preußens und denen anderer Staaten vermieden werden, wenn die letzteren durchweg die Erbschaftssteuer nach den gleichen Grundsätzen erforderten, wie Preußen. Da diese Voraussetzung aber keineswegs zutrifft, so ist (durch § 11 des Gesetzes) der Finanzminister in Bezug auf den Nachlaß von Personen, welche in solchen Staaten ihren Wohnsitz gehabt haben oder Angehörige solcher Staaten gewesen sind, in denen die Erbschaftssteuer nach anderen, als den in Preußen über die Besteuerung des beweglichen (nicht auch des unbeweglichen) Vermögens geltenden Grundsätzen erhoben wird, ermächtigt, zum Zwecke der Ausgleichung und der thunlichsten Vermeidung von Doppelbesteuerungen Abweichungen von der Vorschrift des § 10 des Gesetzes in der Art anzuordnen, 1) daß die Erhebung der preußischen Erbschaftssteuer für das nicht in Grundstücken oder Grundgerechtigkeiten bestehende Vermögen, unabhängig von dem Wohnsitz des Erblassers, zu erfolgen hat, sofern dieser preußischer Staatsangehöriger war; 2) daß die Erhebung der preußischen Erbschaftssteuer für das nicht in Grundstücken oder Grundgerechtigkeiten bestehende Vermögen, unabhängig von dem Wohnsitz und der Staatsangehörigkeit des Erblassers zu erfolgen hat, falls das Vermögen sich in Preußen befindet.

Von dieser Befugnis hat der Finanzminister bezüglich einiger Staaten Gebrauch gemacht; die betreffenden Anordnungen sind im Anhang abgedruckt.

Die Anwendung der Grundsätze des internationalen Erbschaftssteuerrechts kann bewirken, daß einzelne Bestandteile eines an sich steuerpflichtigen Anfalls der inländischen Steuer nicht unterliegen. Das ist z. B. der Fall, wenn ein in Preußen domiziliert gewesener Erblasser außer seinem in Preußen befindlichen Mobiliarvermögen noch ein Grundstück in Frankreich hinterläßt. Für solche Fälle bedarf die Frage des Abzuges der auf dem Nachlasse ruhenden Schulden und Lasten (vgl. oben § 15) einer gesetzlichen Regelung. Das Gesetz (§ 13) unterscheidet: Schulden und Lasten, welche nur auf einem nach den Grundsätzen des internationalen Erbschaftssteuerrechts steuerfreien oder steuerpflichtigen Teile der Masse ruhen und Schulden und Lasten, welche sowohl auf dem steuerfreien, als auf dem steuerpflichtigen Teile der Masse haften. Die ersteren (wie z. B. Grundschulden, Servituten, Reallasten) kommen bei Berechnung der Steuer nur von demjenigen Teile in Abzug, auf welchem sie haften. Die letzteren werden von dem steuerpflichtigen Teile nur nach dem Verhältnis dieses Teiles zur gesamten Masse abgesetzt; hierher gehören an sich alle Schulden, für welche zunächst der Erblasser persönlich, außerdem aber eine spezielle Sache dinglich verhaftet ist, wie Hypothekenforderungen und alle Schulden des Erblassers, zu deren Sicherheit Faustpfand bestellt oder ein Pfändungspfandrecht erworben war, oder für die der Gläubiger ein Recht auf vorzugsweise Befriedigung aus bestimmten Gegenständen hat. Von diesen gelten jedoch nach ausdrücklicher Bestimmung des Gesetzes die hypothekarischen Schulden, für welche der Eigentümer zugleich persönlich haftet, als zunächst das Grundstück belastend; sie kommen deshalb nur rücksichtlich des durch den Wert des Grundstücks nicht gedeckten Betrages bei der übrigen Masse in Anrechnung.

III. Wertsermittelung.

§ 18.

a) Im allgemeinen.

Da die Erhebung der Steuer nach dem Betrage der Bereicherung des Erwerbers eines Anfalles erfolgt, so muß der Steuerberechnung eine genaue Ermittelung des Wertes der Masse vorhergehen. Es entscheidet (§ 14 des Gesetzes) der gemeine Wert zur Zeit des Anfalles. Dieser ist zu ermitteln ohne Rücksicht auf die für andere Zwecke (z. B. für das Enteignungsverfahren oder für die Berechnung des Wertes des Streitgegenstandes im Zivilprozesse) vorgeschriebenen Abschätzungsgrundsätze. Der gemeine Wert einer Sache ist derjenige Wert, den sie auf dem Markte, also für jedermann, hat. Nicht zu berücksichtigen sind: der außerordentliche Wert (nach A.L.R. der Nutzen, den eine Sache nur unter gewissen Bestimmungen oder Verhältnissen bieten kann) und der Wert der besonderen Vorliebe (der Affektionswert, der aus blos zufälligen Eigenschaften oder Verhältnissen einer Sache entsteht, die derselben in der Meinung ihres Besitzers einen Vorzug vor allen anderen Sachen gleicher Art beilegen).

Maßgebend ist derjenige Wert, den die Bestandteile des steuerpflichtigen Erwerbes zur Zeit des Anfalles haben. Demnach ist jede vor dem Anfall erfolgende Wertsverminderung der Nachlaßmasse zu berücksichtigen, während die nach dem Anfall, wenn auch vor Festsetzung der Steuer (z. B. dadurch, daß ein im Nachlaß befindliches Lotterielos mit einem Gewinne gezogen wird) eintretende Wertveränderung außer Betracht bleibt. Es muß daher bei allen Gegenständen, die ihren Wert mit der Zeit verändern (insbesondere Wertpapieren, die Kursschwankungen unterworfen sind, noch nicht fälligen Forderungen) der Zeitpunkt des Anfalls genau ermittelt werden. Das macht keine Schwierigkeiten bei Schenkungen von Todeswegen, deren Anfall im Augenblicke des Vorversterbens des Schenkgebers vor dem Schenknehmer erfolgt, wohl aber bisweilen bei Erbschaften und Vermächtnissen. Der Anfall einer erbschaftlichen Zuwendung ist nämlich von ihrem thatsächlichen Erwerbe zu unterscheiden und findet in dem Augenblicke statt, wo der Bedachte das Recht auf den Erwerb der Zuwendung erhält. Dieser Rechtserwerb tritt frühestens mit dem Tode des Erblassers ein, fällt aber keineswegs immer damit zusammen und erfolgt für die einzelnen Arten des Erwerbes in den verschiedenen Rechtsgebieten zu verschiedenen Zeiten. Im gemeinen Rechte fällt die Erbschaft in der Regel mit dem Tode des Erblassers an, bei aufschiebend bedingten und betagten Erbeseinsetzungen jedoch erst mit dem Eintritte der Bedingung oder des Termins; der Anfall eines unbedingten, unbetagten, auflösend bedingten oder gewiß betagten Vermächtnisses (dies cedens) erfolgt — unter der Voraussetzung des demnächstigen Erbschaftsantrittes — im Augenblicke des Todes des Erblassers ohne Wissen und Willen des Legatars; der eines ungewiß betagten oder aufschiebend bedingten mit dem Eintritte der Bedingung oder des Termins. Nach A.L.R. gilt, gemäß dem deutschrechtlichen Grundsatze, „der Tote erbt den Lebendigen" als Zeitpunkt des Anfalls der Erbschaft im allgemeinen der Todestag des Erblassers, selbst wenn der Erbe weder davon, noch von seiner Berufung zur Erbschaft Kenntnis hat, bei aufschiebend bedingten oder betagten Erbeseinsetzungen jedoch der Zeitpunkt des Eintrittes der Bedingung oder des Termins. Bei Vermächtnissen wird — unabhängig vom Erbschaftsantritte — stets der Augenblick des Todes des Erblassers als Zeitpunkt des Anfalles angesehen; auch bei betagten oder bedingten Vermächtnissen hat der Legatar, wenn es sich um individuell bestimmte Sachen handelt, schon vor Eintritt der Bedingung oder des Termines ein Recht zur Sache, und es wird nur der Zeitpunkt des thatsächlichen Erwerbes hinausgeschoben (siehe jedoch am Ende dieses Paragraphen). Nach französischem Rechte fällt der Zeitpunkt des Anfalles der Erbschaft für die gesetzlichen Erben in der Regel (Ausnahmen: Code civil Art. 1006, 1082 und 1093) mit dem Tode des Erblassers zusammen. Der Anfall von unbedingten oder auflösend bedingten Vermächtnissen erfolgt sofort mit dem Tode des Erblassers, bei aufschiebend bedingten und ungewiß betagten erst mit dem Eintritte der Bedingung oder des Termins.

Für sämtliche Rechtsgebiete ist zu beachten, daß in den Fällen, wo die Erbschaft nicht infolge des natürlichen Ablebens einer Person, sondern aus Anlaß einer gerichtlichen Todeserklärung eröffnet wird, der Tag der Rechtskraft des Urteils (§ 834 C.P.O.) an die Stelle des Todestages des Erblassers tritt. Von dem Falle, daß ein Vermächtnis selbst bedingt oder betagt ist, muß man den anderen Fall unterscheiden, wo nur die Auszahlung von einer Bedingung oder Befristung abhängig gemacht ist. Hier wird das Vermächtnis selbst als unbedingt und unbetagt behandelt.

Der Grundsatz, daß der Wert der Masse zur Zeit des Anfalls für die Berechnung der Steuer maßgebend ist, erleidet eine wichtige Einschränkung durch die Vorschrift (§§ 22 und 24 des Gesetzes), daß Vermögen, dessen Erwerb von dem Eintritt einer aufschiebenden Bedingung oder eines ungewissen Termines abhängt, der Besteuerung erst bei dem Eintritte der Bedingung oder des Termins unterliegt; die Berechnung der Steuer erfolgt nach dem in diesem Augenblicke vorhandenen Werte der Masse, selbst wenn nach dem maßgebenden bürgerlichen Rechte der Anfall als bereits zu einem früheren Zeitpunkte erfolgt angesehen wird. Andrerseits ist das unter einer auflösenden Bedingung erworbene Vermögen (Ausnahme: Nutzungen von unbestimmter Dauer, vgl. den folgenden Paragraphen), der Natur der auflösenden Bedingnng entsprechend, wie unbedingt erworbenes zu versteuern. Das gilt nicht blos dann, wenn der Anfall selbst von einer aufschiebenden oder auflösenden Bedingung abhängig ist, sondern auch dann, wenn zu dem Nachlaß ein Gegenstand gehört, den der Erblasser nur unter einer solchen Bedingung erworben hatte, und wenn diese zur Zeit des Anfalles noch nicht eingetreten war. Umgekehrt werden (§§ 23 und 24 des Gesetzes) die den Wert der steuerpflichtigen Masse vermindernden Lasten und Leistungen, soweit sie vom Eintritt einer aufschiebenden Bedingung abhängen oder betagt sind, nicht berücksichtigt, während Lasten, deren Fortdauer von einer auflösenden Bedingung oder einem dies incertus an, incertus quando abhängt (Ausnahme: Leistungen von unbestimmter Dauer (vgl. den folgenden Paragraphen) wie unbedingte in Abzug gebracht werden.

§ 19.

b) Wert wiederkehrender Nutzungen und Leistungen.

Die Anwendung des Grundsatzes, daß der gemeine Wert der steuerpflichtigen Masse zur Zeit des Anfalles zu ermitteln ist, wird für eine über gut geschulte Kräfte verfügende Steuerverwaltung keinerlei Schwierigkeiten machen, sodaß eingehende gesetzliche Vorschriften entbehrlich sind. Demgemäß hat auch das preußische Gesetz (in den §§ 15—19) Spezialbestimmungen nur für wiederkehrende Nutzungen und Leistungen gegeben, deren Wert sich mathematisch annähernd genau feststellen läßt und bei denen die Herbeiführung einer gleichmäßigen Praxis der Steuerbehörden besonders wünschenswert ist. Die Vorschriften beziehen sich sowohl auf die dem Nachlasse zustehenden wie auf die ihn belastenden Nutzungen und Leistungen, ohne Unterschied, ob sie schon zu Lebzeiten des Erblassers bestanden haben oder erst durch letztwillige Verfügung begründet worden sind, vorausgesetzt nur, daß sich ein einjähriger Durchschnittswert mit einiger Sicherheit ermitteln läßt.

Als Kapitalwert einer immerwährenden Nutzung oder Leistung, d. h. einer solchen, von der nach dem regelmäßigen Verlaufe der Dinge mit Sicherheit anzunehmen ist, daß sie auf den Rechtsnachfolger sowohl des Nutzungsberechtigten wie des Leistungspflichtigen übergeht (z. B. Prädialservituten, Reallasten, Erbpacht), wird das Fünfundzwanzigfache ihres einjähren Betrages angenommen. Bei Nutzungen und Leistungen von unbestimmter Dauer (das sind solche, bei denen feststeht, daß, nicht aber wann sie ein Ende nehmen) gilt als Kapitalwert das Zwölfundeinhalbfache des einjährigen Betrages, falls nicht anderweitige die längste Dauer begrenzende Umstände nachgewiesen werden oder die im Folgenden angegebenen besonderen gesetzlichen Bestimmungen Platz greifen (§ 15 des Gesetzes).

Diese letzteren beziehen sich auf den Wert von Leibrenten, Nießbrauchsrechten und anderen auf die Lebenszeit des Berechtigten oder einer anderen Person beschränkten Nutzungen oder Leistungen (§ 16 Abs. 1 des Gesetzes), für dessen Berechnung die im Lebensversicherungswesen gewonnenen Erfahrungen über die mutmaßliche Lebensdauer eines Menschen nutzbar gemacht sind. Er bestimmt sich nach dem zur Zeit des Anfalles erreichten Lebensalter der Person, bei deren Tode die Nutzung oder Leistung erlischt, und beträgt nach einer vom Gesetze aufgestellten Tabelle mindestens das Doppelte (bei einem Lebensalter von 81 Jahren) und höchstens das Achtzehnfache (bei einem Lebensalter von 15 Jahren oder weniger) des Wertes der einjährigen Nutzung beziehungsweise Leistung. Ist die Dauer der Nutzungen oder Leistungen von der Lebenszeit mehrerer Personen dergestalt abhängig, daß beim Tode des zuerst versterbenden die Nutzung oder Leistung erlischt, so ist für die Wertsermittelung (nach § 17 des Gesetzes) das Lebensalter der ältesten Person maßgebend. Wenn die Nutzung oder Leistung bis zum Tode der letztversterbenden Person fortdauert, so erfolgt die Berechnung nach dem Lebensalter der jüngsten Person. Ist die Nutzung oder Leistung schon innerhalb eines Jahres nach dem Anfalle erloschen, so wird ihr Wert nur nach Maßgabe ihrer wirklichen Dauer bestimmt, und das Zurückgezahlte wird erstattet (§ 16 Abs. 2 des Gesetzes).

Bei Nutzungen und Leistungen, die auf bestimmte Zeit eingeschränkt sind, wäre es unrichtig, den Kapitalwert einfach durch Multiplikation des einjährigen Betrages mit der Zahl der Jahre berechnen zu wollen; vielmehr ist der Zwischenzins abzuziehen. Dem entspricht die vom Gesetze (zu § 18) aufgestellte Hülfstabelle, nach welcher die Wertsberechnung unter Zugrundelegung eines vierprozentigen Zinsfußes zu erfolgen hat. Die Tabelle ist für die Steuerbehörden ausschließlich maßgebend. Sie ist nach vollen Jahren aufgestellt; Bruchteile eines Jahres werden daher als ein volles Jahr gerechnet. Nach der Tabelle kann, was der Logik entspricht, der Wert einer auf bestimmte Zeit eingeschränkten Nutzung oder Leistung niemals höher sein, als der einer gleichartigen immerwährenden. Auch darf, wenn die Dauer der Nutzung oder Leistung abgesehen von der zeitlichen Begrenzung noch außerdem durch die Lebenszeit einer oder mehrerer Personen bedingt ist, der nach §§ 16 und 17 des Gesetzes zu berechnende Kapitalwert nicht überschritten werden.

Der einjährige Betrag der Nutzung eines Geldkapitals ist, wenn er anderweit feststeht (wie z. B. bei dem Vermächtnis der Nutzung eines mit drei Prozent verzinslichen Sparkassenguthabens), zu diesem Satze, andernfalls zu vier vom Hundert anzunehmen (§ 19 des Gesetzes).

Bei Lehns- und Fideikommißanfällen, einerlei ob sie in Gütern oder in Kapitalien bestehen, bildet nicht die Substanz, sondern die allerdings sehr ausgedehnte Nutzungsberechtigung den Gegenstand des Anfalls. Diese sowie Anfälle aus Familienstiftungen werden daher nach dem Werte der einjährigen Nutzung und dem Lebensalter des Erwerbenden nach Vorschrift des § 16 des Gesetzes versteuert (§ 26 des Gesetzes).

§ 20.

e) Wert anderer Vermögensbestandteile.

Bei allen nicht in Nutzungen oder Leistungen bestehenden Gegenständen erfolgt die Feststellung des Wertes auf Grund einer von dem Steuerpflichtigen (oder gewissen nach § 37 des Gesetzes an seine Stelle tretenden Personen) der Steuerbehörde zu machenden Wertangabe.[1]) Darüber, wie der Wert der Nachlaßgegenstände berechnet werden muß, lassen sich allgemeine Regeln nicht aufstellen. Nur folgende Kategorieen von Vermögensgegenständen seien hier kurz erwähnt.

1. Bei Wertpapieren und Waren, die einen Börsen- oder Marktpreis haben, ist dieser für den Tag des Anfalls zu ermitteln. Marktpreis ist derjenige Preis, welcher für eine Ware bestimmter Gattung und Art von durchschnittlicher Güte an dem Handelsplatze, wo sie einen Markt hat, und in dessen Handelsbezirke zu einer gewissen Zeit im Durchschnitte gewährt wird. Bei Wertpapieren giebt die Kursnotierung allein nicht den Ausschlag; der Gegenbeweis, daß der wahre Börsenpreis ein anderer gewesen sei, ist zulässig. Fremde Währungen sind bei Wertpapieren, insoweit nicht nach dem Börsengebrauch eine andere Umrechnung üblich ist, nach dem Tageskurse vom Tage des Anfalls umzurechnen.[2]) Bei verzinslichen Wertpapieren sind, um den Wert zur Zeit des Anfalls zu er-

[1]) Wegen der Nachteile, welche die Verweigerung der Angabe nach sich zieht, sowie wegen der Zulässigkeit der Beanstandung einer Angabe durch die Steuerbehörde und des weiteren Verfahrens siehe unten § 33.

[2]) Eine allgemeine Umrechnung nach Mittelwerten, wie sie im § 6 Abs. 4 des Stempelsteuergesetzes und in der hierzu erlassenen Bekanntmachung des F.M. vom 13. Februar 1896 unter Nr. 3 vorgesehen ist, erscheint gegenüber dem Wortlaute des Erbschaftssteuergesetzes nicht statthaft.

mitteln, die laufenden Zinsen bis zu diesem Tage hinzuzurechnen, soweit nicht etwa deren Betrag nach Börsengebrauch im Kurse Ausdruck findet.

2. Forderungen. Der gegenwärtige Wert einer erst künftig fälligen unverzinslichen Forderung ist gleich der Summe, die bei zinsbarer Anlegung mit Hinzurechnung der gesetzlichen Zinsen am Verfalltage den Nominalbetrag der Forderung ergeben würde. Die Differenz dieser Summe und des Nominalbetrages ist der Zwischenzins (Interusurium, Diskonto). Er wird nach der sog. Hoffmannschen Methode berechnet, deren Formel auf S. 55 des Kommentars angegeben ist. — Bei ausländischen Forderungen ist der Kursstand der ausländischen Währung zu berücksichtigen.

Bei allen Forderungen sind die Solvenz des Schuldners und die sonstigen Aussichten der Beitreibung (die Prozeßlage der eingeklagten Forderung, die Möglichkeit der Rechtsverfolgung bei ausländischen Schuldnern u. s. w.) in Betracht zu ziehen. Derartige unsichere Forderungen kommen (nach § 25 des Gesetzes) mit einem mutmaßlichen Werte in Rechnung, den der Steuerflichtige vorschlägt. Für den Fall, daß sich die Steuerbehörde mit ihm darüber nicht einigt, sind besondere Vorschriften gegeben (vgl. unten S. 300). Das gleiche gilt auch von

3. anderen zur sofortigen Wertermittelung nicht geeigneten Gegenständen; hierher gehören z. B. bestrittene dingliche Rechte, besonders streitiges Eigentum, unreife Früchte, unvollendete Kunstwerke; auch Patentrechte, dramatische und litterarische Werke, deren Verwertung zweifelhaft ist. Alle derartige Vermögensbestandteile werden ebenso wie Zeitungstitel, Firmenrechte, die Kundschaft eines Geschäftes überhaupt nur eine annähernde Wertbestimmung zulassen.

4. Schulden sind mit demjenigen Betrage einzustellen, der zur Befriedigung des Gläubigers aufgewendet werden muß. Dieser Betrag deckt sich in den meisten, aber nicht in allen Fällen (beispielsweise bei Gefälligkeitsakzepten, bei Verbindlichkeiten mit solidarischer oder eventueller Haftung, bei dem Vorhandensein von Regreßansprüchen) mit dem Nennwerte; bei betagten Schulden ist der Zwischenzins abzuziehen.

IV. Die Steuerforderung.

§ 21.

a) Zeitpunkt der Entstehung.

Die Steuerpflicht beginnt im allgemeinen mit dem Augenblicke, wo jemandem ein der Steuer unterworfener Erwerb anfällt, d. h. wo er das Recht auf den thatsächlichen Erwerb erhält. Von diesem Zeitpunkte an hat die Steuerbehörde einen Anspruch gegen den Erwerber des Anfalls, wenn auch die Zahlung der Steuer erst nach Erledigung des Wertsermittelungsverfahrens und nach Berechnung und Festsetzung der Steuer geschehen kann. Immerhin hat auch schon vorher der dem Steuerfiskus erwachsene Anspruch gewisse rechtliche Wirkungen: er geht auf die Erben des Steuerpflichtigen über und begründet in zahlreichen Fällen (vgl. unten § 25) für die Steuerbehörde einen Anspruch auf Sicherstellung.

Von dem obigen Grundsatze hat das Gesetz aus Billigkeitsrücksichten Ausnahmen zugelassen, die einer näheren Betrachtung bedürfen.

1. Vermögen, dessen Erwerb von einer aufschiebenden Bedingung oder einem hinsichtlich des Zeitpunkts seines Eintrittes ungewissen Ereignisse abhängt, unterliegt (nach §§ 22 und 24 des Gesetzes) der Besteuerung erst bei dem

Eintritte der Bedingung. Dieses gilt sowohl, wenn der Anfall selbst von einer aufschiebenden Bedingung abhängt, als auch, wenn zu dem Nachlasse ein Gegenstand gehört, den der Erblasser unter einer solchen, zur Zeit des Anfalles noch nicht eingetretenen Bedingung erworben hatte. Die Aussetzung der Versteuerung rechtfertigt sich in diesem Falle um deswillen, weil die thatsächliche Bereicherung des Erwerbers sich erst mit dem Eintritte der Bedingung vollzieht; deshalb ist auch in diesem Falle für den Wert des Erwerbes nicht die Zeit des Anfalls, sondern die des Eintritts der Bedingung maßgebend (siehe oben § 18). Da aber der Steuerbehörde jedenfalls schon vom Augenblicke des Anfalls an eine, wenn auch erst später beizutreibende Forderung gegen den Erwerber des bedingten Anfalls zusteht, so kann diese Sicherstellung der später zu entrichtenden Steuer fordern. Siehe hierüber § 25.

2. Bei dem Anfalle von Vermögen, dessen Nutzung einem Dritten zusteht, ist nicht nur der Nutzungsberechtigte, sondern auch der Erwerber der Substanz schon während des Bestehens des fremden Nutzungsrechtes insofern bereichert, als das nackte Eigentum einen Wert hat und insbesondere veräußert werden kann. An sich müßte daher der Erwerber der Substanz diese stets mit dem Augenblicke des Anfalls versteuern, wobei die Nutzung des Dritten als eine auflösend bedingte Belastung in Abzug zu bringen sein würde. Es sind indes Fälle denkbar, wo dem Erwerber der Substanz ohne die Nutzung die Entrichtung der Steuer gleich beim Anfalle der ersteren schwer fallen möchte. Deshalb gewährt ihm das Gesetz in § 27 Abs. 1 eine doppelte Befugnis: Er kann entweder die Versteuerung gleich bei dem Anfalle bewirken; alsdann wird der Wert der Substanz um den Wert der Nutzung (welcher vom Nutzungsberechtigten zu versteuern ist) geringer angeschlagen. Oder er kann die Aussetzung der Versteuerung bis zur Vereinigung der Nutzung mit der Substanz beantragen; in diesem Falle ist die Steuer auf Verlangen der Steuerbehörde aus der Masse auf Kosten des Erwerbers der Substanz sicherzustellen. Verstirbt dieser, bevor die Nutznießung des Dritten beendet ist, so haben seine Erben für den Übergang des Eigentums an der Substanz von dem ersten Erwerber auf sie keine Steuer zu entrichten. Es verbleibt lediglich bei der Aussetzung der Versteuerung der Substanz und der Sicherstellung der Steuer. Das Gleiche gilt, wenn der Erbe des Substanzerben vor Beendigung der Nutzung des Dritten stirbt, und so fort ohne Beschränkung. Erreicht die Nutznießung des Dritten ihr Ende, so ist die Substanz ohne Abzug der beendigten Nutzung nach den dann obwaltenden Verhältnissen zu versteuern, sodaß also der Betrag der sich in diesem Zeitpunkte ergebenden Bereicherung der Berechnung der Steuer zu Grunde gelegt wird. Über die Höhe des Steuerfußes entscheidet das persönliche Verhältnis des nunmehrigen Erwerbers der Substanz zu dem ursprünglichen Erblasser.

Diese Bestimmungen finden nur Anwendung, wenn mindestens der erste Erwerber der Substanz zu den steuerpflichtigen Personen gehörte, nicht dagegen, wenn es sich um einen ersten steuerfreien Erwerber handelt. Ist daher der erste Erwerber der Substanz steuerfrei, und stirbt er vor Beendigung des Nießbrauchs, so giebt für die Steuerpflicht des Erben dessen persönliches Verhältnis nicht zum ursprünglichen Erblasser, sondern zu seinem unmittelbaren Vorgänger den Ausschlag.

3. Praktisch wichtig ist der Fall der fideikommissarischen Substitution, d. h. der durch letztwillige Verfügung vom Erblasser dem Erben oder Legatar gemachten Auflage, die Erbschaft oder das Vermächtnis oder einen Teil davon an einen Dritten herauszugeben. Hier unterscheidet das Gesetz (in § 27 Abs. 2) zwischen dem gewöhnlichen Fideikommiß und dem Fideikommiß auf den Überrest. Es ist dabei bestrebt gewesen, durch positive Anordnungen dafür zu sorgen, daß die über die juristische Konstruktion der beiden Rechtsverhältnisse in den verschiedenen Rechtsgebieten herrschenden Streitfragen auf die steuerliche Behandlung wirtschaftlich

gleichartiger Verhältnisse ohne Einfluß bleiben, ohne daß jedoch dieses Ziel vollständig erreicht ist (vgl. Anm. VIII auf S. 88 des Kommentars).

Bei der gewöhnlichen fideikommissarischen Substitution gilt in Beziehung auf die Steuerpflicht der Fiduziar (heres institutus, directus, Vorerbe) als Nießbraucher, der Fideikommissar (heres substitutus, indirectus, Nacherbe) als Substanzerbe des herausgegebenen Vermögens. Es liegen also sogleich bei dem Ableben des Erblassers zwei steuerpflichtige Anfälle vor, auf welche die oben unter Nr. 2 dargelegten Grundsätze uneingeschränkte Anwendung finden. — Ist nach dem maßgebenden bürgerlichen Rechte der Fiduziar berechtigt, einen Teil der Erbschaft oder des Vermächtnisses (nach gemeinem Recht beispielsweise ein Vierteil — die sog. Quarta Trebellianica) für sich zu behalten, so ist er für diesen Teil als wahrer endgültiger Erbe zu betrachten und ist für dessen vollen Wert steuerpflichtig. — Erhält der Fideikommissar vom Fiduziar schon bei dessen Lebzeiten einen Teil des mit der Substitution belasteten Nachlasses, so liegt nicht eine Schenkung, sondern eine im Voraus bewirkte Nachfolge in das Fideikommiß vor, auf welche nicht die Vorschriften über die Schenkungs-, sondern diejenigen über die Erbschaftssteuer anwendbar sind.

Bei der fideikommissarischen Substitution auf den Überrest (auf dasjenige, was bei dem Tode des Fiduziars noch vorhanden sein werde, in id quod supererit, quod superfuturum erit) haben sowohl der Fiduziar von dem vollen Betrage des Anfalls, als auch der Fideikommissar von dem vollem Werte des an ihn herauszugebenden Vermögens nach ihrem Verwandschaftsverhältnisse zum Erblasser die Steuer zu entrichten. In diesem Falle liegen also zwei aufeinander folgende steuerpflichtige Anfälle vor. Der Fiduziar hat den vollen Wert des Anfalls auch dann zu versteuern, wenn er nach dem maßgebenden Rechte nicht befugt ist, ihn vollständig zu verbrauchen, sondern mindestens einen Teil (z. B. nach gemeinen Rechte ein Vierteil) dem Fideikommissar hinterlassen muß. Tritt der Fall der Herausgabe des Vermögens an den Fideikommissar ein, so wird dieser so angesehen, als sei er unmittelbarer Rechtsnachfolger des Erblassers geworden. Für die Frage, ob er steuerpflichtig ist, entscheidet daher sein Verhältnis zum Erblasser, nicht zum Fiduziar. Er hat lediglich das zu versteuern, was an ihn herausgegeben wird.

4. Wenn ein überlebender Ehegatte mit mehreren Kindern die eheliche Gütergemeinschaft fortsetzt, so wird die Versteuerung des beim Tode eines Kindes an dessen Geschwister oder deren Descendenten gelangenden Anfalls bis zur Auflösung der Gütergemeinschaft ausgesetzt und erfolgt nach Maßgabe des alsdann vorhandenen Vermögens. Die Aussetzung der Versteuerung tritt ein, gleichviel ob die Gütergemeinschaft zufolge Gesetzes oder Testamentes oder Vertrages fortgesetzt wird.

§ 22.

b) Berechnung der Steuer.

Da die Erbschaftssteuer von dem Betrage erhoben wird, um den der Erwerber des einzelnen Anfalles bereichert ist, und da die Höhe des Steuerfußes von dem persönlichen Verhältnisse des Erwerbers zum Erblasser abhängt, so ist es nicht angängig, die gesamte von einem Nachlasse zu zahlende Steuer lediglich nach dem Werte der gesamten Masse festzustellen, vielmehr muß die Berechnung für den Anteil eines jeden einzelnen Erwerbers besonders erfolgen. Dieser Grundsatz ist in § 28 des Gesetzes ausdrücklich betont.

Wegen des Einflusses der Verwandtschaft auf den Steuerfuß muß in den nicht seltenen Fällen, wo Ehegatten in einer gemeinschaftlichen Verfügung Verwandte des einen oder beider Ehegatten zu Erben einsetzen oder mit Zuwendungen bedenken, ermittelt werden, von welchem der beiden Ehegatten der Anfall erfolgt ist. Wird bezüglich sämtlicher den Anfall bildenden Gegenstände klargestellt, von wem sie stammen, so wird die Steuer für jeden Teil des Anfalls unter Berücksichtigung des persönlichen Verhältnisses des Erwerbers zu jedem der Ehegatten berechnet. Diese Ermittelung ist jedoch nicht immer möglich; die Herkunft einzelner Gegenstände läßt sich oft nur schwer feststellen. Die für die Praxis hieraus entstandenen Schwierigkeiten werden durch das Gesetz mittels einer Fiktion beseitigt. Bleibt nämlich zweifelhaft, von welcher Seite der Anfall herrührt, so wird angenommen, daß er von dem dem Steuerpflichtigen am nächsten verwandten Ehegatten erfolgt sei, soweit sein Nachlaß dazu reicht. Kann der Betrag des Nachlasses des zuerst verstorbenen Ehegatten nicht ermittelt werden, so ist er behufs Berechnung der Steuer auf die Hälfte des Vermögens anzunehmen, das beim Tode des letztlebenden Gatten vorhanden ist. Bleibt jedoch nur die Zugehörigkeit einzelner Vermögensgegenstände zweifelhaft, so wird es so angesehen, als ob sie zum Nachlaß jedes Ehegatten zur Hälfte gehören. Diese Fiktion ist indes bloß in den Fällen anwendbar, wo die Ehegatten in einer Urkunde verfügt haben, und bezieht sich lediglich auf die von ihnen eingesetzten Verwandten des einen oder beider, nicht auch auf die etwa außerdem noch bedachten dritten Personen.

§ 23.

c) Schuldner der Steuer.

Die Verpflichtung zur Zahlung der Erbschaftssteuer lastet zunächst auf dem Erwerber des steuerpflichtigen Anfalles (§ 29 Abs. 1 des Gesetzes); also für die Erbschaft trifft sie den Erben, für das Vermächtnis den Vermächtnisnehmer, für die Schenkung den Schenknehmer. Von ihm kann der Fiskus die Steuer in erster Linie fordern, auch wenn neben ihm noch andere haftbare Personen vorhanden sind (vgl. den folgenden Paragraphen). Erwerber ist, wer auf Grund des Gesetzes oder der letztwilligen Verfügung den Anfall thatsächlich und endgültig erwirbt. Der Erwerb und damit der Eintritt der Steuerpflicht wird durch einen nach bürgerlichem Rechte zulässigen Verzicht gehindert, sofern er rechtzeitig ohne jede Einschränkung oder zu Gunsten der nächsten Berechtigten (Intestaterben, Fideikommißanwärter, Akkreszenzberechtigten, Substituten) erfolgt. Steuerpflichtig ist alsdann, wer infolge des Verzichtes thatsächlich und endgültig erwirbt. Man bleibt aber Erwerber im Rechtssinne und Schuldner der Steuer, wenn man über einen Anfall zu Gunsten eines Fremden verfügt; denn darin liegt die Erklärung, ihn erwerben zu wollen.

Die Verpflichtung des Erwerbers zur Versteuerung seines Anfalles ist der Staatskasse gegenüber, weil auf dem öffentlichen Rechte beruhend, absolut. Sie kann weder durch Vereinbarungen der an dem Nachlasse Beteiligten noch durch eine Anordnung des Erblassers, daß ein anderer die Steuer zahlen solle, rechtswirksam aufgehoben oder beschränkt werden. Derartige Anordnungen und Abmachungen wirken nur unter den davon Betroffenen. Ebenso hat die Veräußerung des Anfalls im ganzen oder des Rechtes aus dem Anfall auf die Verpflichtung des ursprünglichen Erwerbers zur Steuerentrichtung keinen Einfluß. Nach gemeinem, preußischem und französischem Rechte kann sich jedoch die Steuerbehörde unter gewissen Umständen (siehe hierüber Komm. S. 93 und 94) an den neuen Erwerber halten.

Die Entstehung der Steuerforderung setzt ein steuerpflichtiges Rechtssubjekt voraus. Wenn daher der Erblasser durch letztwillige Verfügung eine Stiftung begründet oder einem Erben, Vermächtnisnehmer u. s. w. die Begründung einer solchen aufträgt und gleichzeitig diese Stiftung zum Erben einsetzt, so ist sie nur steuerpflichtig, wenn eine derartige Erbeinsetzung rechtlich zulässig ist. Dies ist in der Theorie streitig. Die Steuerbehörden haben daher vor dem Erlaß des Erbschaftssteuergesetzes vielfach Bedenken getragen, in der Weise geschaffene Stiftungen zur Versteuerung heranzuziehen. Zur Beseitigung dieser Unsicherheit bestimmt das Gesetz in § 7, daß das Vermögen, welches zur Begründung einer letztwillig angeordneten oder einem Erben u. s. w. in rechtsverbindlicher Form aufgetragenen Stiftung gewidmet ist, hinsichtlich der Versteuerung ebenso behandelt wird, als ob es der schon begründeten Stiftung angefallen wäre. Der durch die Anordnung des Erblassers geschaffene Zustand unterliegt mithin einer im Wege der Fiktion erfolgenden Ergänzung nach zwei Richtungen hin; es wird fingiert: 1) daß eine Stiftung der in der letztwilligen Verfügung bezeichneten Art bereits bestehe und 2) daß dieser als bestehend gedachten Stiftung das vom Erblasser ausgesetzte Vermögen angefallen sei. Die in dieser Weise ins Dasein gerufene Stiftung ist daher Träger der Steuerpflicht; niemals sind es die, denen ihre Erträgnisse zugute kommen, auch dann nicht, wenn der Stifter die zunächst zu ihrem Genusse Berufenen in der letztwilligen Verfügung namentlich bezeichnet hat, weil die Namhaftmachung nur einen integrierenden Teil der Stiftungsurkunde bildet und es nicht in der Absicht des Gesetzes liegt, die vom Erblasser namhaft gemachten, also ihm näher stehenden Personen ungünstiger zu behandeln, als die erst später von den Verwaltern der Stiftung in den Genuß eingesetzten.

Die Frage, ob überhaupt ein steuerpflichtiger Anfall an die Stiftung vorliegt, ist lediglich nach den vom Erblasser getroffenen Bestimmungen zu beantworten. Stellt sich danach die Stiftung als eine solche dar, welche nach erfolgter Genehmigung unter eine der Befreiungen des Tarifs fällt, so ist — wie im Gegensatze zu der konstanten Praxis des Reichsgerichts [1]) angenommen werden muß — die Zuwendung steuerfrei. — Da nach § 1 des preußischen Gesetzes vom 23. Februar 1870 (abgedruckt im Anhange S. 182 ff.) letztwillige Zuwendungen der Genehmigung des Königs bedürfen, insoweit dadurch im Inlande eine neue juristische Person ins Leben gerufen werden soll, und da ferner (nach § 3 Abs. 3) die Genehmigung auf einen Teil der Zuwendung beschränkt werden kann, so ist es möglich, daß die vom Erblasser beabsichtigte Stiftung gar nicht oder nicht in der angeordneten Weise zur Ausführung gelangt. Für diesen Fall ist die anderweitige Feststellung und Nachforderung oder Erstattung der Steuer zulässig. Für die etwa nachzuerhebenden Steuerbeträge kann Sicherheitsbestellung gefordert werden. —

Auf die Errichtung von Fideikommiß- und Familienstiftungen, auf welche lediglich die Bestimmungen des Stempelsteuergesetzes Anwendung finden, bezieht sich das Gesagte nicht.

Im steuerlichen Interesse hat endlich das Gesetz eine Steuerpflicht statuiert in einem Falle, wo zweifellos ein steuerpflichtiges Subjekt nicht vorhanden ist. Es kommen nämlich häufig Zuwendungen zu milden, gemeinnützigen oder öffentlichen Zwecken in der Form vor, daß einem Erben oder Legatar die Verwendung des für den betreffenden Zweck Ausgesetzten aufgetragen und von ihm übernommen wird. Ein neues Rechtssubjekt, das zur Steuer herangezogen werden könnte, entsteht in diesem Falle nicht, und ebensowenig kann der mit der Verwendung betraute als steuerpflichtig angesehen werden, weil er dadurch nicht bereichert ist. Um nun derartige Zuwendungen der Steuer zu unterwerfen, bestimmt das Gesetz in § 8, daß sie hinsichtlich der Versteuerung ebenso behandelt werden sollen, als ob zu demselben Zwecke eine Stiftung im Betrage der Zuwendung oder Leistung angeordnet wäre. Damit ist die juristische Konstruktion geschaffen, die es ermöglicht, Zuwendungen zu milden, gemeinnützigen oder öffentlichen Zwecken, die ohne Begründung einer Stiftung angeordnet werden, mit einem gleichmäßigen, von der Person des mit der Zuwendung Beauftragten unabhängigen Steuersatze zu belegen. Ein solches

---

[1]) Urteil des IV. Senats vom 8. November 1894 (E.S. Bd. 34 S. 273, J.M.Bl. 1895 S. 318, Jur. Woch. 1895 S. 55, C.Bl. 1895 S. 33, Bolze Bd. 19 S. 409) und die darin aufgeführten älteren Urteile.

Vermächtnis ist nur dann steuerfrei, wenn es einer befreiten Persönlichkeit, z. B. einer milden Stiftung, ausdrücklich zu ihren spezifischen Zwecken oder ganz ohne Zweckbestimmung zugewendet ist. In allen anderen Fällen ist es steuerpflichtig; denn die einzige Position der Befreiungen, deren Anwendung hier in Frage kommen könnte (2 g), macht die Steuerfreiheit einer Stiftung davon abhängig, daß sie als milde ausdrücklich anerkannt ist; zu einem solchen Anerkenntnis kann es aber im Falle des § 8 nicht kommen, weil ja thatsächlich eine Stiftung nicht begründet wird und von dem Anerkenntnis einer nur im fiskalischen Interesse fingierten Stiftung nicht die Rede sein kann. — Die auf eine derartige Zuwendung entfallende Steuer ist von dem mit der Zuwendung Belasteten, dessen Anfall also durch sie verringert wird, zu entrichten. Sie kann, wenn der Erblasser besondere Anordnungen nicht getroffen hat, auf die Zuwendung oder Leistung selbst angerechnet werden, sodaß diese sich um den Betrag der Steuer ermäßigt.

§ 24.

d. Haftung für die Steuer.

Im Interesse der Sicherung des Eingangs der Erbschaftssteuer ist der zunächst nur dem Steuerpflichtigen gegenüber bestehende Anspruch des Fiskus auf Zahlung der Steuer nach einer doppelten Richtung hin erweitert worden.

1. Für die den Erwerber eines Anfalles treffende Steuer haftet die ganze steuerpflichtige Masse (§ 29. Abs. 1 des Gesetzes) d. h. sämtliche der Steuer unterliegende (nicht auch die steuerfreien) Bestandteile eines Nachlasses, ohne Rücksicht darauf, wem sie zufließen. Es haften daher auch z. B. die steuerpflichtigen Anteile der Erben für die von den Vermächtnisnehmern zu entrichtende Steuer. Die Haftung der Masse ist nicht als ein auf ihr lastendes dingliches Recht aufzufassen, vielmehr hat die Steuerbehörde nur einen Kautionstitel hinsichtlich der Masse, den sie, soweit es sich um fällige Steuern handelt, im Wege des Verwaltungszwangsverfahrens verwirklichen kann, in allen anderen Fällen durch die Klage verfolgen muß. Auch für die Versteuerung bedingter Anfälle kann die Behörde Sicherheitsleistung aus der Masse, und zwar nur aus dieser, nicht auch aus dem Vermögen des bedingt Erwerbenden fordern.

2. Neben dem Erwerber des Anfalles sind für die ihn treffende Steuer andere Personen haftbar gemacht.

α) Erben und Miterben sind bis auf die Höhe des aus der Erbschaft Empfangenen für die Erbschaftssteuer, die von allen den Nachlaß betreffenden Anfällen, also auch von den Legaten und Schenkungen von Todeswegen zu entrichten ist, solidarisch verpflichtet (§ 29 Abs. 2 des Gesetzes). Sie haften also dafür persönlich (nicht nur mit den aus dem Nachlasse empfangenen Gegenständen, die vielleicht garnicht mehr vorhanden sind, sondern mit ihrem eigenen Vermögen), ohne daß sie die Einrede der Teilung oder der Vorausklage sei es eines anderen Miterben oder des Erwerbers des Anfalles vorschützen können.

Diese Haftung ist auf die Personen beschränkt, die nach dem für den Nachlaß überhaupt in Betracht kommenden bürgerlichen Rechte als Erben anzusehen sind. Auf andere Personen, z. B. Legatare, darf sie nicht ausgedehnt werden; doch ist durch ausdrückliche Bestimmung (§ 29 Abs. 3 des Gesetzes) hinsichtlich der im Erbschaftssteuergesetze den Erben und Miterben auferlegten Verpflichtungen der Erwerber eines Universalvermächtnisses (wer den Nachlaß im ganzen oder eine Quote davon nicht unmittelbar vom Erblasser, sondern durch Vermittelung eines Zwischenmannes, des Fiduziars, erhält) und der Erwerber eines Vermächtnisses unter einem Universaltitel den Erben und Miterben gleichgestellt. Diese Vorschrift rechtfertigt sich durch die der Stellung des Erben annähernd gleiche Stellung des Universalfideikommissars und die besondere Gestaltung des rheinischen Erbrechts (vgl. über dieses S. 95 des Kommentars).

β) Gewisse Personen, denen eine thatsächliche Einwirkung auf die Nachlaßgegenstände möglich ist, haften für die Steuer, wenn sie die Erbschaft, einzelne Erbteile, Vermächtnisse, Schenkungen oder Hebungen aus der Familienstiftung vor Berichtigung oder Sicherstellung der darauf entfallenden Erbschaftssteuer ausantworten. Als solche bedingt haftende Personen werden (in § 30 des Gesetzes) genannt: gesetzliche, d. h. kraft Gesetzes berufene und gewillkürte Vertreter (Bevollmächtigte) der Erbinteressenten (aller Personen, welche als Erben, Miterben, Legatare oder sonstwie Bedachte — nicht etwa als Gläubiger — an einer Erbschaft ein vermögensrechtliches Interesse haben), Testamentsexekutoren, Nachlaßverwalter (im juristisch-technischen Sinne) und endlich Verwalter von Familienstiftungen. Die Aufzählung ist eine ausschließliche; auf andere als die genannten Kategorieen darf die Haftung nicht ausgedehnt werden.

Voraussetzung der Haftbarkeit ist, daß eine der genannten Personen Erbvermögen in Händen gehabt, es aber dem Erwerber vor Berichtigung oder Sicherstellung der Steuer ausgeantwortet hat, ohne Unterschied, ob sie von dem Rückstande der Steuer Kenntnis hatte oder nicht. Die Haftung bezieht sich nur auf die Steuer, nicht auch auf etwa vom Steuerpflichtigen verwirkte Strafen; sie wird begrenzt: einerseits durch die Höhe des Steuerbetrages, den der Vertretene hinsichtlich des ihm zu Unrecht ausgeantworteten Objekts zu entrichten hat, und andrerseits durch den Wert der ausgeantworteten Vermögensteile; letzteres, weil durch die Ausdehnung der Haftung auf dritte Personen zwar eine Verschlechterung der Lage des Fiskus und eine Erschwerung der Steuerbeitreibung verhindert, nicht aber die Stellung der Steuerbehörde besser gestaltet werden soll, als sie ohne die vorzeitige Ausantwortung sein würde. Die Verbindlichkeit erstreckt sich nicht auf Steuernachforderungen, an denen der Verpflichtete keine Schuld trägt. Mehrere Vertreter u. s. w. haften solidarisch, vorbehaltlich des gegenseitigen Rückgriffs. Haben einzelne von ihnen der Ausantwortung ohne Erfolg widersprochen, so können sie sich durch den Nachweis befreien, daß sie jene gemißbilligt haben, ohne jedoch in der Lage gewesen zu sein, sie zu verhindern.

§ 25.

e) Sicherstellung der Steuer.

In gewissen Fällen gestattet das Gesetz der Steuerbehörde, den Eingang eines erst später fälligen Steuerbetrages dadurch zu sichern, daß sie die Bestellung einer Sicherheit beansprucht. Dies ist zulässig:

1. für die Steuerbeträge, die möglicherweise nachzuerheben sind, wenn eine vom Erblasser angeordnete oder einem Erben, Vermächtnisnehmer u. s. w. aufgetragene Stiftung (mit Ausschluß der Fideikommiß- und Familienstiftungen) nicht oder nicht in der angeordneten Weise zur Ausführung gelangt, weil die erforderliche Königliche Genehmigung versagt oder auf einen Teil der Zuwendung beschränkt ist (§ 7 des Gesetzes). Hierdurch kann sich, wegen der Verminderung der für die Begründung der Stiftung ausgesetzten abzugsfähigen Summe, die von dem Belasteten zu erhebende Steuer erhöhen; für diese darf Sicherstellung begehrt werden;

2. für Vermögen, dessen Erwerb von einer aufschiebenden Bedingung (§ 22) oder einem nur hinsichtlich des Zeitpunktes seines Eintrittes ungewissen Ereignisse (§ 24) abhängt, weil es der Besteuerung erst nach dem Eintritte der Bedingung unterliegt;

3. für einen Erwerb, dessen Wert von auflösend bedingten Lasten oder Leistungen abhängt, weil diese zunächst wie unbedingte abgezogen werden, beim Eintritte der Bedingung aber der Betrag nachzuerheben ist, der mehr hätte entrichtet werden müssen, wenn der Zeitpunkt des Eintritts der Bedingung bei der Berechnung der Steuer bekannt gewesen wäre (§ 23). Den auflösend bedingten Lasten und Leistungen stehen die gleich, welche beim Eintritte eines nur dem Zeitpunkte des Eintrittes nach ungewissen Ereignisses aufhören (§ 24 des Gesetzes).

4. für den Erwerb von Vermögen, dessen Nutzung einem Dritten zusteht, wenn der Erwerber der Substanz die Aussetzung ihrer Versteuerung bis zu ihrer Vereinigung mit der Nutzung beantragt.

In all' diesen Fällen handelt es sich nicht um die Kreditierung bestimmter fälliger Steuerbeträge, sondern um die Sicherung solcher Ansprüche der Steuerbehörde, welche erst später verwirklicht werden können und deren Betrag einstweilen noch nicht feststeht. Der Anspruch der Steuerbehörde auf Sicherstellung hat nur die Bedeutung eines gesetzlichen Kautionstitels und berechtigt als solcher nicht zur Beitreibung der Sicherheit im Wege des Verwaltungszwangsverfahrens, sondern nur zur Erhebung der Klage auf Sicherstellung im ordentlichen Prozesse. Über die Art und den Betrag der Sicherheit entscheidet alsdann das Gericht nach freiem Ermessen: es kann auf Stellung eines Bürgen, Einräumung eines Pfandrechts oder juratorische Kaution erkennen. Über die von den Erbschaftssteuerämtern bei der freiwilligen Bestellung einer Sicherheit zu befolgenden Grundsätze hat der Minister besondere Anordnungen erlassen, die auf S. 69—71 des Kommentars erwähnt sind.

Von wem die Sicherheitsleistung gefordert werden kann und wer die Kosten der Sicherstellung zu tragen hat, ist zu den einzelnen Fällen erörtert worden; vgl. auch S. 96 des Kommentars.

§ 26.

f) Nachforderung und Erstattung von Steuerbeträgen.

Die Zahlung der Steuer kann von der Steuerbehörde gefordert werden, sobald sie von ihr berechnet und dem Steuerpflichtigen darüber die die Anweisung zur Zahlung enthaltende Bescheinigung (§ 41 des Gesetzes) erteilt ist. Die Verzögerung der Auseinandersetzung der Erben darf die Entrichtung der Steuer nicht aufhalten, soweit der Nachlaß dazu liquid ist. Als nicht liquide ist ein solcher Teil des Nachlasses anzusehen, an den von dritten Personen noch Ansprüche erhoben werden, vorausgesetzt, daß diese ernst gemeint sind und nötigenfalls binnen angemessener Frist im Prozeßwege geltend gemacht werden. Die einmal erfolgte, den gesetzlichen Vorschriften entsprechende Berechnung und Zahlung der Erbschaftssteuer erledigt im allgemeinen den Steuerfall endgültig.

Nachträgliche Erstattungen oder Nachforderungen von Steuerbeträgen können indes notwendig werden, wenn sich herausstellt, daß die ermittelte Summe wegen eines Rechenfehlers oder eines anderen rein technischen Fehlers unrichtig war. Weiter ist die Feststellung der Steuer für die Behörde nicht bindend, wenn die ihr zu Grunde liegenden thatsächlichen Angaben des Steuerpflichtigen z. B. über den Wert der angefallenen Gegenstände, die auf dem Anfalle ruhenden Lasten, das Verhältnis des Erwerbers zum Erblasser, eine dem ersteren angeblich zustehende subjektive Steuerbefreiung u. s. w. der Wahrheit nicht entsprechen. In diesem Falle werden die zu wenig erhobenen Beträge nachträglich eingezogen, ebenso wie ein etwa zuviel erhobener Betrag wieder erstattet wird. Das gleiche gilt von dem Falle, wo im Verwaltungswege oder im Rechtswege die Unrichtigkeit des Steueransatzes ausgesprochen wird. Auch muß die Steuerbehörde (nach § 21 des Gesetzes) die zunächst dem Steuerpflichtigen zur Last gelegten Kosten einer von ihr veranlaßten Wertermittelung erstatten, wenn im Verwaltungswege oder im Rechtswege die Ermäßigung des Wertsansatzes auf einen nicht zum Kostenersatz verpflichtenden Betrag erfolgt, d. h. wenn sich herausstellt, daß der ermittelte Wert den vom Steuerpflichtigen angegebenen um nicht mehr als 10 Prozent übersteigt.

Dagegen ist die Finanzverwaltung zur Erstattung von Steuerbeträgen aus Billigkeitsrücksichten nicht befugt. Ebenso hat wegen später eingetretener Veränderungen in der Höhe seiner Bereicherung der Steuerpflichtige in der Regel keinen Anspruch auf nachträgliche Steuerermäßigung, wie er andrerseits auch vor Nachforderungen aus diesem Grunde sicher ist. Hiervon macht jedoch das Gesetz Ausnahmen in folgenden Fällen.

1. Eine Nachforderung ist zulässig:

α) wenn eine vom Erblasser angeordnete oder einem Erben, Vermächtnisnehmer u. s. w. aufgetragene Stiftung — mit Ausschluß der Fideikommiß- und der Familienstiftungen — nicht oder nicht in der angeordneten Weise zur Ausführung gelangt, weil die erforderliche Königliche Genehmigung versagt oder auf einen Teil der Zuwendung beschränkt ist (§ 7 des Gesetzes). Von dem Betrage, um welchen sich, wegen der Verminderung der für die Stiftung zu verwendenden Summe, die Bereicherung des Belasteten erhöht, ist nachträglich Steuer zu erheben;

β) wenn die Fortdauer einer den Wert des Anfalls vermindernden Last oder Leistung vom Eintritt einer Resolutivklausel oder eines nur hinsichtlich des Zeitpunktes seines Eintrittes ungewissen Ereignisses abhängt, so wird eine derartige Last oder Leistung wie eine unbedingte abgezogen. Beim Eintritte der Bedingung ist derjenige Betrag nachzuerheben, welcher mehr hätte entrichten werden müssen, wenn der Zeitpunkt des Eintrittes der Bedingung bei Berechnung der Steuer bekannt gewesen wäre (§§ 23 und 24 des Gesetzes);

γ) wenn bei unsicheren Forderungen und anderen zur sofortigen Wertsermittelung nicht geeigneten Gegenständen über den in Rechnung zu stellenden Wert eine Einigung zwischen dem Steuerpflichtigen und der Behörde nicht stattfindet, so kann die letztere von dem seitens des ersteren in Vorschlag gebrachten Werte die Steuer einziehen und die Berichtigung des Wertsansatzes bis zum Ausgange derjenigen Verhandlungen vorbehalten, von welchen die Bezahlung der Forderung oder die Wertsermittelung abhängt. Ergiebt sich alsdann, daß eine zum Nachlasse gehörige Sache oder eine ihm zustehende Forderung zu niedrig, oder ein dem Nachlasse gegenüber bestehender Anspruch zu hoch veranschlagt worden war, so wird der zu wenig erhobene Steuerbetrag nachträglich eingezogen (§ 25 Abs. 1 des Gesetzes). Eine derartige Nachforderung ist nicht zulässig, wenn sich die Behörden und der Pflichtige über den Wert der genannten Vermögensbestandteile geeinigt haben, weil diese Einigung den Charakter eines Vergleiches hat und beide Teile bindet.

2. Eine Erstattung von Steuerbeträgen muß erfolgen:

α) wenn eine Leibrente, ein lebenslänglicher Nießbrauch oder eine andere auf die Lebenszeit des Berechtigten oder einer anderen Person beschränkte Nutzung oder Leistung schon innerhalb eines Jahres nach dem Anfalle erloschen ist; hier wird der Wert der Leistung oder Nutzung nur gemäß ihrer wirklichen Dauer bestimmt und das Zurückgezahlte wird erstattet (§ 16 Abs. 2 des Gesetzes). Diese Ausnahme ist aus Billigkeitsrücksichten zugelassen und ist nur bei den bezeichneten Nutzungen und Leistungen anwendbar;

β) wenn die Resolutivklausel, unter welcher, oder wenn das hinsichtlich des Zeitpunkts seines Eintritts ungewisse Ereignis, bis zu welchem ein Vermögen erworben ist, eintritt. Alsdann wird die gezahlte, ohne Berücksichtigung der Bedingung oder des Termins berechnete Steuer bis auf den der wirklichen Bereicherung entsprechenden Betrag erstattet. Umgekehrt wird das Zuvielgezahlte erstattet, wenn die aufschiebende Bedingung oder das nur hinsichtlich des Zeitpunktes seines Eintrittes ungewisse Ereignis eintritt, von welchem das Entstehen einer den Wert der steuerpflichtigen Masse vermindernden, bei der Berechnung der Steuer zunächst nicht zu berücksichtigenden Last oder Leistung abhängt. Auf Nutzungen von unbestimmter Dauer findet jedoch diese Vorschrift keine Anwendung — vgl. vorstehend unter α — (§§ 23 und 24 des Gesetzes);

γ) wenn sich bei unsicheren Nachlaßforderungen oder anderen zur sofortigen Wertermittelung nicht geeigneten Gegenständen, bezüglich deren eine Einigung (vgl. vorstehend unter 1, γ) zwischen der Behörde und den Pflichtigen nicht stattgefunden hat, nachträglich herausstellt, daß sie zu hoch veranschlagt worden sind. Das Zuvielgezahlte wird erstattet; ebenso, wenn ungewisse oder noch unbekannte Ansprüche an die Masse, die zunächst außer Berücksichtigung geblieben sind, später zur Verwirklichung gelangen (§ 25 Abs. 1 und 2 des Gesetzes).

§ 27.

g) Verjährung der Steuer und des Rückerstattungsanspruches.

Die Verschiedenheit des in den einzelnen Landesteilen geltenden Civilrechts läßt es wünschenswert erscheinen, die wichtige Frage der Verjährung der aus dem Erbschaftssteuerrecht entspringenden Forderungen für die ganze Monarchie einheitlich zu regeln. Dieses ist jedoch in den §§ 50 und 42 Abs. 1 des Gesetzes nur geschehen für die eigentliche Steuerforderung des Fiskus und für den Anspruch des Steuerzahlers auf Erstattung der erlegten Steuer wegen eines nach ihrer Festsetzung eingetretenen Ereignisses. Die hierfür normierten Fristen sind echte Verjährungs-, keine Präklusivfristen. Dagegen ist für die Verjährung aller anderen auf dem Erbschaftssteuerrechte beruhenden Ansprüche (z. B. auf Rückzahlung eines infolge eines Irrtumes zu viel erhobenen Betrages oder auf Rückgabe einer zu Unrecht geforderten Sicherheit) das bürgerliche Recht maßgebend; die Frist beträgt für diese Fälle in allen drei Rechtsgebieten 30 Jahre.

Bei der Verjährung des dem Staate gegen den Steuerpflichtigen zustehenden Anspruches auf Zahlung der Steuer sind die bereits zur Hebung gestellten Beträge von den noch nicht zur Hebung gestellten zu unterscheiden. Für beide Fälle ist zu bemerken, daß die Verjährung sichergestellter Forderungen nicht vor Ablauf des Jahres beginnen kann, in dem die Sicherheit erloschen ist.

1. *Noch nicht zur Hebung gestellte Beträge* verjähren in zehn Jahren. Die Frist beginnt α) wenn amtliche, auf die Ermittelung der Steuer gerichtete Handlungen noch nicht vorgenommen sind, nach Ablauf des Kalenderjahres, in welchem der steuerpflichtige Anfall erworben ist; dagegen β) wenn derartige Handlungen bereits vorgenommen sind, nach dem Ablaufe des Kalenderjahres, in welchem die letzte derartige Handlung vorgenommen ist; für den Beginn der Verjährung kommen nur solche Handlungen in Betracht, welche von einer zur Ermittlung der Steuer befugten Behörde vorgenommen sind; ob die handelnde Behörde örtlich zuständig war, ist unerheblich.

2. *Zur Hebung gestellte*, d. h. vom Steuerpflichtigen bereits erforderte *Beträge* verjähren in vier Jahren. Die Frist beginnt α) im allgemeinen nach Ablauf des Kalenderjahres, in welches der letzte Tag der (von der Behörde bewilligten) Zahlungs- oder Stundungsfrist fällt; ob die Behörde nach den Dienstvorschriften zur Gewährung der Frist befugt war, ist unerheblich. β) Ist nach Ablauf der Zahlungs- oder Stundungsfrist noch eine auf Beitreibung des Rückstandes gerichtete amtliche Handlung vorgenommen, so beginnt die Frist erst nach Ablauf des Kalenderjahres, in welches die Vornahme dieser Handlung fällt.

3. Der Anspruch des Steuerpflichtigen auf gänzliche oder teilweise Erstattung der erlegten Steuer wegen eines nach ihrer Festsetzung eingetretenen Ereignisses verjährt binnen Jahresfrist nach dem Eintrit des Ereignisses. Die Frist wird nach der Kalenderzeit von Datum zu Datum berechnet.

V. Betrag der Erbschaftssteuer.[1])

§ 28.

a) Allgemeine Grundsätze.

Die Erhebung der Steuer erfolgt nach Prozenten vom Werte der steuerpflichtigen Masse. Der geringste Betrag ist fünfzig Pfennig; er kann nur vorkommen, wenn infolge des Abzuges des Wertes der einem Dritten zustehenden Nutzung der Wert der Substanz sich auf den Betrag von 150 Mark oder weniger vermindert, da, abgesehen von diesem Falle, Anfälle, welche den Betrag von 150 Mark nicht übersteigen, steuerfrei sind und der niedrigste, nämlich einprozentige Steuersatz für einen Anfall von mehr als 150 Mark schon 2 Mark beträgt. Die Steuer steigt von 50 Pfennig zu 50 Pfennig.

Bei den an Verwandte des Erblassers gelangenden Anfällen ist die Nähe des Verwandtschaftsgrades für die Frage, ob und zu welchem Satze eine Steuerpflicht begründet ist, von Bedeutung. Im allgemeinen entscheidet das Verwandtschaftsverhältnis zwischen dem Erblasser und demjenigen, welcher im Rechtssinne als Erwerber des Anfalles anzusehen ist. Erhält daher z. B. ein steuerfreier Erbe die Erbschaft infolge der Ausschlagung eines steuerpflichtigen, so zahlt er keine Steuer; hingegen muß ein steuerpflichtiger Erbe, dem die Erbschaft zufolge der Ausschlagung eines steuerfreien zufällt, die Steuer nach dem Grade seiner Verwandtschaft mit dem Erblasser entrichten. Im Falle der Transmission entscheidet das Verhältnis des Transmissars zum Erblasser (vgl. S. 151 des Kommentars). Maßgebend ist das wirklich bestehende, nicht etwa das in der letztwilligen Verfügung unrichtig angegebene Verhältnis. Besteht ein doppeltes Verwandtschaftsverhältnis zu dem Erblasser, oder treffen Blutsverwandtschaft und Schwägerschaft zusammen, so wird die Steuer nach dem dem Pflichtigen günstigsten Verhältnis berechnet. Bei Lehns- und Fideikommißanfällen sowie bei Hebungen aus Familienstiftungen tritt an Stelle des Erblassers der letzte Inhaber des Lehns oder des Fideikommisses, oder der Hebungen aus der Familienstiftung, d. h. wer zur Nutzung oder zum Bezuge rechtlich befugt war, auch wenn er die Ausübung des Rechtes einem anderen überlassen hatte.

Ob überhaupt eine Verwandtschaft vorliegt, ist im allgemeinen nach dem für den Nachlaß anzuwendenden bürgerlichen Rechte zu beurteilen. Indes hat wegen der großen Verschiedenheiten des Familienrechts in den einzelnen Landesteilen, insbesondere was die Stellung der unehelichen Kinder anlangt, das Gesetz eine Reihe von allgemeinen Vorschriften erlassen, die freilich immer noch eine gewisse ungleichmäßige steuerliche Behandlung wirtschaftlich gleichartiger Fälle bestehen lassen.

Bei Bestimmung des Steuersatzes kann nicht auf ein Verhältnis zurückgegangen werden, das durch rechtskräftiges richterliches Erkenntnis oder durch gültigen Vertrag schon vor dem Eintritte des Anfalles gelöst ist. Namentlich werden Anfälle, die nach erfolgter Trennung einer Ehe (worunter auch die beständige Trennung von Tisch und Bett, nicht aber die zeitweise Trennung der Ehegatten durch

[1]) In diesem Abschnitte sind, soweit nicht auf andere Stellen des Gesetzes oder des Kommentars verwiesen ist, der Tarif und die Anmerkungen zu diesem zu vergleichen.

richterliche Entscheidung zu verstehen ist) oder nach aufgehobener Einkindschaft eintreten, lediglich nach dem Steuersatze versteuert, welcher ohne Rücksicht auf das aufgehobene Verhältnis anwendbar ist.

Über die Stellung der unehelichen Kinder gelten folgende Grundsätze. Sie werden nebst ihren Deszendenten zu den Deszendenten der unehelichen Mutter gerechnet; dies gilt auch für die in blutschänderischer Verbindung, im Ehebruch oder in Bigamie erzeugten Kinder, deren Verwandtschaft mit der Mutter im gemeinen Rechte bestritten ist. — Die vor der Ehe geborenen unehelichen Kinder einer Frau werden — außer im Falle der Legitimation durch nachfolgende Ehe, welche dem Kinde die Stellung eines leiblichen ehelichen verleiht, — zu den Stiefkindern ihres Ehemannes gerechnet; diese Bestimmung dürfte im Gebiete des gemeinen Rechtes auch auf diejenigen Kinder Anwendung finden, welche vor dem 182. Tage nach der Eheschließung geboren sind, obwohl das Gesetz sie nicht besonders erwähnt. — Den legitimierten Kindern eines Mannes werden diejenigen außer der Ehe erzeugten Kinder gleichgeachtet, welche erweislich gegen ihn die Rechte ehelicher Kinder in in anderer Art als durch nachfolgende Ehe (also z. B. durch legitimatio per rescriptum principis; siehe im übrigen S. 47, 48 und 150 des Kommentars) erworben haben. — Eheliche und uneheliche Kinder derselben Mutter, ingleichen eheliche und legitimierte Kinder desselben Vaters werden als halbbürtige Geschwister angesehen; uneheliche Kinder eines Vaters von verschiedenen Müttern sind untereinander nicht verwandt, dagegen macht es bei mehreren unehelichen Kindern einer Mutter für das Erbschaftssteuerrecht keinen Unterschied, ob sie von einem oder von verschiedenen Vätern erzeugt sind.

§ 29.

b) Steuersätze.

Der Tarif kennt vier verschiedene Steuersätze, von denen der niedrigste ein, der höchste acht Prozent vom Werte des Anfalls beträgt.

1. Mit einem vom Hundert des Betrages wird der Anfall versteuert, wenn er gelangt an Personen, welche dem Hausstande des Erblassers angehört und in demselben in einem Dienstverhältnis gestanden haben, sofern der Anfall in Pensionen, Renten oder anderen auf die Lebenszeit der Bedachten beschränkten Nutzungen besteht, die ihnen mit Rücksicht auf dem Erblasser geleistete Dienste zugewendet werden. Die genannten Personen sind außerdem noch insofern begünstigt, als die ihnen zufließenden Anfälle, welche den Betrag von 900 Mark nicht übersteigen, steuerfrei sind. Zur Anwendung des niedrigen Steuersatzes ist nicht erforderlich, daß das Dienstverhältnis von längerer Dauer gewesen ist oder bis zum Tode des Erblassers fortgedauert hat. Zum Hausstande des Erblassers gehört, wer seine häusliche Gemeinschaft teilt; ein Dienstverhältnis setzt den ausdrücklichen oder stillschweigenden Abschluß eines Dienstvertrages voraus; wegen der zahlreichen, an beide Begriffe sich anknüpfenden Zweifel siehe S. 151—153 des Kommentars.

2. Mit zwei vom Hundert wird der Anfall versteuert, wenn er gelangt an adoptierte oder infolge der Einkindschaft zur Erbschaft berufene Kinder und deren Deszendenten (vorausgesetzt daß ein nach bürgerlichem Recht gültiger Adoptions- oder Einkindschaftsvertrag vorliegt; vgl. hierüber S. 153 und 154 des Kommentars), sowie an voll- oder halbbürtige Geschwister und deren Deszendenten.

3. Den Satz von vier vom Hundert kann man als den Normalsteuersatz des Gesetzes bezeichnen. Mit ihm ist ein Anfall zu versteuern, wenn er gelangt an

α) Verwandte bis einschließlich zum sechsten Grade der Verwandtschaft (nach römischrechtlicher Komputation: quot generationes, tot gradus), soweit sie nicht ihre Anfälle mit zwei Prozent zu versteuern haben, oder (siehe unten S. 305) völlig steuerfrei sind. Verwandt im Rechtssinne sind nur die von einem gemeinsamen Stammvater Abstammenden (Blutsverwandte). Die Frage, ob die unehelichen Kinder mit den Blutsverwandten ihrer Mutter verwandt sind, ist nach den drei Rechtssystemen verschieden zu beantworten; siehe hierüber S. 155 des Kommentars. Wer in einem entfernteren, als dem sechsten Grade verwandt ist, wird bezüglich der Erbschaftssteuer als nicht verwandt behandelt;

β) Stiefkinder und deren Deszendenten sowie Stiefeltern; Stiefverwandte eines Ehegatten sind die Blutsverwandten des anderen Ehegatten. Die Stiefverwandtschaft besteht auch nach der durch den Tod bewirkten Auflösung der sie begründenden Ehe fort. Die nach der Ehescheidung von einem der Ehegatten mit einer anderen Person erzeugten oder geborenen Kinder sind nicht Stiefkinder des früheren Ehegatten;

γ) Schwiegerkinder und Schwiegereltern; der Finanzminister hat den Steuersatz von 4 Prozent auch auf die von dem Ehegatten eines Adoptivkindes an dessen Adoptiveltern und umgekehrt gelangenden Anfälle für anwendbar erklärt, obwohl hier eine Schwiegerverwandtschaft im Rechtssinne nicht vorliegt. Sie entsteht übrigens noch nicht durch bloßes Verlöbnis und endigt nicht durch den Tod eines oder beider Ehegatten, durch deren Eheschließung sie einmal begründet ist;

δ) natürliche, aber von dem Erzeuger erweislich anerkannte Kinder; erforderlich ist ein nachweisbares, von einem verfügungsfähigen außerehelichen Erzeuger ausgehendes Anerkenntnis, das aber von dem gesetzlichen Vertreter des Kindes nicht angenommen zu sein braucht. Die rechtskräftige Verurteilung des Vaters zur Erklärung des Anerkenntnisses steht der freiwilligen Abgabe gleich;

ε) endlich sind mit vier Prozent zu versteuern alle Anfälle und Zuwendungen, welche ausschließlich zu wohlthätigen gemeinnützigen oder Unterrichtszwecken bestimmt sind, insofern solche nicht einzelne Familien oder bestimmte Personen betreffen und die wirkliche Verwendung zu dem bestimmten Zwecke gesichert ist (wegen der Begriffe der wohlthätigen u. s. w. Zwecke vgl. S. 156 und 157 des Kommentars). Die Verwendung zu einem der genannten Zwecke muß ausschließlich und vom Erblasser selbst rechtsverbindlich angeordnet und gesichert sein, (über das Verhältnis dieser Tarifposition zu § 8 des Gesetzes siehe die Anmerkungen zu diesem § und S. 158 des Kommentars).

4. In allen vorstehend nicht erwähnten Fällen beträgt, soweit nicht überhaupt Steuerfreiheit eintritt, die Steuer acht vom Hundert. Diesen Satz haben insbesondere auch alle diejenigen zu entrichten, welche nicht als mit dem Erblasser verwandt gelten, sowie alle nicht befreiten juristischen Personen.

§ 30.

c) Steuerbefreiungen.

Das Gesetz kennt zahlreiche Fälle, in denen ein an sich unter das Erbschaftssteuergesetz fallender Erwerb aus besonderen Gründen von der Steuer befreit ist. Die Gründe liegen teils in der Beschaffenheit des Anfalls (objektive Steuerfreiheit), teils in den persönlichen Eigenschaften des Empfängers (subjektive Steuerfreiheit). Die Aufzählung der Befreiungen ist eine erschöpfende; Anfälle, auf welche keine der im Gesetze gegebenen Bestimmungen Anwendung findet, unterliegen der Steuer.

Aus einem objektiven Grunde, nämlich wegen der Geringfügigkeit des Objekts und des Mißverhältnisses zwischen dem Betrage der Steuer und den Erhebungskosten, sind solche Anfälle befreit, deren Wert den Betrag von 150 Mark nicht übersteigt; dabei sind jedoch mehrere Zuwendungen an eine Person aus demselben Nachlasse zusammenzurechnen. Ist in einer Verfügung eine Summe zur Verteilung an mehrere ausgesetzt, so ist eine Steuerpflicht nur begründet, wenn der auf den einzelnen Empfänger entfallende Betrag höher ist, als 150 Mark. Das gleiche gilt, wenn für eine Klasse von Personen eine von einem Dritten zu verteilende Summe ausgesetzt ist, ohne daß den von ihm nicht Bedachten ein Anspruch auf das Vermächtnis zustehen soll.

Die Befreiung tritt nicht ein, wenn lediglich infolge des Abzuges des Wertes der einem Dritten zustehenden Nutzung der Wert der Substanz sich auf den Betrag von 150 Mark vermindert. In diesem Falle ist die Substanz immer steuerpflichtig, die Nutzung dagegen nur, wenn ihr Wert den Betrag von 150 Mark übersteigt.

Zahlreicher und für die Erträgnisse der Steuer bedeutungsvoller sind die subjektiven Steuerbefreiungen. Befreit ist jeder Anfall, welcher gelangt an:

1. Aszendenten, d. h. leibliche eheliche Verwandte aufsteigender Linie ohne Beschränkung der Grade, außerdem die uneheliche Mutter bezüglich ihrer außer der Ehe geborenen Kinder und deren Deszendenten, der außereheliche Erzeuger und dessen leibliche eheliche Eltern, wenn das uneheliche Kind die Rechte eines ehelichen erhalten hatte, endlich die Adoptiveltern, sofern sie die rechtliche Stellung der leiblichen Eltern haben (das ist stets der Fall mit alleiniger Ausnahme der adoptio minus plena des gemeinen Rechts);

2. Deszendenten, d. h. leibliche Verwande absteigender Linie, sofern sie aus gültigen, (also, wenn in Deutschland geschlossen, den Vorschriften des Personenstandsgesetzes entsprechenden), nicht nichtigen (wenn auch anfechtbaren) Ehen abstammen oder legitimiert sind. Den letzteren stehen die außer der Ehe geboren Kinder gleich, die erweislich gegen den Erzeuger die Rechte der ehelichen Kinder in anderer Art als durch nachfolgende Ehe erworben haben. Auch uneheliche Kinder haben von dem Nachlasse ihrer Mutter oder deren Aszendenten keine Erbschaftssteuer zu entrichten;

3. Ehegatten, vorausgesetzt, daß eine gültige Ehe vorlag, welche bis zum Tode des Erblassers fortgedauert hatte;

4. Personen, welche dem Hausstande des Erblassers angehört und in demselben in einem Dienstverhältnis gestanden haben, sofern der Anfall den Betrag von 900 Mark nicht übersteigt. Daß die Zuwendung mit Rücksicht auf dem Erblasser geleistete Dienste gemacht war, ist hier nicht erforderlich. Bei einem höheren Betrage ist die von dem ganzen Betrage zu berechnende Steuer nur soweit zu entrichten, als sie aus dem die Summe von 900 Mark übersteigenden Betrage entnommen werden kann. Der Steuersatz ist bei einem Betrage über 900 Mark, wenn der Anfall in einer Pension, Rente oder einer anderen auf die Lebenszeit des Bedachten beschränkten Nutzung besteht und mit Rücksicht auf dem Erblasser geleistete Dienste zugewendet wird, ein Prozent; in allen anderen Fällen zwei, vier oder acht Prozent, je nach dem persönlichen Verhältnis des Erwerbers zum Erblasser;

5. den Preußischen Fiskus und alle öffentlichen Anstalten und Kassen, welche (wie z. B. die Seehandlung, die Königliche Porzellanmanufaktur a. a. m.) für Rechnung des Preußischen Staates verwaltet werden oder diesen gleichgestellt sind. Zur Gewährung der Steuerfreiheit an den Fiskus eines außerpreußischen Staates ist der Finanzminister nicht befugt;

6. preußische Orts- und Landarmenverbände (der Begriff ist aus §§ 3, 5 und 6 des Reichsgesetzes über den Unterstützungswohnsitz vom 6. Juni 1870 in der Fassung der Novelle vom 12. März 1894 und § 2 des preußischen Ausführungsgesetzes zu demselben v. 8. März 1871 zu ergänzen) zur Verwendung für Hülfsbedürftige. Außerpreußischen Armenverbänden kann Befreiung von der Steuer

gewährt werden, wenn der auswärtige Staat Preußen gegenüber die gleiche Rücksicht übt.

7. preußische Armen-, Kranken-, Arbeits-, Straf- und Besserungsanstalten, sowie Waisenhäuser, sofern sie alle öffentlich sind, d. h. im Eigentum oder unter der Verwaltung des Staates oder einer Kommune stehen und, wenn auch unter gewissen Voraussetzungen, jedermann zugängig sind; vom Staate genehmigte Hospitäler und andere Versorgungsanstalten; vom Staate genehmigte Vereine für die Kleinkinderbewahranstalten; endlich Stiftungen, welche als milde ausdrücklich anerkannt sind. Milde Stiftungen sind solche, deren Hauptzweck auf die vollständige oder teilweise Unterstützung hülfsbedürftiger Personen durch unentgeltliche Zuwendungen gerichtet ist. Die Anerkennnng der Stiftung als einer milden muß vom Staate ausdrücklich erklärt sein; sie liegt nicht schon in der Allerhöchsten Genehmigung des Statuts und der Verleihung der juristischen Persönlichkeit an die Stiftung, es genügt aber, wenn aus dem gesamten Inhalte der Anerkennungsurkunde (wenn auch nicht mit ausdrücklichen Worten) hervorgeht, daß die Stiftung als eine milde angesehen werde. Außerpreußischen Anstalten u. s. w. kann Steuerbefreiung gewährt werden, wenn der auswärtige Staat Preußen gegenüber die gleiche Rücksicht übt;

8. preußische öffentliche Schulen (wozu auch alle Kommunalschulen gehören) und Universitäten sowie öffentliche, d. h. für den gemeinen Gebrauch bestimmte und und unter gewissen Voraussetzungen jedermann zugängige Sammlungen für Kunst und Wissenschaft; außerpreußischen öffentlichen Schulen u. s. w. kann Befreiung von der Steuer gewährt werden, wenn der auswärtige Staat Preußen gegenüber die gleiche Rücksicht übt;

9. Deutsche (d. h. innerhalb des Deutschen Reiches befindliche, in dem betreffenden Bundesstaat oder Elsaß-Lothringen anerkannte) Kirchen und andere Deutsche Religionsgesellschaften, denen die Rechte juristischer Personen zustehen. „Kirchen" im Rechtssinne sind in Preußen nur die evangelische (unierte) Landeskirche und die katholische Kirche einschließlich der altkatholischen Kirchengemeinden; Religionsgesellschaften mit Korporationsrechten sind: die Lutheraner, sofern die einzelne Gemeinde von den Ministern der geistlichen Angelegenheiten, des Inneren und der Justiz genehmigt ist (nicht auch die Separatisten), die Herrenhuter und Böhmischen Brüder, die Synagogengemeinden, die Niederländisch-Reformierten (Kohlbrüggianer; diese haben indes Korporationsrechte nur behufs Erwerbung von Grundstücken), die Mennonitengemeinden, die Baptistengemeinden, die durch Austritt aus einer bestehenden Synagogengemeinde neu entstandenen Religionsgesellschaften, sofern ihnen Korporationsrechte durch Königliche Verordnung verliehen sind;

10. inländische Kassen oder Anstalten, welche die Unterstützung der Arbeitnehmer oder Bediensteten des Erblassers, sowie der Angehörigen derselben bezwecken;

11. Endlich sind generell diejenigen bestehenden Befreiungen vom Erbschaftsstempel, beziehungsweise von der Erbschaftsabgabe, welche nach den Landesgesetzen nur gegen Entschädigung aufgehoben werden können oder auf besonderem landesherrlich verliehenen Privilegium beruhen, auch auf die nach dem Erbschaftssteuergesetze zu entrichtende Steuer für anwendbar erklärt. Hierzu gehören beispielsweise die den Mitgliedern des Königlichen Hauses in beschränkten Umfange (nämlich nur bezüglich der ihnen von einem anderen Mitgliede des Königlichen Hauses zukommenden Anfälle), sowie die einigen ehemals Reichsunmittelbaren bewilligten Steuerfreiheiten. Wer eine derartige subjektive Steuerbefreiung für sich in Anspruch nimmt, hat ihr Bestehen der Steuerbehörde auf Erfordern genügend nachzuweisen.

Dritter Abschnitt.

Das Steuer-Erhebungsverfahren.[1])

§ 31.

a) Organisation der Steuerbehörden.

Die Verwaltung der Erbschaftssteuer, welche früher in dem größten Teile der Monarchie, nämlich in den alten Provinzen, zur Zuständigkeit der Gerichte erster Instanz gehörte, ist seit dem 1. Januar 1874 allgemein den mit der Verwaltung der indirekten Steuern betrauten Behörden zugewiesen. Sie wird unter Leitung des Finanzministers (und zwar der dritten Abteilung des Finanzministeriums) von den bureaukratisch organisierten Provinzialsteuerdirektionen durch eigene Behörden: die Erbschaftssteuerämter geführt (§ 31 des Gesetzes). Die Geschäftsbezirke der letzteren, welche zugleich Stempelsteuerämter sind, werden durch den Finanzminister festgestellt. Die letzte Festsetzung ist im Hinblick auf das Inkrafttreten des Stempelsteuergesetzes vom 31. Juli 1895 durch Finanz-Ministerial-Reskript vom 13. Februar 1896 (Anhang S. 218) erfolgt. Danach sind zur Zeit 32 Erbschaftssteuerämter vorhanden. An ihrer Spitze stehen Stempelfiskale, welche im Etat der betreffenden Provinzialsteuerdirektion geführt werden, mit deren Mitgliedern, abgesehen von den Oberregierungsräten, nach dem Dienstalter rangieren, den Titel „Regierungsrat“ führen und zur vierten Rangklasse der höheren Provinzialbeamten gehören. Älteren Stempelfiskalen wird der Titel „Geheimer Regierungsrat“ und damit der persönliche Rang der Räte dritter Klasse verliehen. Jedem Erbschaftssteueramt sind die erforderlichen Bureaubeamten (Provinzial-Steuer-Sekretäre und Assistenten) beigegeben. Der nächste Vorgesetzte des Stempelfiskals ist der Provinzialsteuerdirektor; dieser wiederum untersteht unmittelbar dem Finanzminister.

Den Erbschaftssteuerämtern liegt gemäß den vom Finanzminister erlassenen (im Anhange S. 192 ff. abgedruckten) Ausführungsbestimmungen die Feststellung und Einziehung der zu erhebenden Erbschaftssteuerbeträge und die Aufsicht über die Beobachtung des Erbschaftssteuergesetzes ob. Zur Durchführung der von ihnen erlassenen Anordnungen ist eine umfassende Mitwirkung anderer Behörden und der Steuerpflichtigen selbst vorgeschrieben. Letzteren gegenüber haben die Erbschaftssteuerämter eine — allerdings beschränkte — Strafgewalt.

Zuständig zur Bearbeitung eines steuerpflichtigen Anfalls ist das Amt, in dessen Bezirk der Erblasser (oder der frühere Inhaber des Fideikommisses oder der Nutzungsberechtigte) im Augenblicke seines Todes seinen allgemeinen Gerichtsstand hatte, oder, falls ein solcher in den Bezirken mehrerer Ämter begründet war, dasjenige, in dessen Bezirk er zuletzt gewohnt hat. Hatte der Erblasser zur Zeit seines Todes überhaupt keinen Wohnsitz in Preußen, so wird jedes Amt, in dessen Bezirke sich steuerpflichtige Nachlaßgegenstände befinden, für zuständig zu erachten sein.

§ 32.

b) Unterstützung der Steuerbehörden durch andere Behörden.

Den Erbschaftssteuerämtern müssen die anderen unteren Steuerbehörden (Haupt- und Neben-Zoll- bezw. Steuer-Ämter) auf Ersuchen bei der Ermittelung der einen

[1]) Das Erhebungsverfahren ist hier nur soweit dargestellt als es durch das Gesetz geregelt ist.

Anfall betreffenden Umstände behülflich sein. Außerdem sind zu ihrer Unterstützung in erster Linie die Standesämter und die Gerichte, sodann die Polizeibehörden und in geringerem Umfange die Regierungspräsidenten berufen.

Die Standesämter haben die Erbschaftssteuerämter durch Übersendung von periodischen Auszügen aus den Totenlisten von den in ihrem Bezirke vorgekommenen Todesfällen zu unterrichten. Den gleichen Zweck verfolgt die Übersendung beglaubigter Abschriften der eröffneten letztwilligen Verfügungen und der erlassenen Todeserklärungen von seiten der Gerichte. Diese sind ferner verpflichtet, den Erbschaftssteuerämtern auf Ersuchen jede gesetzlich zulässige und praktisch mögliche Auskunft über Thatsachen, die für die Feststellung der Steuer erheblich sind, zu erteilen, insbesondere ihnen auch Einsicht in Vormundschafts- und andere Akten zu gestatten und sie ihnen auf Antrag zu übersenden.

Wo den Erbschaftssteuerämtern genügende Mittel zur Festsetzung der Steuer nicht zu Gebote stehen, müssen auf Ersuchen die Polizeibehörden innerhalb ihrer Zuständigkeit ergänzend eingreifen. Die Regierungspräsidenten endlich haben, bevor sie Gelder aus Hinterlassenschaften im Auslande verstorbener Personen an Reichsangehörige auszahlen, dem zuständigen Erbschaftssteueramte hiervon Mitteilung zu machen.

Die Verpflichtung der Behörden verschiedener Bundesstaaten zur Beistandleistung bei der Erhebung und Beitreibung von Steuern und bei der Durchführung des Verwaltungsstrafverfahrens ist jetzt durch das Reichsgesetz vom 9. Juni 1895 geregelt. Siehe hierüber unten § 58.

§ 33.

c) Mitwirkung der Steuerpflichtigen.

Auf Grund der Erwägung, daß die Thätigkeit der Behörden allein nicht im Stande ist, eine vollständige Ermittelung der steuerpflichtigen Anfälle und eine sachgemäße Festsetzung der Steuer zu sichern, hat das Gesetz dem Steuerpflichtigen selbst und seinen Vertretern weitgehende Verpflichtungen zur Erstattung von Mitteilungen an die Erbschaftssteuerämter auferlegt. Diese Verpflichtungen bestehen im wesentlichen in der Notwendigkeit, den Anfall anzumelden (Anmeldungszwang), seine Bestandteile unter Beifügung ihres Wertes anzugeben (Inventarisationszwang), die die Festsetzung der Steuer bedingenden thatsächlichen Verhältnisse klarzulegen (Deklarationszwang), der Steuerbehörde auf Erfordern jede Auskunft thatsächlicher Natur zu geben (Auskunftszwang) und endlich die Richtigkeit aller vorstehend erwähnten Mitteilungen durch Versicherung an Eidesstatt zu bekräftigen. Die Verletzung jeder dieser Pflichten bringt gewisse, bei den einzelnen Fällen näher zu erwähnende Nachteile mit sich.

1. Anmeldungszwang. Jeder, dem ein an sich steuerpflichtiger Anfall zukommt, ist verpflichtet, ihn binnen drei Monaten (wenn er in außereuropäischen Ländern oder Gewässern abwesend ist, binnen sechs Monaten), nachdem er davon Kenntnis erhalten hat, dem zuständigen Erbschaftssteueramte schriftlich anzumelden. Dieses hat, sobald ihm ein (nicht zweifellos steuerfreier) Erbfall bekannt wird, dem Erben ein Anmeldungsformular und eine gedruckte Belehrung über die Pflichten der Erben und Legatare portofrei zu übersenden. Die Anmeldungspflicht gilt auch für die Fälle, in denen dem Erwerber ein persönlicher oder aus der Art des Anfalls herzuleitender Befreiungsgrund zur Seite steht, sowie dann, wenn der Anfall noch nicht thatsächlich erworben, sondern z. B. aufschiebend bedingt ist. Für Handlungsunfähige, für juristische Personen und Konkursmassen ist die Anmeldung durch den gesetz-

lichen Vertreter zu bewirken (§ 37 Abs. 2 des Gesetzes). Wer rechtsgültig auf einen Anfall verzichtet hat, ist von der Meldepflicht befreit. Ferner erläßt das Gesetz durch ausdrückliche Vorschrift (§ 33) diese Verpflichtung denjenigen Teilnehmern an einer Erbschaft sowie den zu Hebungen aus einer Familienstiftung Berufenen, deren Anfälle von einem gesetzlichen Vertreter, einem Bevollmächtigten, Testamentsvollstrecker, Nachlaßverwalter (bezw. Verwalter der Familienstiftung) oder von einem Mitberechtigten rechtzeitig angemeldet werden. Die Frist beginnt mit dem Augenblicke, wo der Anmeldungspflichtige von dem Anfalle Kenntnis, d. h. so glaubhafte Kunde erhält, daß ihm eine in den wesentlichen Punkten vollständige Anmeldung überhaupt möglich ist. Für den Zeitpunkt der Kenntnisnahme besteht in dem Falle, daß der Anmeldungspflichtige sich in Europa aufhält, eine gesetzliche Vermutung: es wird angenommen, daß er spätestens am dreißigsten Tage nach dem Eintritte des Anfalles von ihm Kenntnis erhalten hat, vorbehaltlich des die Steuerbehörde treffenden Beweises eines früheren und des dem Steuerpflichtigen obliegenden Beweises eines späteren Zeitpunktes. Die Anmeldung muß die Steuerbehörde in die Lage versetzen, die Kontrole über die ordnungsmäßige Feststellung und Einziehung der Steuer auszuüben; sie muß daher mindestens Namen, Alter und Todestag des Erblassers (oder Vorgängers), kurze Bezeichnung des Anfalls (ob Erbschaft, Schenkung von Todeswegen, Fideikommiß usw.), sowie Datum und Unterschrift des Anmeldenden enthalten.

Den Empfang der Anmeldung muß das Erbschaftssteueramt auf Verlangen des Anmeldenden auf einem von diesem vorzulegenden Duplikate bescheinigen (§ 34 des Gesetzes). Die Bescheinigung erfolgt kosten- und stempelfrei.

2. Inventarisations- und Deklarationszwang. Durch die Anmeldung des Anfalles erfährt die Steuerbehörde nichts über den Wert des angefallenen Vermögens. Um ihr die Möglichkeit zu gewähren, in dieser Richtung die erforderlichen Feststellungen zu treffen, muß, falls ein steuerpflichtiger Anfall vorhanden ist, innerhalb einer ferneren zweimonatigen Frist nach Ablauf der Anmeldungsfrist dem zuständigen Erbschaftssteueramte ein vollständiges und richtiges, zugleich die erforderlichen Wertangaben enthaltendes Verzeichnis (Inventarium) über die gesamte steuerpflichtige Masse und alle Gegenstände vorgelegt werden, die ihr zuzurechnen oder von ihr abzuziehen sind. Hiermit ist eine schriftliche Deklaration der die Festsetzung der Erbschaftssteuer bedingenden Verhältnisse (also insbesondere des persönlichen Verhältnisses des Bedachten zum Erblasser als sein Verwandter oder Bediensteter, der etwa vorhandenen subjektiven Steuerbefreiung, des Wohnsitzes und unter Umständen der Staatsangehörigkeit und des Alters des Bedachten) zu verbinden und einzureichen (§ 35 Abs. 1 des Gesetzes). Bei Erbschaften, an denen kein steuerpflichtiger Erbe teil nimmt, sondern bei denen nur steuerpflichtige Vermächtnisse, Schenkungen u. s. w. vorkommen, kann das Verzeichnis und die Deklaration auf die, steuerpflichtige Anfälle betreffenden, Gegenstände und Verhältnisse beschränkt werden (§ 36 des Gesetzes). — Die Verpflichtung zur Vorlegung des Verzeichnisses und der Deklaration liegt (nach § 37 Abs. 1 des Gesetzes) ob: α) bei Erbschaften in Bezug auf alle den Nachlaß betreffenden steuerpflichtigen Anfälle, wenn ein Testamentsvollzieher oder Nachlaßverwalter vorhanden ist, diesem, sonst den Erben, ohne Unterschied, ob sie selbst von den ihnen zukommenden Anfällen Erbschaftssteuer zu entrichten haben oder nicht; andere Teilnehmer (Vermächtnisnehmer u. s. w.) sind in betreff des ihnen zukommenden Anfalles zur Vorlegung des Verzeichnisses und der Deklaration nur auf Aufforderung des Erbschaftssteueramtes innerhalb der ihnen bekannt zu machenden Frist ververpflichtet; β) bei Lehns- und Fideikommißanfällen, sowie bei steuerpflichtigen Hebungen aus Familienstiftungen jedem Steuerpflichtigen hinsichtlich des ihm zukommenden Anfalles. — Für Bevormundete, unter Kuratel oder väterlicher Gewalt stehende oder juristische Personen und für Konkursmassen ist die Verpflichtung zur Vorlegung des Inventars und der Deklaration von deren gesetzlichen Vertretern

zu erfüllen (§ 37 Abs. 2 des Gesetzes). — Die Frist zur Vorlegung beginnt nach Ablauf der Anmeldungsfrist und ist auf Antrag zu verlängern, sofern besondere Gründe es erforderlich machen (§ 35 Abs. 1 und 2 des Gesetzes); die Entscheidung darüber, ob solche Gründe vorliegen, ist im allgemeinen dem billigen Ermessen des Erbschaftssteueramtes überlassen; doch muß die Verlängerung gewährt werden, wenn der Berufene den Anfall noch nicht erworben hat und dies anzeigt. — Hinsichtlich der Einrichtung des Verzeichnisses und der Deklaration sind die nach Bedürfnis von dem Finanzminister zu erlassenden näheren Vorschriften (vgl. insbesondere S. 193 und 197 ff. des Anhangs) zu beobachten (§ 35 Abs. 3 des Gesetzes).

Im Falle der Aversionalversteuerung ist der Finanzminister ermächtigt, ausnahmsweise von der Vorlegung des Verzeichnisses auf Antrag der Steuerpflichtigen ganz oder zum Teil abzusehen (§ 40 Abs. 1 des Gesetzes; vgl. unten § 34).

3. Auskunfszwang (§ 38 des Gesetzes). Die vorgelegten Verzeichnisse und Deklarationen werden vom Erbschaftssteueramte auf ihre Richtigkeit und Vollständigkeit geprüft. Finden sich in einer dieser Beziehungen Anstände, so hat das Amt sie dem zur Vorlegung Verpflichteten mitzuteilen und zugleich eine Frist zu bestimmen, innerhalb welcher die Erinnerung zu erledigen ist. Jeder, dem ein an sich der Steuer unterworfener Anfall (Erbschaft, Vermächtnis u. s. w.) zukommt, ist zur Erteilung der vom Erbschaftssteueramt erforderten Auskunft über die auf den Anfall bezüglichen thatsächlichen Verhältnisse, soweit sie auf die Festsetzung der Steuer für den an ihn selbst oder andere Teilnehmer an der Erbschaft u. s. w. gelangenden Anfall von Einfluß sein können, verpflichtet. Auf Verlangen müssen dem Erbschaftssteueramte die den Anfall betreffenden Urkunden zur Einsicht vorgelegt werden, insbesondere letztwillige Verfügungen, Erwerbsdokumente und die Beweismittel (z. B. Handelsbücher, Vertragsurkunden, Quittungen u. s. w.) über die von der Masse abzuziehenden Schulden und andere Ansprüche, auf Grund deren Abzüge von der Masse gemacht, oder Teile von ihr ausgeschieden werden sollen. Die Vorlegung einer Urkunde kann von dem Anfallsberechtigten nur verlangt werden, wenn sie sich in seiner thatsächlichen Verfügungsgewalt befindet und er durch die Vorlegung Rechte dritter Personen nicht verletzt. Die Frage, ob die Steuerbehörde die Verkündigung einer uneröffneten letztwilligen Verfügung betreiben kann, ist unbedenklich zu bejahen für die Fälle, in denen das Gericht von Amtswegen die Eröffnung vornehmen muß; ein von der Steuerbehörde gestellter Eröffnungsantrag hat hier nur die Bedeutung einer Anregung der Offizialthätigkeit des Gerichts. Für alle anderen Fälle kann die Frage nur aus der betreffenden Spezialgesetzgebung beantwortet werden; für das Gebiet des A.L.R. ist sie (auf Grund der Bestimmungen in I 12 § 213) zu bejahen; wechselseitige Testamente sind hier nach dem Tode des zuerst verstorbenen Ehegatten zu publizieren, selbst wenn der überlebende widersprechen sollte, falls nicht beide Testatoren den Zeitpunkt der Eröffnung weiter hinausgeschoben haben.

Die Steuerbehörde würde ihre unter Umständen weitgehenden Anforderungen in Bezug auf die Erteilung von Auskunft über thatsächliche Verhältnisse und auf die Vorlegung von Urkunden in vielen Fällen nicht durchsetzen können, wenn ihr nicht eine gewisse Zwangsgewalt zustände. Das Gesetz giebt deshalb dem Erbschaftssteueramte die Befugnis, denjenigen, der seinen Aufforderungen nicht genügt, durch Festsetzung und Einziehung von Ordnungsstrafen bis zu dem Betrage von sechszig Mark zur Befolgung seiner Anordnungen anzuhalten, und außerdem das zu ihrer Erledigung Nötige auf Kosten der Säumigen zu beschaffen. Die hier angedrohte Strafe ist nicht Kriminal-, sondern Zwangsstrafe; ihr Zweck ist nicht, begangenes Unrecht zu sühnen, sondern die Erfüllung einer gesetzlichen Pflicht zu erzwingen. Wenn sie daher auch nur gegen eine willensfähige, der Anordnung der Steuerbehörde bewußt zuwider handelnde Person festgesetzt werden kann, so finden doch die allgemeinen Grundsätze des Strafgesetzbuches im übrigen auf sie keine

Anwendung. Der Verhängung braucht die Androhung der Strafe nicht vorauszugehen; sie kann, solange der Pflichtige dem Verlangen der Behörde nicht nachgekommen ist, wegen eines und desselben Ungehorsamsfalles wiederholt verhängt werden, indes dürfen die mehreren Strafen zusammengerechnet den Betrag von 60 Mark nicht überschreiten. Die Behörde ist zur Zurücknahme der von ihr erlassenen Strafverfügung berechtigt. Die Vollstreckung erfolgt im Wege des Verwaltungszwangsverfahrens; der Rechtsweg ist gegen die Festsetzung der Strafe nicht zulässig, wohl aber die Beschwerde im Aufsichtswege an den Provinzialsteuerdirektor und gegen dessen Bescheid an den Finanzminister. Der Säumige hat, außer der Ordnungsstrafe, den doppelten Nachteil zu gewärtigen, daß die Behörde das zur Erledigung ihrer Anordnungen Nötige auf Kosten des Säumigen beschafft und daß sie die Steuer nach eigenem Ermessen festsetzt. Die letztere Befugnis ist auch ausreichend, um einer Schädigung der Staatskasse vorzubeugen für den immerhin möglichen Fall, daß schließlich alle Versuche des Erbschaftssteueramtes, für die Berechnung der Steuer eine sichere Unterlage zu gewinnen, erfolglos bleiben.

4. Eidesstattliche Versicherungen (§ 39 des Gesetzes) bilden das äußerste vom Gesetze zugelassene Mittel zur Erforschung der Wahrheit im Steuerermittelungsverfahren. Das Erbschaftssteueramt kann, wenn es nach sorgfältiger Prüfung dazu Veranlassung findet, demjenigen, welchem ein an sich der Steuer unterworfener Anfall zukommt, eine Versicherung an Eidesstatt über die Richtigkeit und Vollständigkeit des vorgelegten Verzeichnisses und der Deklaration oder einzelner Teile derselben, sowie der erforderten Angaben thatsächlicher Natur abnehmen. Die Befugnis erlischt nicht mit der Festsetzung der Steuer, sondern besteht fort, wenn später ein weiteres Ermittelungsverfahren notwendig wird. Ob die Versicherung vor dem Erbschaftssteueramte selbst oder einer darum ersuchten Behörde (z. B. einem Zoll- oder Steuer-Amte oder einem Amtsgerichte) abzugeben ist, bestimmt das erstere. Gegen die Anordnung ist die Beschwerde im Aufsichtswege, nicht der Rechtsweg zulässig. Die wissentlich oder fahrlässig falsche Abgabe der eidesstattlichen Versicherung wird nach §§ 156 und 163 des R.St.G.B., die Verweigerung der Abgabe nach § 45 des Erbschaftssteuergesetzes (siehe unten § 38) bestraft. — Die Ableistung des Offenbarungseides vom Steuerpflichtigen zu verlangen, ist die Steuerbehörde nur auf Grund eines im Prozeßverfahren ergangenen Urteils, nicht aber im Steuerermittelungsverfahren befugt.

§ 34.

d) Feststellung und Zahlung der Steuer.

Mit Hülfe der in den vorstehenden Paragraphen dargestellten Befugnisse ist das Erbschaftssteueramt in den weitaus meisten Fällen in der Lage, die Steuer sachgemäß zu berechnen. Ist die Berechnung erfolgt, so erteilt das Amt (nach § 41 des Gesetzes) dem Steuerpflichtigen eine kosten- und stempelfreie Bescheinigung, welche den Betrag der steuerpflichtigen Masse, die einzelnen Anfälle, das Verwandtschaftsverhältnis, die Beträge der von den einzelnen Steuerpflichtigen zu zahlenden Steuer angiebt und zugleich die Anweisung zu ihrer Entrichtung enthält. Die Bescheinigung bindet beide Teile nur insoweit, als sie auf einem zwischen der Behörde und dem Pflichtigen geschlossenen Vergleiche beruht, steht aber im übrigen weder einer Steuernachforderung noch einer Steuererstattung entgegen, wenn sich später ergiebt, daß die Steuer aus irgendeinem Grunde unrichtig berechnet war.

Einer besonderen Erwähnung bedarf der Fall der Aversionalversteuerung (§ 40 Abs. 1 des Gesetzes). Der Finanzminister ist nämlich, wie bereits erwähnt, ermächtigt, ausnahmsweise von der Vorlegung des Verzeichnisses auf Antrag der Steuerpflichtigen ganz oder zum Teil abzusehen und ein Aversionalquantum, über dessen Betrag der Steuerpflichtige Vorschläge zu machen hat, anzunehmen. Die Aversionalversteuerung ist ausdrücklich zugelassen für solche Fälle, deren Versteuerung sonst noch ausgesetzt bleiben müßte; sie empfiehlt sich aber außerdem stets da, wo die Mühe und Kosten einer ins Einzelne gehenden Wertsermittelung in keinem Verhältnis zu dem zu erwartenden Resultate stehen würden. Das zwischen der Steuerbehörde und dem Steuerpflichtigen über die Höhe des Aversums getroffene Abkommen hat den Charakter eines Vergleichs, dessen Wirkungen sich nach dem maßgebenden bürgerlichen Rechte bestimmen.

Die Bescheinigung bildet für die Steuerbehörde einen Vollstreckungstitel, auf Grund dessen sie die Steuer, wenn freiwillige Zahlung nicht innerhalb der gesetzten Frist erfolgt, im Wege des Verwaltungszwangsverfahrens gemäß der Verordnung vom 7. September 1879 (Anhang S. 185 ff.) beitreiben kann. Die Beitreibung ist außer gegen den prinzipalen Steuerschuldner auch gegen alle die zulässig, welche neben ihm auf Grund des Erbschaftssteuergesetzes für die Steuer haften, nicht dagegen wider den, welcher nur durch privates Rechtsgeschäft sich dem Fiskus gegenüber verpflichtet hat. Ihn (z. B. einen Erbschaftskäufer) muß die Steuerbehörde mangels freiwilliger Zahlung verklagen.

Die Erhebung der Steuer muß jedenfalls soweit erfolgen, als der Nachlaß zur Zahlung liquid ist, d. h. als Ansprüche dritter Personen an ihn nicht erhoben werden. Die Verzögerung der Auseinandersetzung der Erben darf die Entrichtung der Steuer nicht aufhalten.

§ 35.

e) Zulässigkeit des Rechtsweges.

Wer der Ansicht ist, daß ein Erbschaftssteuerbetrag von ihm zu Unrecht gefordert oder bezahlt ist, kann gegen die Verfügungen des Erbschaftssteueramtes Beschwerde an den Provinzialsteuerdirektor, und gegen dessen Bescheid weitere Beschwerde an den Finanzminister einlegen. Auch ist die vorgesetzte Behörde kraft ihres Aufsichtsrechts jederzeit befugt, einen zu Unrecht erhobenen Steuerbetrag zu beanstanden und die Rückzahlung anzuordnen. Um eine gleichmäßige Anwendung des Gesetzes zu sichern, werden die von den Erbschaftssteuerämtern eingesandten Erbschaftssteuertabellen im Finanzministerium fortlaufend revidiert.

Außerdem ist es der Steuerbehörde ohne Einschränkung, dem Steuerpflichtigen, der sich durch die Festsetzung oder Beitreibung eines Steuerbetrages (nicht auch einer Strafe) beschwert fühlt, unter gewissen Voraussetzungen gestattet, den Rechtsweg zu beschreiten, und zwar auch ohne vorherige Erschöpfung des Instanzenzuges im Beschwerdeverfahren. Das Gesetz (§ 42) verweist in dieser Beziehung auf die §§ 11 und 12 des Gesetzes, betreffend die Erweiterung des Rechtsweges vom 24. Mai 1861 mit der Maßgabe, daß es des dort vorgeschriebenen Vorbehalts bei Zahlung der Erbschaftssteuer nicht bedarf. Dieses Gesetz gestattet die Beschreitung des Rechtsweges demjenigen, welcher zur Entrichtung eines von ihm geforderten Betrages garnicht oder nicht in der geforderten Höhe verpflichtet zu sein vermeint. Danach ist in Erbschaftssteuersachen der Rechtsweg zulässig: 1) wegen eines erst geforderten oder bereits gezahlten Steuerbetrages; 2) wegen des Anspruchs des Fiskus auf Sicherstellung eines zukünftig fälligen Steuerbetrages; 3) wegen der Zinsen des zu Unrecht gezahlten Betrages an Steuer oder Sicherheit (dieser Anspruch kann selbständig verfolgt werden, wenn die Steuer oder die Sicherheit bereits zurückgewährt ist); 4) wegen etwaiger sonstiger Nebenforderungen, wie

Portoauslagen, Kosten der Beitreibung u. s. w., welche dem Steuerpflichtigen gegen den Fiskus zustehen und ihren Rechtsgrund in der zu Unrecht erforderten Erbschaftssteuer haben; 5) endlich (in Gestalt der Feststellungsklage), um die aus der Steuerfreiheit hergeleitete Nichtverpflichtung zur Einreichung des Verzeichnisses und der Deklaration darzuthun.

Die gerichtliche Geltendmachung der völligen oder teilweisen Steuerfreiheit erfolgt, wenn die Steuerbehörde klagt, im Wege der Einrede, sonst durch Erhebung der (je nach den Umständen des Falles auf Leistung oder Feststellung gehenden) Klage; das Mahnverfahren ist zulässig. Die Klage ist gegen den preußischen Fiskus zu richten. Dieser wird durch denjenigen Provinzialsteuerdirektor vertreten, welcher die Steuer festgesetzt oder gefordert hat oder in dessen Bezirk das mit der Bearbeitung des betreffenden Falles betraute Erbschaftssteueramt seinen Sitz hat. Zur Substanziierung der Klage des Zahlenden oder in Anspruch genommenen genügt in den Fällen 1—4 die Behauptung, daß die Steuer zu Unrecht gefordert oder beigetrieben sei, in dem Falle 5 die Behauptung, daß ein steuerpflichtiger Anfall nicht vorliege; in allen Fällen muß die Steuerbehörde die die Steuerpflichtigkeit des Anfalles und die Höhe der Steuer begründenden Thatsachen behaupten und beweisen. Beiden Parteien stehen alle im Zivilprozesse überhaupt zulässigen Beweismittel zu Gebote. Zur Einstellung des bereits eingeleiteten Verwaltungszwangsverfahrens durch einstweilige Verfügung ist das Prozeßgericht nicht befugt. Die Klage muß bei Verlust des Klagerechts binnen sechs Monaten nach erfolgter Beitreibung oder Zahlung angebracht werden; für die Fälle, wo die gänzliche oder teilweise Erstattung der erlegten Steuer wegen eines nach ihrer Festsetzung eingetretenen Ereignisses verlangt werden kann, verlängert sich die Frist auf ein Jahr. Beide Fristen sind keine Präklusiv-, sondern wahre Verjährungsfristen. Ausschließlich zuständig ist (abgesehen von dem Falle des Mahnverfahrens) ohne Rücksicht auf den Wert des Streitgegenstandes die Zivilkammer des Landgerichts. Gegen die von dem Zivilsenate des Oberlandesgerichts in der Berufungsinstanz erlassene Entscheidung ist die Revision, über welche ein Zivilsenat des Reichsgerichts erkennt, ohne Rücksicht auf den Wert des Beschwerdegegenstandes zulässig.

Die Zwangsvollstreckung aus dem Urteile kann die Steuerbehörde sowohl im Wege des Verwaltungszwangsverfahrens, wie nach den Vorschriften der C.P.O. betreiben. Für die gegen den Fiskus erfolgende Vollstreckung sind die in den verschiedenen Landesteilen geltenden besonderen Bestimmungen (vgl. Kommentar S. 127) zu beachten.

§ 36.

f) Kosten in Erbschaftssteuersachen.

Die Verhandlungen der Steuerpflichtigen mit den Steuerbehörden in Erbschaftssteuerangelegenheiten sind kosten- und stempelfrei (§ 49 Abs. 1 des Gesetzes). Hingegen müssen bare Auslagen, welche der Staatskasse entstanden sind (z. B. an Gebühren von Zeugen, Dolmetschern u. s. w.), ersetzt werden. Auch sind die Steuerpflichtigen und die in den §§ 37 und 38 des Gesetzes erwähnten Personen zur Tragung des durch die Verhandlungen mit ihnen erwachsenden Portos verbunden.

Diese Vorschriften finden keine Anwendung auf das Verfahren in Erbschaftssteuerstrafsachen, hinsichtlich deren es bei den bestehenden Vorschriften (vgl. Kommentar S. 142 und §§ 49 und 56 dieser Darstellung) bewendet.

Vierter Abschnitt.

Das Erbschaftssteuer-Straf- und Strafprozeßrecht.

I. Das materielle Strafrecht.

§ 37.

a) Allgemeines.

Die Befugnis der preußischen Landesgesetzgebung, auf dem Gebiete des Erbschaftssteuerrechts Vorschriften zu erlassen, welche von denen des Reichsstrafgesetzbuches abweichen, beruht auf § 2 Abs. 2 des Einführungsgesetzes zu diesem. Der Gesetzgeber hat hiervon Gebrauch gemacht, indem er einzelne Verfehlungen gegen die Vorschriften des Erbschaftssteuergesetzes, und zwar auch solche, die an und für sich unter den Thatbestand eines Strafgesetzbuchs-Paragraphen fallen würden, abweichend geregelt und dadurch zu Spezialdelikten gemacht hat. Charakteristisch für die Erbschaftssteuerdelikte ist, daß sie nur mit Geldstrafe bedroht sind und daß die Umwandlung der erkannten Geldstrafen, zu deren Zahlung der Verurteilte unvermögend ist, in Freiheitsstrafen nicht stattfindet. Diese Besonderheit erscheint befremdlich, wenn man erwägt, daß zu den im Gesetze mit Strafe bedrohten Handlungen auch solche gehören, welche darauf abzielen, dem Staate die geschuldete Steuer durch wissentlich unrichtige Angaben vorzuenthalten, und die daher, wenn einer Privatperson gegenüber begangen, als versuchter Betrug anzusehen sein würden. Die gelinde Behandlung selbst dieser Delikte ist lediglich historisch zu erklären. Wie von Liszt (S. 658; vgl. auch Schwaiger, S. 410) zutreffend bemerkt, trägt die Rechtsanschauung des Volkes von den Zeiten des Kampfes zwischen der Freiheit des Einzelnen und dem Polizeistaate her bis auf unsere Tage Bedenken, die Übervorteilung der Gesamtheit mit der betrüglichen Benachteiligung einzelner auf dieselbe Stufe zu stellen. Es verhalten sich daher auch im geltenden Rechte, um eine Parallele von Liszts zu gebrauchen, die Steuerhinterziehung zum Betruge ähnlich wie die Forstentwendung zum Diebstahl. Die milde Beurteilung der Steuerdelikte ist durchaus zu billigen, soweit dem Staate durch ein rein passives Verhalten des Steuerpflichtigen, durch Unterlassung der vorgeschriebenen Anmeldungen u. s. w. ein Steuerbetrag entgeht. Etwas anderes ist es dagegen mit Fällen, wo der Erwerber eines Anfalls zu falschen Vorspiegelungen und zur absichtlichen Unterdrückung von Thatsachen greift, um sich der Steuerpflicht zu entziehen. Diese Manipulationen unterscheiden sich so wenig vom Betruge des Strafgesetzbuches, daß wir den Schriftstellern nicht beizustimmen vermögen, die (wie Ricker S. 10) selbst ihnen eine besondere Milde angedeihen lassen wollen. Wenn auch vielleicht das Verlangen Delsa's (S. 36) und Schwaiger's (S. 451) zu weit geht, daß bei der Hinterziehung von Steuern unter Anwendung auf Täuschung berechneter Mittel auch der Verlust der bürgerlichen Ehrenrechte zugelassen werden solle, so dürfte doch die von dem ersteren aufgestellte und von Eschenbach (S. 44) gebilligte Forderung, daß es nicht länger als etwas nicht Unehrenhaftes gelte, dem Staate in der Steuer das vorzuenthalten, worauf er ein durch Gesetz geheiligtes Recht hat, kaum auf Widerspruch stoßen. Es könnte daher nur einen günstigen erziehlichen Einfluß haben, wenn der Gesetzgeber für die erwähnten Fälle neben hohen Geldstrafen auch wahlweise Gefängnisstrafen vorsähe.

Insoweit das Gesetz ausdrücklich auf das allgemeine Strafrecht verweist, wie bei der falschen Versicherung an Eidesstatt und der Urkundenfälschung, kommt das Strafgesetzbuch uneingeschränkt zur Anwendung. Aber auch die im Gesetze selbständig behandelten Delikte werden von den allgemeinen Vorschriften des Strafgesetzbuches beherrscht, soweit das Erbschaftssteuergesetz sie nicht ausdrücklich ausschließt. Letzteres ist geschehen bezüglich der Umwandlung der erkannten Geldstrafen in Freiheitsstafen, indem diese für unzulässig erklärt ist, und bezüglich der Verjährung, deren Frist bei der Strafverfolgung drei Jahre, bei der Vollstreckung rechtskräftig erkannter Strafen fünf Jahre beträgt (§ 50 Abs. 4 des Gesetzes).

Nur die innerhalb des preußischen Staatsgebiets begangene Verletzung des Erbschaftssteuergesetzes ist strafbar; denn es mangelt an einer dem § 4 des Reichsstrafgetzbuchs analogen Bestimmung. Zu beachten ist aber, daß jede Verletzung, die mittels einer an eine preußische Steuerbehörde gelangten schriftlichen oder protokollarischen Erklärung begangen ist, als im Inlande verübt angesehen werden muß. Im übrigen siehe wegen der Frage nach dem Orte der Begehung von Liszt, § 30.

Keiner besonderen Ausführung bedarf, daß auch die Erbschaftssteuerdelikte nur dann strafbar sind, wenn sie von einer zurechnungsfähigen Person begangen sind. Wo das Gesetz nicht ausdrücklich nur das „wissentliche" oder „absichtliche" Handeln mit Strafe bedroht, ist sowohl die vorsätzliche wie die fahrlässige Begehung strafbar. Eine dieser Formen der subjektiven Verschuldung muß indes zur Begründung der Strafbarkeit vorliegen: die früher vielfach verteidigte Ansicht, daß zur Strafbarkeit eines Steuerdeliktes die — selbst schuldlos, d. h. weder vorsätzlich noch auch nur fahrlässig erfolgte — Verwirklichung des objektiven gesetzlichen Thatbestandes durch einen zurechnungsfähigen Thäter genüge, hat auf der seit Feuerbach in der Theorie zur Herrschaft gelangten Unterscheidung zwischen kriminellem und polizeilichem Unrecht beruht und ist mit dieser aufgegeben.

Die in § 38 Abs. 3 d. Ges. erwähnte „Ordnungsstrafe", durch welche das Erbschaftssteueramt die Erledigung seiner Anordnungen erzwingen kann, ist nicht Kriminalstrafe, sondern Exekutivmittel, auf welche die allgemeinen Grundsätze des Strafrechts keine Anwendung finden.

§ 38.

b) Die einzelnen Erbschaftssteuerdelikte.

Das Gesetz kennt drei strafbare Zuwiderhandlungen gegen seine Bestimmungen.

1. Unterlassene Anmeldung oder Vorlegung des Verzeichnisses und der Deklaration (§ 43 des Gesetzes). Bestraft wird, wer die gesetzliche Verpflichtung zur Anmeldung eines steuerpflichtigen Anfalles oder zur Vorlegung des Verzeichnisses und der Deklaration innerhalb der vorgeschriebenen oder auf Antrag verlängerten Frist nicht erfüllt.

Die im Regelfalle verwirkte Strafe (welche vom Gesetze unzutreffend als „Ordnungsstrafe" bezeichnet wird, während sie in Wahrheit „Kriminalstrafe" ist) ist Geldstrafe von 1 bis 150 Mark; sie findet Anwendung, wenn nach den obwaltenden Umständen anzunehmen ist oder der Steuerpflichtige nachweisen kann, daß die rechtzeitige Erfüllung der Verpflichtung nicht in der Absicht, die Erbschaftssteuer zu hinterziehen, unterlassen sei. Das Delikt ist alsdann Übertretung. Es wird aber zum Vergehen, wenn die Unterlassung in der vorerwähnten Absicht erfolgt war; der Nachweis der Defraudationsabsicht liegt der Anklagebehörde ob, nicht (wie man nach der inkorrekten Fassung des Gesetzes annehmen könnte) dem Steuerpflichtigen. Wird der Nachweis erbracht, so ist die Strafe verschieden, je nachdem die Steuer von dem Anfalle, auf den sich die Unterlassung bezieht, ermittelt werden kann oder nicht. Im ersteren Falle ist sie gleich dem doppelten Betrage der von dem betreffenden Anfalle zu entrichtenden Steuer; im anderen Falle beträgt sie 3 bis 3000 Mark.

Neben der Strafe hat der Säumige die durch die amtlichen Ermittlungen entstehenden Kosten zu tragen und die infolge seiner Säumigkeit etwa ausfallenden Steuerbeträge zu ersetzen. Die Einziehung der Steuer erfolgt unabhängig von der Bestrafung.

Wegen der Zuständigkeit der Erbschaftssteuerämter zur Verhängung der nach § 43 Abs. 2 und § 44 des Gesetzes verwirkten Ordnungsstrafen bis auf Höhe von 60 Mark siehe § 45.

2. Wissentlich unrichtige Deklaration.

Die vollendete Hinterziehung der Erbschaftssteuer als solche ist vom Gesetz nicht zu einem besonderen Delikte erhoben. Wohl aber werden in § 44 Handlungen unter Strafe gestellt, welche regelmäßig in der Absicht vorgenommen werden, dem Staate die geschuldete Steuer vorzuenthalten, wobei jedoch für die Bestrafung unerheblich ist, ob dieser Erfolg eingetreten ist oder auch nur möglich war. Bestraft wird nämlich, wer wissentlich zu einem steuerpflichtigen Anfalle gehörige Gegenstände, zu deren Angabe er verpflichtet ist, verschweigt, oder über Thatsachen, welche die Steuerpflichtigkeit, die Höhe des Steuersatzes oder des Steuerbetrages bestimmen, wissentlich unrichtige Angaben macht. Auf den Thäter finden die vorstehend unter 1) angegebenen Bestimmungen Anwendung. Die Strafe ist danach verschieden, je nachdem die Absicht der Steuerhinterziehung vorlag oder nicht. Eine Bestrafung findet jedoch nicht statt, wenn der Pflichtige auf erforderte eidesstattliche Versicherung zum Zwecke einer legalen Steuerermittlung im steuerlichen Interesse seine Angaben berichtigt. Auch fällt die Bestrafung hinweg, wenn die Täuschung mittelst Urkundenfälschung oder eidesstattlicher Versicherung unternommen ist und wegen dieser Vergehen Bestrafung eintritt. Zufolge dieser ausdrücklichen Vorschrift ist zwischen Urkundenfälschung und falscher Versicherung an Eidesstatt einerseits und dem Delikte des § 44 des Erbschaftssteuergesetzes andrerseits Idealkonkurrenz nicht möglich. Das gleiche gilt von dem Verhältnis des letzteren Vergehens zum Betruge (§ 263 St.G.B.), obwohl das Gesetz sich über diesen Fall nicht ausspricht. Denn das Vergehen des § 44 des Gesetzes ist ein Delikt eigener Gattung und kann nie als Betrug bestraft werden; es liegt ein Fall der sogenannten Gesetzeskonkurrenz vor. Dagegen können Beschädigungen des Staatsvermögens, die durch andere als die in § 44 erwähnten Mittel verursacht werden, unter den Betrugsparagraphen des Strafgesetzbuches fallen, ebenso wie ein nur bei Gelegenheit eines Erbschaftssteuerdeliktes begangener Betrug nach § 263 St.G.B. zu beurteilen ist.[1])

3. Verweigerung der eidesstattlichen Versicherung. Während die Abgabe einer unrichtigen Versicherung an Eidesstatt nach §§ 156 und 163 St.G.B. bestraft wird, enthält § 45 d. Ges. eine besondere Strafandrohung gegen den, welcher der Verpflichtung zur Abgabe der eidesstattlichen Versicherung auf wiederholte (d. h. mindestens zweimalige) Aufforderung innerhalb der zu bestimmenden Frist nicht genügt. Das Delikt ist Vergehen und wird mit Geldstrafe von 75 bis 3000 Mark bestraft.

---

[1]) Vgl. über diese Frage noch Schwaiger, S. 444 und 447.

II. Das Strafverfahren.[1])

a) Im allgemeinen.

§ 39.

1. Die maßgebenden Gesetze und Verwaltungsvorschriften.

Das Erbschaftssteuergesetz enthält — abgesehen von der einzigen Bestimmung im dritten Absatze des § 43 — keine Regelung des Strafverfahrens in Erbschaftssteuersachen; es verweist vielmehr in § 48 auf die Vorschriften, nach welchen sich das Verfahren wegen Zollvergehen bestimmt. Dieses beruht nun teils auf gesetzlicher Grundlage (Reichs- und Landesgesetzen), teils auf Verordnungen der Verwaltungsbehörden.[2])

Geltendes Recht enthalten:

I) Gesetze:

a) Reichsgesetze:

1. das Zollkartell vom 11. Mai 1833 (Ges.-S. S. 258, bei Bonnenberg S. 490 ff.), dessen Bestimmungen durch Art. 40 der Reichsverfassung in Verbindung mit Art. 3 § 7 des Vertrages über die Fortdauer des Zoll- und Handelsvereins vom 8. Juli 1867 (B.G.Bl. S. 81) zum Reichsrecht erhoben sind;
2. die „Grundsätze, das Zollstrafrecht betreffend," welche auf der in München im Jahre 1836 zusammengetretenen Generalkonferenz von Bevollmächtigten der Vereinsstaaten vereinbart worden sind, und welche nach den zu 1) erwähnten Bestimmungen ebenfalls reichsrechtliche Geltung erlangt haben; (abgedruckt bei Löbe, S. 20 ff.; Hirth's Annalen 1868, S. 119; Arndt, Strafverfahren, S. 279 ff.; Bonnenberg, S. 494 ff.);
3. das Vereinszollgesetz vom 1. Juli 1869 (B.G.Bl. S. 317) §§ 126, 127, 153 Abs. 2, 165;
4. Die St.P.O. in den §§ 459—469;
5. Das Einführungsgesetz zur St.P.O. § 6 Nr. 3.

b) Landesgesetze:

1. das im Anschluß an die Münchener Konferenz erlassene Gesetz wegen Untersuchung und Bestrafung der Zollvergehen vom 23. Januar 1838 (Ges.-S. S. 78; soweit noch giltig und erheblich abgedruckt im Anhange S. 175 ff.; zitiert als: Zollstrafgesetz;
2. Verordnung über die Einführung des mündlichen und öffentlichen Verfahrens mit Geschworenen in Untersuchungssachen, vom 3. Januar 1849 (Ges.-S. S. 14) § 181 Abs. 2 (abgedruckt bei Bonnenberg, S. 502);

---

[1]) Litteratur: Die im Litteraturverzeichnis aufgeführten Werke und Schriften von Arndt, Böhm, E.St. (S. 133 ff.), Bonnenberg, Meves, Röhr, Scholtz, Trautvetter, Völk (für Bayern) und Weinheimer (für Württemberg). Völlig erschöpfend ist die ebenso wissenschaftlich hervorragende wie praktisch brauchbare Bearbeitung von Bonnenberg, welche zur Ergänzung der folgenden kurzen Darstellung fortlaufend zu vergleichen ist.

[2]) In der nachfolgenden Aufzählung sind diejenigen Gesetze und Verordnungen, deren Unanwendbarkeit auf Erbschaftssteuer-Strafsachen keines besonderen Beweises bedarf, nicht erwähnt. Hierzu gehören namentlich die Vorschriften, welche sich auf den Waffengebrauch der Zollbeamten, auf ihre Befugnis, die Thäter in das angrenzende Zollausland zu verfolgen, auf Beschlagnahme und Durchsuchung und ähnliche, für das Verfahren in Erbschaftssteuerstrafsachen bedeutungslose Materien beziehen.

3. Gesetz, betreffend die Zusätze zu der Verordnung vom 3. Januar 1849 über die Einführung des mündlichen und öffentlichen Verfahrens mit Geschworenen in Untersuchungssachen, vom 3. Mai 1852 (Ges.-S. S. 209), Art. 136;
4. die für die neuen Landesteile erlassenen Vorschriften, nämlich:
   Verordnung, betreffend die Erhebung der Erbschaftsabgabe in den durch die Gesetze vom 20. September und 24. Dezember 1866 mit der Monarchie vereinigten Landesteilen, vom 5. Juli 1867 (Ges.-S. S. 112) § 10, wonach die für das Verfahren wegen Zollvergehen erlassenen Vorschriften zur Anwendung kommen;
   Verordnungen, betreffend die Einführung des Zollgesetzes, der Zollordnung und des Zollstrafgesetzes und die Regelung des Verfahrens bei Zuwiderhandlungen gegen die Gesetze über Zölle und andere indirekte Abgaben in den Herzogtümern Holstein und Schleswig, bezw. den Regierungsbezirken Kassel und Wiesbaden, sowie im Gebiete des vormaligen Königreichs Hannover, vom 29. Juli 1867 (Ges.-S. S. 1265 und 1268);
   Ordnung für das Verfahren bei Entdeckung und Untersuchung von Zuwiderhandlungen gegen die Zollgesetze in den Regierungsbezirken Wiesbaden und Kassel, dem vormaligen Königreich Hannover und den Herzogtümern Holstein und Schleswig, vom 29. Juli 1867 (Ges.-S. S. 1270, abgedruckt — soweit noch von Bedeutung — im Anhange S. 179; zitiert als: „Zolluntersuchungsordnung"). Diese Zolluntersuchungsordnung, welche mit dem Gesetze vom Jahre 1838, soweit es damals noch in Kraft war, nahezu wörtlich übereinstimmt, hat durch § 3 Abs. 1 des Gesetzes vom 23. März 1873 (Ges.-S. S. 107) im Jadegebiete und durch Verordnung vom 30. Dezember 1867 (Offizielles Wochenblatt, Extra-Ausgabe vom 4. Januar 1868) im Kreise Herzogtum Lauenburg Giltigkeit erlangt.
5. Militär-Strafgerichtsordnung vom 3. April 1845 (Ges.-S. S. 329, B.G.Bl. von 1867, S. 229) §§ 3 und 269.

II. Im Verwaltungswege erlassene Vorschriften:
   a) Anweisung des Generaldirektors der Steuern vom 16. Juli 1837, III, 14695, betreffend die sogenannten Bagatellprozesse;
   b) Anweisung des Generaldirektors der Steuern vom 25. März 1839, III, 5262 (C.Bl. S. 78), betreffend das Submissionsverfahren;
   c) Anweisungen des F.M. vom 19. August 1867 (C.Bl. S. 463, 464) über die Einführung des Bagatell- und Submissionsverfahrens in den neuen Landesteilen;
   d) spätere Ministerial-Reskripte, die, soweit sie für das Verfahren in Erbschaftssteuerstrafsachen in Betracht kommen, teilweise im Anhange zum Kommentar abgedruckt sind.

§ 40.

2. Die zulässigen Arten des Verfahrens.

I. Die Aburteilung der strafbaren Verletzungen der Vorschriften des Erbschaftssteuergesetzes kann sowohl durch die ordentlichen Strafgerichte, wie durch die Verwaltungsbehörden erfolgen. Das Verfahren vor den ordentlichen Gerichten ist reichsgesetzlich geregelt und bestimmt sich ausschließlich nach den §§ 459—469 der St.P.O., zu deren Abänderung die Landesgesetzgebung nicht befugt ist. Dagegen ist das Verfahren vor den Verwaltungsbehörden reichsgesetzlich zwar zugelassen, indem nach § 6 Abs. 2 Nr. 3 des Einführungsgesetzes zur St.P.O. die landesgesetzlichen Bestimmungen über das Verfahren im Verwaltungswege bei Zuwiderhandlungen gegen die Vorschriften über die Erhebung öffentlicher Abgaben und Gefälle, insoweit nicht die St.P.O. entgegensteht, unberührt bleiben. Die Regelung im einzelnen aber ist der Landesgesetzgebung überlassen, die auch befugt ist, auf dem Gebiete des administrativen Verfahrens neue, von den zur Zeit des Inkrafttretens der St.P.O. geltenden abweichende Gesetze zu erlassen; R.G. IV. Straffen. Urt. vom 1. Mai 1880, Annalen Bd. 2 S. 1. Sie dürfen jedoch den §§ 459—463 St.P.O. nicht widersprechen, insbesondere nicht die gerichtliche Entscheidung gegen die Strafbescheide ausschließen oder die beregten Zuwiderhandlungen als bürgerliche Rechtsstreitigkeit behandeln und den Civilgerichten zuweisen; R.G. II. Urt. vom 1. Juni 1886 und vom 1. März 1887, E.S. Bd. 16 S. 410 und Bd. 17 S. 431.

Die Beibehaltung des Verwaltungsstrafverfahrens in Steuerstrafsachen findet, wie Bonnenberg (S. 1) zutreffend bemerkt, ihre Begründung in der besonderen Natur jener Vergehen. Sie gewährt die Möglichkeit, den Thatbestand durch eine sachkundige Behörde schnell, billig und ohne die dem Schuldigen peinliche Belästigung eines gerichtlichen Verfahrens festzustellen; sie gereicht dem Thäter wegen der unbeschränkten Zulässigkeit des Antrags auf gerichtliche Entscheidung in keiner Weise zur Beschwerde, gewährt ihm andererseits aber insofern eine Vergünstigung, als die Verwaltungsbehörden teilweise zu einer Ermäßigung der gesetzlichen Strafe befugt sind, während die Gerichte auf eine geringere als die im Gesetze angedrohte Strafe nicht erkennen dürfen. Die von Schwaiger (S. 453) aus dieser Möglichkeit gegen das Verwaltungsstrafverfahren überhaupt hergeleiteten Bedenken erscheinen unbegründet, und seine Forderung, es bei allen dolosen Steuervergehen auszuschließen, dürfte kaum allgemeine Billigung finden.

II. Sowohl das gerichtliche wie das Verwaltungsstrafverfahren finden nur in eigentlichen Strafsachen statt, in denen über die Anwendung einer strafrechtlichen Norm zu entscheiden ist. Sie sind daher auf die in § 38 Abs. 3 des Erbschaftssteuergesetzes angedrohte „Ordnungsstrafe“, welche nicht Strafe im eigentlichen Sinne, sondern Zwangsmittel ist, nicht anwendbar.[1]) Dagegen darf auf die gemäß §§ 43 Abs. 2 und 44 des Gesetzes zu verhängenden „Ordnungsstrafen“, weil sie wahre Kriminalstrafen im Sinne der älteren Doktrin sind (soweit nicht nach § 43 Abs. 3 ausnahmsweise die Zuständigkeit der Erbschaftssteuerämter begründet ist), nur im Wege des gerichtlichen oder des Verwaltungsstrafverfahrens erkannt werden.

III. Die Zulässigkeit beider Arten des Verfahrens ist in Preußen bezüglich bestimmter Personenkategorieen durch staats- und völkerrechtliche Grundsätze teils ausgeschlossen, teils beschränkt. Sie finden überhaupt nicht statt gegen Mitglieder der landesherrlichen Familien sowie der Fürstlichen Familie Hohenzollern (Einführungsgesetz zum Gerichtsverfassungsgesetz § 5, zur Strafprozeßordnung § 4). Gegen Standesherren, d. h. die Häupter (nicht auch die Mitglieder; Löwe, St.P.O. S. 11) derjenigen vormals reichsunmittelbaren fürstlichen und gräflichen Häuser, auf deren Rechtszustand zur Zeit des Deutschen Bundes der Art. XIV der deutschen Bundesakte vom 8. Juni 1815 Anwendung fand, sind sie nur dann zulässig, wenn diese von dem ihnen durch die Instruktion vom 30. Mai 1820 § 17 (G.S. S. 81; vgl. auch Ges. vom 10. Juni 1854, G.S. S. 363, und Verordnung vom 12. November 1855, G.S. S. 686) in Preußen gewährten Rechte auf Austräge (d. h. auf Aburteilung durch Gerichte der Standesgenossen) keinen Gebrauch machen (§ 7 des Einführungsgesetzes zum Gerichtsverfassungsgesetz). Beide Arten des Verfahrens finden ferner nicht statt gegen die sog. Exterritorialen und die ihnen gleichgestellten Personen; vgl. hierüber §§ 18—21 des Gerichtsverfassungsgesetzes. Endlich dürften

---

[1]) Vgl. S. 110—113 des Kommentars, inbesondere Anm. d. auf S. 112); ebenso Bonnen-

die in Art. 31 der Reichsverfassung und in Art. 84 der Preußischen Verfassung in Verbindung mit § 6 Abs. 2 Nr. 1 des Einführungsgesetzes zur Strafprozeßordnung den Mitgliedern des Reichstages und der beiden Häuser des Preußischen Landtages gewährten Privilegien nicht nur für das gerichtliche, sondern auch für das Verwaltungsstrafverfahren gelten; ebenso Bonnenberg S. 11.

IV. Gegen Militärpersonen ist in Erbschaftssteuersachen, da das Gesetz nur Geldstrafe androht, sowohl das gerichtliche, wie das Verwaltungsstrafverfahren zulässig, während die Zuständigkeit der Militärgerichte ausgeschlossen ist; § 3 der Militärstrafgerichtsordnung vom 3. April 1845 (G.S. S. 329, B.G.Bl. von 1867 S. 229); Bonnenberg S. 76 Anm. 7 und S. 255; von Marck, Der Militärstrafprozeß und seine Reform, Bd. 2 S. 87, 88.

§ 41.

3. Die Grenzen der sachlichen Zuständigkeit zwischen Steuerbehörden und Gerichten.

Für die Untersuchung und Entscheidung aller strafbaren Handlungen gegen das Erbschaftssteuergesetz sind, da sie ohne Ausnahme nur mit Geldstrafe bedroht sind, in erster Linie die Steuerbehörden ausschließlich zuständig. Eine Ausnahme hiervon machen nur die Fälle, wo ein Zusammentreffen [1]) eines Erbschaftssteuerdelikts mit einer anderen strafbaren Handlung vorliegt; außerdem im Gebiete der Zolluntersuchungsordnung (§ 6), wenn der Angeschuldigte verhaftet ist; hier hat die Steuerbehörde sich der Entscheidung zu enthalten und diese den Gerichten zu überlassen.[2])

In allen anderen Fällen dagegen ist zunächst die Befugnis der Steuerbehörden zum Einschreiten eine ausschließliche. Allerdings können sie sich, solange ein Strafbescheid noch nicht erlassen oder der erlassene noch nicht verkündet ist, der Entscheidung enthalten und wegen der Einleitung des gerichtlichen Verfahrens das Nötige veranlassen.[3]) Ebenso kann der Angeschuldigte in allen Fällen von vornherein die Abgabe der Sache zur gerichtlichen Entscheidung verlangen.[4]) Solange aber weder das eine noch das andere geschehen ist, haben die Staatsanwaltschaften und die Amtsanwälte von einem Einschreiten abzusehen.[5]) Eine etwa bei einer dieser Behörden eingegangene Strafanzeige ist der zuständigen Steuerbehörde zur weiteren Veranlassung zu übermitteln. Ist versehentlich die Anklage vor den

---

berg, S. 79 Anm. 18; vgl. auch Ob.Tr.Beschl. vom 21. Oktober 1869 (Oppenhoff, Rechtsprechung Bd. 10 S. 42), R.G. II. Urt. vom 1. März 1887, E.S. Bd. 17 S. 432.

[1]) Im Falle des realen Zusammentreffens wird indes eine getrennte Behandlung der Sachen zulässig sein, und die Aburteilung des Erbschaftssteuerdelikts wird durch die Steuerbehörde, die der anderen Strafthat durch die Gerichte erfolgen können: Bonnenberg S. 74.

[2]) Zollstrafgesetz § 33; Zolluntersuchungsordnung § 6.

[3]) Zollstrafgesetz § 33; Zolluntersuchungsordnung § 8.

[4]) Zollstrafgesetz § 33; Zolluntersuchungsordnung § 7.

[5]) Vgl. Geschäftsanweisung für die Amtsanwälte vom 28. August 1879 (J.M.Bl. S. 260) Art. 71 Abs. 1 und 2; durch Abs. 3 werden die Amtsanwälte angewiesen, ohne daß ein Strafbescheid der Steuerbehörde vorliegt, einzuschreiten:

1. wenn die Zuwiderhandlung mit einer anderen zur Zuständigkeit des Amtsanwalts gehörigen Sache im Zusammenhange steht (vgl. St.P.O. § 3);
2. wenn die Verwaltungsbehörde auf Erlaß eines Strafbescheides verzichtet oder ausdrücklich das Einschreiten des Amtsanwalts beantragt;
3. wenn der Beschuldigte wegen der in Frage kommenden Zuwiderhandlung in gerichtliche Untersuchungshaft genommen ist.

Diese Vorschriften dürften, wie Bonnenberg S. 75 Anm. 2 zutreffend bemerkt, auch von den Staatsanwaltschaften bei den Landgerichten zu beachten sein.

ordentlichen Strafgerichten erhoben, so ist der Antrag auf Eröffnung des Hauptverfahrens abzulehnen; sollte aber dieses eröffnet sein, so ist in der Hauptverhandlung durch Endurteil auszusprechen, daß die gerichtliche Strafverfolgung zur Zeit unzulässig und das Verfahren vorläufig einzustellen sei.[1]) Die einstweilige Unzulässigkeit des gerichtlichen Verfahrens ist, auch wenn sie vom Angeschuldigten nicht geltend gemacht wird, von Amtswegen zu berücksichtigen.[2])

Die Abgabe einer bei einer Staatsanwaltschaft oder einem Gerichte anhängigen Erbschaftssteuersache an die Steuerbehörde hat auch dann zu erfolgen, wenn der die Zuständigkeit der gerichtlichen Behörden ausnahmsweise begründende Umstand im Laufe des Verfahrens wegfällt. Z. B. es war zunächst reales Zusammentreffen einer falschen Versicherung an Eidesstatt und eines Vergehens gegen § 43 des Erbschaftssteuergesetzes angenommen, demnächst wird aber wegen des ersteren Delikts das Verfahren eingestellt oder der Angeklagte freigesprochen; Ob.Tr. Urt. vom 30. Oktober 1873 (G.A., Bd. 21 S. 586); oder es stellt sich heraus, daß das zusammentreffende gemeine Vergehen bereits verjährt ist; Ob.Tr. Urt. vom 1. Dezember 1869 (Oppenhoff, Rechtsprechung Bd. 10 S. 750).

Die Steuerbehörde ist nicht befugt, ihr Recht auf ausschließliche Zuständigkeit in Erbschaftssteuerstrafsachen durch die (nur für bürgerliche Rechtsstreitigkeiten zugelassene) Erhebung des Kompetenzkonfliktes zu wahren; vielmehr haben die Gerichte selbst über die Zulässigkeit des Strafverfahrens zu entscheiden.[3])

b) Das Verfahren vor den Verwaltungsbehörden.

§ 42.

1. Übersicht.

Die Steuerbehörden haben, wenn eine in den Bereich ihrer sachlichen Zuständigkeit (vgl. oben § 41) fallende Übertretung der Vorschriften des Erbschaftssteuergesetzes zu ihrer Kenntnis kommt, eine doppelte Befugnis. Sie können entweder die Sache zur Untersuchung und Erhebung der Anklage an die zuständige staatsanwaltschaftliche Behörde abgeben (s. § 43). Oder sie können selbst die nötigen Ermittelungen vornehmen (§ 44) und den Schuldigen bestrafen. Die Festsetzung der Strafe erfolgt gewöhnlich durch Erlaß eines Strafbescheides (§ 45), gegen welchen der Verurteilte entweder auf gerichtliche Entscheidung antragen oder den Rekurs an die vorgesetzte Verwaltungsbehörde (§ 46) einlegen kann. In gewissen Fällen können jedoch mit Zustimmung des Schuldigen besondere, vereinfachte Verfahrensarten (Submissions- und Bagatell-Verfahren, §§ 47, 48) zur Anwendung kommen. Die Vorschriften über die Kosten des Verfahrens (§ 49) weichen zum Teil von den für das gerichtliche Strafverfahren geltenden ab. Die Vollstreckung der von den Steuerbehörden erlassenen rechtskräftigen Entscheidungen (§ 50) steht diesen zu.

Die Untersuchung im Verwaltungswege erfolgt im allgemeinen durch die Hauptzoll- und Hauptsteuerämter; nur ausnahmsweise und in beschränktem Umfange sind die Erbschaftssteuerämter zuständig. Die Festsetzung der Strafen kommt in der Regel

---

[1]) Darüber, daß ein Urteil dieses Inhalts überhaupt zulässig ist, vgl. Löwe, S. 611 Anm. 4 zu § 259 St.P.O. und R.G. III Urt. vom 18. Dezember 1882, St.S. Bd. 7 S. 335.

[2]) So das Ob.Tr. wiederholt; vgl. die bei Bonnenberg S. 75 Anm. 3 aufgeführten Entscheidungen.

[3]) Ebenso Bonnenberg S. 76 Anm. 5.

den Provinzialsteuerdirektoren, in gewissen Fällen aber den Hauptämtern und ausnahmsweise auch den Erbschaftssteuerämtern zu.[1])

Über die örtliche Zuständigkeit der Steuerbehörden in Steuerstrafsachen bestehen keine besonderen Vorschriften; es finden deshalb die allgemeinen Bestimmungen der St.P.O. (§ 7 ff.) über den Gerichtsstand sinngemäße Anwendung[2]), wobei jedoch zu beachten ist, daß eine strafbare Verletzung des Erbschaftssteuergesetzes nur in Preußen selbst begangen werden kann (s. oben S. 315). Danach[3]) kommen in Betracht: a) der Gerichtsstand der begangenen That; neben und gleichberechtigt mit diesem b) der Gerichtsstand des Wohnsitzes[4]) oder des Aufenthaltsortes in Preußen; c) hat der Thäter keinen Wohnsitz in Preußen, der gewöhnliche Aufenthaltsort und, wenn ein solcher nicht bekannt ist, der letzte Wohnsitz. — Außerdem kann ein Gerichtsstand auch durch den Zusammenhang mehrerer Strafsachen begründet werden.

Die preußischen Steuerbehörden sind befugt, gegen Angehörige anderer Bundesstaaten oder Nichtdeutsche einzuschreiten. Die erlassene Entscheidung ist innerhalb des Deutschen Reiches vollstreckbar[5]), außerhalb des Reichsgebietes nur, sofern es durch besondere Staatsverträge zugelassen sein sollte.

§ 43.

2. Die Abgabe zur gerichtlichen Entscheidung.

Wenn die Begehung eines Erbschaftssteuerdeliktes zur Kenntnis einer Steuerbehörde gekommen ist, so muß diese sich der Entscheidung enthalten und die Sache zur gerichtlichen Verfolgung abgeben, falls Konkurrenz mit einem anderen Delikt vorliegt (s. § 41); außerdem im Geltungsbereiche der Zolluntersuchungsordnung, wenn der Angeschuldigte verhaftet ist.

Die Steuerbehörde kann aber auf die Untersuchung und Entscheidung auch einer an sich ihrer Zuständigkeit unterliegenden Erbschaftssteuerstrafsache verzichten und, ohne ihrerseits irgendwelche Ermittelungen anzustellen[6]), die Strafverfolgung den Gerichten überlassen. Die Befugnis besteht solange, als ein Strafbescheid noch nicht erlassen oder der erlassene noch nicht verkündet ist[7]). Die Abgabe wird sich bei schwierigen oder bezüglich der Schuldfrage zweifelhaften Sachen empfehlen. Sie erfolgt durch Übersendung der Akten an die zuständige Staatsanwaltschaft oder den zuständigen Amtsanwalt mit dem Antrage auf Herbeiführung der gerichtlichen Entscheidung. Die freiwillige Verweisung einer Sache zum gerichtlichen Verfahren kann nur von dem zuständigen Provinzialsteuerdirektor ausgehen[8]), der

---

[1]) Näheres siehe unten in § 45.

[2]) Bonnenberg S. 85; ebenso schon der dort abgedruckte Erlaß des Generaldirektors der Steuern vom 11. August 1848, III 16024, an den P.St.D in Breslau.

[3]) Vgl. Hellweg-Dochow, S. 89 ff.

[4]) Die Lehre vom Wohnsitz ist auf S. 44 ff. des Kommentars ausführlich dargestellt.

[5]) R.G. über den Beistand bei Einziehung von Abgaben und Vollstreckung von Vermögensstrafen vom 9. Juni 1895 (R.G.Bl. S. 256) § 1 Nr. 2, § 7. — Im übrigen siehe unten § 58.

[6]) Arndt, Strafverfahren S. 301.

[7]) Zollstrafgesetz § 33, Zolluntersuchungsordnung § 3; der Unterschied in der Fassung beider Bestimmungen ist ohne Bedeutung, da auch im Gebiete des Zollstrafgesetzes der Strafbescheid erst nach erfolgter Zustellung oder Bekanntmachung zu Protokoll als erlassen gilt; Ob.Tr. Urt. vom 4. Oktober 1861, Oppenhoff, Rechtsprechung Bd. 1 S. 574, G.A. Bd. 9 S. 840; F.M.R. vom 3. Dezember 1882, III 16806, C.Bl. von 1883 S. 2.

[8]) Zollstrafgesetz § 33; in der Zolluntersuchungsordnung (§ 8) fehlt eine dahingehende ausdrückliche Bestimmung.

auch die Übersendung der Akten zu bewirken hat [1]). Werden die Akten von einer nachgeordneten Steuerbehörde übersendet, so soll sich die Staatsanwaltschaft die Zustimmung des Provinzialsteuerdirektors durch Mitteilung einer einfachen Abschrift der betreffenden Verfügung nachweisen lassen [2]); das ist jedoch nur eine Ordnungsvorschrift, deren Nichtbeachtung sachliche Folgen nicht nach sich zieht; die Staatsanwaltschaft wird sich auch mit der amtlichen Versicherung der Steuerbehörde begnügen dürfen [3]).

Ist die Abgabe zur gerichtlichen Entscheidung erfolgt, so richtet sich das weitere Verfahren nach den Vorschriften der St.P.O. Lehnt die Staatsanwaltschaft das Einschreiten ab, so steht dem Provinzialsteuerdirektor die Beschwerde an die vorgesetzte Behörde (über Amtsanwälte an den Ersten Staatsanwalt bei dem Landgerichte, über diesen an den Oberstaatsanwalt, schließlich an den Justizminister [1]) zu.

§ 44.

3. Das Ermittelungsverfahren.

I. Die Begehung einer strafbaren Handlung gegen das Erbschaftssteuergesetz wird in den weitaus meisten Fällen zunächst zur Kenntnis des mit dem betreffenden Erbfalle befaßten Erbschaftssteueramtes kommen. Handelt es sich um ein unter § 43 Abs. 3 des Erbschaftssteuergesetzes fallendes Delikt, so ist das Erbschaftssteueramt selbst zur Aufklärung des Sachverhaltes und zur Verhängung einer Strafe bis auf Höhe von 60 Mark befugt. Andernfalls benachrichtigt es das zuständige Hauptzoll- oder Hauptsteueramt, welches alsdann das Weitere zu veranlassen hat.[4])

Die Hauptzoll- und Hauptsteuerämter sind diejenigen Organe der Steuerbehörden, welche im allgemeinen die Untersuchung im Verwaltungswege zu führen haben.[5]) Sie können sich hierbei der ihnen unterstellten Ämter (Steuerämter, Nebenzollämter) und Beamten bedienen, auch ihnen nicht untergeordnete Ämter und Beamte um Unterstützung ersuchen.

II. Im einzelnen ist Folgendes zu bemerken.

a) Die Untersuchung muß nicht von allen Hauptamtsmitgliedern geführt, sondern kann auch einem einzelnen Beamten (auch einem solchen, der nicht Mitglied des Hauptsteueramtes ist), überlassen werden.[6])

b) Die Untersuchung ist zwar eine summarische[7]), d. h. ohne Ausdehnung auf nebensächliche Punkte zu führen, muß sich aber auf die Herbeischaffung aller Beweismittel und Beweisgegenstände erstrecken[8]) und soweit geführt werden, daß eine sichere Entscheidung über die Schuldfrage möglich ist.

c) Die erforderlichen Vorladungen geschehen durch die Steueraufseher oder die Unterbedienten der Zoll- oder Steuerämter, oder auf deren Ersuchen durch die Ortsbehörden nach den für gerichtliche Zustellungen bestehenden Vorschriften.[9]) Die

---

[1]) Verf. des Generaldirektors der Steuern vom 31. März 1858, III 7501, erwähnt bei Bonnenberg S. 78 Anm. 11.

[2]) J.M.R. vom 12. April 1832, von Kamptz Jahrbücher Bd. 39 S. 468.

[3]) Bonnenberg, S. 78 Anm. 11.

[4]) § 13 Abs. 3 der Ausführungs-Anweisung des F.M. vom 14. November 1873 (Anhang S. 196) und § 10 Abs. 2 der Anweisung des F.M. für die Hauptzoll- und Hauptsteuerämter vom 14. November 1873 (Anhang S. 200).

[5]) Zollstrafgesetz § 33, Zolluntersuchungsordnung § 6 Abs. 2.

[6]) Bonnenberg, S. 80 Anm. 1.

[7]) Zollstrafgesetz § 38; Zolluntersuchungsordnung § 10.

[8]) Bonnenberg, S. 92 Anm. 6.

[9]) Zollstrafgesetz § 39, Zolluntersuchungsordnung § 11; vgl. die Anm. zu dem ersteren §

Vorladung des Beschuldigten soll die Verwarnung enthalten, daß, falls er im Termine nicht erscheint, die Sache zur gerichtlichen Untersuchung und Entscheidung abgegeben werde.[1])

d) Die Zeugen sind verbunden, den an sie von den Zoll- oder Steuerstellen[2]) ergehenden Vorladungen Folge zu leisten.[3]) Für Sachverständige besteht eine Verpflichtung zum Erscheinen vor den Steuerbehörden nicht; erscheint ein solcher nicht freiwillig, so wird das zuständige Amtsgericht um seine Vernehmung zu ersuchen sein. Dies muß geschehen, wenn ein Zeuge oder Sachverständiger eidlich vernommen werden soll, da hierzu die Steuerbehörden nicht befugt sind.

Ein Zeuge, der trotz gehöriger Vorladung sich der Steuerbehörde zur Vernehmung nicht stellt, wird hierzu auf ihr Ersuchen durch das Gericht in gleicher Weise, wie bei gerichtlichen Vorladungen[4]) angehalten. (Vgl. hierüber unten § 58.)

Inwieweit ein Zeuge sein Zeugnis verweigern kann, bestimmt sich nach den §§ 51—55 der St.P.O., welche sinngemäß anzuwenden sind.

e) Über die Verhandlungen ist ein Protokoll aufzunehmen.[5]) Die Bestimmung in § 32 des Zollstrafgesetzes, daß das Protokoll, welches zwei Zoll- oder Steuerbeamte über eine von ihnen entdeckte Übertretung vorschriftsmäßig aufnehmen, einen vollen Beweis der darin aus eigener Wahrnehmung angegebenen Thatsache begründet, ist nicht aufgehoben und gilt daher für das Strafverfahren vor den Steuerbehörden im Geltungsgebiete jenes Gesetze noch fort.[6]) Die Zolluntersuchungsordnung enthält keine derartige Vorschrift.

f) In Sachen, wo die Geldstrafe den Betrag von 150 Mark übersteigt, muß dem Angeschuldigten auf Verlangen eine Frist von acht Tagen bis vier Wochen zur Einreichung einer schriftlichen Verteidigung gestattet werden.[7])

g) Nach Abschluß der Ermittelungen muß die Steuerbehörde sich schlüssig machen, ob eine Bestrafung erfolgen soll oder nicht. Freisprechende Bescheide werden von den Steuerbehörden nicht erlassen[8]) und würden, wenn dies ausnahmsweise doch geschehen sollte, nicht die Wirkung einer gerichtlichen Freisprechung haben.[9]) Vielmehr wird, wenn ein Grund zur Bestrafung nicht vorliegt, die Weglegung der Akten verfügt. Die Anordnung erfolgt, und zwar auch in den Sachen, in denen zum Erlasse des Strafbescheides der Provinzialsteuerdirektor zuständig ist, durch das Hauptamt[10]) im Einverständnis mit dem Erbschaftssteueramte,[11]) sind aber die Ermittelungen nur von dem letzteren vorgenommen, durch dieses allein. Bei Meinungsverschiedenheiten zwischen Hauptamt und Erbschaftssteueramt ist die Entscheidung des Provinzialsteuerdirektors einzuholen.[12])

Dem Hauptamtsdirigenten steht die ihm sonst in Zollstrafsachen gewährte Be-

---

im Anhang auf S. 177; eine Zusammenstellung der auf die gerichtliche Zustellung bezüglichen gesetzlichen Vorschriften findet sich bei Bonnenberg, S. 97 ff.

[1]) F.M.R. vom 27. April 1895, III. 5398, bei Bonnenberg S. 115.

[2]) Die Verpflichtung der Zeugen, den Vorladungen derjenigen Behörden Folge zu leisten, welche von den Steuerbehörden um ihre Vernehmung ersucht sind, richtet sich für die von einem Amtsgerichte geladenen nach St.P.O. § 50 (§ 8 des R.G. vom 9. Juni 1895, R.G.Bl, S. 256), für die von einer Polizeibehörde geladenen ist die Frage bestritten; vgl. Löwe, S. 472 und 476.

[3]) Zollstrafgesetz § 42 Abs. 1, Zolluntersuchungsordnung § 12 Abs. 1.

[4]) St.P.O. § 50.

[5]) Zollstrafgesetz § 38, Zolluntersuchungsordnung § 10; vgl. auch Bonnenberg S. 70 bis 72, S. 123 ff.

[6]) Bonnenberg, S. 7, Anm. 7.

[7]) Zollstrafgesetz § 43, Zolluntersuchungsordnung § 13.

[8]) Generaldirektoratsverfügung vom 15. Juli 1830, III 12602.

[9]) Bonnenberg, S. 138.

[10]) Es bedarf der Mitwirkung und Zeichnung der sämtlichen Hauptamtsmitglieder, F.M.R. vom 14. November 1827, III 18284; Bonnenberg, S. 81 Anm. 3.

[11]) § 13 Abs. 5 und § 10 Abs. 4 der F.M. Anweisungen vom 14. November 1873.

[12]) Bonnenberg, S. 138 Anm. 2.

fugnis, von der Einleitung des Strafverfahrens abzustehen, in Erbschaftssteuersachen nicht zu.[1] Vielmehr sind hier die Erbschaftssteuerämter dazu befugt, welche[2]) angewiesen sind, in den Fällen, wo nicht eine vorsätzliche Zuwiderhandlung aus betrüglicher Absicht vorliegt, die Strafbefugnis nur mit Milde zu handhaben, und insbesondere im Anfang nicht jede Versäumnis der Anmeldung, namentlich gegen Geschäftsunkundige und der Gesetzeskenntnis entbehrende Personen zu ahnden. Den Provinzialsteuerbehörden ist überlassen, hierauf nötigenfalls in geeigneter Weise hinzuwirken. Danach müssen die Erbschaftssteuerämter für berechtigt erachtet werden, das Hauptamt selbst dann noch mit Erfolg um die Abstandnahme von der Bestrafung zu ersuchen, wenn die Sache schon zur Entscheidung an das letzere abgegeben war.[3]) Die Provinzialsteuerdirektoren sind in allen Fällen befugt, von der Straffestsetzung abzusehen, solange nicht die Abgabe zum gerichtlichen Verfahren erfolgt ist.[3])

h) Für den Beschuldigten kann in allen Stadien des Verfahrens ein mit schriftlicher Vollmacht versehener Vertreter erscheinen (Bonnenberg S. 118).

§ 45.

4. Der Strafbescheid.

Findet die Steuerbehörde den Angeschuldigten strafbar, so ist gegen ihn ein Strafbescheid zu erlassen.[4])

a) Zuständig zum Erlasse des Strafbescheids ist:

1. das Erbschaftssteueramt im Falle des § 43 Abs. 2 und 3 des Erbschaftssteuergesetzes;

2. das Hauptzoll- oder Hauptsteuer-Amt in allen anderen Fällen, wenn die gesetzliche Strafe den Betrag von 150 Mark nicht übersteigt;[5]) maßgebend ist die im konkreten Fall gesetzlich zulässige Strafe;

3. der Provinzialsteuerdirektor in allen Fällen, wo die gesetzliche Strafe mehr als 150 Mark beträgt.

b) Der Strafbescheid muß enthalten:

1. nach reichsgesetzlicher Vorschrift[6]): die strafbare Handlung, das angewendete Strafgesetz und die Beweismittel, sowie die Eröffnung,[7]) daß der Beschuldigte, sofern er nicht die Beschwerde an die höhere Verwaltungsbehörde (den Rekurs) ergreife, gegen den Strafbescheid binnen einer Woche nach der Bekanntmachung bei der Verwaltungsbehörde, welche ihn erlassen, oder bei derjenigen, welche ihn bekannt gemacht hat, auf gerichtliche Entscheidung antragen könne;

2. nach landesgesetzlicher Vorschrift,[8]) welche durch die Strafprozeßordnung nicht berührt ist,[9]) außerdem die Entscheidungsgründe.[10])

Die Beweismittel sind einzeln anzugeben; es genügt nicht, allgemein auf

---

[1]) § 13 Abs. 4 und § 10 Abs. 3 der Anweisungen vom 14. November 1873.

[2]) Durch F.M.R. vom 2. Dezember 1873 unter II Nr. 3 (Anhang S. 202)

[3]) Bonnenberg, S. 144

[4]) Darüber, daß eine Ordnungsstrafe auf Grund des § 43 des Erbschaftssteuergesetzes erst festgesetzt werden soll, wenn das Erbschaftssteueramt im Besitze eines Nachlaßverzeichnisses ist und sich von dem Vorhandensein der in Abs. 2 bezeichneten Milderungsgründe überzeugt hat, siehe Komm. S. 132 Anm. III.

[5]) Zollstrafgesetz § 33; Zolluntersuchungsordnung § 45.

[6]) St.P.O. § 459 Abs. 2.

[7]) Diese Eröffnung brauchte von dem Inkrafttreten der St.P.O. erst bei der Bekanntmachung (Zustellung) des Strafbescheides gemacht zu werden, muß aber jetzt im Strafbescheide selbst enthalten sein; Bonnenberg, S. 149 Anm. 4.

[8]) Zollstrafgesetz § 45; Zolluntersuchungsordnung § 15.

[9]) Arndt, Strafverfahren S. 304; Meves S. 440 und 426; Bonnenberg, S. 149. Anm. 2.

[10]) Vgl. hierzu St.P.O. § 266.

„sonstige Ermittelungen" zu verweisen.[1]) — Die strafbare Handlung muß derart genau bezeichnet sein, daß der Beschuldigte mit Gewißheit zu erkennen vermag, wessen er beschuldigt ist; es reicht daher nicht hin, die gesetzlichen Merkmale des Thatbestandes mit den Ausdrücken des Gesetzes anzuführen, vielmehr ist auch die Angabe der konkreten Thatsachen erforderlich, in denen jene Merkmale gefunden werden.[2])

Die Verpflichtung zur Erlegung der betreffenden Erbschaftssteuer darf im Strafbescheide nicht ausgesprochen werden.[3])

Der Umstand, daß der Inhalt eines Strafbescheides den vorstehenden Anforderungen nicht entspricht, hat, sofern nur die Strafe darin richtig festgesetzt ist, keinerlei materielle Wirkungen; insbesondere kam auch der inhaltlich mangelhafte Strafbescheid in Rechtskraft übergehen.[4]) Ein derartiger Mangel kann auch nicht dazu führen, daß im Falle des Antrages auf gerichtliche Entscheidung das Gericht die Sache an die Verwaltungsbehörde zur Erneuerung oder Ergänzung des Bescheides zurückverwiese, denn mit dem rechtzeitig gestellten Antrage auf gerichtliche Entscheidung erlischt die Zuständigkeit der Verwaltungsbehörden, und die Sache erwächst in vollem Umfange zum gerichtlichen Verfahren.[5]) Dagegen kann allerdings die vorgesetzte Steuerbehörde infolge der Rekurseinlegung das Verfahren der ersten Instanz rügen und erforderlichenfalls die Sache an sie zur nochmaligen Entscheidung zurückverweisen.[6])

c) Während die Hauptämter und die Erbschaftssteuerämter stets die volle, gesetzlich angedrohte Strafe verhängen müssen,[7]) ist [8]) den Provinzialsteuerdirektoren für die im Verwaltungswege noch anhängigen (nicht für die bereits rechtskräftig erledigten[9]) oder bei Gericht anhängigen) Strafsachen die Befugnis verliehen, geringere als die in den Gesetzen bestimmten Strafen zu verhängen, und zwar sowohl dann, wenn sie in erster Instanz, als auch wenn sie über einen rechtzeitig eingelegten[10]) Rekurs entscheiden. Durch die Übertragung dieser Befugnis sollte nicht ein Begnadigungsrecht verliehen, sondern nur die Möglichkeit geschaffen werden, Härten, welche aus unnachsichtiger Anwendung der Steuergesetze entstehen können, schon im Laufe des Verfahrens auszugleichen. Es soll daher von ihr nur Gebrauch gemacht werden, wo aus den besonderen Umständen des Falles hervorgeht, daß den Gesetzesverletzungen ein entschuldbares Versehen zu Grunde liegt. Wo absichtliche Steuerverkürzungen oder sonstige vorsätzliche Gesetzesübertretungen klar vorliegen, sind die gesetzlichen Strafen auch von den Provinzialsteuerdirektionen festzuhalten. Wenn nur besondere persönliche Verhältnisse (Krankheit, Vermögensverfall u. s. w.) des Thäters eine Strafmilderung rechtfertigen, so ist hierüber an den Finanzminister[11]) zu berichten.

d) Der Strafbescheid unterliegt einem Feststempel von 1 M. 50 Pf., wenn die Strafe 15 Mark übersteigt; Nr. 62 des Tarifs zum Stempelsteuergesetze vom 31. Juli 1895. — Der Stempel ruht nicht auf der Urschrift,[12]) sondern auf der

---

[1]) F.M.R. vom 18. September 1890, III 10685, bei Bonnenberg, S. 149 Anm. 3.

[2]) Löbe, S. 184.

[3]) Bonnenberg, S. 150, wo mehrere im Sinne des Textes erlassene F.M.R. zitiert sind.

[4]) R.G. III Urt. vom 23. Februar 1888, St. S. Bd. 17 S. 249, Jur.Woch., S. 153, Bonnenberg, S. 151 Anm. 10; — A.M. Meves, S. 410. Rintelen S. 260.

[5]) Vgl. das in der vorigen Anm. erwähnte Erkenntnis des R.G. und R.G. III Urt. vom 2. Juli 1885, Rechtspr. Bd. 7 S. 462.

[6]) Bonnenberg, S. 152; vgl. R.G. II. Urt. vom 1. März 1887, C.S. Bd. 17 S. 434.

[7]) Bonneberg, S. 155 Anm. 21.

[8]) Durch F.M.R. vom 28. Juli 1838, III 7157, bei Bonnenberg, S. 155, 156 Anm. 22.

[9]) Wenn in solchen Fällen Strafmilderung oder Erlaß angezeigt erscheint, so ist an den Finanzminister zu berichten.

[10]) Nicht auch über einen verspäteten.

[11]) Über das diesem zustehende Begnadigungs- und Strafmilderungsrecht vgl. unten § 59.

[12]) F.M.R. vom 22. August 1828, in von Kamptz Annalen, Bd. 12 S. 659.

Ausfertigung des Strafbescheides und ist für jede Ausfertigung oder beglaubigte Abschrift besonders zu entrichten. Der Kostenersparnis halber pflegt beim Vorhandensein mehrerer Beschuldigter der Bescheid für alle zusammen nur einmal ausgefertigt und zugestellt zu werden, sofern nicht weitere Ausfertigungen ausdrücklich verlangt oder nötig werden.[1]) — Wird der Bescheid in der höheren Instanz aufgehoben, so wird der Stempelbetrag erstattet.[2])

e) Die Bekanntmachung des Strafbescheides an den Angeschuldigten erfolgt entweder durch Verkündung zu Protokoll oder in den für die Vorladungen vorgeschriebenen Formen, d. h. durch Zustellung.[3]) [4]) Sie geschieht stets durch das Hauptamt, auch wenn dieses nicht selbst den Bescheid erlassen hat. Ist der Bescheid einem zur Zeit der Zuwiderhandlung noch nicht 18 Jahre alten Thäter bekannt zu machen, so soll er auch seinem gesetzlichen Vertreter eröffnet oder zugestellt werden.[5])

Ein gehörig bekannt gemachter Strafbescheid darf von der Behörde, welche ihn erlassen hat, nicht mehr abgeändert werden; doch ist die Erläuterung unklarer Ausdrücke und die Berichtigung von Namen und Zahlen (mit Ausnahme der Strafbeträge), wenn dieses nachträglich geschehen kann, zulässig.[6])

f) Der Strafbescheid wirkt in Betreff der Unterbrechung der Verjährung wie eine richterliche Handlung.[7]) Die Wirkung ist nicht von der Verkündung oder Zustellung des Bescheides abhängig; die bloße Vollziehung genügt.[8])

g. Gegen den Strafbescheid hat der Angeschuldigte[9]) einen doppelten Rechtsbehelf. Er kann entweder die Beschwerde (den Rekurs) an die höhere Verwaltungsbehörde einlegen oder auf gerichtliche Entscheidung antragen. Beide Rechtsmittel schließen einander derart aus, daß die Ergreifung des einen das Recht auf die Einlegung des anderen vernichtet. Der Angeschuldigte ist also nicht berechtigt, von dem einmal gewählten Behelfe wieder abzugehen.[10]) Er hat deutlich zu erklären, welchen von beiden Rechtsbehelfen er ergreifen will. Hat er nur rechtzeitig seine Unzufriedenheit mit dem Bescheide zu erkennen gegeben, ohne deutlich zu sagen, ob er den Rekurs oder den Antrag auf gerichtliche Entscheidung meint, so ist er[11]) zu einer bestimmten, binnen einer festzusetzenden Frist abzugebenden Erklärung aufzufordern mit dem Eröffnen, daß nach unbenutztem Ablaufe der Frist die Provokation auf gerichtliches Gehör als gewählt betrachtet werden würde.

---

[1]) Bonnenberg, S. 152 und 153.

[2]) Noelle, S. 212.

[3]) Zollstrafgesetz § 45, Zolluntersuchungsordnung § 15; vgl. dazu St.P.O. §§ 37—39 und Allg. Verf. des J.M., betr. vereinfachte Zustellung in Strafsachen; C.P.O. §§ 152—190.

[4]) Über die Aufhebung der Vorschrift, daß der Angeschuldigte bei Bekanntmachung des Bescheides über die ihm zustehenden Beweismittel belehrt werden solle, vgl. Anm. 7 auf S. 325.

[5]) F.M.R. vom 26. Juni 1869, C.Bl. S. 316.

[6]) General-Direktorats-Verf. vom 24. Juli 1830, III 11730, bei Bonnenberg, S. 154 Anm. 154.

[7]) St.P.O. § 459 Abs. 3.; vgl. St.G.B. § 68, § 69 (in der Fassung des Ges. vom 26. August 1893, R.G.Bl, S. 133) und Erbschaftssteuergesetz § 50.

[8]) Arndt, Strafverfahren S. 305; Meves S. 427; Olshausen, I S. 331 Anm. 15; anderer Ansicht ist Bonnenberg, S. 153 Anm. 12, der die Unterbrechung der Verjährung erst mit der Bekanntmachung beginnen läßt und darauf hinweist, daß ein nicht bekanntgemachter Strafbescheid einen noch nicht verkündeten Urteile gleiche; er übersieht dabei, daß unbestritten jede richterliche Strafverfolgungshandlung (z. B. der Erlaß eines Haftbefehls) vom Augenblicke ihrer Vollziehung an, schon vor der Zustellung die Verjährung unterbricht, und daß der Strafbescheid nicht dem richterlichen Urteil, sondern der richterlichen Handlung gleichsteht. Daß der Strafbescheid erst mit der Bekanntmachung als „erlassen“ im Sinne des § 33 des Zollstrafgesetzes und des § 3 der Zolluntersuchungsordnung gilt, steht nicht entgegen.

[9]) Nicht auch die Steuerbehörde; diese ist z. B. nicht berechtigt, auf gerichtliche Entscheidung anzutragen, weil ihr die Strafe nachträglich zu niedrig erscheint; Ob.Tr. Urt. vom 17. September 1863; J.M.Bl S. 278; Oppenhoff Rechtspr., Bd. 4 S. 53.

[10]) Zollstrafgesetz § 46; Zolluntersuchungsordnung § 16; St.P.O. § 459 Abs. 1 („sofern er nicht .... Beschwerde ... ergreift“). Löwe, S. 859.

[11]) Nach F.M.R. vom 21. Juni 1862, III 11981, C.Bl. S. 194.

Auf die Einlegung beider Rechtsbehelfe kann vor Ablauf der gesetzlichen Fristen wirksam verzichtet, und der bereits eingelegte Rechtsbehelf kann zurückgenommen werden; im einzelnen sind hierüber die §§ 46 und 52 zu vergleichen.

h) Der Strafbescheid wird rechtskräftig, wenn die Rekursfrist oder die Frist für den Antrag auf gerichtliche Entscheidung abgelaufen sind, oder wenn vor Ablauf der Fristen auf die Einlegung beider Rechtsmittel wirksam verzichtet ist, oder wenn der Antrag auf gerichtliche Entscheidung vor dem Beginne der Hauptverhandlung [1]) oder der eingelegte Rekurs vor Erlassung des Rekursbescheides zurückgenommen ist. [2]) Der Eintritt der Rechtskraft setzt jedoch voraus, daß zur Entscheidung über die strafbare Handlung, auf welche sich der Strafbescheid bezieht, die Steuerbehörden überhaupt befugt waren, und erfolgt daher nicht, wenn die Handlung nicht ein Steuerdelikt, sondern ein Verstoß gegen andere Strafgesetze war. [3]) Liegt dagegen diese Voraussetzung vor, so steht der Umstand, daß die erkennende Steuerbehörde im einzelnen Falle ihre sachliche oder örtliche Zuständigkeit zu Unrecht angenommen hat, dem Eintritte der Rechtskraft nicht entgegen. [4])

i) Der rechtskräftige Strafbescheid hat die Wirkung, wegen der durch ihn mit Strafe belegten Handlung jedes weitere administrative oder gerichtliche Strafverfahren gegen den Verurteilten auszuschließen. [5]) Wird wegen der That eine erneute Anzeige erstattet, so hat die Staatsanwaltschaft oder (wenn diese diese die Eröffnung der Voruntersuchung oder des Hauptverfahrens beantragt) der Richter nur zu prüfen, ob die Steuerbehörde zur Erlassung von Strafbescheiden überhaupt befugt war und ob die strafbare Handlung, so wie sie nach den angestellten Ermittelungen erscheint, zu den Delikten gehört, auf welche sich die Verwaltungsstrafgewalt erstreckt; dagegen ist nicht zu prüfen, ob die Steuerbehörde im Einzelfalle mit Recht ihre Zuständigkeit angenommen hat, ob der Beschuldigte die strafbare Handlung wirklich begangen hat, ob sie strafbar ist und ob die verhängte Strafe dem Gesetze entspricht. Findet ein neues gerichtliches oder administratives Verfahren statt, das zu einem von dem Inhalte des Strafbescheides abweichenden Ergebnisse führt, so verliert dieser seine Wirkung.

§ 46.

5. Der Rekurs.

Das Rekurs- oder Beschwerdeverfahren im Verwaltungswege ist durch § 459 Abs. 1 der Strafprozeßordnung insoweit aufrecht erhalten, als es landesgesetzlich zugelassen ist, nicht aber durch die Strafprozeßordnung selbst geregelt. Es gelten daher lediglich die Vorschriften des preußischen Rechts, [6]) welche, weil sie sich ausschließlich auf das Verwaltungsverfahren beziehen, durch die Reichsjustizgesetze nicht berührt sind [7]).

a. Die Einlegung des Rekurses erfolgt in allen Fällen bei dem Zoll-

---

1) St.P.O. § 462 Abs. 2.

2) Löbe, S. 185; Bonnenberg, S. 270; Meves, S. 427; von Lilienthal, in von Holtzendorffs Rechtslexikon unter „Strafbescheid".

3) Vgl. Bonnenberg, S. 272 Anm. 2, wo Urteile des Ob.Tr. und des R.G. angegeben sind.

4) Bonnenberg, S. 273 Anm. 3. u. 4.

5) Vgl. hierzu die Motive zu § 463 der St.P.O. S. 229; Löwe, S. 889 Anm. 3 zu § 463 St.P.O., R.G. I Urt. vom 17. März 1890 (St.S. Bd. 20 S. 316, Jur.Woch. S. 149) und Bonnenberg, S. 227; a. M. Bennecke S. 690 (der vollstreckbar gewordene Strafbescheid schaffe nicht res judicata).

6) Arndt, Strafverfahren S. 305.

7) Arndt, Strafverfahren S. 310.

oder Steueramte, welches die Untersuchung geführt hat, [1]) auch wenn der Bescheid von einer anderen Behörde erlassen ist. Als untersuchungsführendes Hauptamt ist dasjenige anzusehen, in dessen Prozeßregister die Untersuchung eingetragen ist. [2]) Rekursgesuche, welche unmittelbar beim Finanzminister angebracht sind, werden mit der Anheimgabe zurückgesandt, sie bei dem betreffenden Hauptamte einzureichen. [3]) Auch die Provinzialsteuerbehörde ist zu dem gleichen Verfahren befugt. [4]) Der Fall, daß das Erbschaftssteueramt einen Strafbescheid erlassen hat, konnte weder im Zollstrafgesetze, noch in der Zolluntersuchungsordnung berücksichtigt werden. Es ist anzunehmen, daß in diesen Fällen der Rekurs wirksam auch bei dem zuständigen Erbschaftssteueramte angemeldet werden kann.

b) Die Anmeldung muß binnen einer präklusivischen Frist von zehn Tagen nach der Eröffnung des Strafbescheides erfolgen. Auf die Berechnung der Frist findet der § 43 Abs. 2 der Strafprozeßordnung keine Anwendung; [5]) der Tag der Eröffnung des Bescheides wird nicht mitgezählt. [6]) Die Frist ist nur dann gewahrt, wenn das die Beschwerde enthaltende Schriftstück (Schreiben oder Protokoll) vor Schluß der Dienststunden des letzten Tages der Frist bei dem zuständigen Beamten zur Präsentation gelangt. [7]) Geschieht die Anmeldung schriftlich, so ist auf dem Schriftsatze der Tag des Einganges in Buchstaben zu vermerken. [8])

c) Der Angeschuldigte kann vor Ablauf der Frist auf die Einlegung des Rekurses verzichten. Der Verzicht ist an besondere Formen nicht gebunden, kann daher schriftlich oder zu Protokoll erklärt werden. Die Rechtskraft des Strafbescheides (S. 328) tritt jedoch nicht ein, solange der Angeschuldigte befugt ist, auf gerichtliche Entscheidung anzutragen.

d) Die Einlegung des Rekurses ist an eine Form nicht gebunden und kann daher schriftlich oder mündlich erfolgen. Im letzteren Falle ist der Antrag zu Protokoll zu nehmen [9])

e) Der gesetzliche Vertreter eines Angeschuldigten, sowie der Ehemann einer angeschuldigten Frau werden für befugt zu erachten sein, binnen der für den Angeschuldigten laufenden Frist selbständig den Rekurs einzulegen. [10]) Doch dürfen sie keinen anderen Rechtsbehelf wählen, als den vom Angeschuldigten persönlich rechtzeitig ergriffenen. Wenn letzterer später selbst rechtzeitig einen Rechtsbehelf ergreift, so verliert der von einer der genannten Personen eingelegte seine Wirkung. [10])

f) Schon durch Einlegung des Rekurses begiebt sich der Angeschuldigte des Rechts, auf gerichtliche Entscheidung anzutragen; er kann auch innerhalb der für die Beantragung der letzteren gesetzten Frist die getroffene Wahl nicht mehr ändern. [11])

---

[1]) Zollstrafgesetz § 46 Abs. 1; Zolluntersuchungsordnung § 16 Abs. 1.

[2]) F.M.R. vom 20. April 1882, III. 2881, C.Bl. S. 135, F.M.R. vom 10. August 1888 III. 15335, C.Bl. S. 135.

[3]) F.M.R. vom 28. September 1825, III. 18836, von Kamptz Annalen Bd. 9 S. 892.

[4]) Bonnenberg, S. 165 Anm. 11.

[5]) E.G. zur St.P.O. § 6 Nr. 3; F.M.R. vom 11. Juli 1881, III 9583, bei H.G., S. 437 Anm. 1b. und bei Bonnenberg, S. 164 Anm. 9.

[6]) F.M.R. vom 17. Juli 1881, III. 2158 bei H.G., S. 437 Anm. 1b und bei Bonnenberg, S. 164 Anm. 9.

[7]) Ob.Tr. Urt. vom 16. Mai 1863 (Oppenhoff Rechtspr., Bd. 3 S. 458) und vom 9. November 1875 (a. a. O., Bd. 16 S. 716). Bonnenberg, S. 164 Anm. 9.

[8]) F.M.R. vom 29. Juni 1838, III. 11561, Bonnenberg, S. 163.

[9]) Meves, S. 417; Bonnenberg, S. 163.

[10]) R.G. III. Urt. vom 23. Februar 1888, St.S. Bd. 17 S. 249; St.P.O. § 340 ist analog anzuwenden, da der Rekurs den Charakter eines Rechtsmittels hat; Meves, S. 417; Bonnenberg, S. 162 Anm. 2.

[11]) St.P.O. § 453 Abs. 3; Löwe, Anm. 6 dazu auf S. 881; Meves, S. 426; Arndt, Strafverfahren S. 306; Bonnenberg, S. 166 Anm. 15; Nölle S. 71; Ullmann S. 568, v. Kries S. 750. General-Direktorats-Verfügung vom 16. Februar 1862, III. 3211, F.M.R. vom 15. Januar 1889, 24217 von 1888, beide erwähnt bei Bonnenberg, S. 167 Anm. 15.

Die Zurücknahme des Rekurses bringt daher den Angeschuldigten nicht in die Lage, nunmehr auf gerichtliche Entscheidung anzutragen.[1]) Sie ist innerhalb der gesetzlichen Frist zulässig und an keine Form gebunden, aber nur wirksam, wenn sie bedingungs- und vorbehaltlos[2]) erklärt wird; sie führt die sofortige Rechtskraft des angefochtenen Strafbescheids herbei.

g. Wenn mit der Anmeldung des Rekurses nicht zugleich dessen Rechtfertigung verbunden ist, wird der Angeschuldigte durch das Zoll- oder Steueramt aufgefordert, die Ausführung seiner weiteren Verteidigung in einem nicht über vier Wochen hinaus anzusetzenden Termin zu Protokoll zu geben oder bis dahin schriftlich einzureichen.[3]) Die Aufforderung hat bei schriftlicher Einlegung des Rekurses schriftlich (und zwar mittels Zustellung), bei mündlicher Anbringung zu Protokoll zu erfolgen.[4]) Zugleich soll dem Beschwerdeführer eröffnet werden, daß nach Ablauf der Rechtfertigungsfrist angenommen werde, er leiste auf die Einreichung einer besonderen Beschwerdeschrift Verzicht und lasse sich die Einsendung der Verhandlungen zur weiteren Entscheidung gefallen.[5])

h. Weiteres Verfahren.[6]) Hat der Angeschuldigte zur Rechtfertigung des Rekurses neue Thatsachen oder Beweismittel angeführt, welche für erheblich befunden werden, so werden die Beweise vom Hauptamte nach den für die erste Instanz gegebenen Vorschriften[7]) erhoben. Andernfalls werden die Verhandlungen nach Eingang der Rechtfertigungsschrift oder nach Ablauf der dem Angeschuldigten zu ihrer Einreichung gesetzten Frist zur Abfassung des Rekursresolutes an den Provinzialsteuerdirektor eingesandt. Die Einsendung hat auch dann stattzufinden, wenn der Rekurs verspätet angemeldet ist, da über die Rechtzeitigkeit des Rechtsmittels die zur Entscheidung über dieses selbst berufene Behörde zu befinden hat.[8]) Bei der Übersendung hat sich das Hauptamt über den Rekurs gutachtlich zu äußern. Die Provinzialsteuerbehörde erstattet, wenn sie nicht selbst Rekursinstanz ist, dem Finanzminister Bericht.[9]) Sie kann auch, wenn sie weitere Beweiserhebungen für erforderlich erachtet, hiermit die Hauptämter beauftragen.

i. Zuständig zur Entscheidung über den Rekurs ist, wenn der Strafbescheid von einem Hauptamte oder einem Erbschaftssteueramte erlassen war, der vorgesetzte Provinzialsteuerdirektor, wenn er von einem Provinzialsteuerdirektor erlassen war, der Finanzminister. Sind vor der Entscheidung noch weitere Ermittelungen erforderlich, so sind diese zunächst zu veranlassen. Hat von mehreren in einem Strafbescheid mit Strafe belegten Personen eine auf gerichtliche Entscheidung angetragen, eine andere aber Rekurs eingelegt, so ist mit der Entscheidung über letzteren bis zur Erledigung des Rechtsweges zu warten.[10]) Die gerichtliche Entscheidung bindet jedoch die Verwaltungsbehörde nicht.[11])

k. Über den Inhalt des Rekursresoluts sind gesetzliche Vorschriften nicht vorhanden. Aus allgemeinen Grundsätzen ergiebt sich Folgendes:[12])

1. Den nicht form- und fristgerechten Rekurs kann die zur Entscheidung über den Rekurs zuständige Steuerbehörde ohne sachliche Prüfung zurück-

---

[1]) Bonnenberg, S. 166.
[2]) Bonnenberg, S. 167 Anm. 15.
[3]) Zollstrafgesetz § 46 Abs. 2; Zolluntersuchungsordnung § 16 Abs. 2.
[4]) Bonnenberg, S. 168 Anm. 3.
[5]) F.M.R. vom 28. September 1825, III. 18836, in Erinnerung gebracht durch F.M.R. vom 29. Mai 1840 (C.Bl. S. 254).
[6]) Zollstrafgesetz § 47; Zolluntersuchungsordnung § 17.
[7]) Oben § 44 S. 323–325.
[8]) Bonnenberg, S. 169 Anm. 3.
[9]) Bonnenberg, S. 169 Anm. 2.
[10]) Generaldirektorats-Verf. vom 7. Oktober 1858, III. 22457 erwähnt bei Bonnenberg S. 165 Anm. 14.
[11]) Bonnenberg, a. a. O.
[12]) Vgl. hierzu Bonnenberg, S. 170, 171.

weisen. Ein Recht des Angeschuldigten, aus Billigkeitsrücksichten die Wiedereinsetzung in den vorigen Stand zu verlangen, besteht gesetzlich nicht.[1]) Indes begrenzt die Fristbestimmung nur das Recht des Angeschuldigten, hindert aber die Verwaltungsbehörde nicht, die Sache nochmals zu untersuchen und eine dem ersteren günstigere Entscheidung herbeizuführen.[2]) Sie wird davon Gebrauch machen, z. B. wenn sie auf Grund neuerer Entscheidungen der Gerichte oder der höheren Verwaltungsbehörden die Überzeugung gewinnt, daß der Bescheid ganz oder teilweise zu Unrecht erlassen ist. Dies ist jedoch kein Akt der Rechtsprechung, sondern Ausübung des Begnadigungsrechts und kann daher nur von dem damit betrauten Finanzminister erfolgen.[3])

2. Stellt sich die That als eine solche dar, bei welcher der Erlaß eines Strafbescheides unzulässig war (z. B. wenn die That nicht als Vergehen gegen § 44 des Erbschaftssteuergesetzes, sondern als Betrug im Sinne des § 263 St.G.B. anzusehen ist), so wird der Strafbescheid aufgehoben und erforderlichenfalls die Einleitung des gerichtlichen Strafverfahrens veranlaßt.
3. War der angefochtene Bescheid von einer sachlich unzuständigen Behörde erlassen, so hebt die Rekursbehörde den Bescheid auf und erläßt, wenn sie selbst in erster Instanz zuständig ist, einen neuen Bescheid; andernfalls verweist sie die Sache an die zuständige Behörde. — War jedoch der Strafbescheid in einem Fall, wo das Hauptamt zum Erlasse zuständig war, vom Provinzialsteuerdirektor erlassen, und ist dagegen Rekurs beim Finanzminister eingelegt, so wird dieser für befugt zu erachten sein, in der Sache selbst zu entscheiden. Die entgegengesetzte Annahme würde zu überflüssigen Weitläufigkeiten führen.
4. Eine höhere, als die im angefochtenen Strafbescheide normierte Strafe darf der Rekursbescheid nicht festsetzen. Die Aufhebung des Bescheides und die Zurückverweisung in die erste Instanz zur Erzielung einer dem Angeschuldigten ungünstigeren Entscheidung ist für unzulässig erklärt.[4]) Der Rekursbescheid kann daher nur auf Bestätigung des ersten Bescheides, Freisprechung oder Strafmilderung lauten. Im letzteren Falle kann eine geringere, als die gesetzlich angedrohte Strafe festgesetzt werden. Der Finanzminister ist hierzu unbeschränkt, der Provinzialsteuerdirektor nur bei der Entscheidung über einen rechtzeitig eingelegten Rekurs befugt.[5])
5. Auch der Rekursbescheid muß mit Gründen versehen sein.[6]) Eine Bezugnahme auf die Gründe des angefochtenen Bescheides ist jedoch zulässig. Bei Herabsetzung der Strafe auf Grund der unter Nr. 4 erwähnten Strafmilderungsbefugnis pflegt nur im allgemeinen angedeutet zu werden, daß Gründe zur Herabsetzung vorgelegen haben; im einzelnen werden sie nicht angegeben. Ebenso pflegt bei Aufrechterhaltung der vollen gesetzlichen Strafe das Gegenteil nur im allgemeinen bemerkt zu werden.[7])
6. Die baren Auslagen beider Instanzen fallen der Staatskasse zur Last, wenn der Angeschuldigte freigesprochen wird, dem Angeschuldigten dagegen, wenn der angefochtene Bescheid lediglich bestätigt wird. Im Falle der Strafmilderung ist eine angemessene Verteilung vorzunehmen.

---

[1]) Bonnenberg, S. 168.
[2]) Arndt, Strafverfahren S. 306, 307.
[3]) S. unten § 59.
[4]) Verf. des Generaldirektors der Steuern vom 9. März 1858, III. 4499, erwähnt bei Bonnenberg, S. 170; der in St.P.O. § 372 und § 398 Abs. 2 aufgestellte Grundsatz gilt also auch im Verwaltungsstrafverfahren.
[5]) Vgl. oben S. 326.
[6]) Zollstrafgesetz § 48; Zolluntersuchungsordnung § 18.
[7]) Bonnenberg, S. 170 Anm. 3.

l) Die **Form** des Rekursbescheides ist gesetzlich nicht vorgeschrieben. Nach Bonnenberg (S. 169) wird er in der Regel wie ein Strafbescheid ausgefertigt, und nur bei Ermäßigung der gesetzlichen Strafe wird die Form der Verfügung an die nachgesetzte Verwaltungsbehörde gewählt.

m) Der Rekursbescheid unterliegt, sofern die darin festgesetzte Strafe 15 Mark übersteigt, nach Nr. 62 des Tarifs zum Stempelsteuergesetze vom 31. Juli 1895 einem Feststempel von 1 M. 50 Pf.; vgl. im übrigen hierzu d. auf S. 326.

n) Das Rekursresolut wird an das betreffende Zoll-, Steuer- oder Erbschaftssteueramt befördert und nach Bekanntmachung an den Angeschuldigten vollstreckt.

o) Gegen das Rekursresolut ist ein weiteres Rechtsmittel im Gesetze nicht vorgesehen, mit seiner Bekanntmachung ist daher (abgesehen von den unter Nr. 2 und 3 erwähnten Fällen) die Sache rechtskräftig erledigt.[1]) Indes wird in den Fällen, wo der Rekursbescheid von einem Provinzialsteuerdirektor erlassen ist, der Finanzminister kraft seines Aufsichtsrechtes zu Gunsten des Angeschuldigten einschreiten können.[2]) Von der Wirkung der Rechtskraft des Rekursresoluts gilt das auf S. 328 von dem rechtskräftigen Strafbescheide Gesagte.

§ 47.

6. Das Submissionsverfahren.[3])

Das Submissions- oder Unterwerfungsverfahren findet statt, wenn der Beschuldigte das Steuervergehen an der Amtsstelle einräumt und zur sofortigen Zahlung der Strafe sich erbietet. Die Abfassung eines besonderen Strafbescheides ist alsdann nicht erforderlich, sondern es wird lediglich ein alle wesentlichen Bestandteile eines solchen enthaltendes Protokoll aufgenommen und die Zahlung der Strafe in Empfang genommen.

I. a) Die grundsätzliche Zulässigkeit des Submissionsverfahrens[3]) beruht auf Reichsrecht. Nach § 4 der von den Zollvereinsstaaten auf der ersten Münchener Generalzollkonferenz von 1836 vereinbarten „Grundsätze, das Zollstrafgesetz betreffend"[4]) sollte Vorkehrung getroffen werden, daß die einer Zollübertretung Angeschuldigten in allen Fällen, in welchen es neben der Konfiskation der defraudierten Gegenstände nur auf eine Geldstrafe ankommt, die Befugnis erhalten, sich, ohne weitere Verhandlung vor den gewöhnlichen Gerichten, dem Ausspruche der Zollbehörden zu unterwerfen". In Art. 8 § 7 des Zollvereinigungsvertrages vom 8. Juli 1867[5]) haben sich die vertragsschließenden Staaten verpflichtet, die vereinbarten Grundsätze das Zollverfahren betreffend zur Anwendung zu bringen. Nach Art. 40 der Reichsverfassung bleiben aber die Bestimmungen dieses Vertrages in Kraft, „soweit sie nicht durch die Vorschriften dieser Verfassung abgeändert sind und solange sie nicht auf dem in Art. 7 bezw. 78 bezeichneten Wege[7]) abgeändert werden." Da eine Abänderung weder in der Verfassung noch auch später[6]) erfolgt ist, so ist die wiedergegebene Bestimmung des Zollvereinigungsvertrages als geltendes Reichsrecht anzusehen, dessen Abänderung im Wege der Landesgesetzgebung unstatthaft ist[8]).

---

[1]) Bonnenberg, S. 171 Anm. 10.
[2]) Siehe oben unter k Nr. 1.
[3]) Vgl. zum Folgenden Arndt, Strafverfahren S. 295—298, und Bonnenberg S. 312—320.
[4]) Hirths Annalen, 1868 S. 119; Löbe, S. 20 ff.
[5]) Preuß. Ges.S. S. 240.
[6]) D. h. durch Reichsgesetz.
[7]) Insbesondere nicht durch die St.P.O.
[8]) So Arndt, Strafverfahren S. 282.

b) Der § 4 der Grundsätze, das Zollstrafgesetz betreffend, ist ein Blankettgesetz, dessen Ausfüllung durch das Vereinszollgesetz [1]) hätte erfolgen können, aber nicht erfolgt ist. Vielmehr schreibt der § 165 des letzteren vor, daß es hinsichtlich des Strafverfahrens in Zollsachen bei den „Bestimmungen der Landesgesetze" verbleiben solle, und ebenso sollen nach § 6 Abs. 2 des Einführungsgesetzes zur Strafprozeßordnung die einschlägigen „landesgesetzlichen Bestimmungen" unberührt bleiben. Nun kommen in Erbschaftssteuerstrafsachen nach § 48 des Gesetzes lediglich dieselben Vorschriften zur Anwendung, nach welchen sich das Verfahren wegen Zollvergehen bestimmt. Will man daher, wie es der IV. Strafsenat des Reichsgerichts in einem Urteile vom 25. September 1891 [2]) thut, den § 165 des Vereinszollgesetzes und den § 6 Abs. 2 des Einführungsgesetzes zur Strafprozeßordnung dahin verstehen, daß nur die gesetzlichen, nicht auch auch die im Verwaltungswege erlassenen partikularen Vorschriften auf das Zollverfahren Anwendung finden sollen, so würde allerdings das Submissionsverfahren für das Zollstrafverfahren und damit — vermöge des § 48 des Erbschaftssteuergesetzes — auch für das Strafverfahren in Erbschaftssteuersachen beseitigt sein. Denn es ist in Preußen nicht durch Gesetz [3]), sondern durch Generaldirektorats-Verfügung vom 25. März 1839 [4]) und (für die neuen Landesteile) durch Finanzministerial-Verfügung vom 19. August 1867 [5]) geregelt. In Übereinstimmung mit Bonnenberg [6]) dürfte aber anzunehmen sein, daß in beiden Vorschriften mit dem Worte „Landesgesetz" nur der Gegensatz zum „Reichsrecht" hat hervorgehoben werden sollen, und daß unter den landesgesetzlichen Bestimmungen über das Zollverfahren das ganze bisherige Verfahren zu verstehen ist, ohne Unterscheidung, ob es durch Gesetz oder durch Verwaltungsvorschrift angeordnet ist. Hierfür spricht auch, daß das Vereinszollgesetz in § 142 Abs. 4 das Unterwerfungsverfahren als bestehendes Recht voraussetzt. Die bezeichneten Verfügungen des Generaldirektorats und des Finanzministers sind daher nicht nur für anwendbar, sondern auch für alle Beteiligten als rechtsverbindlich [7]) zu erachten.

Thatsächlich ist das Unterwerfungsverfahren, das für den Schuldigen von erheblichem Vorteil ist [8]), in Gebrauch [9]) und auf Erbschaftssteuerstrafsachen ausdrücklich für anwendbar erklärt. [10])

II. Im einzelnen gelten für das Submissionsverfahren folgende Vorschriften:

a) Die Zulässigkeit im Einzelfalle ist dadurch bedingt, daß der Beschuldigte bei seiner Vernehmung an der Amtsstelle sein Vergehen einräumt und zur sofortigen

---

[1]) Vom 1. Juli 1869, B.G.Bl. S. 317.

[2]) Jur. Woch. 1891 S. 508. S. auch Urt. vom 21. Dezember 1894, St.S. Bd. 26 S. 319.

[3]) Im Zollstrafgesetz von 1838 wird das Unterwerfungsverfahren nicht erwähnt.

[4]) III. 5262, C.Bl. 1839 S. 78.

[5]) III. 16152, C.Bl. 1867 S. 463.

[6]) S. 314 u. 315.

[7]) So Arndt, Strafverfahren S. 295; Meves, S. 439; Staudinger, Handausgabe der St.P.O. S. 188; Löwe, S. 885 Anm. 2b vor § 459; Dalcke, S. 439; Meves, S. 439; von Kries, S. 750 Note 1; Ullmann, S. 567; Stenglein, § 460 Note 2; Bonnenberg, S. 315; von Lilienthal, in Holtzendorffs Rechtslehre unter „Strafbescheid"; Noelle, S. 70; Glaser, S. 287 Anm. 25; Röhr, S. 170; Bennecke S. 688. Anm. 1; Löbe, S. 190; a. M. Keller, S. 591 und das erwähnte Urt. des R.G. vom 25. September 1891, sowie R.G. IV. Urt. vom 21. Dezember 1894, St.S. Bd. 26 S. 319; auch Stenglein spricht (in der Anm. zu § 165 des Vereinszollgesetzes in Stenglein-Appelius-Kleinfeller. Die strafrechtlichen Nebengesetze des Deutschen Reichs S. 876) dem Submissionsverfahren da, wo es angewendet wird, jede rechtliche Wirkung ab.

[8]) Gerade diesen Umstand bezeichnet Schwaiger (S. 453) als höchst unerfreulich, indem er ausführt, es sei nicht der Zweck und die Aufgabe der Strafe, den Schuldigen vor Schande und Kosten zu bewahren; der Ausspruch der Finanzbehörde habe nicht die Autorität eines Richterspruches, sondern ausgesprochenen fiskalischen Charakter, die erkannte Buße sei nicht eine Strafe, sondern ein Abkauf der Strafe zu nennen. — Wir vermögen dem nicht beizutreten.

[9]) Bonnenberg S. 315.

[10]) § 13 bezw. § 10 der F.M. Anweisungen vom 14. November 1873, Anhang S. 196 und 201.

Zahlung der Strafe sich erbietet. Das Submissionsverfahren ist daher ausgeschlossen sowohl, wenn der Beschuldigte nicht in der Lage ist, baar zu zahlen [1]), als auch, wenn er zwar zur Zahlung bereit und im Stande ist, aber seine Unschuld beteuert. Wie Arndt [1]) zutreffend hervorhebt, darf sich der Kontravenient in solchem Falle nicht beschweren, wenn die Behörde die nach seiner Versicherung ihr nicht zukommende Zahlung zurückweist und die Angelegenheit untersuchen läßt.

b) Die Abfassung eines besonderen Strafbescheides unterbleibt. Dagegen muß in dem über die Verhandlung aufzunehmenden Protokolle enthalten sein: 1) eine förmliche Festsetzung dessen, was der Beschuldigte an Steuer, Strafe und Kosten zu zahlen hat, 2) das ausdrückliche Anerkenntniß des Beschuldigten, daß er sich dieser Festsetzung unterwerfe und auf anderweitige Entscheidung durch den Richter oder durch die höhere Verwaltungsbehörde, sowie auf Abfassung und Aushändigung eines förmlichen Resoluts verzichte; 3) die Bescheinigung, daß und wieviel von dem Beschuldigten gezahlt worden ist.

c) Das Protokoll muß der zum Erlaß des Strafbescheides zuständigen Behörde zur Genehmigung eingereicht werden. Diese ist zu versagen, wenn das Gesetz unrichtig angewendet ist oder das Strafmaß nicht dem vorliegenden Thatbestande entspricht [2]). Erst mit der Genehmigung treten die Wirkungen des Submissionsverfahrens (siehe unten III) ein. Die von einer unzuständigen Behörde ausgehende Genehmigung ist wirkungslos [3]).

d) Bei Angeschuldigten, die zur Zeit der Begehung der That zwar das zwölfte, aber noch nicht das achtzehnte Lebensjahr vollendet haben, ist die schriftlich festzustellende Genehmigung des gesetzlichen Vertreters erforderlich. Wird sie nicht mindestens nachträglich beigebracht, so muß das ordentliche Untersuchungsverfahren im Verwaltungswege eingeleitet werden [4]).

e) Der Angeschuldigte kann sich durch einen mit schriftlicher Vollmacht versehenen Bevollmächtigten vertreten lassen. Die Vollmacht zur Vertretung im Verwaltungsstrafverfahren legitimiert auch zur Vertretung im Unterwerfungsverfahren, falls dies nicht ausdrücklich ausgeschlossen ist [5]).

f) Das genehmigte Protokoll enthält den Strafbescheid und ist in dieser Eigenschaft, wenn die Strafe 15 Mark übersteigt, einem Feststempel von 1 M. 50 Pf. nach Nr. 62 des Tarifs zum Stempelsteuergesetze vom 31. Juli 1895 unterworfen [6]).

III. Das ordnungsgemäß genehmigte Submissionsprotokoll hat die Natur eines öffentlich-rechtlichen Vergleichs, der zwischen dem Angeschuldigten und der Steuerbehörde über den gegen den ersteren bestehenden staatlichen Strafanspruch geschlossen ist [7]). Über seine rechtliche Wirkung ist folgendes zu bemerken:

a) Die von einer zuständigen Behörde genehmigte Submissionsverhandlung erledigt die Strafsache rechtsverbindlich in dem Sinne, daß ein weiteres Verwaltungsstrafverfahren wegen dieser Sache nicht stattfindet und daß dem Schuldigen weder der Rekurs an die höhere Verwaltungsbehörde noch der Antrag auf gerichtliche Entscheidung zusteht [8]).

1. Bezüglich des Rekurses kann zweifelhaft sein, ob die vorgesetzte Verwaltungsbehörde kraft ihres Aufsichtsrechtes befugt ist, auch nach Abschluß des Submissions-

---

[1]) Am Schlusse des Protokolls ist zu bescheinigen, daß und wieviel gezahlt worden ist: Bonnenberg, S. 316 Anm. 2.

[2]) Strafverfahren S. 297.

[3]) Bonnenberg, S. 317 Anm. 8.

[4]) Bonnenberg, S. 317 Anm. 10.

[5]) F.M.V. vom 26. Juni 1869, C.Bl. S. 316, M.Bl. S. 225.

[6]) Bonnenberg, S. 317 Anm. 6.

[7]) Noelle, S. 70 und S. 212.

[8]) Vgl. Ob.Tr. Urt. vom 26. Januar 1877, G.A. Bd. 25 S. 174.

[9]) Bonnenberg, S. 317 Anm. 9; von Lilienthal, in von Holtzendorffs Rechtslexikon unter „Strafbescheid“.

verfahrens zu gunsten des Angeschuldigten einzugreifen und z. B. die Rückzahlung der bereits entrichteten Strafe anzuordnen. Da aber das bestätigte Submissionsprotokoll den Charakter eines rechtskräftigen Strafbescheides hat [1]), so ist die Frage zu verneinen; in einem solchen Falle bleibt nur für die Begnadigung Raum.

2. Dem Ausschluß des Antrages auf gerichtliche Entscheidung steht nicht entgegen, daß nach St.P.O. § 459 (wie schon früher nach dem preuß. Gesetze vom 3. Mai 1852, G.S. S. 209) dem Angeschuldigten in allen Fällen die Beschreitung des Rechtsweges offen bleiben muß. Denn es besteht für ihn keinerlei Verpflichtung, sich auf das Submissionsverfahren einzulassen; thut er es aber, so erklärt er durch seine Unterwerfung lediglich einen Verzicht auf einen ihm an sich zustehenden Rechtsbehelf. Dieser Verzicht ist aber prozessualisch zulässig [2]) und hat die Wirkung, das gerichtliche Verfahren unzulässig zu machen. Der Antrag des Submittenten auf gerichtliche Entscheidung würde daher durch Beschluß oder, falls gegen das Gesetz Termin zur Hauptverhandlung anberaumt sein sollte, durch Endurteil mit der Begründung zurückzuweisen sein, daß der Prozeßweg unzulässig sei.

b) Die Frage, ob die Bekanntmachung des Submissionsprotokolls die Verjährung unterbricht, ist zweifelhaft [3]), aber ohne praktische Bedeutung, da nach Abschluß des Unterwerfungsverfahrens jede weitere Strafverfolgung unzulässig ist.

c) Einer Zwangsvollstreckung bedarf es bei einem ordnungsgemäß erledigten Unterwerfungsverfahren nicht, weil es nur bei barer Zahlung der Strafe und der Kosten durch den Schuldigen zulässig ist. Sollte aber ausnahmsweise der Vorschrift entgegen eine Zahlungsfrist bewilligt sein, so bildet das Submissionsprotokoll für die Steuerbehörde einen Vollstreckungstitel.

§ 48.

7. Das Bagatellverfahren. [4])

Erklärt ein der Steuerstelle vorgeführter Angeschuldigter, daß er sich der gesetzlichen Strafe unter Verzicht auf jedes Rechtsmittel unterwerfe, so kann die Sache in einem vereinfachten Verfahren, dem sogen. Bagatellverfahren erledigt werden, wenn die gesetzliche Strafe den Betrag von 15 Mark nicht übersteigt oder wenn zwar das Gesetz eine höhere Strafe zuläßt, im konkreten Falle aber unzweifelhaft nur auf eine „Ordnungsstrafe" [5]) bis höchstens 15 Mark zu erkennen ist [6]). Dieses Verfahren ist durch die nahezu wörtlich übereinstimmenden Finanz-Ministerial-Instruktionen vom 16. Juli 1837 (für die älteren Provinzen) und vom 19. August 1867 [7]) (für die neuen Landesteile) geregelt, von denen die erstere durch Finanz-Ministerial-Verfügung vom 24. November 1840 [8]) ergänzt wird.

I. Das Bagatellverfahren unterscheidet sich seiner rechtlichen Natur nach in keiner Weise vom Submissionsverfahren. Das über dieses Gesagte findet daher sinngemäße Anwendung [9]), insbesondere muß die Frage, ob das Bagatellverfahren

---

[1]) A. M. Meves, S. 440.

[2]) Arndt, Strafverfahren S. 298; Löwe, S. 885 Anm. 2b von § 459; Noelle, S. 70; Bonnenberg, S. 317 Anm. 9. A. M. die bereits erwähnten Urt. des R.G. vom 25. September 1891, Jur. Woch. S. 508, und vom 21. Dezember 1894, St.S. Bd. 26 S. 319. Weitere Litteratur siehe unten zu § 52 auf S. 342.

[3]) Sie wird verneint von Lilienthal in Holtzendorffs Rechtslexikon unter „Strafbescheid" und Meves S. 440.

[4]) Vgl. hierzu Bonnenberg, S. 320—336; Röhr S. 161—170.

[5]) Auf die in § 38 Abs. 3 des Erbschaftssteuergesetzes zugelassene, unzutreffend als „Ordnungsstrafe" bezeichnete Exekutivstrafe findet das im Texte Gesagte keine Anwendung.

[6]) §§ 1 und 2 der oben bezeichneten Instruktionen von 1837 und 1867.

[7]) C.Bl. 1867 S. 464, Röhr S. 161.

[8]) C.Bl. 1840 S. 390.

[9]) Bonnenberg, S. 320 Anm. 3.

durch das Vereinszollgesetz vom 1. Juli 1869 oder durch die Reichsstrafprozeßordnung beseitigt oder doch seiner rechtlichen Wirksamkeit beraubt ist, aus den bereits für die fortdauernde Geltung des Submissionsverfahrens dargelegten Gründen [1]) verneint werden. Das Bagatellverfahren ist durch § 13 bezw. § 10 der Finanz-Ministeral-Anweisungen vom 14. November 1873 [2]) auf Erbschaftssteuerstrafsachen ausdrücklich für anwendbar erklärt, wird aber abgesehen von dem Falle, daß auf eine Ordnungsstrafe bis zu 15 Mark zu erkennen ist, nur selten vorkommen. Denn da für seine Zulässigkeit die Höhe der gesetzlichen, nicht der im Einzelfalle verwirkten Strafe entscheidet und diese 15 Mark nicht übersteigen darf, so ist das Bagatellverfahren in dem Falle des § 45 des Erbschaftssteuergesetzes überhaupt nicht, in den Fällen der §§ 43 und 44 aber nur dann zulässig, wenn der Betrag der Steuer ermittelt werden kann und die Summe von 7 M. 50 Pf. nicht übersteigt. Alsdann ist die in dem doppelten Betrage der Steuer bestehende Strafe zugleich die gesetzlich angedrohte und die verwirkte.

II. Die über das Bagatellverfahren erlassenen Vorschriften sind für Erbschaftssteuersachen zum Teil bedeutungslos. Soweit sie anwendbar sind, ist im einzelnen folgendes zu bemerken:

a) Das Verfahren ist nur zulässig, wenn der Angeschuldigte sich bedingungslos [3]) unterwirft, dagegen unzulässig: [4])

1. Wenn der Angeschuldigte sich ihm nicht unterwirft;

2. wenn die Ankläger, sofern das Verfahren nicht bei dem Hauptamte selbst anhängig ist, in der Beurteilung des Falles mit der verhandelnden Steuerstelle nicht einverstanden sind oder sonst gegen das Bagatellverfahren unter Anführung von Gründen im Interesse des Dienstes Einwendungen machen;

3. wenn der Kontravenient unbekannt, entsprungen (= flüchtig) oder zahlungsunfähig ist, oder wenn der Fall zwar nur zur Ordnungsstrafe geeignet erscheint, der Gegenstand aber von einiger steuerlicher Wichtigkeit ist;

4. wenn die instruierende Stelle findet oder vermutet, daß Beamte bei dem Vorfalle etwas verschuldet haben.

b) Die Bagatellprozesse werden bei der dem Orte der Entdeckung zunächst gelegenen Steuerabfertigungsstelle verhandelt. [5])

c) Der klagende Beamte führt den Angeschuldigten sogleich vor die Steuerstelle und macht ihr mündlich Anzeige von dem Vorgange. Diese vernimmt ohne Verzug mündlich den Angeschuldigten, erörtert die Anklage und die etwaigen Widersprüche und hält dem Angeschuldigten die übertretenen Gesetze und die gesetzlichen Folgen des Vergehens vor. Ergiebt sich hieraus unzweifelhaft die Anwendbarkeit des Bagatellverfahrens, so eröffnet die Steuerstelle eine Bagatellprozeßverhandlung nach einem besonderen Formular. [6]) Findet sie dagegen bei dieser Erörterung den Fall zum Bagatellverfahren nicht angethan, so wird die Klage sogleich zur weiteren Einleitung im gewöhnlichen Verfahren aufgenommen. [7])

d) Die aufgenommene Verhandlung gelangt an das zuständige Hauptamt. [8]) Dieses muß, wenn es die Angelegenheit aus den unter a angeführten Gründen oder

---

[1]) Siehe oben S. 333.

[2]) Anhang S. 196 und 201.

[3]) Vgl. hierüber oben S. 333.

[4]) § 4 der Instruktionen.

[5]) § 6 der Instruktionen; diejenigen Stellen, welche sich mit der Instruktion von Bagatellprozessen nicht befassen dürfen, werden besonders bezeichnet.

[6]) Abgedruckt bei Bonnenberg und Röhr, a. a. O.

[7]) § 10 der Instruktionen; Näheres über die Ausfüllung des Formulars und die weitere geschäftliche Behandlung siehe bei Bonnenberg, S. 332—336.

[8]) § 22 der Instruktionen.

sonst nach seinem pflichtmäßigen Ermessen zum Bagatellverfahren nicht geeignet findet, das Verfahren aufheben und die Sache in den gewöhnlichen Gang der Verhandlung und Entscheidung zurückleiten.[1] Andernfalls erfolgt die Feststellung (Genehmigung) der Verhandlung durch das Hauptamt.[2]

e) In allen Fällen, wo der Angeschuldigte wegen des angezeigten Vergehens zum ersten Male zur Verantwortung gezogen wird, ist die geringste gesetzlich zulässige Strafe zu verhängen, es sei denn, daß erschwerende Nebenumstände vorhanden wären, die, wenn auch nicht erheblich genug, um das Bagatellverfahren auszuschließen, doch eine Verschärfung der Strafe über das geringste Strafmaß begründen.[3]

f) Was von dem Angeschuldigten zu zahlen ist, muß sogleich bei der Aufnahme der Verhandlungen geleistet werden.[4] Eine Zahlungsfrist darf nicht gewährt werden; ist der Angeschuldigte zur Barzahlung nicht bereit oder nicht fähig, so ist das gewöhnliche Verfahren einzuleiten.

g) Das im Bagatellprozesse aufgenommene und bestätigte Protokoll enthält zwar eine dem Strafbescheide gleichwertige Entscheidung, unterliegt jedoch einem Stempel nicht, da die Strafe nie mehr als 15 Mark betragen kann, die Stempelpflichtigkeit der Strafbescheide aber erst bei Beträgen über 15 Mark beginnt; Nr. 62 des Tarifs zum Stempelsteuergesetze vom 31. Juli 1895.

III. Die rechtliche Wirkung des abgeschlossenen Bagatellverfahrens ist die gleiche, wie die des erledigten Submissionsverfahrens; siehe hierüber oben S. 334.

§ 49.

8. Die Kosten des Verwaltungs-Strafverfahrens.

I. Kosten im eigentlichen Sinne, d. h. besondere Gebühren für die bei der Strafverfolgung entfaltete Thätigkeit der Behörden, kommen außer baren Auslagen an Porto, Stempel,[5] Gebühren für Zeugen, Sachverständige und Dolmetscher, Reisekosten und Tagegeldern der Beamten u. s. w. bei der Untersuchung im Verwaltungswege nicht zum Ansatz.[6] Sind durch die Mitwirkung eines ersuchten preußischen Amtsgerichts bare Auslagen entstanden, so sind diese von der Steuerbehörde mit zu berücksichtigen und, wenn sie zur Einziehung gelangen, der Gerichtskasse einzusenden.[7] Auch im Falle der Gewährung von Beistand zwischen Behörden verschiedener Bundesstaaten sind nur die hierdurch entstehenden baren Auslagen der ersuchten Behörde von der ersuchenden zu erstatten. Ist eine zahlungspflichtige Person vorhanden, so sind die Kosten, soweit die ersuchte Behörde diese nicht selbst beitreiben kann, von der ersuchenden Behörde einzuziehen. Der eingezogene Betrag ist der ersuchten Behörde zu übersenden.[8]

II. Über die Verpflichtung zur Kostentragung und die Form der Entscheidung darüber enthält weder das Zollstrafgesetz noch die Zolluntersuchungsordnung Vor-

---

[1] § 5 der Instruktionen.
[2] § 23 der Instruktionen.
[3] § 3 der Instruktionen.
[4] § 25 der Instruktionen; die weitere Bestimmung, daß die Steuerstelle, welche eine Zahlungsfrist gewährt, die Zahlung aus eigenen Mitteln zu leisten hat, ist nach einer F.M.V. vom 11. Februar 1884 (III. 11476 C.Bl. S. 43) aufgehoben.
[5] Siehe insbesondere wegen der Stempelpflichtigkeit der Straf- und Rekursbescheide oben S. 326 und 331.
[6] Zollstrafgesetz § 49; Zolluntersuchungsordnung § 19; Erbschaftssteuergesetz § 49.
[7] Bonnenberg, S. 259 Anm. 3.
[8] Reichsgesetz vom 9. Juni 1895 (R.G.Bl. S. 256) § 9.

schriften. Für das frühere Recht waren durch Verwaltungsanordnung [1]) die Bestimmungen des gerichtlichen Strafprozeßrechts für sinngemäß anwendbar erklärt. Das gleiche wird aber auch für die §§ 496—506 der Reichsstrafprozeßordnung anzunehmen sein, obgleich in den Motiven zu § 6 Nr. 3 des Einführungsgesetzes zu dieser (S. 234) bemerkt ist, daß in Betreff der Verpflichtung zur Tragung der Kosten des Verwaltungsstrafverfahrens die bisherigen Vorschriften in Geltung bleiben. Die bisherigen Vorschriften des preußischen Rechts bestehen eben in der stillschweigenden Bezugnahme auf das jeweilige geltende gerichtliche Strafprozeßrecht.[2]) Danach gelten aber folgende Grundsätze:

a) Jeder Strafbescheid, jeder Rekursbescheid und jede eine Untersuchung einstellende Entscheidung der Verwaltungsbehörde muß darüber Bestimmung treffen, von wem die Kosten des Verfahrens zu tragen sind.[3])

b) Die Kosten mit Einschluß der durch das Ermittlungsverfahren und die Strafvollstreckung entstandenen hat der Beschuldigte zu tragen, wenn er in Strafe genommen wird.[4]) Die Verpflichtung bezieht sich nur auf die eigentlichen Untersuchungskosten und ist auf die notwendigen Kosten beschränkt.[5])

c) Stirbt der Beschuldigte vor eingetretener Rechtskraft des Straf- oder Rekursbescheids, so haftet sein Nachfolger nicht für die Kosten.[6])

d) Wenn ein Beschuldigter in einer Untersuchung, welche mehrere strafbare Handlungen umfaßt, nur in Ansehung eines Teiles davon in Strafe genommen wird, durch die Ermittelung der übrigen Straffälle aber besondere Kosten entstanden sind, so ist er von deren Tragung zu entbinden.[7])

e) Mitangeklagte, welche in Bezug auf dieselbe That bestraft sind, haften für die Auslagen als Gesamtschuldner. Dies gilt nicht von den durch die Strafvollstreckung oder die Untersuchungshaft entstandenen Kosten.[8])

f) Einem Beschuldigten, bezüglich dessen die Weglegung der Akten verfügt ist, sind nur solche Kosten aufzuerlegen, welche er durch schuldbare Versäumnis verursacht hat.[9]) Die dem Beschuldigten erwachsenen notwendigen Auslagen können der Staatskasse auferlegt werden.[10]) Diese Bestimmung kommt jedoch nicht zur Anwendung, wenn der Beschuldigte lediglich deshalb von Strafe verschont bleibt, weil von der Niederschlagungsbefugnis Gebrauch gemacht wird.[11])

g) Die Bestimmung des § 501 der StPO., wonach demjenigen, der durch eine wider besseres Wissen gemachte oder auf grober Fahrlässigkeit beruhende Anzeige ein (gerichtliches oder staatsanwaltschaftliches[12]) Ermittelungsverfahren veranlaßt hat, die der Staatskasse und dem Beschuldigten erwachsenen Kosten auferlegt werden können, dürfte wegen ihres singulären Charakters auf das administrative Ermittelungsverfahren keine Anwendung finden.[13])

h) Die Kosten eines zurückgenommenen oder erfolglos eingelegten Rechtsbehelfs treffen den, der es eingelegt hat. Hatte der Rechtsbehelf teilweisen Erfolg, so kann

---

[1]) Erlaß des Generaldirektors der Steuern vom 12. Dezember 1853, III. 27842, C.Bl. von 1854 S. 141.

[2]) Zu dem gleichen Ergebnis gelangt Bonnenberg, S. 260 Anm. 1.

[3]) St.P.O. § 496 Abs. 1; vgl. Bonnenberg, S. 261 Anm. 2, wo eine Reihe von Verordnungen angeführt sind, in denen der nämliche Grundsatz ausgesprochen ist.

[4]) St.P.O. § 497 Abs. 1.

[5]) Bonnenberg, S. 261 Anm. 2.

[6]) St.P.O. § 497 Abs. 2.

[7]) St.P.O. § 498 Abs. 1.

[8]) St.P.O. § 498 Abs. 2.

[9]) St.P.O. § 499 Abs. 1.

[10]) St.P.O. § 499 Abs. 2; Bonnenberg, S. 263 hält diese Bestimmung für unanwendbar.

[11]) Bonnenberg, S. 263.

[12]) Löwe, S. 931 Anm. 1 zu § 501.

[13]) So anscheinend auch Bonnenberg, der die Bestimmung überhaupt nicht erwähnt.

das Gericht die Kosten angemessen verteilen.[1]) Die Kosten sind von dem Beschwerdeführer auch dann zu tragen, wenn die Rekursinstanz von ihrer Befugnis zur Niederschlagung oder Milderung der Strafe Gebrauch gemacht hat.[2])

i) Wird der Angeschuldigte gerichtlich zu Strafe verurteilt, so hat er auch die durch das Verfahren vor der Verwaltungsbehörde entstandenen Kosten zu tragen. Das ergiebt sich aus § 497 Abs. 1 der Strafprozeßordnung, da jenes Verfahren der Vorbereitung der öffentlichen Klage gleichsteht.

§ 50.

9. Die administrative Strafvollstreckung.

Die Strafvollstreckung in denjenigen Erbschaftssteuerstrafsachen, welche durch die Entscheidung einer Verwaltungsbehörde erledigt sind, steht den Verwaltungsbehörden zu. Sie erfolgt auf Grund eines rechtskräftigen Strafbescheids. Eine vorläufige Vollstreckbarkeit, wie sie nach § 45 der Verordnung wegen verbesserter Einrichtung der Provinzial-, Polizei- und Finanzbehörden vom 26. Dezember 1808 (GS. von 1817 S. 248) beschränkt zugelassen war, ist dem geltenden Recht unbekannt.[3]) Anordnungen, welche Exekutivstrafen festsetzen, sind sofort vollstreckbar, von einer Rechtskraft im technischen Sinne kann bei ihnen nicht die Rede sein.[4])

a) Rechtskräftig ist:

1. Der von der Behörde erster Instanz (Hauptamt, Erbschaftssteueramt oder Provinzialsteuerdirektor) erlassene Strafbescheid, wenn die Rekursfrist und die Frist für den Antrag auf gerichtliche Entscheidung[5]) abgelaufen, wenn auf die Einlegung des Rekurses verzichtet, wenn der Antrag auf gerichtliche Entscheidung vor dem Beginn der Hauptverhandlung oder der eingelegte Rekurs vor Erlassung des Rekursbescheides zurückgenommen ist,[6])

2. der Rekursbescheid mit der Verkündung oder Zustellung, da gegen diesen ein weiteres Rechtsmittel nicht gegeben ist.[7])

Dem rechtskräftigen Strafbescheide steht das bestätigte, im Submissions- oder Bagatellverfahren aufgenommene Protokoll gleich.

b) Die Vollstreckung erfolgt im allgemeinen durch die Hauptämter,[8]) die sich dabei der ihnen untergeordneten Organe bedienen können. Für die Vollstreckung der auf Grund der §§ 38 Abs. 3 und 43 Abs. 3 des Erbschaftssteuergesetzes von den Erbschaftssteuerämtern festgesetzten „Ordnungsstrafen" sind besondere Vorschriften erlassen.[9])

c) Die Vollstreckung erfolgt nach den für die Exekution im Verwaltungswege erteilten Vorschriften, mithin nach der Verordnung, betreffend das Verwaltungszwangsverfahren wegen Beitreibung von Geldbeträgen vom 7. September 1879.[10]) Mit der Ausführung sind, wenn der beizutreibende Betrag 300 Mark nicht über-

---

[1]) St.P.O. § 505 Abs. 1.

[2]) Bonnenberg, S. 263.

[3]) Meves, S. 427; Bonnenberg, S. 271.

[4]) Bonnenberg, S. 272.

[5]) Die Einreichung eines Gesuchs um Wiedereinsetzung in den vorigen Stand (welche übrigens gegen die Versäumung der Rekursfrist nicht zulässig ist, oben S. 330) schließt die Vollstreckbarkeit nicht aus. Bonnenberg, S. 270 Anm. 2.

[6]) Löbe, S. 185; Bonnenberg, S. 270; Meves, S. 427.

[7]) Zollstrafgesetz § 48, Zolluntersuchungsordnung § 18, oben S. 179, 182.

[8]) Zollstrafgesetz § 48; Zolluntersuchungsordnung § 18.

[9]) §§ 13 Abs. 1 und 2 und 14 Abs. 1 und 2 der F.M. Anweisungen vom 14. November 1873, Anhang S. 195 und 200.

[10]) Im Anhang S. 185—189 teilweise abgedruckt.

steigt, die Vollziehungsbeamten der Kreis- und Steuerkassen, sonst Gerichtsvollzieher zu beauftragen; auch die Steueraufseher und Amtsdiener können zu diesem Dienst herangezogen werden, Grenzaufseher nur in den dringendsten Fällen[1]).

Wird ein Gerichtsvollzieher beauftragt, so hat dieser nach den für gerichtliche Zwangsvollstreckungen bestehenden Vorschriften zu verfahren[2]).

Wegen der Einzelheiten des Verfahrens muß auf die bezeichnete Verordnung von 1879, auf die Kommentare zur Reichs-Zivil-Prozeß-Ordnung §§ 644—822, sowie auf Bonnenberg S. 273—286 verwiesen werden. Hier seien nur folgende Punkte hervorgehoben:

1. Die Vollstreckung in den Nachlaß des Thäters ist nur zulässig, wenn der Strafbescheid zu seinen Lebzeiten rechtskräftig geworden war[3]).

2. Die Umwandlung der auf Grund des Erbschaftssteuergesetzes erkannten Geldstrafen, zu deren Zahlung der Verurteilte unvermögend ist, in eine Freiheitsstrafe findet nicht statt[4]). Der § 463 StPO. ist daher nicht anwendbar.

3. Die zwangsweise Versteigerung eines Grundstückes zur Bestreitung von Geldstrafen darf, wenn der Verurteilte ein Inländer ist, nur mit seiner Zustimmung erfolgen[5]). „Inländer" ist hier gleichbedeutend mit „preußischer Staatsangehöriger"[5]); das folgt daraus, das der § 47 des Gesetzes aus § 51 des Zollstrafgesetzes und § 21 der Zolluntersuchungsordnung übernommen ist und unter „Inländer" im Sinne dieser Gesetze nur ein „Preuße" verstanden werden kann.

Die Frage, ob jemand die preußische Staatsangehörigkeit besitzt, ist nach dem Bundesgesetze über die Erwerbung und den Verlust der Bundes- und Staatsangehörigkeit vom 1. Juni 1870[6]) zu beurteilen. Die Beschränkung gilt nur für Grundstücke[7]), nicht auch für andere Vermögensgegenstände, die nach § 1 des Gesetzes, betreffend die Zwangsvollstreckung in das unbewegliche Vermögen, in Ansehung der Zwangsvollstreckung zum unbeweglichen Vermögen gehören. — Sofern hiernach eine Zwangsvollstreckung in ein Grundstück überhaupt stattfindet, erfolgt sie auf Ersuchen der Verwaltungsbehörde durch das Amtsgericht der belegenen Sache[8]). Die Zwangseintragung (§§ 6 ff. des vorerwähnten Gesetzes) ist auch für Geldstrafen zulässig; diese können bei der Kaufgelderbelegung geltend gemacht werden, wenn das Grundstück wegen anderer Schulden zwangsweise versteigert wird[9]).

4. Die Geltendmachung von Geldstrafen im Konkurse des Verurteilten ist unzulässig[10]). Kostenforderungen können, soweit sie nicht als Nebenforderungen von Geldstrafen den Charakter solcher haben, als einfache Konkursforderungen geltend gemacht werden.

5. Reicht eine eingehende Zahlung zur Deckung der ganzen Schuld nicht aus, so ist sie zunächst auf die Steuer, sodann auf die Kosten und zuletzt auf die Geldstrafe zu verrechnen[11]).

6. Die Provinzialsteuerdirektoren (nicht auch die Hauptämter) sind[12]) bei den im Verwaltungswege entschiedenen Steuerstrafsachen bezüglich der Steuern, Strafen und

---

1) Allg. Verf. des F.M. vom 7. Juni 1886, C.Bl. S. 125.
2) Vdg. vom 7. September 1879 § 5 Abs. 4.
3) St.G.B. § 30; Arndt, Strafverfahren S. 312; Löbe, S. 43; Bonnenberg, S. 277 Anm. 11.
4) Erbschaftssteuergesetz § 47.
5) Bonnenberg, S. 278 Anm. 3.
6) B.G.Bl. S. 355.
7) Siehe über diesen Begriff S. 41 des Kommentars.
8) Vdg. vom 7. September 1879 § 54.
9) K.O. § 56 Nr. 3; Arndt, Strafverfahren S. 312, Löbe S. 175.
10) Bonnenberg S. 278 Anm. 2.
11) F.M.V. vom 14. Oktober 1840, III. 23079, C.Bl. S. 376; Anweisung zur Prozeßbuchführung § 15; anders im gerichtlichen Strafverfahren, siehe unten § 57.
12) F.M.V. vom 18. März 1882, III. 3679 bei Bonnenberg, S. 276.

Kosten, sowie in den Fällen, wo von der Bestrafung Abstand genommen wird [1]), wegen der Steuern und Kosten zur Gewährung von Zahlungsfristen und Ratenzahlungen befugt, auch wenn dadurch die Entrichtung des Schuldbetrages oder eines Teiles davon über den Schluß des Rechnungsjahres hinaus verzögert wird. Die Bewilligung ist an die Bedingung zu knüpfen, daß die eingehenden Beträge in der unter Nr. 5 angegebenen Weise verwendet werden, und es ist dabei zu eröffnen, daß beim Ausbleiben einer Teilzahlung die zwangsweise Bestreitung des Restes unnachsichtlich erfolgen wird.

7. Die Vollstreckung der auf Grund des Erbschaftssteuergesetzes erkannten Strafen verjährt in fünf Jahren. [2]) Sie wird durch jede auf Vollstreckung der Strafe gerichtete Handlung derjenigen Behörde, welcher die Strafvollstreckung obliegt, also des zuständigen Hauptamtes, unterbrochen. [3])

8. Über die Rechtshülfe bei der Strafvollstreckung und die Begnadigung vgl. die §§ 58 und 59 am Ende dieser Darstellung.

c) Das Verfahren vor den ordentlichen Gerichten.

§ 51.

1. Übersicht.

Die ordentlichen Gerichte und die mit ihnen verbundenen staatsanwaltschaftlichen Behörden können mit einem Vergehen gegen das Erbschaftssteuergesetz befaßt werden:

a) wenn nach Erlassung des Strafbescheids auf gerichtliche Entscheidung angetragen wird (§ 52);

b) wenn die Verwaltungsbehörde vor Erlassung des Strafbescheids von Amtswegen oder auf Antrag des Beschuldigten die Sache in das gerichtliche Verfahren überleitet und die Staatsanwaltschaft die Verfolgung übernimmt (§ 53); hierbei ist die Verwaltung zur Mitwirkung in gewissem Umfange befugt (§ 54);

c) wenn zwar die Staatsanwaltschaft die Strafverfolgung ablehnt, die Verwaltungsbehörde aber selbst Anklage erhebt (§ 55);

d) bei der Vollstreckung der von den Gerichten erkannten Strafen (§ 57).

Außerdem sind in diesem Zusammenhange die Vorschriften über die Kosten des gerichtlichen Verfahrens kurz zu erwähnen (§ 56).

Das Verfahren vor den ordentlichen Gerichten ist hier erschöpfend nur soweit dargestellt, als für Steuerkontraventionen besondere Vorschriften (St.P.O. §§ 459—469) gegeben sind. Im übrigen muß auf die Strafprozeß-Ordnung und die Kommentare dazu, sowie auf die systematischen Darstellungen des Prozeßrechts verwiesen werden.

§ 52.

2. Das Verfahren nach Erlassung des Strafbescheids.

Gegen den von einer Verwaltungsbehörde in erster Instanz (nicht auch gegen den in der Rekursinstanz) erlassenen, auf kriminelle Strafe [4]) lautenden Straf-

---

[1]) F.M.B. vom 29. Mai 1891, III. 6234 bei Bonnenberg, S. 276.

[2]) Die Angabe Bonnenbergs (S. 277 Anm. 22), daß in den Steuergesetzen über die Verjährung besondere Vorschriften nicht enthalten und lediglich die Bestimmungen des St.G.B. anzuwenden seien, bedarf für das Erbschaftssteuergesetz der Berichtigung; vgl. im übrigen die Anmerkungen zu § 50 Abs. 4 des Gesetzes.

[3]) St.G.B. § 72.

[4]) Nicht auf die in § 38 Abs. 3 des Erbschaftssteuergesetzes zugelassene Exekutivstrafe; gegen diese ist nur die Beschwerde an die höhere Verwaltungsbehörde gegeben; vgl. Anm. g. auf

bescheid kann der Beschuldigte auf gerichtliche Entscheidung antragen.[1]) Er kann auf dieses Recht vor Ablauf der gesetzlichen Frist (vgl. unten I a) verzichten;[2]) der Verzicht muß gegenüber der Verwaltungsbehörde erklärt werden, welche den Bescheid erlassen hat, ist aber an eine Form nicht gebunden und kann daher schriftlich oder mündlich zu Protokoll angebracht werden. Er muß, um wirksam zu sein, vorbehalts- und bedingungslos ausgesprochen werden und hat alsdann die Folge, daß der erlassene Strafbescheid sofort vollstreckbar wird; das Recht, nunmehr noch den Rekurs an die höhere Verwaltungsbehörde zu ergreifen, steht dem Beschuldigten nicht zu.[3])

I. Anbringung und Wirkung des Antrages.

a) Der Antrag muß binnen einer Woche nach der Bekanntmachung des Strafbescheids gestellt werden. Die Berechnung der Frist erfolgt, abweichend von derjenigen zur Rekurseinlegung[4]), nach St.P.O. § 43; sie endigt daher mit Ablauf desjenigen Tages der nächsten Woche, welcher durch seine Benennung dem Tage entspricht, an welchem die Frist begonnen hat; fällt das Ende der Frist auf einen Sonntag oder allgemeinen Feiertag,[5]) so endigt die Frist mit Ablauf des nächstfolgenden Werktages. Gegen ihre Versäumung ist Wiedereinsetzung in den vorigen Stand nach St.P.O. §§ 44, 45, 46, Abs. 2 und 3 möglich.[6]) Das Gesuch ist bei der Verwaltungsbehörde zugleich mit dem Antrage auf gerichtliche Entscheidung anzubringen und vom Gerichte zu bescheiden.[7])

b) Der Antrag ist bei der Verwaltungsbehörde zu stellen, welche den Strafbescheid erlassen oder welche ihn bekannt gemacht hat. Ein bei dem Gericht oder der Staatsanwaltschaft eingereichter Antrag ist unwirksam.[8]) Allerdings werden diese Behörden für verpflichtet zu erachten sein, den Antrag unverzüglich an die zuständige Steuerbehörde zu übersenden, falls diese aus ihm ersichtlich ist.[9]) Der Antrag ist aber nur dann wirksam, wenn er vor Ablauf der Frist in die Hände des zur Präsentation zuständigen Beamten gelangt.[10]) Die Anbringung des Antrags bei dem Richter ist deshalb nicht zugelassen, weil erfahrungsgemäß die Beschuldigten häufig darüber im Zweifel sind, welches Gericht das zuständige ist, und weil sie infolgedessen den Antrag vielfach bei unzuständigen Gerichten an-

auf S. 112 des Kommentars, sowei Urt. des Gerichtshofes zur Entscheidung der Kompetenzkonflikte vom 14. Januar 1845 (J.M.Bl. S. 146), Ob.Tr.Urt. vom 21. Januar 1869 (Oppenhoff Rechtspr. Bd. 10 S. 42), Bonnenberg S. 167 Anm. 18.

[1]) St.P.O. § 459 Abs. 2.

[2]) Darüber, daß die Beschwerde bei der vorgesetzten Verwaltungsbehörde und der Antrag auf gerichtliche Entscheidung sich gegenseitig ausschließen, siehe oben S. 329 f.; Löwe, S. 885 Anm. 2 b. vor § 459; Stenglein, S. 653 Anm. 2 zu § 460, Puchelt § 459. — Streitig ist, ob der Verzicht schon vor der Bekanntmachung eines Strafbescheids wirksam erklärt werden kann; die Zulässigkeit wird verneint von Keller S. 591 Anm. 3 zu § 459, da eine solche Unterwerfung im voraus dem § 459 widerspreche; ferner von Bonnenberg S. 214 Anm. 25, und RG. II Urt. vom 1. Juni 1880 (St.S. Bd. 2 S. 78, Rechtspr. Bd. 2 S. 3), dagegen bejaht von Stenglein S. 653 Anm. 2 zu § 460, und Puchelt S. 778 Anm. 9 zu § 460.

[3]) Siehe oben S. 329 und Bonnenberg S. 166.

[4]) Siehe oben S. 328.

[5]) Ueber diesen Begriff siehe S. 103 des Kommentars.

[6]) St.P.O. §§ 461 und 455.

[7]) Stenglein S. 654 Anm. zu 461; Löwe S. 888 Anm. zu § 461; Bennecke S. 689 Anm. 13.

[8]) Arndt Strafverfahren S. 303; Löbe S. 184; Isenbart und Samter S. 399 Anm. 7 zu § 459, von Kries S. 750; Bonnenberg S. 165 Anm. 12; Meves S. 430; ebenso schon für das frühere Recht Ob.Tr.Urt. vom 4. Juli 1879, Oppenhoff Rechtspr. Bd. 20 S. 328; Bennecke S. 690.

[9]) Stenglein S. 553 Anm. 8 zu S. 459, Löbe S. 184.

[10]) Ob.Tr. Urt. vom 16. Mai 1863 (Oppenhoff Rechtspr. Bd. 3 S. 458) und vom 9. Novbr. 1875 (das. Bd. 16 S. 716).

bringen möchten. Sie würden hiernach in den Fällen, wo der Antrag dem zuständigen Gerichte erst nach Ablauf der Frist zugeht, ihres Rechtes auf gerichtliche Entscheidung verlustig gehen.[1])

c) Der Antrag ist an eine Form nicht gebunden, kann daher schriftlich oder mündlich angebracht werden.[2]) Im ersteren Falle ist der ihn enthaltende Schriftsatz mit dem Vermerke des Eingangs, und zwar in Buchstaben, zu versehen.[3]) Im letzteren Falle ist ein Protokoll oder eine Registratur aufzunehmen. Der Antrag bedarf keiner Begründung.

d) Der gesetzliche Vertreter des Beschuldigten und der Ehemann einer beschuldigten Frau ist zur Stellung des Antrags für befugt zu erachten, da auf ihn die Vorschriften über die Rechtsmittel[4]) sinngemäß anzuwenden sind.[5]) Jedoch steht dem Vertreter dieses Recht nicht zu, wenn der Beschuldigte selbst bereits Rekurs eingelegt hat, und der vom Vertreter gestellte Antrag auf gerichtliche Entscheidung wird unwirksam, wenn der Beschuldigte nachträglich rechtzeitig Rekurs einlegt.[6])

e) Der gestellte Antrag kann schriftlich[7]) oder zu Protokoll der Verwaltungsbehörde oder der Staatsanwaltschaft oder des Gerichts zurückgenommen werden.[8]) Die Erklärung muß bestimmt und unzweideutig den Willen des Beschuldigten zum Ausdruck bringen, daß er die durch seinen Antrag angerufene richterliche Entscheidung nicht mehr wünsche und darauf verzichte.[7]) Der Verteidiger bedarf, da der Antrag den Charakter eines Rechtsmittels hat, zur Zurücknahme einer ausdrücklichen Ermächtigung.[9]) Hat außer dem Beschuldigten auch ein gesetzlicher Vertreter den Antrag gestellt, so ist seine Zurücknahme nur von seiten des Vertreters auf das durch den eigenen Antrag des Beschuldigten herbeigeführte Verfahren ohne Einfluß.[10]) Die Zurücknahme ist nur bis zum Beginn der Hauptverhandlung erster Instanz (welcher nach St.P.O. § 242 mit dem Aufruf der Zeugen und Sachverständigen, und wenn solche nicht geladen sind, mit der Vernehmung des Angeklagten über seine persönlichen Verhältnisse erfolgt) zulässig. Finden mehrere Hauptverhandlungen statt, so kann die Zurücknahme wirksam nur bis zum Beginn der ersten erfolgen;[11]) das Recht zur Zurücknahme geht durch die Einlassung auf

---

[1]) Mot. zur St.P.O. S. 229.

[2]) Meves S. 417, Löwe S. 887 Anm. 1 zu § 460, Bennecke S. 690 Anm. 14, Stenglein S. 653 Anm. 1 zu § 460, Bonnenberg S. 163 Anm. 7, Keller S. 592 Anm. 1 zu § 460, Puchelt S. 777 Anm. 8 zu §§ 459, 460.

[3]) F.M.V. vom 29. Juni 1838, III 11561, erwähnt bei Bonnenberg S. 163 Anm. 7.

[4]) St.P.O. § 340.

[5]) Die Frage ist bestritten; der im Texte vertretene Standpunkt wird gebilligt von Meves S. 417, Ullmann S. 565, Bonnenberg S. 162 Anm. 2, Löwe S. 887 Anm. 7 zu § 459 und S. 875 Anm. 3 zu § 451 (wo weitere Litteraturnachweise zu finden sind), auch R.G. III Urt. vom 23. Februar 1888, St.S. Bd. 17 S. 249.

[6]) Über die Frage, ob die reformatio in peius zulässig ist, wenn der Antrag auf gerichtliche Entscheidung nicht vom Beschuldigten selbst, sondern von einem gesetzlichen Vertreter oder Ehegatten ausgeht, siehe unten S. 351.

[7]) R.G. IV Urt. vom 11. März 1892, teilweise abgedruckt bei Bonnenberg S. 211 Anm. 17, sonst anscheinend nicht veröffentlicht.

[8]) St.P.O. § 462 Abs. 2; Bonnenberg S. 214 Anm. 24.

[9]) St.P.O. § 344 Abs. 2.

[10]) Bonnenberg S. 213 Anm. 24.

[11]) So Löwe S. 888 Anm. 5 zu § 462 und S. 876 Anm. 8 zu § 451, Stenglein S. 646 Anm. 3 zu § 451, von Kries S. 743, Isenbart und Samter S. 393 Anm. 19 zu § 451, Bonnenberg S. 211 Anm. 16; a. M. Schultzenstein in Goltdammers Archiv. Bd. 29 S. 444 ff., insbes. S. 460 (da die letzte Hauptverhandlung die allein entscheidende sei, so könne wenn eine Sache vertagt werde, die Zurücknahme noch bis zum Beginn des neuen Termines, und wenn eine Sache vom höheren Gericht in die erste Instanz zurückverwiesen werde, bis zum Beginn des neuen Termines erfolgen; eine Ausnahme mache der Fall, daß die Hauptverhandlung nicht vertagt, sondern nach St.P.O. § 228 spätestens am vierten Tage nach der Unterbrechung fortgesetzt werde; hier sei wegen der Einheitlichkeit der Verhandlung das Wiederaufleben des Rechts zur Zurücknahme des Antrages ausgeschlossen).

die erste mündliche Verhandlung endgültig unter; zutreffend bemerken die Motive zur St.P.O. (S. 228), daß die Befugnis, durch eine spätere Zurücknahme das bereits begonnene mündliche Verfahren willkürlich zu beenden, gegen die Ordnung des Verfahrens und die Autorität des Gerichts verstoßen würde. Die Zurücknahme muß bei derjenigen Behörde (Verwaltungsbehörde, Staatsanwaltschaft oder Gericht) erklärt werden, bei welcher sich die Akten befinden; waren diese noch nicht an das zuständige Gericht abgegeben, so braucht es von der Zurücknahme nicht benachrichtigt zu werden.[1]) Die Zurücknahme kann, sobald sie der zuständigen Behörde gegenüber erklärt oder der sie enthaltende Schriftsatz bei ihr zur Präsentation gelangt ist, nicht widerrufen werden.[2])

Die Wirkung der Zurücknahme des Antrages ist dieselbe wie die des Verzichts auf die gerichtliche Entscheidung: der Strafbescheid wird sofort vollstreckbar.[3]) Der Feststellung dieser Wirkung durch besondere Entscheidung bedarf es nur, wenn das Gericht bereits mit der Sache befaßt war und die Staatsanwaltschaft oder die Steuerbehörde, welche sich dem Verfahren angeschlossen hat, die Rechtzeitigkeit oder Ordnungsmäßigkeit der Zurücknahme bestreitet. Die Entscheidung hierüber steht, wenn sie nicht innerhalb der Hauptverhandlung erfolgt,[4]) dem Amtsrichter oder der beschließenden Strafkammer in der Besetzung von drei Mitgliedern einschließlich des Vorsitzenden zu. Sie lautet entweder auf Einstellung des Verfahrens oder auf Anberaumung eines Termins zur Hauptverhandlung.

f) Der Antrag ist nur dann geeignet, die gerichtliche Entscheidung herbeizuführen, wenn der Beschuldigte deutlich erklärt hat, daß er gerade diesen Rechtsbehelf und nicht den Rekurs an die vorgesetzte Verwaltungsbehörde wählen will. Zwar ist durch einen Erlaß des Finanzministers[5]) bestimmt, daß im Zweifel angenommen werden solle, es liege ein Antrag auf gerichtliche Entscheidung vor. Indes wird hierdurch nur die Verpflichtung der Verwaltungsbehörde begründet, in einem derartigen Falle die gerichtliche Entscheidung herbeizuführen, das Gericht selbst hat aber nach freiem Ermessen darüber zu befinden, ob ein genügender Antrag auf gerichtliche Entscheidung vorliegt.[6])

II. Das Verfahren nach Anbringung des Antrags bis zum Einschreiten des Gerichts.

a) Ist auf gerichtliche Entscheidung angetragen, so kann die Verwaltungsbehörde, welche den Strafbescheid erlassen hat, ihn zurücknehmen.[7]) Das Recht der Zurücknahme umfaßt das der Abänderung zu Gunsten des Beschuldigten.[8]) Wird der Antrag bei einer Behörde angebracht, welche den Bescheid nicht erlassen, sondern nur publiziert hat, so muß diese ihn der erkennenden Behörde übersenden, damit sie sich über Zurücknahme oder Abänderung des Bescheids schlüssig machen kann.[9]) — Die Zurücknahme ist nur zulässig, so lange die Steuerbehörde im Besitze der Akten ist, sie kann nach Übersendung der Akten an die Staatsanwaltschaft

---

[1]) Bonnenberg S. 212 Anm. 19.

[2]) Bonnenberg S. 213 Anm. 20.

[3]) Siehe hierüber oben S. 328, das in Anm. 7 auf S. 343 erwähnte Urt. des R.G. vom 11. März 1892, Bonnenberg S. 213 Anm. 23.

[4]) Über diesen Fall siehe unten S. 350.

[5]) Vom 21. Juni 1862, III 11981 (C.Bl. S. 194), siehe oben S. 327 und S. 176.

[6]) Ebenso Bonnenberg S. 163 Anm. 6; wegen der gerichtlichen Entscheidung vgl. unten S. 350.

[7]) St.P.O. § 460.

[8]) Stenglein S. 653, Anm. 1 zu § 460. — Der modifizierte Strafbescheid ist wie der zuerst erlassene dem Beschuldigten durch Zustellung oder Verkündung zu eröffnen; diesem stehen dagegen aufs neue die gegen einen Strafbescheid überhaupt zugelassenen Mittel zu Gebote.

[9]) Stenglein a. a. O.

nicht mehr erfolgen.[1]) Sie wird insbesondere geboten sein, wenn die Steuerbehörde zu der Ansicht gelangt, daß sie durch Erlassung des Strafbescheids ihre Befugnis überschritten hat (z. B. es lag kein Erbschaftssteuerdelikt, sondern eine Verletzung des Strafgesetzbuchs vor) oder daß die festgesetzte Strafe der That nicht entspricht oder daß die Strafverfolgung zweckmäßig durch die Staatsanwaltschaft geschieht. Durch die Zurücknahme verliert der Strafbescheid seine Kraft; jedoch ist mit Rücksicht auf St.P.O. § 459 Abs. 3 anzunehmen, daß die Unterbrechung der Verjährung bestehen bleibt.[2]) Ein Verbrauch des Strafklagerechts tritt durch die Zurücknahme nicht ein, vielmehr ist die fernere Strafverfolgung sowohl durch die Verwaltungsbehörde wie durch die Staatsanwaltschaft zulässig.[3])

b) Nimmt die Steuerbehörde den Strafbescheid nicht zurück, so übersendet sie die Akten an die zuständige Staatsanwaltschaft.[4]) Bezüglich der Frage, von welcher Behörde die Übersendung zu bewirken ist, schwankt nach Angabe von Bonnenberg S. 203 die Praxis in den verschiedenen Provinzen; in einigen erfolgt sie durch die Behörde, welche den Bescheid erlassen hat, in anderen haben die Provinzialsteuerdirektoren es sich vorbehalten, die Absendung zu veranlassen. Teilweise läßt sich der Provinzialsteuerdirektor die Übersendungsschreiben und Anträge der Hauptämter vorher zur Genehmigung einreichen; in weiteren Provinzen ist die gleichzeitige Einreichung einer Abschrift des Übersendungsschreibens üblich.

Die Übersendung erfolgt an die Staatsanwaltschaft bei dem zur Entscheidung über den Antrag zuständigen Gerichte,[5]) also wenn dieses das Schöffengericht ist, an den daselbst thätigen Amtsanwalt.

Die Übersendung muß in allen Fällen erfolgen, in denen gerichtliche Entscheidung beantragt ist; der Steuerbehörde steht keinerlei Entscheidung über den Antrag zu, insbesondere darf sie ihn nicht etwa deshalb, weil er offensichtlich verspätet oder (z. B. nachdem bereits Rekurs eingelegt ist) unzulässig oder von einem nicht legitimierten Vertreter eingelegt ist, selbst ablehnen.[6])

Würde freilich die Steuerbehörde in einem solchen Falle trotzdem die Übersendung der Akten an die Staatsanwaltschaft unterlassen und den Antrag zurückweisen, so wäre hiergegen nicht der Antrag auf gerichtliche Entscheidung, sondern

---

[1]) Der Wortlaut des § 460 St.P.O. („wird auf gerichtliche Entscheidung angetragen, so übersendet die Verwaltungsbehörde, falls sie nicht den Strafbescheid zurücknimmt, die Akten an die zuständige Staatsanwaltschaft, welche sie dem Gerichte vorlegt") dürfte jeder anderen Auslegung entgegenstehen. Die hier vertretene Ansicht ist die herrschende, sie wird geteilt von Löwe S. 887 Anm. 2 zu § 460 und S. 882 Anm. 6a zu § 454, Meves S. 420, Hellweg-Dochow S. 355, Keller S. 558, Isenbart und Samter S. 396 Anm. 10 zu S. 454, Ullmann S. 565; nach Thilo S. 509 Anm. 3 zu S. 460 in Verb. mit S. 504 Anm. 4 zu § 454 und Bonnenberg S. 203 Anm. 2 soll nach Übersendung der Akten an die Staatsanwaltschaft die Steuerbehörde mit deren Zustimmung zur Zurücknahme befugt sein, solange nicht die Akten dem Gericht vorgelegt sind; nach von Schwarze S. 592 Anm. 4 zu § 459 ist die Entscheidung der Frage nicht aus der St.P.O., sondern aus dem Landesrecht zu entnehmen.

[2]) Übereinstimmend Meves S. 427.

[3]) Löwe S. 887 Anm. 2 zu § 460 und S. 882 Anm. 6b zu § 454, Stenglein S. 654 Anm. 3 zu § 460, Thilo S. 510 Anm. 4 zu § 460, Isenbart und Samter S. 400 Anm. 11 zu § 460, Keller S. 592 Anm. 3 zu § 460; Meves S. 431 gesteht der Steuerbehörde zwar das Recht zu, einen neuen Strafbescheid zu erlassen, hält sie aber nicht für befugt, nunmehr unter der Erklärung, nicht einschreiten zu wollen, die Sache der Staatsanwaltschaft zur Verfolgung zu übergeben, da diese Erklärung im Widerspruch stehen würde mit dem Erlaß des zurückgenommenen Bescheides, aus welchem folge, daß die Steuerbehörde sich bereits mit der Sache befaßt habe. Ein Grund für diese Beschränkung ist nicht ersichtlich.

[4]) St.P.O. § 460.

[5]) G.V.G. § 144 Abs. 1; siehe hierüber unten S. 346.

[6]) Meves S. 430, Arndt Strafverfahren S. 313, Heimbrod S. 662, Löwe S. 887 Anm. 2 zu § 460 und S. 881 Anm. 4 zu § 454, Stenglein S. 653 Anm. 1 zu § 460 und S. 649 Anm. 3 zu § 454, Bonnenberg S. 203 und 204, Ullmann S. 565, a. M.: Dochow (in der dritten Aufl. des jetzt von Hellweg herausgegebenen Strafprozeßrechts S. 236) und Geyer Lehrbuch des Strafprozeßrechts S. 878.

nur die Beschwerde an die vorgesetzte Verwaltungsbehörde zulässig, da Gerichte und Steuerbehörden koordinierte Behörden sind und eine gesetzliche Vorschrift, die gegen eine derartige Verfügung der Steuerbehörde eine Berufung auf gerichtliche Entscheidung zuließe, nicht vorhanden ist.[1])

c) Die Staatsanwaltschaft kann weder den Strafbescheid zurücknehmen, da sie ihn nicht erlassen hat, noch (wie im Falle des § 451 St.P.O.) die Klage fallen lassen, da sie eine solche nicht erhoben hat.[2]) Sie ist mithin nicht befugt, das gerichtliche Verfahren zu hindern und muß sich darauf beschränken, die Akten dem zuständigen Gericht vorzulegen. Verweigert oder verzögert die Staatsanwaltschaft die Übersendung, so kann sich der Beschuldigte bei der vorgesetzten Behörde (Erster Staatsanwalt bei dem Landgericht, Oberstaatsanwalt, Justizminister) beschweren.

III. Das Verfahren vor dem erkennenden Gerichte.

a) Über die örtliche und sachliche Zuständigkeit entscheiden die allgemeinen Regeln;[3]) danach werden abgeurteilt:

1. durch das Schöffengericht:

α) diejenigen Verletzungen des Erbschaftssteuergesetzes, welche Übertretungen im Sinne des § 1 des St.G.B. (nämlich mit Geldstrafe bis zu 150 Mark bedroht) sind,[4]) d. h. die Delikte gegen § 43 Abs. 2 (Nichterfüllung der gesetzlichen Verpflichtung zur Anmeldung eines steuerpflichtigen Anfalles oder zur Vorlegung des Verzeichnisses und der Deklaration innerhalb der Frist ohne die Absicht, die Erbschaftssteuer zu hinterziehen) und § 44 (wissentliche Verschweigung der zu einem steuerpflichtigen Anfalle gehörigen Gegenstände oder wissentlich unrichtige Angaben über die Thatsachen, welche die Steuerpflichtigkeit, die Höhe des Steuersatzes oder des Steuerbetrages bestimmen, ohne die Absicht, die Erbschaftssteuer zu hinterziehen) sowie diejenigen Fälle der §§ 43 Abs. 1 und 44 (Begehung der vorbezeichneten Delikte in Defraudationsabsicht), in denen die Höhe der Erbschaftssteuer von dem betreffenden Anfalle ermittelt ist und nicht mehr als 75 Mark (die Strafe also nicht mehr als 150 Mark) beträgt;[5])

β) diejenigen Verletzungen des Erbschaftssteuergesetzes, welche zwar Vergehen im Sinne des § 1 des St.G.B. (nämlich mit Geldstrafe von mehr als 150 Mark bedroht) sind, bei denen aber die im Einzelfalle verwirkte Strafe höchstens 600 Mark beträgt,[6]) d. h. diejenigen Vergehen gegen §§ 43 Abs. 1 und 44, bei denen die Höhe der Erbschaftssteuer von dem betreffenden Anfalle ermittelt ist und mehr als 75 aber nicht mehr als 300 Mark (die Strafe also mehr als 150, aber höchstens 600 Mark) beträgt;

---

[1]) Heimbrod S. 662, Bonnenberg S. 204.

[2]) Löwe S. 887 Anm. 2 zu § 460 und S. 882 Anm. 7 zu § 454, von Schwarze S. 589 Anm. zu § 454, Bonnenberg S. 203 Anm. 3, Stenglein S. 653 Anm. 1 zu § 460, Thilo S. 509 Anm. 3 zu § 460, Puchelt S. 778 Anm. 11 zu §§ 459, 460, Bennecke S. 690 Anm. 15.

[3]) Vgl. wegen der örtlichen Zuständigkeit: (Gerichtsstand) St.P.O. §§ 7—21, wegen der sachlichen: St.P.O. §§ 1—6 und G.V.G. §§ 27, 29, 73, 75, 123 und 136, sowie A.G.V.G. § 50.

[4]) G.V.G. § 27 No. 1; vgl. Kommentar S. 134 Anm. 3.

[5]) Bei Strafandrohungen, welche auf den mehrfachen Betrag einer hinterzogenen Abgabe lauten, entscheidet für die Frage, ob eine Übertretung oder ein Vergehen vorliegt, die im Einzelfalle verwirkte Strafe, (so die herrschende Meinung; vgl. Kommentar S. 135 Anm. 2d und Olshausen S. 41 Anm. 10, Löbe S. 192; a. A. nur Binding Handbuch des Strafrechts S. 516 und Grundriß S. 172) maßgebend ist die verwirkte gesetzliche, nicht etwa die von der Steuerbehörde auf Grund ihrer Milderungsbefugnis festgesetzte niedrigere Strafe; Bonnenberg S. 209; Stenglein S. 654 Anm. 1 zu § 462; a. M. Thilo S. 509 Anm. 7 zu § 459 (die Höhe der festgesetzten Geldstrafe entscheide), Keller S. 592 Anm. 1 zu § 462 (in den Fällen, in denen die Strafe in dem mehrfachen Betrage der geschuldeten Steuer besteht, entscheide das im Strafbescheide festgesetzte, in allen anderen Fällen die angedrohte Strafe).

[6]) G.V.G. § 27 Nr. 2.

2. durch die Strafkammer: alle übrigen, nicht zur Zuständigkeit der Schöffengerichte gehörigen Erbschaftssteuerdelikte,[1]) nämlich:

α) die Nichterfüllung der Verpflichtung zur Abgabe der eidesstattlichen Versicherung auf wiederholte Aufforderung innerhalb der zu bestimmenden Frist (§ 45 des Erbschaftssteuergesetzes);[2])

β) die Fälle der in Defraudationsabsicht begangenen Vergehen gegen §§ 43 Abs. 1 und 44 Abs. 1 des Erbschaftssteuergesetzes, wenn der Betrag der Erbschaftssteuer nicht ermittelt werden kann oder wenn er ermittelt ist und mehr als 300 Mark (die Strafe also mehr als 600 Mark) beträgt.[2])

Die Überweisung der an sich zur Zuständigkeit der Strafkammern gehörigen Erbschaftssteuerdelikte ist nicht zulässig.[3])

b) Nach Eingang der Akten hat das Gericht zunächst nur die Rechtzeitigkeit des Antrages,[4]) und, falls er nicht vom Beschuldigten selbst gestellt ist, die Legitimation des Vertreters,[5]) zu prüfen. Die Prüfung erfolgt, da sie zur Vorbereitung einer außerhalb der Hauptverhandlung erforderlichen Entscheidung dient, in schöffengerichtlichen Sachen durch den Amtsrichter,[6]) in landgerichtlichen durch die Strafkammer in der Besetzung von drei Mitgliedern mit Einschluß des Vorsitzenden.[7]) Jedoch wird es in landgerichtlichen Sachen einer besonderen Prüfung durch das Kollegium nur bedürfen, wenn der Vorsitzende gegen die Rechtzeitigkeit des Antrags oder die Legitimatiou des Vertreters Bedenken hat. Ergiebt sich, daß der Antrag verspätet oder der Vertreter nicht legitimiert ist, so wird der Antrag durch Beschluß[8]) zurückgewiesen. Gegen die Entscheidung des Amtsrichters ist Beschwerde an die Strafkammer des Landgerichts,[9]) gegen die Entscheidung der letzteren (und zwar sowohl wenn sie in erster Instanz, wie wenn sie in der Beschwerdeinstanz erkannt hat) Beschwerde an den Strafsenat des Kammergerichts,[10]) welcher endgültig entscheidet,[11]) zulässig.

Ergeben sich nach den beiden bezeichneten Richtungen keine Anstände, so wird Termin zur Hauptverhandlung anberaumt, selbst wenn bereits feststehen sollte, daß z. B. die That verjährt ist oder überhaupt nicht unter die Strafbestimmungen des Erbschaftssteuergesetzes fällt oder daß die Steuerbehörde ihre Zuständigkeit überschritten hat. Denn der Beschuldigte hat ein Recht darauf, daß die gegen ihn einmal festgesetzte Strafe durch richterliche Entscheidung aus der Welt geschafft werde.[12])

Das erkennende Gericht ist an die Auffassung des Amtsrichters oder des Vorsitzenden oder der beschließenden Strafkammer, daß der Antrag rechtzeitig oder

---

[1]) Sofern bezüglich ihrer überhaupt der Antrag auf gerichtliche Entscheidung zulässig ist; in dem Falle des § 38 Abs. 3 des Gesetzes ist er ausgeschlossen; siehe oben S. 341 Anm. 4.

[2]) G.V.G. § 73 Nr. 1 in Verbindung mit § 27 Nr. 2.

[3]) Wegen der Begründung und der abweichenden Ansicht von Delius vgl. Kommentar S. 135 Anm. 2α. und S. 139 Anm. III. — Ob eine derartige Überweisung nach erlassenem Strafbescheid überhaupt zulässig ist, ist bestritten; vgl. Löwe S. 888.

[4]) St.P.O. § 462 Abs. 1.

[5]) Löwe S. 888 Anm. 2 zu § 462 und S. 883 Anm. 3 zu § 456; Bonnenberg S. 207 Anm. 4.

[6]) G.V.G. § 30 Abs. 2.

[7]) G.V.G. § 77.

[8]) Löwe S. 882 Anm. 1 zu § 456 bezeichnet die Entscheidung des Amtsrichters als „Verfügung."

[9]) G.V.G. § 72.

[10]) G.V.G. § 123 Nr. 5 und Pr.A.G.V.G. § 50 Nr. 2. Vgl. Löwe S. 14 Anm. 9.

[11]) Löwe S. 116 Anm. 10 zu G.V.G. § 136.

[12]) Löwe S. 888 Anm. 3 zu § 462 und S. 883 Anm. 3 zu § 456, Stenglein im Gerichtssaal Bd. 43 S. 23, R.G. III Urt. vom 23. Februar 1888, St.S. Bd. 17 S. 249, Rechtspr. Bd. 10 S. 181, Bonnenberg S. 207 Anm. 5, Meves S. 431.

der Vertreter legitimiert sei, nicht gebunden, hat vielmehr über beide Punkte selbständig zu befinden.[1])

c) Da einerseits das Gericht nicht durch einen Antrag der Staatsanwaltschaft mit der Sache befaßt wird, andererseits aber ein, wenn auch außergerichtliches, Strafverfahren gegen den Beschuldigten bereits schwebt und der in diesem ergangene Strafbescheid alle wesentlichen Punkte enthält, welche für den Inhalt der Anklageschrift und des Eröffnungsbeschlusses gefordert werden müssen, so ist weder für die Einreichung einer Anklageschrift, noch für eine Entscheidung über die Eröffnung des Hauptverfahrens oder für die Einleitung einer Voruntersuchung[2]) Raum. Aus der Fassung, den dieser Gedanke in § 462 Abs. 1 der St.P.O. erhalten hat,[3]) folgern einige Schriftsteller,[4]) daß das Gericht nach Prüfung der Rechtzeitigkeit des Antrags und der Legitimation des Vertreters unmittelbar zur Hauptverhandlung schreiten müsse und daß es nicht befugt sei, vorher noch irgendwelche Ermittelungen anzustellen. Diese Ansicht folgt indes weder notwendig aus dem Wortlaut der Bestimmung, noch findet sie in ihrer Entstehungsgeschichte eine Stütze. In Preußen war unter der Herrschaft des Gesetzes vom 3. Mai 1852 die Einleitung eines Vorverfahrens üblich, wenn dem Gerichte die Sache nicht genügend aufgeklärt schien, und dieser Praxis sollte, wie die bei der Beratung der Reichsjustizkommission[5]) von den beiden Regierungsvertretern ohne Widerspruch seitens der Kommissionsmitglieder abgegebenen Erklärungen erkennen lassen, durch die St.P.O. nicht entgegengetreten werden. Die Bestimmung des § 462 Abs. 1 soll daher lediglich besagen: 1) daß das Gericht sich der Erledigung der Sache unterziehen muß, 2) daß die Erledigung der Sache durch Strafbefehl unzulässig ist, 3) daß es der Einreichung einer Anklageschrift und einer Entscheidung über die Eröffnung des Hauptverfahrens nicht bedarf. Dagegen kann das Gericht zur besseren Aufklärung der Sache noch vor der Hauptverhandlung Ermittelungen anstellen, die jedoch die Hauptverhandlung selbst nur vorbereiten, aber niemals überflüssig machen können.[6]) Ein vernünftiger Grund, weshalb das Gesetz ein derartiges Zwischenverfahren hätte ausschließen sollen, ist in der That, wie Voitus zutreffend bemerkt, nicht ersichtlich.

d) Die Vorbereitung der Hauptverhandlung erfolgt nach den Vorschriften der §§ 212—224 St.P.O., welche sinngemäß anzuwenden sind.[7]) Die Anberaumung des Termins ist Sache des Amtsrichters oder des Strafkammervorsitzenden (§ 212), die erforderlichen Ladungen und die Herbeischaffung der als Beweismittel dienenden Gegenstände bewirkt die Staatsanwaltschaft (§ 213).

e) Die Hauptverhandlung selbst unterliegt, von der Modifikation durch St.P.O. § 467 abgesehen, den allgemeinen Grundsätzen über das Verfahren in erster

---

[1]) Löwe S. 888 Anm. 1 zu § 462 und S. 882 Anm. 1 zu § 456; a. M. von Kries S. 748 unter Berufung auf St.P.O. § 455 Abs. 2, wobei er jedoch die Zulassung des nach Ansicht des Verurteilten rechtzeitig gestellten Antrags mit der Entscheidung über das Gesuch um Wiedereinsetzung in den vorigen Stand verwechselt.

[2]) Meves S. 432.

[3]) „Ist der Antrag rechtzeitig angebracht, so wird zur Hauptverhandlung vor dem zuständigen Gerichte geschritten, ohne daß es der Einreichung einer Anklageschrift oder einer Entscheidung über die Eröffnung des Hauptverfahrens bedarf."

[4]) Löwe S. 888 Anm. 3 zu § 462, Stenglein S. 654 Anm. 3 zu § 462, (der jedoch die „Beschaffung von Beweismaterial" auf Antrag des Staatsanwalts oder des Beschuldigten sowie auf Verfügung des Vorsitzenden für zulässig hält), von Schwarze S. 593, Bennecke S. 691 Anm. 20, Puchelt S. 780, Keller S. 593 Anm. 4 zu § 462, anscheinend auch Meves S. 431.

[5]) Protokolle über die Sitzung vom 23. September 1875 S. 699

[6]) So in ausführlicher Begründung Voitus in G.A. Bd. 29 S. 95 und neuerdings das in Anm. 12 auf S. 347 erwähnte Urt. des RG. vom 23. Februar 1888, sowie Bonnenberg S. 208 Anm. 6, Löbe S. 197, Isenbart und Samter S. 399 Anm. 6 zu § 459 und S. 400 Anm. 15 zu § 462.

[7]) Unanwendbar ist § 214, der von der Zustellung des Eröffnungsbeschlusses handelt.

Instanz.[1]) Eine ausführliche Darstellung desselben liegt außerhalb der Zwecke dieser Arbeit: es sollen daher nur die nachstehenden Punkte hervorgehoben werden, die zu Bedenken Anlaß geben können.

1. Die Vertretung der Anklage liegt der Staatsanwaltschaft ob. Diese ist an die Auffassung der Verwaltungsbehörde nicht gebunden und kann sowohl die Freisprechung des Angeklagten, wie eine andere als die im Strafbescheide festgesetzte Strafe beantragen.[2]) Die Verwaltungsbehörde kann sich jedoch der Verfolgung anschließen und hat alsdann einen Vertreter zu bestellen. In diesem Falle kommen die für den Anschluß des Verletzten als Nebenkläger gegebenen Bestimmungen zur Anwendung.[3]) Die Besonderheiten des Verfahrens nach erfolgtem Anschluß der Verwaltungsbehörde sind unten in § 54 zusammenhängend dargestellt.

2. In allen Erbschaftssteuerstrafsachen kann, da sie nur mit Geldstrafe bedroht sind, auch beim Ausbleiben des Angeklagten zur Hauptverhandlung geschritten werden, vorausgesetzt, daß der Angeklagte in der Ladung auf die Zulässigkeit dieses Verfahrens ausdrücklich hingewiesen ist.[4])

3. Die Grundlage der Verhandlung bildet, da ein Eröffnungsbeschluß nicht vorliegt, der ihn vertretende[5]) Strafbescheid. Dieser ist zu verlesen,[6]) oder wenn man den Abs. 2 des § 242 St.P.O. nicht für unmittelbar anwendbar hält, mindestens dem Inhalte nach mitzuteilen, damit die außer dem Vorsitzenden und dem Angeklagten an der Verhandlung beteiligten Personen erfahren, worüber verhandelt wird. Ob die Unterlassung der Verlesung oder Mitteilung die Revision begründet,[7]) erscheint zweifelhaft, dürfte aber zu bejahen sein, weil eine sachgemäße Verhandlung ohne Kenntnis ihres Gegenstandes nicht möglich ist.

4. Hängt die Strafbarkeit eines Erbschaftssteuerdelikts von der Beurteilung eines bürgerlichen Rechtsverhältnisses ab, so entscheidet das Strafgericht auch über dieses nach den für das Verfahren und den Beweis in Strafsachen geltenden Vorschriften,[8]) also nach seiner freien Überzeugung und ohne an Verfügungen der Parteien, Rechtsvermutungen und dergl. gebunden zu sein.[9]) Das Gericht ist jedoch befugt, die Untersuchung auszusetzen und einem der Beteiligten zur Erhebung der Civilklage eine Frist zu bestimmen oder das Urteil des Civilgerichts abzuwarten.[10]) Diese Befugnis wird aber nur für solche Fälle bestehen, in denen der Rechtsweg überhaupt zulässig ist; die Aussetzung ist daher dann unstatthaft, wenn nach § 42 des Erbschaftssteuergesetzes über die Steuerpflichtigkeit der Rechtsweg nicht stattfindet.[11]) Bindend ist das Civilurteil für den Strafrichter in keinem Falle.[12])

5. Eine Verurteilung des Angeklagten auf Grund eines anderen, als des in dem Strafbescheide angeführten Strafgesetzes darf nicht erfolgen, ohne daß der Angeklagte zuvor auf die Veränderung des rechtlichen Gesichtspunktes besonders hingewiesen und ihm Gelegenheit zur Verteidigung gegeben worden ist.[13])

---

[1]) St.P.O. §§ 225—275.

[2]) Stenglein S. 655 Anm. 4 zu § 462; Thilo S. 509 Anm. 3 zu § 460 und S. 511 Anm. 3 zu § 462.

[3]) St.P.O. § 467. [4]) St.P.O. § 231.

[5]) Löwe S. 626 Anm. 2 b. zu § 264. S. auch R.G. IV. Urt. v. 30. Mai 1893, St.S. Bd. 24 S. 200.

[6]) Bonnenberg S. 209 Anm. 9. A. M. R.G. IV. Urt. vom 15. Dezbr. 1893, Jur. Woch. 1894 S. 49. S. freilich auch R.G. I. Urt. vom 19. März/2. April 1894, ebenda S. 237.

[7]) Daß die Nichtverlesung des Eröffnungsbeschlusses die Revision begründet, wird angenommen von R.G. III Urt. vom 22. Februar 1883, St.S. Bd. 8 S. 144, Rechtspr. Bd. 5 S. 134, Löwe S. 579 Anm. 5 f. zu § 242.

[8]) St.P.O. § 261 Abs. 1.

[9]) Löwe S. 617 Anm. 1 zu § 261. — Wegen der Unfähigkeit dieses Teiles des Erkenntnisses, in Rechtskraft überzugehen, siehe unten S. 352.

[10]) St.P.O. § 261 Abs. 2.

[11]) Siehe hierüber S. 120—128 des Kommentars.

[12]) Löwe S. 619 Anm. 5 zu § 261: R.G. I. Urt. v. 2. März 1893, St.S. Bd. 24 S. 67 ff.

[13]) St.P.O. § 264, dessen Anwendbarkeit auf das Verfahren nach erhobenem Strafbescheide

IV. Die gerichtliche Entscheidung auf Grund der Hauptverhandlung.

a) Das Gericht hat zunächst außer seiner Zuständigkeit (vgl. §§ 269, 270 St.P.O.) die Formalien des Antrags zu prüfen, wobei es an die Auffassung des Amtsrichters oder des Vorsitzenden oder der Beschlußkammer bei Anberaumung des Verhandlungstermins nicht gebunden ist,[1]) und hat ohne materielle Würdigung durch Beschluß das Verfahren einzustellen:

1. wenn sich ergiebt, daß ein ordnungsgemäßer Antrag auf gerichtliche Entscheidung überhaupt nicht (sondern z. B. eine Beschwerde an die höhere Verwaltungsbehörde) vorliegt;
2. wenn der Antrag verspätet ist[2]);
3. wenn der Antrag rechtzeitig von einem nicht legitimierten Vertreter gestellt ist;
4. wenn über die Frage, ob der Antrag rechtzeitig[3]) und ordnungsgemäß zurückgenommen ist, erst in der Hauptverhandlung Streit entsteht, und die vorgenommene Prüfung die Rechtzeitigkeit und Rechtsförmlichkeit der Zurücknahme ergiebt.

Die Frage, ob eine Erklärung den Antrag auf gerichtliche Entscheidung oder die Rücknahme eines solchen enthält, unterliegt in Strafkammersachen, wenn die Revision auf einen Mangel in dieser Beziehung gestützt wird, der Nachprüfung durch das Revisionsgericht, das an die thatsächliche Feststellung der Strafkammer nicht gebunden ist, weil es sich um einen Mangel des Verfahrens handelt.[4])

b) Liegt keiner der unter a) behandelten Fälle vor, so tritt das Gericht in die materielle Verhandlung der Sache ein und hat über diese stets durch Urteil zu befinden. Das erkennende Gericht ist nicht eine der Steuerverwaltung im Instanzenzuge übergeordnete, sondern koordinierte Behörde; es hat daher den Strafbescheid weder aufzuheben, noch abzuändern oder zu bestätigen, sondern lediglich auf Grund der mündlichen Verhandlung darüber zu urteilen, ob der Angeklagte eines Steuervergehens schuldig ist oder nicht. Der Strafbescheid hat dabei nicht die Rolle eines gegen den Angeklagten ergangenen, das Gericht nach irgend einer Richtung bindenden Erkenntnisses, sondern lediglich die Funktion, die im ordentlichen Verfahren dem Eröffnungsbeschlusse zufällt, er bildet die Grundlage der Verhandlung und giebt ihre Richtung an.[5]) Wie der amtsrichterliche Strafbefehl,[6]) so hat auch der Strafbescheid der Verwaltungsbehörde die Wirkung eines Urteils nur unter der Voraussetzung, daß er nicht angefochten wird, der Angeklagte sich vielmehr dabei beruhigt. Verlangt der Angeklagte dagegen die gerichtliche Verhandlung, so muß er sich auch den möglichen Folgen unterwerfen. Das Gericht kann keine andere Entscheidung fällen, als diejenige, welche dem Ergebnis der Verhandlung entspricht.

Im einzelnen ist über den Inhalt des zu erlassenden Urteils folgendes zu bemerken:

1. Es bedarf keiner Erwähnung des Strafbescheids im Urteilstenor; er unterscheidet sich mithin nicht von dem im gewöhnlichen Strafverfahren üblichen.

---

allerdings in den Urteilen des R.G. II vom 29 April 1881 (St.S. Bd. 4 S. 116) und 9. Oktober 1883 (Rechtspr. Bd. 5 S. 586) geleugnet wird; mit der im Text vertretenen Ansicht übereinstimmend: Löwe S. 626 Anm. 2b zu 264, Stenglein S. 465 Anm. 8 zu § 264, Bennecke S. 562 Anm. 12, John III S. 404, Bonnenberg S. 209 Anm. 9.

[1]) Siehe oben S. 348 Anm. 1.

[2]) Rintelen S. 261.

[3]) D. h. bis zum Beginne der Hauptverhandlung, siehe oben S. 343.

[4]) So für den ersteren Fall (Zweifelhaftigkeit der Rücknahmeerklärung) das oben S. 343 in Anm. 7 erwähnte Urt. des R.G. vom 11. März 1892.

[5]) Vgl. über die Stellung des Gerichts gegenüber dem Strafbescheid: Bonnenberg S. 209 und Löwe S. 877 Anm. 11 zu § 451; das dort über den amtsrichterlichen Strafbefehl Gesagte ist auf den Strafbescheid der Verwaltungsbehörde sinngemäß anwendbar.

[6]) Motive zur St.P.O. § 451 S. 228.

2. Etwaige formelle Mängel des Strafbescheids (z. B. fehlende Bezeichnung der Beweismittel, unrichtige Gesetzes-Citate u. s. w.) sind für das gerichtliche Verfahren völlig unerheblich; weder berechtigen sie das Gericht, die Sache zur weiteren Veranlassung an die Steuerbehörde zurückzuverweisen,[1]) noch können sie die Revision gegen das ergangene gerichtliche Urteil begründen;[2]) dieses beruht auf dem Strafbescheid ebensowenig, wie das Urteil im ordentlichen Verfahren auf der Anklageschrift.

3. Einer ausdrücklichen Aufhebung des Strafbescheids bedarf es auch dann nicht, wenn sich nach dem Ergebnisse der Hauptverhandlung die That des Angeklagten als eine solche darstellt, hinsichtlich welcher die Verwaltungsbehörde zum Erlaß einer Strafverfügung nicht befugt war. Die ausdrückliche Aufhebung ist zwar durch § 458 für den gleichartigen Fall der polizeilichen Strafverfügung für notwendig erklärt, indes ist die Anwendung dieser Vorschrift auf das Verfahren nach erlassenem Strafbescheid vom Gesetze nicht angeordnet. Es ist daher in einem solchen Falle lediglich das Verfahren einzustellen.[3]) Das Schöffengericht darf nicht, weil an sich die Strafkammer zuständig gewesen wäre, gemäß § 270 St.P.O. sich selbst für unzuständig erklären und die Sache durch Beschluß an die Strafkammer verweisen.[4]) Ergeht aber unzulässigerweise ein derartiger Beschluß und wird er unanfechtbar, so ist die Einstellung des Verfahrens von der Strafkammer auszusprechen. Denn der unrichtige Beschluß nötigt zwar die Strafkammer, zu verhandeln und ein Urteil zu fällen, ist aber für seinen Inhalt nicht entscheidend.[5]) Demnächst werden die Akten der zuständigen Staatsanwaltschaft zu übersenden sein, die darüber zu befinden hat, ob ein weiteres Strafverfahren stattfinden soll. Wenn ein solches eingeleitet wird, so verläuft es, wie wenn ein Strafbescheid nicht erlassen wäre; es kann weder die Anklageschrift durch den Strafbescheid, noch der Eröffnungsbeschluß durch das auf Einstellung lautende Urteil ersetzt werden.[6])

4. Das Gericht ist an die Straffestsetzung der Verwaltungsbehörde nach keiner Richtung gebunden und insbesondere nicht gehindert, eine höhere Strafe festzusetzen. Das Verbot der reformatio in peius ist bei dem Antrag auf gerichtliche Entscheidung, trotz seiner Analogie mit den Rechtsmitteln, unanwendbar[7]), und zwar auch dann, wenn der Antrag nicht von dem Beschuldigten selbst, sondern von einem gesetzlichen Vertreter (Vater, Vormund, Ehemann) gestellt ist.[8]) Jedoch ist zu beachten, daß nach dem vom Eröffnungsbeschlusse handelnden, aber auf den Strafbescheid sinngemäß anzuwendenden § 264 St.P.O. eine Verurteilung des Angeklagten auf Grund eines anderen, als des in dem Strafbescheid angeführten

---

[1]) R.G. III Urt. vom 2 Juli 1885 (Rechtsspr. 7 S. 462), III. Urt. vom 23. Februar 1888 (Jur. Woch. S. 153, St.S. Bd. 17 S. 249, Rechtsspr. Bd. 10 S. 181); Löbe S. 196, Bonnenberg S. 210 Anm 14; Löwe S. 889 Anm. 7 zu § 462; a. M. Rintelen S. 260 Anm. 7.

[2]) Bennecke S. 691 Anm. 20 und die beiden in der vorigen Anm. erwähnten Urteile des R.G.

[3]) Ebenso Bonnenberg S. 210 Anm. 12; nach Löbe S. 196 soll das Gericht den Strafbescheid ausdrücklich aufheben.

[4]) R.G. I Urt. vom 21. November 1881 (St.S. Bd. 5 S. 243), III Urt. v. 15. November 1883 (Rechtspr. Bd. 5 S. 691) und IV Urt. vom 30. April 1889 (G.A. Bd. 37 S. 191).

[5]) Löwe S. 884 Anm. 2 zu § 458, von Kries S. 749, Ullmann S. 566; a. M. bezüglich des § 458 (die Strafkammer müsse in der Sache erkennen) die in der vorigen Anm. aufgeführten Urt. des R.G. und Stenglein S. 651 Anm. 3.

[6]) R.G. II Urt. vom 29. Januar 1884, Rechtspr. Bd. 6 S. 60, Löwe S. 884 Anm. 4 zu § 458

[7]) R.G. III. Urt. vom 9. November 1882 (St.S. Bd. 7 S. 220) und I. Urt. vom 4. Juni 1883 (St.S. Bd. 8 S. 390), Löwe S. 889 Anm. 7 zu § 462, Bonnenberg S. 211 Anm. 15, Thilo S. 511 Anm. 3 zu § 462, Keller S. 593 Anm. 5 zu § 462, Löbe S. 197.

[8]) A. M. Löwe S. 876 oben, zu § 451 mit der Begründung, die Lage des Beschuldigten dürfe durch einen Einspruch, den er nicht selbst erhoben habe, nicht verschlechtert werden. Dieses Argument dürfte nicht durchschlagend sein; der das Verbot der reformatio in peius enthaltende § 372 stellt das vom Beschuldigten selbst und, das von seinem gesetzlichen Vertreter eingelegte Rechtsmittel vollständig gleich: das letztere kann eine Verschlechterung der Lage des Beschuldigten

Strafgesetzes nicht erfolgen darf, ohne daß der Angeklagte zuvor auf die Veränderung des rechtlichen Gesichtspunktes besonders hingewiesen und ihm Gelegenheit zur Verteidigung gegeben worden ist.[1])

5. Die den Steuerbehörden in gewissem Umfange[2]) beigelegte Befugnis, bei der Festsetzung der Strafe unter das gesetzliche Mindestmaß herunterzugehen, steht dem erkennenden Gerichte nicht zu.[3])

6. Die Entscheidung ist der Rechtskraft nur insoweit fähig, als sie Strafe festsetzt, nicht auch soweit sich etwa das Gericht über die Verpflichtung des Angeklagten zur Zahlung der Steuer ausgesprochen hat. Allerdings wird das Strafgericht in vielen Fällen, um über die Strafbarkeit des Angeklagten entscheiden zu können, auch die Frage nach dem Bestehen, unter Umständen auch nach der Höhe der Steuerpflicht prüfen und sich darüber schlüssig machen müssen und zwar nach den für das Verfahren und den Beweis in Strafsachen geltenden Vorschriften,[4]) wobei es an die etwa im Strafbescheide von der Verwaltungsbehörde ausgesprochene Ansicht nicht gebunden ist.[5]) Aber dieser nicht im Tenor, sondern nur in den Gründen enthaltene Teil der Entscheidung ist der Rechtskraft nicht fähig:[6]) weder giebt er, wenn darin die Steuerpflichtigkeit bejaht wird, der Steuerbehörde einen Vollstreckungstitel, noch enthebt er, wenn darin die Steuerpflichtigkeit verneint wird, den Erwerber des Anfalls, der sich den Ansprüchen der Steuerbehörde entziehen will, der Notwendigkeit den Civilrechtsweg zu beschreiten. Eine der Rechtskraft fähige Entscheidung über die Verpflichtung zur Zahlung einer Erbschaftssteuer kann in Preußen, sofern der Rechtsweg überhaupt zugelassen ist, nur durch die Civilgerichte erfolgen.[7])

V. Die Rechtsmittel gegen die gerichtlichen Endurteile.

Sie sind dieselben, welche gegen Strafurteile überhaupt zugelassen sind.

a) Danach können die Urteile des Schöffengerichts mit der Berufung, die Urteile der Strafkammer mit der Revision angefochten werden.

1. Über die **Berufung** gegen die Urteile des Schöffengerichts entscheidet die Strafkammer des Landgerichts,[8]) und zwar in der Besetzung von drei Mitgliedern

---

in dem Umfange verhindern, in dem das von ihm selbst ergriffene Rechtsmittel diese Wirkung haben würde. Nun findet aber § 272, wie auch Löwe annimmt, auf das Verfahren nach erlassenem Strafbescheid im allgemeinen keine Anwendung. Das Gericht kann vielmehr eine höhere als im Strafbescheide enthaltene festsetzen; warum dieses nur für den Fall gelten soll, daß der Antrag vom Beschuldigten selbst ausgeht, ist nicht ersichtlich.

[1]) Siehe oben S. 349 Nr. 5.

[2]) Siehe oben S. 326.

[3]) Löwe S. 889 Anm. 7 zu § 462, Bonnenberg S. 211 Anm. 15, Löbe S. 197, 198, Röhr S. 138, Thilo S. 511 Anm. 3 zu § 462.

[4]) St.S.O. § 261; siehe oben S. 349 Nr. 4, insbesondere Anm. 12.

[5]) R.G. III Urt. vom 29. Januar 1885 (St.S. Bd. 12 S. 1) und vom 28. November 1887 (St.S. Bd. 17 S. 21), Stenglein S. 653 Anm. 7 zu § 459 (der in dieser Beziehung mit der im Texte vertretenen Ansicht übereinstimmt), Isenbart und Samter S. 400 Anm. 15 zu § 462, Puchelt S. 780 Anm. 3 zu § 462, Bennecke S. 691 Anm. 20.

[6]) Vgl. Löwe S. 720 Anm. 2a vor § 238.

[7]) Uebereinstimmend Puchelt S. 780 Anm. 5 zu § 462, Meves S. 430, Löwe S. 887 Anm. 4 zu § 459, anscheinend auch Keller S. 591 Anm. 4 zu § 459; a. M., aber unzutreffend, anscheinend Stenglein 652 Anm. 7 zu § 459, wenn seine Anschauungen dahin zu verstehen sind, daß das Gericht im Tenor und mit der Wirkung des eventuellen Übergangs in Rechtskraft über die Steuerpflichtigkeit zu entscheiden habe. Seine Berufung auf R.G. III Urt. vom 9. November 1882 (St.S. Bd. 7 S. 220) und Urt. vom 4. Juni 1883 (St.S. Bd. 8 S. 390) ist mit Recht von Löwe a. a. O. beanstandet; denn in beiden ist — was richtig ist — nur ausgesprochen, daß bei der Entscheidung über die Strafbarkeit des Angeschuldigten das Gericht an die Ansicht der Verwaltungsbehörde über die Zoll- oder Steuerpflichtigkeit nicht gebunden ist, sondern selbständig zu entscheiden hat. — S. übr. R.G. I. Urt. v. 2. März 1893, St.S. Bd. 24 S. 67 ff.

[8]) G.V.G. § 76.

mit Einschluß des Vorsitzenden, wenn es unstreitig und zweifellos ist, daß das Delikt, wegen dessen Berufung eingelegt ist, eine Übertretung ist, sonst in der Besetzung von fünf Richtern mit Einschluß des Vorsitzenden.[1])

2. Bei der **Revision** gegen die Urteile der Strafkammern ist zwischen Urteilen erster und zweiter Instanz zu unterscheiden.

α) Hat die Strafkammer in erster Instanz geurteilt, so entscheidet:

$\alpha\alpha$) das Kammergericht, sofern die Revision ausschließlich auf die Verletzung einer in den Landesgesetzen enthaltenen Rechtsnorm gestützt wird;[2])

$\beta\beta$) das Reichsgericht in allen übrigen Fällen.[3]) Von allen Erkenntnissen des Reichsgerichts in Steuer-Untersuchungssachen haben die Provinzial-Steuer-Direktoren dem Finanzminister unter Darstellung des Sachverhältnisses und der Streitpunkte, welche entschieden sind, Abschrift einzureichen.[4])

β) Hat die Strafkammer in der Berufungsinstanz erkannt, so entscheidet, da die Delikte gegen das Erbschaftssteuergesetz zu den nach preußischem Landesrecht strafbaren Handlungen gehören, in allen Fällen das Kammergericht, ohne Unterschied, auf welche Rechtsnorm die Revision gestützt wird.[5])

b) Die Einlegung von Rechtsmitteln steht außer dem Angeklagten und der Staatsanwaltschaft auch der Steuerbehörde zu, wenn sie sich dem Verfahren angeschlossen hat; siehe hierüber unten § 54. Die Fristen zur Einlegung von Rechtsmitteln beginnen für die Verwaltungsbehörde erst mit der Zustellung des Urteils und betragen zur Anbringung von Revisionsanträgen und zur Gegenerklärung auf solche einen Monat.

VI. Wegen der von den Staatsanwaltschaften den Verwaltungsbehörden über den Ausfall des Verfahrens zu machenden Mitteilungen vgl. § 53 a. E.

§ 53.

3. Die Erhebung der Anklage durch die Staatsanwaltschaft.

I. Verzichtet die Steuerbehörde auf die Untersuchung und Entscheidung einer Erbschaftssteuersache im Verwaltungswege,[6]) so übersendet sie die Akten an die zuständige Staatsanwaltschaft oder den zuständigen Amtsanwalt.

a) Die staatsanwaltschaftliche Behörde hat zunächst zu prüfen, ob sie zum Einschreiten überhaupt noch befugt ist; sie ist es nicht, wenn die Steuerbehörde bereits einen Strafbescheid erlassen und verkündet hat. Liegt dieser Fall nicht vor, so hat die Staatsanwaltschaft ferner ihre örtliche und sachliche Zuständigkeit zu prüfen und, wenn die Steuerbehörde sich darin geirrt hat, die Akten der zuständigen Staats- oder Amtsanwaltschaft zu übersenden und die Steuerbehörde hiervon in Kenntnis zu setzen.[7]) Ist dagegen von der Steuerbehörde die zuständige Staatsanwaltschaft angegangen, so hat diese sich, wie bei jeder anderen Strafanzeige darüber schlüssig zu machen, ob sie das Einschreiten ablehnen oder die Strafverfolgung übernehmen will. Das erstere darf sie nur thun, wenn sie sich aus thatsächlichen oder rechtlichen Gründen

---

[1]) G.V.G. § 77; vgl. die Anm. hierzu bei Löwe S. 86, 87.

[2]) G.V.G. § 123 Nr. 3, E.G.V.G. § 9, A.G.V.G. § 50 Nr. 1.

[3]) G.V.G. § 136 Nr. 2.

[4]) F.M.V. vom 21. März 1892, III. 230, C.Bl. S. 152.

[5]) G.V.G. § 123 Nr. 2, E.G.V.G. § 9, A.G.V.G. § 50 Nr. 2.

[6]) Siehe hierüber oben § 43 S. 322.

[7]) Keller S. 593 Anm. 2 zu § 462; nach G.V.G. § 144 Abs. 2 hat sich jedoch auch ein unzuständiger Beamter der Staatsanwaltschaft denjenigen innerhalb seines Bezirks vorzunehmenden Amtshandlungen zu unterziehen, in Ansehung welcher Gefahr im Verzuge obwaltet.

von der Erhebung der Anklage keinen Erfolg verspricht.[1]) Allerdings ist sie bei der Erwägung hierüber an die Rechtsauffassung der Steuerbehörde nicht gebunden; damit diese jedoch in der Lage ist, ihre Ansicht vor Gericht zur Geltung zu bringen, ist sie mit der Befugnis zur selbständigen Erhebung der Anklage ausgerüstet.[2])

b) Lehnt die Staatsanwaltschaft das Einschreiten ab oder verfügt sie nach Vornahme von Ermittelungen die Einstellung des Verfahrens, so hat sie die Verwaltungsbehörde unter Angabe der Gründe zu bescheiden.[3]) Diese kann sich mit der Beschwerde an die vorgesetzte staatsanwaltschaftliche Behörde (Ersten Staatsanwalt bei dem Landgerichte, Oberstaatsanwalt, Justizminister) wenden; das Recht auf gerichtliche Entscheidung anzutragen,[4]) hat sie nicht,[5]) weil sie nicht als durch die Strafthat „verletzt" im Sinne des Gesetzes angesehen werden kann. Ein Bedürfnis zur Verleihung dieser Befugnis liegt auch nicht vor, da die Steuerbehörde selbständig Anklage erheben darf.

c) Erhebt die Staatsanwaltschaft Anklage, so verläuft, abgesehen von der im folgenden Paragraphen zu behandelnden Mitwirkung der Steuerbehörde, das Verfahren nach den Bestimmungen der Strafprozeßordnung, deren eingehende Darstellung hier nicht thunlich ist. Hervorgehoben sei, daß die Erlassung eines amtsrichterlichen Strafbefehls (durch den nur Geldstrafe bis zu 150 Mark festgesetzt werden kann; St.P.O. § 447) innerhalb der Grenzen des erwähnten Paragraphen (d. h. bei den zur Zuständigkeit des Schöffengerichts gehörigen Sachen) zulässig ist.

II. Zur Ergänzung des gerichtlichen Verfahrens dienen die folgenden, für das Verfahren in Steuersachen erlassenen besonderen Verwaltungsvorschriften.[6])

a) Die staatsanwaltschaftlichen Behörden haben mit der Steuerbehörde in Verbindung zu treten und ihr geeignetenfalls die Akten vorzulegen, wenn eine Äußerung von dieser Seite zur Aufklärung des Sachverhältnisses gereichen kann oder von ihr die Mitteilung von Materialien zu erwarten ist, welche hierfür sowie für die Entscheidung der Sache von Erheblichkeit sein möchten.

b) Die Formel des ergangenen Urteils ist sogleich nach der Verkündung dem zuständigen Provinzialsteuerdirektor mitzuteilen, unter gleichzeitiger Äußerung, ob seitens der Staatsanwaltschaft die Einlegung eines Rechtsmittels in Aussicht genommen ist, oder aus welchen Gründen von der Einlegung des zulässigen Rechtsmittels Abstand genommen wird.[7]) Auf Ersuchen der Steuerbehörde ist dieser demnächst Abschrift des ganzen Urteils zu übersenden; auch sind ihr von Amtswegen oder auf Ersuchen alle weiteren und ausführlicheren Mitteilungen zu machen, welche im öffentlichen Interesse notwendig oder zweckmäßig erscheinen.[8])

c) Wenn die noch mit einem Rechtsmittel anfechtbare Entscheidung sich nicht auf Thatsachen gründet, welche die Unschuld des Angeklagten klar ergeben haben, und insbesondere, wenn sie auf einer nicht unzweifelhaften Gesetzesauslegung beruht, so haben die Staatsanwälte, sobald die Entscheidung gegen den Antrag der Verwaltungsbehörde ausgefallen, das Rechtsmittel gegen sie einzulegen.[9]) Amtsanwälte haben stets die Berufung anzumelden, wenn das Urteil von der Ansicht

---

[1]) Mot. zur St.P.O. S. 245; St.P.O. § 152.

[2]) Siehe hierüber § 55.

[3]) St.P.O. § 169. Näheres s. S. 361 ff.

[4]) St.P.O. § 170 Abs. 1.

[5]) Gleicher Ansicht Löwe S. 891 Anm. 2b zu § 464· Arndt, Strafverfahren S. 318, Meves S. 433; Bonnenberg S. 190; vgl. auch unten S. 361; a. M. Löbe, S. 200.

[6]) Vgl. zum Folgenden Bonnenberg S. 187 und 188.

[7]) J.M.V. vom 25. August 1879, J.M.Bl. S. 251, C.Bl. 1880 S. 125.

[8]) J.M.V. vom 28. April 1850, J.M.Bl. S. 147, für den damaligen Umfang der Monarchie erlassen.

[9]) J.M.V. vom 8. Mai 1850, I. 1233, C.Bl. S. 109, in Erinnerung gebracht und auf die ganze Monarchie ausgedehnt durch J.M.V. vom 26. Mai 1880, I. 2367 (von Marck, Die Staatsanwaltschaft 1884 S. 459).

der Verwaltungsbehörde abweicht, können jedoch, falls sie es für begründet erachten, die Rechtfertigung der Berufung der Verwaltungsbehörde überlassen. In allen Fällen haben sie bei Übersendung der beglaubigten Abschrift der Urteilsformel der Verwaltungsbehörde von der erfolgten Anmeldung des Rechtsmittels Mitteilung zu machen.[1])

d) Der Steuerbehörde ist von der Staatsanwaltschaft Nachricht zu geben, wenn das Gericht die Wiederaufnahme des Verfahrens oder die Erneuerung der Hauptverhandlung angeordnet hat[2]), und Abschrift der Formel des demnächst ergehenden Urteils mitzuteilen,[3]) unter gleichzeitiger Äußerung, ob die Einlegung eines Rechtsmittels in Aussicht genommen sei, oder aus welchen Gründen von der Einlegung des zulässigen Rechtsmittels Abstand genommen werde.

§ 54.

4. Die Mitwirkung der Verwaltungsbehörde im gerichtlichen Verfahren.

Die Steuerbehörde kann auch dann, wenn die Staatsanwaltschaft die Strafverfolgung betreibt, ein Interesse daran haben, selbst in dem Verfahren mitzuwirken, um ihre Ansichten unmittelbar vor dem Gerichte zu entwickeln, sei es, weil die Sache eine eingehendere technische Erörterung erfordert, sei es, weil sie für die Verwaltung von grundsätzlicher Wichtigkeit ist. Die Strafprozeßordnung gestattet deshalb der Verwaltungsbehörde[4]) den Anschluß an die Strafverfolgung und weist ihr nach dem Vorbilde des preußischen Gesetzes vom 3. Mai 1852 (Artikel 145) die Stellung eines Nebenklägers zu.[5])

I. Der Anschluß ist zulässig sowohl, wenn der Beschuldigte gegen einen Strafbescheid auf gerichtliche Untersuchung angetragen, als auch dann, wenn dit Staatsanwaltschaft die Anklage erhoben hat.[6]) Die Steuerbehörde hat in diesen Fällen einen Beamten ihres Verwaltungszweiges oder einen Rechtsanwalt[7]) als ihren Vertreter zu bestellen und dem Gerichte in der Anschließungsschrift namhaft zu machen[8]) In der Benennung des Vertreters ist seine Ermächtigung zur Ausübung der der Behörde zustehenden Befugnisse enthalten.[9])

a) Die Befugnis zum Anschluß setzt nur voraus, daß eine Zuwiderhandlung gegen die Vorschriften über die Erhebung öffentlicher Abgaben und Gefälle den Gegenstand der Strafverfolgung bildet. Die bestrittene Frage, ob die Steuerbehörde zum Anschlusse nur dann berechtigt ist, wenn sie für die einzelne Zuwiderhandlung oder doch wenigstens für Zuwiderhandlungen der in Frage kommenden Art zur Erlassung eines Strafbescheids zuständig gewesen wäre,[10]) ist

---

[1]) Geschäftsanweisung für die Amtsanwälte vom 28. August 1879 (J.M.Bl. S. 260) Art. 78.

[2]) St.P.O. § 410 Abs. 2.

[3]) J.M.V. vom 25. August 1879, I. 4211 S. 98, J.M.Bl. S. 255, C.Bl. 1880 S. 125.

[4]) Näheres unter I b.

[5]) Mot. zur St.P.O, S. 230.

[6]) St.P.O. § 467 Abs. 1.

[7]) Wegen der Gebühren s. § 73 der Gebührenordnung für Rechtsanwälte vom 7. Juli 1879 (R.G.Bl. S. 176).

[8]) St.P.O. § 467 Abs. 1, verbunden mit § 464 Abs. 2. Die Ansicht Bonnenbergs S. 243 Anm. 10, daß die Unterlassung der Benennung die Anschlußerklärung nicht nichtig mache, ist zu billigen. Ein etwaiger Wechsel des Vertreters muß dem Gerichte, der Staatsanwaltschaft und dem Angeklagten mitgeteilt werden. Meves S. 434; Bonnenberg S. 219 Anm. 11.

[9]) Löwe S. 891 Anm. 6 zu § 464. Einschränkungen gelten jedoch bezüglich der Rechtsmittel (§ 466, 469) und der Zustellungen (§ 468).

[10]) Siehe hierüber Löwe S. 890 Anm. 1 zu § 464; Arndt S. 315.

für die Delikte gegen das Erbschaftssteuergesetz ohne Interesse, weil die Steuerbehörde bei diesen in allen Fällen einen Strafbescheid erlassen kann.[1])

Die Anschlußberechtigung wird dadurch nicht ausgeschlossen, daß[2]) ein Fall der Ideal- oder Gesetzeskonkurrenz zwischen einem Erbschaftssteuerdelikt und einer nach gemeinem Strafrecht zu ahndenden Strafthat vorliegt,[3]) selbst wenn in der Anklageschrift dieser Umstand nicht zur Geltung gebracht und die That nur als dem gemeinen Strafrechte zuwiderlaufend bezeichnet sein sollte.[4]) Wegen der etwa real konkurrierenden Delikte ist die Behörde zum Anschlusse nicht befugt;[5]) jedoch kann sie sich anschließen, um im Interesse der Steuerverwaltung und der richtigen Auslegung der Steuergesetze ihrer Auffassung dahin Geltung zu verschaffen, daß nicht Realkonkurrenz, sondern lediglich eine Steuerkontravention vorliegt.[6]) Handelt es sich dagegen um eine zwar gegen die Steuerverwaltung gerichtete oder auf Hinterziehung der Erbschaftssteuer abzielende, aber lediglich nach gemeinem Strafrecht zu ahndende That (z. B. Betrug, Urkundenfälschung oder falsche Versicherung an Eidesstatt), so ist der Anschluß nicht gestattet.[7])

b) **Berechtigt zur Abgabe der Anschlußerklärung** ist diejenige Steuerbehörde (Erbschaftssteueramt, Hauptamt, Provinzialsteuerdirektor), welche im einzelnen Falle den angefochtenen Strafbescheid erlassen hat oder doch zu seiner Erlassung zuständig gewesen wäre.[8]) Außerdem muß aber in allen Fällen die vorgesetzte Verwaltungsbehörde für befugt gelten, selbst diesen Antrag zu stellen,[9]) da sie die ihr untergeordnete Behörde zur Stellung des Antrags auf Zulassung jederzeit anweisen kann.

II. **Schließt sich die Verwaltungsbehörde der Verfolgung an,** so kommen die für den Anschluß des Verletzten als Nebenkläger gegebenen Bestimmungen zur Anwendung,[10]) soweit nicht die §§ 466 und 469 Abweichungen enthalten.

Diese Gesetzesbestimmung kann als eine glückliche nicht bezeichnet werden. Indem sie den wesentlichen Unterschied verkennt, der zwischen dem seinen privaten Vorteil suchenden Nebenkläger und der das Staatsinteresse vertretenden Verwaltungs-

---

[1]) Vgl. oben S. 320.

[2]) D. h., sofern dieser Fall überhaupt bei Erbschaftssteuerdelikten möglich sein sollte; vgl. oben S. 316.

[3]) So Ob.Tr. Urt. vom 7. November 1878 (G.A.Bl. 26 S. 569), R.G. III. Urt. vom 29. Oktober 1883, II. vom 27. Oktober 1885 und IV. vom 26. Februar 1892, St.S. Bd. 9 S. 236, Bd. 13 S. 30 (Rechtspr. Bd. 7 S. 618) und Bd. 22 S. 400 (Jur. Woch. 1892 S. 200), von Kries S. 753, Löwe S. 890 Anm. 1 zu § 464, Ullmann S. 570 Anm. 3, Isenbart und Samter S. 401 Anm. 21 zu § 464; a. M. K.G. Beschl. vom 9. Juni 1890 (Johow und Küntzel Bd. 10 S. 170) und Meves S. 434.

[4]) R.G. II. Beschl. vom 7. Juli 1891, Jur. Woch. S. 505, und Urt. vom 22. September 1891, Jur. Woch. S. 506.

[5]) Ob.Tr. Urt. vom 1. Februar 1872, 31. Januar 1874, 7. April 1875 (Oppenhoff Bd. 13 S. 107, Bd. 15 S. 48, Bd. 16 S. 273). — Das gilt auch bezüglich der bei einem Erbschaftssteuerdelikt geleisteten Begünstigung, da diese nach geltendem Reichsrechte nicht eine Form der Beihülfe zur prinzipalen That, sondern ein selbständiges Delikt ist; vgl. von Liszt § 181 und Bonnenberg S. 217 Anm. 4.

[6]) R.G. IV. Urt. vom 26. Februar 1892 St.S. Bd. 22 S. 400, Jur. Woch. 1892 S. 200. Bonnenberg S. 243 will das im Texte Gesagte auch auf den umgekehrten Fall anwenden, daß nur auf eine Steuerstrafe erkannt ist, während nach Ansicht der Steuerbehörde ein gemeines Vergehen vorliegt; das dürfte nicht zutreffend sein, denn in diesem Falle müßte die Steuerbehörde zur Begründung ihres Antrages auf Zulassung selbst ausführen, daß die That eine solche sei, bei der sie zum Anschluß überhaupt nicht befugt ist.

[7]) R.G. III. Urt. vom 29. Oktober 1883, St.S. Bd. 9 S. 236.

[8]) Sachlich übereinstimmend Bonnenberg S. 218, der jedoch die Erbschaftssteuerämter nicht erwähnt; a. M. (die Hauptämter seien in allen Fällen zuständig) Dalcke S. 280 und Oppenhoff, Die preuß. Gesetze über das Verfahren in Strafsachen 1860 S. 617 Anm. 2.

[9]) Bonnenberg S. 218.

[10]) St.P.O. § 467 Anm. 2. Näheres s. unter d.

behörde besteht, weist sie dieser eine ihrer Bedeutung und Aufgabe nicht entsprechende Stellung an. Außerdem hat sie, da die uneingeschränkte Anwendung aller für den Nebenkläger gegebenen Bestimmungen auf die Verwaltungsbehörde zu Konsequenzen führt, die vom Gesetzgeber nicht beabsichtigt sein dürften, zahlreiche Streitfragen hervorgerufen, welche durch eine andere Fassung des Gesetzes vermieden wären.

Im einzelnen gelten folgende Grundsätze.

a) Die Anschließung kann in jeder Lage des Verfahrens,[1]) insbesondere auch nach ergangenem Urteile behufs Einlegung von Rechtsmitteln geschehen,[2]) nicht aber nach rechtskräftig entschiedener Sache zur Stellung eines Antrags auf Wiederaufnahme des Verfahrens; wird jedoch der Antrag von anderer Seite gestellt, so lebt das Recht zu Anschließung wieder auf.[3]) In der Einlegung eines Rechtsmittels ist die Anschlußerklärung enthalten, nicht aber umgekehrt in der Anschließung die Einlegung eines Rechtsmittels.[4]) Die Anschließung hat vielmehr nur die Bedeutung, daß die Verwaltungsbehörde die Zustellung einer Urteilsausfertigung begehrt, um sich über die Einlegung eines Rechtsmittels schlüssig zu machen; dieses selbst muß besonders angemeldet und gerechtfertigt werden. Die bloße Anschlußerklärung ist daher wirkungslos, wenn die Staatsanwaltschaft kein Rechtsmittel einlegt oder das eingelegte zurücknimmt oder nicht begründet.[5]) Liegen diese Fälle nicht vor und wird die Anschlußerklärung nicht widerufen,[6]) so wirkt sie fort bis zum endgültigen rechtskräftigen Abschluß der Sache und erstreckt sich ohne weiteres auch auf die höheren Instanzen, sowie auf das durch einen Wiederaufnahmeantrag veranlaßte Verfahren.[7])

b) Die Anschlußerklärung ist bei dem mit der Sache befaßten Gerichte[8])

---

[1]) Der Fortgang des Verfahrens wird dadurch nicht aufgehalten, §§ 467 Abs. 2, 438 St.P.O. Das Gericht kann aber aus Anlaß von Anträgen vertagen. R.G. III. Urt. vom 10. Februar 1888, Rechtspr. Bd. 10 S. 169.

[2]) St.P.O. § 435 Abs. 1. Und zwar bis zum Ablaufe der Anfechtungsfrist für die Staatsanwaltschaft, wenn diese entweder ein Rechtsmittel überhaupt nicht eingelegt oder vor Ablauf der Frist auf die Einlegung verzichtet oder das eingelegte Rechtsmittel zurückgenommen hat (§ 439 Abs. 2 St.P.O.). Hat die Staatsanwaltschaft rechtzeitig ein Rechtsmittel eingelegt, so kann der Anschluß auch nach Ablauf jener Frist erfolgen, sofern nicht inzwischen die Staatsanwaltschaft des von ihr eingelegten Rechtsmittels durch Versäumnis der Frist zur Anbringung der Revisionsanträge oder durch Zurücknahme verlustig gegangen ist. S. dies unten S. 359 Anm. 10 angeführte R.G. Urt. vom 27. Mai 1887 und den Beschl. vom 4. Dezember 1891. Zum Teil abweichend Bonnenberg S. 246 ff. Hat der Angeklagte das Urteil angefochten, so kann sich die Verwaltungsbehörde anschließen, um es gegen seine Angriffe zu verteidigen.

[3]) Löwe S. 859 Anm. 7a. zu § 435, Bonnenberg S. 242 Anm. 7, Thilo S. 490. Bonnenberg will der Steuerbehörde die Befugnis zur Beantragung der Wiederaufnahme des Verfahrens nur in dem Falle zugestehen, daß sie sich schon in dem ursprünglichen Verfahren als Nebenklägerin angeschlossen hatte; dagegen mit Recht Dochow in von Holtzendorffs Handbuch des deutschen Strafprozeßrechts Bd. 2 S. 372 Anm. 19.

[4]) R.G. II. Urt. vom 13. Januar 1882, St.S. Bd. 5 S. 335, Rechtspr. Bd. 4 S. 42; R.G. II. Urt. vom 27. Mai 1887, St.S. Bd. 16 S. 130, Rechtspr. Bd. 9 S. 349.

[5]) R.G. I. Urt. vom 25. April 1887, Rechtspr. Bd. 9 S. 283. S. auch R.G. III. Urt. vom 2. Juli 1885 und II. Urt. vom 27. Mai 1887, St.S. Bd. 12 S. 342 und Bd. 16 S. 130 (Rechtspr. Bd. 9 S. 349).

[6]) Eine ausdrückliche Erklärung ist erforderlich. Das bloße Nichterscheinen oder Nichtvertretensein in der Hauptverhandlung hat nicht die Hinfälligkeit der Anschlußerklärung zur Folge. R.G. II. Urt. vom 5. Januar 1883, St.S. Bd. 7 S. 376. Die zurückgezogene Anschlußerklärung kann aber zum Zwecke der Unterstützung der öffentlichen Klage in jeder Lage des Verfahrens erneuert werden. R.G. III. Urt. vom 18. Juni 1883, St.S. Bd. 8 S. 384.

[7]) Löwe S. 859 Anm. 8 zu § 435. Die Verwaltungsbehörde bleibt daher im Falle einer Aufhebung des Urteils an dem weiteren Verfahren beteiligt. Bonnenberg S. 243 Anm. 9, S. 252 Anm. 10.

[8]) Die Einreichung bei der Staatsanwaltschaft genügt nur dann, wenn diese die Anschlußerklärung dem Gerichte übermittelt. Eine bloße Benachrichtigung des Gerichts von dem Eingange wäre nicht ausreichend. Bonnenberg S. 243 Anm. 2.

schriftlich einzureichen; sie muß von dem oder den Beamten unterschrieben sein, welche rechtsgeschäftliche Willenserklärungen der Behörde abzugeben berufen sind.[1]) Das Gericht entscheidet über die Berechtigung der Verwaltungsbehörde zum Anschlusse nach Anhörung der Saatsanwaltschaft.[2]) Erfolgt die Anschließung behufs Einlegung eines Rechtsmittels, so ist sie bei dem Gerichte zu erklären, bei welchem die Anmeldung des Rechtsmittels erfolgen muß, während die Entscheidung über den Antrag durch das zur Entscheidung über das Rechtsmittel zuständige Gericht zu erfolgen hat.[3]) Einer vorherigen Anhörung des Angeklagten bedarf es nicht. Die Entscheidung muß ausdrücklich erfolgen.[4]) Gegen den die Anschließung zulassenden, nicht von einem Oberlandesgericht oder dem Reichsgericht ausgehenden Beschluß steht dem Angeklagten, gegen den sie ablehnenden der Steuerbehörde die Beschwerde zu.[5]) Bei der Prüfung des Antrags ist weder der Inhalt der öffentlichen Klage noch, wenn die Anschließung zur Erzielung der Abänderung eines Urteils erstrebt wird, dessen thatsächliche Feststellung ausschließlich maßgebend; vielmehr kommt es lediglich darauf an, ob der Antrag nach den Behauptungen der Steuerbehörde über die Beschaffenheit der That rechtlich begründet ist.[6])

c) Die Verwaltungsbehörde hat nach erfolgtem Anschlusse die Rechte des Privatklägers,[7]) sofern nicht das Gesetz ausdrücklich etwas anderes bestimmt oder Abweichungen sich aus der Natur der Sache ergeben.[8]) Sie ist schon in der Voruntersuchung oder bei der Vornahme von einzelnen Untersuchungshandlungen zuzuziehen, sie ist ferner zur unmittelbaren Ladung von Zeugen und Sachverständigen zur Hauptverhandlung und zur Ablehnung eines Richters aus den gesetzlichen Gründen befugt.[9]) Ihre Ladung zur Hauptverhandlung[10]) muß, wenn sie dem Gesetze entsprechen soll, durch Zustellung erfolgen, braucht aber einen Hinweis auf die Rechtsfolgen des Ausbleibens nicht zu enthalten; es genügt eine amtliche Benachrichtigung von dem Verhandlungstermine.[11]) Das zu dem Zwecke gänzlich ungeeignete, für die

---

[1]) R.G. III. Beschl. vom 21. September 1893, Jur. Woch. 1893 S. 484, wo auch die Anschlußerklärung mittels Telegramms für wirksam erklärt wird, falls das Original die im Texte erwähnte Unterschrift trägt. S. noch R.G. II. Urt. vom 31. März 1880, St.S. Bd. 1 S. 285. Ein Muster giebt Bonnenberg S. 243 Anm. 1.

[2]) St.P.O. § 436. Ebenso Arndt S. 313; Bonnenberg S. 244 Anm. 4; Isenbart und Samter S. 403 Anm. 25 zu § 467; Löwe S. 893 Anm. 3 zu § 467; Stenglein Anm. 3 zu § 467. Das Gericht hat namentlich die Legitimation der Behörde zu prüfen. — A. M. Meves in von Holtzendorffs Handbuch Bd. 2 S. 432; von Schwarze Anm. 2 zu § 467; Thilo Anm. 3 zu § 467.

[3]) R.G. III. Beschl. vom 23. März 1882, St.S. Bd. 6 S. 139, Rechtspr. Bd. 4 S. 274; R.G. III. Urt. vom 10. Mai 1883, Rechtspr. Bd. 5 S. 358; R.G. I. Urt. vom 11. April 1889, St.S. Bd. 19 S. 117.

[4]) R.G. III. Urt. vom 12. Juli 1886, Rechtspr. Bd. 8 S. 532; I. Urt. vom 23. Dezember 1891, Jur. Woch. Bd. 21 S. 144; Löwe S. 860 Anm. 3 zu § 436; Bonnenberg S. 244 Anm. 4; a. M. (eine besondere Entscheidung über den Antrag dürfe nur erfolgen, wenn er wegen Mangels der Voraussetzungen des § 467 Abs. 1 St.P.O. zurückgewiesen werden müsse) Meves S. 432, von Schwarze S. 595.

[5]) St.P.O. § 346 und 347 Abs. 2; Löwe S. 860 Anm. 3 zu § 436.

[6]) So Löwe S. 860 Anm. 4 zu § 436, Stenglein S. 633 Anm. 8 zu § 436; Bonnenberg S. 244 Anm. 4; a. M. R.G. II. Urt. vom 16. Januar 1883, Rechtspr. Bd. 5 S. 35.

[7]) St.P.O. § 437 Abs. 1.

[8]) Löwe S. 860 Anm. 1 zu § 437; wegen der Rechte des Privatklägers sind die §§ 414 bis 434 der St.P.O. zu vergleichen.

[9]) Bonnenberg S. 245 Anm. 3, 4 und 6 und S. 219 Anm. 13.

[10]) Über die Bedeutung der Unterlassung der Ladung s. Bonnenberg S. 246 Anm. 3 und S. 231 Anm. 2. — Vor der Anschlußerklärung ist die Staatsanwaltschaft gesetzlich nicht verpflichtet, die Verwaltungsbehörde von dem Termine oder der darin ergangenen Entscheidung zu benachrichtigen. Zweckmäßig wird aber die letztere, falls sie sich nicht von vornherein anschließen will, die erstere bei der Übersendung der Verhandlungen darum ersuchen, damit sie in jedem Stadium des Verfahrens mitwirken kann. Das Ersuchen ist zu befolgen. So Arndt S. 314.

[11]) R.G. III. Urt. vom 9. November 1882, St.S. Bd. 7 S. 220.

Ladung des Privat- oder Nebenklägers bestimmte Formular wird nicht zu benutzen, vielmehr ein angemessenes Schreiben anszufertigen sein. [1])

Die Entsendung eines Vertreters zur Hauptverhandlung ist nicht obligatorisch und hat nur in zweifelhaften oder wichtigen Fällen stattzufinden. [2]) Der Vertreter der Verwaltungsbehörde ist, sofern er der Hauptverhandlung beiwohnt, nach der Beweisaufnahme von Amtswegen mit seinen Anträgen und Ausführungen zu hören; die Unterlassung bildet einen Revisionsgrund. [3]) Die Anhörung des Vertreters muß auch dann erfolgen, wenn er, was zulässig ist [4]) eidlich als Zeuge oder Sachverständiger vernommen worden ist. [5]) Er unterliegt, sofern er Rechtsanwalt ist, der Vorschrift des § 180 G.V.G. Ist er dagegen Beamter, so untersteht er der Disziplinargewalt des Vorsitzenden ebensowenig, wie der Vertreter der Staatsanwaltschaft; die §§ 178, 179 und 181—185 G.V.G. finden daher auf ihn keine Anwendung, wohl aber ist der Vorsitzende auch ihm gegenüber befugt, im Interesse der Aufrechterhaltung der Ordnung in der Sitzung die im nach § 177 G.V.G. zustehenden Rechte [6]) auszuüben. [7])

d) Für den Fall des Anschlusses der Verwaltungsbehörde sind die im § 439 Abs. 1 und § 440 St.P.O. enthaltenen Bestimmungen über Zustellungen und Fristen durch die §§ 468, 469 in mehrfacher Beziehung abgeändert. Die letzgenannten Vorschriften beruhen auf der Erwägung, daß die Verwaltungsbehörde eine Entschließung über den Gebrauch eines Rechtsmittels nicht wohl früher fassen kann, als bis sie den Wortlaut der gerichtlichen Entscheidung und ihre Gründe kennt, und daß ferner die für das Rechtsmittel der Staatsanwaltschaft und des Angeklagten vorgeschriebenen Fristen zu kurz sind, als daß eine Behörde, welche häufig einer kollegialischen Beratung bedürfen wird, oder welche die Anweisungen einer höheren Verwaltungsinstanz wird einholen müssen, imstande wäre, diese Fristen überall innezuhalten. [8]) Darnach gilt folgendes: 1) der Verwaltungsbehörde sind das Urteil und alle sonstigen Entscheidungen zuzustellen, auch wenn sie bei deren Verkündung vertreten gewesen ist (§ 468); [9]) 2) diese Zustellung ist auch dann erforderlich, wenn sich die Verwaltungsbehörde erst nach der Verkündung des Urteils, aber rechtzeitig der Verfolgung angeschlossen hat; [10]) 3) die Fristen zur Einlegung von Rechtsmitteln

---

[1]) Bonnenberg S. 215.

[2]) F.M.V. vom 6. April 1854 III. 6847, C.Bl. S. 236. — S. auch Löbe S. 202. Das etwa gerichtsseitig angeordnete persönliche Erscheinen des Vertreters der Verwaltungsbehörde entbehrt jeder praktischen Bedeutung (§§ 427 Abs. 3, 437, 440 St.P.O.).

[3]) R.G. IV. Urt. vom 28. Oktober 1887, St.S. Bd. 16 S. 253.

[4]) Über diese bestrittene Frage vgl. Löwe S. 861 Anm. 1b. zu § 437, wo die Litteratur angegeben ist, und R.G. Urt. d ver. St.S. vom 25. Oktober 1880, St.S. Bd. 2 S. 384.

[5]) R.G. IV. Urt. vom 25. November 1890, Jur. Woch. 1891 S. 55. Allerdings wird eine als Zeuge oder Sachverständiger zu vernehmende Person zweckmäßig nicht als Vertreter der Verwaltungsbehörde zu bestimmen sein. Bonnenberg S. 245 Anm. 1. Im übrigen ist mit einer solchen Vernehmung nicht der Fall zu verwechseln, wo der Vertreter nur zur Aufklärung der Sache gehört wird. R.G. III. Urt. vom 20. November 1880, St.S. Bd. 1 S. 47.

[6]) Siehe über diese Löwe S. 156 Anm. 2a. zu § 177 G.V.G.

[7]) Im wesentlichen übereinstimmend mit ausführlicher Begründung Bonnenberg (S. 215 und 216), der jedoch auch § 177 für unanwendbar hält. Es ist indes zu berücksichtigen, daß dieser § richtiger Ansicht nach (vgl. Löwe S. 157 Anm. 3a. zu § 177 G.V.G.) auch gegenüber dem Vertreter der Staatsanwaltschaft wirksam ist, dessen rechtliche Stellung im Verhältnis zum Gericht ebenfalls die einer koordinierten Behörde ist. Vgl. namentlich Groschuff, die Sitzungspolizeibefugnisse des Vorsitzenden gegenüber dem Staatsanwalt, in der deutschen Juristenzeitung, Berlin 1896 S. 8ff.

[8]) Motive zu §§ 393, 394 des Entwurfs der St.P.O. S. 230.

[9]) Sollte die Zustellung versäumt sein, so würde die Hauptverhandlung zweiter Instanz ausgesetzt werden müssen. Bonnenberg S. 250 Anm. 3.

[10]) So R.G. II. Urt. vom 27. Mai 1887, St.S. Bd. 16 S. 130, Rechtspr. Bd. 9 S. 349; II. Beschl. vom 4. Dezember 1891, J.M.Bl. 1892 S. 66; s. auch R.G. III. Urt. vom 2. Juli 1885, St.S. Bd. 12 S. 342. Zustimmend Isenbart und Samter, Anm. 28, Stenglein zu § 469, von Kries S. 754, Ullmann S. 571. A. M. Löwe S. 894 Anm. 2 zu § 468, dem Bonnenberg S. 246ff. beitritt. Löwe schränkt den Sinn des § 468 dahin ein, daß die Bekanntmachung des

beginnen [1]) für die Verwaltungsbehörde, sofern sich sich rechtzeitig angeschlossen hat, immer erst mit der vorschriftsmäßig bewirkten Zustellung [2]) (§ 469 Abs. 1); 4) die Fristen zur Anbringung von Revisionsanträgen [3]) und zur Gegenerklärung auf solche sind, abweichend von den Fristbestimmungen der §§ 385, 387 St.P.O., zu Gunsten der Verwaltungsbehörde auf einen Monat ausgedehnt; [4]) das gilt auch für den Fall, daß die Verwaltungsbehörde dem der zugestellten Entscheidung zu Grunde liegenden Verfahren fern geblieben ist und sich erst behufs Einlegung der Revision angeschlossen hat. [5])

e) Im übrigen kann die Verwaltungsbehörde, [6]) das folgt aus den §§ 464, 467 Abs. 2, 437, 441 und 430 St.P.O., alle einem Privatkläger zustehenden Rechtsmittel einlegen, [7]) also dieselben Rechtsmittel, deren sich die Staatsanwaltschaft in dem Verfahren auf erhobene öffentliche Klage bedienen darf, und zwar auch zu Gunsten des Angeklagten. [8]) Hierbei gelangt aber die Vorschrift des § 430 Abs. 2 St.P.O., wonach der Privatkläger Revisionsanträge und Anträge auf Wiederaufnahme des durch ein rechtskräftiges Urteil geschlossenen Verfahrens nur mittels einer von einem Rechtsanwalt unterzeichneten Schrift anbringen kann, nicht zur Anwendung, da eine öffentliche Behörde in keinem Falle der Unterzeichnung ihrer Erklärungen durch einen Rechtsanwalt bedarf. [9]) Was die örtliche Zuständigkeit anlangt, so gelten für diese Beschwerde die §§ 348, 353 St.P.O., während für die

---

Urteils u. s. w. gegenüber der Verwaltungsbehörde, wenn diese bereits bei dem Verfahren beteiligt war (§§ 464, 467), stets durch Zustellung zu erfolgen hat, die Verkündung dagegen eine rechtswirksame Bekanntmachung nicht darstellt, auch wenn sie in Anwesenheit eines Vertreters der Behörde stattfindet. Er erachtet den § 439 zufolge des § 467 Abs. 2 für anwendbar, legt aber dabei wohl nicht genügendes Gewicht darauf, daß der § 439 eine allgemeine und die §§ 468, 469 besondere Vorschriften enthalten und daß eine Anwendung der in § 467 Abs. 2 bezogenen allgemeinen Vorschriften über die Nebenklage nur soweit zulässig ist, als nicht die Sondervorschriften der §§ 468, 469 entgegenstehen. . Die Konsequenz der diesseitigen Ansicht ist freilich, daß die Zustellung des Urteils selbst dann, wenn die Behörde erst nach Ablauf der Einlegungsfrist oder gar erst beim Beginn der Hauptverhandlung in der höheren Instanz sich dem Verfahren anschließt, erforderlich wird. Es ist aber nicht einzusehen, warum das „offenbar der Absicht des Gesetzgebers zuwiderlaufen würde“.

[1]) Ihre Dauer wird aber, wie die aller anderen Rechtsmittelfristen, nach § 43 St.P.O. berechnet.

[2]) Die bloße Aktenmitteilung genügt nicht. Bonnenberg S. 250 Anm. 2.

[3]) Zu beachten ist, daß die Frist zur Anbringung der Revisionsanträge erst eine Woche nach der Zustellung des Urteils beginnt, selbst wenn die Revision schon vor der Zustellung eingelegt ist (§ 385 St.P.O.).

[4]) Die übrigen Rechtsmittelfristen (§§ 353, 355, 358, 381 St.P.O.) sind ihrer Dauer nach nicht geändert, wie Arndt S. 322 bemerkt, mit gutem Rechte. „Ein besonderes Interesse wird nämlich die Verwaltungsbehörde nur an prinzipiellen juristischen Fragen haben, welche gewöhnlich nur in der Revisionsinstanz zur endgültigen Entscheidung kommen. Solche zu erörtern, namentlich in einer Weise, daß sich eine Verwaltungsbehörde nicht selbst präjudiziert, daß ein ganzes Kollegium oder der Ressortchef überall damit einverstanden sein kann, daß dem Richter der oft technisch und rechtlich so verwickelt liegende Fall klargestellt wird, kostet wohl stets längere Zeit.“

[5]) Löbe S. 203.

[6]) Nicht ihr Vertreter. Vgl. §§ 468, 469 St.P.O., Bonnenberg S. 236 Anm. 1 und Löwe S. 893 Anm. 2 zu § 466. S. auch oben I b. A. M. Isenbart und Samter S. 402 Anm. 24 zu § 466.

[7]) Auch wenn sie allein das Rechtsmittel einlegt, hat die Staatsanwaltschaft in der höheren Instanz mitzuwirken (§ 465 Abs. 2 St.P.O.). Der § 431 Abs. 3 St.P.O. kann daher nicht zur Anwendung gelangen. Bonnenberg S. 238 Anm. 8.

[8]) So unter eingehender Begründung R.G. IV. Urt. vom 26. Februar 1892, St.S. Bd. 22 S. 400, Jur. Woch. 1892 S. 200. Vgl. übrigens R.G. I. Urt. vom 9. November 1891, St.S. Bd. 22 S. 214, Jur. Woch. 1892 S. 9 und Bonnenberg S. 237 Anm. 5.

[9]) So Löwe S. 893 Anm. 2 zu § 466 und zustimmend Arndt S. 323. Eine andere Begründung s. bei Bonnenberg S. 237 Anm. 3; vgl. auch R.G.Beschl. vom 30. August 1889, Jur. Woch. S. 396.

Berufung, die Revision und die Revisionsanträge nebst deren Begründung[1]) die §§ 353, 381, 385 St.P.O. maßgebend sind.

Die Zurücknahme eines Rechtsmittels, sowie der Verzicht auf die Einlegung eines solchen kann durch die Behörde[2]) auch vor Ablauf der Rechtsmittelfrist, aber nicht vor Verkündung des Urteils, wirksam erfolgen. Sie müssen dem Gerichte gegenüber ausdrücklich erklärt werden und sind nicht widerruflich. Hat die Verwaltungsbehörde das Rechtsmittel zu Gunsten des Angeklagten eingelegt, so bedarf sie zur Zurücknahme seiner Zustimmung. Die Berufung und die Revision können nach Beginn der Hauptverhandlung nur mit Zustimmung des Gegners zurückgenommen werden.[3])

§ 55.

5. Die Erhebung der Anklage durch die Verwaltungsbehörde.

Will die Verwaltungsbehörde von ihrer Befugnis, einen Strafbescheid zu erlassen, keinen Gebrauch machen, was zumeist dann der Fall sein wird, wenn die Feststellung des Thatbestandes mit den ihr zu Gebote stehenden rechtlichen Zwangsmitteln nicht durchführbar ist,[4]) so hat sie zunächst die Staatsanwaltschaft um die Einleitung des Strafverfahrens zu ersuchen. Diese ist verpflichtet, das ihr vorgelegte Material zu prüfen und erforderlichenfalls weitere Ermittelungen anzustellen. Liegen zureichende thatsächliche Anhaltspunkte dafür vor, daß ein Erbschaftssteuerdelikt begangen ist, so hat sie die öffentliche Klage zu erheben. (§ 152 St.P.O.) Sie kann den Antrag auf Verfolgung nicht aus Zweckmäßigkeitsgründen, sondern bloß dann ablehnen, wenn sie sich von der Erhebung der Anklage aus thatsächlichen oder rechtlichen Gründen keinen Erfolg verspricht.[5]) Hält die Verwaltungsbehörde den ablehnenden Bescheid der Staatsanwaltschaft (§ 169 St.P.O.) für unbegründet, so bleiben ihr zur Wahrung des fiskalischen Interesses zwei Wege offen Sie kann sich über die Staatsanwaltschaft beschweren oder selbst die Anklage erheben.

Die Beschwerde über die Staatsanwaltschaft ist im Aufsichtswege bei dem der ablehnenden Behörde vorgesetzten Beamten zu führen, also über den Amtsanwalt bei dem Ersten Staatsanwalt, über diesen bei dem Oberstaatsanwalt und gegen dessen Entscheidung bei dem Justizminister.[6]) Fristen sind für diese Beschwerde, welche keine prozessuale Beschwerde im Sinne der §§ 346—353 St.P.O. ist, nicht vorgeschrieben. Der im § 170 St.P.O. vorgesehene Antrag auf gerichtliche Entscheidung gegen den ablehnenden Bescheid steht der Verwaltungsbehörde nicht zu. Es mangelt hier an der in jenem Paragraphen aufgestellten Voraussetzung, daß der Antragsteller zugleich der Verletzte sei, da als verletzt im Sinne der Gesetzesvorschrift, wie sich aus ihrem Zwecke und ihrer Entstehungsgeschichte ergiebt, nur anzusehen ist, wer zu der Strafthat in irgend welcher individuellen Beziehung steht, in dessen persönliche Rechtssphäre durch das Delikt eingegriffen ist. Unter diesen Begriff läßt sich der Staat oder die Staatskasse nicht bringen. Auch ist zu berück-

---

[1]) Das R.G. Urt. vom 11. April 1890 (Bei. Beil. z. Reichanz.) erachtet die Förmlichkeiten für gewahrt, wenn die zwar an die Staatsanwaltschaft gesandte, aber an das Gericht adressierte Rechtfertigungsschrift vor Ablauf der in § 469 St.P.O. bestimmten Fristen an das Gericht gelangt ist.

[2]) Der Vertreter bedarf dazu der ausdrücklichen Ermächtigung § 344 Abs. 2 St.P.O.

[3]) Näheres bei Löwe, S. 728 ff. Anm. zu §§ 344, 345 St.P.O.

[4]) Ullmann S. 570 Anm. 3.

[5]) Motive zur St.P.O. S. 229; Glaser I. 223; Löbe S. 198; Löwe S. 890 Anm. 2a zu § 464. S. auch oben S. 353 ff.

[6]) A.G.V.G. § 78 Nr. 1 und 4.

sichtigen, daß die Verwaltungsbehörde in jedem Falle eine gerichtliche Entscheidung dadurch herbeiführen kann, daß sie selbst die Anklage erhebt.[1])

Die Erhebung der Anklage durch die Verwaltungsbehörde (§ 464 Abs. 1 St.P.O.) kann demnach erfolgen, wenn die Staatsanwaltschaft den Antrag auf Verfolgung abgelehnt hat, und zwar sowohl wenn die Verwaltungsbehörde ohne Erfolg den Beschwerdeweg beschritten hat, als auch wenn sie von der nicht obligatorischen Anrufung der Aufsichtsinstanz Abstand genommen hat. Die Beilegung dieses Rechtes an die Verwaltungsbehörde wird in den Motiven zur St.P.O.[2]) damit begründet, daß es einerseits der Staatsanwaltschaft nicht zugemutet werden könne, sich schlechthin der Ansicht der Verwaltungsbehörde unterzuordnen und der eigenen Ansicht entgegen eine Anklage zu erheben, andererseits aber der Auffassung der mit den einschlägigen Gesetzen und den technischen Fragen des Abgabenwesens genau vertrauten Behörde kein geringeres Gewicht beigelegt werden dürfe, als derjenigen der Staatsanwaltschaft.

Berechtigt zur Erhebung der Klage ist sowohl die Behörde, welche zur Erlassung des Strafbescheides örtlich und sachlich zuständig gewesen wäre, als auch die dieser vorgesetzte Behörde.[3]) Eine von einer unzuständigen Behörde erhobene Anklage hat das Gericht durch Beschluß zurückzuweisen.

Mangels besonderer Vorschriften ist die Anklage nach den allgemeinen Grundsätzen zu erheben, d. h. durch einen Antrag auf gerichtliche Voruntersuchung oder durch Einreichung einer Anklageschrift bei dem Gerichte (§ 168 Abs. 1 St.P.O.[4]) Die herrschende Ansicht[5]) geht freilich dahin, daß die Verwaltungsbehörde nicht befugt sei, die Voruntersuchung zu beantragen. Sie läßt sich indes weder aus dem Wortlaute des § 464 St.P.O., noch aus Zweckmäßigkeitsgründen rechtfertigen. Da die von der Verwaltungsbehörde zu erhebende Anklage keine Privatklage ist, sondern den Charakter einer öffentlichen Klage hat,[6]) so muß auf sie als öffentliche Klage die vorerwähnte Bestimmung des § 168 St.P.O. Anwendung finden. Eine Beschränkung der Verwaltungsbehörde auf die Einreichung einer Anklageschrift wäre auch unzweckmäßig. Wie eingangs erwähnt, wird die Verwaltungsbehörde gerade in verwickelten und unaufgeklärten Fällen von der eigenen Entscheidung absehen. Wollte man nun der Verwaltungsbehörde die Beantragung der Voruntersuchung verweigern, so brächte man damit das Gericht, wofern es nicht seinerseits eine Voruntersuchung anordnet,[7]) zumeist in die Lage, sich über die Eröffnung des Hauptverfahrens schlüssig zu machen, ohne daß die Sache genügend vorbereitet ist. Es ist aber gewiß ein zweckwidriger und umständlicher Formalismus, die Behörde zur Einreichung einer nur notdürftig substanziierten Anklageschrift bei der Strafkammer zu zwingen, damit diese dann die Eröffnung der Voruntersuchung beschließe und die Sache an den Untersuchungsrichter abgebe, anstatt der Behörde den

---

[1]) Arndt S. 318; Bonnenberg S. 190, der aber den Steuerfiskus als den Verletzten ansieht; Löwe S. 891 Anm. 2b zu § 464; Meves S. 433. A. M. Löbe S. 200.

[2]) S. 229, 230.

[3]) S. § 54 unter Ib. Im übrigen gilt wegen der Anklagebefugnis das daselbst unter Ia Gesagte.

[4]) Die Beantragung eines richterlichen Strafbefehls erscheint um deswillen ausgeschlossen, weil es sich dabei wieder um eine besondere Art des Verfahrens handelt, zu deren Anwendung die Berufung auf die allgemeinen Grundsätze nicht ausreicht.

[5]) Arndt S. 319; Bonnenberg S. 218 Anm. 9; Isenbart und Samter Anm. 2 zu § 464; Löwe S. 891 Anm. 3 zu § 464; von Schwarze Anm. 3 zu § 464 u. a. A. M. nur Löbe S. 199.

[6]) Das erhellt schon daraus, daß sie im sechsten Buche, welches die besonderen Arten des Verfahrens zum Gegenstande hat, und nicht im fünften Buche, welches die Beteiligung des Verletzten bei dem Verfahren regelt, abgehandelt wird. Ebenso Arndt S. 320; Bonnenberg S. 215 Anm. 2; Löwe S. 892 Anm. 1 zu § 466. A. M. Rintelen S. 262.

[7]) Das kann es thun, da die ihm durch § 200 St.P.O. verliehene Befugnis durch die Bestimmung des § 464 St.P.O. keinesfalls berührt ist.

einfacheren Weg der direkten Antragstellung beim Untersuchungsrichter offen zu lassen.

Da die Anklagebefugnis der Verwaltungsbehörde von der Ablehnung der Stattsanwaltschaft abhängt, also subsidiär ist, muß sie dem Untersuchungsrichter oder dem Gerichte bei dem Antrage auf Voruntersuchung oder bei der Einreichung der Anklageschrift den ablehnenden Bescheid der Staatsanwaltschaft nachweisen.[1])

Für den Antrag auf Voruntersuchung und für ihren Gang sind im übrigen die §§ 176—195 St.P.O. maßgebend.

Die Anklageschrift muß den im § 198 St.P.O. vorgeschriebenen Inhalt haben, also die dem Angeschuldigten zur Last gelegte That unter Hervorhebung ihrer gesetzlichen Merkmale und des anzuwendenden Strafgesetzes bezeichnen, sowie die Beweismittel und das Gericht, vor welchem die Hauptverhandlung stattfinden soll, angeben, auch den von der Behörde bestellten Vertreter namhaft machen (§ 464 Abs. 2 St.P.O.). In den nicht vor das Schöffengericht gehörigen Sachen sind außerdem die wesentlichen Ergebnisse der stattgehabten Ermittelungen darin aufzunehmen.[2]) Sie ist je nach der Zuständigkeit des Schöffengerichts oder der Strafkammer bei dem Amtsrichter oder bei der Strafkammer des Landgerichts einzureichen. Die für die Privatklage im § 421 St.P.O. ,vorgeschriebene Beifügung zweier Abschriften ist hier nicht notwendig,[3]) und die dafür vorgesehene Erhebung der Klage zu Protokoll des Gerichtsschreibers ist nicht zulässig. Denn nach § 466 St.P.O. richtet sich nicht die Erhebung der Anklage, sondern das Verfahren auf die von der Verwaltungsbehörde erhobene Anklage nach den für die Privatklage gegebenen Bestimmungen.

Gegen den die Eröffnung des Hauptverfahrens ablehnenden Beschluß steht der Verwaltungsbehörde das Rechtsmittel der sofortigen Beschwerde zu.[4]) Das nämliche gilt, wenn die Strafkammer abweichend von dem Antrage die Verweisung an das Schöffengericht aussprechen sollte[5]) (§ 209 Abs. 2 St.P.O.).

Auf den Vertreter der Verwaltungsbehörde finden mit einer einzigen Einschränkung die im vorherigen Paragraphen erörterten Grundsätze Anwendung. Er kann nämlich nicht als Zeuge oder Sachverständiger vernommen werden. Das folgt daraus, daß er im Verfahren die Stelle des Staatsanwalts, mindestens aber die des Privatklägers vertritt, über dessen Vernehmungsunfähigkeit Theorie und Praxis einig sind.[6])

Die Staatsanwaltschaft ist zu einer Mitwirkung[7]) in jeder Lage des Verfahrens berechtigt (§ 465 Abs. 1 St.P.O.). Sie kann daher trotz ihres früher ablehnenden Verhaltens selbst Ermittelungen anstellen und Beweiserhebungen veranlassen, ohne hierbei durch gleichartige oder widersprechende Maßregeln der Verwaltungsbehörde beschränkt zu sein. Zweckmäßig werden sich beide Behörden miteinander verständigen. Die Staatsanwaltschaft ist jedoch außerhalb der Hauptverhandlung zum Einschreiten nicht verpflichtet. Nur in dieser muß sie ununterbrochen vertreten sein. Damit ist offensichtlich bezweckt, daß die Staatsanwaltschaft sich in der Hauptverhandlung wie bei jeder anderen Strafsache der Mitwirkung unterzieht;

---

[1]) Ebenso Arndt S. 319. Bonnenberg S. 218 Anm. 8 und S. 226 Anm. 3; Löbe S. 201; Löwe S. 891 Anm. 4 zu § 464.

[2]) Ein Muster giebt Bonnenberg S. 224 Anm. 3.

[3]) So Arndt S. 320; Löwe S. 892 Anm. 1 und 2 zu § 466. A. M. Bonnenberg S. 223 Anm. 1 zu § 106; Meves S. 434.

[4]) §§ 430, 209 Abs. 2, 466 St.P.O.

[5]) Über die Unzulässigkeit einer derartigen Überweisung s. oben Komm. S. 135.

[6]) R.G. II. Urt. vom 8. Juli 1880 Rechtspr. Bd. 2 S. 174; Isenbart und Samter Anm. 28 zu § 424; Löwe Anm. 3 zu § 424; Bennecke S. 637; von Kries S. 349; Ullmann S. 365.

[7]) In der Mitwirkung liegt nicht die Übernahme der Verfolgung. Diese erfordert eine ausdrückliche Erklärung oder die Einlegung eines Rechtsmittels, § 417 Abs. 2 St.P.O.

sie ist demzufolge auch verpflichtet,[1]) Anträge zu stellen (§ 257 St.P.O.), die mit denen der Verwaltungsbehörde nicht notwendig übereinzustimmen brauchen. Sie hat ferner die Ladung zur Hauptverhandlung zu bewirken (§ 465 Abs. 2 St.P.O.). Das Gesetz erwähnt zwar nur die „gerichtlich angeordneten" Ladungen, indes werden ihr nach § 213 St.P.O. auch die aus dem Gesetze selbst sich als notwendig ergebenden Ladungen (der Verwaltungsbehörde, des Angeklagten und seines Verteidigers) obliegen.[2]) Daß die Staatsanwaltschaft selbständig Zeugen und Sachverständige laden kann, folgt aus dem ersten Absatze des § 465 St.P.O.

Alle im Laufe des Verfahrens ergehenden Entscheidungen sind ihr bekannt zu machen (§ 465 Abs. 3 St.P.O.). Die Bekanntmachung erfolgt durch Verkündung oder durch Zustellung in der besonderen Form des § 41 St.P.O., d. i. Vorlegung der Urschrift. Mit der Bekanntmachung beginnt für die Staatsanwaltschaft die Frist zur Einlegung von Rechtsmitteln.

Wie endlich der schon mehrfach erwähnte § 466 St.P.O. besagt, regelt sich im übrigen das Verfahren auf die von der Verwaltungsbehörde erhobene Anklage nach den für die Privatklage gegebenen Bestimmungen. Diese Vorschrift ist, wie allgemein anerkannt wird, durchaus zweckwidrig. Sie stellt die im öffentlichen Interesse erhobene Klage der Behörde und die lediglich persönliche Ziele verfolgende Privatklage unter die gleichen Regeln, obschon ihre verschiedene Natur eine verschiedenartige Behandlung erforderte. Sie giebt zu einer Reihe von Zweifeln und Unklarheiten Anlaß, weil bei einer näheren Betrachtung des Privatklageverfahrens mehrere für dieses gegebene Vorschriften völlig unanwendbar erscheinen müssen, andere aber sich mit dem Staatsinteresse und der Autorität der Verwaltungsbehörde nicht vereinigen lassen.

Im Zusammenhange sei hier noch folgendes hervorgehoben:[3])

a) Von den der Privatklage gewidmeten §§ 414—434 St.P.O. fallen diejenigen weg, welche sich schon ihrem Wortlaute nach nur auf Beleidigungen und Körperverletzungen beziehen. Dahin gehören: §§ 414, 416, 420, 428 und 433.

b) Außer Anwendung bleiben die Vorschriften, welche durch die §§ 464, 465, 468 und 469 ersetzt sind, nämlich:

1. § 415, ersetzt durch § 464 Abs. 1;
2. § 417 Abs. 1, durch § 465;
3. § 418, durch § 464 Abs. 2 und § 468;
4. § 425 Abs. 1 Satz 2, durch § 468;
5. § 425 Abs. 2, durch § 465 Abs. 2;
6. § 427 Abs. 2, soweit der Vertreter der Behörde in Betracht kommt, durch § 464 Abs. 2; eine Verteidigung steht hier nicht in Frage.

c) Unanwendbar sind endlich im Hinblick auf den verschiedenen Charakter der Privatklage und der öffentlichen Klage der Verwaltungsbehörde:

1. § 419; von einer Sicherheitsleistung des Steuerfiskus kann schon deswegen keine Rede sein, weil die verschiedenen Stationen des Fiskus nur eine juristische Person bilden;
2. § 421, abgesehen von der Einreichung der Anklageschrift; s. darüber oben S. 362;
3. §§ 422, 423; statt ihm kommen die §§ 199 ff. zur Anwendung; wie Löwe zutreffend hervorhebt, ist kein Grund ersichtlich, weshalb hier auch in schöffengerichtlichen Sachen die Anklageschrift dem Angeschuldigten mit-

---

1) Bonnenberg S. 220 Anm. 3; Löwe S. 891 Anm. 2 zu § 465. A. M. Meves S. 434 Stenglein Anm. 1 zu § 465.

2) Löwe S. 892 Anm. 3 zu § 465; s. auch Bonnenberg S. 220 Anm. 4.

3) Eine Darstellung der nach dem Texte in Geltung bleibenden Bestimmungen würde zu weit führen. Es sei dieserhalb auf Bonnenberg und die Kommentare zur St.P.O. verwiesen.

geteilt werden sollte; der von den Motiven (S. 221) für die Privatklage hervorgehobene Gesichtspunkt, daß die Erklärung des Beschuldigten oft genügen werde, um die Unzulässigkeit oder die Grundlossigkeit der Klage darzuthun, trifft hier nicht zu;[1])

4) § 425 Abs. 4; da der Anwalt und der Beamte der Behörde, sofern sie zum Vertreter bestellt sind, in allen übrigen Funktionen einander gleichstehen, muß auch der Beamte die Akten einsehen dürfen; das gleiche Recht muß man aber der Behörde zugestehen, sonst käme man zu dem widersinnigen Ergebnis, daß ihr Beamter mehr Rechte hätte, als sie selbst; sie wird also Übersendung der Akten zwecks Einsicht jederzeit verlangeu dürfen;[2])

5) §§ 431, 432 und 434, weil eine öffentliche Klage nach Eröffnung der Untersuchung nicht zurückgenommen werden kann (§ 154 St.P.O.).[3])

§ 56.

6. Die Kosten des gerichtlichen Verfahrens.

I. Unter den Kosten des gerichtlichen Verfahrens sind die durch den einzelnen Strafprozeß verursachten Kosten zu verstehen.[4]) Die Bestimmungen über sie sind in den §§ 496—506 St.P.O.[5]) und namentlich nach in den diese ergänzenden Vorschriften des Gerichtskostengesetzes vom 18. Juni 1878, der Gebührenordnungen für Gerichtsvollzieher vom 24. Juni 1878 und für Zeugen und Sachverständige vom 30. Juni 1878 enthalten. Wegen ihrer Anwendung in den Fällen, wo die Staatsanwaltschaft die Anklage erhoben hat, sei auf die Kommentare zur Strafprozeßordnung und die Lehrbücher des Strafprozeßrechts, in denen sich zumeist eine vollständige Darstellung der Lehre von der Kostentragung findet, verwiesen. Hier seien nur die Besonderheiten hervorgehoben, welche sich ergeben, wenn die Verwaltungsbehörde die Anklage erhoben oder sich der Verfolgung angeschlossen hat.

II. Hat die Verwaltungsbehörde die Anklage erhoben, so wird, obschon nach § 466 St.P.O. nur das Verfahren auf die erhobene Anklage sich nach den für die Privatklage gegebenen Bestimmungen richtet, doch auch die materiellrechtliche Vorschrift des § 503 St.P.O. als anwendbar zu erachten sein. Denn die Entscheidung über den Kostenpunkt steht mit dem Verfahren in einem untrennbaren

---

[1]) A. M. Bonnenberg S. 222, 226 ff.

[2]) A. M. anscheinend Löwe S. 892 Anm. 2 zu § 466, wenn er sagt: „Das in Abs. 4 Bestimmte gilt von dem in § 464 Absatz 2 gedachten Vertreter."

[3]) Deshalb begründet, wie Ullmann S. 571 Anm. 1 bemerkt, das Ausbleiben des Vertreters der Behörde nicht die Fiktion der Zurücknahme der Anklage.

[4]) Die sog. allgemeinen Kriminalkosten, d. i. der gesamte vom Staate für die Ausübung der Justizhoheit in Strafsachen veranlaßte Aufwand (z. B. für Gerichts- und Haftlokalitäten, Beamtengehälter u. s. w.) bilden einen Bestandteil der allgemeinen Staatslasten und kommen hier nicht in Betracht. Vgl. Bennecke S. 803; von Kries S. 770; Ullmann S. 648. — Die sog. besonderen Kriminalkosten zerfallen in Gebühren und Auslagen. Die ersteren werden dafür entrichtet, daß die Gerichte überhaupt thätig werden. Sie schwanken zwischen 5 und 300 Mark je nach der Höhe der rechtskräftig erkannten Strafe. Zu den letzteren zählen nach § 79 des Gerichtskostengesetzes die Schreibgebühren; die Post- und Telegraphengebühren; die durch Einrückung einer Bekanntmachung in öffentliche Blätter entstehenden Kosten; die an Zeugen und Sachverständige zu zahlenden Gebühren; die bei den Geschäften außerhalb der Gerichtsstelle den Gerichtsbeamten zustehenden Tagegelder und Reisekosten; die an andere Behörden oder Beamte oder an Rechtsanwälte für deren Thätigkeit zu zahlenden Beträge; die Kosten eines Transportes von Personen; die Haftkosten nach Maßgabe der für die Strafhaft geltenden landesgesetzlichen Vorschriften.

[5]) Hiervon scheiden für das Verfahren in Erbschaftssteuerstrafsachen die §§ 500, 502, 504 und 506 aus.

Zusammenhange.[1]) Schon der Umstand, daß die Behörde gezwungen ist, einen besonderen Vertreter zu bestellen, erheischt notwendig eine Bestimmung, wie es mit den dadurch entstandenen Kosten zu halten sei. Diese findet sich aber nur, wenn man den § 503 zur Anwendung bringt. Darnach muß der rechtskräftig zu Strafe verurteilte[2]) Angeklagte die der Behörde erwachsenen notwendigen Auslagen erstatten. Die Verpflichtung dazu braucht im Urteile nicht besonders ausgesprochen zu werden. Sie ist schon in der Verurteilung zu den Kosten des Verfahrens enthalten.[3]) Zu den Auslagen gehören hier stets die Kosten, welche die Vertretung verursacht, also, wenn sie einem Rechtsanwalt übertragen ist, dessen Gebühren und Auslagen[4]) (Abs. 5), weil die Behörde zur Annahme eines Vertreters nach § 464 Abs. 2 St.P.O. gezwungen, seine Bestellung also zur zweckentsprechenden Rechtsverfolgung notwendig ist.

Umgekehrt hat die Verwaltungsbehörde dem Angeklagten, wenn er außer Verfolgung gesetzt oder freigesprochen oder wenn das Verfahren eingestellt wird, die ihm erwachsenen notwendigen Auslagen zu ersetzen,[5]) darunter gleichfalls die Gebühren und Auslagen eines von ihm angenommenen Rechtsanwalts, soweit solche nach § 87 C.P.O.[6]) die unterliegende Partei der obsiegenden zu erstatten hat (Abs. 5).

Wird den Anträgen der Verwaltungsbehörde nur zum Teil entsprochen, so ist es dem Ermessen des Gerichts überlassen, die Kosten angemessen zu verteilen (Abs. 3).

Mehrere Angeklagte haften als Gesamtschuldner (Abs. 4).

III. Hat sich die Verwaltungsbehörde der Verfolgung angeschlossen, so kommen nach § 467 Abs. 2 St.P.O. die für den Anschluß des Verletzten als Nebenkläger gegebenen Bestimmungen zur Anwendung. Da nun § 457 Abs. 1 St.P.O. dem Nebenkläger nach erfolgtem Anschlusse die Rechte des Privatklägers gewährt, so hat im Falle der rechtskräftigen Verurteilung des Angeklagten die Verwaltungsbehörde den vorstehend unter II erörterten Anspruch.[7]) In den übrigen Fällen richtet sich die Erstattungsforderung des Verfolgten, wie bei jeder öffentlichen Klage, gegen den Justizfiskus und nicht gegen die Verwaltungsbehörde, da das Verfahren von Amtswegen betrieben und die Staatsanwaltschaft dabei von der Verwaltungsbehörde nur unterstützt worden ist. Die baren Auslagen, welche der letzteren durch den Anschluß erwachsen sind, hat sie von Rechtswegen und ohne besonderen Ausspruch im Urteile zu tragen.[8])

---

[1]) Vgl. Bonnenberg S. 264 Anm. 1, auch R.G. II. Urt. vom 11. März 1884, Rechtspr. Bd. 6. S. 197.

[2]) § 497 Abs. 2 St.P.O.

[3]) R.G. II. Urt. vom 26. Februar 1884, St.S. Bd. 10 S. 114.

[4]) Nach § 73 der Gebührenordnung für Rechtsanwälte vom 7. Juni 1879 (R.G.Bl. S. 176).

[5]) Die Verwaltungsbehörde hat hingegen nie Gerichtskosten zu zahlen. Der § 70 Abs. 4 des G.K.G. schreibt ausdrücklich vor, daß die von ihr erhobene Klage nicht als Privatklage im Sinne dieses Gesetzes zu erachten sei.

[6]) Der in Bezug genommene § 87 der Civilprozeßordnung lautet:

Die unterliegende Partei hat die Kosten des Rechtsstreits zu tragen, insbesondere die dem Gegner erwachsenen Kosten zu erstatten, soweit dieselben nach freiem Ermessen des Gerichts zur zweckentsprechenden Rechtsverfolgung oder Rechtsverteidigung notwendig waren.

Die Gebühren und Auslagen des Rechtsanwalts der obsiegenden Partei sind in allen Prozessen zu erstatten, Reisekosten eines auswärtigen Rechtsanwalts jedoch nur insoweit, als die Zuziehung nach dem Ermessen des Gerichts zur zweckentsprechenden Rechtsverfolgung oder Rechtsverteidigung notwendig war. Die Kosten mehrerer Rechtsanwälte sind nur insoweit zu erstatten, als sie die Kosten eines Rechtsanwalts nicht übersteigen, oder als in der Person des Rechtsanwalts ein Wechsel eintreten mußte.

[7]) R.G. I. Urt. vom 27. April 1882, St.S. Bd. 6 S. 237.

[8]) R.G. I. Urt. vom 13. Januar 1887, St.S. Bd. 15 S. 190. S. auch das in der vorigen Anm. angeführte Urteil.

IV. Hat die Verwaltungsbehörde allein ein Rechtsmittel erfolglos eingelegt, so trifft sie gleichfalls die Pflicht, dem Angeklagten die notwendigen Auslagen zu ersetzen. Hingegen ist sie ihm dafür nicht verantwortlich, wenn sie sich nur neben der Staatsanwaltschaft des Rechtsmittels ohne Erfolg bedient hat.[1])

V. Das rechtskräftige Urteil bildet für den Angeklagten und für die Verwaltungsbehörde nur den Titel, auf Grund dessen sie die Kosten ersetzt verlangen können. Für den Fall, daß der Staatskasse die dem Beschuldigten erwachsenen notwendigen Auslagen auferlegt sind, ist das Festsetzungsverfahren durch die allgemeine Verfügung des Justizministers vom 15. März 1892[2]) besonders geregelt. — Trifft die Ersatzpflicht die Verwaltungsbehörde, so erfolgt die Zahlung nicht aus der Justizkasse, sondern aus der Kasse der Steuerverwaltung. In diesem Falle, sowie dann, wenn die Verwaltungsbehörde forderungsberechtigt ist, muß, sofern die Kosten nicht freiwillig erstattet werden,[3]) wie in bürgerlichen Rechtsstreitigkeiten gemäß § 496 Abs. 2 St.P.O. in Verbindung mit den §§ 98—100 C.P.O. ein Kostenfestsetzungsbeschluß bei dem Gerichte, welches in erster Instanz erkannt hat, erwirkt und dieser nach den Vorschriften der Civilprozeßordnung vollstreckt werden.[4])

Gegen den Beschluß findet nur die einfache Beschwerde statt (§ 346 St.P.O.). Der Beschluß des Oberlandesgerichts ist nicht weiter anfechtbar.[5])

VI. Die Verjährung der Kostenforderung richtet sich, da es sich hier um eine civilrechtliche Verbindlichkeit handelt,[6]) nach den Vorschriften des bürgerlichen Rechts. Auch sie ist auf eine etwaige Unterbrechung der für die Strafvollstreckung laufenden Verjährung ohne jeden Einfluß.

§ 57.

7. Die gerichtliche Strafvollstreckung.

I. Hat in einer Erbschaftssteuerstrafsache das Gericht durch Urteil oder Strafbefehl[7]) auf Strafe erkannt, so wird sie, sofern als erste Instanz das Schöffengericht gesprochen hat, vom Amtsrichter, in den übrigen Fällen von der Staatsanwaltschaft des Landgerichts nach den Vorschriften der Strafprozeßordnung vollstreckt.[8]) Die Vollstreckung setzt ein rechtskräftiges Strafurteil voraus.[9])

II. Das Erbschaftssteuergesetz kennt nur Geldstrafen und läßt ihre Umwandlung in Freiheitsstrafen nicht zu.[10]) Die Vollstreckung der über eine Ver-

---

[1]) R.G. II. Urt. vom 11. März 1884, Rechtsprechung Bd. 6 S. 197; I. Urt. vom 2. Juli 1891, Beilage z. Reichsanzeiger S. 417; Bonnenberg S. 269 Anm. 2.

[2]) I. 1253, J.M.Bl. 1892 S. 109.

[3]) Hat der Kostenpflichtige sich dem Gegner zur Kostenerstattung bereit erklärt, so muß ihm zunächst die Kostenrechnung mitgeteilt werden, sonst treffen die Kosten des Festsetzungsbeschlusses gemäß § 89 C.P.O. den Antragsteller. R.G. I. Beschluß vom 11. April 1883, C.S. Bd. 14 S. 320.

[4]) Hier ist mancherlei streitig. Näheres darüber s. bei Bonnenberg S. 265 ff.; Löwe S. 934 Anm. 4 zu § 503 und den dort angeführten Schriftstellern.

[5]) R.G. Beschl. des Ferien-Sen. vom 10. August 1883, Rechtspr. Bd. 5 S. 527, und vom 8. September 1892, Jur.Woch. 1892 S. 419.

[6]) Bennecke S. 805; Löbe S. 181; Ullmann S. 649.

[7]) Über die Zulässigkeit eines Strafbefehls s. oben S. 354.

[8]) § 483 St.P.O. und Allgem. Verf. des J.M. vom 14. August 1879, J.M.Bl. S. 237.

[9]) § 481 St.P.O. Das Urteil muß gegenüber dem Angeklagten und dem Ankläger (Staatsanwaltschaft, Verwaltungsbehörde) rechtskräftig sein. Das ist der Fall, wenn es nicht mehr durch ein zulässiges Rechtsmittel angefochten werden kann, also sobald auf die Einlegung der Berufung oder der Revision verzichtet oder die eingelegte Berufung oder Revision zurückgenommen oder die Frist für die Einlegung verstrichen oder die eingelegte Berufung oder Revision verworfen ist. §§ 344, 357, 383 St.P.O. — Wegen des Strafbefehls s. § 450 St.P.O.

[10]) S. oben S. 129 und 140. Die §§ 482, 484—487, 489, 491, 493 St.P.O. finden daher, weil ihre thatsächlichen Voraussetzungen nicht zutreffen können, keine Anwendung.

mögensstrafe ergangenen Entscheidung erfolgt nun gemäß § 495 St.P.O. nach den Vorschriften über die Vollstreckung der Urteile der Civilgerichte.[1]) Über die Tragweite dieser Bestimmung herrscht Streit.[2]) Nach der einen Ansicht[3]) ist damit nur auf die Vorschriften verwiesen, welche sich auf die Art und Weise der Vollstreckung selbst beziehen, nach der anderen Ansicht[4]) sollen alle Sätze des civilprozessualen Zwangsvollstreckungsrechts dadurch für anwendbar erklärt sein. Die letztere Ansicht hat den Wortlaut und die Entstehungsgeschichte des Gesetzes für sich, denn der § 495 St.P.O. nimmt die Civilprozeßvorschriften ohne jede Einschränkung in Bezug und er hat weiter seine Beziehung auf Vermögensstrafen erst in dem letzten Regierungsentwurfe erhalten, während die entsprechenden Paragraphen der früheren Entwürfe diese Bestimmung nur für Bußen und Entschädigungsansprüche, also für privatrechtliche Ansprüche, enthielten, wobei doch wohl nur an die einfache Anwendung aller betreffenden Vorschriften der Civilprozeßordnung gedacht war. Die Anhänger dieser Ansicht verlangen: es muß eine mit der Vollstreckungsklausel versehene Ausfertigung des Urteils vorliegen (§ 662 C.P.O.); die Vollstreckung darf nur beginnen, wenn das Urteil bereits zugestellt ist oder gleichzeitig zugestellt wird (§ 671 C.P.O.); die Einwendungen im Vollstreckungsverfahren gehören vor das Vollstreckungsgericht im Sinne der C.P.O. (§§ 684, 685); der Beschwerdeweg ist der civilprozessuale. Ihr steht indes nicht allein die Unzweckmäßigkeit des Verfahrens, sondern vor allem die Erwägung entgegen, daß die vollständige Anwendung des Zwangsvollstreckungsrechts der Civilprozeßordnung sich mit Vorschriften des materiellen Strafrechts wie der Strafprozeßordnung nicht vereinen läßt,[5]) sowie daß der § 495 keine Ausnahme von den vorhergehenden Bestimmungen über die Strafvollstreckung bilden, sondern sie nur ergänzen soll. Die erstere Ansicht ist daher vorzuziehen. Auf ihr beruht auch der § 108 der Geschäftsanweisung für die Gerichtsvollzieher vom 24. Juli 1879 (Anl. zum J.M.Bl. Nr. 31), dessen Abs. 2 und 3 lauten:[6]) „Der Auftrag zur Vollstreckung wird dem Gerichtsvollzieher von dem Gericht oder der Staatsanwaltschaft erteilt. Der schriftliche Auftrag desselben vertritt die vollstreckbare Ausfertigung des Schuldtitels. — Das von dem Gerichtsvollzieher bei der Vollstreckung zu beobachtende Verfahren bestimmt sich nach den Vorschriften für die Zwangsvollstreckung in bürgerlichen Rechtsstreitigkeiten. Der Zustellung der Entscheidung vor dem Beginne der Vollstreckung bedarf es nicht.“ Diesen Bestimmungen entsprechen die §§ 38 und 39 der Kasseninstruktion vom 15. Juli 1893 (Beil. zum J.M.Bl. Nr. 42). Darnach gilt folgendes:

a) Die Vollstreckung[7]) erfolgt auf Grund einer von dem Gerichtsschreiber[8]) zu erteilenden, mit der Bescheinigung der Vollstreckbarkeit versehenen, beglaubigten Abschrift der Urteilsformel.[9]) Ihre vorherige Zustellung an den Verurteilten findet nicht statt.

---

[1]) Die bezogenen Vorschriften sind im 8. Buche §§ 644—822 C.P.O. enthalten.

[2]) Vgl. darüber namentlich Jastrow, in Goltdammers Arch. 1885 Bd. 33 S. 29 ff. und Immler daselbst S. 162 ff.

[3]) Löwe S. 922 Anm. 3 zu § 495; Bennecke S. 802; von Kries S. 768; Meves S. 489.

[4]) R.G. I. Urt. vom 20. März 1880, E.S. Bd. 1 S. 233; Isenbart und Samter Anm. 50; Keller Anm. 3; Puchelt Anm. 3; Stenglein Anm. 2 zu § 495.

[5]) S. darüber von Kries a. a. O.

[6]) Übereinstimmend u. a. die hamburgische Instruktion für die Gerichtsvollzieher vom 15. September 1879 und die elsaß-lothr. Instruktion für die Erhebung und Zahlung der Gerichtskosten und Erhebung der Geldstrafen vom 26. September 1879.

[7]) Wegen der Einforderung von Strafe und Kosten aus der Beitreibung treffen die §§ 37 und 42 der Kasseninstruktion Bestimmung.

[8]) § 483 Abs. 1 St.P.O. Zuständig ist der Gerichtsschreiber des Gerichts, das in erster Instanz erkannt hat.

[9]) Hieraus ergiebt sich, wie Schulz S. 505 zutreffend hervorhebt, die Notwendigkeit, die Beitreibung der Strafe von derjenigen der Kosten zu trennen. Denn nur der Betrag der ersteren, nicht der der letzteren, ist in der Urteilsformel ziffernmäßig angegeben. Zudem ist bezüglich der Kosten

b) Bei Einwendungen gegen die Zwangsvollstreckung ist zu unterscheiden: betreffen sie die Zulässigkeit der Vollstreckung überhaupt, so werden sie nach § 490 Abs. 1 St.P.O. durch das Strafgericht entschieden; alle übrigen dagegen sind nach den Vorschriften der Civilprozeßordnung zu behandeln, weil sie sich lediglich gegen die Art und Weise der Ausführung der Vollstreckung richten.

c) Der Beschwerdeweg regelt sich nach den Vorschriften der Civilprozeßordnung.

III. Hinsichtlich der Vollstreckung in den Nachlaß, der Zwangsversteigerung eines Grundstückes, des Einflusses des Konkurses und der Verjährung gilt das oben auf S. 340 und 341 unter Nr. 1, 3, 4 und 7 Gesagte. Desgleichen sei der Hinweis auf die Kommentare zur Civilprozeßordnung namentlich für den Fall wiederholt, daß es bei einzelnen Vollstreckungsmaßregeln einer Mitwirkung des Civilgerichts (Vollstreckungsgerichts) bedarf. Hier sei nur Folgendes bemerkt:

a) Soll die Vollstreckung innerhalb des Bezirks des Amtsgerichts am Sitze der Strafvollstreckungsbehörde ausgeführt werden, so erfolgt die Einstellung in die Vollstreckungsliste der Strafvollstreckungsbehörde. [1])

b) Ein beigetriebener Geldbetrag, welcher Geldstrafe, (Werterſatz) und Kosten nicht vollständig deckt, wird zunächst auf die Strafe sodann (auf den Werterſatz und zuletzt) auf die Kosten verrechnet. [2])

c) Nach § 488 St.P.O. kann auf Antrag des Verurteilten die Vollstreckung aufgeschoben, also Frist für die Zahlung oder ratenweise Entrichtung bewilligt werden, sofern durch die sofortige Vollstreckung dem Verurteilten oder seiner Familie erhebliche, außerhalb des Strafzwecks liegende Nachteile erwachsen. [3]) Der Strafaufschub darf den Zeitraum von einem Monate nicht übersteigen. [4]) Seine

---

die Strafvollstreckungsbehörde im Sinne des § 3 der Verordnung vom 7. September 1879 Vollstreckungsbehörde.

[1]) Der § 42 der Kasseninstruktion bestimmt, daß die §§ 37, 38, 40 Nr. 1, 41, wenn die Staatsanwaltschaft Strafvollstreckungsbehörde ist, mit der Maßgabe Anwendung finden, daß die Amtshandlungen des Gerichtsschreibers von dem Sekretär der Staatsanwaltschaft wahrzunehmen sind.

[2]) § 37 Nr. 5 der Kasseninstruktion. S. Schulz S. 500 Anm. 7. Bei freiwilliger Zahlung ist diese Vorschrift gleichfalls zu beachten. Schulz S. 330 Anm. 6. Wegen der abweichenden Berechnung bei der administrativen Strafvollstreckung s. oben S. 340 Nr. 5.

[3]) Der Allerh. Erlaß vom 23. Nov. 1853, J.M.Bl. S. 410, drückte dies dahin aus: wenn ... durch die Strafe der Gewerbe- und Nahrungsstand oder die häuslichen und öffentlichen Verhältnisse des Verurteilten einen bedeutenden Nachteil erleiden würden," und ließ die Aussetzung oder Unterbrechung ausdrücklich auch bei der Stundung von Geldzahlungen und bei der Bewilligung von Teilzahlungen zu. Das Letztere gilt auch heute, da § 488 zwischen den Strafarten nicht unterscheidet. — Im Gnadenwege kann ein Aufschub bewilligt werden, auch wenn die in Abs. 1 gedachte Voraussetzung nicht vorhanden ist. Vgl. Löwe S. 917 Anm. 4 zu § 488; Cirk.-Verf. des J.M. vom 25. September 1880, I. 3888, bei Schulz S. 520.

[4]) Durch § 488 ist nur die gesetzliche Befugnis der Strafvollstreckungsbehörde festgelegt, aber weder an der Statthaftigkeit eines im Gnadenwege zu gewährenden längeren Strafaufschubs etwas geändert, noch auch eine Delegierung des bezüglichen Gnadenrechts auf die Justizbehörden ausgeschlossen. In dem Allerh. Erlaß vom 23. November 1853, J.M.Bl. S. 410 ist eine solche Delegierung enthalten, nämlich dahin, daß mit der Genehmigung des Apellationsgerichts eine mehr als vierwöchige Frist bis zur Dauer von 6 Monaten und mit der Genehmigung des Justizministers eine noch längere Frist gewährt werden darf. Dieser Erlaß ist durch die Einführung der St.P.O. nicht außer Kraft gesetzt worden, sondern mit der aus § 483 St.P.O. sich ergebenden Maßgabe in Geltung geblieben, daß die den vormaligen Appellationsgerichten beigelegten Befugnisse jetzt auf die Oberstaatsanwälte übergegangen sind. Hiernach bedarf es im Geltungsbereiche jenes Erlasses der Genehmigung des Justizministers zur Gewährung eines Strafaufschubes nur dann, wenn es sich um einen Zeitraum von mehr als 6 Monaten handelt. So die Cirk. Verf. des J.M. vom 25. September 1880, I. 3888, bei Schulz S. 520. Dieser Erlaß findet in Erbschaftssteuerstrafsachen keine Anwendung. Den Gerichten wird nämlich durch die J.M.V. vom 10. September 1857, J.M.Bl. S. 302, C.Bl. S. 265, „in Erinnerung gebracht, Gesuche, welche die Aussetzung oder die Unterbrechung rechtskräftig erkannter Zoll- und Steuerstrafen, insbesondere also die Bewilligung von Terminalzahlungen ... betreffen, falls solche bei ihnen eingehen, an die zuständigen Zoll- und Steuerbehörden zur ressortmäßigen Prüfung und weiteren Veranlassung abzugeben." Die Gnadensachen werden eben durch die Steuerverwaltungsbehörden bearbeitet; s. darüber unten S. 375. Charakterisiert sich demnach ein Strafaufschubs-

Bewilligung kann an eine Sicherheitsleistung oder andere Bedingungen geknüpft werden. [1])

Über den Strafaufschub entscheidet stets die Staatsanwaltschaft, welche, sofern sie über den Zeitraum von vier Wochen hinausgehen will, die Genehmigung des Oberstaatsanwalts einzuholen hat. [2]) Der Justizminister darf eine Aussetzung oder Teilung der Strafvollstreckung ohne einen darauf gerichteten Antrag der Strafvollstreckungsbehörde anordnen. [3]) Die Steuerbehörden [4]) endlich sind befugt, die Vollstreckung der Steuerstrafen beliebig zu beanstanden oder zu sistieren, ohne daß es hierbei darauf ankommt, ob dies auf Grund eines Begnadigungsgesuchs oder einer anderen Rücksicht geschieht. [5]) Die Strafvollstreckungsbehörden müssen dem deshalb an sie ergehenden Ersuchen entsprechen. [6])

d) Die Vollstreckung der Strafe gegen Militärpersonen richtet sich nach § 269 der Militär-Strafgerichtsordnung vom 3. April 1845 (G.S. S. 329, B.G.Bl. 1867 S. 229).

Fünfter Abschnitt.

§ 58.

Die Rechtshülfe in Erbschaftssteuersachen.

Unter Rechtshülfe ist hier die Hülfe zu verstehen, welche die Verwaltungsbehörden und die Gerichte einander zum Zwecke der Erhebung und Beitreibung der

---

gesuch, sei es inhaltlich überhaupt, sei es wegen der erbetenen Dauer der Frist (über vier Monate hinaus) als Gnadengesuch, so muß es von der Staatsanwaltschaft abgegeben werden; sie ist nur befugt, die durch die Dringlichkeit der Sache etwa gebotenen Verfügungen zu treffen (J.M.V. vom 10. September 1857); weder sie noch der Justizminister kommt in die Lage, den Strafaufschub zu bewilligen. Die Strafvollstreckungsbehörde wird jedoch im einzelnen Falle auch den von unzuständiger Stelle gewährten Strafaufschub zu berücksichtigen haben, weil sie als Staatsanwaltschaft nach § 147 Absatz 1 G.V.G. den dienstlichen Anweisungen ihres Vorgesetzten nachzukommen hat. Ebenso dürfte der Amtsrichter, sofern ihm im gegebenen Falle die Strafvollstreckung zusteht, einem solchen Strafaufschube Beachtung schenken. Denn seine strafvollstreckende Funktion ist kein Ausfluß des Richteramts, sondern fällt in das Gebiet der administrativen Rechtspflege — vgl. R.G. I. Beschl. vom 9. Dezember 1889, St.S. Bd. 20 S. 102 —; er hätte daher, falls er sich weigern sollte, im Dienstaufsichtswege eine Anweisung zu gewärtigen, welcher er freilich nicht unbedingt nachkommen muß — vgl. Erklärung des Oberreichsanwalts in St.S. Bd. 19 S. 442. — Bonnenberg S. 289 Anm. 11 spricht sich über die hier erörterten Fragen nicht bestimmt aus.

[1]) Die Strafvollstreckungsbehörde wird hierbei z. B. trotz des § 37 Nr. 5 der Kassen-instruktion bedingen dürfen, daß die spätere Zahlung oder die ratenweise zu zahlenden Beträge zunächst auf die Kosten und dann auf die Strafe gerechnet werden. Thut sie dies nicht, so greift § 40 Nr. 4 daselbst Platz, wonach die Registrierung und Beitreibung der Kosten, wenn dem Verurteilten zur Bezahlung der Geldstrafe Frist erteilt ist, bis zum Ablaufe der Frist, bei Gestattung von Teilzahlungen bis zum Ablaufe der letzten Frist ausgesetzt wird. — Hingegen ist den Steuerbehörden durch die F.M.V. vom 26. Septbr. 1857, C.Bl. S. 266 und vom 18. März 1882 III. 3679, bei H.G. S. 288 Anm. 36c zur Pflicht gemacht, die Bewilligung von Teilzahlungen stets an die Bedingung zu knüpfen, daß diese zunächst auf die rückständigen (Zoll- und) Steuerbeträge, sodann auf die Kosten und zuletzt auf die Geldbuße verrechnet werden.

[2]) Allg. Verf. des J.M. vom 14. August 1879 R. II. Abs. 2, J.M.Bl. S. 237. Bei Teilzahlungen ist die höhere Genehmigung nur dann erforderlich, wenn die einzelnen Fristen für die Teilzahlungen den Zeitraum von 4 Wochen übersteigen. Es kommt mithin nicht darauf an, zu welcher Zeit der Rest der Strafe getilgt wird. Schulz S. 519 Anm. 2a.

[3]) Allerh. Erl. vom 8. Mai 1875, J.M.Bl. S. 144.

[4]) Wie Bonnenberg S. 290 Anm. 12 zutreffend hervorhebt, sind im Hinblicke auf die Verf. des F.M. vom 31. Mai 1889, III. 6977 an die P.St.Dir. und vom 29. Mai 1891 III. 6234 an die P.St.Dir., bei H.G. S. 288 Anm. 36d und e unter den Steuerbehörden hier nur die Provinzialsteuerdirektoren (selbstredend auch der Finanzminister) zu verstehen.

[5]) J.M.V. v. 7. Febr. 1845, J.M.Bl. S. 32, M.Bl. S. 49, von Kamptz Jahrb. Bd. 65 S. 161.

[6]) J.M.V. vom 10. September 1857, J.M.Bl. S. 302, C.Bl. S. 265, vom 28. Oktober 1876, J.M.Bl. S. 208, vom 18. September 1889 — I. 3165 — und vom 24. Oktober 1889 — I. 3496 —, letztere beiden bei Schulz S. 520 Anm. 3.

Erbschaftssteuer und der Durchführung des Verwaltungs- wie des gerichtlichen Strafverfahrens zu leisten haben. Die wesentlichen Vorschriften darüber sind in den §§ 31, 38 und 39 des Erbschaftssteuergesetzes, den §§ 38 ff. des Zollstrafgesetzes vom 23. Januar 1838, den §§ 10 ff. der Zolluntersuchungsordnung vom 29. Juli 1867, den §§ 157 ff. des Gerichtsverfassungsgesetzes, den §§ 3 ff. der Verordnung vom 7. September 1879, und in dem Reichsgesetze vom 9. Juni 1895 [1]) enthalten. Soweit diese an anderen Stellen des Werkes bereits erörtert sind, [2]) sei hier zunächst darauf verwiesen. Im übrigen darf folgendes hervorgehoben werden:

I. In dem Steuererhebungsverfahren kommt die Steuerbehörde in die Lage, Ermittelungen aller Art vorzunehmen, die der Feststellung des Umfangs und des Wertes eines Nachlasses und der daran beteiligten Personen dienen. Sie dürfen hierbei nicht allein andere Steuerbehörden, sondern namentlich auch die Polizeibehörden, die Standesämter und die Gerichte in Anspruch nehmen. Die letzteren insbesondere sind verpflichtet, jede thunliche Auskunft über die für die Berechnung der Erbschaftssteuer erheblichen Thatsachen zu geben, die bezüglichen Nachlaß- und Vormundschaftsakten mitzuteilen und dem Ersuchen um Abnahme eidesstattlicher Versicherungen zu entsprechen.

Die Beitreibung der Steuer innerhalb Preußens erfolgt auf Grund der Verordnung vom 7. September 1879. [3]) In den anderen Bundesstaaten sind nach § 2 des Reichsgesetzes vom 9. Juni 1895, zur Gewährung des Beistandes, soweit nicht landesrechtlich besondere Bestimmungen bestehen, diejenigen Behörden dazu verpflichtet, welche zu derlei Handlungen in den auswärtigen Staaten berufen sind. [4])

II. Im Verwaltungsstrafverfahren können die Steuerbehörden andere Behörden ihres Ressorts um Vernehmung von Beteiligten und Zeugen ersuchen; sie sollen dies thun, wenn die betreffenden entfernt wohnen. [5])

Weigert sich der von der Steuerstelle ordnungsmäßig vorgeladene Zeuge zu erscheinen [6]) oder verweigert er ohne gesetzlichen Grund sein Zeugnis, [7]) so wird er dazu „in gleicher Art, wie bei gerichtlichen Vorladungen angehalten,“ d. h. die Steuerbehörde wendet sich unter Darlegung des Sachverhalts und Nachweis der gehörigen Vorladung an das Amtsgericht, [8]) zu dessen Bezirk der Wohnort oder der Aufenthaltsort des Zeugen gehört, und ersucht es um seine Bestrafung. [9]) Das

---

[1]) Die Anwendbarkeit dieses Gesetzes kann keinem Zweifel unterliegen. Die Erbschaftssteuer zählt im Sinne des § 1 Nr. 1a desselben zu den öffentlichen Abgaben. Vgl. § 15 A.L.R. II. 13; §§ 78, 79 A.L.R. II. 14; Strieth. Arch. Bd. 92 S. 85; s. auch oben S. 270 ff. A. M. anscheinend Bonnenberg S. 296 Anm. 3 rücksichtlich des ihm damals nur vorliegenden Entwurfes.

[2]) S. 99 ff., 113 ff., 177, 180, 181, 186, 307, 308, 311, 322, 324, 337 und XIII.

[3]) S. oben S. 112 unter e.

[4]) Die §§ 3 ff. des Reichsgesetzes vom 9. Juni 1895 befinden über die Gewährung, die Zulässigkeit, die Voraussetzungen, die Art und Weise der Beistandsleistung und über die Einwendungen, welche die Art und Weise der Beistandsleistung, den Anspruch selbst oder seine Vollstreckbarkeit betreffen. Der § 9 ordnet die Erstattung der durch die Beistandsgewährung entstehenden baren Auslagen an, etwas abweichend von § 165 G.V.G., namentlich von dessen Abs. 4.

[5]) § 38 Zollstrafgesetzbuch, § 10 Zolluntersuchungsordnung. — F.M.V. vom 4. Dezember 1840, III. 6347, C.Bl. 1841 S. 2, Bonnenberg S. 124 Anm. 7 und S. 135 Anm. 1.

[6]) Dem Nichterscheinen steht das unentschuldigte Weggehen vor der Vernehmung gleich. Bonnenberg S. 120 Anm. 3.

[7]) § 42 Zollstrafgesetz, § 12 Zolluntersuchungsordnung, §§ 50, 69 St.P.O.

[8]) Oder an das Militärgericht, wenn es sich um eine dem aktiven Heere oder der aktiven Marine angehörende Militärperson handelt, §§ 50 Abs. 4, 69 Abs. 4 St.P.O.

[9]) Die Berechtigung zu diesem Ersuchen — ein Muster gibt Bonnenberg S. 122 Anm. 5 — folgt gegenüber den preußischen Gerichten aus § 38 der Verordnung vom 2. Januar 1849, § 36 der Verordnung vom 26. Juni 1867 (G.S. S. 1073), § 28 der Verordnung vom 26. Juni 1867 (G.S. S. 1094). Bonnenberg S. 121 Anm. 1 will sie aus § 87 A.G.B.G. herleiten und beruft sich hierfür auf R.G. I. Beschl. vom 21. Oktober 1889, St.S. Bd. 19 S. 438. Allein darin wird ausdrücklich betont, daß die §§ 157—161 G.V.G. ausschließlich von der von den ordent-

Amtsgericht prüft den Antrag und verhängt, falls er begründet ist, durch Beschluß nach § 69 St.P.O. die ihm angemessen erscheinende Strafe. Gegen den Beschluß hat der Zeuge die Beschwerde an das Landgericht, dessen Entscheidung nicht weiter anfechtbar ist.[1]) Durch Einlegung der Beschwerde wird aber der Vollzug des Strafbeschlusses nicht gehemmt.[2]) Dem Amtsgerichte kommt auch die Wiederaufhebung des von ihm erlassenen Beschlusses zu, wenn sich der Zeuge nachträglich genügend entschuldigt.[3]) Die Beitreibung der Strafe und Kosten erfolgt durch das Gericht.[4])

Erscheint der Antrag nicht begründet oder hält sich das Gericht nicht für zuständig, so wird es das Ersuchen ablehnen. In diesem Falle steht der Steuerbehörde in Preußen[5]) die Beschwerde zu, und zwar gemäß §§ 35, 38 der Verordnung vom 2. Januar 1849 (G.S. S. 1), §§ 35, 36 der Verordnung vom 26. Juni 1867 (G.S. S. 1073) und §§ 27, 28 der Verordnung vom 26. Juni 1867 (G.S. S. 1094) lediglich die Beschwerde im Aufsichtswege, also an den Präsidenten des Landgerichts, über ihn an den Präsidenten des Oberlandesgerichts und schließlich an den Justizminister.[6]) Es bleibt aber zu beachten, daß der Amtsrichter gesetzlich nicht verpflichtet ist, auf Anweisung seines Vorgesetzten eine von ihm etwa für ungesetzlich erachtete Amtshandlung vorzunehmen.[7])

Wird die Vernehmung eines Sachverständigen[8]) oder wird die Beeidigung eines Zeugen notwendig, und zwar die letztere als Mittel zur Herbeiführung einer wahrheitsgemäßen Aussage über eine Thatsache, von der die Entscheidung der Verwaltungsbehörde abhängt,[9]) so muß gleichfalls das Amtsgericht,[10]) in dessen Be-

---

lichen Gerichten gegenseitig zu leistenden Rechtshülfe handeln. Ebenso muß bei dem Wortlaute des § 87 daran festgehalten werden, daß er nur die Rechtshülfe im Auge hat, welche sich die preußischen Gerichte zu leisten haben. Dazu kann die Steuerbehörde nicht gezählt werden. Damit ist aber nicht ausgeschlossen, die allgemeinen, aus der Natur der Sache sich ergebenden Grundsätze der §§ 158 ff. G.V.G. entsprechend zur Anwendung zu bringen, dies um so weniger, als es sonst an Vorschriften überhaupt mangelte. Außerhalb Preußens wird die Steuerbehörde nur dann die Gerichte um Zwangsmaßregeln ersuchen können, wenn diese in dem auswärtigen Staate nach § 2 des Reichsgesetzes vom 9. Juni 1895 zu deren Vornahme für zuständig erklärt sind. Vgl. dazu § 8 a. a. O. Andernfalls hat sie die daselbst bezeichneten Behörden anzugehen.

[1]) §§ 346 Abs. 2, 352 St.P.O. Die Steuerbehörde hat nicht das Recht der Beschwerde, falls ihr die festgesetzte Strafe zu niedrig erscheint. Denn es läßt sich nicht sagen, daß sie dadurch betroffen wird. Ebensowenig wird sie sich beschweren dürfen, falls das Amtsgericht die festgesetzte Strafe wegen nachträglicher, genügend befundener Entschuldigung wieder aufhebt.

[2]) § 349 St.P.O.

[3]) § 50 Abs. 2 St.P.O.

[4]) Vgl. Schulz S. 149 Anm. 21.

[5]) Außerhalb Preußens entscheidet das Verfahren, welches für die Beschwerden über die zur Beistandsleistung berufenen Behörden von dem auswärtigen Staate angeordnet ist. Vgl. §§ 3 und 5 des Reichsgesetzes vom 9. Juni 1895.

[6]) A.G.V.G. § 78. Von einer Ersetzung der im Texte genannten Verordnungen durch § 87 A.G.V.G. und demgemäß von der Anwendung des § 160 G.V.G., wie Bonnenberg S. 121 Anm. 1 will, kann aus dem S. 371 Anm. 9 angegebenen Grunde keine Rede sein. An das Landgericht (Civilkammer) kann aber die Beschwerde um deswillen nicht gehen, weil die Voraussetzung des § 40 A.G.V.G., daß es sich um ein Rechtsmittel in einer durch dieses Gesetz den Amtsgerichten zugewiesenen Angelegenheit handelt, nicht vorliegt.

[7]) Vgl. § 23 des Ges. vom 9. April 1879, G.S. S. 345, R.G. St.S. Bd. 19 S. 442.

[8]) S. oben S. 324.

[9]) Zutreffend führt Bonnenberg S. 130 ff. Folgendes aus: Eine Vereidung von Zeugen vor der Verwaltungsbehörde unter Zuziehung eines mit richterlicher Qualität versehenen Justizbeamten fand nach § 42 des Zollstrafgesetzes — die Zolluntersuchungsordnung erwähnt sie gar nicht — nur in solchen Fällen statt, in denen der Antrag auf gerichtliche Untersuchung und Entscheidung ausgeschlossen war. Gegenwärtig ist dieser Antrag überall zugelassen. Daraus folgt aber nur, daß die Vereidung vor der Verwaltungsbehörde ausgeschlossen ist, nicht daß sie überhaupt weggefallen ist. Die Verwaltungsbehörde ist zur sachgemäßen Entscheidung verpflichtet, muß also auch über die Mittel verfügen, welche dazu führen. Wollte man ihr die Vereidung von Zeugen durch das Gericht versagen, so brächte man damit zugleich den Beschuldigten um die Vorteile des Verwaltungsstrafverfahrens, denn sie wäre nun genötigt, die Sache ganz zum gerichtlichen Verfahren abzugeben. Die eidliche Vernehmung ist daher unentbehrlich; sie findet ihre Grenze darin, daß

zirk der Sachverständige oder der Zeuge seinen Wohnsitz und in Ermangelung eines solchen seinen Aufenthaltsort hat, um die Vernehmung der Beeidigung ersucht werden. Giebt das Amtsgericht dem Ersuchen aus irgend welchem Grunde [1]) nicht statt, so kann die Steuerbehörde, wie in dem vorerwähnten Falle, in Preußen [2]) nur im Aufsichtswege Abhülfe suchen. Entspricht es ihm aber, dann stehen ihm für den Fall, daß der ordnungsmäßig geladene Zeuge oder Sachverständige unentschuldigt ausbleibt, sowie daß der Zeuge die Eidesleistung oder der Sachverständige die Erstattung des Gutachtens ohne gesetzlichen Grund verweigert, die gesetzlichen Zwangsmittel zu. [3]) Bezüglich der Beschwerde, der Aufhebung des Beschlusses und der Beitreibung gilt das Gleiche, wie in dem Falle, wo das Amtsgericht um die Vernehmung eines Zeugen angegangen ist.

Die Zeugen und Sachverständigen haben Anspruch auf Entschädigung und Kostenerstattung. [4])

III. Im gerichtlichen Strafverfahren kommen, wenn die Vornahme richterlicher Handlungen in der Voruntersuchung oder vor oder außerhalb der Hauptverhandlung in einem anderen Gerichtsbezirke erforderlich ist, z. B. Vernehmung von Zeugen und Sachverständigen, Beschlagnahme, Durchsuchung u. s. w., die Vorschriften des Gerichtsverfassungsgesetzes über die Rechtshülfe [5]) zur Anwendung. Die Rechtshülfepflicht ist auf Ersuchen für das Amtsgericht, in dessen Bezirk die Amtshandlung vorgenommen werden soll, begründet, wobei es keinen Unterschied macht, ob das ersuchende Gericht ein Gericht höherer oder niederer Ordnung ist. Das Ersuchen darf

---

die Thatsache, um deren Ermittelung es sich handelt, für die Entscheidung der Verwaltungsbehörde von wesentlicher Bedeutung sein muß. — Vgl. hierzu die Begründung zu § 8 des Entwurfs des Reichs-Gesetzes vom 9. Juni 1895, Sten.Ber. über die Verhandlungen des Reichstags, III. Session 1894/95, Berlin 1895, 2. Anlageband S. 1296: „Zum Zweck sachgemäßer Durchführung des Verwaltungsstrafverfahrens hat sich in Fällen, in denen Zeugen und Sachverständige der Vorladung der Verwaltungsbehörden keine Folge leisten oder der Verdacht einer unwahren Aussage vorliegt, das Bedürfnis fühlbar gemacht, die gerichtliche Vernehmung dieser Personen schon im Verwaltungsverfahren herbeizuführen. Durch die vorgeschlagene Vorschrift soll die Verpflichtung der Gerichtsbehörden zur Erledigung eines entsprechenden Ersuchens der Verwaltungsbehörden, mögen diese nun dem nämlichen oder einem anderen Bundesstaate angehören, außer Zweifel gestellt werden." Die Zulässigkeit des Ersuchens ergibt sich nach Bonnenberg aus § 87 A.G.B.G.; vgl. dagegen S. 371 Anm. 9.

[10]) Auch außerhalb Preußens ist durch § 8 des Reichsgesetzes vom 9. Juni 1895 den Amtsgerichten die eidliche Vernehmung von Zeugen und Sachverständigen auf Ersuchen der Behörden im Verwaltungsstrafverfahren übertragen. Hinsichtlich der Vernehmung und Beeidigung wird auf die Vorschriften der Strafprozeßordnung Buch 1 Abschnitt 6 und 7 verwiesen.

[1]) In der Begründung zu § 8 des Entwurfs des Reichsgesetzes vom 9. Juni 1895, a. a. O. wird gesagt: „Durch die Hinweisung auf Buch 1 Abschn. 6 und 7 der St.P.O. ist ausgesprochen, daß das Gericht die eidliche Vernehmung ablehnen kann, wenn ihr gesetzliche Gründe entgegenstehen, . . ." Zu § 5 daselbst heißt es: „Es liegt in der Natur der Sache, daß die zuständigen Behörden desjenigen Bundesstaates, dem die ersuchte Stelle angehört, zu prüfen haben, ob die Gewährung des Beistandes überhaupt zulässig ist."

[2]) Außerhalb Preußens liegt die Sache wohl anders. Der § 5 des Reichsgesetzes vom 9. Juni 1895 besagt nämlich: „Über die Zulässigkeit des Beistandes, über Einwendungen, welche die Art und Weise der Beistandsleistung betreffen, sowie über die Versagung der Beistandsgewährung im Falle des § 3 Abs. 2 entscheiden die zuständigen Behörden desjenigen Bundesstaates, welchem die ersuchte Stelle angehört." Da nun nach § 8 das Amtsgericht für das Ersuchen zuständig und in § 5 für den vorliegenden Fall auf die zuständigen Beschwerdeinstanzen verwiesen ist, so muß angenommen werden, daß das Reichsgesetz, obschon es sich hier nicht um eine richterliche Rechtshülfe im Sinne der §§ 157 ff. G.V.G. handelt, durch jenen Hinweis hat zum Ausdruck bringen wollen, daß der Instanzenzug sich nach dem § 160 G.V.G. richtet. Es entscheidet daher das Oberlandesgericht über die Beschwerde, und das Reichsgericht über die weitere Beschwerde, soweit solche statthaft ist.

[3]) §§ 50, 69, 72 ff. St.P.O.

[4]) §§ 70, 72 St.P.O. Begründung zu § 8 des Entwurfs des Reichsgesetzes vom 9. Juni 1895, a. a. O.

[5]) §§ 157 ff. G.V.G.

überhaupt nicht abgelehnt werden, wenn es von einem im Instanzenzuge vorgesetzten Gerichte ausgeht, sonst nur, wenn dem ersuchten Gerichte die örtliche Zuständigkeit mangelt, oder wenn die vorzunehmende Handlung nach dem Rechte des ersuchten Gerichts verboten ist. Streitigkeiten über die Zulässigkeit des Ersuchens entscheidet das Oberlandesgericht, zu dessen Bezirk das ersuchte Gericht gehört. Diese Entscheidung kann nur angefochten werden, wenn sie die Rechtshülfe für unzulässig erklärt und das ersuchte und das ersuchende Gericht den Bezirken verschiedener Oberlandesgerichte angehören. Über die Beschwerde entscheidet das Reichsgericht. Im übrigen gelten hier die Vorschriften der Strafprozeßordnung.

Was die Vollstreckung der erkannten Geldstrafe und der Kosten anlangt, so muß, wenn sie in bewegliche körperliche Sachen [1]) außerhalb des Bezirks des Amtsgerichts am Sitze der Strafvollstreckungsbehörde, jedoch in Preußen ausgeführt werden soll, das Amtsgericht, in dessen Bezirk der Ort der Vollstreckung liegt, um die Beitreibung ersucht werden. [2]) Soll die Vollstreckung im Bezirke eines anderen Bundesstaates erfolgen, so ist, wenn nicht ein Gerichtsvollzieher unmittelbar beauftragt wird (§§ 161, 162 G.V.G.), der Gerichtsschreiber des Amtsgerichts, in dessen Bezirk der Auftrag ausgeführt werden soll, um Vermittelung des Auftrages zur Zwangsvollstreckung an den zuständigen Gerichtsvollzieher anzugehen. Das Ersuchen ist daher im ersten Falle nach dem Reichsformular Nr. 130, 131, im zweiten Falle nach dem Reichsformular Nr. 129 zu erlassen. Dabei ist zu bemerken, daß die Zahlungsaufforderung an den Zahlungspflichtigen erfolglos gewesen ist. [3])

Die Bundesstaaten leisten die Rechtshülfe einander kostenfrei. Dies gilt auch von den baren Auslagen des ersuchten Gerichts, z. B. von den an Zeugen oder Sachverständige gezahlten Gebühren. Eine Ausnahme machen nur nach § 165 Abs. 1 G.V.G. die baren Auslagen, welche durch die Strafvollstreckung entstehen; diese sind der ersuchten Behörde von der ersuchenden zu erstatten, und zwar derart, daß sie nach erfolgter Liquidation sofort aus der Staatskasse zu leisten sind, also eine Verweisung auf den Eingang der von dem Verurteilten einzuziehenden Kosten ausgeschlossen ist. Ist eine zahlungspflichtige Partei vorhanden, so sind die Kosten von ihr durch die ersuchende Behörde einzuziehen und der eingezogene Betrag der ersuchten Behörde zu übersenden. [4]) Diese Vorschriften kommen aber dann nicht zu Anwendung, wenn, was die Regel bildet, ein Gerichtsvollzieher unmittelbar oder durch Vermittelung des Gerichtsschreibers mit der Beitreibung der Geldstrafe und der Kosten beauftragt worden ist. In solchen Fällen hat die auftraggebende Behörde die Gebühren und Auslagen des Gerichtsvollziehers zu zahlen. [5])

Sechster Abschnitt.

§ 59.

Die Begnadigung in Erbschaftssteuersachen.

Das Erbschaftssteuerrecht berührt sowohl das Gebiet des Strafrechts, als das staatliche Vermögensrecht. In Erbschaftssteuersachen kann daher an sich die landes-

---

[1]) Wegen einer Zwangsvollstreckung in andere Vermögensgegenstände ist stets das Vollstreckungsgericht im Sinne der C.P.O. anzugehen. Das Nähere s. in den Kommentaren zur C.P.O.

[2]) Nach § 39 der Kasseninstruktion vom 15. Juli 1893. Ein Fall der richterlichen Rechtshülfe im Sinne der §§ 157 ff. G.V.G. liegt aber hier nicht vor. Vgl. R.G. IV. Beschl. vom 19. Dezember 1889, C.S. Bd. 25 S. 364. Eine Beschwerde ist daher nur im Dienstaufsichtswege statthaft. R.G. I. Beschl. vom 9. Dezember 1889 St.S. Bd. 20 S. 101.

[3]) Schulz S. 517.

[4]) § 165 Abs. 3 G.V.G.

[5]) § 39 Nr. 2 der Kasseninstruktion vom 15. Juli 1893; Allg. Verf. des J.M. vom 23. Oktober 1885, J.M.Bl. S. 355.

herrliche Gnade zwiefach in Betracht kommen: einmal als Begnadigung in dem gewöhnlichen Sinne, wobei es sich um den völligen oder teilweisen Erlaß einer von den Gerichten oder den Steuerbehörden rechtskräftig erkannten Strafe oder um die Niederschlagung einer Strafverfolgung handelt; sodann als Begnadigung in einem besonderen Sinne, wobei es gilt, den Einzelnen von den ihm durch die nicht strafrechtlichen Normen des Erbschaftssteuergesetzes zugefügten Vermögensnachteilen, vor allem von den gesetzlich geschuldeten Steuern, gleichviel ob noch ausstehend oder bereits vereinnahmt, ganz oder teilweise zu befreien.

I. Das Begnadigungsrecht des Königs in Strafsachen ist unangefochten. Er hat es in der Zeit des absoluten Staates als ein der unumschränkten Souveränität innewohnendes Recht ausgeübt.[1]) Er übt es nunmehr als ein ihm verfassungsmäßig gewährleistetes Recht aus. Denn Art 49 der Verfassung weist ihm, abgesehen von zwei bestimmten Einschränkungen, hinsichtlich eines wegen seiner Amtshandlung verurteilten Ministers und einer bereits eingeleiteten Untersuchung, ausdrücklich das Recht der Begnadigung und Strafmilderung zu. Der König darf daher in Erbschaftssteuersachen, genau so wie auf dem Gebiete des gemeinen Strafrechts, auch heute noch Gnade walten lassen und demzufolge sowohl die Verfolgung aller noch nicht eingeleiteten Strafthaten ausschließen[2]) als rechtskräftig erkannte Strafen,[3]) wozu auch die nur ein Zubehör bildenden Kosten gehören, aufheben oder mildern.[4])[5]) Dieses Begnadigungsrecht ist schon im vorigen Jahrhundert in vollem Umfange dem Finanzminister delegiert.[6]) Da die Verfassung nicht fordert, daß der König das Begnadigungsrecht persönlich ausübe, ist die Delegation in Kraft geblieben.[7]) Der Finanznimister hat das delegierte Recht nicht weiter übertragen; er hat jedoch den Provinzialsteuerbehörden die Anwendung milderer als der gesetzlichen Strafen allgemein da gestattet, wo aus den Umständen des individuellen Falles hervorgeht, daß den Gesetzesverletzungen ein entschuldbares Versehen zu Grunde liegt.[8])

Die Begnadigungssachen werden nicht von den Staatsanwaltschaften, sondern von den Steuerverwaltungsbehörden bearbeitet. Gehen sie bei dem Gerichte oder der Staatsanwaltschaft ein, so können sie ohne weiteres mit einem Gutachten an den Provinzialsteuerdirektor, dem die Berichterstattung über die Gnadengesuche obliegt, abgegeben werden. Dieser soll, wenn ihm ein Gnadengesuch wegen Erlassung

---

[1]) Vgl. F. J. Moser, von der Landeshoheit in Gnadensachen, 1773, S. 1: „Gnadensachen, von denen hier die Rede ist, seynd Gerechtsame eines deutschen Landesherrn, in deren Ausübung er insoferne freye Hände hat, daß ihre Ertheilung in seiner Willkühr beruhet und Niemand sie von ihnen schlechterdings mit Recht fordern... kann."

[2]) Das folgt aus der Entstehungsgeschichte des Art. 49 V.U. und wird auch angenommen in dem Erk. des Ob.Tr. vom 8. März 1861, Oppenhoff Bd. 1 S. 293, G.A. Bd. 9 S. 325. — Eingeleitet ist die Untersuchung nach §§ 182, 201 St.P.O. mit der Eröffnung der Untersuchung, also mit dem Zeitpunkt, wo die öffentliche Klage nicht mehr zurückgenommen werden kann. Im Falle des § 460 St.P.O. tritt dieser Zeitpunkt mit der ersten richterlichen Handlung (Anberaumung des Termins) ein. So Bonnenberg S. 140.

[3]) Auch die im § 38 Abs. 3 des Ges. vorgesehene Exekutivstrafe.

[4]) Zu beachten ist, daß der gnadenweise Erlaß einer Geldstrafe durch ihre Zahlung und Vereinnahmung nicht ausgeschlossen wird. Schulz S. 521.

[5]) Unter die Milderung der Strafe fällt auch die wegen des Zusammenhangs mit der Strafvollstreckung oben S. 369 Anm. 3 und 4 erörterte gnadenweise Bewilligung von Strafaufschub.

[6]) Accise- und Zollreglement vom 11. Juni 1772, §§ 104 und 105 (Mylius, N. C. C., 1772 S. 184, 185); Deklaration vom 6. August 1774, Nr. IV (das. 1774 S. 940); Patent vom 1. März 1783 § 29 (das. 1783 S. 2042); Strafedikt vom 26. März 1787 § 37 (das. 1787 S. 834); A.K.O. vom 4. September 1798 (v. Kamptz, Jahrbuch Bd. 43 S. 648); F.M.R. vom 15. April 1834, F.M.Schreiben vom 8. Juni 1834 und F.M.Schreiben vom 27. Juni 1834, in von Kamptz Annalen, Bd. 18 S. 327 ff.

[7]) Allerh. O. vom 4. Mai 1868, F.M.Bl. 1870 S. 15. S. auch Arndt, Verf.Urkunde S. 105 Anm. 6.

[8]) F.M.V. vom 28. Juli 1838, III. 7157; Bonnenberg S. 156. Vgl. im übrigen oben S. 326.

oder Ermäßigung einer gerichtlich erkannten und rechtskräftig feststehenden Strafe zum Berichte unter Vorlegung der gerichtlichen Akten zugefertigt wird, die Strafvollstreckungsbehörde ausdrücklich um Abstandnahme von der Vollstreckung ersuchen, bis die Entscheidung über das Gnadengesuch ergangen ist. Das Ersuchen ist ferner dann zu stellen, wenn der Finanzminister zur Begnadigung befugt ist. Die Gerichte müssen dem Ersuchen entsprechen. Auch ohne Antrag der Steuerbehörde ist die Vollstreckung einzustellen, wenn auf ein erstes Gnadengesuch Bericht erfordert ist. Sie kann endlich eingestellt werden, wenn bei dem Nachweise der Absendung eines Gnadengesuchs nach dem pflichtmäßigen Ermessen der Strafvollstreckungsbehörde dem Verurteilten so erhebliche Begnadigungsgründe zur Seite stehen, daß eine Niederschlagung oder Ermäßigung der Strafe im Wege der Gnade mit Sicherheit zu erwarten ist. Von der auf das Gesuch ergangenen Entscheidung hat der Provinzialsteuerdirektor die Vollstreckungsbehörde ungesäumt zu benachrichtigen. [1])

II. Über die finanzielle Gnadengewalt des Königs besteht hingegen Streit. [2]) Die einen leugnen das Recht des Königs, im Gnadenwege Steuern zu erlassen. Sie stützen sich vorzugsweise einmal darauf, daß er nur die in der Verfassung aufgeführten Rechte besitze und daß diese neben dem Begnadigungsrecht in Strafsachen ein Gnadenrecht in vermögensrechtlichen Angelegenheiten nicht erwähne, [3]) sodann darauf, daß durch Art. 62 V.U., wonach die gesetzgebende Gewalt gemeinschaftlich durch den König und durch zwei Kammern ausgeübt werde, dem ersteren allein das Recht entzogen sei, einzelne einseitig von den Steuergesetzen zu dispensieren. [4]) Die anderen bejahen es, indem sie umgekehrt behaupten, daß

---

[1]) Bonnenberg S. 290 ff. S. daselbst die die geschäftliche Behandlung der Begnadigungssachen regelnden Verfügungen des J.M. vom 18. August 1837, von Kamptz' Annalen Bd. 21 S. 633, vom 14. Januar 1839, J.M.Bl. S. 28, vom 22. August 1867, J.M.Bl. S. 266, vom 28. Oktober 1876, J.M.Bl. S. 208; ferner des F.M. vom 14. Oktober 1840, C.Bl. S. 376, vom 4. Juni 1844, C.Bl. S. 110, vom 26. September 1857, C.Bl. S. 266, vom 30. September 1876, IV. 10295, vom 13. Dezember 1876, III. 14969, vom 13. Dezember 1878 III. 12017, C.Bl. 1879 S. 50 und vom 30. Mai 1880, III. 7021, endlich die A.K.O. vom 20. August 1831, vom 29. August 1838, J.M.Bl. 1839 S. 27, vom 18. Dezember 1841 und vom 16. März 1878, J.M.Bl. S. 55.

Hier sei besonders nur darauf aufmerksam gemacht, daß nach der J.M.V. vom 18. August 1837 die Gerichte verpflichtet waren, bei ihnen eingehende Begnadigungsgesuche, soweit dem Finanzminister das Begnadigungsrecht zusteht, mit ihren Gutachten begleitet an den Provinzialsteuerdirektor zur weiteren Veranlassung d. h. zur Einreichung an den Finanzminister abzugeben. Diese Vorschrift ist, weil auf dem landesherrlichen Begnadigungsrechte beruhend, bestehen geblieben. (S. Cirk.V. d. F.M. vom 30. Mai 1880, III. 7021, I. 8383, bei H.G. S. 372 Anm. 13; Arndt, Strafverfahren S. 326). Die Verpflichtung zur gutachtlichen Äußerung — s. die F.M.V. vom 30. Mai 1880 — trifft die an Stelle der Gerichte getretene Vollstreckungsbehörde, also für diejenigen Sachen, in denen das Schöffengericht in erster Instanz erkannt hat, den Amtsrichter, im übrigen die Staatsanwaltschaft. J.M.V. vom 14. August 1879 Nr. 1, J.M.Bl. S. 237.

[2]) Anläßlich eines Spezialfalles ist die Frage im preußischen Abgeordnetenhause (Sitzung vom 21. Januar 1891. Stenogr.Ber. S. 413 ff.) und in der Litteratur erörtert worden. In letzterer Hinsicht sei verwiesen auf: a) Adolf Arndt, kann die Krone Preußen im Gnadenwege und ohne Genehmigung des Landtages auf Einnahmen verzichten, welche auf Steuer- oder Stempelgesetzen beruhen? Im deutschen Wochenblatt, Jahrgang 3 Nr. 51 S. 610 ff.; derselbe, Budget, Gesetz und Verordnung, in Hirths Annalen, 1891, S. 225 ff.; b) Konrad Bornhak, das Recht des Königs zum Steuererlaß in Preußen, im Archiv für öffentliches Recht, 1891, Bd. 6 S. 311 ff.; c) G. Meyer, die Verhandlungen des preußischen Abgeordnetenhauses über den Erlaß von Stempelsteuern für Fideikommisse, in den neuen Heidelberger Jahrbüchern, 1891, Bd. 1 S. 336 ff.; d) Max Joël, der gnadenweise Erlaß von Steuern und Stempeln, in Hirths Annalen des Deutschen Reichs, 1891, S. 417 ff.; derselbe, die justifizierenden Kabinets-Ordres, ebenda, 1888 S. 805 ff.; e) Laband, das Gnadenrecht in Finanzsachen nach preußischem Recht, im Archiv für öffentliches Recht, 1891, Bd. 7 S. 169 ff. —

Im Texte sind im wesentlichen die gründlichen und überzeugenden Ausführungen Labands wiedergegeben.

[3]) So der Abgeordnete Richter, Stenogr.Ber. S. 413, 426, 427.

[4]) Außer Richter namentlich Bornhak, S. 321: „Die Steuergesetzgebung kann der König nur üben unter Mitwirkung der Volksvertretung. Folglich kann er auch ohne deren Zustimmung

das zur Zeit der absoluten Monarchie allgemein anerkannte finanzielle Gnadenrecht des Königs durch die Verfassung nicht aufgehoben und nicht eingeschränkt sei. [1])

Eine Mittelmeinung vertreten Arndt und Joël. Arndt ist der Ansicht, [2]) daß die Krone nicht verpflichtet sei, bei Abweichungen von den Etats bezüglich der Einnahme oder bei Nichterhebung gesetzlicher Einnahmen die Genehmigung des Landtages nachzusuchen. Er gründet sie darauf, daß diesem ein derartiges Einnahmebewilligungsrecht nirgends beigelegt sei, daß das vor der Verfassung bestandene und in der Instruktion für die Ober-Rechnungskammer vom 18. Dezember 1824 zum Ausdrucke gelangte Recht der Krone zum Erlasse von Steuern nirgends aufgehoben sei und daß die Krone noch alle Rechte besitze, welche ihr nicht durch die Verfassung entzogen seien. Er verlangt aber die Genehmigung des Landtages zur Herausgabe einer auf Grund des Steuergesetzes erhobenen Einnahme, weil das auf § 19 des Ober-Rechnungskammergesetzes fußende Recht des Landtages eine Ausgabe zu bewilligen durch eine Kabinetsorder nicht beseitigt werden könne. Joël [3]) hingegen sucht auszuführen, daß diejenigen Kabinetsorders, welche in Abweichung von Finanzgesetzen auf eine Einnahme verzichteten und welche Ausgaben, sei es in Abweichung von Finanzgesetzen [4]) oder unter Überschreitung des Staatshaushaltsetats oder außeretatsmäßig verordneten, gemäß Art. 104 V.U. in Verbindung mit den §§ 18 und 19 des Ober-Rechnungskammergesetzes der Entlastung des Landtages unterlägen. Das Recht des Königs zum Steuererlasse sei also in diesen Fällen durch das Recht des Landtags auf Rechnungskontrolle in der Weise beschränkt, daß zwar der Steuerpflichtige rechtsgiltig durch den Erlaß von seiner Verpflichtung entbunden werde, die Regierung aber der nachträglichen Zustimmung des Landtages in der Form der Entlastung bedürfe, um von ihrer Verantwortlichkeit befreit zu werden.

Eine Prüfung der vorstehend mitgeteilten Ansichten an der Hand der historisch und dogmatisch eingehenden Untersuchungen Labands führt dazu, die finanzielle Gnadengewalt des Königs als fortbestehend anzusehen.

Ein königliches Begnadigungsrecht in Finanzsachen zur Beseitigung unbilliger Härten des positiven Rechts ist ein allseitig anerkanntes Bedürfnis. Daß dieses Recht vor der Einführung der Verfassung bestanden hat, wird nicht bestritten. Jeder etwaige Zweifel davon wird ausgeschlossen durch die Vorschriften der §§ 4, 14 und 15 A.L.R. II 13 in Verbindung mit § 7 A.L.R. II 14 und den auf ihnen beruhenden Abs. 1 § 9 der Instruktion für die Ober-Rechnungskammer vom 18. Dezember 1824, [5]) welche lautet: „Erlasse von Steuern, Domänen und anderen Gefällen, sowie an Pachtgeldern, im Wege der Gnade, dürfen nur auf Unsere besondere Genehmigung Statt finden.“ Es fragt sich daher zunächst, ob dieses Gnadenrecht durch die Verfassung beseitigt ist. Das ist zu verneinen. Die Verfassung selbst spricht sich zwar nicht für seine Fortdauer aus — der gewöhnlich hierfür citierte Art. 109 erkennt lediglich die formelle Gesetzeskraft an, er ordnet die Fortgeltung der gesetzlichen Bestimmungen innerhalb des vom Recht okkupierten Gebietes an [6]) —, aber sie enthält auch nicht eine ausdrückliche Bestimmung über seine

---

eine an und für sich gesetzlich bestehende Steuerpflicht nicht aufheben“ und G. Meyer, welcher S. 344 sagt: „Die Auseinandersetzungen des Abgeordneten Richter sind vollkommen zutreffend.“

[1]) So der Finanzminister Miquel, Stenogr. Ber. S. 415 ff. und Laband mit besonderer Begründung, welche weiter unten folgt.

[2]) S. 610, 611; Budget S. 232 ff.

[3]) 1891 S. 417 ff., 430.

[4]) Joël, 1888 S. 819: „welche sich auf die Staatseinnahmen und Staatsausgaben oder auf die Erwerbung, Benutzung oder Veräußerung von Staatseigentum beziehen.“ Vgl. hiergegen Laband, S. 200 Anm. 25.

[5]) Abgedruckt in von Kamptz' Annalen, Bd. 9 S. 2 ff.

[6]) Laband, S. 198, 199.

Beseitigung oder Beschränkung. Sie erwähnt es nicht. Seine Nichterwähnung hat indes nicht die Bedeutung, daß es von nun an abgeschafft sein sollte. Die Entstehungsgeschichte der Verfassung [1]) lehrt vielmehr, daß diese die Rechte der Krone nicht vollständig hat aufzählen wollen. Sie haben vor der Verfassung bestanden; sie sind nicht durch sie geschaffen, sondern nur im Einzelnen beschränkt worden.

Demgemäß kommt es darauf an, ob die Verfassung stillschweigend das Gnadenrecht aufgehoben oder beschränkt hat. Zu Unrecht beruft man sich hierfür auf die Artikel 49, 62, 100, 101 und 104.

Der erstgenannte Artikel beschränkt allerdings das Begnadigungsrecht in zwei Punkten (s. oben S. 375), aber er bezieht sich wie aus seiner Entstehungsgeschichte erhellt, nur auf das Gnadenrecht in Strafsachen. Seine Tendenz war, die beiden Beschränkungen zu sanktionieren. [2])

Die Bezugnahme auf Art 62 ist aber um deswillen verfehlt, weil die Gnade des Königs sich mit ihm nicht in Widerspruch setzt. Das träfe nur zu, wenn sie begrifflich ein sog. Dispensationsrecht wäre, d. h. das Recht, das Gesetz für einen gegebenen Fall aufzuheben; denn ein solches Recht steht freilich der Krone nicht mehr zu, da die Gesetzgebung nur noch in Gemeinschaft mit dem Landtage ausgeübt werden kann und die Dispensation als Aufhebung eines Gesetzes einen Gesetzgebungsakt bildet. [3]) Die königliche Gnade ist jedoch kein Dispensationsakt. Die Gnade ist ihrem Wesen nach, ein Vorteil, der vom Staatsoberhaupte dem Empfänger ohne jede rechtliche Verpflichtung zugewendet wird. [4]) Sie steht im Gegensatz zum Rechte, ja sie steht außerhalb des Rechts, sie ist, wie Laband sagt, gesetzesfreies Gebiet. Sie will im einzelnen Falle nicht das Gesetz außer Kraft setzen, sondern die Wirkung des Gesetzes, das sie anerkennt, beseitigen, ähnlich wie die strafrechtliche Begnadigung nicht das Strafgesetz und die nach ihm ausgesprochene Verurteilung des Übelthäters aus der Welt schafft, sondern bloß die Folgen der Gesetzesverletzung ganz oder teilweise erläßt. [5]) Aus der Beseitigung des Dispensationsrechts folgt demnach nichts für das von ihm verschiedene Recht der Gnade.

Der Art 100, auf den Bornhak [6]) „entscheidendes Gewicht legt, weil aus ihm folgt, daß das Gebiet des Steuerrechts zur Sphäre der Gesetzgebung gehört, der König daher keine Normen des Steuerrechts im Verordnungswege erlassen kann," hat, wie schon Laband [7]) bemerkt, für die vorliegende Frage gar keine Bedeutung. Es handelt sich hier nicht um die Erhebung einer Steuer, sondern um ihren Erlaß. Daß auch dazu die Mitwirkung des Landtags erforderlich sei, besagt der Artikel nicht.

Ebensowenig kommt der Art. 101 in Betracht. Er will lediglich eine Direktion für die künftige Steuergesetzgebung geben. [8]) Wie aus Abs. 2: „Die bestehende Steuergesetzgebung wird einer Revision unterworfen und dabei jede Bevorzugung abgeschafft" deutlich hervorgeht, hat auch der Abs. 1: „In Betreff der Steuern können Bevorzugungen nicht eingeführt werden" nur den Sinn, daß gesetzliche Ausnahmestellungen, Steuerprivilegien nicht geschaffen werden sollen. Der die Gnade bewilligende Regierungsakt schafft aber kein Steuerprivileg. Er beseitigt nicht den Verpflichtungsgrund, sondern er enthält nur den Verzicht auf die Erfüllung der gesetzlich begründeten Steuerpflicht.

Was endlich den Art 104 und das ihn ergänzende Gesetz, betreffend die Ein=

---

[1]) Joël, 1888 S. 814 ff. und 1891 S. 418: Meyer, S. 337; Laband, S. 196.
[2]) Laband, S. 197.
[3]) Arndt, S. 610; Joël, 1888 S. 816 ff. und 1891 S. 418 ff.: Laband, S. 191 ff.
[4]) Joël, 1888 S. 808 ff.; Laband, S. 169 ff. und 191 ff.
[5]) Arndt, S. 611; Joël, 1891 S. 419.
[6]) S. 318.
[7]) S. 198 Anm. 21.
[8]) Bornhak, S. 317: Laband, S. 197.

richtung und die Befugnisse der Ober-Rechnungskammer vom 27. März 1872 (G.S. S. 278), insbesondere dessen § 18, anlangt, so meint freilich Joël [1]), daß durch die darin dem Landtage beigelegte Befugnis zur Kontrolle des gesamten Staatshaushalts das königliche Gnadenrecht eingeschränkt werde, während Arndt nur aus § 19 des letztgedachten Gesetzes herleitet, daß die Herausgabe bereits vereinnahmter Steuern der Genehmigung des Landtages bedürfe. Beides muß nach den überzeugenden Ausführungen Labands, [2]) auf deren Einzelheiten hier verwiesen sei, für unrichtig gelten. Die Nichterhebung einer Steuer (oder die Erstattung einer erhobenen Steuer [3])) verletzt nicht das Etatsgesetz, weil dieses nur die Gesamterträge der Einnahmequellen veranschlagt und für die einzelnen Erhebungen von Steuern der Bedeutung ermangelt, sondern höchstens das materielle Steuergesetz. Wenn das letztere auch die Grundlagen für die Ansätze des ersteren bildet, so verstärkt es doch nicht seine Kraft. Auch andere Ansätze des Etats beruhen auf gesetzlicher Grundlage, z. B. die Gerichtskosten, der Ertrag einer dem Fiskus anfallenden Erbschaft, und nichts hindert den König, im Wege der Gnade jene niederzuschlagen und auf diesen zu verzichten. Das Gleiche muß daher für die Einnahmepositionen aus den Steuern gelten, deren Verhältnis zu den Finanzgesetzen dasselbe ist, wie das Verhältnis der übrigen Einnahmen zu den Gesetzen, auf denen sie beruhen.

Durch das Ober-Rechnungskammergesetz ist hieran nichts geändert. Nach § 18 Nr. 2 d. Ges. hat die Ober-Rechnungskammer die Etatsmäßigkeit und die Gesetzmäßigkeit der Einnahme- und Ausgabeverwaltung zu prüfen. Der gnadenweise Erlaß einer einzelnen Steuer enthält nun, wie gezeigt, keine Abweichung „von den Bestimmungen des gesetzlich festgestellten Staatshaushalts-Etats." Er weicht aber auch nicht „von den Bestimmungen der auf die Staatseinnahmen und Staatsausgaben bezüglichen Gesetze" ab. Denn das Gnadenrecht ist verfassungsmäßig begründet. Folglich ergeht jedes Gesetz, auch jedes Steuergesetz „vorbehaltlich der königlichen Gnade." Hat somit, wie die Entstehungsgeschichte der Gesetzesvorschrift klar ergiebt, [4]) die Ober-Rechnungskammer einen gnadenweisen Steuererlaß nicht zum Gegenstande ihrer Bemerkungen zu machen — und dieser Grundsatz wird auch von ihr selbst vertreten [5]) —, so fehlt es an der Vorbedingung für die Vorlegung der einzelnen Position an den Landtag zur Prüfung und Entlastung.

Daß der Gnadenerlaß als Regierungsakt nach Art. 44 V.U. zu seiner Gültigkeit der Gegenzeichnung eines Ministers bedarf und daß dieser dadurch dem Landtage gegenüber die Verantwortlichkeit übernimmt, ist unerheblich. Das berührt nicht die davon völlig verschiedene Frage, ob der Akt auch dem Landtage zur Entlastung mitgeteilt werden müsse.

Hiernach ist die Gnade des Königs in Steuersachen sein Recht.

---

[1]) 1891 S. 419 ff.

[2]) S. 199 ff.

[3]) Vgl. hierzu Laband, S. 179 und 181.

[4]) Bei Laband, S. 205 ff.

[5]) S. das vom Finanzminister Miquel in der Sitzung des Abgeordnetenhauses v. 21. Januar 1891, Sten.Ber. S. 416 mitgeteilte Schreiben der Ober-Rechnungskammer vom 10. Febr. 1875.

Zeitregister.

1888.

1889.

1890.

1891.

1892.

1893.

Sachregister.

A.

B.

C.

D.

E.

F.

G.

H.

J.

K.

L.

M.

N.

S.

Druck von Lippert & Co. (G. Pätz'sche Buchdr.), Naumburg a. S.

FSC
www.fsc.org
MIX
Papier | Fördert
gute Waldnutzung
FSC® C083411

Kolibri 360 GmbH
Ferdinand-Jühlke-Straße 7
99095 Erfurt, Deutschland
produktsicherheit@kolibri360.de